新时代数字企业管理系列教材
丛书主编◎戚聿东　焦　豪

数字企业战略管理

焦　豪　周江华　孙　洁◎主编

STRATEGIC MANAGEMENT OF
DIGITAL ENTERPRISES

北京师范大学出版集团
BEIJING NORMAL UNIVERSITY PUBLISHING GROUP
北京师范大学出版社

图书在版编目(CIP)数据

数字企业战略管理 / 焦豪，周江华，孙洁主编. —北京：北京师范大学出版社，2023.4
新时代数字企业管理系列教材
ISBN 978-7-303-28076-6

Ⅰ. ①数… Ⅱ. ①焦… ②周… ③孙… Ⅲ. ①数字技术—应用—企业战略—战略管理—教材 Ⅳ. ①F272.1

中国版本图书馆 CIP 数据核字(2022)第 142369 号

图书意见反馈：gaozhifk@bnupg.com 010-58805079
营销中心电话：010-58802181 58805532

出版发行：北京师范大学出版社 www.bnup.com
北京市西城区新街口外大街 12-3 号
邮政编码：100088
印　　刷：三河市兴达印务有限公司
经　　销：全国新华书店
开　　本：787 mm×1092 mm 1/16
印　　张：22.5
字　　数：545 千字
版　　次：2023 年 4 月第 1 版
印　　次：2023 年 4 月第 1 次印刷
定　　价：66.00 元

策划编辑：陈仕云 责任编辑：陈仕云
美术编辑：李向昕 装帧设计：李向昕
责任校对：陈 民 责任印制：赵 龙

总 序

在数字经济时代，数字企业的良性健康发展成为重塑国家竞争优势的新机遇。数字经济的发展速度之快、辐射范围之广、影响程度之深前所未有，正在推动社会生产方式、生活方式和治理方式的深刻变革，成为重组全球要素资源、重塑全球经济结构、改变全球竞争格局的关键力量。2021 年 12 月 12 日，国务院印发的《“十四五”数字经济发展规划》明确提出，“十四五”时期，我国数字经济将转向深化应用、规范发展、普惠共享的新阶段。党的二十大报告指出，要加快发展数字经济，促进数字经济和实体经济深度融合，打造具有国际竞争力的数字产业集群。在数字经济大背景下，科技与商业双轮驱动的世界正在到来，依托数字技术形成的数字企业成为推动数字经济进一步发展的关键市场主体。与传统企业管理思维相比，数字企业的商业运行逻辑发生了根本转变，涌现出一系列蕴含新思想与新逻辑的管理实践。

因此，高等院校企业管理相关课程教材有必要在新时代进行重新设计，以指导数字企业的管理实践。在工业经济时代，以斯蒂芬·罗宾斯、迈克尔·波特、菲利普·科特勒为代表的学者出版了《管理学原理》《竞争战略》《营销管理》等经典教科书，极大地推动了工商管理实践的发展。如今，随着数字经济的迅猛发展，基于平台的数字企业管理活动成为时代主旋律，培养适应数字经济时代的经济管理人才成为新趋势。一方面，国内外数字企业对数字管理人才具有巨大而迫切的需求，数字管理人才供给存在巨大缺口。针对这一问题，一些世界一流商学院进行了积极探索，如美国斯坦福大学工商管理专业增加了“大数据挖掘与商务智能”“数据主导型决策”“数字化竞争战略”等课程，为本科生与 MBA 学员开展数字企业管理工作提供指导。另一方面，在我国，大部分高校经济管理类院系相对缺乏针对数字企业管理领域的课程教材和培养体系，而传统的企业管理系列教材已不能完全适应数字经济时代企业管理的要求。因此，在数字经济时代背景下，有必要设计数字企业管理原理、战略管理、营销管理、创新管理、人力资源管理等方面的核心课程和教材。

出于上述考虑，北京师范大学经济与工商管理学院组织出版了“新时代数字企业管理系列教材”，旨在为我国各行业培养面向数字经济的经济管理类创新人才服务。为了更加全面、系统地反映数字经济时代企业管理理论与实践的发展，本系列暂定10本教材，首批5本教材是：

(1)《数字企业管理原理》。这本教材以数字企业为研究对象，揭示和阐述数字企业管理的新原理，以期对数字经济时代的企业管理理论与实践有所助益。具体内容包括数字企业运行机制、数字企业管理逻辑、数字企业管理目标、数字企业产权结构与治理结构、数字企业商业模式等方面。

(2)《数字企业战略管理》。这本教材聚焦数字经济时代背景下数字企业如何获取持续竞争优势这一核心问题，主要目的是指导数字企业应对数字化时代企业管理变革的要求，探索适应数字经济时代的企业战略管理新模式。具体内容包括数字化情境的基本规律、数字技术、数字企业的愿景和使命与利益相关者管理、识别数字机会、构建数字能力、业务层数字战略、数字平台战略、数字并购战略、数字生态系统战略、数字化战略变革等方面。

(3)《数字营销管理》。这本教材的主要目的是为数字经济时代的市场营销学提供理论与实践指导。具体内容包括数字营销基础、数字营销的价值识别、数字营销的价值创造、数字营销的价值触达、数字营销的伦理与法律等方面。

(4)《数字创新管理》。这本教材结合数字企业创新管理的最新实践，从指导企业实践的角度出发，揭示数字技术与企业数字创新的全貌。具体内容包括数字技术与数字创新、数字创新的过程、数字组织创新、数字创新的产出与应用、数字创新生态系统等方面。

(5)《数字人力资源管理》。这本教材介绍了数字时代人力资源管理的特性，以及企业如何运用数字经济时代的人力资源管理工具和技术进行知识管理、学习管理及绩效管理。具体内容包括数字时代的工作模式、数字人力资源的相关技术、变革导向的人力资源战略等方面。

总的来看，“新时代数字企业管理系列教材”涵盖了当今数字企业管理的热点领域和学术前沿研究成果，将相关领域的知识点有机地融合在一起。本系列教材在编写过程中遵循企业管理各个知识点的教育教学规律，注重把握当前数字企业的发展现状，精心设计教材内容，体现科学性与现实性。在形成篇章内容体系时，力求涵盖数字经济时代企业管理的基本原理、方法、手段和实践内容，体现系统性、前瞻性和创新性。

“新时代数字企业管理系列教材”作为数字经济与管理领域的跨学科研究成果，在资料收集和撰写过程中，参考了国内外许多专家的研究成果，在此谨向他们表示敬意和谢意。在编写过程中，得到了北京师范大学经济与工商管理学院领导班子的指导和支持，也得到了“数字经济与管理”教研团队的通力协作。在出版过程中，得到了北京师范大学出版集团党委书记、董事长吕建生的鼎力支持，责任编辑陈仕云为丛书策划、编辑、校对付出了巨大心血，在此一并表示衷心感谢！

数字企业管理是一个全新的领域，其运行过程和机制比较复杂，我们边研究边教学，由于理论认知水平有限，研究可能不够系统深入，内容体系尚不成熟。因此，本系列教材难免存在不足与缺憾，恳请专家和读者批评指正。

戚聿东　焦　豪
2022年10月30日

前言

科技的发展推动着时代的变迁，人类社会已逐渐从工业经济时代进入数字经济时代。以蒸汽机为代表的第一次工业革命促使工场手工业过渡到大机器生产阶段，引起了生产领域和社会关系的根本性变化；电力的发明和广泛应用使人类进入电气时代，推动了电力工业和电器制造业等一系列新兴工业的迅速发展，资本和技术创新也随之成为经济发展的关键要素；20世纪四五十年代，计算机的迅速发展宣告着信息时代的到来，并带来了技术和产业结构的颠覆性变革，也使得全球信息和资源交流变得更为迅速，加快了全球化的进程；21世纪以来，随着大数据和人工智能等数字技术在产业领域的应用，数字经济时代翩然而至。数字经济创新了价值创造的方式，重新定义了价值分配的过程，颠覆了社会运行的方方面面。数字经济领域的快速发展和颠覆性创新也对现代管理学的研究趋势产生了深刻的影响，以摩尔定律、梅特卡夫定律、网络效应、顾客锁定和零边际成本等为代表的数字化情境规律正在影响企业的运行方式，给传统企业管理理论带来了新的挑战，需要通过进一步研究来解释数字经济带来的全新管理现象。

管理实践历史悠久，源远流长。早在数千年前，万里长城和金字塔的建造，昭示了管理实践的起源久远。20世纪初期，最具代表性的是泰勒提出的科学管理理论和法约尔等学者提出的一般管理理论；在这一时期也有部分学者关注工作中人的行为，这些研究被称为行为管理学派，毫无疑问，霍桑实验对这一领域做出了突出贡献。第二次世界大战期间，定量方法由此产生，并在“二战”结束后被应用到企业管理实践中，这种采用数学、统计学和运筹学等定量技术来改进决策的方法也被称为管理科学学派。进入20世纪60年代，管理学者不再仅仅关注组织内部，而开始考察组织外部环境的变化，并由此产生了系统和权变两种当代管理视角，将组织所处的外部环境和组织自身联系了起来。管理是企业发展的永恒主题，并且随着人类实践的进步不断更新。在当今数字经济时代，选择正确的管理方法并制定匹配的战略，对于企业的生存和发展至关重要。

近半个世纪以来，迈克尔·波特(Michael E. Porter)提出的竞争战略和竞争优势对战略管理领域产生了深远影响，其著作《竞争战略》

《竞争优势》《国家竞争优势》被称为“竞争三部曲”。波特针对竞争优势问题提出了产业组织模型，认为外部环境对企业的战略行为具有决定性影响，行业的选择直接决定企业能否具有竞争优势，因此要求企业必须选择进入最具吸引力的行业以获取“张伯伦租金”；而以杰恩·巴尼(Jay B. Barney)为代表的学者则认为，任何一个组织都是独特资源和能力的组合，这些资源和能力的独特性是企业超额利润的基础，要求企业必须拥有异质性资源以获取“李嘉图租金”；进一步地，大卫·蒂斯(David J. Teece)等人发现企业的竞争优势容易因其核心能力的僵化而丧失，曾经的行业巨头诺基亚和柯达便是例证，因此企业应通过机会感知、机会把控和变革重构的动态能力来应对快速变化的环境，从而获取基于创新的“熊彼特租金”。随着人工智能、区块链、云计算和大数据等数字技术快速渗透到工业领域，关于企业竞争优势来源的新认识也应运而生。基于平台的竞争优势观点认为，随着互联网和数字经济的发展，传统企业不能再依靠自身产品和资源获得竞争优势，而应在数字化转型过程中逐渐探索平台模式，从而建立自己的平台系统，以形成轻资产、迅速扩张、赢家通吃及高经济效率的优势特征；基于生态系统的竞争优势观点则指出，从企业角度来看，单纯的市场交易不再具有异质性特征，也很难产生竞争优势，只有脱离单纯的交易属性，企业间相互联系形成生态系统，才能够产生竞争优势。可见，从工业经济时代到数字经济时代，关于企业“如何获取超额利润”这一战略管理领域关注的核心问题在不同情境下有了不同的答案。因此，企业竞争范式逐渐从产业结构与企业资源等扩展到了平台甚至是生态圈，平台日益在商业生态系统之中占据核心地位。不同于传统战略背后的“零和博弈”假定，“价值共创”“互惠主义”“数字竞合”等共生概念也逐渐兴起。因此，在数字经济发展的新情境下，如何应对数字化时代企业管理变革的要求，探索适应数字化时代的企业战略管理模式，正是本教材要回答的核心命题。

需要说明的是，在不同管理情境下，外部环境对企业来说依然具有强制性的特征，如“双减”政策的出台使教培行业陷入寒冬，依据《中华人民共和国反垄断法》对某些平台企业的处罚等。既然外部环境依然不可控，那是不是说在数字经济情境下，战略管理教材框架体系不需要任何变化呢？通过深入的研讨，我们认为，虽然“外部环境不可控”，但是“内部资源可能动”。春江水暖鸭先知，企业绩效之间存在差异的原因之一就在于绩优企业持续监控、扫描、预见外界环境的变化以发现适合企业的机会，进而通过发挥企业自身的能动性，积极重构企业内部流程，为顾客创造差异化的独特价值。数字企业的战略管理实践依然要在遵循客观规律的基础上，充分发挥主观能动性来塑造自身的持续竞争优势。也就是说，尽管随着新兴技术的突破性发展，经济环境发生了巨大的变迁，产业形态也随之改变，但战略管理最核心的逻辑仍旧适用，企业依然要考虑产业选择以及产品定位的问题，依然要考虑不同业务之间的资源如何平衡分配等问题，只不过是具体实施形式和方式发生了变化。在数字化情境下，企业需要基于数字技术赋能和数据驱动识别数字机会，构建数字能力，实施业务层数字战略、数字平台战略、数字并购战略等。

在编写《数字企业战略管理》教材时，我们参考和借鉴了国内外学者关于数字企业管理的优秀学术研究成果，延续和拓展了经典战略管理理论的基本逻辑与框架。在编写过程中，本教材主要围绕数字企业的战略管理实践展开分析，力求做到系统全面、通俗易懂。同时，追踪最新的数字战略管理理论，剖析数字企业核心竞争力的要点，进而探讨数字企业在新情境下获取竞争优势的方法，为数字企业管理者提供操作化的分析工具。为拉近理论与实践之间的距离，本教材各章节均提供了丰富的案例，并结合数字企业管理实践为读者提供了适宜讨论的话题。为方便读者更好地使用本书，我们设置了学习目标、关键术语、开篇案例、实践链接、本章小结、复习思考题、案例分析等模块。本教材的内容如下：

首先，第1章介绍了数字化情境下企业战略管理环境的变化，提炼了数字企业战略管理的定义，总结了数字企业战略管理体系框架。接下来阐述了描述数字化情境的基本规律(第2章)，使用数字技术作为数字企业的战略分析工具(第3章)，设计愿景、使命与实施利益相关者管理(第4章)，识别数字机会(第5章)，以及构建数字能力(第6章)。数字企业在愿景与使命的指引下，了解数字化情境的规律，掌握人工智能、区块链、云计算和大数据等数字技术，运用数字经济时代的战略分析工具，通过识别数字经济大环境中的数字机会，挖掘数字能力的构建流程。

其次，重点研究数字企业可能选择的不同战略规划。第7章阐述了数字企业的业务层数字战略。第8章重点介绍了在开放竞争、模糊边界及动态多变的数字环境中数字企业的动态竞争行动，分析竞争者之间如何互相预判对方的行动并做出反应，以及竞争的动态性如何对数字企业的战略选择与实施产生影响。第9～12章分别阐述了数字平台战略、数字并购战略、数字企业国际化战略及数字生态系统战略。通过上述战略行动规划，为不同数字企业合作共赢，共享数据资源与数字能力，为企业获取持续竞争优势提供具体的战略实施选择。

最后，介绍数字企业成功实施战略需要采取的保障措施。第13章归纳了数字企业组织结构与控制，由于数字经济时代企业的边界更加模糊与开放，数字企业的组织结构更趋网络化、扁平化和数字化，并重点介绍了数字中台的建设过程。第14章解析了数字化情境下的企业社会责任。第15～16章分别讨论了数字领导力和数字化战略变革。在数字经济时代，随着数字技术的日益成熟，数据安全、算法操纵、AI伦理等问题层出不穷。数字企业领导者在商业实践中面临着伦理道德方面的巨大挑战，他们有必要意识到自己的每一个管理决策将对企业利益相关者产生的可能影响。

本教材由北京师范大学焦豪教授提出编写的总体构想，并与周江华教授进行了深度研讨，明确了写作框架。孙洁、王林栋、杨季枫、马高雅、王灿昊、宋嘉艺、庞彦参与了本书部分章节的写作，全书由焦豪教授统稿并审定。

本教材在编写过程中参考了许多专家学者的研究，受到了很多启发，在此一并致谢。由于数字企业战略管理是一个新兴的研究领域，书中部分内容还存在不足，恳请大家批评指正。

焦 豪

2022年8月13日

目　录

第 1 章　数字经济时代的战略管理

【学习目标】

➤了解数字化情境下企业战略管理环境的变化及其影响

➤熟悉数字企业战略的定义和内涵

➤掌握数字企业战略管理的定义和内涵

➤了解数字企业战略管理的 3 个层次

➤掌握数字企业战略管理的体系框架

【关键术语】

数字企业战略　数字企业战略管理　战略管理层次　战略管理过程

开篇案例

银泰 in77：数据驱动下的战略管理

坐落于西湖之畔的银泰 in77 是银泰集团旗下高端商场品牌，年人流量达 6 000 万人次，排名全国第三。作为国内首屈一指的商场，银泰 in77 在 2016 年年底敏锐地感受到了行业的变化：线上平台的发展出现了瓶颈，购物体验逐渐向线下发展，大的电商平台开始不断寻求线下合作。国家统计局数据显示，2018 年 10 月线下零售额仍占社会消费品零售总额的 74.5%。由于购物体验的不可替代性，线下消费在受到电商快速增长的冲击多年之后，重新焕发出生机。

然而，银泰 in77 创新业务部负责人邱勇认为，在商场的管理和运营方面，一直存在着巨大的挑战。“在捕捉客流方面，传统的解决方案只能做到对人的头肩进行数数，准确率低、采集的数据维度单一。对于每位顾客在商场内是怎样逛的、对哪些店铺更感兴趣、在每层停留的时间有多长、到店的频率等信息都无法获知。而这些数据对招商、运营和品牌营销都非常重要。所以过去商场的运营优化只能凭借经验进行。”

邱勇这位零售业老兵在深入了解到人工智能视觉识别技术以后兴奋了起来，与百度合作开启了零售企业的智能升级转型之路。银泰 in77 科技升级也是零售行业变革的缩影之一。

数据采集，构建管理数据库

数据智能的核心是通过采集大量真实的商业场景数据，进行大数据分析、挖掘与决策。其中人工智能技术弥补了线下数据空白，零售实体店的用户、产品、服务、供应链、管理等信息都可以数据化、智能化，与线上数据融合，在人工智能技术助力下产生新的价值。

银泰 in77 在一个试点区域的出入口、中堂、边店安装了具有 AI 功能的摄像头，通过人脸抓拍，可以精准地统计客流量以及顾客在各个区域停留的时间和行动轨迹，并以此作为发现问题及决策的依据。“作为购物中心，顾客停留时长是我们考核的一个重要指标。因为停留的时间越长，消费的可能性就越高。”邱勇举例，“AI 系统能够捕捉到每位顾客停留的精准时长。例如，消费者通常在一层、二层停留一个多小时，而在三层餐饮区普遍停留时间较短，可能只有 20 分钟，这就需要思考原因了。”AI 每天捕捉到的数据结合交易、会员等数据，形成银泰独有的大数据库，为银泰运营管理提供了分析的基础，使商业决策不再是盲人摸象。数据智能的基石是消费者数据库的建立。理想的消费者数据库应该包括购买信息、消费者心理信息和消费者注意力信息 3 个维度的数据。

通过在店铺安装带有 AI 识别功能的摄像头可有效地捕捉线下信息。AI 技术通过人脸识别、商品识别和人体识别进行信息的提取、对应与分析，使管理者即时了解店铺每个时段的流量与趋势、消费者属性、消费者轨迹等关键信息。这些带有 AI 功能的摄像头犹如店内的智能巡检员，将店内实时情况数据化，辅助管理者制定策略。

挖掘目标顾客需求，指导新品开发

基于大量数据形成的目标顾客画像和需求，能够帮助品牌开发更符合需求的产品。

名创优品是迅速崛起的居家生活品牌连锁店，自 2013 年成立至今已在全球开设 2 600 家门店，进店购买率达到 70%。在门店受到电商强烈冲击的环境下，名创优品总是能推出深受顾客喜爱的爆款产品，它在设计新品与扩张方面的成功与其对数据智能化的应用是分不开的。

名创优品选取试点店铺安装人脸识别摄像头，通过数据捕捉到店、购买人群的用户画像和到店频次来指导新品设计。通过小批量的短期试销收集顾客购买及反馈信息，实现高效低成本的产品迭代，使产品开发更具有针对性。配合高效、规模化的供应链，名创优品能够向数百家供应商下达海量订单，实现以量控价，通过规模经济降低成本，使优质低价成为名创优品在顾客心目中的定位标签。

个性化营销战略，巧获顾客

在数据智能时代，大数据分析可以越来越懂顾客。商场以顾客为中心，通过细分目标顾客并进行个性化甚至个人化的营销更好地满足潜在顾客需求，将其转化为忠实顾客。

对实体店而言，线下理解顾客，线上进行营销是一种非常有效的策略。利用网络、社交媒体进行商品、促销信息的个性化推送和推广，做好与粉丝的互动，能够帮助品牌商增强与顾客的心理联系，扩大品牌影响力。

一些服饰和美妆品牌通过实体店的 AI 产品为顾客带来新奇的体验。优衣库在店铺内装上 AR 虚拟试衣镜，顾客在照镜子的时候，试衣镜收集顾客的体型数据构建顾客的虚拟模型，顾客可以选择喜爱的商品进行虚拟试穿。这大大节约了顾客的试穿时间，缓解了试衣间使用紧张的问题。这些有创意的用户体验很好地增强了用户黏性。

零售创业企业应用 AI 技术将会员管理和精准促销融合到了一起。开为科技在店铺的支付台上安装带有人脸识别与 AR 互动功能的智能屏幕，并与店铺的 ERP 系统连接。当顾客来到支付台时，屏幕中基于人脸关键点设计的“3D+AR”人脸特效能在第一时间引起顾客注意并吸引顾客注册人脸会员，其会员转化率远远高于一般便利店。会员购物时刷脸即可自动累计积分和等级，并收到个性化的广告及优惠券推送信息，这一举措能为店铺提升10%～20%的客单价，因而获得了大量品牌商的认可。

像银泰in77这样的购物商场的数据智能化也会对品牌商的营销战略产生巨大的影响。购物商场作为品牌商与客流的聚集地，当会员系统与人脸ID对应后，商场将拥有精准客流的大数据库，并成为品牌商的精准营销平台。商场可以对用户画像进行属性分析并分类，再通过运营的手段将符合品牌商目标用户的客流导给品牌商，将品牌商的促销信息推送给目标会员，实现双向精准匹配，从而提高转化率。通过在商场摆放带有人脸识别摄像头的屏幕，广告的展示和互动也变得新奇、有趣、极富个性化。邱勇说："当系统识别出你是某个品牌的会员，屏幕广告将展示该品牌的优惠促销信息。"这种新型的广告展示方式为品牌带来了更多的流量和转化。

智能化演进，促进顾客转化为忠实用户

智能化的营销战略是能不断优化演进的战略。一个目标顾客从知晓品牌到成为品牌的忠实顾客，通常要经过知晓、产生兴趣、尝试、成为近期用户、成为定期用户、成为忠实顾客6个转化过程。除了用个性化营销手段吸引顾客，品牌商还可以根据AI统计的实时效果，不断调整营销策略来满足顾客需求、减少顾客流失、延长顾客关系，逐步将顾客转化为忠实顾客。

在实体店，选品和陈列对消费者购买行为有很大的影响。因此，公司可以通过优化选品和陈列来提升购买率。过去，选品和陈列主要凭借店长的经验来执行。如今，AI能够成为善于统计分析的店铺管理员，帮助店长更清晰地了解顾客的选品偏好、停留更久的区域和逛店轨迹等信息。这些分析数据，能够辅助店长根据到店顾客的喜好调整选品和摆放，最大化提升顾客满意度。

通过对数据的挖掘，零售企业经营者能够洞察以前无法注意到的商业机遇，并制定出优化策略，增加用户黏性和满意度。银泰in77采用AI系统后，发现了以前无法得到的入驻品牌之间的关联关系，邱勇解释道："通过数据分析可以发现几个品牌共享同样的潜在用户，进而进行联合营销。"

零售行业的数据智能革命尚处于早期阶段，管理者利用数据智能赋能商业，实施高效的数字化战略仍面临许多挑战。无论是人工智能的技术、方案、部署、成本，还是数据的打通、管理流程的整合等，都仍有许多待改进的地方。然而，毫无疑问的是，数据智能化已经成为零售品牌行业的必然趋势，行业的先驱者已经感受到AI带来的价值。品牌商唯有紧跟时代趋势，了解新的科技变革，才能追上时代、引领时代。

资料来源：崔嘉：《新零售时代下的数据智能营销战略——零售行业如何利用AI技术创造价值》，载《清华管理评论》，2019(4)。

思考与讨论：

1. 在数据驱动下，银泰in77的发展经历了哪些阶段？
2. 银泰in77在数字经济时代的转变给你带来了什么启示？

1.1 数字化情境下企业战略管理环境的变化

在数字化情境下，企业战略管理环境发生了变化，数字企业开展商业活动将面临与以往截然不同的经营环境。身处全新的经营环境，并受到数字技术的影响，企业商业活动主体的行为特征、产品属性及产品创造过程等都发生了巨大的变化。数字企业管理借助数字技术提高效率、创造价值，将成为企业管理创新、参与未来竞争和企业发展的基础。

1.1.1 数字化情境下企业活动环境的变化

传统环境下，企业的商业活动是在实体环境中进行的，时间、空间、连接等要素都相对稳定，企业通常只能在特定的时间点，为特定范围内的某些消费者提供服务。正因如此，类似选址、布局这样的问题在运营管理中就显得特别重要。随着数字化程度的提升，这个环境发生了巨大的变化，建立在数字化基础上的虚拟空间在环境中所占的比例越来越大。实体与虚拟的不断融合，丰富了商业实践，也带来了更多创新机遇。为便于理解虚拟环境，下面从时间、空间、连接 3 个要素出发，将实体环境和虚拟环境进行比较，如表 1-1 所示。

表 1-1 从时间、空间、连接 3 个要素对实体环境和虚拟环境的比较

要素	实体环境	虚拟环境
时间	流程相对稳定；在特定时间窗口提供产品/服务；竞争速度较慢	产品生命周期缩短；随时满足消费者需求；竞争速度加快
空间	存在实体店面；提供有限产品；服务有限对象	无须实体店面；提供更多产品选择；服务全球消费者
连接	供应链成员相对稳定；产品以相对孤立状态存在，消费者连接程度有限	与不同成员连接形成生态圈；产品和消费者之间以多种方式互联

资料来源：陈剑、黄朔、刘运辉：《从赋能到使能——数字化环境下的企业运营管理》，载《管理世界》，2020，36(2)。

1. 从时间要素看，时间维度的扩展使得消费者对产品/服务的需求更趋个性化

数字化情境下外部环境变化加速，企业保持竞争优势的时间缩短；而对于消费者而言，数字技术释放了消费者的时间，使消费者拥有了更多的闲暇时间按照自身特点发展兴趣并开发潜能。

2. 从空间要素看，数字空间的扩展使得消费者的购物习惯不再受地理位置约束

数字技术的发展使实体店面向虚拟的网络空间转移，企业可以展示的商品种类不再受到物理空间限制，可以更好地应对需求长尾现象；对消费者而言，依托互联网，地理位置不再成为限制其消费的因素，最典型的例子就是互联网上各大电商的出现，极大地方便了消费者的购物行为，同时也改变了人们的购物习惯。

3. 从连接要素看，丰富的连接创造了商业价值，推动了以数字生态圈为代表的创新商业模式的涌现

企业之间、产品之间、消费者之间、产品和消费者与企业之间的连接都远比过去丰富。虚拟空间中供应链成员之间的交互更加频繁，企业更容易接触到新的交易伙伴；越来越多的智能互联产品，使得企业之间、产品之间、产品与企业之间的联系日益密切；在传统的线下关系中，消费者只能维持有限的社会关系网络，而数字空间中的社交成本大幅下降，导致消费者在虚拟空间中的连接数量远大于现实生活。

相对于实体环境，虚拟环境中的时间、空间、连接要素都发生了质的变化。需要指出的是，这两个环境是并存的而非对立的，只是在不同行业，实体环境与虚拟环境的并存程度有所区别。虚拟环境的出现，扩展了企业传统运营管理模式的范畴，企业需要在优化运营管理模式时考虑到环境的变化。更为重要的是，这些变化能够带来创业机会、创造价值、创新运营管理模式。

1.1.2 数字化情境下企业行为的变化

数字化改变了企业活动环境的时间、空间和连接要素，也改变了企业的行为。数字化情境下企业的行为目标、产品提供方式、竞争与合作方式及供应链组织方式都发生了巨大的改变，如表1-2所示。

表1-2 数字化情境下企业行为的变化

企业行为	传统企业	数字化情境下的企业
行为目标	明确，直接且相对单一，实现利润最大化	多元，不单纯以部分业务单元盈利为目标，注重整体生态系统健康发展
产品提供方式	产品→产品一服务	产品一服务→数据一服务一产品
竞争与合作方式	以竞争为主，聚焦自己的竞争优势	以合作为主，选择合作企业，共同为消费者创造价值
供应链组织方式	上下游的链条式发展模式	拥抱数字智能变革，重视面向生态系统的发展模式

资料来源：陈剑、黄朔、刘运辉：《从赋能到使能——数字化环境下的企业运营管理》，载《管理世界》，2020，36(2)。

1. 企业的行为目标从传统的利润最大化向整体生态系统健康发展转变

传统企业聚焦于自己的竞争优势与其他企业竞争，以实现自身利润最大化为目标。在数字经济时代，数字化情境下的企业则需要以创造消费者价值为最终目标，依托人工智能、区块链、云计算、大数据及物联网等数字技术，将过去不相关的产品或服务关联起来，将与其他企业的竞争关系转变为合作共生关系，形成网络化和动态化的数字生态圈。在这个过程中，企业的目标变得更为多元化，致力于为消费者提供综合性解决方案。以智能家居为例，家庭电器不再是一个个单一的产品，而是基于数字智能技术相互连接、具有网络结构的智能家电系统。例如，海尔智能家电生态系统中，围绕美食、洗护、用水、空气等集成化需求，将冰箱、燃气灶、油烟机、烤箱、洗衣机、熨烫机、体感试衣镜、净水器、热水器、空调等家电通过物联网和数智技术控制系统集成，并且基于不同场景形成了新的商业模式。

2. 企业的产品提供方式从传统的“产品一服务”向“数据一服务一产品”转变

在海量数据的驱动下，企业的价值创造越来越依托于其所处的数字生态系统。随着顾客需求的不断升级，越来越多的企业选择集成式、一站式的“数据一服务一产品”的产品提供方式，不同类型产品的供应链形成了不同类型的供应链群落。这些供应链群落并不是相互割裂的，而是相互交叉、交互作用的。这种集成式、一站式的服务模式，使得供应链成员突破了原来从供应商、制造商到零售商的线性上下游关系，引入了更多基于集成产品的企业成员。例如，智能家居生态系统将家电、卫浴、家具等产品智能化连接，以整体无缝的形式为消费者提供服务，从而拉动了基于数字智能技术的供应链生态系统的形成。

3. 企业的竞争与合作方式从传统的竞争为主转向合作为主，从聚焦自己的竞争优势转向共同为消费者创造价值

从单个企业到线性供应链、供应链网络，再到供应链生态系统，不仅意味着商业结构的变化，还反映了大量企业同时与多个不同类型供应商和客户合作的特点。网络中各种信息流和物流相互作用，任何一个节点的变化都会导致连锁反应或涟漪效应。供应链网络提供了供应链生态系统形成的物理基础，不同供应链群落突破了传统供应链的边界，既有基于供应、制造和零售关系的相互交叉，又有基于生产复合的“数据—服务—产品”的相互补充，形成了相互依赖、网络化、动态化的供应。比如，基于衣服的洗护场景，形成了衣物全周期的智能零售与服务，实现了购、洗、护等全场景的交互。这里面既有满足一般家庭生活需求的冰箱、卫浴供应链群落，也有与不同场景结合后形成的满足高阶家庭生活需求的医疗健康、美食养生供应链群落。其中，智能马桶除了传统功能，还可以完成尿常规、尿流率等基本体检功能，通过与智能手机、平板电脑、云端等智能化设备连接，可以与医疗健康等服务供应链群落进一步交互；智能冰箱可以提供养生食谱与美食养生供应链交互，或与电商平台交互，并支持一键下单采购食材。

4. 企业的供应链组织方式从传统的上下游的链条式发展模式向数字生态系统模式转变

全球范围内的各大企业都在拥抱数字智能变革，重视面向生态系统的发展模式。其一，数字化情境下的不同企业供应链之间具有共生关系，更重要的是，所有的参与者协同进化。例如，小米生态系统的智能手环、智能摄像机、智能血压计、智能插座、智能灯泡等硬件产品，集成了合作伙伴的产品与服务，如语音输入领域的科大讯飞。其二，数字智能技术是供应链生态系统形成的重要支撑，影响供应链的每个环节，重塑了供应链的组织方式。供应链的各个环节中，人工神经网络、模糊逻辑、数据挖掘、遗传算法、基于代理的系统等人工智能技术都有应用。其中，①人工神经网络应用最为广泛，通常用来发现人类难以察觉的复杂模式，包括模式分类、聚类、预测、基于内容和过程控制的检索等。基于物联网基础设施，形成“零库存智能制造”的新型制造范式，提供了信息可视化，实现了运营改善。②3D 打印、4D 打印及添加剂制造等增材制造技术在降低建筑打印成本的同时，也使打印速度呈“S”形上升。上述增材制造技术对竞争力、成本、供应商、环境、健康和安全、产品质量、生产效率、供应链复杂性和灵活性等均有影响。③区块链作为一种分布式记账技术，从库存、运营、组织等不同角度发挥信息化、自动化和标记化作用，可以通过提升可视性、信息聚合度、信息验证性、合同自动化和信息韧性改善供应链，创造更多稳定、透明、安全、高效的供应链，促进供应链与金融一体化发展。

1.1.3 数字化情境下产品特征的变化

无论身处什么样的时代，企业总是通过为消费者提供产品来创造价值。因此，商业管理的核心仍然要围绕企业所提供的产品展开。数字化在改变经营环境以及参与者行为的同时，相应地也改变了产品这一商业管理核心要素。

首先，在以数字化为标志的新时代，产品的一个重要特征是智能化。如图 1-1 所示，通过大量的传感器、处理器、存储器等电子元器件，智能产品实现了对使用数据的实时抓取，这些数据被企业用于分析消费者的使用行为，或者用于智能产品的自主学习，以便为消费者提供更好的使用体验；而配套的操作系统和应用软件，使得消费者能够在购买产品后自行完成最后的定制环节，从而可以按照个性化需求控制和使用智能化产品。

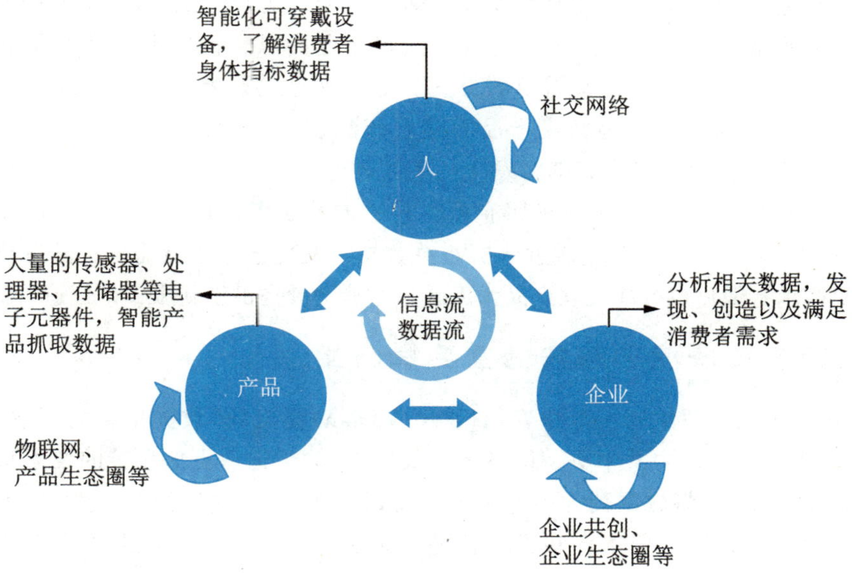

图 1-1　数字化情境下产品特征的变化

资料来源：陈剑、黄朔、刘运辉：《从赋能到使能——数字化环境下的企业运营管理》，载《管理世界》，2020，36(2)。

其次，数字化情境下产品的另一个重要特征是不断增强的连接性。事实上，这种连接不但发生在产品之间，而且发生在所有事物之间，即所谓的万物互联。例如，智能家居网络通过将音响、电视、照明、空调等不同产品连接起来，在各类智能产品之间进行数据交互，共同为消费者提供一个无缝的使用场景。通过智能产品之间的连接，将看似不相关的活动主体连接起来，能够创造出更多的商业机会。又如，智能化可穿戴设备有一项基本功能是帮助消费者了解身体的各项指标。因此，医院、医保、药企、健康顾问等医疗机构和部门都可以通过可穿戴设备与消费者建立起直接连接，并提供定制化的服务；运动和餐饮领域相关企业也可以利用这种连接为消费者提供运动和饮食方面的建议；相关平台企业还可以利用消费者之间的连接，构建基于可穿戴设备的社交网络，如微信好友的运动排名等，为平台提供移动终端入口的新机遇。这些创造出来的新服务都源于智能产品的连接性。

最后，产品的研发过程受到数字化进程的影响。越来越多的消费者参与到产品设计中来；3D 打印等技术使得产品的研发过程虚拟化；拥有新兴数字技术的企业依托其对数据的处理能力，在许多行业的现有供应链中占据了一席之地，甚至作为主导者创造出新的商业模式和供应链结构；由于数据成为企业的核心资产，现有供应链中企业之间的关系被重新定义。数字技术至少从两个方面影响企业的产品研发过程。一方面，企业获得了更多的消费端数据，既包括遍布于网络的消费者评价数据，也包括消费者在使用智能互联产品时产生的实时数据。通过对数据进行分析，企业既能获得消费者群体的整体行为特征，又能在个体层面上更精准地刻画消费者行为，从而能更敏捷地对消费者的需求变化做出响应，设计出更加贴近用户需求的产品。另一方面，企业的产品研发过程本身也受到数字技术的影响，智能、自主的加工工厂不但能够自动识别潜在的设备问题，而且可以通过智能设备之间的联网，实现加工流程的自主优化。3D打印技术更是彻底改变了产品的创造过程，使得企业能以较低成本实现产品的个性化生产，从而改变企业满足消费者需求的方式。更为深远的影响在于，通过将实物产品数字化，企业管理的对象变为数字产品。随着产品创造过程的虚拟化，传统的采购、库存管理、产品定价等运营决策都将发生巨大的改变。

因此，智能互联产品的出现，使得企业由过去向消费者提供“产品—服务”发展为提供“数据—服务—产品”，即企业通过分析相关数据，发现甚至创造需求；随后设计相应的服务满足需求；最后以智能互联产品为工具，向消费者提供创新服务，创造价值。

1.1.4 数字化情境下数据的重要性凸显

2018年，哈尔·罗纳德·范里安(Hal R. Varian)提出的“数据是新的石油”已经成为世界共识。2020年，中共中央、国务院正式发布《关于构建更加完善的要素市场化配置体制机制的意见》，将数据列为第七大生产要素。在工业经济时代，生产要素主要包含土地、劳动力、技术、资本、知识、管理。而在数字经济时代，生产要素还包括数据。数字经济的实质是数据驱动，如同农业时代的土地、劳动力，工业时代的技术、资本一样，数据对生产力发展所带来的影响在某种意义上将超过其他几个生产要素，成为数字经济时代驱动创新的关键要素。近年来，随着人工智能(AI)、区块链(blockchain)、云计算(cloud computing)、大数据(big data)等数字技术(简称“ABCD”)的蓬勃发展，各行各业的数据呈爆炸式增长。对数字企业而言，以往工业经济时代的竞争逻辑发生了转变，数据作为新的“石油”，可能对顾客需求分析、产品设计、产品定价及库存管理决策、供应链管理决策等带来影响。

在数字经济时代，企业通过数字技术获取的数据比以往更丰富，对顾客需求的预测也更准确。顾客需求与过去相比变化速度更快、需求的个性化特征更为明显。同时，企业可以获取的数据类型和数据量都远比过去丰富。以亚马逊(Amazon)为例，除了交易数据以外，平台还可以将用户浏览、购买、使用、评价等数据都记录下来，包括搜索的关键词、页面的停留时间等。这些行为特征往往是用户偏好及其个性化需求的直接表现，借助于强大的数据分析能力，可以更加准确地预测顾客的需求。

数字技术驱动下的数据分析能够实现更加贴合用户需求、更佳性能、更高效率的产品设计。首先，大量的消费者使用数据和社交媒体数据，为企业准确设计符合市场潮流的产品提供了可能。例如，通过手机应用 Nike+，耐克公司可以更好地了解用户的运动习惯，包括用户的运动频率、时间及位置信息等运动数据，从而帮助设计师和产品经理们设计出更加贴合用户需求的耐克产品。其次，数字仿真、虚拟现实(virtual reality，VR)和增强现实(augmented reality，AR)等技术的发展，推动大数据分析作为设计工具，可以精确地模拟和仿真产品的各种物理参数，并通过可视化的模式加以展示，尤其是可以在不同参数、不同环境下模拟不同产品设计的性能差异，从而形成最佳性能的产品设计。例如，基于智能互联产品传回的用户使用数据，利用虚拟现实等可视化技术，设计人员能够模拟产品的真实使用环境，构造出实际产品的数字化映射模型，这些技术手段对于企业持续改进产品设计无疑具有重大意义。最后，为了更好地满足数字经济时代消费者日益个性化的需求，最大程度实现个性化的设计，许多企业开始利用云计算技术，将越来越多的功能转移到云服务器，增强与用户的互动设计，通过软件实现客户端产品的定制，即消费者可以根据使用习惯，自行设定数字产品的用户界面和硬件产品的功能布局等。

通过数字技术驱动下的数据分析，企业可以制定更加优化的定价决策。在某些服务行业，结合用户的行为数据，甚至可以做到"一人一价"。例如，过去车辆的保险价格是基于地区、车辆类型、司机类型等因素制定的；现在借助车辆上传感器传回的数据，保险公司可以实时收集消费者的驾驶行为数据，从而更深入地了解用户的驾驶习惯，更合理地制定"一人一价"的保险价格。

数字技术驱动下的数据在企业的供应链管理中发挥了重要的作用，这既体现在流程日趋智能化，也体现在供应链上下游之间的决策越来越多地依赖于数据分析。首先，制造业正在变得越来越智能，使用传感器和无线技术来捕获生产环节中的各种数据，再传递回智能设备以指导从集中控制转变为分散式自适应的智能网络。数字技术改变了制造环节设备维护的模式，在降低成本的同时有效提高了设备的可靠性。类似地，数字技术还可以用于监控和分析整个生产流程，发现能耗异常，从而在生产过程中实现实时优化。其次，在数字经济时代，越来越多的供应链管理中的零售环节开始采用全渠道零售模式，新的零售店在购物体验和运营管理方面都与传统零售模式有差异。例如，便利蜂商店要求消费者在进店时扫描在线购物应用程序，以便掌握消费者的在线标识信息，实时完成结账流程，减少排队等候时间。最后，物流方面，依托在线零售商的先进物流，线下商店不需要考虑附属仓库的问题，相反，可以更频繁和灵活地补货，从某种程度上扩大了实体店的空间。零售店通过全渠道收集的数据要多于传统数据，通过对线上销售数据的分析还有助于对线下零售中遇到的问题进行决策，如选品问题、货架库存问题及选址问题等。

1.2　数字企业战略及其层次

1.2.1　数字企业战略的定义

战略(strategy)一直是管理学领域的核心问题。企业战略回答了"我们向何处去""我们是什么人"的问题，最早是由美国管理学家伊戈尔·安索夫(H. Igor Ansoff)于1965年在《企业战略论》中提出的。企业战略的对象涉及企业整体以及和企业有关的全部活动，强调企业应具有对整体市场纵观全局的能力，其中包含了对所有企业运作的商业元素与关系的透视性、相关性、前瞻性、客观性的思维。企业战略让组织最高层管理者清晰地知道“我们向何处去”，战略的输入信息代表企业目标、愿景、使命及政策，回答了“我们是什么人”的问题。迈克尔·希特(Michael A. Hitt)认为，战略就是用来发展核心竞争力，获得竞争优势的一系列综合的、协调性的约定和行动。进行战略选择时，公司可以选择不同的竞争方式，以指导其获得竞争优势。格里·约翰逊(Gerry Johnson)将长期、方向和组织作为战略的三要素，认为战略是组织的长期发展方向。艾尔弗雷德·钱德勒(Alfred D. Chandler)认为战略是确定公司的长期目标以及为实现这些目标所需的行动方案选择和资源配置。迈克尔·波特(Michael E. Porter)认为竞争战略就是谨慎选择不同的行动以实现独特的综合价值。亨利·明茨伯格(Henry Mintzberg)认为战略是在一连串决策过程中形成的模式。表1-3列出了多位学者对战略的定义。综上，我们认为**战略是指企业为谋求长期生存和发展，在对外部环境和内部资源条件分析研究的基础上，对企业的目标、经营方向、重大经营方针、实施步骤做出的总体性谋划。**

表1-3 战略的定义

作者	战略定义
弗雷德蒙德·马利克	所谓战略就是，我们不知道未来会怎样却又必须有所行动，并且还得做出正确的选择
阿洛伊斯·盖维勒	战略的意思就是，甚至在你开始行动之前，你的行动方式就预告了长远的成功
彼得·德鲁克	战略关心的不是未来的决策，而是今天的决策(或者不做决策)对未来的影响
迈克尔·希特	战略就是用来发展核心竞争力，获得竞争优势的一系列综合的、协调性的约定和行动
格里·约翰逊	战略是组织的长期发展方向
艾尔弗雷德·钱德勒	战略是确定公司的长期目标以及为实现这些目标所需的行动方案选择和资源配置
迈克尔·波特	竞争战略就是差异化，它意味着谨慎选择不同的行动以实现独特的综合价值
亨利·明茨伯格	战略是在一连串决策过程中形成的模式

数字企业战略(digital strategy)是指借助数字技术和数据分析协助企业发展核心竞争力以获得持续竞争优势的一系列综合的、协调性的约定和行动。在数字经济时代，经济学和管理学的诸多理论面临数字颠覆。在数字技术的驱动下，数字经济的运行在基础支撑、技术特征、组织结构、产业组织等方面都迥然有别于工业经济。数字企业在进入战略、面临的新机会、市场需求条件、生产要素转换、相关产业支持及政府角色等方面都发生了变化。在数字化情境下，战略管理的目的、手段、过程都将发生质的变化。价值共创将替代传统的股东价值最大化和利润最大化。数字企业依托数字平台以及数字生态系统，将在业务层战略、公司层战略、数字并购战略及国际化战略中发挥举足轻重的作用。以人工智能、区块链、云计算、大数据为代表的数字技术在数字企业战略规划的过程中扮演着重要角色。

1.2.2 数字企业战略管理的定义

数字企业战略管理(digital strategic management)是指企业利用数字技术与数字化情境下的思维方式来确定其使命，根据组织内外部环境识别数字机遇并设定战略计划，依靠企业内外部能力实施计划，以及在实施过程中进行协调控制的动态管理过程。数字企业战略管理的本质在于使用数字技术更好地应对管理的复杂性。从20世纪到21世纪，数字经济对工业经济的替代可以与工业社会取代农业社会相提并论。数字技术带来的变革规模之大和影响力之深将会超越以往任何一次社会转型。在工业经济时代人们主要受到金钱和经济的规则支配，而在数字经济时代人们将主要由信息、知识、洞见、高度互联的生态网络等更为复杂的规则支配。传统的管理思维更加注重经济类别、短期利润和一般财务因素，股东价值被视为企业的最大利益。而新的管理思维则更加注重平台经济、长期战略生态价值和用户价值，企业管理与发展更类似于生物学中的复杂系统(complex system)。复杂系统有自己的自然规律，能够适应复杂系统的战略本身必须具有进化性。管理者必须具备新型的知识，能够在元层次或更高视角来理解、掌控和影响整体管理。组织也需要具备全新的运转方式，制定全新的解决方案来驾驭数字经济时代企业管理的复杂性。数字企业战略管理应对管理的复杂性包括以下几个方面。

1. 数字化从消费端走到产业端

数字技术基础设施的完善推动了产业互联网的蓬勃发展，从而持续高效地推动数字技术与产业价值的快速融合。数字经济与实体各领域产业深度融合所带来的生产效率的提升以及生产模式的改变，将成为产业转型升级的重要驱动力，这也与经济从高速发展向高质量发展的国家战略相契合。在生产、流通、消费的经济活动中，如果说消费端侧重将消费活动数字化，那么产业端则侧重将实体产业的生产和流通数字化。

2. 创造顾客价值是关键

彼得·德鲁克(Peter F. Drucker)曾经给企业下了一个定义：企业就是创造顾客。到了数字经济时代，数字技术率先改变了消费端的行为，意味着顾客和市场细分概念已经没有那么重要。因为迭代与优化让一切发生着动态的调整，价值创造和价值获取过程都发生了根本性的变化，顾客也随之发生着动态的调整。所以对企业而言，真正关键的是创造顾客价值。

3. 价值链变成价值网

过去的观念认为，企业只有在一条价值链中，才能获得成长的机会，所以基于价值链的竞争模式成为企业战略选择的一个有效方式。但是，这也导致了企业之间的竞争转换为价值链的竞争，导致了产业价值被不同价值链博弈而侵蚀，使得很多产业价值并未很好地释放。在数字经济时代，数字技术提供了解决方案，把价值链变成了价值网，让企业成为价值网上的一个连接点，通过数据协同，让原有价值链上的合作伙伴共生，更拓展了原价值链外的价值。而这些协同的价值，远远超过了原价值链的内部价值。

4. 边界重塑

数字化与产业的结合，数字技术与人的组合，本质上是技术发展与社会进步的边界重塑。美国劳工部研究指出，65%的小学生将会在长大后从事现在完全不存在的工作岗位；部署机器人的公司也会在未来创造更多新的工作条件，引导组织人才结构、技术水平、价值创造方式和工作环境等方面的变革；AI将会改变组织的工作方式，亦将改变社会关系本身。所以，数字化情境下的企业已经不再处在一个在商言商的世界里，真正的商业价值一定彰显了生活的意义、人的成长和社会进步。数字企业既要实现商业价值，还要对环境保护、社区安全和健康发展做出贡献。在数字经济时代，数字企业不能只讨论商业逻辑，还要正视企业对人类、社区、行业等各方面的影响与责任。

下面列出了数字企业战略管理需要思考的问题：

- 如何将数据作为一种资产来加以利用？
- 如何界定数据的作用边界？
- 如何用数字技术将业务、组织和工作方式变得更加智能？
- 如何绘制用户画像来定义客户群体？
- 如何开发数字附加型产品与数字原生型产品？
- 如何利用当前共享经济、粉丝经济、眼球经济、社群经济的热点？
- 如何为所有业务制定明确的数字化战略？
- 数字化整体战略是否与业务战略紧密结合？
- 数字化情境下的企业运营管理将发生哪些变化？
- 数字经济时代企业应如何培养员工？
- 数字企业如何使用数字技术促进战略管理过程的智能化？

……

1.2.3 数字企业战略管理的层次

在组织内部，数字企业战略可以在公司层、业务层及职能层3个层面存在。为应对数字经济时代带来的巨变，数字企业的公司层战略、业务层战略与职能层战略在不断推陈出新。公司层战略主要强调两个方面的问题：一是应该做什么业务，即从公司全局出发，根据外部环境的变化及企业的内部条件，确定企业的使命与任务、产品与市场领域；二是怎样管理这些业务，即在数字企业不同的战略事业部之间如何分配资源及采取何种成长方向等，以实现公司整体的战略意图。职能层战略则比业务层战略更为详细和具体，其作用是使公司层战略与业务层战略的内容得到具体落实，并使各项职能之间协调一致，通常涉及数字营销战略、数字财务战略、数字人事战略、智能化生产战略等。

1. 公司层战略(corporate-level strategy)

公司层战略涉及整个组织，关乎如何为组织的各种业务增加价值。公司层战略问题包括地域范围、产品或服务多元化和新业务收购等，涉及如何在不同的组织要素中配置资源。明确公司层战略对企业而言非常重要，确定公司业务范围是其他战略决策的基础。在工业经济时代，对于新闻集团而言，从报刊业的新闻工作扩展到电视和社交网络的多元化战略，就属于公司层战略。在数字经济时代，数字企业的公司层战略通常涉及数字平台战略等。第一，家庭自动化、自动驾驶汽车、网络垃圾桶、无人机群、数字孪生和其他通常被称为物联网(IoT)的技术，将创造基于数字平台转变商业模式的多样性需求，这一数字机遇不仅将被 FAANG（Facebook、Apple、Amazon、Netflix、Google）和 BAT（百度、阿里巴巴、腾讯）等公司所捕获，还将为一大批从未参与数字平台建设的传统公司带来战略挑战和机遇。因此，理解数字平台的发展规律对数字企业公司层战略意义重大。第二，随着数字技术的迅猛发展，数字企业的基本生存环境发生了巨大的改变。数字孪生、无限连接与价值共生取代了以往竞争导向的公司层战略，引导我们重新理解数字经济时代的企业生存与发展环境。第三，随着注意力经济等新的数字经济现象在当今商场大行其道，对于数字企业特别是处于竞争劣势的平台边缘数字企业而言，如何利用平台战略在避免正面竞争的同时争夺平台生态主导权，如何利用复合战略快速复制、整合、创新数字产品，已成为当务之急。

2. 业务层战略（business-level strategy）

业务层战略也称为竞争战略，涉及各个业务部门应如何在其特定市场上进行竞争，通常关系到企业创新和应对竞争者行动等问题。在公共部门，业务层战略相当于医院或学校等机构如何提供最有价值的服务。对于更大组织中的业务部门，业务层战略应当与公司层战略相匹配。业务部门可能有独立的业务，如创办新企业，或者是更大公司的事业部或业务单元。例如，京东旗下设有京东商城、京东金融、拍拍网、京东智能、O2O 及海外事业部等。随着新兴数字技术和新组件向产品和服务创新过程的渗透与融合，数字技术创新衍生的新产品、新服务层出不穷，极大地扩张了传统意义上产品与服务创新的功能、意义和内涵。数字经济时代，数字业务呈现出可编辑性、自生长性、可供应性、收敛性、迭代性、可扩展性等特性，用户的行为则趋向移动化、社会化、个性化和互动化，因而可以从可接触性、丰富性、密切关系、锁定效应 4 个方面管理企业与用户的关系。基于数字经济时代的用户与业务分析，业务层战略主要考虑各业务部门如何进行单点突破、场景延伸及生态协同等问题。由于各个业务部门的产品或服务不同，所面对的数字环境也不同，企业能够对各项业务提供的资源支持也不同。

3. 职能层战略（functional strategy）

职能层战略涉及组织中的各职能部门如何根据资源、流程和员工的情况，有效地实现公司层战略和业务层战略。传统工业经济时代的组织结构形式可以分为直线制、职能制、直线职能制、事业部制及模拟分权制等，这些组织结构类型具有严格的垂直化、科层制、等级制等特点，对企业的发展、制度的建立及绩效的激励起到了无可替代的作用。然而，在数字经济背景下，企业与企业之间、企业与顾客之间的边界变得模糊，数据共享因素在企业获取竞争优势的过程中发挥着越加重要的作用。此外，数字经济所带来的顾客消费需求的升级换代，以及消费者对于实时性体验追求的不断增强，进一步要求企业各个职能部门之间要加强协同配合，对顾客需求做出即时响应。例如，百度的工程师要不断开发足够的处理能力来应对快速增长战略。在大部分业务部门，业务层战略的成功很大程度上取决于职能层所做的决策和采取的行动。所以，职能层战略需要与业务层战略紧密配合，这对于成功推进战略至关重要。在数字经济时代，以数字中台为代表的新型组织结构通过连接企业各个职能部门之间的各类数据，提供以前单个部门或者单个企业无法提供的数据服务能力，实现数据的更大价值变现。

1.3 数字企业战略管理体系框架

战略管理体系框架是企业获取竞争优势所必需的，由约定、决策和行动所组成的一套体系。如图 1-2 所示，数字企业战略管理过程是数字经济时代企业获得持续竞争优势的途径。在本章介绍完数字经济时代的战略管理逻辑后，接下来分 3 个部分分析数字企业战略管理体系框架。

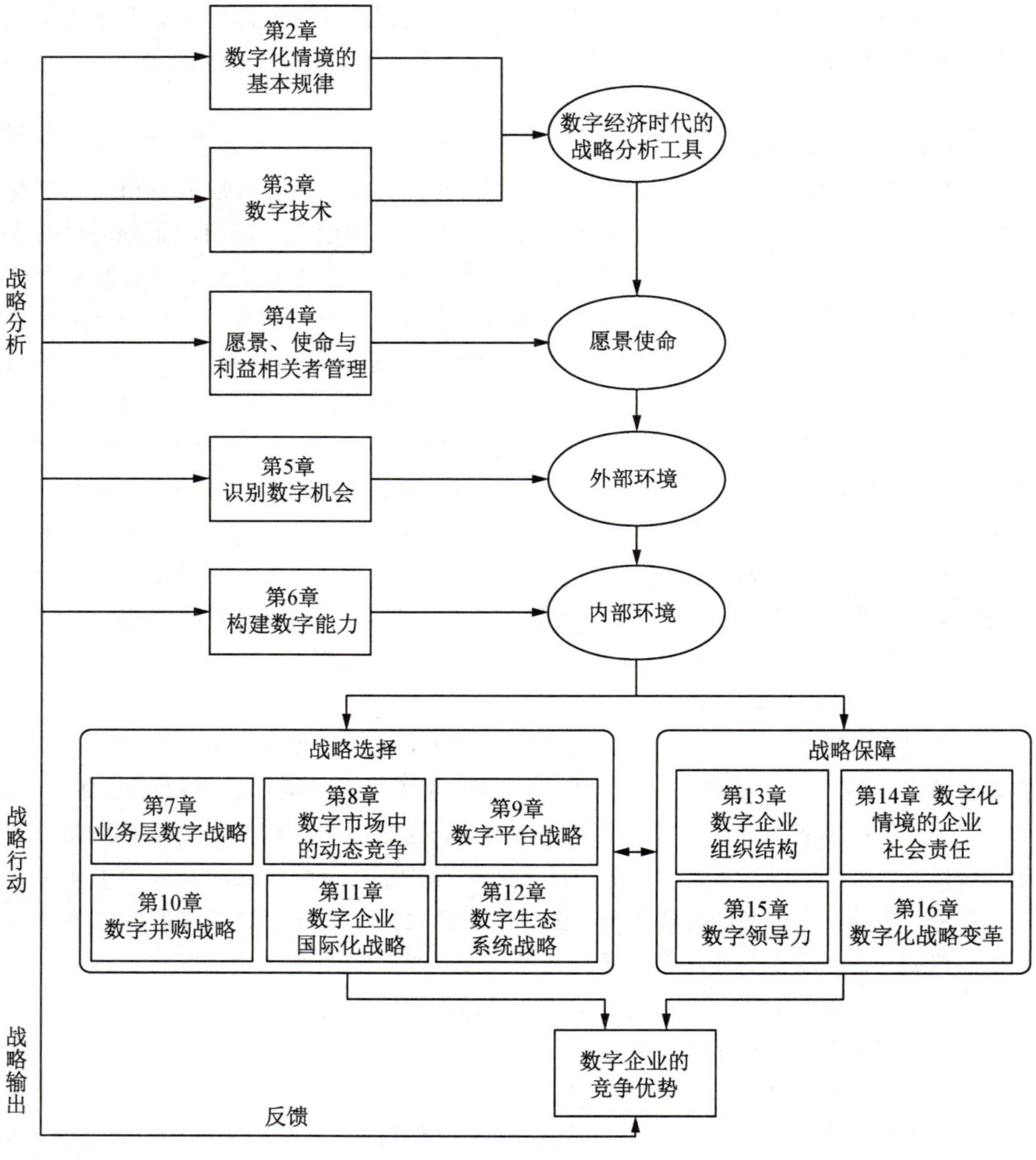

图 1-2　数字企业战略管理体系框架

第一部分描述了数字化情境的基本规律(第 2 章)，数字技术(第 3 章)，愿景、使命与利益相关者管理(第 4 章)，识别数字机会(第 5 章)以及构建数字能力(第 6 章)。数字企业在愿景与使命的指引下，首先应了解数字化情境的规律，然后应掌握人工智能、区块链、云计算和大数据等数字技术作为数字经济时代的战略分析工具，通过识别数字经济大环境中的数字机会，思考数字能力的构建方法。数字企业的战略分析为后续的战略选择与战略保障提供了基础。图 1-2 中连接两种战略行动的箭头表明，如果数字企业希望成功运用战略管理过程，其战略规划与保障必须是相辅相成的。领导者在选择数字战略时，应同时考虑如何实施以及战略可能发生的变化。只有这样，数字企业战略的设计与行动才能完美结合。

第二部分讨论数字企业可能的不同战略选择。首先，通过对数字经济时代的用户分析以及对数字企业业务独特性的了解，探究业务层数字战略(第 7 章)。其次，介绍数字企业在开放竞争、模糊边界及动态多变的数字市场中的动态竞争(第 8 章)，竞争者之间预测对方行动并做出反应，竞争的动态性将对数字企业的战略选择与实施产生重要影响。与工业经济时代的公司层战略相比，数字企业的公司层战略主要是基于数字平台驱动的。再次，将数字平台战略作为数字经济时代的公司层战略，关注数字平台的中心企业和边缘企业分别如何实施数字平台战略来争夺数字市场主导权(第 9 章)。最后，介绍其他对战略规划的设计，包括数字并购战略(第 10 章)、数字企业国际化战略(第 11 章)以及数字生态系统战略(第 12 章)。

第三部分讨论的话题与成功实施战略需要采取的行动密切相关。首先，梳理了数字企业组织结构(第 13 章)。数字经济时代企业的边界更加模糊与开放，数字企业的组织结构变得更加柔性化，组织控制更加智能。然后，解析了数字化情境的企业社会责任(第 14 章)，它与数字企业利益相关者息息相关，几乎所有战略管理过程的决策都包含伦理、道德与责任。最后，还介绍了数字领导力(第 15 章)和数字化战略变革(第 16 章)。随着数字技术的日益成熟，数据安全、AI 伦理等问题层出不穷。数字企业领导者在商业实践中面临着伦理道德方面的巨大挑战，他们有必要意识到自己的每个决策将对企业利益相关者产生的影响。

本书所研究的数字企业战略管理过程要求以符合数字经济时代战略管理逻辑的方式来创造竞争优势。这些方法为数字企业数字化转型提供了创造竞争力和获取超额利润的途径。掌握这一战略管理过程，能有效地帮助企业更好地发展。

本章小结

• 战略是指企业为谋求长期生存和发展，在对外部环境和内部资源条件分析研究的基础上，对企业的目标、经营方向、重大经营方针、实施步骤做出的总体性谋划。

• 数字企业战略是指借助数字技术和数据分析协助企业发展核心竞争力以获得持续竞争优势的一系列综合的、协调性的约定和行动。

• 数字企业战略管理是指企业利用数字技术与数字化情境下的思维方式来确定其使命，根据组织内外部环境识别数字机遇并设定战略计划，依靠企业内外部能力实施计划，以及在实施过程中进行协调控制的动态管理过程。

• 数字企业战略管理可以在公司层、业务层及职能层 3 个层面存在。公司层战略涉及整个组织，关乎如何为组织的各种业务增加价值。业务层战略涉及各个业务部门应如何在其特定市场上进行竞争。职能层战略涉及组织中的各职能部门如何根据资源、流程和员工的情况，有效地实现公司层战略和业务层战略。

复习思考题

1. 数字化情境下企业战略管理发生了哪些变化？
2. 数字化情境下数据的重要性主要体现在哪些方面？
3. 数字企业战略是指什么？
4. 数字企业战略管理的定义及其本质是什么？
5. 数字企业战略管理分为哪些层次？
6. 数字企业战略管理体系框架包括哪几个部分？

案例分析

扫一扫，看资源

数字化情境下企业战略方向的选择

第 2 章　数字化情境的基本规律

【学习目标】

➢掌握摩尔定律、梅特卡夫定律、网络效应及先行者优势的内涵

➢掌握摩尔定律、梅特卡夫定律、网络效应及先行者优势对数字企业的启示

【关键术语】

摩尔定律　梅特卡夫定律　网络效应　网络外部性　需求方规模经济　正反馈　先行者优势　零边际成本　顾客锁定

开篇案例

快手和字节跳动：数字技术赋能 BOP 商业模式创新

快手和字节跳动是短视频行业中的两家头部企业，月活跃用户均过亿，同行业中已没有类似量级的企业，具有行业代表性。虽然两家企业的用户分布在结构上略有不同，但是均存在大量的 TOP(top of the pyramid，高收入群体)用户与下沉市场 BOP(bottom of the pyramid，低收入群体)用户，遍布全国各地。

BOP 用户群体蕴藏着巨大的商业潜能

BOP 用户可能蕴藏着巨大的商业潜能，如果企业可以采取创新的思维、模式与方法来有效服务于 BOP 用户，那么就可能在获得经济回报的同时缓解甚至消除贫困。

从信息生产的角度来看，尽管互联网打破了传统媒体的信息渠道垄断与内容生产的主体地位，使得普通民众可以通过互联网来提供与分享他们对新闻的真实看法，但这种权利仍然偏向于具有一定能力、渠道、工具、知识及处于经济金字塔中高端位置的群体。低收入群体与高收入群体之间依然存在信息不对称与信息不平等。而借助快手和字节跳动等短视频平台，用户通过上传自己拍摄的短视频，即可展示工作状态、生活方式与生活环境，并获得不同程度的关注，这种对表达的释放与平等对待对 BOP 用户具有重要价值，也降低了长期以来在信息生产与注意力(attention)资源分配中的不平等。

从信息获取的角度来看，快手和字节跳动平台利用数字技术汇集了大量的内容创作，促进了 BOP 用户的信息获取与消费。之前由于 BOP 用户生活环境的相对封闭性，其信息获取主要来源于社交关系中的熟人，致使该群体所能接触的信息规模有限，内容也比较单一。即便能够使用互联网，很多媒体与内容创作者使用的话语体系与表达方式也往往不符合 BOP 用户的认知水平，专门针对 BOP 用户的信息供给狭窄且匮乏。BOP 创作者进入平台，为 BOP 用户提供了丰富多样的内容供给，而短视频这种信息载体也使得 TOP 用户发布的内容更容易被 BOP 用户所接受，这扩大与提升了 BOP

用户能够获取的信息范围与质量，拓展了其对外部世界的认知与机会边界，降低了在信息获取上的不平等。

"智能+人工"内容推荐

大量短视频被上传到平台后，平台需要及时把这些内容推荐给相应用户，以实现对内容价值的匹配与传递。推荐的效率与效果直接关系到创作者与用户的体验，进而影响平台的用户留存与活跃度等指标。在这个意义上，内容推荐既是平台的关键活动，也是核心能力。由于存在海量且极具多样化的视频内容，快手和字节跳动都采取了智能算法和人工审核编辑相结合的内容推荐模式，既提高了内容推荐的效率，又推动了平台内容生态的良性发展。

智能算法推荐的本质是从内容池中运用技术手段把用户感兴趣的内容挑选出来。特别是当平台存储和上传视频规模很大时，一个用户能够被推荐的候选内容有几百万条到上千万条，如何在几十毫秒至几百毫秒之内找出该用户最感兴趣的十几条内容，是系统主要解决的问题。虽然不同平台采用的具体模型有差异，但推荐系统都要依靠3方面的特征：一是内容特征，即视频主要表现什么内容，是新闻、娱乐还是情感类内容等；二是用户特征，主要包括用户的兴趣、身份与行为3类特征，如爱好、职业、性别、年龄与观看习惯等；三是环境特征，即用户在特定时间观看短视频所处的具体场景，如地理位置、使用时间、天气情况与网络状况等。结合3方面特征分析，系统会自动推断出用户在特定环境中需要什么内容并予以推荐，而推荐后的数据反馈也为推荐优化提供了不间断的实验与学习基础(图2-1)。例如，快手基于全链路实时在线学习将用户的实时反馈秒级更新到算法模型来进行优化迭代，字节跳动的算法部门也在大的架构下基于新算法的不断尝试来提升推荐效率与效果。

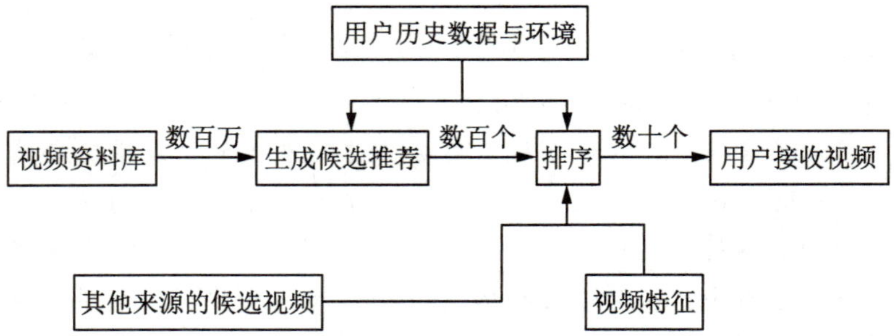

图2-1 用户视频推荐原理图

可以看出，在这种智能推荐系统下，BOP用户与TOP用户的创作内容在算法上会得到同等对待，被自动推荐给对其最感兴趣的用户。虽然智能推荐既提高了海量内容的分发效率，又优化了内容的配置效果，但仅依靠智能推荐也会引发多种问题。在实际操作中，需要人机结合，重视人工编辑与审核的地位。有学者划分出整体性、群体性与个体性3个层面的内容市场，分析了智能推荐算法在各个市场存在的问题。例如，整体性市场上算法在把握深层社会心理方面严重欠缺；群体性市场上算法的二次过滤会加剧信息窄化，形成信息茧房(information cocoons)；而针对个体的个体性推荐有时会掺杂低级甚至违法违规的内容(如造谣)，单纯通过算法并依据用户兴趣进行推荐不可避免地会隐含负面的价值取向。特别对于有些BOP创作者，为吸引关注，创作的短视频有时会有很强的猎奇性内容，不仅会造成不良的社会影响，还会对 BOP 用户形成伤害。因此，对于上述各类机器理解非常困难的内容，平台要借助人工审核与编辑的介入。在快手和字节跳动，这种人工介入与智能推荐相结合，会深入从生产到传播中各个环节的内容。在这两家公司，相关的审核人员均已超过 8 000 人。

BOP 用户社交网络拓展

对于快手和字节跳动来说，平台参与者之间的连接与互动有助于激发网络效应，增加用户对平台的黏性，有利于流量稳定与用户积累。因此，两家公司在产品端与商业运营中都设计了多种社交功能，包括关注、评论、点赞、同城、同主题创作、同屏 PK 和最直接的直播互动与交流等。这些功能结合智能算法推荐，可以把具有相同特征或对同类内容感兴趣的人联系在一起，使得短视频平台不仅是内容展示平台，更是基于内容的社交平台，这有效拓展了 BOP 用户的同层与跨层社交网络。

一方面，BOP 用户创作的内容往往与自身的工作、生活和环境息息相关，而这些内容在表达特征、话语方式与价值观念上也最容易被 BOP 消费者所接受，因为 BOP 创作者本身也是 BOP 消费者的一部分。通过在平台上持续地发布与观看视频，信息对人的传递关系会自然转移到人与人的关系构建。因此，在相关内容的生产与消费过程中，BOP 用户之间也在不断地进行人情互动，从而把现实中传统的“熟人社会”模式移植到短视频平台，基于共同的价值认同而重新巩固了人际关系的组成结构。这种同一圈层社交网络关系的拓展最终会聚合成规模庞大的线上社群，进而形成专属的话语与仪式，典型如快手的“老铁”与“双击 666”等。当 BOP 用户不断重复这些话语与仪式时，会获得身份的认同与归属感，从而更加依赖平台提供的社群空间。

另一方面，对很多文化教育水平不高的 BOP 用户来说，在以文字与图片作为主要信息载体时，很难与 TOP 用户在互联网上建立广泛的社交连接，不仅因为文字、图片包含的信息有限，而且双方的表达与理解能力也不够对等。而短视频作为新的信息载体，制作、发布门槛更低，其单位时间内所包含的信息也远超文字、图片与语音，更可以让 BOP 创作者结合丰富的场景进行充分展示与表达。除了一些猎奇视频外(平台对此重点审查)，大量短视频是对 BOP 用户日常工作与生活的记录及其个人才艺展示，这也为 TOP 用户提供了大量新鲜和多元化的内容，既丰富了 BOP 用户对世界的认知，也促进了 TOP 用户与 BOP 用户的互动。尤其大量 TOP 用户其实来自 BOP 用户的生活环境，因此很容易从内容连接转化为情感连接，这也拓展了 BOP 用户与 TOP 用户之间的社交网络。

共享式价值获取

短视频平台商业模式的核心构成包括短视频创作者、用户与平台三方，其中，创作者生产内容，用户贡献注意力资源(流量)，而平台提供技术、产品与规则(治理)，三方共同努力实现了多元价值的创造。只有三方都能相对均衡地从共同创造的价值中获得收益时，才能推动系统内商业生态的良性发展。

具体而言，BOP 用户获取的主要是各种无形收益，如获取信息、学习知识、娱乐消遣和舒缓压力等。由于 BOP 用户规模巨大，在精神方面的价值获取对于保持稳定和激励正面情绪有很高的社会价值。而 BOP 创作者可以同时获得精神与物质收益。很多 BOP 创作者最初拍摄短视频只是为了自我表达与获得认同，但会逐渐发现一些商业化机会来获取经济价值，主要有3种模式：一是基于内容的电商卖货模式；二是基于关系的直播打赏模式；三是结合前两者的直播卖货模式。电商卖货模式是指BOP创作者的内容与某些产品有关，就可以通过售卖货品来获得收入；直播打赏模式是创作者与用户在直播间直接互动，通过提供各种形式的服务(如歌唱、表演等)来获得打赏；直播卖货模式则是通过直播互动方式来销售货品，既可以销售自家产品，也可以销售别家产品，即俗称的“带货”。

平台会基于BOP用户与创作者的贡献来获取自身收益。由于BOP用户提供了大量的注意力，平台会通过以广告为代表的营销模式把这些注意力资源进行变现，这也是互联网企业的主要盈利模式之一。如字节跳动依托庞大的流量与数据，利用智能技术进行了多种广告模式的变现。而对于BOP创作者，平台可以从其获得的收入中进行抽成。如快手从直播打赏中抽取50%(含税)，从卖货交易(自营货品)中抽取5%，从推广佣金中抽取50%。同时，平台也要为BOP用户和创作者的收入获取提供技术支持与基础设施服务，如在电商模式中引入专属的交易平台(如快手小店)、提供订单处理相关服务等。

总的来说，很多盈利模式与相应的平台功能都是随企业发展而不断涌现的，但核心原则是平衡三方的利益，过于偏重任何一方的利益都会对其他两方造成损害。正如字节跳动算法部门的一位受访者所说：“如果用户喜欢看什么就给他推什么，有些作者就不愿意来这个平台了。或者如果商业化做得不好，那平台的变现率就比较低，对用户来说没什么，但会影响创作者，他就不愿意来创作了。这三方是相互约束的，不可能都是最大，所以总要平衡这三方之间的关系。”

资料来源：邢小强、周平录、张竹，等：《数字技术、BOP商业模式创新与包容性市场构建》，载《管理世界》，2019，35(12)。

思考与讨论：

1. 快手和字节跳动在成长过程中，符合哪些数字经济时代的规律？
2. 本案例中，BOP商业模式创新创造利润的本质是什么？

2.1 摩尔定律

2.1.1 摩尔定律的内涵

摩尔定律(Moore's law)是由英特尔公司(Intel)创始人之一戈登·摩尔(Gordon Moore)于1965年4月提出的，**是指每隔18～24个月，同样面积芯片上集成的晶体管的数量将增加一倍，也会将芯片的处理速度和处理能力提升一倍，而成本则会降低一半。**这一定律揭示了信息技术进步的速度。摩尔定律可以说是整个计算机行业最重要的定律，它其实是一个预言：每两年微处理器的晶体管数量都将加倍，意味着芯片的处理能力也加倍。这种指数级的增长，促使20世纪70年代的大型家庭计算机转化成八九十年代更先进的机器，孕育出了高速度的互联网、智能手机及车联网、智能冰箱和自动调温器等。摩尔定律产生的经济学原因是半导体行业需要以合适的速度增长以实现利润的最大化。具体来说，半导体晶体管的制程发展速度对于半导体厂商来说非常重要，因为随着制程的进化，相同的芯片可以容纳更多数量的晶体管，芯片的性能也随之提高，并且高度集成化可以降低成本，从而带来更多的利润。如果将额外利润继续用于研发制程的改进和进化，就可以实现效益持续提升的循环过程，这样的循环过程促成了摩尔定律。一直到 20 世纪 90 年代，半导体行业新制程的研发都没有遇到太大的阻碍，但随着特征尺寸越来越小，工艺制程的进程推进遇到了经济学和物理学上的双重阻碍。在经济学方面，先进制程的工艺日益复杂，芯片的设计、掩膜制作成本及光刻成本逐渐增加，这导致先进制程制作的芯片需要更多的销量才能实现真正盈利；在物理学方面，特征尺寸缩小到 5 纳米及以下的量子物理边界时，会产生诸多量子效应，如量子隧穿效应会使晶体管的漏电十分严重，导致电子产品的待机功耗增加，产品的性能降低。因此，对于摩尔定律是否可以延续的质疑声越来越多，业界也在不断寻找可以让摩尔定律继续延续或者与其他领域结合以提高生命力的方案。

摩尔定律达到物理上的极限后，要求全新的科学、工程和概念框架。20 世纪 90 年代以来，半导体行业每两年就会发布一份行业研发规划蓝图，协调成百上千家芯片制造商、供应商跟随摩尔定律制定战略，这种通过晶体管小型化来提高性能的方式也被称为更多摩尔(more Moore)。由于这份规划蓝图的存在，整个计算机行业才跟着摩尔定律按部就班地发展。在过去几十年间，摩尔定律大体上正确：Intel 的微处理器芯片集成度比较接近于每 2.1 年(大约 25 个月)增长一倍，芯片特征尺寸降低一半，如图 2-2 所示。

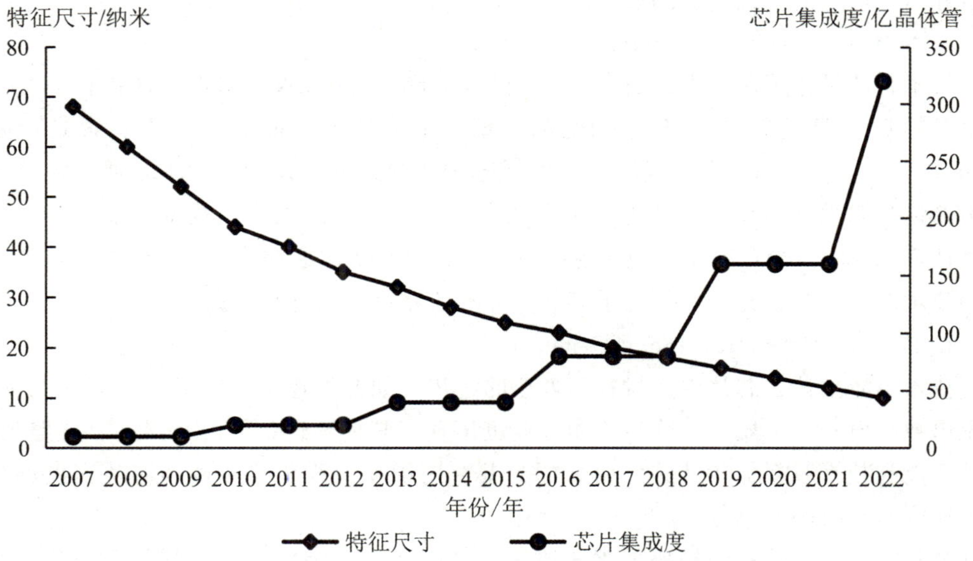

图 2-2　特征尺寸和芯片集成度的发展趋势

在此期间，超大规模集成电路的生产工艺，也从微米级发展到纳米级，即在 0.1～100 纳米的尺度里，以控制单个原子、分子来实现设备特定的功能发生了许多根本上的变化。近几年，在无线通信等应用的拉动下，微电子技术不仅继续沿着摩尔定律指引的按比例缩小方向发展，逐渐形成了被称作超越摩尔定律(more than Moore，MtM)的发展趋势。与更多摩尔不同，超越摩尔定律中的元件使数字电子(digital electronics)直面模拟世界，代表着科技领域新功能的多样化。随着5G、IoT、无人驾驶、神经传感(neural sensor)等各种新应用的登场，摩尔定律出现了前所未有的变化。例如，碳纳米管、器件小型化和系统中的容错技术，在没有任何更先进的新晶体管或其他设备来实现持续技术扩展的情况下，留给计算机架构师更有效地使用晶体管的办法是通过对目标科学问题的架构专业化来异构处理器和加速器，无论是GPU或CPU技术的商业设计，还是新兴的可重构硬件或为特定科学应用定制的架构，都能为特定的任务或算法优化硬件和软件，并实现使用通用方法无法实现的性能或能源效率的提升。在物理学发展的驱动下，底层硬件技术的这些长期趋势正在为未来系统保持高性能计算代码的生产力和持续性能扩展带来艰巨挑战。

摩尔定律本身可能已经发生了变化，但在摩尔定律的不同表述中，有一点是不变的，那就是所有的表述都认为每块芯片的晶体管数量，也就是所谓的复杂性，一直在快速增长。对芯片密度的这种增长有重要影响的因素有芯片尺寸、线路尺寸、技术智能和技术革新。

1. 芯片尺寸(die size)

芯片尺寸指的是硅片和由它制成的芯片的表面积。随着尺寸的增加，可以在芯片上放置更多的元件，但硅片上的缺陷也会导致设备无法使用的机会增加。

2. 线路尺寸(line dimension)

线路尺寸指的是电路可以被蚀刻在硅片上的深度、宽度和密度。新的光刻技术的进步和由此产生的更细的线路尺寸是决定芯片密度的第二个主要因素。

3. 技术智能(technical cleverness)

技术智能描述了芯片设计过程中的趋势，而不是像前两个因素那样描述芯片的技术生产趋势。借用摩尔1975年创造的术语：影响技术智能的第一个要素是设备智能(device cleverness)。设备智能指工程师通过巧妙的电路设计，而不是通过芯片生产技术的进步来设计芯片，从而越来越多地利用芯片的空间。影响技术智能的第二个要素是计算机辅助设计(CAD)对复杂芯片开发的贡献。这两个因素导致了集成电路(IC)技术的产生，更充分地利用了芯片尺寸和线路尺寸的进步性。

4. 技术革新(technical innovation)

技术革新描述了芯片生产材料和方法的进步，如开发逻辑的改进和新基板的创新，体现出数字电子的本质。尽管半导体行业也出现了其他改进，但芯片尺寸、线路尺寸、技术智能和技术革新仍然是芯片密度的主要决定因素，摩尔定律认为芯片密度的增加是上述因素与时间的函数。

摩尔定律的最后一个构成要素是时间。按照惯例，半导体行业的演变被分为几个时期，根据可以放置在芯片上的元件数量，也被称为集成度(the level of integration)，1960—1965年被认为是小规模集成电路(SSI)时期，当时每块芯片包含10～100个元件；随后是中规模和大规模集成电路(MSI和LSI)时期，每块芯片包含100～10 000个元件，这一时期一直持续到20世纪70年代中后期；目前，半导体行业处于大规模集成的时期，出现了超大规模集成电路(VLSI)，每块芯片上集成的元件超过100 000个。

实践链接

摩尔定律经过 50 多年的发展催生了一个相对廉价且越来越易于使用的全球数字基础设施，包括计算机、移动设备、宽带网络连接和高级应用平台等。这一数字基础设施反过来又加速了新技术的出现，使我们的生活和工作方式、公司组织方式及整个行业结构发生了变革。因此，所有商科学生(包括本科和 MBA 学生)都必须具备强大的数字技术和数字创新基础，以便管理、领导和改造日益依赖数字创新的组织。然而，在许多学校，学生并没有得到这样的基础教育，因为所需的信息系统核心课程已经停滞不前了。2014 年，费奇曼(Fichman)等人建议，有必要将数字创新作为商科的核心课程。当全世界的注意力都集中在技术和创新上时，学生最需要了解的可能是数字时代的商业环境，重新设计所有商科学生都参加的核心课程不仅能更好地服务于学生，还能促进信息系统领域的整体健康发展。

资料来源：Fichman R G，Dos Santos B L and Zheng Z，“Digital innovation as a fundamental and powerful concept in the information systems curriculum，” MIS Quarterly，2014，38(2)，pp. 329-353.

2.1.2　摩尔定律对数字企业的启示

面对摩尔定律发展的局限和问题，以芯片和处理器厂商为主的数字企业需要充分开发芯片应用，适当拉长芯片更新换代周期，并加大移动智能终端领域研发投入，寻求更大的持续发展。

1. 多领域开发芯片应用

数字企业有必要多领域开发芯片应用。以英特尔为代表的芯片厂商不能再一味追求技术的极限，为了实现技术的发展而投入大量的资金和资源，而应该将更多的资源投入到社会需求和应用的开发中，提升人类整体福利水平。这种开发和探索不仅应该赞助和主办各种发烧友活动，探索全新的芯片和处理器产品的未来市场和可能的应用，而且应该更多地投入到面向社会最广泛、最持久、最迫切应用的开发中。在当前数字经济蓬勃发展的大背景下，芯片和处理器厂商应该更注重对当前智慧城市、智慧家庭、万物互联与数据治理等全球问题的解决，充分发挥自身在芯片和处理器研制与生产中的优势，推动全球经济社会的信息化、数字化、智能化发展步伐。

2. 拉长芯片更新换代周期

数字企业应适当拉长芯片更新换代周期。当前对于广大消费者而言，每 18 个月升级一次芯片和处理器就意味着要更换计算机的“心脏”，这既不经济也不现实，所以，芯片和处理器的研制与生产商应当适当拉长芯片更新换代的周期，一方面可以为市场充分消化新一代的芯片和处理器提供较长的时间；另一方面更有利于发挥芯片研制和生产的规模效应，最大限度地摊薄成本，获得利润。此外，也可以极大地节约厂商研发的投入和成本。通过对硬件的超前研发，芯片和处理器厂商可以根据市场的需求，把握好推出新一代芯片的节奏和时机，从而获得市场的良好反应和收益。

3. 加大移动终端研发

数字企业有必要加大移动终端领域的研发。面对以 iOS 系统和 Andriod 系统为代表的移动智能终端的快速发展和普及，以英特尔为代表的芯片和处理器厂商不能再仅仅将视线局限在计算机领域，而应该加大对移动终端芯片的研制和开发。由于受到电池续航能力的制约，移动终端设备对芯片的耗电、散热、稳定性有更高的要求。而概率芯片可以利用一小部分来换取可持续的能源节约，有效延长移动设备中电池的寿命，延续摩尔定律，最大限度地发挥作用。因此，面对智能手机、平板电脑等移动终端的飞速发展，传统的芯片生产商不能再一味死抱住摩尔定律不放，需要努力在移动终端领域加大研发力度和投入，以寻求更大的发展。

实践链接

华为的危机意识

摩尔定律是涉及国力的一个科学界重要定律，摩尔定律的终结可能导致国家实力的变化。产业经济学中著名的“微笑曲线”理论认为：在当今世界的产业链中，研发(包括采购与设计)、生产(包括组装与加工)、营销(包括品牌与金融)诸环节的附加值曲线呈现两端高中间低的形态，即研发和营销环节附加值高、生产加工环节附加值低，大体呈“U”形。华为是中国半导体行业的领头企业，其在微笑曲线两端取得的成就使美国核心产业感到威胁。在市场上，“狼性”曾经是华为文化的一个标志，推动华为在市场上攻城略地。大规模的营销人员确定了华为的市场优势，他们为客户提供快速而周全的贴身服务。在技术上，华为虽然落后于美国手机芯片业，但正在迅速追赶。经过几十年的发展，如今芯片制程已经发展到了 5 纳米甚至是 3 纳米。眼看着芯片制程已经达到了物理极限，全球各大芯片厂商将会重新站在同一起跑线上。2021 年 4 月 19 日，英特尔带来了全新的 3 纳米技术，英特尔的硅光子学器件研究成果在实验室阶段有可能会解决摩尔定律天花板的问题。其实早在 2021 年 3 月，华为就已经曝光了这种技术，只是在华为并不叫硅光子学技术，而是叫作光芯片技术。这种技术可以利用现有集成电路上的电子，进行芯片电路中的信号传输，这种技术也是可以打破摩尔定律极限的，并且还能提高芯片性能，降低其功耗。华为的这项技术，捅破了摩尔定律的极限，将会带领着我们进入全新的芯片技术时代。

2.2 梅特卡夫定律

2.2.1 梅特卡夫定律的内涵

梅特卡夫定律(Metcalfe's law)是指网络价值与用户数量(网络节点)的平方成正比。 20 世纪 80 年代，3Com 公司创始人罗伯特·梅特卡夫(Robert Metcalfe)提出了一种以网络大小(网络的节点数)为单位的网络价值公式，该公式后来被命名为梅特卡夫定律。该定律作为网络技术发展的基本规律，强调网络效益随着网络用户的增加而呈指数增长，互联网的用户约每半年翻一番，通信量大概每百天翻一番。梅特卡夫定律进一步衍生出注意力经济(也被称为流量经济、眼球经济)，强调在网络经济中，顾客的注意力是稀缺的，是有经济价值的。当前，追求注意力经济，即梅特卡夫定律中网络节点的数量，已成为企业赢得市场竞争、获取超额利润的一种重要途径。梅特卡夫定律的基础是，随着网络规模的扩大，潜在连接的数量比节点的数量增加得快。更笼统地说，如果节点数等于 n，潜在连接数等于 $(n^2-n)/2$，这意味着潜在连接数随着节点数的增加呈 4 次方增长。简而言之，节点数增加一倍将使潜在连接数增加 4 倍以上。梅特卡夫定律假定，每个潜在连接都会使网络的价值增加等量。也就是说，网络规模的增加会导致网络价值的二次增长。如果增加节点的成本是恒定的，网络规模的增加会导致成本的线性增加。其结果是规模回报的不竭性，即越大越好，正如罗伯特·梅特卡夫在 20 世纪 80 年代初用来传播这一概念的图示所示(图 2-3)。

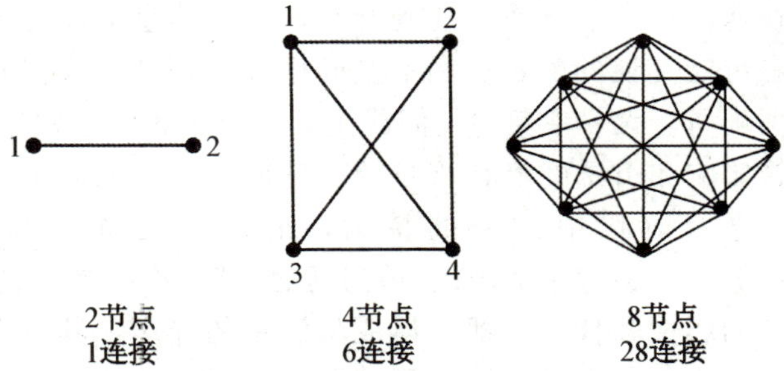

图 2-3　网络规模的增加速度

资料来源：Yoo C S，"Moore's law，Metcalfe's law，and the theory of optimal interoperability，" Colorado Technology Law Journal，2015(14)，pp. 87-102.

梅特卡夫定律(图 2-4)揭示了互联网的价值随着用户数量的增长而呈算术级数增长或二次方程式增长的规则。20 世纪 90 年代以来，互联网络不仅呈现出了这种超乎寻常的指数增长趋势，而且向经济和社会各个领域进行广泛的渗透和扩张。计算机网络的数目越多，它对经济和社会的影响就越大。换句话说，计算机网络的价值等于其节点数目的平方。梅特卡夫定律对企业的竞争策略产生了重要的影响，尤其是那些网络价值对其具有较大意义的产业。为了提高用户网络的价值，从而使得企业的技术和产品被采纳的比例增加，许多企业采用各种竞争策略来不断拓展自身的用户网络。人们开始对用户群的价值重新进行评估，随之出现了注意力经济的概念，即企业为了拓展自身的用户网络价值，通过各种手段吸引消费者的注意力，也被人们形象地称为眼球经济。

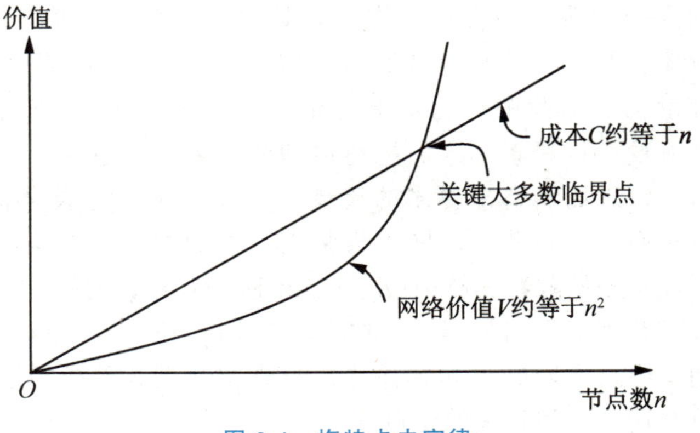

图 2-4　梅特卡夫定律

资料来源：Yoo C S，"Moore's law，Metcalfe's law，and the theory of optimal interoperability，" Colorado Technology Law Journal，2015(14)，pp. 87-102.

2.2.2 梅特卡夫定律对数字企业的启示

1.“流量人”成为流量逻辑支配下生产和传递信息的载体

网络形态决定了节点的内容和形式。网络中的个体实质上是无数节点的总和，每一个节点都有对应的网络空间，而这些网络空间是塑造个体身份和群体认同不可或缺的场域。置身网络空间的“节点人”都会扮演网络角色、开展网络行动去构建自我认同和群体认同。进入流量社会，网络处理的是数据流，流是循环于节点间连接线路上的信息串。数据流取代节点一跃成为网络社会的关键要素。更重要的是，资本推动的商品生产和消费借助快速流动的信息数据蔓延开来，甚至信息流动速度和规模本身已成为可供消费的商品和可能变现的资本。网络空间已经被消费主义渗透和侵蚀，成为被流量明码标价的消费场所。无一幸免的人们或主动选择成为海量数据之中的一个分子，或不知不觉地成为被影响和引诱的潜在流量源。任何新事物的诞生或新技术的发展都会掀起时代风暴，改变时代中的人的特性，正如赫伯特·马尔库塞(Herbert Marcuse)在“单向度的社会”镜像中刻画出“单向度的人”，这些被流量逻辑操纵的个体，已经显现出“流量人”的属性和特点，即个体成为流量的俘虏，其行动轨迹被注意力争夺所牵引，他们既创造流量又反过来被流量控制。“流量人”的到来是数字技术升级和消费主义扩张的结果，但作为一个新事物，“流量人”缺乏历史经验的继承和制度环境的保护，其表现极不稳定，极易受到大众情绪的撩拨和消费资本的操纵；其生存极其脆弱，容易受到信息资本主义的裹挟和侵犯。

2. 流量社会需要秩序整合与认同建构

自媒体流行使信息的有限传播和单向输入被打破，受众摆脱了被动接受的地位，成为利用数字媒介塑造自我、构建关系的流量人。信息流动成为人们展示、交流、连接的材料和工具，参与式文化在这一时期悄然兴起，而认同亦成为一种基于个体体验和信息流动的暂时性同意，即人们因为对于某个人、物或议题有共同兴趣、相似看法而短暂地结合在一起。有别于工业生产时期的功能性整合，暂时性同意是一种策略性整合，其中心明确、整合迅速，但议题变动性、成员流动性极大，内部关系脆弱，无法长期维持。以网络直播为例，网络主播及其所属平台通过形象构建和角色展演去捕获受众的暂时性同意，带动注意力消费。通过空间营造，网络直播形成一种众多喜好相似、兴趣相同的人一同观看的在场氛围，尤其随着弹幕、打赏等即时评价的风靡，人们观看直播时所体会到的互动感与现实的面对面互动并无明显差异。同时，网络匿名性使互动主体在参与、体验中更能自由而充分地表达，更容易产生情绪上的满足。在此过程中，信息流量快速集聚，人们把热情和注意力汇入流量，顺应流量的引导并生产出一种群体认同，进而制造出更多的流量。在流量导向资本的推动下，吸引公众注意力的少数人脱颖而出。在此，认同不再是人与人的关系，而是对某个具体事物本身的认同，这就形成了齐格蒙特·鲍曼(Zygmunt Bauman)所谓的“衣帽间共同体”或他在康德“审美共同体”基础上提出的“钉子共同体”，即一种依据焦点对象建立起来的共同体。在这种共同体中，人们的认同感并非来自真实互动，而是源于对流量营造的注意力中心的依附及对这一空间氛围的认可。

3. 流量逻辑推动注意力经济的形成

流量作为一个影响消费的因素，已经展现出日益强劲的驱动力量。很多商品的热销并不是靠质量取胜，而是因为代言商品的艺人是个流量大户；登上微博、微信等软件热搜榜的新闻事件并不是事关重大的公共议题，而往往是博人眼球的、私人领域的猎奇话题。这些现象的涌现说明从市场和道德逻辑角度来解释流量社会的消费行为已显得无力。从消费行为的发生来说，流量逻辑是一种与市场逻辑不完全一致的深层影响机制。市场逻辑强调实用价值取向，追求商品价格和价值的相符，而流量逻辑追求的却是关注度和影响力，凸显公众注意力取向。流量其实代表了在符号爆炸的社会某些符号组合形式的胜出，而符号组合的创新经常会对市场逻辑产生冲击，甚至改变市场风向。由此，市场和资本甚至成为数据流量的俘虏，流量逻辑成为和市场逻辑、道德逻辑并置的第三种形态。如果说农业社会的核心资源是土地，工业社会的核心资源是能源，那么信息社会的核心资源就是注意力，其基本组织形式有别于工业社会的科层制，而是基于流量数据的名人体制，即将注意力作为稀缺资源，收益呈递增态势：你越有名，就越有价值，越能吸引更多的注意力。在流量社会，信息是无限的，但注意力是稀缺的。作为注意力的具象化，流量是标示事物价值和价钱的一种社会安排。除了影响消费行为，在一些情况下流量还会影响资本进退、市场选择，创造出新的消费热点，流量、消费和资本的互动成为推动生产的关键性力量。由此观之，流量消费已经超越了传统消费的市场主导逻辑，其背后是资本运作和符号消费的合谋，是信息资本主义的胜利。

实践链接

在网络经济中，不仅现有用户群是有商业价值的，潜在用户群对于企业而言也具有较大的经济价值。利用注意力经济，一些在传统范式下不被视为具有货币化价值的事物在网络经济下也具有了商业价值。例如，亚马逊网上书店以 1 900 万美元与美国在线(AOL)签订长期的独家合同以获得美国在线 850 万用户；《纽约时报》网站不向用户收费，但要求他们注册，由此收集了 2 100 万用户的相关数据和阅读习惯，因为这些对于它计算广告费率是相当有利的；世界连锁业巨头沃尔玛(Walmart)利用沃尔玛电视网络，在公司的 1 950 家分店中待售的电视机上播放商业广告节目，以此向广告商出售顾客的注意力。注意力经济的实质意味着通过对潜在用户群的控制来使网络价值最大化。注意力经济在传统经济范式下也存在，如影响越大的世界杯、奥运会等体育赛事，其广告价格也就越高，因为它将会吸引到更多的潜在消费者来关注。

2.3　网络效应

2.3.1　网络效应的内涵

网络效应(network effects)是指如果某种产品对一个用户的价值取决于其所属群体有多少其他成员使用该产品，那么把这种产品定为标准就很有价值。工业经济时代的市场中充满了寡头，几个大公司主宰市场的产业，这是一个“舒适”的世界，市场份额的上升和下降都是一个渐变的过程。市场的这种稳定反映在工业经济时代企业对经理的终身聘用上。在 20 世纪的大部分时间里，美国的汽车工业、钢铁工业、制铝工业、石油工业、各种化学工业和许多其他产业都遵循这种模式。相比之下，数字经济中则充满了暂时的寡头，硬件和软件公司争夺领导地位，今天的领先技术或机构最可能的命运就是被更为优秀的新技术迅速取代。两者之间的主要区别就是：旧的工业经济是由规模经济驱动的，而数字经济的驱动力量是网络经济。网络经济学对市场动态和竞争战略的意义重大，其关键的概念是正反馈。在“有形”的网络中，节点之间的连接是物理连接，如铁轨和电话线。在“无形”的数字空间中，节点之间的连接是无形的，但是它对市场动态和竞争战略的重要性不亚于物理网络。铁路支线如果不能同干线连接就会陷入危险，同样地，软件和硬件不能与其他用户兼容的用户也将面临灾祸。在数字空间中，连接到一个较大的网络要优于连接到一个较小的网络，正是网络节点越多越好产生了网络效应。这个基本的价值定理根据侧重点的不同，有 3 种不同说法，即网络外部性、需求方规模经济和正反馈。

1. 网络外部性

当一种产品对消费者的价值随着其他使用者数量的增加而增加时，我们就说这种产品具有网络外部性(network externality)。网络外部性的概念最早是由杰弗里・罗尔夫斯(Jeffrey Rohlfs)于 1974 年提出的。迈克尔・卡茨(Michael Katz)、卡尔・夏皮罗(Carl Shapiro)、范里安等人在 1985 年对网络外部性进行了较为正式的定义：随着使用同一产品或服务的用户数量变化，每个用户从消费此产品或服务中所获得的效用的变化。网络外部性分为直接网络外部性和间接网络外部性。**直接网络外部性(direct network externalities)**是指消费者直接和网络单元相连，可以直接增加其他消费者的使用效用，如社交媒体，如果有更多的最终用户加入该平台，社交媒体将变得更有价值。**间接网络外部性(indirect network externalities)**是指随着一种产品使用者数量的增加，市场出现更多品种的互补产品可供选择，而且价格更低，使得消费者更乐于购买该产品，间接提高了该硬件或软件产品的价值。例如，如果有更多的开发者为视频游戏机制作游戏，那么视频游戏机对消费者来说就更有价值了。2021 年，里特维尔德(Rietveld)和席林(Schilling)指出，在火车、电话网络、计算机操作系统等网络兼容性高的市场，或流媒体服务上的电影、智能手机应用等互补商品可用性驱动产品价值的市场，产品的网络外部性可能在其总价值中起着重要作用。

2000 年，夏皮罗和范里安在《信息规则——网络经济的策略指导》一书中指出：大网络比小网络对顾客更具吸引力。经济学家用来描述这种现象的术语也是“网络外部性”，它通常强调信息系统中对竞争战略非常关键的两个方面。一方面，从虚拟网络的角度分析网络(network)一词在此的含义。虚拟网络和有形网络(如通信网和交通网)有许多共同的特性。以微信为例，从某种意义上讲，它已成功建立了一个基于自身网络的生态系统。从基本的通信、朋友圈等社交功能，到资讯、支付、购物、打车、游戏等全方位的生活服务功能，微信已逐渐成为一个容纳更多用户、商家的超级平台，且仍在不断增长中。另一方面，经济学家最喜欢的一个词是外部性(externality)。当一个市场参与者影响其他人却没有人做出补偿的时候，就产生了外部性。像反馈一样，外部性有正的和负的两种效果。负外部性的典型例子就是污染：A 产生的污水破坏了 B 的游泳池或饮水池。令人高兴的是，网络外部性往往是正的，而不是负的。当我加入你的网络时，网络变得更大更好，这对你有好处。网络外部性揭示了梅特卡夫定律的本质。遵循梅特卡夫定律，网络外部效应(即随着接入网络用户增多，网络价值呈几何倍提升)促使更多用户接入网络，形成效用递增的正反馈性循环，如图 2-5 所示。作为网络外部性的扩展，经济学家保罗·克鲁格曼(Paul R. Krugman)认为数字经济新规则下供给曲线向下、需求曲线向上，与传统经济学恰好相反，如图 2-6 所示。需求曲线向右上方倾斜，表明资源(数据)被消耗越多，证明其越有价值，对其需求也越大；供给曲线向右下方倾斜，是因为重复学习、累积经验，制造某物越多，再次制造就会越简单，价格也会随供给量的增加而下降。这意味着在网络效应显著的数字经济中，技术的通用性、互联性和开放性更受欢迎，对技术标准的竞争也更加激烈，大规模推广普及需求具有更大价值。

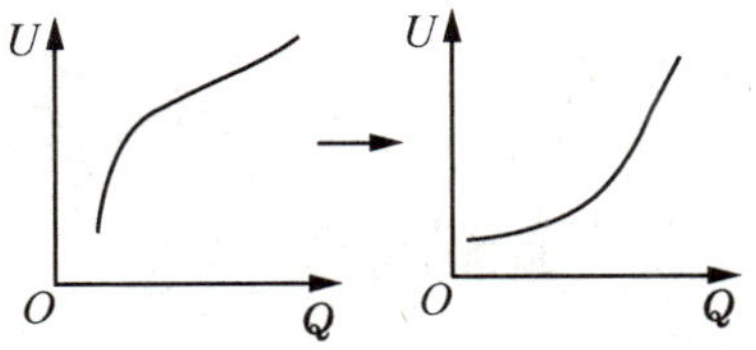

图 2-5　基于网络外部性接入网络用户效用变化

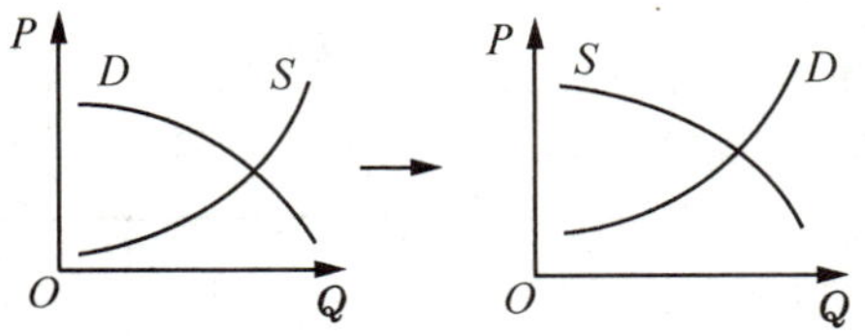

图 2-6　互联网新规则下供给需求曲线变化

图 2-5 和图 2-6 资料来源：咸聿东、李颖：《新经济与规制改革》，载《中国工业经济》，2018(3)。

2. 需求方规模经济

需求方规模经济(demand economies of scale)是指在数字经济时代，产品价值随着购买或使用这种产品及其兼容产品的消费者的数量增加而不断增加。需求方规模经济表明，某一产品的需求依赖于其他购买者的数目，是直接网络效应的一种体现。例如，当人们都不使用微信时，微信的价值微乎其微，而当微信越来越普及，成为每个中国人日常生活中必不可少的应用时，微信的价值就越高。传统的供给方规模经济(supply economies of scale)是由生产效率驱动的，随着生产数量的增加，生产产品或服务的单位成本降低，催生了许许多多的垄断巨头。供给方规模经济能够给工业经济中体量最大的公司带来成本优势，而这样的成本优势使公司的竞争者很难与之抗衡。与供给方规模经济不一样的是，在利润等式的左边，需求方规模经济利用技术的进步在需求侧取得优势——从生产角度来说是利润等式的另一部分。社会网络的效率、需求聚集、应用程序开发等现象促使规模越大的网络越有价值，以此驱使着需求方规模经济。

2013 年，范里安等人指出，需求方规模经济通常会产生多重均衡。如图 2-7 所示，一方面，网络产品的需求曲线通常用一条拱形曲线表示。随着使用者人数的增加，因为正的网络外部性，产品的边际支付意愿会增加。在边际效用递减规律作用下，消费者的支付意愿会逐渐下降，此时，需求曲线开始下降。另一方面，供给曲线(网络产品的边际成本几乎为零)则表现出完全弹性，是一条横线。供给曲线与需求曲线在动态变化中产生了 3 个均衡点。按照通常的动态分析，当需求大于供给时，销售量增加；当需求小于供给时，销售量减少。所以，两端的均衡点(A、C 点)是稳定的，中间的均衡点(B 点)是不稳定的。在这里中间的均衡点 B 代表关键大多数(critical mass)。如果产品市场能够使销售量超过关键大多数的临界值，那么就会产生正反馈，使产品迅速走向成功，网络规模扩大。如果产品的销售量从来没有达到关键大多数的临界值，那么产品市场注定会回到稳定的“零需求-零供给”均衡，网络规模缩小。

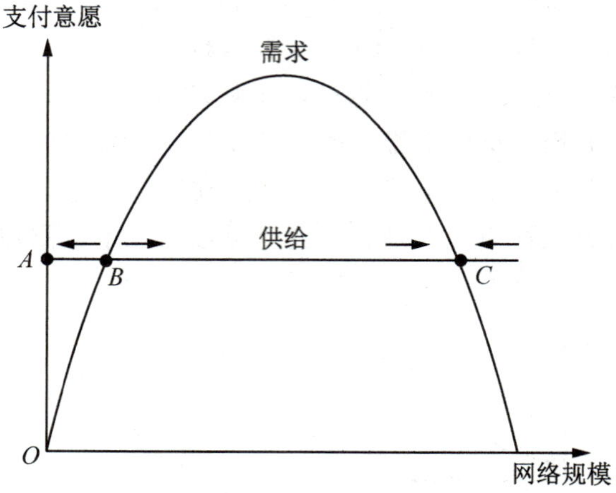

图 2-7　需求方规模经济的“供给-需求”图

资料来源：[美]哈尔·罗纳德·范里安、约瑟夫·法雷尔、卡尔·夏皮罗：《信息技术经济学导论》，韩松、秦安龙、姜鹏译，北京，中国人民大学出版社，2013。

实践链接

优步(Uber)的快速扩张给中国的打车软件树立了榜样，各路人马纷纷涌入打车市场，打车软件层出不穷。2012 年 6 月滴滴打车上线，2 个月后快的打车上线，起初效果并不是很好，直到这两个软件得到互联网巨头阿里巴巴和腾讯的巨额投资，从而引发了一场如火如荼的打车软件“烧钱大战”。腾讯方面称，乘客只要使用滴滴打车 App 叫车并使用微信支付就可获得 10 元补贴，同时司机也可以获得相应补贴；阿里巴巴方面称，乘客只要使用快的打车 App 叫车并使用支付宝在线支付就可以获得 11 元补贴，司机也有相应补贴。对此，快的打车官方人士称：补贴永远比同行多 1 元。之后几个月，双方耗资几十亿元，竞争趋于白热化。最终双方精疲力竭，在背后资本的撮合下，以合并收场。这次“烧钱大战”不仅是滴滴和快的的市场份额之争，更是移动支付巨头之争，滴滴最后成了赢家，而中小打车软件再也没有机会挑战滴滴的江湖地位。为什么企业都愿意亏钱去快速占领市场呢？因为大家都知道，在网络效应下，只有最快突破关键大多数的临界值才能实现需求方规模经济，独步天下。

3. 正反馈：赢者通吃

正反馈(positive feedback)强调强者更强、弱者更弱，引起极端的结果。数字市场上的正反馈也容易引起极端：一家科技巨头企业或一种数字技术主宰整个数字市场。当用户或销售量下降到关键大多数的临界值之下，数字企业会走向破产或被更有效率的竞争对手收购。但是总的来说，市场份额的巨幅变动是罕见的。当两个或更多的公司争夺正反馈效应很大的市场时，只有一个会成为赢者。经济学家认为这种市场是冒尖儿的，意思是只有一家公司可以出头，不太可能所有的公司都生存下来。在最极端的形式中，正反馈可以导致赢者通吃的市场，即单个公司或技术击败了所有的对手。图 2-8 说明了一个赢者通吃的市场是如何形成的。一家数字企业凭借领先的技术从开始占有 60%的市场份额，逐渐成长到接近 100%；而开始占有 40%市场份额的数字企业最后则下滑到 10%，这种动态将使受到用户选择最多的数字企业(赢者)吸引越来越多的用户。因此，强者更强，弱者更弱。两种效应都反映了在信息基础设施市场中极为普遍的正反馈。

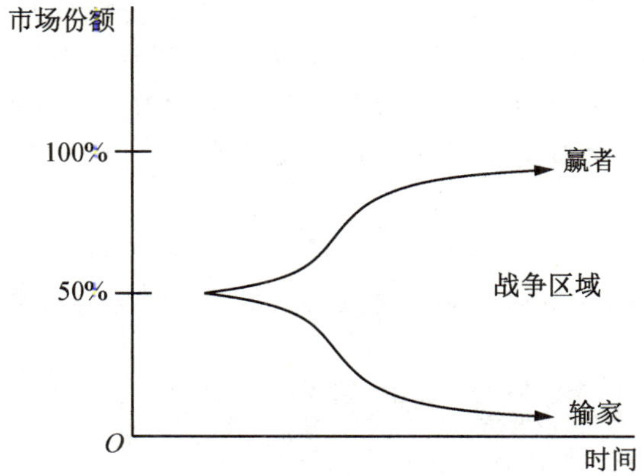

图 2-8　正反馈

资料来源：[美]卡尔·夏皮罗、哈尔·罗纳德·范里安：《信息规则——网络经济的策略指导》，孟昭莉、牛露晴译，北京，中国人民大学出版社，2000。

在数字经济时代，数字企业要想取得成功，必须有耐心和远见，当然也需要一点儿运气。正反馈产业中的成功战略从本质上讲是动态的。正反馈规律对于企业管理者而言，主要目标就是鉴别出网络经济中成功战略的要素，帮助企业针对自己的情况找出最可能成功的战略。正反馈有可以预测的模式，新技术的采用往往经过 3 个阶段：启动时是平坦的，随着正反馈起作用在起飞阶段急速上升，接着随着饱和的出现再次趋向平坦。正反馈并不是一个全新的事物，几乎每个产业在发展的早期都要经过正反馈的阶段。例如，通用汽车公司比其他小汽车公司更有效率，主要就是因为它的规模，这种效率刺激了通用汽车公司的进一步发展。这种正反馈的来源被称为生产的规模经济：大公司通常有更低的单位成本(至少到某一点)。以今天的观点来看，我们更倾向于把这些传统的规模经济称为供给方规模经济。对于供给方规模经济，平均成本随着规模增大而递减。而在数字经济时代，正反馈以一种新的、更强烈的形式出现，比以往任何时候都更加强大，它基于市场需求方，而不仅仅是供给方。

实践链接

在即时通信领域，小米公司最早推出了“米聊”。米聊在推出之始就受到业界和市场的广泛关注，因为其代表着资深互联网业者不断开拓新领域，努力实现微创新、微变革而推出的优秀产品。很多人将米聊看成撼动腾讯互联网霸主地位、战胜腾讯手机 QQ 的利器，甚至有人认为，米聊代表着 PC 互联网向移动互联网转移的颠覆性创新，而且米聊是从移动社交的根源入手，引爆了行业更迭的重大发展机遇。可惜，被寄予厚望的米聊，在微信推出后的快速迭代面前显得苍白无力。微信连续几个版本迭代过后，米聊的功能体验和用户量迅速被超越，原有用户不断流失，领先的市场地位被微信所替代。在无力挽回颓势的境地之下，米聊创始人雷军既理智又无奈，他深有感触地说，功能设计和用户分析方面的理性，结合内容和界面的感性，使微信迅速被用户接受，微信选择的这个路径是很准确的，但是没想到腾讯的进展会那么快。面对集精细、体贴和强大功能于一体的微信，米聊于2012年年末基本上停止了版本的迭代开发。米聊被后来居上的微信所超越，很重要的原因就是米聊的下载量没有达到关键大多数的临界值。而微信借助QQ的势能，再加上优质的用户体验，上线不到一年时间就拥有了一亿用户。当一个产品的市场份额达到60%的时候，在网络效应正反馈(自增强)的效应下，会快速地挤压竞争对手，最终把竞争对手赶出市场，达到赢者通吃的局面。

资料来源：罗仲伟、任国良、焦豪：《动态能力、技术范式转变与创新战略——基于腾讯微信“整合”与“迭代”微创新的纵向案例分析》，载《管理世界》，2014(8)。

2.3.2 网络效应对数字企业的启示

1. 用户临界值是决定数字企业成败的关键

数字企业的成功与否关键在于是否达到关键大多数的临界值，一旦拥有了足够大的顾客基础，市场就会自己建立起来。工业经济时代，边际收益递减规律普遍存在，而数字经济时代，平台的边际收益和范围可以无限增长，所以每个公司都要加速拥抱平台，这是一个非常重要的趋势，也是数字企业迅速成长的原因之一。如果一家数字企业的用户无法快速达到关键大多数的临界值目标，则注定会被淘汰。因此，在分析数字企业的市场预期时，经典的模型有两种思路：一种是从分析用户选择入手，研究用户通过加入某一产品网络来实现效用最大化时企业的兼容决策；另一种是直接从企业与竞争对手的兼容博弈入手，研究企业通过加入某一标准网络来实现收益最大化时的兼容决策。在网络世界中，当需求方规模经济作用很强的时候，用来影响消费者预期的营销策略是成功的关键。在数字经济时代，需求方规模经济是普遍规律，许多数字技术和数字产品在开始启动时都很慢，直到它们的用户达到临界容量就开始起飞，或者未能达到关键大多数的临界值而宣告失败。

2. 数字企业通过网络外部性实现赢者通吃

网络外部性使先进入细分市场的企业获得“先动优势”，数字战略的正确选择使企业“强者更强”，赢得竞争的企业会进一步借助网络外部性和强连接性进行跨界，形成“多元创新”“赢者通吃”的局面。网络效应的带动发展与生物传染传播类似，低固定成本意味着较小的规模阈值、极少的边际成本和迅速的扩散效应，可以使某种新产品或业务形态在短时间内以指数级速度蔓延。与之相对，网络效应下取得的成功也更容易被更新、更有市场的商业模式或技术颠覆，新业态天生面临着比传统经济运行更激烈的竞争格局。也有学者指出，网络效应不一定导致“强者更强”“赢者通吃”的结果。一些市场确实是赢者主导市场，如腾讯、阿里巴巴、百度。然而，在数字经济时代，我们对“强者”的定义应该是“高市场份额＋高利润率”，并非完全以网络节点数取胜，一些“值钱不赚钱”的数字企业还需在盈利能力方面做出更多努力，以成为真正意义上的赢者。因此，数字平台的价值不完全取决于网络效应，还与用户黏性和平台质量等其他因素有关。

3. 不同类型企业分情况利用网络效应

对待新生事物，大量企业往往容易陷入对抗思维，例如，传统双边市场思考自身的优势并予以放大，却忽视了拥抱新事物。企业家需要开放心态，重塑对数字经济的认知，数字化对企业而言不是构建简单的渠道补充，而是对整个业务运营流程的战略性重构。网络效应产生了强者恒强、弱者恒弱的“马太效应”，在一定条件下，优势或弱势一旦出现，就会不断加剧而自我强化，出现滚动的累计效果，在极端的情形下，甚至可能导致“赢者通吃，输家出局”的局面。因此，数字初创企业应该利用网络效应为自己的企业建造“护城河”，否则容易被具有网络效应的企业吞并，甚至被效仿导致公司被淹没。成长中的数字企业应注重探索利用数字化激发网络效应，把握业绩指数级增长的机会。对传统企业而言，数字化转型不仅是降本增效，更能够实现新业务增长，数字技术帮助企业沉淀能力，构建数字技术基础区块，将基础区块和数字能力赋能更多的主体，利他且更好地利己。新一轮的变革存在利用网络效应实现指数级增长的机会，传统企业要加快拥抱、把握机遇。

实践链接

拼多多平台通过网络效应释放巨大能量

2015 年 4 月，黄铮经过大量调查研究后，进入水果生鲜电商领域企业，上线了拼好货 App。拼好货的玩法是以拼单为切入点，通过微信朋友圈等社交平台邀请好友参团，达到规定人数时拼单就会生效。黄铮吸收了拼好货的经验，于同年 9 月推出了主打多品类的电商平台拼多多。由于平台的价值主要来自网络效应，因此平台最终应争取促进交互成功率。交互成功可以吸引活跃用户，从而促进网络效应的不断发展。拼多多主打社交＋电商的模式，释放出了平台的网络效应，具体来看从 3 个方向发力。第一，绑定微信，以微信流量打下基础。社交是人们的情感需求，也是基本需求，更是一个无穷无尽的需求，带来的经济效应就是需求方规模经济。正是因为需求方规模经济的存在，才有可能引发网络效应。在拼多多背后，有两种力量引发需求规模，一是情感上的社交需求，二是价格上的物质需求。拼多多将两种力量叠加，打破了电商领域的平静，构建了一种新的商业模式，改变了现有的竞争格局。第二，找到“蓝海”，锁定被忽视的三至六线城市，通过低价、全品类吸引三至六线城市的消费者抢购。从整体规模上看，拼多多与淘宝、京东不在一个档次。然而拼多多通过错位竞争，已经在某些区域市场超过淘宝。第三，通过优化供应链赋能商家。拼多多通过建立亲戚或朋友分享完成了从传播到购物的整个过程。当产品出现问题时，产生的影响很恶劣，对品牌造成的伤害也是难以预估的。这就要求拼多多平台上的商家，通过优化供应链保证产品品质，并及时送达消费者手中；同时借助拼多多的数据、流量支持，确定产品方向、营销策略等，这样才有可能将产品打造成为爆款。

2.4 先行者优势

2.4.1 先行者优势的内涵

先行者优势(first-mover advantages/pioneer advantage)是设法使自己成为一个新市场或新产品的先驱者，以获取回报的一种战略。这种回报是持久的、长期的市场控制力，令竞争对手无法或难以仿效，企业因此能够生存、盈利和发展，如亚马逊、脸书(Facebook)、微信和支付宝等数字企业，率先在各自的领域实现了先行者优势并获得了持久的发展。早在1985年，威廉·T. 罗宾逊(William T. Robinson)和克莱斯·福内尔(Claes Fornell)就提出了先驱优势(pioneer advantage)概念，先驱优势理论在市场营销中多用来解释在市场竞争中，先进入市场者相比后进入者存在着竞争优势。因此，在企业科技竞争中，先驱优势理论主要解释企业优先研发和运用新技术能带来哪些竞争优势。目前，用来解释先驱优势的理论基础有两个：一是经济理论基础，用进入壁垒理论和企业效用函数来解释先驱优势；二是行为理论基础，主要是用顾客锁定理论和消费者偏好理论来解释先驱优势。在数字经济时代，一方面，正如前文所述，网络效应可以解释经济学层面的先行者优势。“先下手为强”的数字企业抢先占领关键大多数的临界值，在拥有强大顾客根基后市场自发地建立起来，为后进入者设置了进入壁垒。另一方面，顾客锁定(或系统锁定)理论可以从行为的视角解释先行者优势，当用户对某个数字产品的技术使用标准和用户连接习惯之后，再要进行转移就非常昂贵。数字企业可以通过供给侧的零边际成本和需求侧的系统锁定在数字经济时代获取先行者优势。

数字企业的先行者优势来源与传统企业有所不同。传统企业的先行者优势来源有基于规模经济的资源先取优势、成本优势、获利空间优势、创造转换成本优势等，例如，传统汽车企业尽量缩短新产品的开发和上市时间，争取先机，抢占市场，就会比后来者取得更大的市场占有率。而数字企业的先行者优势是基于网络经济的用户使用惯性，例如，微信率先通过QQ绑定锁定了一批用户，由于网络连接下这批用户越来越熟悉微信的使用习惯，并且他们越来越多的朋友与亲人都开始使用微信作为日常联络工具，因而这批用户对微信的使用黏度越来越高，说明微信在市场中形成了锁定效应。再加上数字产品的边际成本几乎为零，导致数字企业先行者的传播速度更快，形成的先行者优势更加明显。此外，由于数字产品与传统产品具有不同特性，将数字硬件作为主要数字产品的数字企业可以率先建立数字产品和服务的“标准”，培养用户使用惯性形成顾客锁定，从而阻止其他硬件厂商后发制人，形成先行者优势。由于大多数人已经习惯使用微信进行社交，后进入者阿里巴巴在推出聊天软件“来往”时遭到了前所未有的阻碍。

1. 零边际成本：供给侧竞争优势

零边际成本(zero marginal cost)是指数字企业在不增加总生产成本的情况下可以生产额外的单位，当一种数字产品是非竞争性商品时，它的边际成本几乎为零。2014年，杰里米·里夫金(Jeremy Rifkin)在《零边际成本社会》一书中开创性地提出零边际成本的概念，轰动一时。里夫金认为，促成数字经济新范式出现的最重要的要素是零边际成本。零边际成本这个概念离不开西方经济学的基础概念——边际成本（marginal cost）。边际成本是指在当前产量下，每增加一单位的产量所需要增加的总成本，用公式表示为 $MC=\Delta TC/\Delta Q$。其中，TC 表示总成本，Q 表示产量，Δ 表示其变量。在某种特定情况下，边际成本 MC 会接近于零。零边际成本就是指达到某一产量后，再增加一单位的产量所增加的总成本趋近于零，即 ΔQ 变化时，ΔTC 趋近于 0，MC 也趋近于 0。例如，教师上课，不管教室里坐 1 个学生还是 100 个学生都是发同样的工资，这堂课的教学成本不会因学生数量的改变而增加，这就是零边际成本。在零边际成本社会中，通过协同共享，绿色能源、商品和服务以接近免费的方式被分享，形成最具生态效益的发展模式，也是最佳的可持续发展的经济模式。

在工业经济时代，一般情况下企业的边际成本曲线为一条先降后升的曲线，在达到规模经济之前呈下降趋势，达到规模经济以后呈慢慢上升趋势(图 2-9)。相比之下，数字经济时代的数字企业报酬递增规律很明显，边际成本长期处于下降的过程之中(图 2-10)，有些数字企业的边际成本可以忽略不计，几乎为零，这种状况导致边际成本曲线也长期处于下降趋势，与传统的边际成本曲线形式存在很大差异。从供给侧来看，数字企业之所以能通过"先行一步"获取竞争优势，主要在于数字产品的边际成本几乎为零，当达到网络效应后容易形成供给方优势。先下手为强的企业在当前的市场状况(价格与销量水平)下能够获得诱人的回报，而潜在进入者却面临着巨大的研发成本与抢夺用户的费用，这种竞争优势使得大多数明智的企业打消了进入该市场的念头。如果有些盲目乐观的企业非要尝试进入市场，那么在位企业可以提供比新进入者更低的价格、更频繁的广告、更好的服务等进行反击，最终，新进入者将失败离场，并且给有类似想法的企业留下前车之鉴。

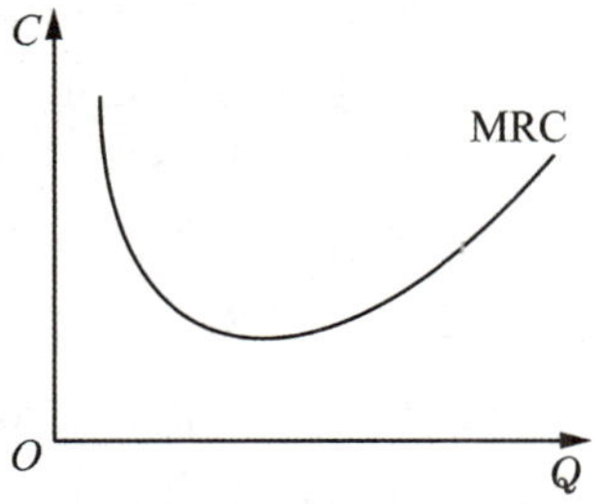

图 2-9　传统行业边际成本曲线

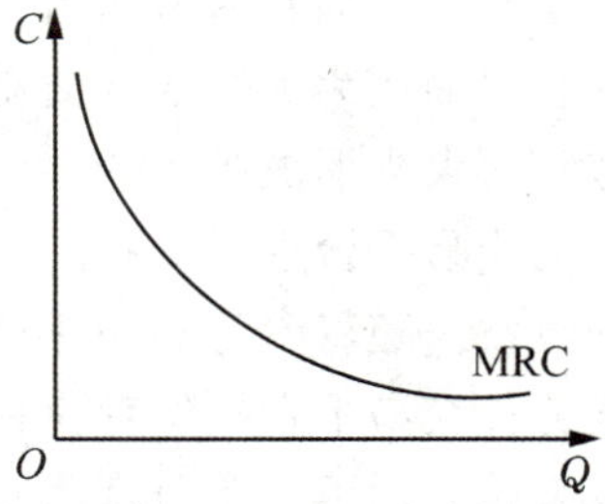

图 2-10　互联网行业边际成本曲线

资料来源(图 2-9 和图 2-10)：阮飞、李明、董纪昌，等：《我国互联网企业并购的动因、效应及策略研究》，载《经济问题探索》，2011(7)。

2. 顾客锁定：需求侧竞争优势

顾客锁定(consumer lock-in)也称系统锁定，是指如果一个组织选定一种产品或技术作为标准，由于协调和重新培训的成本，顾客要进行转移就非常昂贵。20 世纪末 21 世纪初，夏皮罗和范里安提出了以信息技术为基础的新经济行业的通用战略——系统锁定。他们认为，锁定在公司为用户创造高转换成本以及通过吸引辅助厂商达到特定标准并弥补公司的产品和服务时发生。在数字经济时代，无论是硬件还是软件，购买者在从一个系统转换到另一个系统时通常都要承受巨大的成本，理解这些转换技术，甚至转换品牌的成本对数字企业的成功至关重要。因此，只有成功建立了顾客锁定的数字企业才能获取竞争优势。数字企业顾客锁定策略的成功主要基于以下 4 个原因。

(1)锁定周期可预见

锁定在本质上是一个动态的概念，它产生于不同时间的投资和实现的需求。转移成本会随着时间增加或减少，但不会一成不变。图 2-11 的锁定周期可以帮助读者动态地思考锁定，对顾客而言，锁定是一个“品牌选择－试用－品牌确立－锁定”的动态过程。数字企业实施锁定策略的第一要务就是在安装基础投资时要预见到整个锁定周期。在任何时候，数字企业都能够以升级、维修合同、新设备出售、互补产品的销售等形式依靠基础安装享受未来的利润。但是，仅仅看到这一点对锁定周期的管理价值不大，数字企业真正应该做的是在整个锁定周期对每种类型的潜在用户的营利性进行评估。

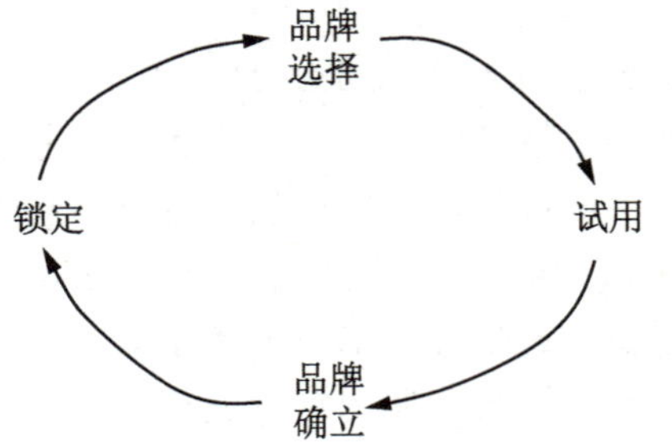

图 2-11　锁定周期

资料来源：[美]卡尔·夏皮罗、哈尔·罗纳德·范里安：《信息规则——网络经济的策略指导》，孟昭莉，牛露晴译，北京，中国人民大学出版社，2000。

(2)顾客转换到其他系统的成本高

20 世纪 90 年代，计算机软件、硬件、互联网和社交网络等以信息技术为基础的新经济行业日益增长，使锁定战略得以流行。在锁定战略下，公司通过为客户创造较高的转换成本，从而产生长期的可持续性价值。转换成本可能产生于不同方式。例如，当易贝(eBay)公司为网上交易的买卖双方提供一个交易平台时，顾客锁定效应就产生了。随后，该公司就成为该顾客进行信息、资金和实物交易的唯一平台。网上拍卖会的买方希望有一个拥有最多卖者的平台，同样地，卖方也希望能进入拥有最多潜在购买者的平台。而成为一个主流交易平台的关键因素是通过抢在竞争对手之前与大批买卖双方签订协议来形成先入为主的优势，这样一来，后来的买卖双方会发现，在具有先入优势的交易平台进行交易的收益要远远高于在只有少数买方和卖方的交易平台进行交易的收益。随着参与和使用交易平台的价值得到非线性增加，为了消除竞争，保持先入优势，交易平台提供者应持续努力地提高平台便利性和使用价值，有效地使转换成本越来越高，阻止竞争者入场。顾客锁定战略并非在所有情况下都可行，一般情况下，顾客锁定战略只适用于某一行业的特定时间和特定细分客户。但是，企业应当注意到，如果企业采用顾客锁定策略并获得丰厚回报，则说明该策略是可行的。微软和思科公司的股票市场价值比其有形资产的账面价值高出数千亿美元，很大程度上是因为其软件和硬件不仅已成为行业标准，而且竞争者很难复制，同时用户的转换成本也较高。这是一个“胜者为王”的竞争，胜者可以享受日益增加的回报和保护。

(3)顾客锁定为辅助厂商创造价值

为辅助厂商创造价值也是系统锁定战略的典型形式之一。辅助厂商是公司的另一些供应商而非客户，但是他们通过向公司客户销售一些兼容的、有价值的产品，或者通过向公司既有的供应商购买附加服务，来为公司创造巨大价值。例如，为微软操作程序编写应用程序的 2 万多家公司和 500 多万名程序员都是微软公司的辅助厂商。当他们愿意为最多客户使用的操作系统编写程序时，不仅极大地增加了他们的利润，而且也创造了系统锁定战略。与此同时，顾客也愿意使用那些有最多辅助厂商持续编写新的应用程序的操作系统。因此，具有单一操作系统的均势方案将占主导地位，并且还很难排除。增加用户转换成本和为辅助厂商创造价值这两种形式都属于典型的系统锁定战略。在当今时代，拥有专利、标准的企业也可以发挥出系统锁定效应，这也是中国的许多厂商之所以要成为 5G、CDMA 标准制定者的重要原因，拥有了标准，企业将在未来的竞争中获得优势。因而，自主创新已成为企业战略的主旋律，只有走自主创新的道路，中国的企业才可能形成可持续的竞争优势，仅靠传统的低人工成本战略是很难形成长久的竞争优势的。

(4)顾客锁定帮助数字企业争夺新顾客

在顾客锁定情况下，激烈的竞争将会迫使处于竞争中的数字企业向顾客提供非常具有吸引力的初期条件，导致在整个锁定周期，数字企业的盈利水平不会超过正常的投资回报率。在拥有安装基础之后，企业看起来好像在赚取很可观的经营利润，但是这只是数字企业用于吸引和建立安装基础的初期投资的正常回报。经济学家把这种从安装基础中获得的毛利称为准利润，它们看起来好像是某段时间的真实(超额)利润，其实只是前期投资的正常回报。怎么能从锁定的市场中获得超过正常回报的收益呢?总的来看，数字企业最好同时寻求产品差异和成本优势，通过产品差异提供比竞争对手明显高出一筹的产品，或通过成本优势获得更高的效率。

2.4.2 先行者优势对数字企业的启示

1. 数字产品“免费”将成为初期用户争夺战的竞争常态

在工业经济时代，企业用产品、服务赚钱，免费与赚钱是对立的。在数字经济时代，交换价值被共享价值取代。数字企业用流量、数据赚钱，作为载体的产品、服务免费，企业通过免费赚钱，免费与赚钱是统一的。区别交叉补贴模式的价格转嫁逻辑、三方市场模式的价格转移逻辑、版本划分模式的价格歧视逻辑，去物质化产品或数字化产品的免费是真正的免费。这主要是因为：过去，产品依赖低位资源、实体资源，资源有限，且排他性使用，越用越少。因此，产品生产初次投入成本极高，边际成本递增，根据产品价格等于边际成本的原则，产品价格较高。现在，去物质化产品或数字化产品依赖高位资源、虚拟资源，资源无限，且共享性使用，越用越多。尽管产品生产初次投入成本较高，但是边际成本递减甚至趋近于零，根据产品价格等于边际成本原则，企业可免费提供产品。可见，为了快速占领市场获得先行者优势，数字产品免费将成为竞争常态。

2. 战略联盟有助于培养用户使用惯性，加强顾客锁定

加强战略联盟，有利于企业锁定大多数用户，获得先行者优势。在数字化情境下，传统的“对抗竞争战略”已不能使数字企业赢得持久的竞争优势，为了锁定关键大多数用户形成先行者优势，基于数字平台生态系统的数字企业竞争战略将逐渐过渡为合作竞争战略，即战略联盟。在这种情况下，互为竞争关系的数字企业为了在数字市场中取得相对优势，往往通过数字平台之间的“打通”采取协作行动，率先对用户形成锁定局势，从而取得“双赢”的效果。数字企业通过战略联盟，在企业之间实现优势互补，更容易形成规模，吸引更多顾客。而顾客一旦进入这个系统，重新学习一项新的系统

操作要付出较多的时间、精力。转移成本越高，就越容易形成锁定。建立有效的战略联盟有助于帮助数字企业在市场竞争中长期保持竞争优势，也能实现顾客锁定。例如，在社交平台中，无论使用的是微博还是微信，一个用户往往要投入一定的时间和精力，用于与自己的社交人脉进行交互，用户的沉浸深度一般较深，形成了较强的锁定效应。为应对京东与腾讯通过战略联盟形成"京腾计划"，阿里巴巴斥巨资入驻新浪微博，使新浪微博成为淘宝网、天猫两大平台的新增流量来源，释放出"社交＋电商"的巨大红利。

实践链接

腾讯王卡与蚂蚁宝卡的顾客锁定策略

阿里巴巴和腾讯的竞争似乎从来没有消停过，阿里巴巴和腾讯如两个超级黑洞，将经过的创业者、新崛起的公司纷纷吸入洞底，人们习惯称阿里巴巴和腾讯旗下的公司为阿里系和腾讯系。但中国互联网市场毕竟是有限的，20多年来中国互联网的人口红利已经逐渐消耗殆尽，除了原先自家核心业务的深耕细作，阿里巴巴和腾讯的触手也开始向各大领域蔓延伸展。在手机流量卡领域，为了谋求变革，联通、电信瞄上了互联网公司的软件，联通是布局最早的，和腾讯联合推出了腾讯王卡，使用腾讯王卡的用户使用腾讯系下的很多软件不再需要流量。腾讯王卡面世后，以其超强的19元腾讯应用全国免流以及实惠的套外流量、语音资费在全国刮起了一轮王卡热潮。由于手机卡具有较强的社交属性，腾讯王卡一经上市就锁定了一批顾客。对垒腾讯王卡，阿里巴巴也联合电信推出了UC鱼卡，而支付宝携手联通推出的蚂蚁宝卡也免除了许多烧流量的App。随着用户对流量的需求越来越大，越来越多的数字企业与运营商合作推出联名卡，除了腾讯王卡和蚂蚁宝卡，市面上还有百度圣卡、京东强卡、哔哩哔哩卡、飞猪卡等相对小众的"定向免流量优惠卡"，为消费者提供了各式各样的选择。此外，在与移动的竞争中长期处于弱势的联通与电信选择从侧翼出击，与数字企业合作，推出廉价的流量卡，很好地狙击了中国移动，抢走了中国移动大量的新老用户。

本章小结

• 摩尔定律是指每隔18～24个月，同样面积芯片上集成的晶体管的数量将增加一倍，也会将芯片的处理速度和处理能力提升一倍，而成本则会降低一半。摩尔定律揭示了信息技术进步的速度。

• 梅特卡夫定律是指网络价值与用户数量(网络节点)的平方成正比。梅特卡夫定律进一步衍生出注意力经济(也被称为流量经济、眼球经济)，强调在网络经济中，顾客的注意力是稀缺的、是有经济价值的。

• 网络效应是指如果某种产品对一个用户的价值取决于其所属群体有多少其他成员使用该产品，那么把这种产品定为标准就很有价值。

• 当一种产品对消费者的价值随着其他使用者数量的增加而增加时，我们就说这种产品具有网络外部性。

• 需求方规模经济是指在数字经济时代，产品价值随着购买或使用这种产品及其兼容产品的消费者的数量增加而不断增加。

• 正反馈强调强者更强、弱者更弱，引起极端的结果。

• 先行者优势是设法使自己成为一个新市场或新产品的先驱者，以获取回报的一种战略。

• 零边际成本是指数字企业在不增加总生产成本的情况下可以生产额外的单位，当一种数字产品是非竞争性商品时，它的边际成本几乎为零。

• 顾客锁定也称系统锁定，是指如果一个组织选定一种产品或技术作为标准，由于协调和重新培训的成本，顾客要进行转移就非常昂贵。

复习思考题

1. 什么是摩尔定律？
2. 列举一个梅特卡夫定律在现实中的应用案例。
3. 什么是网络效应？
4. 先行者优势给你什么启发？
5. 什么是零边际成本？
6. 锁定周期是什么？列举一个采用顾客锁定策略的企业案例。

案例分析

扫一扫，看资源

网络效应激发银泰商业数字化转型成功

第3章　数字技术

【学习目标】

➤掌握人工智能、区块链、云计算、大数据等数字技术的内涵
➤熟悉人工智能、区块链、云计算、大数据等数字技术的特征
➤掌握人工智能、区块链、云计算、大数据等数字技术在管理领域的应用

【关键术语】

数字技术　人工智能　区块链　云计算　大数据　机器学习　软件即服务　平台即服务　基础架构即服务　桌面即服务　功能即服务　数据驱动决策

开篇案例

"发飙智能"：基于人工智能的订房新模式

说到旅途中订房，大家现在能想到的无非是以携程旅行网(以下简称"携程")、去哪儿网、缤客(Booking)、安可达(Agoda)、爱彼迎(Airbnb)等为代表的网约平台。这些平台虽各有千秋，其本质上都还是基于传统互联网的模式。携程主打服务牌，呼叫中心员工约15 000人，对供应商严格苛刻，即便产品与服务是半平台化，也将产品当作自营产品一样把控服务。去哪儿网从机票检索平台起步，发展成为比价平台，偏好学生和工薪族。缤客和安可达类似携程和去哪儿网，属于竞争合作关系，两者在境外的酒店资源优于携程和去哪儿网。爱彼迎则是以民宿为主的后起之秀，是目前订房平台中的独角兽企业，针对消费者不满足于酒店的装修和服务模式的个性化需求，爱彼迎适时推出了在线短租模式。

对消费者来说，这些平台虽然提供了一定的便利性，解决了线下订房不方便、信息不全面的痛点，但却没有一个能解决人工操作、费时费脑的新痛点。更重要的是，携程、美团、飞猪已经成为压在近百万酒店/民宿和上亿差旅用户身上的"三座大山"，使得酒店民宿行业空置率高达40%以上。酒店/民宿承受了远超欧美的高空置率，而这些平台却坐享高达30%的佣金。这些新痛点被一个叫"发飙智能"的创业公司发现了。

"发飙智能"的诞生

2015年，爱彼迎估值超过150亿美元，逼近携程。这个头条新闻吸引了刘捷的注意。刘捷，本科毕业于清华大学应用数学系，后在对外经济贸易大学攻读管理硕士研究生，当过研究生会主席，在世界五百强企业做过投资经理，第一次创业就借势房地产大潮赚了第一桶金，他对招投标的商务本质有着独到的见解。刘捷和他的团队对爱彼迎进行了全面的分析，认为其核心优势在于分享经济，而其弱点也非常明显，如创始人没有技术背景。与现有的平台相比，爱彼迎就是传统的电子商务，和携程没有大

的区别，就是在酒店之外增加了民宿。

刘捷和他的团队试图从技术上寻求解决新痛点的方法，在清华企业家协会(TEEC)的帮助下，历经两年耗资百万元不断试错，同时得益于在房地产建筑业招投标的经历和数以千计的差旅住宿体验，终于在 2017 年找到了解决新痛点的方法：一客一价智能订房(图 3-1)，借助人工智能帮助顾客在差旅订房时享受快捷服务和大幅优惠价格，并为中小房东提供主动营销的智能工具，打破"三座大山"的垄断。在携程和爱彼迎等 OTA(online travel agency)们从线上走向线下的时候，"发飙智能"打开了最新技术驱动的新思路，提出了一客一价的订房模式，利用招标的形式，采用人工智能技术，打破了传统的订房商业模式，让顾客在几秒内就能享受到比携程等各大订房平台更低的价格，同时帮助酒店/民宿把空置房从成本转为创收资产。

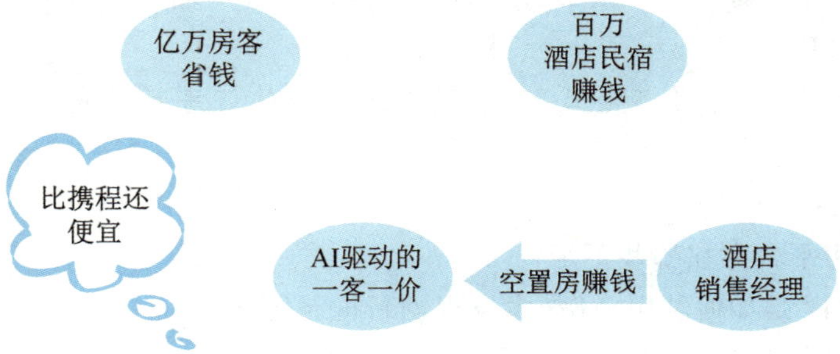

图 3-1　AI 驱动的一客一价订房模式

产品创新

"发飙智能"这款产品是如何实现创新的呢？在实现一客一价的过程中，用户发布需求后，人工智能在与酒店电话确认过程中会有时间延误，这个核心的问题困扰了研发团队很长时间。在与技术专家碰撞的过程中，刘捷和他的团队找到了多智能代理的人工智能方法，给每家酒店派一个机器人，由机器人投标、发标、评标。

"发飙智能"在获取供应商上也进行了很大的创新。携程和爱彼迎等平台获取供应商的方式是大同小异的，一般都是打电话和地推，不仅效率低，而且只有 20%的酒店会签传统的协议价，耗资数亿元，耗时数年。"发飙智能"大胆尝试了多智能方法，在顾客下订单后再与供应商确认，只用了几个月就让全国几十万酒店/民宿为"发飙智能"提供服务。

"发飙智能"的模式和核心技术可以应用到很多产品领域，之所以选择先从酒店切入是考虑到酒店行业的实时性。酒店空置房的降价空间是巨大的，最低可以做到 2 折，这是一个多赢的商业模式。

在获客成本上，由于各个 OTA 平台的产品没有差异，获客成本高达 85 元，而"发飙智能"依据其独特的用户体验将获客成本降到几元量级。谁会和物美价廉过不去呢？

产品创新对于人工智能领域的创业者来说非常重要，在这个过程中，商业模式创新同样非常重要，好的技术一定要配合好的商业模式创新。商业模式创新的出发点，是如何从根本上为客户创造价值。"发飙智能"在用户获取、用户体验、盈利模式上都有创新。人工智能一客一价的方式，一方面可以为客户节约住房成本，并最终形成个性化的定制服务；另一方面解决了酒店空置房的痛点，帮助酒店充分利用空置房，并由此形成长期的合作关系。

高科技企业的早期市场和主流市场之间往往存在着一条巨大的“鸿沟”，能否顺利跨越鸿沟并进入主流市场，成功赢得实用主义者的支持，决定了一项高科技产品的成败。破坏性创新之父克里斯坦森提出：“大公司卓越有效的管理对于延续性创新的成功具有决定性的作用，而破坏式创新能够让创业公司和小公司拥有颠覆现有产业链的能力。”“发飙智能”的商业模式创新就像1999年携程以线上订房模式颠覆了传统旅行社电话订房的模式一样，以个性化定价和智能助手模式颠覆了携程、美团、飞猪OTA的公开统一定价和手工操作模式，为数亿消费者提供了更加方便和优惠的订房体验。说到盈利模式，“发飙智能”虽然也采用了电商的3个通用模式：差价、广告和增值服务，但是其基于人工智能的一客一差价、一客一广告和一客一增值的收入模型使其盈利水平远高于传统OTA。

资料来源：李青：《“发飙智能”：基于人工智能的订房新模式》，载《清华管理评论》，2017(12)。

思考与讨论：

1. 现有订房平台存在哪些不足？
2. “发飙智能”是如何利用AI技术发现创新机遇的？
3. 企业如何通过人工智能进行产品创新？本案例对你有哪些启发？

3.1 数字技术的类型

1. G20的界定

2016年G20杭州峰会通过的《二十国集团数字经济发展与合作倡议》将数字经济定义为：数字经济是以使用数字化的知识和信息作为关键生产要素、以现代信息网络作为重要载体、以信息通信技术的有效使用作为效率提升和经济结构优化的重要推动力的一系列经济活动。其中，被提及的代表性数字技术包括互联网、云计算、大数据、物联网、金融科技等。2018年G20阿根廷萨尔塔峰会通过的《G20数字经济部长宣言》，对5G、物联网、人工智能、区块链等新兴数字技术进行了专题介绍。2019年G20日本大阪峰会通过的《二十国集团关于贸易和数字经济的部长声明》中，多处提及人工智能、5G、物联网、区块链等新兴数字技术的发展及其重要性。可见，2016年以来，G20峰会突出强调的代表性数字技术主要包括互联网、5G、云计算、大数据、物联网、人工智能和区块链等。

2. 经济合作与发展组织的界定

经济合作与发展组织(organization for economic co-operation and development, OECD)虽然没有对数字经济进行明确的定义，但在2015年发布了两项重要的有关数字经济的报告，一份为《衡量数字经济》，另一份为《数字经济展望2015》。其中，前一份报告从数字经济测度视角将数字技术直接等同于信息通信技术及信息通信技术与其他技术(如生物技术和纳米技术)的融合；后一份报告则从数字经济发展视角将数字技术界定为信息通信技术和物联网技术，同时认为物联网技术是数字经济发展的重要基石。随后，OECD在其发布的《数字经济展望2017》中设立独立章节对新兴数字技术进行了展望，主要包括物联网、云计算、大数据、人工智能和区块链，并对人工智能和区块链进行了深入分析。可见，2015年以来，OECD更加关注传统信息通信技术以及物联网、云计算、大数据、人工智能和区块链等新兴数字技术的发展。

3. 联合国的界定

联合国贸易和发展会议(united nations conference on trade and development, UNCTAD)在2017年发布的《信息经济报告：数字化、贸易和发展》中，对支撑数字经济的8种关键性数字技术发展进行了介绍，分别为机器人、人工智能、物联网、云计算、大数据分析、3D打印、数字支付系统、数字平台和社交系统。除此之外，报告还对更广泛意义上的数字技术进行了介绍，主要包括电子商务、自动化软件、共享经济、在线就业平台等。随后，UNCTAD于2019年发布了首份《数字经济报告》，指出数字经济定义应该反映数字技术的发展与应用，并设立独立章节对新兴数字技术的发展趋势进行了介绍，主要包括区块链、3D打印、物联网、5G、云计算、自动化和机器人、人工智能和数据分析。可见，2017年以来，UNCTAD关注的代表性数字技术有机器人、云计算、5G、3D打印、物联网、区块链、人工智能、大数据分析、数字支付系统、数字平台和社交系统等。

4. 中国的界定

近年来我国相继出台的一系列数字经济政策，也对代表性数字技术进行了阐述和关注。2016年国务院印发的《"十三五"国家信息化规划》，突出强调了物联网、云计算、大数据、人工智能、机器学习、深度学习和区块链等数字技术对未来经济社会的影响。作为全国首个大数据综合试验区，2017年贵州省率先出台了全国首个省级数字经济发展规划《贵州省数字经济发展规划(2017—2020年)》，其中关注的代表性数字技术包括大数据、云计算、物联网、人工智能、虚拟现实等，并将物联网、电子商务、大数据、云计算作为其发展的突破口。2018年9月18日，国家发展和改革委员会联合18个部委共同发布了《关于发展数字经济稳定并扩大就业的指导意见》，其中多次提及的数字技术包括互联网、物联网、大数据、云计算和人工智能。数字经济的发展离不开对数字经济的统计，国家统计局2018年发布的《新产业新业态新商业模式统计分类(2018)》对大数据、云计算、人工智能和物联网4种新技术服务进行了单独列示和详细说明。可见，2016年以来，我国关注的代表性数字技术主要包括电子商务、物联网、云计算、大数据、人工智能、区块链、机器学习、深度学习和虚拟现实等。

综上，虽然3个国际组织和我国相关政策文件中关注的数字技术多达十多项，但得到普遍关注的是人工智能、区块链、大数据和云计算。

实践链接

数字化技术助力乡村振兴

实现乡村振兴，必须促进农业全面升级、农村全面进步、农民全面发展。2021年

12月12日，国务院印发《"十四五"数字经济发展规划》，提出加快城市智能设施向乡村延伸覆盖，完善农村地区信息化服务供给，推进城乡要素双向自由流动，合理配置公共资源，形成以城带乡、共建共享的数字城乡融合发展格局。随着新一代数字技术的蓬勃发展，以新兴技术推动现代化新农村建设正成为助力乡村振兴的重要手段。

因地制宜，夯实数字乡村转型基础。一方面，依据不同区域乡村基础设施建设的差异，确立不同类型基础设施数字化升级顺序，稳步推进智慧农业、智能交通、智能电网、智慧物流、数字化人文基础设施等建设；另一方面，区分不同区域乡村发展特点和信息化规律，明确乡村数字化转型重点。例如，特色保护类村庄应重点保护自然风貌、民俗文化、历史古迹等传统特色资源，借助互联网平台振兴乡村旅游和特色产业。

分类实施，探索数字乡村产业创新路径。加快数字技术在农业领域的普及与应用，在生产端深入推进"互联网＋"现代农业，利用人工智能、云计算、大数据、物联网等数字技术覆盖农业数据资源建设、农业生产数字化、农产品市场数字化监测和农产品质量安全追溯全环节，助力小农户衔接现代农业。同时，基于数字技术创新乡村商业经营模式，探索乡村数字经济新业态。依托互联网平台，聚集分散的乡村旅游资源，利用乡土风光、原乡文化和特色农业等独特优势，积极培育观光农业、农耕体验等产业，探索乡村旅游新业态、新模式。

多措并举，统筹数字乡村融合发展。兴办数字技术职业培训教育，建设多层次乡村数字人才供给体系；搭建数字政务服务平台，提升乡村数字政务治理水平；推动优质教育资源、医疗资源与乡村对接，深化乡村数字惠民服务；构建数字博物馆等乡村数字文化数据库，加强乡村文化的数字化保护与传承……数字技术的更新迭代，将助力农村地区信息化服务供给，为数字乡村建设与乡村振兴提供新动能。

资料来源：焦豪：《数字化技术助力乡村振兴》，载《人民日报》，2022-03-16。

3.2 人工智能

3.2.1 人工智能的内涵与特征

1. 人工智能的内涵(表3-1)

人工智能(artificial intelligence，AI)是研究、开发用于模拟、延伸和扩展人的智能的理论、方法、技术及其应用系统的一门新的技术科学。人工智能是计算机科学的一个分支，它企图了解智能的实质，并生产出一种新的能以与人类智能相似的方式做出反应的智能机器，该领域的研究包括机器人、语言识别、图像识别、自然语言处理和专家系统等。人工智能不是人的智能，但能像人那样思考，也可能超过人的智能，是对人的意识、思维的信息过程的模拟。机器学习(machine learning，ML)也是一种人工智能，不通过明确的编程就能让计算机获得学习的能力。机器学习专注于开发能自学的计算机程序，遇到新数据时，这些程序能够自我成长并做出改变。深度学习(deep learning，DL)是人工智能的一项功能，是人工智能中机器学习的一个子集，主要通过模仿人脑的工作模式进行数据处理并生成供决策使用的模式，深度学习具备的网络能够向无结构或无标签的数据学习，而无须任何监督。

表 3-1 人工智能的内涵

提出者(年份)	人工智能的内涵
Minsky(1961)	人工智能是让机器做原本需要人的智能才能做到的事情的一门科学
Min(2010)	人工智能是指开发和创造能够模仿、学习和替代人类智能的“思维机器”
Nilsson(2014)	人工智能是关于智能机器的科学与工程
Cerka 等(2015)	人工智能不同于传统的计算机算法智能，可以根据一个有思维的人的因素和一个理性行为来定义，即像人一样理性思考和行动的系统
Li 和 Du(2017)	人工智能是人类通过机器、系统或网络人工实现的各种智能行为，如感知、记忆、情感、判断、推理、证明、识别、理解、交流、设计、思维、学习、遗忘、创造等
Raisch 和 Krakowski(2021)	人工智能是指执行通常与人脑相关的认知功能的机器，如学习、交互和解决问题
电子技术标准化研究院《人工智能标准化白皮书》(2018)	人工智能是利用数字计算机或者数字计算机控制的机器模拟、延伸和扩展人的智能，感知环境、获取知识并使用知识获得最佳结果的理论、方法、技术及应用系统
麦肯锡(McKinsey)《机器的崛起：中国高管眼中的人工智能》(2016)	人工智能是有关计算机系统的理论和发展，这类计算机系统能够代替人类智能执行一般由后者执行的任务，比如视觉感知、语音识别、决策和语言转换

2. 人工智能的特征

虽然学术界对人工智能的概念尚未形成共识，但回顾人工智能领域的文献，仍可以总结出一些规律：首先，大家普遍认为人工智能与智力相关，其存在的价值在于可以替代人类完成特定工作；其次，随着人工智能的发展，专家们在界定人工智能的内涵时更加关注系统思维能力和自主决策能力，这在一定程度上体现了人工智能现阶段发展的主要任务和未来发展方向。总的来看，人工智能的特征包括以下几个方面。

(1)由人类设计，为人类服务，本质为计算，基础为数据

从根本上，人工智能系统必须以人为本，这些系统是人类设计的机器，按照人类设定的程序逻辑或软件算法通过人类发明的芯片等硬件载体来运行或工作，其本质体现为计算，通过对数据的采集、加工、处理、分析和挖掘，形成有价值的信息流和知识模型，为人类提供延伸人类能力的服务，实现对人类期望的一些智能行为的模拟，在理想情况下体现出服务人类的特点，而不应该伤害人类，特别是不应该做出有目的地伤害人类的行为。

(2)能感知环境，能产生反应，能与人交互，能与人互补

人工智能系统应能借助传感器等器件感知外界环境，可以像人一样通过听觉、视

觉、嗅觉、触觉等接收来自环境的各种信息，对外界输入产生文字、语音、表情、动作等必要反应，甚至影响到环境或人类。借助于按钮、键盘、鼠标、屏幕、手势、体态、表情、力反馈、虚拟现实/增强现实等方式，人与机器可以进行交互，使机器设备越来越“理解”人类乃至与人类共同协作、优势互补。这样，人工智能系统能够帮助人类做人类不擅长、不喜欢但机器能够完成的工作，而人类则适合于去做更需要创造力、洞察力、想象力、灵活性、多变性乃至用心领悟或需要感情的工作。

(3)有适应特性，有学习能力，有演化迭代，有连接扩展

人工智能系统在理想情况下应具有一定的自适应特性和学习能力，具体包括：第一，随环境、数据或任务变化而自适应调节参数或更新优化模型的能力；第二，通过与云、端、人、物越来越广泛深入的数字化连接扩展，实现机器客体乃至人类主体的演化迭代。在此基础上，人工智能系统才能具备适应性、鲁棒性、灵活性和扩展性，以应对不断变化的现实环境，从而在各行各业产生丰富的应用。

3.2.2 人工智能在管理领域的应用

随着人工智能技术的发展，其在战略规划等商业运营中的应用将越来越普遍。战略规划是一种组织管理活动，用于设定优先级、集中资源、加强运营，以及根据需要评估和调整方向。人类的决策是不完美的，并且受到认知偏见和理性差距的影响，可能导致次优决策。人工智能可以在多智能体系统中使用，该系统可以增强个人或群体在决策过程中的认知。这些系统使人类智能体团队能够集体执行比单独的人类或软件智能体更好的认知任务，特别是在高风险决策领域。

1. 人工智能优化管理决策

决策贯穿管理的全过程，是管理工作的核心。古典决策理论基于“经济人”的假设，立足于决策者完全理性、信息完全知晓、备选方案及其结果明确等条件追求最优化的解决方案。但行为决策理论认为，以有限理性的决策者代替完全理性的“经济人”更加符合管理实践，在决策方案的选择过程中应当遵循的并不是最大或最优的标准，而是满意的标准。1987 年，赫伯特·亚历山大·西蒙(Herbert Alexander Simon)提出，满意决策逐渐替代最优决策，成为管理决策的准则。在使用人工智能的情境下，管理决策准则会被颠覆，随着人工智能逐步进入工程化、实用化阶段，管理决策思维正从有限理性和满意即可过渡到极限理性和最优选择。这是因为：首先，人工智能可以作为管理者的超级秘书，以计算机深度算法为基础，对组织内外部的数据进行整合和信息集成，并利用构建情境模拟等方式协助复杂问题的分析、推导和处理，通过完成复杂的逻辑思维过程帮助管理者不再受知识、精力和时间的限制，并可以基于以往案例记录创造多种备选方案，辅助决策者做出更加科学合理的决策。其次，人工智能的发展可以使机器成为类似于人脑智能的计算机，来模拟人的某些思维过程和智能行为，使计算机实现更高层次的应用，具有更强的分析和决策能力，能提出前瞻性的决策方案。此时，人工智能员工与人工智能组成的决策环境中的条件、信息和思维都是可控的，绝对理性的决策者和确定性的决策环境将实现最优决策变为可能。最后，满意决策是在人的有限理性和信息不充分、不对称条件下的无奈之举。人工智能的发展将在很大程度上改善以上约束条件，其庞大的信息处理能力和绝对理性特征可以实现对数据更

为科学的分析与整合，优化管理者的决策环境，突破人为因素下的生理局限，以最优决策为原则实施管理活动。

2. 人工智能提高员工工作绩效

相对而言，部署人工智能管理提高员工绩效有提供绩效反馈与良好的任务结构两个原因。首先，人工智能能够以更高的精度快速分析关于员工活动和行为的大量数据，从而提高绩效评估的准确性。传统企业中，关于员工工作量和工作效率的准确信息被视为提高劳动生产率的关键途径。在数字企业中，这种数据分析已经变得越来越突出，并且由于可用于分析的数据的扩散而变得更具挑战性。硬件和软件的快速发展使得企业能够获取更多包括文本、音频和视频等非结构化数据在内的多种数据。人工智能可以比人类管理者更准确、更迅速地分析更广泛、更复杂的员工工作表现数据，从而提高员工绩效评估的质量。其次，与人类管理者相比，人工智能可以产生更多的建议，这些建议与每位员工的工作结构或任务更相关。人工智能能够深入和快速地分析大量数据，大规模地生成个性化的推荐。换句话说，人工智能通过更准确地处理每位员工在工作中的独特情况和挑战，增加了为其提供反馈的相关性。

实践链接

TikTok 的人工智能推荐系统

抖音是北京字节跳动科技有限公司(简称“字节跳动”)于 2016 年推出的一款短视频社交软件。该公司的高估值主要得益于人工智能，它开发了一个人工智能工具，可以从 5 000 个来源阅读新闻，并能在 2 秒内生成 400 字的自定义文章。抖音海外版(TikTok)于 2017 年 5 月上线，是第一款以人工智能为产品的主流消费应用，也是美国 2021 年下载量最大的免费 iPhone App。与照片墙(Instagram)和 YouTube 不同的是，TikTok 用户不需要一个单一的浏览量或追随者就能传播，因为它使用了一个人工智能驱动的个性化资讯盈利模式，俗称 feed，其作用机理可以概括为“你用得越多，它就越了解你”。为了使人工智能 feed 更加个性化，抖音的产品严重依赖用户的个人信息，如位置、特征、网络搜索等。此外，抖音的产品降低了进入门槛，甚至不需要用户注册，一旦用户安装了应用程序，它就会从那一刻开始智能跟踪，并根据这些信息向用户推荐视频。

3.3　区块链

3.3.1　区块链的内涵与特征

1. 区块链的内涵

区块链(blockchain)是一种基于密码的分散系统，由在对等网络内共享的持续数字记录列表组成。随着比特币等数字加密货币的日益普及，区块链逐渐成为一种全新的去中介化的基础架构与分布式计算范式，可以帮助买卖双方在不需要交换中介的情况下实现价值存储和交换。许多专家认为区块链是目前最具破坏性的技术创新之一，可能从根本上改变合作的组织方式。应用于战略管理领域，区块链具有去中心化、时序数据、集体维护、可编程和安全可信等优势，为企业 IT 能力提供了新的技术支持，由此也引起商业模式的变革，有助于形成商业模式的模仿壁垒。因此，区块链是一种植根于密码学的、基于互联网的数字协议，用于实现去中心化经济。随着数字技术的快速发展，IT 战略和企业战略不断融合并形成新的数字企业战略，数字业务战略的范围是跨部门的，超越传统的部门(如营销、采购、物流、运营等)和 IT 驱动的企业流程，是企业层面的战略。区块链作为一种按时间顺序将不断产生的信息区块以顺序相连方式组合而成的可追溯的链式数据结构，通常借助密码学和分布式账本的方式来保证数据不可篡改伪造。区块链有两个核心技术要素：分散共识(decentralized consensus)和基于机器的自动化(machine-based automation)。

(1)分散共识

当信息在网络上共享时，必须在合作各方之间保持对信息真实状态的共识。所谓共识机制指的是一个群体用以达成并维护共识的方式，共识机制往往决定着群体的组织形式。区块链是一个去中心化的分布式记账系统，这也就意味着在区块链系统中，不存在一个类似银行的中心化记账机构来保证每一笔交易在每一个记账节点的一致性。而共识机制就是为了解决在这样一个分布式记账系统中如何达成一致的问题，共识机制也是所有节点都必须遵守的一种规则。与传统的集中化交易组织系统不同，在区块链中，控制权在多个独立实体之间共享，这些实体可以更新区块链并直接交互，而无须依靠中央协调。因此，分散共识是区块链的主要优点之一，它可以显著降低人们对集中方作为唯一信息持有者和决策者的依赖程度。与传统的集中系统相比，区块链使任何人都可以持有相同信息的完整副本。区块链的分散程度取决于几个因素，如采用的共识算法和网络中的对等方数量。分散共识的另一个潜在优点是数据的完整性。在传统的集中式数据库中，外部人员可以定位数据的位置并窃取或修改数据。然而，由于区块链使用分散共识算法来确保信息在整个系统中复制，单个参与者很难绕过共识算法而对数据进行控制和篡改。

(2)基于机器的自动化

基于机器的自动化是指区块链在机器驱动的系统中自动运行。传统上，缔约方主要依靠人来执行合作。区块链则将机器置于合作的中心，而人类参与者处于边缘。基于机器的自动化运行功能使区块链能够绕过人类参与者的不可预测性和无法处理大量信息的能力，并有效利用机器的优势，如可靠性以及更快、低成本的计算。尽管自动化是其他形式的 IT 解决方案的一个共同特征，但在区块链中，基于机器的自动化特征通过智能合约的实施而大大放大。智能合约是在区块链中编写的程序，可自动验证和批准满足规定协议的有效交易。总之，区块链有望成为许多长期合作问题的可行解决方案。

实践链接

IBM、AIG 和渣打银行发起了一项合作，旨在设计基于区块链的跨国保险政策。在这项合作中，区块链能够向所有相关方共享、实时查看保单数据和文档。区块链允许记录和跟踪每个国家与保单相关的事件，并在满足预先指定的条件时自动执行付款。与其他模式相比，区块链在信息交换方面可以使所有被许可方都能够对数据有一个统一的视图，而没有其他成员的一致意见，任何一方都无法进行更改。由于这种高水平的透明度，可以减少欺诈和错误的可能性，从而显著降低交易成本和结算延迟。区块链还消除了对保险经纪人的需求，传统上，保险经纪人在承担协调任务时会大幅削减成本。区块链在提高协作的可靠性和速度方面有解决重大问题的潜力。

2. 区块链的特征

区块链的两个核心技术要素实现了有趣的原始功能组合，如信息的不变性与可靠性、记录的透明度、可追溯性及协议的自主执行。通过这种方式，区块链应被视为现有技术的创新融合，包括加密技术和分布式数据库。此外，区块链也被视为一种“架构创新”，其基础是以先前无法预见的方式重组现有组件。在此基础上，共识机制、智能合约和通证(Token)机制是区块链体系的核心特征(表 3-2)。分布式存储与通信及网络治理为支撑区块链体系的必要组件技术。现阶段，区块链智能合约生态逐渐建立，未来应用趋势将深化。

表 3-2 区块链特征

技术特征		特征描述	解决方案
核心技术	共识机制	(1)区块链中的每一个新增区块要经过记账者确认 (2)其他参与者对新确认区块进行共识验证，确定新区块的合法性	(1)工作量证明(PoW)：参与者依赖运算能力来获取记账权，其他参与者负责验证 (2)权益证明(PoS)：持有权益越高的参与者获得记账权的难度越低，并结合运算能力争夺记账权，其他参与者负责验证 (3)实用拜占庭容错(PBFT)：在区块链上不同参与者两两进行信息交换并形成共识
	智能合约	区块链上的所有节点共同接受的可编辑自动执行通用协议	区块链所有参与者接受编写好的智能合约，在符合执行条件的情况下自动执行条约，并更新数据库记录合约的执行情况
	通证机制	加密算法和分布式账本使通证成为可流通的加密数字权益证明	以一定预设机制生成并分发给部分或全部区块链参与者，通过设置数量上限控制通证的贬值速度
组件技术	分布式存储与通信	部分或全部参与者都具有完整独立的数据存储，通过点对点通信	(1)通过哈希函数和非对称加密保证接收人收到的消息是由发起人创造的并且没有被篡改 (2)零知识验证：在交易发起人不透露自己隐私信息的情况下向接收人证明其所有权
	网络治理	区块链采用基于协商一致的协议以规范去信任环境下的数据交换	(1)社区化治理：对系统做任何改进需达成全网共识，应用于公有链 (2)中心化治理：联盟链、私有链为保证商业活动效率制定弱中心化或强中心化的治理规则

3.3.2 区块链在管理领域的应用

1. 区块链推动数字商业模式创新

随着区块链的普及和应用，在数字技术驱动的商业模式实现环节，企业正在形成区块链和企业现有数字能力共同驱动的商业模式。区块链让参与交易的双方存储和交换价值，且不需要传统中介，这种新的价值互联网把交易记录在全球电子数据表或账本中，充分利用了大量的点对点网络资源来验证和批准交易，具有分布式、公开、加密等诸多优点。区块链交易以网络形式存储在与前面区块相连的数字区块中，从而形成一条链。每个区块必须引用前面的区块才有效，这种结构可以永久性地标记时间并存储价值的交易过程，从而防止任何人更改账本，通过共识机制保证区块链的安全性。区块链支持的智能合约可以缓解信息不对称，降低交易成本，为利益相关者传递价值，提供了一种颠覆中心化模式的新机制。区块链和现有数字能力为企业提供数字化连接和信息共享的基础。区块链对应的是双边数字技术定制，这是一种锁定机制，通过建立企业间数字技术接口，发行企业间的通证，确保双方能共享信息并深度参与合作，合作双方还可以通过区块链实现非货币化的“轻结算”。现有的数字能力提供的网络数字技术标准化，可以确保一些通用的数据交换、大批量合作伙伴关系的建立，通过不同类型的合作伙伴获取、调动、利用资源，从而提高效率、降低成本，获得规模经济。同时，标准化的信息有助于不同的合作伙伴迅速比较业绩差异，进而评估不同资源并制定有效的智能合约。

实践链接

京东智臻链

京东数字科技集团孵化于京东集团，是一家致力于为金融机构、商户与企业、政府及其他客户提供全方位数字化解决方案的数字科技公司。自从京东数字科技集团创立以来，已为超过100万家小微商户、20万家中小企业、700家大型商业中心提供包括业务和技术在内的数字化解决方案。而在政府及其他客户服务领域，公司以智慧城市操作系统为核心产品，服务超过40家城市公共服务机构，并建立线下物联网营销平台，覆盖全国300多座城市和6亿多人。而京东智臻链则是京东数字科技旗下的区块链品牌，专门研发易用、惠普、开放的区块链平台和产品，并试图打造基于价值的区块链开放式创新体系。

2. 区块链提升管理透明度与信任度

(1)区块链提供了一种解决传统机构信任危机和避免依赖中央集权的方法

区块链有助于构建提升开放性与透明度的网络空间。一方面，考虑到个人往往希望更大程度地访问主要由大型实体控制的信息并提高其透明度，例如，大型平台所有者、中央银行和政府，公民希望区块链通过减少投票欺诈来提高选举过程的可信度；另一方面，区块链上的信息并非完全由任何一方控制。2018年，Francisco等人发现，对于非政府组织而言，区块链有助于为人道主义危机提供紧急救援。例如，联合国世界粮食计划署使用以太坊区块链向大约10 000名叙利亚难民提供基于加密的代金券。再如，创业公司可以使用连锁股发行自己的记号货币，以吸引广大投资者的投资，这是一种被称为初始硬币发行的过程，可以帮助企业完成比传统融资方式更容易和更迅速的资金筹集。因此，需要更多的研究来分析区块链的早期采用和扩散模式。

(2)区块链提升物流和供应链管理的可追溯性和透明度

区块链技术最初因其与比特币的关联，以及创建交易信息的可信和透明分类账本的能力而受到关注。现在，物流和供应链管理者开始认识到这项新技术在提高供应链透明度方面的潜力。例如，消费者通常希望确保购买和消费的鱼类不是使用非法渔网捕获的或在封闭水域养殖的；珠宝消费者希望确保购买的钻石是真实的。当供应链是多层次的，并且范围越来越全球化时，消费者对商品质量的担忧就会加剧。区块链有望通过提供透明、不变的检查记录，极大地改变交易方式。由比特币加密货币推广的区块链，其特点是一个用于存储交易信息的开源、分散、分布式数据库。这种技术不依赖于集中的中介机构，而是允许双方直接使用“块链”的重复链接分类账进行交易，因而比集中式系统提供的事务透明得多。因此，交易的执行不依赖第三方的明确信任，而是基于其他区块链用户网络共识的分布式信任。通过区块链提高供应链管理的透明度应用有很多可能性。与供应链可追溯性类似，供应链透明度概念体现了供应链中最终用户和公司随时可获得的信息。供应链中存在不同程度的供应链信息共享，供应链需要透明地向所有参与者提供共享服务，并提供有关组件来源和流程的更多信息。

(3)区块链促进组织和共享数据管理的创新

区块链使用相互分布的分类账，这些分类账建立在一系列用于组织和共享数据管理的创新之上。区块链由一个链接的区块序列，即交易的存储单元组成，保存由公钥加密与哈希函数保护的时间戳交易，并由网络社区验证。一旦一个元素附加到区块链上，它就不能被随意改变，从而将区块链变成过去活动的不变记录。“散列”过程将原材料等有形的资产和文件所有权等无形的资产转换为数字编码通证，并可在给定区块链上使用私钥进行注册、跟踪和交易。组织通过使用诸如物联网、射频识别技术(RFID)、NFC 标签等跟踪技术，实现对资产的进一步控制，并启用供应链可追溯性。正如比特币所证明的那样，数字货币的基础技术构成了一种经过验证的有效机制，在不可靠的网络环境中实现了分布式共识。数字环境运行的一个特征是智能合约，可以创建算法和程序，当某些条件发生时，这些算法和程序可以部分执行或强制完全执行，而无须人工交互。一旦触发预设条件或相关各方同意的一组条件，并根据合同通知各方，智能合约即被激活。

(4)区块链促进可追溯性方法在管理中的应用

区块链的特征使其特别适合于可追溯性应用。每当如提单或装运通知等货物和相关文件从供应链中的一个参与者转移到另一个参与者时，物品可能就会被伪造或盗窃。为了避免这种情况，区块链可以创建与物理项目相关联的数字通证。然后，项目的最终接收者可以对通证进行身份验证，该通证可以跟踪项目的历史记录直到其原点。在这种情况下，最终用户对他们收到的信息更有信心，因为在区块链内没有一个实体或一组实体可以任意更改所包含的信息。由于大多数商品从原材料到最终消费者是线性流动，区块链是实现供应链可追溯性的合适技术，商品及其相关代币通常不会在给定区块链中的竞争对手之间进行交易，因此数字通证的应用有助于保持匿名性，维护参与者的保密性。

实践链接

区块链+数字人民币

2022年1月，数字人民币(试点版)App在各大应用商店累计下载量已超2 000万，下载热度持续攀升。2022年冬奥会期间，场馆、运动员住所附近全面覆盖数字人民币支付，用户可以选择用软件或硬件方式交易。相较于微信、支付宝等传统的电子支付，数字人民币不依赖银行，用户通过钱包就可获得存储、支付、查询等服务。在转账时，数字人民币支持离线支付，用户只需通过扫码、汇款、碰一碰等交互形式，就能实现资金的转移，避免了因网络障碍延时到账的情况，实现交易即结算。传统移动支付方式，如微信、支付宝是将自己作为账户，双方都能看到对方的信息，数字人民币则借鉴了区块链技术，类似纸币，交易双方都是匿名的，数字人民币也有编号，央行可以查询到数字人民币的流通渠道。除了让我们的日常支付更加方便安全可靠外，数字人民币还有反洗钱的特性，对比纸币和其他移动支付方式，优点确实很多。区块链技术是近些年来技术行业的革新，除了在金融支付领域，还在贸易、物流、文娱、社会公共服务、政务、知识产权、社交、工业、农业、能源、教育、医疗等众多行业发挥作用。例如，新开普(NewCapec)与中国银行、中国农业银行、中国工商银行、中国建设银行、交通银行以及银联、中国移动、中国电信、中国联通建立了合作关系，为高校、K-12基础教育、中职学校、企业等细分业务领域客户提供支付平台和收款设备的整体解决方案，实现数字人民币的交易应用场景。在使用过程中，使用者可通过移动端开通数字人民币钱包，数字人民币应用于一卡通，主要功能有充值、缴费、支付、退款、代发等，在支付过程中保障支付顺畅、账务及安全性。

3.4 云计算

3.4.1 云计算的内涵与特征

1. 云计算的内涵

云计算(cloud computing)是分布式计算的一种，指的是通过网络“云”将巨大的数据计算处理程序分解成无数个小程序，然后通过多部服务器组成的系统处理和分析这些小程序，得到结果并返回给用户。云计算是一种按需提供、重新配置服务器的平台，是互联网上可用的工作资产。云计算也可以被视为一种电子商务，其中云提供商通过互联网销售一系列信息技术的服务和操作。当一家公司采用云计算时，它基本上将其IT基础设施的管理外包给了云供应商。这使得公司能够将精力集中在其核心业务活动上，并最小化或消除其非核心功能，如维护、升级和扩展基础设施。云计算，以其多种形式，已经成为IT的一个重要组成部分。“云”一词被用来指分布式计算的平台，即用户执行特定任务所需的服务器、网络、软件、接口等的集群；“计算”指的是用户可以在需要时使用它，而不再需要拥有庞大的计算基础设施，也不再需要对其进行前期投资。相反，它允许用户使用另一方拥有的类似基础设施，只按使用时间付费。这种按次付费的模式可以实现方便快捷的操作，按需访问网络共享的可配置计算资源池，如服务器、存储、应用程序和服务。客户端可以使用不同的连接器连接到现有的物理或虚拟环境。用户可以全天候在线访问所有信息，并可以从各种类型的设备(电脑、手机等)访问这些信息。

雾计算和边缘计算进一步扩展了云计算的概念。过去，数据在前端采集通过网络传输到云端计算，计算结果等一系列数据返回前端进行相应操作。然而，我们现在面临的是巨大的物联网设备的接入，每天产生的数据量给网络带来了巨大的传输压力，近TB级别的操作转移到云中进行实时数据交互是非常不现实的。例如，对于一辆自动驾驶的汽车来说，它需要更低的网络延迟，这也要求将计算能力转移到更近的边缘，以提高其工作的安全性。基于此背景，雾计算(fog computing)和边缘计算(edge computing)的概念被提出并得到了广泛的重视。相对于云计算，雾计算离产生数据的地方更近，数据、数据相关的处理和应用程序都集中于网络边缘的设备中，而不是几乎全部保存在云端。这里因“云”而“雾”的命名源自“雾是更贴近地面的云”这句话。边缘计算则进一步推进了雾计算中“局域网处理能力”的理念，其处理能力更靠近数据源，应用程序在边缘侧发起，产生更快的网络服务响应，可以满足行业在实时业务、应用智能、安全与隐私保护等方面的基本需求。

云计算作为以服务为主的技术，按照服务对象的不同通常可以分为以下6类。

(1)软件即服务(software as a service，SaaS)

软件即服务是指通过网络提供软件服务。这是最常见的云计算服务，服务供应商负责维护和管理软硬件设施，并以免费或按需租用的方式向用户提供服务。应用程序通过Web网络部署，并可通过浏览器或程序界面访问。由于应用程序是按需提供的软件，因此可以快速部署，从而带来易用性和经济效益。例如，谷歌的电子邮件、日历、文档等应用平台就是SaaS类型。

(2)平台即服务(platform as a service，PaaS)

平台即服务是指将软件研发的平台作为一种服务，以SaaS的模式提交给用户。平台提供了一个基于互联网的灵活的应用开发环境，并且支持应用从创建到运行整个生命周期所需的各种软硬件资源和工具，使得用户可以更轻松地快速开发应用程序并立即采用，无须等待部署适用于应用程序的硬件和软件。用户可以使用该平台支持的语言、库、服务或工具构建应用程序。提供此类平台的公司有Google App Engine、Windows Azure和Force. com等。

(3)基础架构即服务(infrastructure as a service，IaaS)

基础架构即服务是指把IT基础设施作为一种服务通过网络对外提供，并根据用户对资源的实际使用量或占用量进行计费的一种服务模式。IaaS通过使用虚拟化技术、自动化技术和服务器模板技术，将CPU、内存、存储、操作系统及相关软件以远程计算服务的方式提供给用户。IaaS为用户提供数据存储接口并根据使用的存储量向用户收费，该接口是网络最基础的服务，如亚马逊的网络服务器。

(4)存储即服务(storage as a service，StaaS)

存储即服务是一种由公司向个人或企业提供技术专业知识和存储空间的商业模式。StaaS 为用户提供数据存储接口，并根据使用的存储量向用户收费。StaaS 能够帮助用户创建统一的资源池，完善数据保护、实现对内的数据流动，适应多样化业务的同时管理多种介质，包容其他存储，消除信息孤岛，如亚马逊的 Simple Storage Service。

(5)桌面即服务(desktop as a service，DaaS)

桌面即服务也叫虚拟桌面(virtual desktop)或托管桌面服务(hosted desktop services)，是虚拟桌面基础架构(VDI)对第三方服务供应商的外包。一般来说，DaaS 有多重租赁架构，这种服务需要付费购买，如 Windows 桌面操作系统和应用程序通过远程基础设施安全交付。

(6)功能即服务(function as a service，FaaS)

功能即服务是指支持无服务器应用程序开发和管理的云服务。云服务模型架构的最新趋势是无服务器云计算。通过 FaaS，云使用负载平衡器自动计算出应用程序需要什么样的服务器设置。FaaS 正在成为开发人员的领先框架。

2. 云计算的特征

在数字经济时代，越来越多的企业在竞争中寻求提供大空间来存储数据以及各种功能和优质服务。云计算有许多服务和功能，云是用于实现计算资源的普遍、方便、按需网络访问的模型。基于一系列 IT 创新和改进，云计算的发展离不开虚拟化的发展、互联网容量的增加和互联网技术的日益成熟。美国国家标准与技术研究所(NIST)描述了云计算模型的 5 个特征。

(1)按需自助服务(on-demand self-service)

以服务器时间和网络存储为代表的计算资源可根据需要获得，而无须人工与服务提供商交互。按需自助服务是云计算的重要且有价值的功能之一，因为用户可以持续监控服务器的正常运行时间、功能和分配的网络存储。通过此功能，用户还可以监控计算功能。

(2)广泛的网络接入(broad network access)

资源可通过网络获得，并通过标准机制(如手机、电脑和工作站)访问。借助硬件设备和网络连接，用户就可以从任何地方访问云计算数据或将数据上传到云端。这些功能遍布整个网络，并可通过互联网访问。

(3)资源池(resource pooling)

资源池将资源汇集起来，允许云计算供应商通过多用户共享模式服务用户，物理和虚拟资源可根据用户需求进行分配和重新分配。资源池具有地点独立性等特点，用户一般无法控制或了解所提供资源的确切位置，但可以在地区、国家或数据中心等高端提取层面指定位置。

(4)快速伸缩性(rapid elasticity)

资源是弹性供应和释放的，有时是自动的，以随着需求快速地上下扩展。伸缩性是指根据需要向上或向下扩展资源的能力。对于云本身来说，可以快速地分配和释放资源，而对于用户来说，可以全天候不限量地获取云服务，云计算的资源数量没有界限，用户可按照需求购买任何数量的资源。

(5)可度量服务(measured service)

系统通过测量自动优化资源使用，如存储、处理、带宽和活动用户账户。在可度量服务下，由云计算供应商控制和监测云计算服务各方面的使用情况。这对于计费、访问控制、资源优化、容量规划和其他任务具有重要的意义。

3.4.2 云计算在管理领域的应用

1. 云计算推动服务模式创新

多源信息服务是以用户为导向，以服务者为纽带，以服务内容为基础，以服务策略为保障的活动。由于在应用领域、客户群体等方面存在差异，云计算环境下多源信息服务产生了多种不同的模式。多源信息服务模式中的服务要素包括用户、服务者、服务内容和服务策略。对于多源信息服务来说，云计算环境是完全开放的服务环境，它的体系结构、标准、系统平台、软件服务等都是开放的，并且这些服务并不是集中在一地，而是分布在各地数以万计的不同服务器上。云计算环境不仅为多源信息服务提供了社会性的技术平台，而且为软件提供商创造了规模化的营销模式，使得用户的服务成本大大降低。多源信息服务模式所要描述的是用户、服务者、服务内容和服务策略等要素及其相互关系，它们之间的彼此关联和作用构成了多种不同的多源信息服务模式。传统的多源信息服务模式主要有传递模式、使用模式、问题模式，以及在此基础上的交互-增值模式、平台-自助模式、用户-吸引模式、内容-承包模式等生成模式。产业链环境下信息服务网络的类型与发展模式对异构的信息资源进行分析与整合，产生能够提供信息集成服务的信息产品群，从而向不同的网络用户提供基于互联网的开放性信息服务体系。由于在信息服务的成本和收益中存在网络外部性效应，信息服务的市场需求与供给往往呈现出普通商品所没有的特征。然而，与分布式计算环境不同的是，云计算环境是完全开放的服务环境，现有的多源信息服务模式并不完全适用，仍然需要进一步对云计算环境下各服务要素的新特征进行分析、抽象与提炼，设计新的适用于云计算环境的多源信息服务模式。在数字市场机会爆发的大环境下，包括谷歌(Google)、亚马逊、脸书和微软在内的数字平台科技巨头开始开放数据中心，为小型初创企业(如优步等)和大型数字企业(如网飞等)提供云计算服务。激烈的竞争促使基础设施提供商提供更高质量和成本效益的服务。云计算环境采用按需分配的方式为企业或个人用户提供动态可扩展的各类计算资源，有效地减少了资源的闲置和浪费，并成功克服了信息服务过程中企业与客户间的地域限制。

2. 云计算加快数字化转型底座建设

信息经济时代，企业注重单个业务应用的实现，而数字经济时代企业的发展趋势是通过深化运用数字技术发挥体系化平台的力量，实现数字技术与企业业务的深度融合，驱动实现以客户为中心价值链的最短路径，以及各个环节的协同和整体化。云计算作为新技术基础设施之一，是构建数据中台、业务中台等新型 IT 架构的承载技术。数字企业有必要基于云平台打造 IT 数字化基础能力，建设敏捷高效可复用的云计算平台，借助 DevOps(development＋operations)等云原生技术，对传统商业套装软件进行拆分解构，灵活构建松耦合的信息系统，快速响应场景化业务需求。云平台作为数字化转型底座，在数字经济时代企业业务单元数字化转型过程中起着举足轻重的作用。

目前，企业IT底座整体向一体化云平台发展。数字基础设施一体化平台将云计算、大数据、人工智能、区块链等新一代数字技术融合集成，形成的企业IT底座成为当前企业数字基础设施建设的重要基础方向。数字基础设施一体化平台能通过有效整合资源，实现数字化基础设施能力的组件化、模块化封装，为企业业务创新提供高效、低成本的一体化服务支撑，满足海量多样化客户群体的个性化需求。

3. 云计算促进企业管理共享服务中心的建设

云计算的使用可以促进管理共享服务中心的建设。随着数字技术的发展，基于云计算的管理共享服务中心可以与高科技完美结合。基于云计算技术，构建企业管理共享服务中心，研究适合时代发展的管理模式，是未来数字企业的一项重要任务。云计算技术日趋成熟，并广泛应用于各个行业：企业租用云服务以减少管理共享的基本投资；采用云存储，降低信息存储成本；使用云计算来提高信息系统的性能，让财务共享服务中心更加强大。未来，管理共享服务模式将呈现多元化、高效化、可持续发展的趋势。管理云是云计算技术在管理共享服务中心的应用。在云计算中，客户端和云是两个重要的模块：客户端是用户访问和获取信息的端口，为用户提供准确的信息；在云中，结构层由应用层、数据管理层和网络服务层3层组成。应用层不断完善担保管理、资金管理等服务。数据管理层提供信息支持。网络服务层使用网络存储、电子邮件和Web地址来改进基本网络服务。数字企业特别是跨国数字企业可以将云计算与管理流程相结合，运用数字技术创新企业管理模式，建设管理共享服务中心，改变原有的管理流程，提高管理服务效率，解决企业管理和工作效率等问题。

实践链接

云计算助力华为财务共享服务中心

随着企业发展战略的变化调整，华为传统的财务管理逐渐暴露出流程复杂、数据滞后、效率低、只懂财务不懂业务等问题，已经严重影响到集团企业的管理和决策。财务共享中心已然成为当下财务转型最受肯定和欢迎的方式，而每一次信息技术的变革，必然引发财务运作流程与组织模式的变革。在云计算的推动下，智能化必将对管理会计和财务转型产生颠覆性影响，财务智能化转型已经成为大势所趋。华为作为一家产品和解决方案供应商，已将财务智能化应用于140多个国家的信息与通信解决方案，其财务组织着眼于如何更好地服务企业在全球范围内的拓展。在华为的组织架构中，财经体系是一个独立的部门，集中管理公司所有财务人员。华为的整个财务职能大体被分为会计核算(账务)、财经管理和审计监控(内审)3块，只有同时保障账务和内审的财务数据是足够准确的，财经管理的决策才值得信任。自2006年起，华为在全球范围内统一体系规范，陆续建立了七大区域财务共享中心。共享服务中心的建立和网络的完善，加强了公司总部对全球业务的财务控制，成为财务内控有效实施的最强有力的保障；同时通过持续推动流程的标准化与简化，大幅提升了财务专业流程的运行效率，创建了财务职能卓越专精、精益管理的领先实践。如今，华为账务核算已经实现了全球7×24小时循环结账机制，充分利用了其共享中心的时差优势，在同一数据平台、同一结账规则下，共享中心接力传递结账作业，极大缩短了结账的日历天数。24小时系统自动滚动调度结账数据，170+系统无缝衔接，每小时处理4 000万行数据，共享中心“日不落”地循环结账，以最快的速度支撑着130+代表处经营数据的及时获取。

3.5 大数据

3.5.1 大数据的内涵与特征

1. 大数据的内涵

大数据(big data)是使用传统数据处理应用软件无法处理的数量庞大且复杂性极高的数据集合。20世纪90年代，科学家们在进行气象地图分析、大物理仿真计算等基础科学研究时提出了“大数据”的概念。大数据的应用和技术是在互联网快速发展中诞生的，起点可追溯到2000年前后。当时互联网网页爆发式增长，每天新增约700万个网页，到2000年年底全球网页数达到40亿，用户检索信息越来越不方便。谷歌等公司率先建立了覆盖数十亿网页的索引库，开始提供较为精确的搜索服务，大大提升了人们使用互联网的效率，这是大数据应用的起点。当时搜索引擎要存储和处理的数据，不仅数量之大前所未有，而且以非结构化数据为主，传统技术无法应对。为此，谷歌提出了一套以分布式为特征的全新技术体系，即后来陆续公开的Google File System(GFS)分布式文件系统、Mapreduce分布式并行计算和Bigtable分布式数据库等技术，以较低的成本实现了之前技术无法达到的规模。这些技术奠定了当前大数据技术的基础，可以认为是大数据技术的源头。随着互联网产业的崛起，这种创新的海量数据处理技术在电子商务、定向广告、智能推荐、社交网络等方面得到应用，取得巨大的商业成功。这启发全社会开始重新审视数据的巨大价值。2011年，麦肯锡、世界经济论坛等知名机构对这种数据驱动的创新进行了研究性总结，随即在全世界兴起了一股大数据的研究热潮。2014年，大数据首次被写入中国政府工作报告，而这一年也成为实际意义上的“中国大数据政策元年”。本书对大数据定义做出如下归纳(表3-3)。

表3-3 大数据定义

来源	大数据定义
Laney(2001)	大数据是指随着信息技术的不断演化而不断收集、存储和管理的大量数据，以及用于理解数据的分析技术
麦肯锡(2011)	大数据是一种规模大到在获取、存储、管理、分析方面大大超出了传统数据库软件工具能力范围的数据集合，具有海量的数据规模、快速的数据流转、多样的数据类型和价值密度低四大特征
Sheng等(2017)	大数据是从多个源头源源不断地产生的大量结构化、半结构化和非结构化数据，可以实时影响商业运营并通过对有洞察力的信息进行挖掘影响决策
Wright等(2019)	大数据是指具有大容量、高速度、多品种、高真实性，超过传统数据库技术存储、处理和分析能力的数据

2. 大数据的特征

从数据分类来讲，大数据可以分为物理数据和社会数据。前者指的是从传感器、科学实验中观察和获取的生物数据、神经数据、航天数据和遥感数据，而后者则通常是从社会网络、互联网、健康、金融、经济和交通等领域获得的数据。本书认为，大数据是具备以上特征的结构化、半结构化和非结构化数据的信息资源，包括社会数据和物理数据，是需要很强的数据收集、存储和处理分析能力才能充分发挥其价值，并用于支持企业管理决策和科学研究的数据集合。一般而言，大数据须满足“3V”特性，随着数字技术的应用与发展，学者们关注到大数据的价值性(value)，形成了“4V”特性。后续研究者不断增进理解，进一步扩展到大数据的“5V”甚至“7V”特性，详见本书6.1.2节。在一定程度上，大数据的价值并不仅仅在于数据资源本身，更多在于数据与具体流程惯例相结合而产生的驱动效应。

3.5.2 大数据在管理领域的应用

大数据赋能管理决策从关注传统流程变为以数据为中心。当前，管理决策中各参与方的角色和信息流向更趋于多元和交互，使新型管理决策范式呈现出大数据驱动的全景式特点，在信息情境、决策主体、理念假设、方法流程等决策要素上发生了深刻的转变(图3-2)。第一，在信息情境方面，决策所涵盖的信息范围从单一领域向跨域融合转变，即跨域转变；第二，在决策主体方面，决策者与受众的角色在交互融合，特别是决策形式从人运用机器向人机协同转变，即主体转变；第三，在理念假设方面，决策时的理念立足点从经典假设向宽假设，甚至无假设条件转变，即假设转变；第四，在方法流程方面，决策从线性、分阶段过程向非线性过程转变，即流程转变。

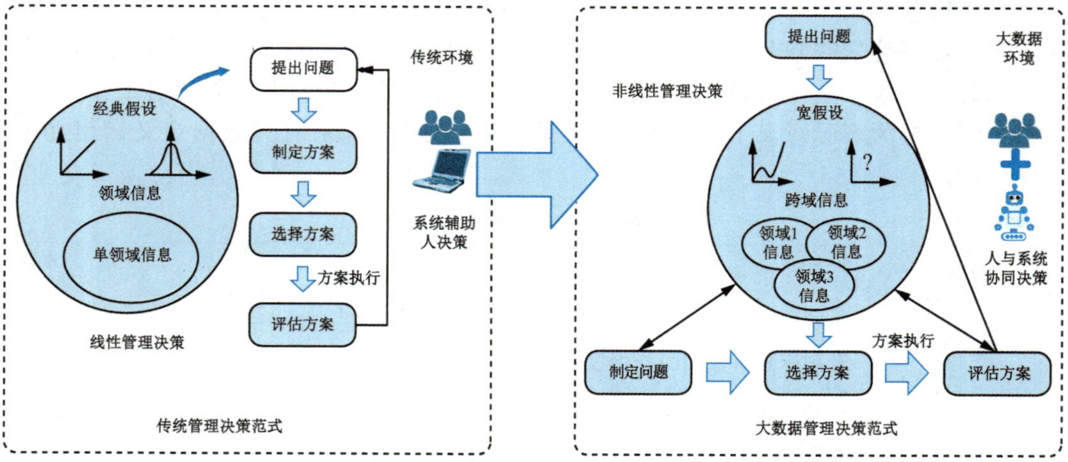

图3-2 管理决策范式的转变

资料来源：陈国青、曾大军、卫强，等：《大数据环境下的决策范式转变与使能创新》，载《管理世界》，2020，36(2)。

1. 跨域转变

在决策理论发展演化过程中，建立决策模型所考虑的信息逐渐丰富。早期的期望效用理论忽略了人的个体差异以及环境因素。随后发展起来的行为决策理论引入了对个体行为信息的分析，在动态决策方法的研究中则开始重视对环境信息的采集，而决策支持系统的提出则进一步考察了决策者与外部信息环境的交互。尽管情境信息逐渐丰富，但传统的管理决策仍然聚焦于将直接相关的特定领域情境作为解决问题的输入信息，经信息分析过程形成最终的管理决策输出。在大数据环境下，许多管理决策问题从领域内部扩展至跨域环境，公众以及其他决策相关者的信息被纳入考量。这些跨域信息的补充使决策要素的测量更完善可靠，进而提升了管理决策的准确性。首先，领域外大数据与领域内传统信息的结合，使决策要素的测量更完善可靠；其次，领域外大数据的引入，使得在经典模型中添加新的决策要素成为可能，对于不能完全用领域内信息刻画和解释的现实问题，大数据融合分析可以有效地突破领域边界，为管理决策提供大幅拓宽的视野。在管理活动的各个具体领域当中，面向各种实际问题，大数据环境下的决策研究与实践逐渐形成了立足于跨域信息环境的决策范式。

跨域转变的一个典型例子是在财务管理领域。在财务管理决策中，在传统的企业常规信息之外，引入了外部机构市场研究报告、新闻媒体、社交网络、行业/地区年鉴等多渠道非官方数据，并通过跨域信息的融合、分析，挖掘传统范式中不可测量的企业潜在价值，从而有效提升企业价值评估和投资管理决策的可靠性与准确性。在传统的投资管理决策中，企业财务报表等官方发布的内容是主要的决策参考信息。企业的资产负债表、现金流量表和利润表旨在反映企业的运营能力、偿债能力和盈利能力，投资者根据对企业经营现状的判断来制定多种投资决策。然而，滞后的财务记录和传统的财务视角往往无法及时捕捉业务变化。同时，互联网环境中积累了关于用户特征、忠诚偏好、交易记录、商誉口碑等动态大数据，基于这些信息引入的“第四张报表”可以更灵敏地反映企业的数据资产和未来价值。以用户为中心的新增报表将分散在各领域、系统中的大数据集合起来并分析其与企业价值之间的关联，具体内容包括但不限于口碑、忠诚度、品牌、公允价值/无形资产等，被视为财务管理决策范式转变的关键。新型的财务管理决策范式将互联网非官方大数据与企业官方信息相结合，综合现状分析和发展预判，形成更为全面有效的价值评估和投资决策。这也标志着成型于20 世纪初期、主导世界近百年的财务价值测量体系面临转变，经济活动测量的焦点从绩效记录发展到价值创造。

2. 主体转变

在传统决策理论中，决策主体经历了由个人决策到组织决策，由个体决策到群体决策，由决策者独立决策到决策支持系统辅助决策者共同决策的转变。大数据环境下，决策主体发生了重大的变革。由于数据环境的繁荣和开放，部分决策受众转化成了决策主体。例如，在许多情境中，产品的消费者已经能够参与产品的设计和生产过程。伴随着人工智能的迅速发展，智能系统越来越多地主动参与到决策过程之中。在某些领域，完全由智能系统和计算机算法直接做出决策已在实践中得到应用，如智能投顾系统、自动驾驶系统等。决策主体不再是单一的组织或个人，而是人、组织与人工智能的结合。对于特定的管理决策问题，人与智能机器人/智能系统分工合作，共同对决策目标、方案和信息进行分析与判断，从而形成有效的决策。在这样的转变中，智能机器人或智能系统所扮演的不仅是决策支持者的角色，而是拥有部分直接决策权，在某些情境下甚至是拥有完全直接决策权的主体决策者。决策主体的转变也使得智能化技术在管理决策中的作用范围延伸到了管理决策的全过程，既包括方案的制订和选择，也涵盖了效果跟踪、评估与反馈等其他关键环节。

主体转变的一个典型例子是在人力资源领域。在人员招聘与配置、人力资源开发和组织文化建设方面，可以通过整合多源数据，挖掘和建立人员评估、管理风险评估、组织文化合理性评估的量化模型，形成基于大数据的智能化人才管理，使得传统的基于经验性、主观性、滞后性的人力资源管理向基于分析性、客观性、前瞻性的新形式转移。传统的人员招聘与配置过程主要依靠经验判断与简单的统计分析，存在很强的主观性和模糊性。此外，在人力资源开发过程中也可能存在关注不够及时、了解不够全面等问题，因此管理决策也往往具有滞后性。基于大数据的智能化人才管理，可以利用系统中全方面的数据对人力资源管理形成一个闭环系统。在人员招聘与配置方面，基础人工智能能力包括自然语言处理、深度学习、语音识别等技术，可以通过智能简历的筛选、智能的人岗匹配、智能的面试评估等对招聘过程的全流程进行智能化改造。在人力资源开发方面，人工智能可以协助招聘者科学识别优秀管理者与人才潜力，预判员工离职倾向和离职后的影响，并为有针对性的人才获取、培养与保留提供智能化支持。在组织文化建设方面，通过分析部门活力和人才结构，能够科学评估组织稳定性，揭示组织间人才流动规律，为组织优化调整、高效人才激励与促进人才流动提供智能化支持。同时，人工智能也可以及时呈现组织内外部舆情热点，智能分析外部人才市场状况，为管理者提升公司口碑、提振员工士气及制定文化战略等相关工作提供智能化决策。

3. 假设转变

在传统管理决策中，通常需要基于领域内的经典理论假设构造模型，进而提出并解决具体的现实问题。而在大数据环境下，管理决策对于理论假设的依赖大幅降低。大数据所提供的新途径、新手段能够帮助我们识别经典假设与现实情况之间的差异。相较于仅依据经典假设来进行建模和问题求解，结合大数据分析结果的管理决策更加准确和有效。例如，通过大数据分析拟合出产品需求的真实复杂分布情况，可以有效取代那些借助经典分布的先验假设来动态制订生产计划的方法。此外，大数据有助于放宽或消除那些为了简化问题而设置的经典假设。在传统管理决策中，人们已经意识到这些假设的局限。例如，西蒙在决策过程中引入个人的态度、情感等行为要素，试图突破理性人假设对决策理论的制约，但由于观测手段和数据可得性的限制，传统决策理论仍然难以摆脱这类基础假设的限制。直到大数据环境的形成，更丰富信息的可观测性和可获得性才使得这些局限被打破、视角被放宽。

假设转变的一个典型例子是运营管理决策。对于库存管理等典型运营管理决策问题，可以根据具体问题的情境特点建立不依赖于传统特定假设的新模型，并借助大数据及其分析方法来完成模型求解和影响机理探究，进而提升管理决策效果。供应链中的企业在其库存管理决策中，需要考虑产品供给、需求、库龄等多种因素，通过构建优化模型并求解来指导现实决策。为使优化模型具有较好的数学形式和性质，进而可计算出显式解，传统范式预先对各因素的属性特征和概率分布进行简化假设，如订货点法，但可能与现实情况和精准决策生成相距较远。如传统的订货点法假设供给已知且稳定、需求连续发生且服从先验分布、库龄统一等，但实际情况中产品的特殊性可能导致供给不可靠、需求分布可变、多库龄共存等复杂特性。在大数据驱动的新型管理决策范式中，大数据的获取使库存管理优化模型得以纳入上述更多可测因素，大数据分析方法和技术也能够支撑更复杂模型的求解。

4. 流程转变

传统管理决策通常遵循线性的过程展开，按照目标制定、信息获取、提出方案、选择方案、评估方案等环节按步骤生成解决特定问题的决策结果。在决策理论发展历程中，对决策过程的划分不断细化。在大数据环境下，线性流程的适用性和有效性显著降低。首先，大数据及其融合分析方法使全局刻画成为可能，现实情境常具有多维交互、全要素参与的特征，且涉及的问题往往复杂多样，使实现多维整合并能针对不同决策环境进行情境映现和成效评估的非线性流程更为适用，如通过融合患者各方面健康信息为其在疾病前、中、后期制定不同的健康管理方案。其次，大数据“流”的特性支持对现实场景中各要素间动态交互的刻画，能发现非线性、非单向的状态变化并对管理决策进行相应的动态调整，因此信息的实时捕捉和反馈令新型范式更及时有效，如根据灾害现场的实时信息监测和措施反馈，动态生成应急疏散路线。为提升管理决策范式在新情境下的效力，出现了面向连续、实时、全局决策且允许信息反馈的非线性流程转变。

流程转变的一个典型例子体现在营销领域。传统“营销漏斗”理论的“意识－考虑－购买－忠诚－宣传”模式对应着“吸引－转化－销售－保留－联系”的线性步骤和策略。而在大数据环境中，可以构建以消费者为中心的消费市场大数据体系，通过对其线上购物行为的全景式洞察形成面向消费者全生命周期、非线性的市场响应型营销管理决策新模式。传统的线性管理决策流程往往导致被动、滞后的营销策略生成，且因缺少对消费者所处购物场景的全局洞察而具有较低的灵活性和准确性。而大数据分析结果表明，消费者在营销漏斗的各个阶段间的转换率和转换方向具有高度随机性，因此通过实时分析技术可以显著缩短信息获取和处理周期，令数据融合、全景洞察、智能策略、长效评价等各环节迭代进行，对动态信息进行即时判断和实时响应，并通过决策结果与消费者的最新交互反馈回流来修正模型中有关阶段转换概率的假设和分布，从而通过新型非线性流程准确分析消费者行为，优化管理决策效果。

实践链接

腾讯第四代大数据平台让数据分析“自动驾驶”

2021 年 4 月 19 日，腾讯发布自研第四代数智融合计算平台“腾讯大数据——天工”。从离线计算、实时计算到机器学习，大数据智能化是第四代数智融合计算平台规划的必由之路。腾讯正在构建平台大脑，推动万亿级大数据分析逐步实现“自动驾驶”。从快速发现大数据运行问题到主动发现问题，再到主动解决问题，平台大脑预计可让数据中心研发效率提升 60%，运营效率提升 50%，平台服务质量提升 80%。目前，腾讯大数据平台日接入消息量超过 55 万亿，日实时计算量超过 65 万亿，平台整体算力超过 500 万核，日分析任务达到 1 500 万。腾讯第四代大数据平台以“数据协同、技术互通、平台大脑”技术理念为基础，在确保数据安全的前提下，推动大数据和人工智能技术融合。

本章小结

• 人工智能(artificial intelligence，AI)是研究、开发用于模拟、延伸和扩展人的智能的理论、方法、技术及其应用系统的一门新的技术科学。

• 区块链(blockchain)是一种基于密码的分散系统，由在对等网络内共享的持续数字记录列表组成。

• 云计算(cloud computing)是分布式计算的一种，指的是通过网络“云”将巨大的数据计算处理程序分解成无数个小程序，然后通过多部服务器组成的系统处理和分析这些小程序，得到结果并返回给用户。

• 大数据(big data)是使用传统数据处理应用软件无法处理的数量庞大且复杂性极高的数据集合。

复习思考题

1. 人工智能的内涵与特征是什么？
2. 区块链的内涵与特征是什么？
3. 云计算的内涵与特征是什么？
4. 大数据的内涵与特征是什么？
5. 人工智能、区块链、云计算和大数据 4 种数字技术在管理领域的应用各有何侧重点？

案例分析

扫一扫，看资源

初创企业 DIPNET：区块链驱动下的商业新模式

第4章　愿景、使命与利益相关者管理

【学习目标】

- 了解数字企业愿景设计的内涵与作用
- 了解数字企业使命陈述的内涵与作用
- 掌握数字企业愿景设计与使命陈述的制定方法
- 熟悉工业经济时代企业利益相关者的构成
- 熟悉数字经济时代的利益相关者及相应的数字企业行为变化
- 掌握数字经济时代的企业利益相关者识别矩阵
- 掌握数字经济时代的企业利益相关者管理的构成要素与动态管理过程
- 熟悉数字经济时代的企业利益相关者参与特征和参与过程

【关键术语】

愿景设计　使命陈述　数字企业利益相关者管理　网络位势　次要型利益相关者　潜在型利益相关者　主导型利益相关者　数字企业利益相关者参与

开篇案例

韩都与汇美的利益相关者参与研发创新

大数据的应用正在改变以往限制普通消费者参与研发和企业利用普通消费者参与研发的约束条件。对于前者，大数据技术提升了普通消费者参与行为的可数据化程度，使其生成的数据具有高易获得性和高商业价值。普通消费者既不需要具备专业知识，也不需要具备主动意愿，就可通过在线行为自动生成大数据，而对企业产生价值。对于后者，大数据的出现挑战了企业传统决策结构，技术的成熟应用极大降低了企业获取普通消费者信息的成本，使企业利用普通消费者的数据资源成为可能。在大数据环境下，普通消费者如何参与研发？不同设计理念的企业又如何实现普通消费者参与的研发创新？对数字经济时代下的企业来说，这是一大难题。

韩都衣舍(以下简称“韩都”)成立于2008年，主要面向追求时尚潮流的普通消费者，现已成为中国最大的互联网品牌生态运营集团之一。2012—2016年，韩都在国内各大电商平台连续5年获得互联网服饰行业综合排名第一；2014—2016年，连续3年获得天猫“双11”快时尚服饰品牌冠军。目前，韩都通过内部孵化与合资合作等方式已形成80多个子品牌，包括HSTYLE、AMH、米妮哈鲁、素缕、Discovery等。在研发上，韩都秉持用户导向的设计理念，激励普通消费者参与研发，构建完善的信息系统，强化对消费者数据的获取和分析。

汇美成立于2008年，主要面向具有个性化偏好的社群消费者，现已成为成长快速的互联网原创时尚品牌集团，旗下品牌包括茵曼、初语、生活在左等14个面向不同社群的原创品牌，初步搭建了互联网时尚女装原创品牌生态圈。旗下品牌茵曼2011—2013年连续3年位居天猫女装品牌Top5和淘宝女装品牌Top3，2013年"双11"女装品牌全网销量第一。在研发上，汇美强调原创设计师在塑造品牌调性和引领社群时尚中的核心地位。

通过比较发现，两家企业由于秉持不同的设计理念，在利用普通消费者数据化参与研发上存在显著差异，形成了两种研发创新模式：韩都秉持用户导向的设计理念，形成了数据驱动型研发创新模式，强调发挥数据优势，部分替代设计人员的经验判断，通过数据分析获得面向市场需求的研发创意；汇美秉持设计师导向的设计理念，形成了数据支持型研发创新模式，强调数据与设计师之间的互补，利用数据支持设计师将原创灵感转化为受市场欢迎的产品。以下对这两种研发创新模式进行具体分析。

用户导向的消费者数据化参与：数据驱动型研发创新

根据韩都对消费者大数据应用的不断深入，其数据驱动型研发创新具体包括以下3个阶段。

(1)数据获取阶段

通过数据获取形成细分客户的能力。2009—2012年，韩都经营单一品牌"H-Style"。在这一阶段，韩都的产品研发由产品小组主要负责，产品小组的成员大多是设计专业毕业的年轻人。通过借助年轻人对消费者变化的快速学习能力，强化企业产品研发体系对市场的快速反应。在该阶段，韩都主要通过数据获取，对消费者的交易数据加以利用，从而形成细分客户的能力。具体而言，数据获取主要包括3种途径：①从交易渠道和营销活动两方面刺激消费者的购买，形成企业自身的交易数据；②通过信息技术从电商平台女装品类目录页中获取竞争对手的交易数据；③为获得更多外部交易数据，与天猫、京东等建立数据合作关系，得到市场交易数据。韩都获取这些数据后，先由IT部门的数据采集小组清洗数据，进行归类和整理，获得有关品类和消费者特征的初步结论，再将这些结论和经过分类的数据共享给各产品小组。基于对消费者交易数据的获取，韩都不断细化普通消费者的交易需求和偏好特征，由此逐步形成细分客户的能力。

(2)数据迭代阶段

通过数据迭代形成优化决策的能力。通过对消费者的细分，韩都逐步推出更多的品牌，在产品研发上款式更丰富、定位更精准，更加匹配不同群体的消费者需求，对消费者产生了很强的正反馈，促使消费者增加购买，产生了更丰富的交易数据。为了深入了解普通消费者对产品的关注点和需求特征，韩都利用内外部技术强化与目标消费群体的沟通交流，获取交流数据，主要包括两方面：一是利用在线虚拟社区平台和微信客户端建立消费者交流社区，刺激和引导消费者参与群体交流；二是通过营销中心对消费者的各种反馈意见和建议进行收集。在该阶段，韩都主要通过数据迭代对消费者的交易和交流数据加以利用，从而形成优化决策的能力。数据迭代主要体现在两方面：一是通过清洗和分类不断增强数据的准确性和可用性，逐步建立起能够支持多维数据分析的数据维度；二是通过不断的数据积累、应用和沉淀，逐步形成稳定的决策算法，借助决策算法优化研发流程的运作。综上，通过消费者交易和交流数据的迭代，韩都逐步形成了“爆旺平滞”的决策算法，据此优化产品小组的研发决策，引导研发流程的运作，进而形成了优化决策的能力。

(3)数据驱动阶段

通过数据驱动形成构建规则的能力。通过细分客户和优化决策，韩都在2015年初步形成了较完善的数据决策体系。但伴随多品牌的快速扩张及多个代运营品牌的入驻，韩都发现仅利用交易数据和交流数据还不足以实现数据的精细化；韩都需要通过拓展消费者数据类型，与消费者进行深度的协同演化，以不断促进研发创新。韩都主要从两方面拓展消费者数据类型：一是借助大型电商平台的大数据技术激发消费者参与，构建可抓取消费者行为数据的数据通道，并将抓取的数据全部转化为可分析的数据；二是通过购买的方式，在相关大数据平台上购买能够反映消费者行为的大数据。韩都为实现快速研发，基于数据构建了以下规则：第一，创意设计规则；第二，冲突谈判规则；第三，平台合作规则。韩都利用数据构建规则，使数据成为研发创新的主要驱动要素，并基于数据驱动逐步形成了构建规则的能力。在基于数据构建的研发规则下，数据在新产品研发决策上对产品小组的部分功能形成了替代，设计人员不再需要依靠个人经验判断消费者的喜好，而由大数据分析得出更精准的结论。因此，借助强大的数据分析系统和由此构建的规则体系，韩都可以让很多缺乏经验的年轻人快速做出各种决策而不用担心出错。

设计师导向的消费者数据化参与：数据支持型研发创新

与韩都不同，汇美主要面向具有群体相似偏好特征的社群类普通消费者，如喜欢棉麻和“慢生活”的都市年轻女性、偏爱天然蚕丝和重绣工艺的高端白领、追求摩登和街头潮流的都市文艺女青年等。为满足这些消费者的需求，汇美的研发一直以各品牌原创设计师为核心，强调设计师对风格和定位的把控，鼓励他们发挥设计灵感引领和满足消费者的需求，因此，汇美秉持的是设计师导向的设计理念。

(1)数据获取阶段

通过数据获取形成识别社群的能力。2008—2012年，汇美主要经营单一品牌茵曼，茵曼的产品研发主要由品牌设计总监和产品企划部协作完成。然而，伴随产品品类的不断增多，产品企划部发现需要掌握准确的单品销量和热度数据，需要了解消费者对新品的评价和态度，才能有效支持产品返单和新品规划。在该阶段，汇美主要通过获取消费者的交易数据，逐步形成识别社群的能力。具体而言，汇美根据时令、季度等举办不同主题的营销活动；同时，将产品品类进行细分，匹配不同主题的营销活动，让更多消费者接触到产品。汇美获取消费者的交易数据后，通过对数据的分析，对与汇美品牌风格匹配的社群消费者进行识别。其主要分为两步：①产品企划部从交易数据中识别出认可品牌特性的消费者订单；②产品企划部再对单品销量、关注热度和用户评论等数据进行多维度分析，从而识别社群消费者的具体特征。基于数据获取，汇美能够根据消费者交易数据筛选出符合品牌特性的消费者，逐步形成识别社群的能力。

(2)数据整合阶段

通过数据整合形成辅助决策的能力。在识别消费社群的基础上，汇美逐步强化社群间的交流互动，从而不仅获取消费者的交易数据，而且通过获取交流数据了解消费社群的互动特征和需求。在该阶段，通过汇美搭建的交流社区，消费者形成了丰富的交流数据，通过群体沟通提出各种观点，如对服装搭配的建议、对配饰的要求等，以此表达对汇美产品的意见和建议。但由于各品牌设计师风格和个人经验不同，容易出现设计师凭感觉走，忽视市场需求的情况，导致产品出现滞销、积压等问题。鉴于此，汇美高层认为需要通过强化数据的利用来协调部门之间的研发决策问题。为了使这些数据能在相关研发部门真正被利用，汇美在制度上进行了调整：首先，规定产品企划部和商品计划部在制定企划时均需要参考历史数据，重要决策必须要有数据依据；其次，在各品牌设计部新增“设计跟单员”的岗位。通过研发制度的改进，汇美推动相关研发部门将消费者的交易和交流数据真正利用起来，逐步形成了辅助决策的能力。

(3)数据支持阶段

通过数据支持形成匹配规则的能力。2015—2017 年，伴随多品牌的持续发展及数据使用的深入，汇美发现仅依靠交易和交流数据，对消费者的了解还缺乏深度和细度。鉴于此，汇美开始借助天猫平台的大数据技术构建企业与平台间的数据通道，消费者所有网购行为均能转化为可被用于分析的数据。同时，从相关数据平台购买反映类似社群行为的大数据。在这一阶段，消费者数据化参与主要体现为社群参与，即通过消费者动态连续的在线行为数据，形成社群大数据，使汇美能准确地了解这些消费者的共性需求和特征。为了提高设计师对大数据的利用，又不对其造成影响，汇美在每个品牌下均设立了数据分析部门。在此过程中，数据分析部与设计跟单员充分沟通，了解设计师侧重关注的用户需求特征。根据设计师的需求，数据分析部对大数据进行分类和标签化，然后将这些标签化数据形成的用户画像和分析结果交给设计跟单员，再由设计跟单员对数据结果进行进一步解读，反馈给设计师。在该阶段，通过对大数据的个性化标签策略，汇美对数据的利用更加精细化，使数据能有效支持设计师的研发，匹配在设计师灵感与商业逻辑之间进行平衡的研发规则。

综上，在消费者个性化需求日益成为企业竞争焦点的环境下，企业亟须让普通消费者参与到研发创新中，只有精准把握消费者需求，才能进行精准化研发。大数据的应用使普通消费者能通过数据的方式参与到研发中(图 4-1)，成为企业的重要合作资产。企业要充分获取和利用消费者行为生成的大数据，形成消费者的精准画像，提炼消费者的意见，让普通消费者通过数据方式参与到产品构思、测试和改进等所有环节，从而使供给与需求逐步实现匹配。同时，在大数据环境下，企业需要不断加强组织学习，通过与普通消费者群体的协同演化，获取和分析消费者的大数据，形成研发创新能力。

思考与讨论：

1. 韩都和汇美的主要利益相关者是谁？
2. 韩都和汇美是如何引导其主要利益相关者参与研发创新的？

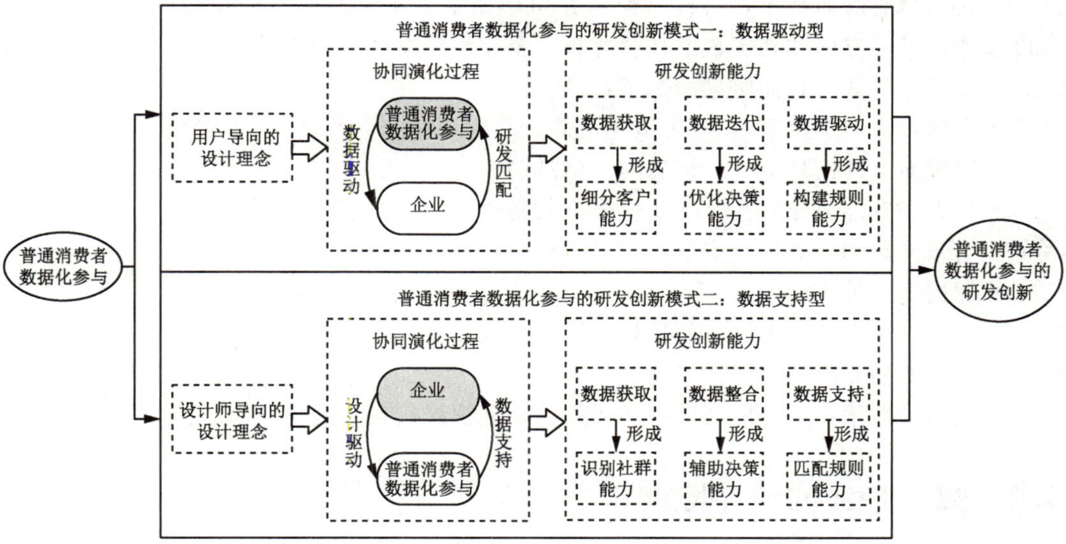

图 4-1　消费者数据化参与研发创新模型

资料来源：肖静华、吴瑶、刘意，等：《消费者数据化参与的研发创新——企业与消费者协同演化视角的双案例研究》，载《管理世界》，2018，34(8)。

4.1　数字企业的愿景设计

数字企业的愿景设计是制定一幅关于数字公司未来发展的蓝图，以及管理者努力回答要创造一个怎样的公司等问题。它体现了企业家的立场和信仰，是这些最高管理者对企业未来的设想，体现了组织永恒的追求。愿景回答了"我们希望成为怎样的企业"。因此，愿景是对企业未来发展的一种期望和描述。只有清晰地描述企业的愿景，社会公众和公司员工、合作伙伴才能对企业有更为清晰的认识。一个美好的愿景能够激发人们发自内心的感召力，激发人们强大的凝聚力和向心力。

企业的愿景通常包含 4 个方面的内容：一是整个人类社会能受惠受益；二是实现企业的繁荣；三是员工能够敬业乐业；四是使客户心满意足。构筑愿景是企业发展战略规划的重要支撑点，是企业做强、做大的不竭动力。企业愿景是人类的一种意愿的表达，它概括了企业未来的目标、使命和核心价值，是一种企业为之奋斗的意愿，企业最终希望实现的蓝图。它就像灯塔一样为企业指明方向，是企业的灵魂。企业愿景也是企业的发展方向及战略定位的体现，其价值在于：第一，指引方向；第二，唤起希望；第三，增进合作；第四，激发力量。

在数字经济时代，随着数字平台的日益强大，数字企业的愿景承载着更多的社会责任。2019 年 11 月，在腾讯公司成立 21 周年之际，"用户为本，科技向善"正式成为腾讯公司的企业愿景。该愿景强调科技以人为本、践行社会责任的企业产品能力，也是腾讯公司的里程碑事件。科技向善正成为企业在数字经济社会发展道路上的新路标，以及数字企业愿景设计的新风向。以数字技术为代表的新一轮科技革命，引发了产业深刻变革。在 VUCA（volatility 易变性、uncertainty 不确定性、complexity 复杂性、

ambiguity 模糊性)时代下，科技向善一方面彰显了企业对技术伦理和企业社会责任的深度思考，另一方面体现了数字社会背景下企业长期发展的行为准则。

下面是一些数字企业愿景的例子：

• 全球协作与交流平台。(字节跳动)
• 对世界上的信息提供一键访问。(谷歌)
• 让人们有能力建立社区，使世界更紧密地联系在一起。(脸书)
• 引领汽车和交通行业变革的世界级科技公司。(滴滴)
• 拥抱每一种生活。(快手)
• 成为持续推动人类进步的科技公司。(大疆)
• 构建万物互联的智能世界。(华为)
• 成为最懂用户，并能帮助人们成长的全球顶级高科技公司。(百度)

4.2 数字企业的使命陈述

4.2.1 数字企业使命陈述的定义

数字企业的使命陈述是在企业愿景的基础之上，具体定义企业在数字经济领域中所经营的活动范围、层次以及重点服务的顾客，具体表述企业在社会经济活动中的身份或角色。通俗地讲，使命陈述定义了“我们是谁，我们做什么”。从广义上来看，使命陈述描述了组织当前所具有的能力、重点顾客及其活动和业务组合。

同时，使命陈述也是数字企业为社会发展所做出的一致承诺。由于数字技术对人类社会的影响不仅限于经济领域，已经拓展到了生活和行业变化的方方面面，其创造的价值也是多层次的。按照经济基础决定上层建筑的逻辑，数字经济必将带来新的数字文明。数字企业利用“数字＋”改造创新要素，肩负着时代的重大使命。

数字企业的使命陈述描述了数字经济时代下企业存在的根本原因，回答了企业数字经济时代的愿景画像和发展目的等问题。具体而言，数字企业的使命陈述应包括以下内容。

①数字企业的使命陈述定义了为谁创造价值，以及创造什么样的价值。

②数字企业的使命陈述一般涉及多方利益，各方利益的主次轻重需要在使命陈述中明确。

③数字企业的使命陈述需要体现企业哲学与企业宗旨。

一家企业决定要成为什么(愿景)、为谁服务以及如何服务(使命)对于企业文化的形成至关重要。如果说企业愿景体现了企业家的立场和信念，以及对企业未来的设想。那么，企业的使命陈述则着重表达企业生产经营的哲学定位，即经营理念。所以，企业的使命陈述一般比愿景更加具体。如 IBM 的使命是“改变世界，促进人类进步”。企业的使命陈述是对企业形象的一个较为直接的描述，是对社会责任、义务或自身发展所承担的任务的说明。企业的使命陈述表明了一家公司打算与之竞争的一家或多家企业及其想要服务的用户。然而，与愿景一样，使命需要突出企业个性，鼓舞其所有的利益相关者。当员工具备努力工作来帮助公司实现愿景的强烈意识时，企业更有可能形成有效的使命。总结而言，企业使命和愿景共同为企业选择和实施一项或多项战略提供了坚实的基础。表 4-1 是对企业使命陈述的举例。

表 4-1　企业使命陈述举例

企业名称	使命陈述
微软(Microsoft)	让每一张桌面上和每一个家庭中都有一台计算机
强生(Johnson)	我们坚信，我们对医生、护士、患者、母亲和其他所有使用和享受我们产品与服务的人负有重要的责任
美国电话电报公司(AT&T)	成为全球最受推崇和最具价值的公司
默克(Merck)	保护和改善人类生活
惠普(Hewlett-Packard)	为人类的幸福和发展做出技术贡献
索尼(Sony)	体验发展技术、造福大众的快乐
谷歌(Google)	组织世界上的信息，使之普及和有用
苹果(Apple)	致力于为全球 140 多个国家的学生、教育工作者、设计人员、科学家、工程师、商务人士和消费者提供最先进的个人计算机产品和支持
脸书(Facebook)	人们使用脸书与朋友和家人保持联系，发掘世界上发生的事情，并分享和表达对他们重要的事情
甲骨文(Oracle)	帮助人们以新的方式看待数据，挖掘洞察力并创造无限可能
华为	把数字世界带入每个人、每个家庭、每个组织
万向	为顾客创造价值，为股东创造利益，为员工创造前途，为社会创造繁荣
万科	建筑无限生活
字节跳动	激发创造，丰富生活
美团	帮大家吃得更好，生活更好
百度	用科技让复杂的世界更简单
阿里巴巴	愿天下没有难做的生意

4.2.2　数字企业使命陈述的设计

数字企业的使命陈述应革新传统的产品导向，转向以满足顾客需求、增加顾客价值的顾客导向。产品导向和顾客导向的使命陈述侧重不同，具体如下。

1. 产品导向的使命陈述强调当前产品和市场特性

企业明确地将所有用户需要的价值打包到一个产品中，因此消费者可以通过一次性买断产品来获取相关的价值。在产品导向的使命陈述中，企业只是价值的提供者，价值在交易过程中得到实现，所以供求双方的关系在产品交易后基本终结。

2. 顾客导向的使命陈述则强调产品或服务对顾客需求的满足

顾客是外部市场需求的载体，是企业理解市场需求的渠道。为更好地把握外部市场需求，企业要关注顾客、获取顾客相关信息，也就是具有顾客导向，即企业围绕客户活动提供有助于完成客户需求、实现收益共享的系统集成和解决方案等高级服务，以客户为中心，致力于帮助客户优化流程和活动。

数字经济时代丰富的产品品种和低搜索成本等因素逐渐满足越来越多小众的、个性化的需求，从而激发更强的长尾效应。同时，大数据思维正逐渐支配顾客原有的主观判断，使消费者基于主观判断的偏好与大数据决策下的偏好呈现趋同化。因此，企业使命应强调把企业经营看作一个满足顾客需求的过程，而不是一个产品生产过程。顾客导向可以使企业迅速、准确地发现外部数字市场需求的变化，推动企业采取措施来把握和应对这些不确定性变化带来的机会和挑战。在确定企业生存目的时，应说明企业要满足顾客的某种需求，而不是说明企业要生产某种产品。表 4-2 提供了传统企业与数字企业的两类使命陈述对比，分别是产品导向的使命陈述和顾客导向的使命陈述，可以为数字企业的使命陈述开发提供思路。

表 4-2　使命陈述对比

公司名称	产品导向的使命陈述	顾客导向的使命陈述
美国在线(American Online)	我们提供在线服务	我们创造任何时间、任何地点的顾客连接
亿贝(eBay)	我们经营网上拍卖	我们把全球在线市场上单个的买者和卖者联系起来，我们是一个独特的网络社区，他们可以在这儿购物、寻找乐趣并彼此相识
耐克(Nike)	我们销售鞋子	我们帮助人们体验竞争、获胜和击败对手的感觉
欧莱雅(L'ORÉAL)	我们制造化妆品	我们出售生活方式和自我表达，成功和地位，回忆、希望和梦想
迪士尼(Disney)	我们经营主题公园	我们让人们快乐——一个体验地道的美国风情的地方
沃尔玛(Walmart)	我们经营折扣店	我们提供每日低价，让普通人有机会买到与有钱人相同的东西
亚马逊(Amazon)	我们出售图书、录像带、影碟、CD、玩具、消费电子品、家居用品等	我们让网上购物变成快捷、便利、愉悦的购物体验——让亚马逊成为你在网上能够找到你需要的任何东西的地方
丽嘉酒店(Ritz-Carlton)	我们出租客房	我们创造丽嘉式的体验——活跃感受、融入体贴，甚至满足客人们没有明确表述的愿望和需要
美团	我们是吃、喝、行、游、购、娱的一站式平台	我们创造的价值不仅是帮大家吃得更好，还要为人们的生活创造更多的价值，帮大家日常生活的方方面面变得更好
字节跳动	我们发布短视频	我们帮助用户表达自我、记录美好生活
滴滴	我们提供出行工具	我们持续致力于为用户建设安全、开放、可持续的多元化移动出行和本地生活服务新生态
哔哩哔哩	我们提供弹幕视频	我们围绕用户、创作者和内容，构建源源不断产生优质内容的生态系统

实践链接

腾讯科技向善

2019年11月11日是腾讯公司成立21周年的纪念日。这天，腾讯发布了腾讯文化3.0。其中包括全新的公司使命“用户为本，科技向善”，以及全新的公司价值观“正直、进取、协作、创造”。腾讯自2003年发布腾讯文化1.0以来，其公司使命已经迭代升级了3个版本。2003年，腾讯首次发布公司愿景与使命，分别是“用户依赖的朋友、快乐活力的大学、领先的市场地位、值得尊重的合作伙伴、稳定和合理的利润”与“创一流的互联网企业”。两年后，腾讯再度更新愿景与使命，即“通过互联网服务提升人类生活品质”与“最受尊敬的互联网企业”。腾讯表示，用户和责任是腾讯发展过程中最重要的两条生命线。随着公司的业务越来越多元，越来越多的人才加入腾讯，腾讯的文化也迈向3.0阶段，在传承历史的同时，也开启了面向未来的全新进化。

4.3　数字企业的利益相关者管理

利益相关者理论认为企业行为是其受利益相关者影响程度的函数，即利益相关者会影响公司行为。相应地，企业会响应利益相关者的要求做出战略决策。在数字经济时代，利益相关者对企业的影响力越发凸显。本节首先回顾了工业经济时代企业利益相关者构成；其次展示了数字经济时代下的利益相关者影响机制，提出了数字经济时代企业利益相关者管理框架；最后分析了数字经济时代的企业利益相关者参与过程模型与议程表，进一步从系统性视角扩大了利益相关者的参与机会。

4.3.1　工业经济时代的企业利益相关者构成

自20世纪60年代斯坦福研究所(Stanford Research Institute)提出利益相关者的概念以后，如何理解债权人、员工、供应链、客户等主体的具体需求，制定切实可行的企业目标成为人们关注的问题。在吸收了组织开放系统观、企业社会责任理论、组织理论和战略管理理论后，基于管理实践的思想在20世纪80年代中期开始蓬勃发展。弗里曼于1984年出版的著作《战略管理：利益相关者方法》被视为利益相关者理论发展的关键里程碑。在该书中，他将利益相关者定义为“任何能影响企业目标实现或可能受到企业目标实现过程影响的个人和群体”，以启发管理者在动态和复杂的环境之中考虑和处理多重冲击。弗里曼的研究成果启发了学者们从组织与环境的互动关系来探讨利益相关者的问题，研究的重点是企业与利益相关者间不可分割的依赖关系。

如今，这种依赖的重要性日益凸显：随着专业化分工的深入和数字技术的快速发展，公司的价值更多地依赖于人力资本，员工有能力追求更大的话语权；市场的不确定性导致企业效益的波动，引起与企业经营紧密相关的债权人的密切关注；在基于全球化的市场关系之中，消费者日益获得主导权，激发了消费者对自身利益关注的觉醒，消费者和社会团体越来越重视对自身利益的保护。

只有对利益相关者进行科学的分类，才能针对不同类别的利益相关者进行有效管理。表 4-3 对工业经济时代企业利益相关者的构成进行了总结。总体而言，不同行业内企业以及不同发展阶段企业的利益相关者是不相同的，或者说同样的群体或个人针对不同性质的企业或不同发展阶段的企业会被归入不同类型的利益相关者。例如，顾客对于市场竞争程度很高的企业来说应是核心利益相关者，而对于垄断性较高的企业则是非核心利益相关者。

表 4-3　工业经济时代企业利益相关者的构成

作者	构成
Freeman 和 Reed (1983)	从所有权、经济依赖性和社会利益 3 个不同的角度将企业利益相关者分为所有权拥有型利益相关者(如公司股东等)、经济依赖型利益相关者(如经理、雇员、消费者、供应商、竞争者、地方社区等)和社会关系型利益相关者(如政府领导人、媒体等)
Charkham (1992)	根据相关群体与企业是否存在交易性的合同关系，将利益相关者分为契约型利益相关者和公众型利益相关者
Clarkson 等 (1994)	根据相关群体在企业经营活动中承担的风险的种类，将利益相关者分为自愿的和非自愿的，区分的标准是主体是否自愿向企业提供物质资本和非物质资本投资；也可根据相关群体与企业的紧密性，将利益相关者分为首要的和次要的
Mithcell 等 (1997)	根据合法性、紧急性和影响力，将利益相关者分为同时具备 3 大要素的确定型利益相关者、具备任意两大要素的关键/从属/危险型利益相关者、只拥有单一要素的蛰伏/或有/要求型利益相关者
Wheeler 和 Maria (1997)	将社会性维度引入分类标准中，将利益相关者分为首要的社会性利益相关者，他们与企业有直接关系；次要的社会性利益相关者，他们通过社会性的活动与企业形成间接联系
Cragg 和 Greenbaum (2002)	认为投资者拥有的公司是法律人工制品，根据其功能或目的，其既有公共成分，也有私人成分，因此将利益相关者定义为任何对公司有重大利益关系的人
Pajunen (2006)	根据利益相关者在组织生存中的影响力，即直接的资源依赖和基于结构的权力形式，将利益相关者分为拥有资源和网络权力的群体
Albats 等 (2020)	将大型企业合作伙伴、领导用户、个人专家或专业团体、公共研究部门作为主要利益相关者，将政府、私人投资者、竞争者、企业孵化器作为次要利益相关者

4.3.2　数字经济时代下利益相关者行动及数字企业行为变化

在数字经济时代，利益相关者何时以及如何影响公司行为？2021 年，迈克尔·L. 巴内特(Michael L. Barnett)等提出了数字经济时代下的利益相关者转变过程模型，将公司的新信息披露转化为利益相关者行动和公司行为变化的认知过程(图 4-2)。

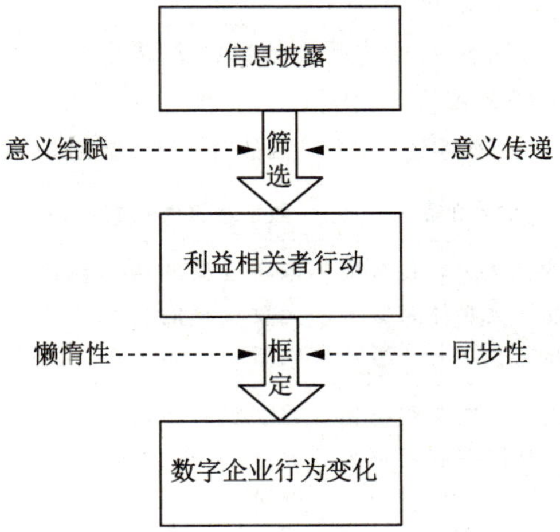

图 4-2　数字经济时代对利益相关者的影响及效应

资料来源：Barnett M L，Henriques I and Husted B W，"The rise and stall of stakeholder influence：How the digital age limits social control，" Academy of Management Perspectives，2020，34(1)，pp. 48-64.

1. 数字经济时代下的信息快速流动性和大量产出性，带来了信息过载问题

社交媒体作为一组基于互联网的应用，允许用户创建和交流其所生成的内容。在数字经济时代，信息通过社交媒体，在互联网上广泛而迅速地流动。因此，企业与其利益相关者可以进行实时、直接、双向的公共沟通。这些信息流的变化带来了许多商业机会，包括创造了诸如亚马逊、谷歌和脸书等。企业家们可以利用社交媒体与客户进行直接互动，向客户学习和创造出商业机会。但随着数字经济时代不受约束的信息共享，挑战也随之而来。利益相关者以及他们寻求能够发挥其影响力的公司，正不断被来自无数来源的信息所淹没。虽然拥有海量信息，但企业往往很难在海量信息中获得有用的、相关的和关键的信息。且由于信息的自由流动性，其质量和真实性却因此变得更加不确定。

2. 为了应对信息过载挑战，利益相关者会寻找简化的方式过滤信息

为了应对海量信息带来的挑战，利益相关者会进行信息过滤，而过滤掉的信息往往是与他们既定观点相冲突的信息，突出的信息往往是那些与他们既定身份和经济利益相一致的信息。当他们注意到新披露的信息时，他们会以符合现有身份和经济利益的方式解读信息。此外，企业也会通过战略变革和向组织成员进行信息传播，进一步塑造利益相关者对新信息的感性认识，使之有利于企业。综合以上因素，利益相关者简化式过滤信息的方式限制了相关企业进行真实信息披露的可能性。通过借助数字经济时代下的高信息流动性，利益相关者会有动力对企业采取相关行动。

3. 当新信息引起了利益相关者的行动时，企业会优先考虑其认为最迫切的要求

在数字经济时代，尽管社会媒体的发展使得利益相关者的行动成本降低，但要实现不同利益相关者的利益、价值观和目标的融合与同步，变得越发困难。因此，数字经济时代下的利益相关者通常以懈怠的态度来代替实质性的行动，这进一步减轻了企业实施战略变革的压力。综上所述，利益相关者管理必须打破既定的框架，突破既定

思维模式，并重新建立一个新的框架。

表 4-4 对比了数字经济时代来临前后，信息披露转化为利益相关者对公司行为影响的认知机制差异。具体而言，其差异机制如下。

表 4-4　数字经济时代前后的利益相关者影响机制

机制	工业经济时代的活动	数字经济时代的活动	总体影响
筛选 (filtering)	依靠专业的把关人，在有限的、广泛的社会媒体来源中进行信息筛选	未经过滤的信息流经无数狭窄的社会媒体来源	利益相关者的个人偏见被媒体不断强化
框定 (framing)	权力，尤其是对次要利益相关者而言，是以引起共鸣的方式来框定问题的能力	数字媒体释放了大量关于问题的个性化框架	既定的框架更难打破，这使公司与利益相关者的关系不受改变
意义给赋 (sensemaking)	利益相关者根据其经济利益和社会身份来解释信息	媒体的分散性和选择性接触降低了利益相关者面对与其利益和身份不一致信息的可能	极端的信息暴露会产生威胁一僵化的反应，进一步强化利益相关者的既定观点，使之产生偏见
意义传递 (sensegiving)	在管理危机时，努力管理公共关系有助于公司形成叙述故事	互联网的匿名性使企业可以伪装成利益相关者，暗中参与返利相关者活动	在成功的情况下，天马行空的做法进一步延缓了企业与利益相关者关系的变化；在不成功的情况下，其破坏了运动可信度
懒惰性 (slacktivism)	如果行动成本过高，支持运动的利益相关者就会搭便车	支持运动的成本几乎降为零	懒惰主义使公司能够经受住社会媒体的风暴
同步性 (synchronicity)	公共组织产生承诺、连贯性和持久性的声音和行动，以要求改变(如非政府组织)	动员起来几乎没有成本；大多数人都可以通过社交媒体组织大规模活动	各类述求的数量一致性、目标统一性和持久性难以实现

资料来源：Barnett M L, Henriques I and Husted B W, "The rise and stall of stakeholder influence: How the digital age limits social control," Academy of Management Perspectives, 2020, 34(1), pp. 48-64.

1. 对于筛选，数字经济时代释放出大量未经验证的信息，为利益相关者的精确甄别带来了较大障碍

在工业经济时代，信息主要依靠专业的把关人，在有限的信息媒体来源中进行筛选，而数字经济时代后未经过滤的信息流经无数真实性存疑的社会媒体渠道进行传播，进一步导致个人偏见被不断强化。数字经济时代极大地减轻了信息传输的负担，但也释放出了未经过滤和验证的信息洪流。因此，利益相关者必须自行核实海量信息，但鉴于人类认知的局限性，他们更倾向于基于惯性认可符合其现有信念或利益的信息来源。

2. 对于框定，数字经济时代模糊了主要利益相关者和次要利益相关者之间的区别

在工业经济时代，主要利益相关者和次要利益相关者的关键区别在于，主要利益

相关者与企业进行交易，企业的生存在一定程度上取决于这些主要利益相关者，而次要利益相关者不与企业进行交易。现在，所有的利益相关者群体都在使用互联网，并在某种程度上由于互联网或社交媒体可以随时参与企业运营活动中。这表明，企业必须根据数字经济时代的现实情况发展新的利益相关者分类，不能再依赖主要和次要利益相关者这一简单的二元区分。

3. 对于意义给赋，数字经济时代的媒体分散性和选择性接触，加强了利益相关者的既定观点和看法

在工业经济时代，利益相关者根据其经济利益和社会身份来解释信息，而在数字经济时代下，媒体的分散性和选择性接触限制了面对利益和身份不一致信息的可能性，这进一步导致由于极端信息暴露产生的威胁—僵化反应，进一步强化利益相关者的既定观点。虽然数字媒体增加了双向沟通，但媒体的碎片化和个性化框架使企业能够引导舆论，将其意识形态融入意义给赋过程，以削弱利益相关者的行动并转移利益相关者的关注重点，使多类利益相关者对要求企业进行改变的需求更难实现同步。

4. 对于意义传递，数字经济时代为企业提供了反向进行利益相关者管理的机会，管理效果取决于利益相关者网络特性

在工业经济时代，企业会通过努力管理公共关系来帮助其在危机管理中形成有助于公司的舆论。数字经济时代下，互联网的匿名性使企业可以伪装成利益相关者，暗中参与与企业有关的信息活动。这种潜伏可能成功，也有可能失败。在成功的情况下，企业能够相对于利益相关者取得信息优势，控制与企业有关的信息流，或利用社会媒体转移注意力。这种做法进一步导致了利益相关者网络的分裂，使他们无法发出清晰、明确且一致的声音，并使企业在特定的问题上有了按自己意愿行事的自由裁量权，而不是按利益相关者的要求行事。相反，如果利益相关者占据主导，且利益相关者网络是密集的，允许规范的、有价值的信息和诉求以一致的方式汇聚在一起，企业便会按照利益相关者的要求行事。

5. 对于懒惰性，数字经济时代导致利益相关者没有能力将信息转化为足以影响企业的力量，因此企业缺少足够的动力进行改变

在工业经济时代，如果行动成本过高，支持运动的利益相关者就会搭便车，进入数字经济时代后支持运动的成本几乎降为零，这导致了如今很多企业通过企业象征性地展示而非采取实际行动，便能够经受住社会媒体的风暴。在企业与其利益相关者对信息的控制权都较弱的情况下，两者都无法有效地构建一个焦点问题，利益相关者的努力往往只是噪声，因此使企业能够逃避深入的审查。在企业和其利益相关者都能够有效地管理和构建信息的情况下，真相和替代真相的信息可以并存，且企业可能难以由于外部压力而产生改变。在这种情况下，企业往往能够渡过难关，因为利益相关者没有能力将信息转化为影响企业的力量。

6. 对于同步性，数字经济时代下利益相关者诉求数量一致性、目标统一性和持久性难以实现同步

在工业经济时代，公共组织通过实施承诺、强调连贯性和持久性的声音和行动，以要求企业进行改变。数字经济时代下，企业动员几乎没有成本，因此大多数人都可以通过社交媒体组织大规模活动，这使得利益相关者针对各类诉求的企业变革需求难以

达成数量一致性、目标统一性和持久性。利益相关者成功的关键是他们能够围绕一个清晰的诉求，表达他们期望，产生同步效应。数字经济时代实现了信息的民主化，但同时也实现了权利的民主化。由于企业向众多利益相关者开放，这些利益相关者都在争夺企业管理者的注意力。反过来说，这稀释了而不是加强了利益相关者的总体影响。

4.3.3 数字经济时代的企业利益相关者识别

数字经济时代的企业作为一个开放的系统，总是被嵌入环境中，而环境是由不同利益相关者组成的网络。因此，企业若想获取和维持资源，必须与网络成员不断互动。拥有所需的关键数字资源并能够控制网络中互动和资源流动的利益相关者，很可能对数字企业的生存有很大的影响。因此，对这些利益相关者的识别成为数字企业的一项重要职能。

1. 基本要素：数字资源依赖性和网络位势

数字资源依赖性是围绕组织所需的关键数字资源，如数据或数字技术，而产生的权力关系。如果没有交换关系中的不对称性，则组织间的相对权力是不可能产生的。因此，如果中心组织(如平台组织)对利益相关者的依赖程度高于利益相关者对中心组织的依赖程度，那么利益相关者就对中心组织拥有权力。利益相关者可以控制对组织运作和生存至关重要的资源的使用，拥有影响组织行为的手段，控制关键资源的获取和分配，或者对资源的占有进行管理。权力可以被看作由影响结果的潜力和权力的实际使用组成的。有时，仅仅是权力的存在就会产生影响，而不需要任何具体的行动。

网络位势是指企业在网络中的地位以及与其他网络主体的关系，这种地位决定企业获取和控制资源的量和质。由于资源依赖性分析只关注资源关系的性质，因此需要从网络角度确定利益相关者的结构性影响。图论中的“点中心性”提供了从网络角度分析利益相关者的结构性影响的合适工具，其构成主要包括 3 个方面：程度中心性(centrality-in-degree)、接近中心性(closeness)和中介中心性(betweenness)。这为企业利益相关者的识别提供了 3 种方式。尽管这些构成都能解释利益相关者的结构性权力，但每个构成均衡量了利益相关者网络位势的不同属性，并可能产生不同的中心性排名。程度中心性度量与某个节点相连的连接数量，接近中心性度量信息从该节点传输到其他节点的时间长短，中介中心性度量该节点作为其他两个节点的最短路上的桥梁的次数。程度中心性从位于其他利益相关者之间的中间利益相关者的角度出发，被认为最适合于衡量控制网络中信息和资源流动的能力。因此，程度中心性被认为是表明利益相关者在组织转型中对焦点企业的结构性影响的一个相关因素。

总结而言，我们确定了利益相关者对数字企业组织生存与发展产生影响的两大构成要素，即基于数字资源依赖性产生的直接权力和基于网络位势产生的间接权力。两者形成了一个相互交织的整体，说明了为什么这些利益相关者对数字企业而言是具备影响力的。

2. 数字经济时代的企业利益相关者识别矩阵

在数字经济时代，企业利益相关者影响力识别的过程包括 3 个阶段：第一阶段，由于数字企业的数字资源空间几乎是无限的，企业对其主要利益相关者关系的依赖性是通过对数字资源依赖性的分析来评估的。第二阶段，由两部分组成，一是基于利益相关者的中心性来确定中心和外围的利益相关者；二是基于资源依赖理论来确定利益相关者之间关系的质量。利益相关者的网络中心性是从数字企业的角度进行考虑的，但并不假定该企业需要在结构上处于该网络的中心。第三阶段，整合利益相关者的网络位势和数字资源依赖性而产生的权力，采用三阶段矩阵评估不同级别的权力。

基于以上讨论，数字经济时代的企业利益相关者识别矩阵将根据其横坐标(基于数字资源依赖性产生的权力)和纵坐标(基于网络位势产生的权力)，帮助企业识别具体的利益相关者类型。具体而言，该矩阵模型(图 4-3)的内容如下。

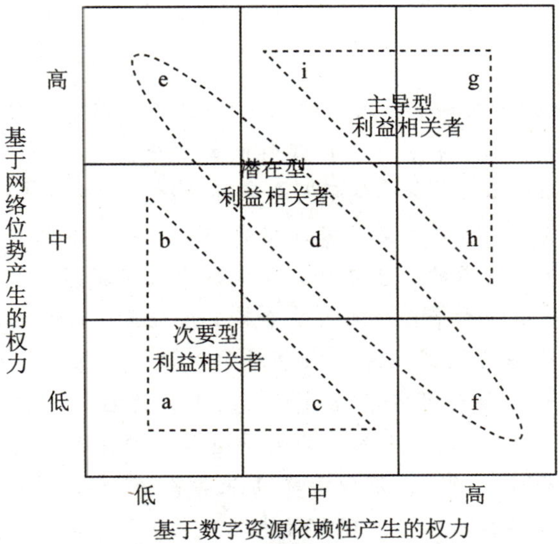

图 4-3　数字经济时代的企业利益相关者识别矩阵模型

资料来源：改编自 Pajunen Kalle，"Stakeholder influences in organizational survival，" Journal of Management Studies，2006，43(6)，pp. 1 261-1 288.

(1)利益相关者的数字资源依赖性和网络位势被分为低、中、高 3 类

具体而言，低(minor)级别表明特定的利益相关者对数字企业没有明显的影响；中(moderate)级别表明特定的利益相关者可能会对数字企业产生值得注意的影响；高(high)级别表明特定的利益相关者可能对数字企业产生重大影响。

(2)将利益相关者分为 9 个不同的等级，分别为 a、b、c、d、e、f、g、h、i

值得注意的是，数字资源依赖性和网络位势的低、中、高等级并不一定代表同等的影响力，这些等级不是乘法或加法的结果，而是基于网络结构和数字资源属性而产生的利益相关者影响力的整合。这种组合逻辑优于简单的叠加逻辑，因为它融合了两种基本的权力形式，构成一个相互交织的整体。

(3)数字资源依赖性和网络位势组合影响的类别最终构成 3 类利益相关者组别，分别为次要型利益相关者、潜在型利益相关者和主导型利益相关者

次要型利益相关者(minor stakeholders)包括 a、b、c，其对数字企业的生存没有影响。潜在型利益相关者(potential stakeholders)包括 d、e、f，其对数字企业的生存有潜在影响。主导型利益相关者(governing stakeholders)包括 g、h、i，其对数字企业的生存有直接且重要的影响。

值得注意的是，这个模型并不表示应该低估次要型利益相关者或潜在型利益相关者的价值。关于利益相关者影响力识别的一个重要经验是，利益相关者的数字资源和网络地位都不是静态的。此外，尽管一个次要型利益相关者的影响力对数字企业的生存来说是微不足道的，但如前文所述，多个次要型利益相关者的综合影响力可能会为组织带来巨大影响。因此，该模型使拥有重要资源但处于边缘位置的利益相关者有可能成为潜在的利益相关者，即外围利益相关者在某些情况下可能对数字企业的重要决策产生影响。

实践链接

2020 年，一篇名为《外卖骑手，困在系统里》的文章引发了社会各界的热议。这篇文章反映了外卖平台的算法系统和骑手实际工作的大量冲突。例如，平台通过算法给出的送达时间越来越短，而给出的导航根本不符合实际情况，逼得骑手只能“和红灯做朋友”，甚至逆行。外卖骑手作为平台企业与顾客连接的桥梁，在网络位势中处于中等地位，且由于外卖行业是一个充分竞争的存量市场，系统效率决定获客优势，平台企业并不依赖于特定骑手，反而骑手依赖于平台企业的派单算法系统来获得个人利益，因此骑手基于数字资源依赖性产生的权力较低。外部骑手对于平台企业而言，属于次要型利益相关者，但这并不意味着平台企业可以忽视对其的治理。随后，某互联网外卖平台推出了“我愿意多等 5/10 分钟”的功能，引入作为主导型利益相关者的消费者共同参与外卖业务治理，通过对平台企业、骑手、消费者之间业务价值和话语权的重新分配，更好地提供服务，缓解了互联网技术隐性治理所带来的负面影响。

4.3.4 数字经济时代的企业利益相关者管理

识别利益相关者的影响被认为是数字企业利益相关者管理的前提条件之一。那么，在识别之后，应该如何管理这些有影响力的利益相关者呢？数字经济时代企业利益相关者管理框架(图 4-4)涵盖了 4 个主导型利益相关者，即个体行为者、其他企业行为者、人工和技术行为者以及机构、政府和法律行为者。该框架认为企业应该根据数字技术和数据生命周期的四个关键阶段，对利益相关者进行动态管理。

1. 数字经济时代的企业利益相关者类型

(1)个体行为者

组织的使命和价值观必须转化为针对个体(如管理者、技术设计者、其他员工等)的可操作的准则。组织是企业利益相关者管理最直接的对象和承担者，但组织本身过于抽象和集体化，无法成为利益相关者管理有效、可靠的承担者。个体行为者主要包含：第一，管理者。管理者是组织的负责人，他们代表了个人层面上利益相关者管理的主要主体。第二，员工。员工作为公司代理人，利益相关者管理与其直接相关。他们不仅处于运用数字技术完成特定任务的直接环境中，还可能以技术中介的方式与组织其他成员进行互动，如通过社交媒体或企业资源规划系统展开互动。第三，顾客。对数字企业来说，顾客关系管理尤为重要。企业如果能够拥有较多以高满意度和高价格购买企业产品或者服务的客户，就能在激烈的竞争中站稳脚跟。因此，企业需要通

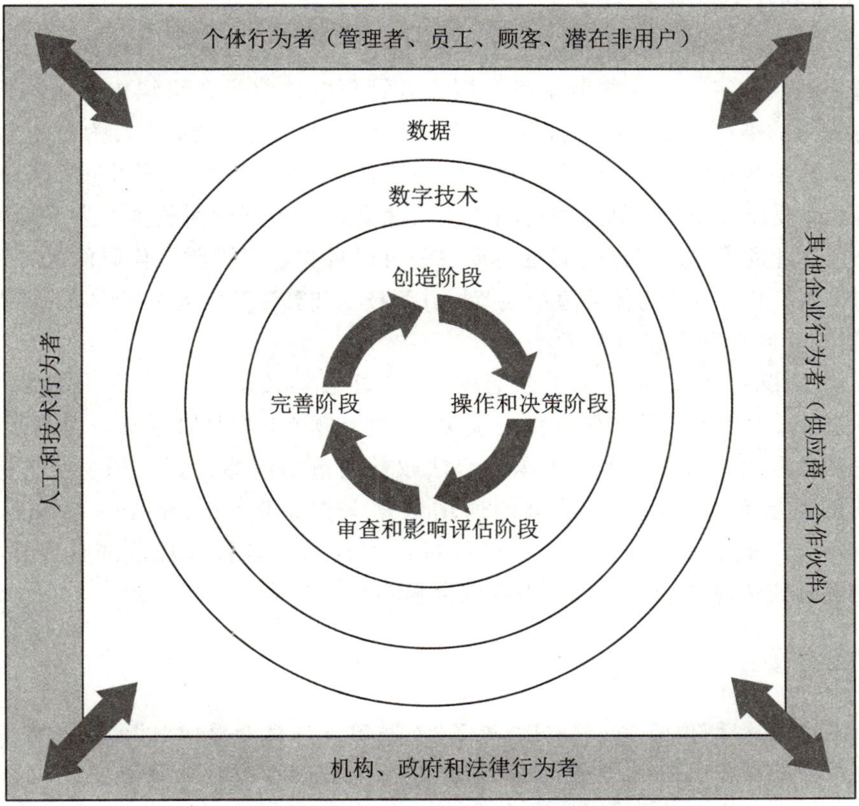

图 4-4　数字经济下的企业利益相关者管理框架

资料来源：Lobschat L，Mueller B and Eggers F，et al.，“Corporate digital responsibility，” Journal of Business Research，2021，122，pp. 875-888.

过数字化客户管理，开发新客户、维护老客户，快速识别并维护和管理长期有价值的客户，提高顾客的终生价值。第四，潜在非用户。企业利益相关者管理也需要考虑到技术的潜在非用户，以避免锁定效应。数字技术和数据的创造和操作会产生巨大的排斥风险，如数字鸿沟，在这种情况下，企业利益相关者管理是一个主要的工具，可以缓解那些可以成为数字社会居民的人和那些不能成为数字社会居民的人之间的新形式歧视。

(2)其他企业行为者

由于组织是数字经济环境下企业利益相关者管理的主要承担者，具体的管理规范主要基于组织层面构建。与其他企业层面的框架(如企业社会责任)类似，企业利益相关者管理框架为组织提供了一套共同的价值观和规范，以指导组织在创造与使用数字技术和数据方面的运作。反过来，必须考虑其他企业行为者，如供应商、合作伙伴及其数字技术和数据。价值链上的各种公司都在开发或部署数字技术，一部分行为者参与软件开发或电气工程(如半导体、通信网络、消费设备和应用程序)，另一部分行为者将数字技术嵌入到更传统的产品或服务的环境(如汽车的车载电脑)中。企业利益相关者管理从一个特定的目标公司出发，需要关注企业边界以外相互依赖的行为者复杂网络，因为他们是数字技术和数据的相关道德代理人和关键利益相关者。

(3)人工和技术行为者

企业利益相关者管理需要重视人工和技术行为者的存在，但目前这类行为者尚未得到足够关注。数字经济下的企业利益相关者管理应该包括在组织中发展和部署人工和技术行为者的准则。目前，对机器或机器人伦理的管理主要侧重于行为者的自主伦理。算法决策、机器学习和人工智能涉及非人类和非社会实体，因此，其中的一个关键问题是我们是否需要以及如何将利益委托给人工行为者，并为其行为负责。为了解决以上挑战，现有企业开发了识别有社会偏见的算法和可以自我学习写软件代码的人工智能，来突出应用于人工和技术行为体的道德规范，并为技术和算法开发人员提供决策指导。

(4)机构、政府和法律行为者

企业利益相关者管理还需要关注政府或司法实体，如监管机构和执法机构。2021 年通过的《中华人民共和国数据安全法》，作为规范数据处理活动，保障数据安全，促进数据开发利用，保护个人、组织的合法权益的重要法律依据，是企业进行利益相关者管理的重要参考。同样，欧盟的通用数据保护条例(European Union's General Data Protection Regulation)也是企业设计特定利益相关者管理规范的重要法律框架。此外，消费者和贸易协会等非政府组织也会影响利益相关者管理。

实践链接

九仓再生成立于 2015 年，公司打造了"互联网+再生资源回收"的线上回收服务平台——虎哥回收，开创了城市生活垃圾分类和再生资源回收的新模式。在试运行的 4 个月里，在试点范围内有近 90%的居民参与，平均每户家庭每天回收垃圾量达到 0.9 千克，同期生活垃圾减量效果达 26%。该项目通过对线上回收服务平台和线下物流平台的整合，构建了一体化的废弃物回收体系，克服了以废品回收站为中间交易平台这一传统回收模式的高成本、低效率的缺陷，破解了城市生活垃圾分类和再生资源回收的困局。九仓再生社会创新的利益相关者主要包括与企业运营直接相关的股东、高层管理人员、员工、供应商、客户、合作者、政府部门和社区等。具体而言，其创办人唐伟忠总经理是公司的唯一股东，公司高层管理者分别是总经理、常务副总经理、网点运营部总监、技术运营部总监、品牌运营部总监、财务部总监和综合管理部总监；员工主要分为网点运营部人员、技术运营部人员、品牌运营部人员、财务部人员和综合管理部人员；供应商包括原材料供应商(提供居民生活垃圾)和设备供应商；客户主要包括各大建材公司和包装公司等；合作者为浙江大学；政府部门主要包括环保局和城管会等；社区是指公司原材料供应商所在的社区。以上利益相关者在企业社会创新过程中有不同的权利诉求，同时在企业创新过程中因不同的权利关系而发挥着不同的作用。

资料来源：盛亚、蒋旭弘：《利益相关者网络视角的企业社会创新过程——案例研究》，载《科研管理》，2020，41(8)。

2. 数字经济时代的企业利益相关者管理

数字经济时代的企业利益相关者管理主要分为创造阶段、操作和决策阶段、审查和影响评估阶段、完善阶段 4 个阶段，这些阶段是以循环关系相互建立的。尽管在数字经济背景下，这些阶段往往是重叠的、难以区分的，我们仍然需要划分这些阶段来识别潜在的利益相关者需求。

(1)创造阶段

创造阶段，指企业创建任何数字资产，如开发数字技术、采集数据、训练人工智能等的时期。在这一阶段，设计和实施数字资产的管理人员需要确保这种设计和实施能够体现数字价值。例如，机器学习算法的设计必须确保透明度，并建立问责制。同样，设计针对消费者的数据分析和预测模型时，应以利益相关者管理规范为指导，帮助数据科学家以符合道德的方式收集和处理数据。有关数字技术创造和数据获取的框架不仅适用于设计和实施数字技术和数据模型的公司，对部署和使用数字资产的公司同样适用。各组织应谨慎制定其软件选择的标准，并进行相应的尽职调查。同样地，使用二手数据的组织也需要考虑数据的来源和产生的条件，如用户是否对其数据的收集和使用具备知情权。此外，法律框架提供了重要的指导方针，企业需要发展出特定的文化和规范，以指导企业的各级行为。因此，无论企业是生产数字资产还是仅仅获取数字资产进行部署，这一阶段涵盖了所有的企业运作，从最初的构思和设计到发布数字资产供他人使用。

(2)操作和决策阶段

操作和决策阶段，指企业利用数字资产来提供信息或进行决策的时期，涵盖了数字资产部署后与实际使用有关的所有方面。在这一阶段，数字技术和数据紧密地交织在一起，前者被用来处理后者；后者则形成对前者的处理，如基于机器学习的算法在过去的数据上进行训练。操作和决策阶段构成了一个多层次的现象，从如何使用特定技术和数据的企业指导方针到与日常使用相关的具体个人决定，因此这个阶段的企业利益相关者管理不止一种形式，企业必须认识到技术在使用中是可塑的。值得注意的是，基于信息技术的解决方案，例如，可重新编程的机器人，处于不断变化的状态，甚至在其发布后也是不断更新的。因此，企业不能将利益相关者管理的对象限定为创造数字资产的行为者，尤其是当技术和数据紧密地相互作用时，当前输入这种系统的数据同样会塑造系统的未来行为，企业必须意识到其数字资产在运营和决策阶段的潜在影响和长期变异性。

(3)审查和影响评估阶段

审查和影响评估阶段，指组织严格评估操作数字资产的结果和在此基础上进行决策的时期。这一阶段包括针对所有的利益相关者，考察所做决策的预期和非预期后果。一般来说，需要考虑到3个方面。首先，考虑使用公司数字资产的好处。例如，在生成和收集用户数据时，对利益的评估要求公司确定用户的成本和收益是否平衡。反过来，这要求用户了解公司是如何处理用户数据的，并因为允许公司这样做而得到充分的补偿。许多数字产品和服务市场的多面性使得对所有涉及的利益相关者的利益评估变得复杂，但组织需要采取明确的方法来应对这一挑战，并让相关各方参与其价值链中。其次，数字资产的影响可能超出对其开发和使用的直接利益相关者，特别是平台和基础设施技术。企业利益相关者管理具体规范需要考虑到这种影响，因为这种影响可能超出与公司数字资产直接接触的人。最后，需要考虑到数字技术和数据的创建和使用所带来的间接和意外的影响。因此，企业需要以广泛的利益相关者管理框架仔细检查数字资产，对其性能和影响进行严格审查。

(4)完善阶段

完善阶段，指基于审查和影响评估阶段得出的见解，回归到数字技术和数据的易变性，以完善在使用中具有开放性和可塑性的数字资产的时期。例如，机器学习算法的设计者应该意识到，算法被实施完成后，对其管理并没有停止，利益相关者管理框架要求对其进行持续监测。持续的参与也迫使相关者能够不断基于数字技术保持更新，干预决策过程，纠正结果。作为一种特殊形式的细化，利益相关者管理框架还必须涵盖数字资产的“退役”。值得注意的是，利益相关者管理框架应规定收集的客户数据在档案中保留多长时间。同样，数字技术也有“退役”管理，特别是当这些技术已经成为系统性或基础性的时候，因为它们规定了避免被锁定在系统中的方法以及故障安全条件和程序。

综上，企业应该将创造阶段、操作和决策阶段、审查和影响评估阶段、完善阶段作为关键流程，了解4类主要利益相关者在每个阶段对企业的期望和具体要求。

实践链接

小米自2010年创建以来，逐步创建了以自身为平台的生态系统，北京智米电子科技有限公司(简称“智米”)、江苏紫米电子技术有限公司(简称“紫米”)、万魔声学科技有限公司(简称“万魔”)是这种孵化范式中的典型体现，代表了小米“从零孵化”的范式。小米对生态链企业的孵化一般遵循了这样的模式：①一开始寻找潜在的生态链企业；②输出小米“新国货”和“极致性价比”的理念，保持和小米一致的商业认知；③小米与生态链公司共同定义产品、主导设计、协助研发，给生态链企业背书并进行品质控制；④用自己的品牌、流量、电商渠道帮助生态链产品成为“爆品”。同时，随着小米的成长和自身声望的积累，小米吸引集聚了大量专业人才，并有很多投资机构加入，成为生态链企业成长初期快速扩张的重要力量。小米的资源(文化、理念和对市场的认知等)起到了很好的架构资源支持作用，而外部吸引来的资源则起到了专用资源的作用，解决了小米自身体量的约束。生态链企业孵化的成功同时也给整个生态链带来了资源的反哺。孵化过程中生态链企业积累了人才、技术，厘清了供应链，这些资产都可反哺生态系统，为进一步的孵化带来高质量资源。由于资源反哺扩大了平台边界，提高了再次孵化中资源支持的数量和质量，也归为架构资源的范畴。高质量架构资源的反哺使新孵化生态链企业得到的资源支持强度上升，也进一步增加了对外部资源提供者和创业企业的吸引力。综合以上作用，正是因为有这样的成长机制，小米及被孵化企业才能快速成长。

资料来源：张化尧、薛珂、徐敏赛，等：《商业孵化型平台生态系统的价值共创机制：小米案例》，载《科研管理》，2021，42(3)。

4.3.5 数字经济时代的企业利益相关者参与过程

在数字经济时代，利益相关者参与缺乏明确划分，仍然是一个相对较新的现象。利益相关者参与可被描述为一个动态、反复过程中的利益相关者的心理状态，包括认知、情感和行为维度。为了扩大利益相关者参与的机会，需要从动态角度解决利益相关者参与的独特复杂性和挑战。

利益相关者参与过程模型(图 4-5)将创新阶段和服务设计阶段整合到整个利益相关者参与的过程中，以描述所有利益相关者的互动。为了解决多利益相关者参与企业创新的不确定性、复杂性和评估性背景，该模型共包括 4 个步骤：①通过发现了解创新需求；②通过构思发展潜在的概念和方案；③通过实验测试和完善概念原型；④通过实施和评估以实现商业化。利益相关者在创新参与过程中的轨迹依赖于动态的、反复的和非线性的相互作用。

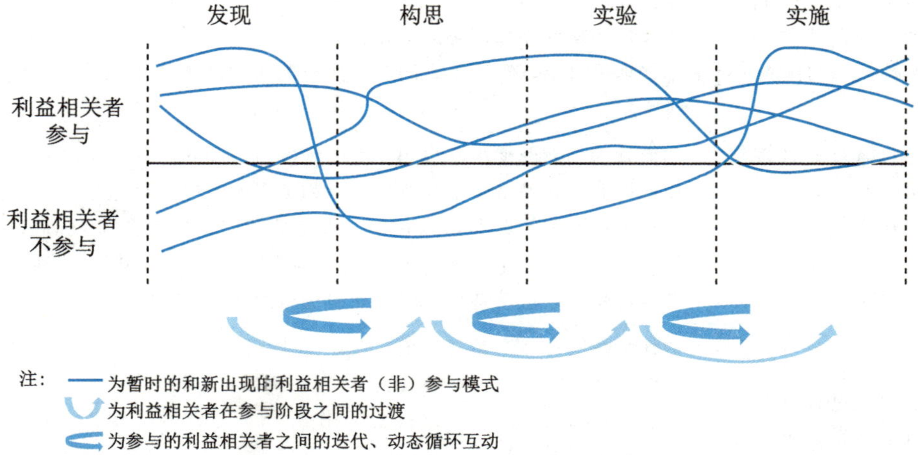

图 4-5　数字经济时代的利益相关者参与过程模型

资料来源：Lievens A，Blazevic V，"A service design perspective on the stakeholder engagement journey during B2B innovation：Challenges and future research agenda，" Industrial Marketing Management，2021，95，pp. 128-141.

随后，以数字经济时代的利益相关者参与过程模型为基础，设计未来关于利益相关者参与研究的议程表(表 4-5)。其中，每个议程的具体问题如下：关于议程一，在数字经济时代发展相互协作的创新网络可能是相当复杂的，特别是考虑到利益相关者的数量和多样性。大多数关于管理多利益相关者创新网络的研究调查了协调者或作为建立这些网络的发起企业的作用。然而，考虑到创新过程中利益相关者参与的重要性，研究应该探讨如何将活动嵌入利益相关者的参与过程中，使之为众多利益相关者之间的联系提供便利。关于议程二，未来需要重视创新网络中利益相关者的冲突动机、期望和不同环境的作用。因此，未来需要探究在利益相关者参与过程中如何调整不同的认知、情感和行为动机。关于议程三，前面讨论的挑战(例如，众多不同的利益相关者；不同的目标、期望、时间范围和利益相关者的背景)需要更深入地从多层次的参与角度平衡，包括微观层面的个别利益相关者、中观层面的利益相关者组合以及宏观层面的创新网络。此外，还需要进一步探究如何引导利益相关者的参与和不参与，以及如何在利益相关者参与的过程中促进参与平台的架构。关于议程四，利益相关者参与具备时间连续性，在整个创新过程中，利益相关者(不)参与阶段不断发展。确定利益相关者在创新参与过程中的最佳持续时间、频率和强度将十分重要。关于议程五，在复杂的、不确定的、动态的创新网络中，利益相关者的参与从来不是固定的，而是在整个创新过程中不断发展的。鉴于不同的阶段和创新活动，正式的参与结构需要辅之以更加开放、灵活和新兴的参与模式。关于议程六，考虑到在利益相关者的参与过程中，结构性和新兴的利益相关者参与在跨时空的动态演变，设计一种混合协调模式是必要的。

表 4-5　数字经济时代关于利益相关者参与研究的议程表

议程	具体问题
议程一：通过设计数字活动可帮助解决与利益相关者参与网络的数量和多样性有关的挑战	* 在哪些方面可以促进谈判和建立信任，以使利益相关者参与到大型创新网络中？如何将这些活动整合到利益相关者参与过程中？ * 如何提高创新网络中利益相关者的透明度，并确保利益相关者间的联系并保持多样性？如何协助引导隐性利益相关者(如非政府组织)的参与？ * 哪些理论可用以解释组织间合作如何利用活动来优化利益相关者的参与过程？
议程二：通过设计数字活动可以帮助解决与创新网络中不同认知、情感和行为参与维度或动机的观点冲突	* 如何管理创新网络中利益相关者间的(潜在)冲突以及参与过程？ * 如何协调创新网络中不同背景利益相关者的期望和动机？ * 在整个利益相关者参与过程中，特定的认知、情感和参与动机是如何、何时以及在何种条件下影响(中介或调节)活动的有效性？在利益相关者参与过程中，活动有效性应该如何被概念化和测量？
议程三：通过设计数字活动可以帮助发展和平衡与多层次参与平台的挑战	* 如何平衡所有 3 个参与层面(即单个利益相关者、利益相关者的组合和创新网络)的不同目标、动机、行为、期望和时间范围？ * 哪些(多学科的)理论视角有助于在微观(即个体利益相关者)、中观(即利益相关者团队)和宏观(即创新网络)层面上实现多层次整合？ * 在整个利益相关者参与的过程中，如何在创新网络中实现价值创造和获取？ * 如何支持和帮助确定利益相关者参与平台及其架构的发展？
议程四：通过设计数字活动可以帮助发展和微调创新过程中利益相关者参与的动态关系	* 在整个参与过程中，如何、何时以及在何种条件下能够引导创新网络中利益相关者参与和退出？ * 如何优化利益相关者在时间、频率、水平和强度方面的参与程度？ * 哪些新的理论可以解释创新轨迹中利益相关者的跨时间参与？
议程五：通过设计数字活动可以帮助平衡利益相关者的新兴参与和结构性参与的需要	* 如何使利益相关者参与的正式结构与开放、灵活的参与平台相结合？ * 鉴于利益相关者参与过程中的不确定性、复杂性和时序性，如何提高利益相关者的接受度和参与意愿？ * 如何支持和加强创新网络中的联系和关系，从而促进整个利益相关者参与过程中新兴参与的发展？
议程六：通过设计数字活动可以帮助平衡创新期间利益相关者参与的不同合作模式	* 如何设计混合合作模式，以引导整个利益相关者参与过程中的跨时空动态？ * 在利益相关者参与过程中，如何实施特定的合作模式(如主导型与共识型)？ * 在整个利益相关者参与过程中，混合合作如何受到利益相关者的具体能力、技能、心态和态度、市场动荡以及创新项目的新颖性/创新性水平的影响？

资料来源：改编自 Lievens A，Blazevic V，“A service design perspective on the stakeholder engagement journey during B2B innovation：Challenges and future research agenda，” Industrial Marketing Management，2021，95，pp. 128-141.

本章小结

• 数字企业的愿景是未来的长远目标，代表看得到企业未来的最高点，要把这家公司带到什么高度，包含了企业家创业时的初心，更强调“社会责任”；数字企业的使命是为什么要创办这家公司，强调企业创立和发展的意义。

• 工业经济时代的利益相关者包括 3 类：一是与企业运营直接相关的，包括股东、债权人、高层管理人员、员工、供应商、合作者、客户及竞争者，他们是企业社会创新的主要参与者和实现者；二是政府，发挥着倡导、推动和监督等作用；三是社会，主要包括社区、媒体、科研单位和环保协会等。

• 数字经济时代来临前后，信息披露转化为利益相关者对公司行为影响的认知机制具有差异性，其差异来自筛选、框定、意义给赋、意义传递、懒惰性、同步性等方面。

• 数字资源依赖性是围绕组织所需的关键数字资源而产生的权力关系。利益相关者对数字企业组织生存与发展产生的影响主要源自两大要素，即基于数字资源依赖性产生的直接权力和基于网络位势产生的间接权力，两者形成一个相互交织的整体。

• 数字资源依赖性和网络位势组合影响的类别最终构成 3 类利益相关者组别，分别为次要型利益相关者、潜在型利益相关者和主导型利益相关者。

• 数字经济时代企业利益相关者管理框架，涵盖了 4 个主导型利益相关者，如个体行为者、其他企业行为者、人工和技术行为者以及机构、政府和法律行为者。

• 数字经济时代下的企业利益相关者参与过程包括 4 个步骤：①通过发现了解创新需求；②通过构思发展潜在的概念和方案；③通过实验测试和完善概念原型；④通过实施和评估以实现商业化。

复习思考题

1. 数字企业的愿景与使命是什么？举例分别说明特定数字企业的愿景与使命。
2. 数字企业的愿景与使命之间的区别与联系是什么？
3. 数字企业的使命陈述有哪些类型？
4. 工业经济时代的企业利益相关者构成有哪些？
5. 数字经济时代的利益相关者影响机制是什么？信息在其中发挥了怎样的作用？
6. 数字经济时代来临前后，利益相关者对公司行为影响的认知机制差异有哪些？
7. 如何识别数字经济时代的企业利益相关者？
8. 如何管理数字经济时代的企业利益相关者？举例说明其中的主导型利益相关者有哪些。
9. 数字经济时代的企业利益相关者参与过程是怎样的？

案例分析

扫一扫，看资源

变局：互联网思维

第 5 章　识别数字机会

【学习目标】

➢了解数字机会的概念内涵及开发过程

➢掌握如何从不同产业间的跨界来识别企业潜在的数字机会

【关键术语】

数字机会　数字机会识别　数字机会评估　数字机会利用　数字企业跨界　渗透型跨界　延伸型跨界　重组型跨界　替代型跨界

开篇案例

Keep 是如何做到“Keep”的？

Keep 于 2015 年 2 月 4 日在 App store 上线，由于快速的用户增长及融资进展而受到行业关注。其中，拥有 100 万用户仅用时 3 个月，1 000 万用户用时 9 个月，1 亿用户用时 2 年 7 个月，总计用时 921 天。2019 年 11 月 15 日，在北京市工商业联合会发布的 2019 民营企业科技创新百强中，Keep 位居前列。“双 11”购物节中，Keep 天猫旗舰店全店支付金额位列行业排行榜第二。那么，年轻的 Keep 是如何“Keep”高歌猛进的态势的？

打开 Keep 的网页或者手机客户端，迎面而来的是令人印象深刻的黑底白字“自律给我自由”，下端清晰可见“一站式解决你的运动需求”字样。从消费者的角度来说，每次使用 Keep 的产品，都在有意识或无意识地强化该企业打造的价值观体系：坚持运动即自由。Keep 趁此机会紧紧抓住顾客的需求，试图构建一种正向激励-提升黏性的顾客-企业关系。由此可见，从企业的角度来说，Keep 正是从确定目标客户群体和满足目标客户需求这两方面来体现公司价值观的。

通常，战略需要解决的是产业的选择和产品的确定，也就是要考虑卖什么以及怎么卖。

App 要想实现自身的可持续发展，不能仅仅依靠技术优势，更要与人们的生产生活紧密联系，即通过紧紧围绕社会的发展需求和大众的消费特点来瞄准发展机遇。进入“互联网＋”时代，全民健身意识的深入人心和大众生产生活方式的变化，使得人们对于健身方式、时间、动机和健身成本的需求呈现个性化、多样化的特点，具体而言：①健身时间碎片化需要健身类 App 随时随地提供服务，以满足客户的时间随机性和不确定性需求。②健身方式多样化需要健身类 App 提供个性化服务。科学健身理念不断得到普及，健身方式更趋于实用性和个性化。人们更愿意选取适合自身需要的健身内容，如减脂训练、塑形训练、增肌训练等。③大众健身渴望通过应用平台实现用户的互相激励、即时互动和社交需求。④低成本专业性强的健身服务。

就工具分类来说，Keep 本质上是一款在线教育产品，既然是教育产品，就要为小白用户提升健身分值，解决小白用户从 0 到 60 分甚至是 70 分的需求。Keep 以其个性化、平民化、易操作、重交流、娱乐性、传播快和参与性强的优势，最大限度地满足了大众健身个性化的需求。作为一款专注于提供个性化健身服务的 App，Keep 依托互联网信息技术和资源，契合了全民健身背景下人们对健康的关注和健身需求，迅速完成了品牌积累。

2018 年年初，Keep 在初期发展的基础上完成了战略转型。不再过于依赖 App，而是把业务场景从 App 继续拓展到线下和硬件领域，将线上、线下和硬件产生的数据串联起来，通过人工智能科技手段提高用户健身效果。同时凭借移动通信技术的升级、可穿戴式智能设备的普及和互联网内容形式的发展来实现移动场景时代的品牌传播。转型成功后的 Keep App 会根据用户不同场景的不同运动需求和运动地点生成不同的运动方案。

目前，这家互联网科技公司在不断尝试、突破着自己的边界，从软件到硬件，从线上到线下，构筑着自己的生态。我们尚不得知这些举措会为 Keep 带来怎样的财务表现，但这支拥有自我演进迭代能力的团队，能更从容地面对未来。

资料来源：陈劲、焦豪：《战略管理：打造组织动态能力》，39 页，北京，北京大学出版社，2020。

思考与讨论：

1. Keep 是如何抓住数字机会的？
2. Keep 是如何实现线上和线下活动的有机结合的？

5.1 数字机会

当前，数字技术对传统创业的产生和发展方式产生了颠覆性影响，创业者可以通过数字技术与传统行业进行深度融合以实现企业的高质量发展，这其中蕴含着大量丰富的数字机会。数字机会是数字技术与产品、服务重构创造的市场、用户参与导致的创新以及新场景下出现的新的创业机会，往往呈现出碎片化和动态性特征。

5.1.1 数字机会的概念和特征

1. 数字机会的概念

目前，人们通常是从机会的主体、客体以及二者之间的媒介这 3 个研究层面来对创业机会的概念进行界定。其中，机会的主体指的是创业者个体；机会的客体指的是机会本身；二者之间的媒介则指的是外部市场需求。

从机会主体角度来定义创业机会，通常认为机会来源于创业者的主观臆想，往往是创业者自己的认知和行为过程的结果，体现了企业家解决组织中已存在问题的能力。从机会客体角度来定义创业机会，意味着对企业而言，创业机会仅是一种想法，一种未得到企业重视或开发的项目。因此，可以将创业机会解释为企业从最开始的简单想法到最终演变为成形的商业形态。从外部市场需求角度来定义创业机会，则围绕创业机会与市场需求的关系情境来展开。事实上，任何企业的创业活动，都是与特定的市场过程相联系的。这种观点认为创业机会迎合了一些亟待满足且有利可图的市场需求，有助于企业更好地把握机会的本质。

当前，人工智能、云计算、区块链、大数据等数字技术的发展对传统企业创业机会的概念、模式、识别机制等都造成了冲击，不断改变着传统创业的方式和方法。在此背景下，数字机会的概念应运而生。数字机会最早由克莱德·艾力库尔·赫尔(Clyde Eirikur Hull)等人于2007年提出，他们认为数字机会可以被视为“传统创业方式与数字时代创业和经营新方式的融合”。尼尔·黑尔(Neil Hair)等人强调了数字机会所囊括的广泛商业模式，如“产品、分销、工作场所——其中任何一种模式都可以在创业企业中采用数字形式”。此外，费兰·吉翁斯(Ferran Giones)和亚历山大·布雷姆(Alexander Brem)把云服务、大数据和人工智能作为企业潜在的数字机会，有助于理解“数字技术作为企业生产要素”的内涵。

菲奥娜·苏珊(Fiona Sussan)和佐尔坦·阿克斯(Zoltan J. Acs)通过考虑用户维度扩展了数字机会的观点，他们认为数字机会存在于现有平台范围内运营的数字企业中；伊丽莎白·戴维森(Elizabeth Davidson)和埃曼纽尔·瓦斯特(Emmanuelle Vaast)对数字机会的定义略有不同，他们将数字机会看作利用数字技术和其他信息与通信技术所追求的机会，即数字企业管理者依靠数字媒体和IT的特点来追求机会；朱秀梅等人将数字机会的概念界定为数字创业者和利益相关者为适应数字经济变革等外部环境的变化，通过识别数字技术与产品或服务重构创造的市场机会、用户参与引发的创新机会以及数字场景下出现的新机会，以数字化领先进入或数字化跟随进入的方式进入数字市场，创造数字产品和数字服务的创业活动。表5-1总结了目前学界对数字机会概念的不同理解和论述。

表5-1　数字机会的概念

作者	概念
Hull等(2007)	数字机会是传统创业领域的一个子类，在这个子类中，传统组织中一些或所有的实体都被数字化了
Hair等(2012)	数字机会可以定义为一些或所有的创业风险以数字方式发生，而不是以更传统的形式
Sussan和Acs(2017)	数字机会包括从事任何类型的风险投资的所有代理人，无论是商业、社会、政府还是使用数字技术的企业。换句话说，他们正在执行需要数字参与但本身可能不是数字的活动，例如，优步出租车司机
Davidson和Vaast(2010)	数字机会是追求新媒体和互联网技术带来的新的风险机会
朱秀梅等(2020)	数字创业者和利益相关者为适应数字经济变革等外部环境的变化，来识别数字技术与产品或服务重构创造的市场机会、用户参与引发的创新机会以及数字场景下出现的新机会

结合以往学者对数字机会概念内涵的整理总结，本书将数字机会的概念界定为：**数字企业通过将数字技术作为企业的一种生产要素，从而快速高效地获取、处理、分配和**

消费企业外部数字信息，以识别新的企业商业模式和创业机会。数字机会的主体通常由数字创业企业、数字用户、政府、高校、科研院所、投资机构以及创业服务机构等组成，其数字机会来源于数字技术与产品、服务重构创造的市场及用户参与导致的创新等领域。

2. 数字机会的特征

数字机会在特征上与传统创业机会存在着一定差异，表 5-2 对比总结了数字机会在机会主体、机会识别、机会来源、机会特征及理论基础方面所呈现的独特性特征。

表 5-2　传统创业机会与数字机会的差异性

项目	传统创业机会	数字机会
机会主体	创业者、创业团队或创业企业	数字企业、数字用户、政府、高校、科研院所、投资机构以及创业服务机构
机会识别	(1)强调创业者个体特质和经验在创业过程中的作用 (2)市场需求、市场结构的改变以及创业者的机会警觉性	(1)强调参与主体的多样性对数字机会的作用 (2)强调数字技术在数字机会中的作用
机会来源	(1)创业机会取决于创业者行为、反应和个人建构 (2)创业机会是基于创业者的认知偏差以及渐进—重复—归纳的过程来获取的	(1)源于数字技术与产品或服务重构创造的市场机会、用户参与引发的创新机会以及数字场景下出现的新机会 (2)数字机会是通过共享跨组织边界和高度异质性的数字技术或专业化知识来获取的
机会特征	(1)有偶然性、时效性、不确定性、差异性等特征 (2)创业机会是线性和有具体边界的	(1)呈现碎片化和动态性特征 (2)数字机会是非线性的，边界是不确定的
理论基础	传统创新创业理论、机会发现理论、机会创造理论、不确定性理论等	平台理论、数字基础设施理论、数字创业理论等

(1)机会主体呈现多元化特征

传统创业企业的机会主体主要以创业者、创业团队以及创业企业居多，而在数字化情境下，机会主体呈现多元化特征。

(2)机会识别强调参与主体的多样性

传统企业主要强调创业者个体特质、市场需求和市场结构的改变在创业机会识别过程中的作用，而数字机会识别则强调大数据、云计算、人工智能、数字媒体、数字生态系统等数字技术以及参与主体的多样性对数字机会的作用。

(3)机会来源强调数字技术的创造性

在传统市场中，创业者行为是创业机会的来源，创业者大多是基于自身的认知和启发，通过渐进—重复—归纳的过程来参与市场机会。而在数字经济背景下，数字技术成为数字机会的来源，推动了数字机会的创造，因而数字机会取决于创业者本身所掌握的数字技术和数字能力。

(4)机会特征呈现碎片化和动态性

首先，不同于传统的创业机会所呈现的偶然性、时效性、不确定性、差异性等特征，数字机会更注重数字技术在机会识别上的应用，更倾向于通过数字平台进行信息和知识的互动及分析；其次，传统创业机会往往是对单一产品创意的挖掘和识别，而数字机会则是在多样化创业主体互动的过程中不断发现新的创业机会，以识别和满足更加碎片化和个性化的用户需求。

(5)理论基础强调数字技术的应用性和新颖性

在研究传统企业的创业机会过程中，主要涉及传统创新创业理论、机会发现理论、机会创造理论、不确定性理论等。而在数字化情境下，涉及数字机会的理论基础则主要包括平台理论、数字基础设施理论、数字创业理论等。

5.1.2 数字机会的开发过程

当前，依托大数据、云计算、区块链和人工智能等数字技术所具有的灵活性、开放性、可编辑性及海量数据等特点，企业能够在不同使用场景下发掘新的数字机会，并且通过不断地向市场投放更贴近客户个性化需求的新产品和新服务，帮助企业快速地识别、评估和利用市场机会。由此可见，数字技术的飞速发展和广泛普及为企业带来了一系列的技术变革，催生了丰富多样的数字机会。例如，数字技术中的数字基础设施可以为机会开发过程提供专业化的技术支撑，这有利于企业借助技术手段来识别新的市场机会，开发质量过硬的数字智能产品或提供人性化的服务体验来满足顾客需求，如无人驾驶汽车、智能家居、可穿戴智能设备等。下面结合数字技术的可编辑性、可扩展性、关联性及开放性等属性特征，分别阐述数字机会识别、数字机会评估和数字机会利用3个阶段的数字机会开发过程(图 5-1)。

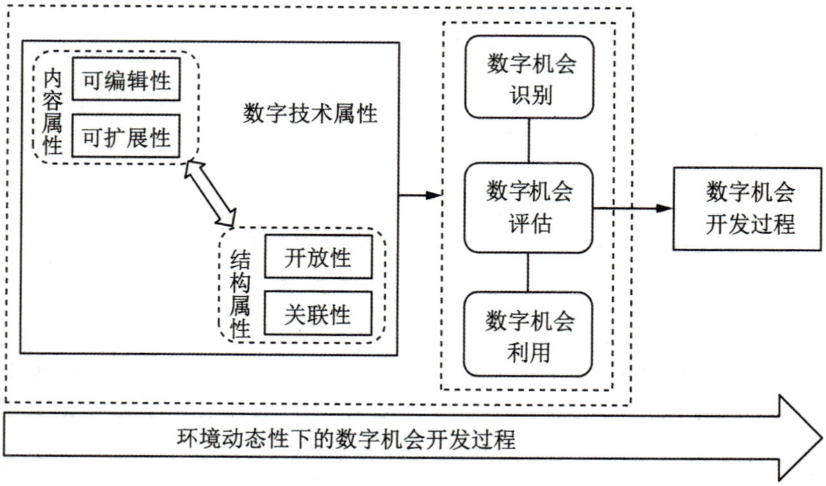

图 5-1 数字机会的开发过程

资料来源：改编自蔡莉、杨亚倩、卢珊，等：《数字技术对创业活动影响研究回顾与展望》，载《科学学研究》，2019，37(10)。

1. 数字机会识别

目前，大多数创业学文献所称的机会识别通常包括3个不同的子过程：①察觉或感知市场需求以及未充分利用的资源，即机会感知；②确认或发现特定市场需求与特定资源之间的匹配，即机会发现；③以业务概念的形式，在迄今为止分离的需求和资源之间创建新的匹配，即机会创造。

机会感知指的是机会可以被某些特定的人发现或认识到，而其他人却缺乏有效识别机会的能力，这些差异是由于个人对创造和传递新价值机会的异质性造成的。这些个体异质性来自个体的基因组成、背景和经验的差异，以及他们所拥有的关于某个特定机会的信息数量和类型的差异。通常，寻求价值或创造价值的机会越充分，就越有可能被更广泛的个人觉察到，并且机会描述越精确和完整，就越容易识别与机会相关的不确定性。

机会发现可以从资源利用的角度来理解，指的是当企业家有机会将资源从当前的次优配置重新部署到更有前途的机会时，他们就会下决心开始一项新的业务或在一个新的产品市场扩张。通常，企业家的职责并不仅仅是销售产品，他们还要具备整合专业知识和企业资源的能力，进而有效发现潜在的创业机会。

机会创造是指组织创造一个将外部市场需求和内部可用资源相匹配的商业机会。然而，商业机会的创造并不仅仅指机会感知和机会发现，还涉及重新定向或重新组合资源，以便创造和交付更高的价值。因此，我们认为机会创造可能远远超出企业当前可用资源和市场需求相匹配的调整范围，甚至可能导致企业对现有业务的大规模重组或激进性创新。

以上 3 个阶段贯穿于数字机会识别的整个过程，由于数字技术本身具有关联性和可编辑性的属性特征，因而可以快速推动企业对数字机会的识别。首先，数字技术的关联性使机会开发过程中的参与主体之间的联系变得更加紧密，进而促使企业与企业、企业与用户以及用户与用户之间发生频繁的互动。此时数字企业可以利用其所掌握的数字技术来分析海量数据以探索未知市场领域，有利于其对新机会的识别。其次，数字技术的可编辑性能够打破数字技术与传统行业之间的边界壁垒，实现二者的相互跨界以及数字技术元素之间的重新组合。比如，蔡莉等人(2019)认为，一些企业基于人工智能等数字技术成功跨界到医疗行业、交通运输行业和其他传统行业，这些跨界组合都已在多个行业中产生了大量的市场需求，这些新需求的产生同样有助于数字企业对机会的识别。

2. 数字机会评估

机会在其发展的每个阶段都会被评估，尽管评估可能是非正式的，甚至是不明确的。管理者可以非正式地对假定的市场需求或资源进行审查，直到认为这些需求或资源真的可以为企业的进一步探索提供帮助。一旦管理者愿意将更多的资源投入机会开发过程中，机会评估就变得更加正式。

当前，“门限管理”程序，作为一种可以适应各种情况的机会评估程序，可以对机会发展的各个阶段进行精准评估。某个市场机会能否通过每一道“门限”并最终得到企业的采用，在很大程度上取决于企业家通常经历的一些约束或限制，例如，他们的回报目标、风险偏好、财务资源、个人责任和个人目标，这些约束或限制实际上是帮助企业家远离不恰当的潜在机会的筛选标准。同时，对企业可用资源和市场需求的评估，经常会诱发企业对已有的商业机会进行合理化修正。这里的“评估”一词通常传达的是一种判断，它决定一个商业机会是否将获得资源，以进阶到下一个阶段。

在数字机会评估阶段，数字技术本身所具有的可扩展性可以帮助企业对所识别的数字机会进行快速评估。数字技术的可扩展性可以使企业有效利用其前期发展过程中所积累的大量客户数据，进而在分析这些潜在客户的基础上低成本、高效率地衍生出一些新兴的概念，如在线开源社区的建立，这种由拥有共同兴趣爱好的人组成，并根据相应的开源软件许可证协议公布软件源代码的网络平台，不仅可以为社区成员提供一个自由学习和交流的空间，而且还可以促使企业对围绕特定技术的机会进行集体实验，有助于企业对数字机会进行精准评估，从而筛选出更加贴近顾客需求的数字机会。

3. 数字机会利用

机会利用是指创业者对识别到的机会进行有效的规模化运作。对于大多数的创业者来说，要想占领市场份额并获取利润，机会利用是一个必不可少的环节。首先，市场机会利用涉及一个多层次的活动，在这个过程中，机会开发者要完成对产品、服务和市场的深度调研和测试；其次，在市场机会的利用过程中，主要涉及产品生产或企业的规模化运作，即依靠企业所拥有的各类资源来确保企业系统的有效运作。在企业的运营过程中，市场机会利用作为机会开发过程的最后一个阶段，也是能够给企业带来最大化回报的阶段。

在数字机会利用阶段，数字技术本身所具有的开放性和关联性属性可以为机会利用过程提供技术支撑，帮助数字企业在机会利用过程中实现与顾客价值的协同共生，从而在已识别的数字机会中建立竞争优势。首先，无论是直接利用数字技术来识别数字机会，如基于移动网络、数字组件等技术成立的以支付宝、脸书为首的社交网络公司，还是将新兴数字技术嵌入传统行业中，即间接利用数字技术来识别数字机会，如滴滴出行、爱彼迎等将数字技术与传统租赁行业相结合的数字企业，都是依靠数字技术的开放性来迅速降低其进入市场的技术壁垒和相关的市场风险，使其能够快速进入目标市场。其次，数字技术的关联性一方面可以使数字企业在机会利用过程中实现与消费者的协同创新，提高企业产品或服务与市场需求的匹配度；另一方面也有利于拓宽消费者之间的沟通交流渠道，他们的沟通交流内容是企业宝贵的数据资料，可以促进满足顾客需求的创新性实践在企业内部的传播，从而推动数字企业对机会的利用。

5.2 宏观环境中的数字机会

数字经济时代的来临，使得企业的外部宏观环境发生了深刻的变化。为了能够使数字企业有效识别外部环境和市场环境中的数字机会，有必要分析数字企业的宏观环境状况，通过系统地了解并掌握宏观环境中潜在的市场机会，帮助企业在创业过程中扬长避短、趋利避害。此外，对外部宏观环境的分析可以帮助企业了解社会发展的趋势，进而预测和识别未来发展中可供企业借鉴的数字机会。简言之，对宏观环境的分析，使数字企业明确可以做什么以及能够做什么，并通过对宏观环境中潜在的数字机会加以利用来获取企业竞争优势。当前，识别潜在数字机会的外部宏观环境因素主要有经济环境因素、政策环境因素、技术环境因素、人口因素、全球化因素及自然环境因素等(图 5-2)。

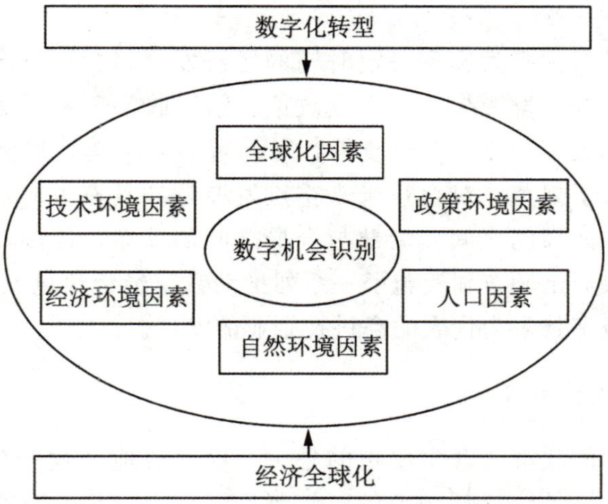

图 5-2　数字企业环境分析的构成因素

5.2.1　经济环境因素

经济环境是指影响企业生存和发展的社会经济状况和国家经济政策。前者包括经济要素的性质、水平、结构及变动趋势等内容。后者往往指的是中央和各级政府在调控宏观经济运行时所推行的经济发展战略及指导方针，对企业发展具有重要的影响。

当前，企业的经济环境因素从微观层面上主要分为收入因素、消费支出、产业结构、经济增长率、货币供应量、银行利率、政府支出等。从宏观视角出发，经济环境因素主要包括社会经济结构、经济发展水平、经济体制和宏观经济政策。本节主要探讨从宏观环境中识别潜在的数字机会，因而不对微观层面的经济环境因素做过多讨论。

1. 社会经济结构

社会经济结构指的是国民经济中不同的经济成分、不同的产业部门以及社会再生产各个方面在组成国民经济整体时相互的适应性、量的比例及排列关联的状况。一般来说，社会经济结构包含产业结构、分配结构、交换结构、消费结构、技术结构、投资结构和就业结构，其中以产业结构为主导。在社会经济发展过程中，一旦经济结构出现失衡，就会对企业的生产经营活动造成严重影响，甚至造成经济危机。

2. 经济发展水平

经济发展水平是指一个国家经济发展的规模、速度和所达到的水平。通常用来反映一个国家经济发展水平的指标有国民生产总值、国民收入、人均国民收入、经济发展速度、经济增长速度等。对于数字企业而言，可以通过分析上述指标的变动趋势，来认识和了解数字经济发展的状况，并借助各种统计资料以及本企业的相关数据，掌握数字行业的宏观经济形势，以此来挖掘本企业的数字机会开发潜力。

3. 经济体制

经济体制是指国家经济组织的形式。经济体制规定了国家与企业、企业与企业、企业与各经济部门之间的关系，并通过一定的管理手段和方法，调控或影响社会经济流动的范围、内容和方式等。我国特有的社会主义市场经济体制决定了企业在识别潜在数字机会过程中要始终坚持以公有制为主体、多种所有制经济共同发展的基本经济制度，离开这一前提背景的任何数字机会都是无效的。

4. 宏观经济政策

宏观经济政策是指国家为实现一定时期的经济发展目标而制定的战略与政策，主要涉及综合性的全国经济发展战略、产业政策、国民收入分配政策、价格政策、物资流通政策、金融货币政策、劳动工资政策、对外贸易政策等。宏观经济政策对企业的活动范围、原则进行了规范，对企业未来重点发展领域具有方向性的指导作用，有利于协调企业之间、经济部门之间、局部与全局之间的关系，最终促进社会经济的平稳发展。当前，我国政府已颁布和实施了一系列推动数字经济快速发展的优惠政策措施，重点扶持和鼓励以数字技术为代表的高科技企业的发展。

5.2.2 政策环境因素

企业宏观环境中的政策因素主要指的是一个国家或地区政府的政治制度、政府政策和法律法规等因素，具体包括国家的政治制度、相关政策、政府官员的行为以及法律法规等。稳定的政治和法律环境可以有效地消除企业所面临的不确定性，使得企业可以预知未来的发展方向，更好地安排企业的生产经营。

目前，各国政府针对潜在的数字机会所实施的一系列政策措施还处在不断探索阶段。例如，法国早在2008年就率先发布了数字经济战略，美国紧随其后也提出了数据驱动创新的数字政策。近些年，我国通过顶层设计和政策机制设计也相继提出了一系列促进数字经济发展的政策文件。比如，习近平总书记在2017年提出，要加快完善数字基础设施，推进数据资源整合和开放共享，加快建设数字中国。此外，为了落实《中华人民共和国国民经济和社会发展第十四个五年规划和2035年远景目标纲要》(以下简称“国家‘十四五’规划纲要”)内容，国家发展和改革委员会就如何推动数字经济的快速发展进行了专门阐释。这些国家层面的数字发展战略颠覆了传统企业的发展模式，引燃了大众数字创业的激情，是“大众创业，万众创新”国家战略在数字经济领域的进一步深化。尽管一系列政策的出台为数字经济的发展带来了机遇，但政府绝不能照搬照抄对传统企业的监管政策，而是要根据数字经济的内涵、特征来合理利用数字企业发展的政策措施。最后，政府在政策的落实过程中，还要处理好鼓励发展与政府监管的关系，最终寻求一个双赢的监管方案。

成立于2016年的中国航空发动机集团有限公司，为了响应政策号召，率先开始了数字化转型之路。该公司自组建以来，通过各种渠道的支持，在产品论证、研发、智能制造、供应链、服务保障等全生命周期的信息化建设中都取得了良好成绩。以数字样机和虚拟仿真为代表的产品设计赋能平台，大幅度提升了航空发动机产品设计的效率和准确率，加快了产品设计迭代过程。在产品制造方面，随着制造执行系统生产线的全面使用和智能制造系统的落地生根，产品制造流程已经实现产品数据、制造数据的集成贯通，以数字孪生为代表的先进智能制造技术正在生产线上发挥着日益重要的作用。

5.2.3 技术环境因素

企业的技术环境因素是指企业所处的社会环境中的科技要素及与该要素直接相关的各种社会现象的集合。通常来说，企业的技术环境因素大体包括社会科技水平、社会科技力量、国家科技体制和国家科技政策与科技立法4个基本要素。

目前，各种新技术层出不穷，不仅推动着许多行业的商业模式创新，而且也给企业带来了丰富的市场机会。在各种新兴技术中，数字技术无疑是引领时代的潮流。企业可以利用数字技术和应用程序来更准确地预测客户需求，使用高级分析来识别更精准的数字机会。例如，思科（Cisco）集团依靠数字技术使得公司与数字化相关的硬件、软件和服务的销售额从 2015 年的 20 亿美元增加到 2020 年的 71 亿美元。同时，数字技术正在向传统行业渗透，如美国的传统零售业，由数字技术催生的在线零售行业正在侵蚀着线下实体零售店。据统计，2017 年美国关闭的实体零售店数量远远超过了 2008 年经济危机时关闭的店铺数量，相反，美国的在线零售额却增长了 24%，越来越多的客户喜欢送货上门的购物方式。冲击最明显的例子就是沃尔玛 2018 年将其名称由"Wal-Mart Stores，Inc. "改为"Walmart Inc. "。

可见，对于数字企业的技术环境分析主要体现在数字技术的应用上，利用数字技术可以使数据信息的传输更加方便快捷。因此，对于创业者来说，要想在未来国际市场竞争中把握主动权，一方面要密切关注与数字技术相关的科技发展趋势及发展速度，改变传统行业中广泛存在的信息不对称问题，并加大研发投入来掌握数字技术所需的关键核心技术；另一方面要注重发挥数字技术在提高生产效率和降低交易成本方面的作用，因为数字技术可能会将两个毫无交集的企业关联起来，这是需要创业者在创业过程中格外关注的。图 5-3 总结了创业者在识别数字机会时需要优先考虑的技术层面的问题，理解这些问题有利于创业者快速实现企业的稳定经营。

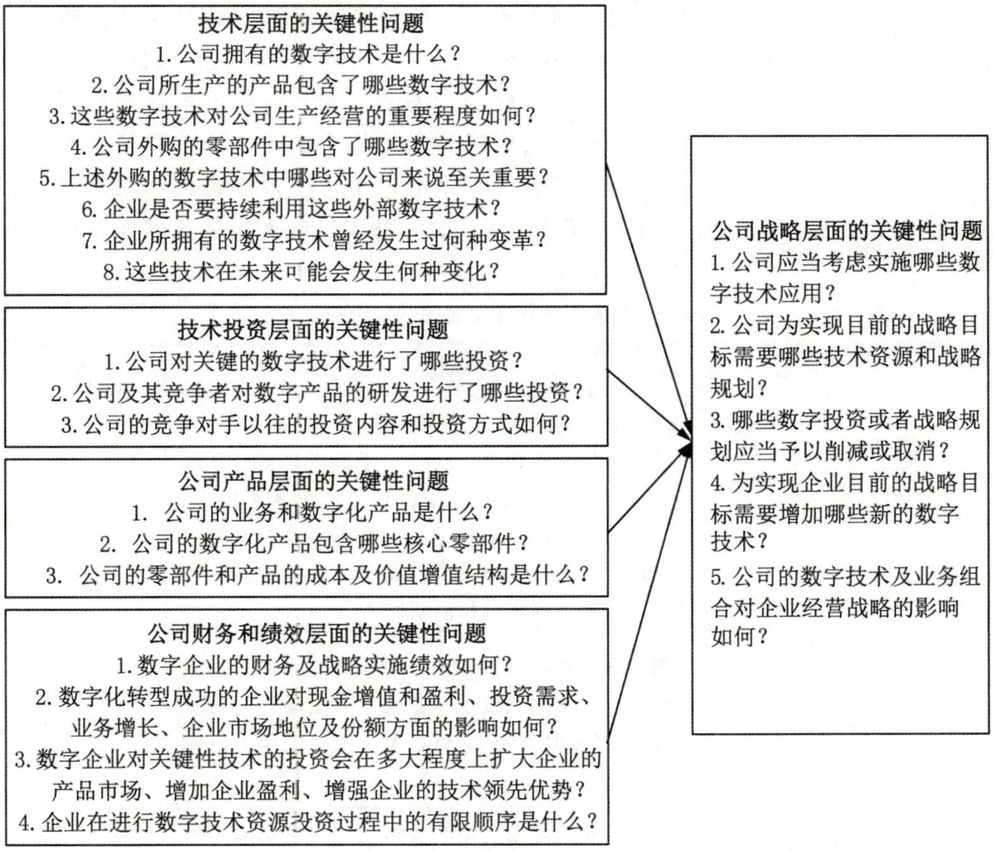

图 5-3　数字企业技术因素层面的关键性问题

5.2.4 人口因素

人口基数大、人均自然资源占有量低等是当前我国人口现状的基本特点，此外我国还面临着社会人口就业压力大、人口老龄化等问题。根据我国第七次全国人口普查数据显示，截至2020年，我国共有65岁及以上老人19 064万人，占全国总人口的13.5%；60岁及以上人口高达26 402万人，占全国总人口的18.7%。预计到2035年，我国60岁及以上人口将超过4亿，相当于法国、德国、意大利、日本和英国目前人口的总和。这一系列统计数据都预示着我国正面临日益严重的人口老龄化趋势。因此，充分挖掘和开发当前数字经济中所蕴藏的数字机会，为我国劳动力市场创造更多的就业岗位，是缓解当前社会就业压力，应对人口老龄化问题，维护社会稳定的重要途径。

在当前数字经济背景下，各个企业必须进行战略结构调整来应对日益严峻的人口老龄化问题。比如，大力发展数字经济可以帮助企业从数字市场中识别和开发潜在的数字机会，对于餐饮、酒店、航空、游轮、旅游、制药、汽车制造等行业来说，人口老龄化趋势可以激发这些行业的潜在数字机会。未来随着老年消费群体的增多，会诞生一大批智能化数字产业，如智慧医疗产业、数字旅游产业、家政服务机器人产业等，这不仅有利于吸纳优秀人才，缓解当前的就业压力，还有利于实现企业的数字化转型升级。而这需要企业进一步加大科技研发投入，确保企业绩效实现从劳动力驱动向数字技术驱动或者全要素驱动发展。例如，成立于2016年的麦麦养老公司，是一家专注于智慧养老服务的公司，主要借助智能可穿戴设备及移动互联网技术打造智慧养老管理系统，从而为中高端机构养老、社区及居家养老提供全面的软硬件智慧照护解决方案。由此可见，人口老龄化问题给数字企业带来的一个重要发展机遇，就是利用数字技术来开发银发经济这一潜在的蓝海市场。表5-3汇总了当前入局智慧养老领域的数字企业。

表5-3 入局智慧养老领域的数字企业汇总

品类	产品	产品介绍	入局企业
智能硬件	智能手环手表	内置的传感器可以检测个体锻炼、睡眠、饮食、身体指标等基本数据。通过与手机等移动产品联动，可以进行实时的健康管理。针对老年用户，这一产品还能提供防止走失的精准定位及一键报警功能。2021年，Amazfit米动健康手表还上线了针对老年人的跌倒检测功能	华为、华米、健康e族、Koehl
	防跌倒产品	目前市面上有防跌鞋，但尚处于概念性阶段。运动健康品牌咕咚上线了一款安装在运动鞋内的智能传感器“咕咚精灵”，可以精准监控老年人跌倒情况	咕咚、华米
	智能轮椅	在传统的轮椅基础上增添智能功能，包括电动出行、电磁刹车、倒车提醒等功能	鱼跃、英洛华、Wonsle

续表

品类	产品	产品介绍	入局企业
智能用品	智能药盒	老年慢性病大多数时候需要持续稳定地用药，智能药盒可以通过物联网技术提醒患者定时吃药	Hipee、雅克菱、Vilscijon
	防抖动勺	帕金森患者手部抖动，会影响其饮食。防抖动勺可以提供主动防抖功能，抵消手部抖动	睿餐智能、Liftware
智能家居	智能门锁	带有密码和生物信息识别的新式门锁，能很好地解决老年人忘记带钥匙的问题	鹿客、三星、小米、凯迪仕
	智能监控	远程了解老年人居家情况，当意外发生时，家人可第一时间了解并解决问题	乐聆智慧、力浩物联网
	紧急按钮	老年人在遇到危险时的求救神器	乐聆智慧、涂鸦智能

自 2020 年以来，新冠疫情给全世界的交通运输、旅游业和零售业带来了严重冲击，但随着数字技术尤其是数字企业的新兴和崛起，在线办公、线上会议、居家办公、在线教育以及人工智能等依托数字技术的一大批新兴产业开始崭露头角，同样给数字企业带来了创业机会。

5.2.5　全球化因素

经济全球化是指世界经济活动超越国界，通过对外贸易、资本流动、技术转移、提供服务、相互依存、相互联系而形成全球范围的有机经济整体的过程。经济全球化主要涉及商品、技术、信息、服务、货币、人员、资金、管理经验等生产要素的跨国跨地区流动，这些要素的流动也使得世界经济日益成为紧密联系的整体。可以说，经济全球化是当代世界经济的重要特征之一，也是世界经济发展的重要趋势。目前，经济全球化已显示出强大的生命力，并对世界各国经济、政治、军事、社会、文化等各个领域，甚至包括思维方式等，都造成了巨大的冲击。尽管当前世界正处于百年未有之大变局中，且逆全球化趋势甚嚣尘上，但经济全球化作为一场深刻的社会变革，任何国家都无法回避，唯一的办法就是积极参与经济全球化，在历史大潮中适应它、接受它。

对于数字企业而言，在当前经济全球化背景下，企业可以从数字经济中识别潜在的数字机会，具体来说主要体现在以下 3 个方面：第一，以数字技术为依托的互联网作为开放式平台，使得跨境贸易变得更加便利，为数字企业的发展壮大提供了更大的空间；第二，在全球化背景下，数字企业的市场开发不再囿于某个国家或某个地域，而是锚定更具消费前景的全球性市场，这也为数字企业提供了更广阔的舞台；第三，通过数字技术的不断迭代，消费者只需搜索、点击鼠标就能购买来自世界各地的商品和服务。未来数字企业可以依靠消费市场大数据来精准地分析消费者的需求，并为之提供个性化、特色化的数字产品和服务，通过开发全球化市场来获得宝贵的市场份额。表 5-4 所示为全球化助推下的代表性数字企业。

表 5-4　全球化助推下的代表性数字企业

全球化企业	品类	产品	企业介绍
华为	通信和智能终端	手机、程控交换机、数据通信设备	华为成立于 1987 年，是全球领先的信息与通信技术(ICT)解决方案供应商，华为的产品和解决方案已经应用于全球 170 多个国家，服务全球运营商 50 强中的 45 家及全球 1/3 的人口，并在海外设立了至少 22 个地区部、100 多个分支机构、36 个培训中心
大疆创新	智能控制设备、航空电子设备	大疆无人机、影像系统	大疆创新(深圳市大疆创新科技有限公司)创立于 2006 年，是全球领先的无人飞行器控制系统及无人机解决方案的研发和生产商，客户遍布全球 100 多个国家
字节跳动	人工智能领域的应用场景开发	抖音、今日头条、西瓜视频	字节跳动成立于 2012 年 3 月，是最早将人工智能应用于移动互联网场景的科技企业之一。目前，字节跳动已经是一家在 30 个国家、180 多个城市有办公室，拥有超过 6 万名员工的全球化公司
苹果	电子消费产品	计算机、手机、iPad、操作系统	苹果是美国的一家高科技公司，创立于 1976 年 4 月 1 日。截至 2020 年，苹果的产品和服务已延伸到全球 70 多个国家和地区，超过 15 万个组织与公司成为苹果的客户。2021 年，苹果位列《财富》世界 500 强排行榜第 6 名

综上，经济全球化与数字企业之间是一种相辅相成的关系。经济全球化浪潮加深了世界各国之间经济、政治、文化的交流与融合，为数字经济和数字企业的发展提供了广阔的舞台。与此同时，数字经济的繁荣和数字技术的更新换代，便利了地区之间、国与国之间的信息沟通，为经济全球化的进一步发展提供了技术保障。

5.2.6　自然环境因素

自然环境是指与人类密切相关的，影响人类生活和生产活动的各种自然(包括人工干预下形成的第二自然)力量(物质和能量)或作用的总和，是关系到社会和经济持续发展的复合生态系统。通常自然环境的破坏对人类和社会经济发展的影响很大，主要形式包括全球气候变暖、生物多样性减少、水土流失、土壤退化、土地荒漠化、土地盐碱化、臭氧层破坏以及酸雨等。当前，外部宏观环境中的自然环境因素已经成为影响企业发展越来越重要的因素。在此背景下，企业应该承担起环境保护的责任和义务，规范履行相关环境政策，在进行战略制定和市场机会识别时应将环境问题纳入考虑范围，自觉抵制具有高污染行业的市场机会开发。在企业生产过程中要竭力限制和消除企业生产经营活动对自然环境的破坏，确保企业和社会的可持续发展。例如，小米作为一家数字企业，由于意识到传统汽车在环境污染方面的缺陷，敏锐地捕捉到了环保节能的新能源汽车在未来汽车市场中的地位。意识到自然环境因素在创业机会识别中所扮演的重要角色，是近些年数字企业巨头相继加入新能源汽车制造计划的首要原因。

数字经济的飞速发展使得数字企业必须要在环境保护方面以身作则，其自身定位已不仅仅是一家高科技企业，更是一家环保效率高的绿色企业。数字企业必须在以下方面做足功夫才能称得上是环保效率高的企业：首先，主动承担起环境保护的责任和义务，而不是被动接受或交差应付有关环境保护的各项规章制度，也就是说，企业实施的环保措施是出于其自身的兴趣和客户的利益，而不是外界强迫的结果；其次，环境保护措施是由数字企业内部设计的，而不是外界强加的；再次，数字企业在落实环境保护措施的过程中必须保持灵活性，即企业要时刻关注技术创新和市场需求的变化，实现环境保护和企业效益的协同发展；最后，自然环境保护是一项涉及全人类的大工程，并不是某一企业、某一行业甚至某个国家所能独立应对的，在全球化的今天，数字企业不仅要突破不同行业之间的边界界限，还要跨越不同国家、不同文化之间的界限，只有全人类团结起来一起应对日益严峻的环境问题，才能守护好地球这一人类的共同家园。

实践链接

网飞(Netflix)是一家运营会员订阅制流媒体播放平台的公司，总部位于美国加利福尼亚州洛斯盖图，也是一家追求全球迅速扩张的公司。截至 2021 年 1 月，网飞的总用户数达 2.03 亿，其中仅在 2020 年第四季度，网飞就新增用户 850 万，稳坐全球流媒体头把交椅。网飞的成功，源于其注重利用与全世界 75 亿人相连的机会。到 2050 年，世界人口将增长到 98 亿。网飞深知仅仅将其公司战略局限于美国国内市场是一种风险越来越大的战略。

在此背景下，网飞在充分挖掘和利用其外部宏观环境中所蕴藏的数字机会的同时，还投入巨资来增强其业务竞争能力，每年仅在电影和视频流服务内容上的花费就达 80 亿美元，远远超过其竞争对手葫芦网(Hulu)、亚马逊和 HBO。此外，网飞还专注于签约创意人才并获得自己的知识产权，比如，公司收购了漫画出版商 Millarworld。除继续进行全球扩张外，网飞的长期战略还包括：持续进行国际扩张，减少对内容供应商许可计划的依赖，越来越多地关注原创内容的获取。

5.3　跨界识别数字机会

哈佛商学院教授迈克尔·波特提出企业应该在有吸引力的行业中竞争，从而避免进入弱势或即将被市场淘汰的行业。波特认为企业盈利水平的高低在很大程度上取决于行业平均收益率的高低；行业平均收益率的高低取决于行业竞争强度的高低；行业竞争强度的高低取决于行业竞争结构；行业竞争结构取决于新进入者的威胁、替代品的威胁、供应商的议价能力、购买者的议价能力、同行业竞争者的竞争强度 5 种力量之间的相互作用。一般认为，当以上 5 种力量均较强时，所在行业内的企业往往面临严峻的市场竞争，行业盈利潜力随之降低；相反，当 5 种力量均处在低强度水平时，行业的盈利潜力就大。企业可以进入具有较大市场潜力和具有吸引力的若干行业，从而抓住数字机会。

此外，由于企业与企业之间、企业与顾客之间的边界被打破或者组织边界变得模糊，企业的价值创造和获取方式也都发生了变化。此时，行业层面开始表现为从边界约束向跨界协同转变，即企业可以通过识别多个行业的数字机会，依靠组织跨界行为来满足更多顾客的个性化需求。由此可见，数字经济时代背景下企业的跨界发展能够给其带来丰富的数字机会。基于此，本节将纵向分析不同产业间的数字机会，即数字企业在跨界过程中的数字机会，并重点分析数字企业跨界行为的内涵、特性以及类型。

5.3.1 数字企业跨界的内涵

罗纳德·科斯(Ronald H. Coase)于20世纪30年代在《企业的性质》一文中首次提出了组织边界的概念，这一概念的提出使组织内部的管理成本与组织外部的交易成本趋于相等，进而能够实现组织规模与组织效率的协调统一。组织边界理论为传统工业经济时期企业的快速扩张和发展提供了有益指导，为组织边界动态调整的后续研究奠定了理论基础。陆亚东等人(2015)认为，随着大数据、云计算、人工智能、区块链及物联网等数字技术的高速发展，企业之间的产品边界、行业边界、产业边界、市场边界被打破，各类边界成为连接组织与外部环境的纽带，进而使得不同市场主体之间有了跨界合作的机会，最终为扩大企业的组织规模、提升企业的组织效率以及构建良性互动的企业生态系统奠定了坚实基础。表5-5汇总了目前我国各行业典型的跨界企业。

表5-5 各行业的跨界企业汇总

行业类型	典型跨界企业		行业类型	典型跨界企业	
电信业	微信	钉钉	零售业	天猫	京东
银行业	蚂蚁金服	京东数科	餐饮业	盒马鲜生	美团
汽车业	小米汽车	华为汽车	酒店业	自如旅游	去哪儿网
出租车	滴滴	共享汽车	旅游业	携程	途牛
汽车后市场	天猫车站	途虎养车	制造业	格力	海尔

行业跨界不断兴起的背后原因，无疑是数字技术驱动了跨界企业的快速成长。由于数字技术的飞速发展，数字企业不仅可以通过数字平台连接来获取开放的全球性资源、供应商与联盟网络，而且可以通过全球整合来增强全球的供应端和生产端。另外，随着数字技术的不断迭代，越来越多的数字企业跨越传统行业的进入壁垒，开始与不同行业的多个竞争对手开展竞争。行业边界的模糊使得数字企业无法归类于某个单一行业，因而这类企业可以通过数字技术来降低各自的交易成本，并且可以跨越客观的时空距离和主观的制度差异。在当前数字经济浪潮下，仅仅依赖某个单一企业的资源、技术和研发能力很难满足顾客的个性化需求，只有跨界整合不同行业或不同企业的可用性资源以达到资源互补，才能形成数字企业的生态系统，从而能够在激烈的市场竞争中不断发展壮大。比如，近年来出现的抖音、快手、微信视频号等社交软件，利用其巨大流量和短视频形式，创造出直播带货这一新商业模式，对沃尔玛、家乐福等传统零售企业造成了前所未有的冲击和威胁。另外，百度、OPPO、小米等数字企业纷纷加入新能源造车计划，也对传统汽车行业的竞争格局进行了重塑。这些企业的跨

界行为不仅通过强强联合的方式增强了不同企业之间的协同性，还通过互补关系使得各自得到更多的数字机会，避免产品出现被替代的情况。因此，当数字企业间的强强联合突破了发展局限，自然就可以从更深层次了解不同客户群体的需求，也能更好地了解消费者的消费意愿，产品的市场投入方向就会更加精准。

5.3.2 数字企业跨界的特性

数字企业的跨界发展是一个获取资源和分配资源的过程，对提高数字企业绩效、实现后发追赶和迭代创新具有重要作用。综合现有研究成果及数字企业的实践，本书认为当前数字企业的跨界发展呈现以下 4 个典型特征。

1. 去边界性

去边界性是数字企业跨界发展的典型性特征。工业经济时代，企业是一个封闭型组织，客观存在的组织边界抑制了信息的传递，企业与企业之间的竞争多集中在产品的生产属性上，如产品价格、产品质量及产品性能，这在一定程度上制约了企业的快速发展；此外，由于组织边界的存在，企业经济活动受到自然障碍、地区利益、国别差异(文化特色、制度不同)等因素的影响，使得传统企业呈现碎片化的经营模式。而随着数字经济时代的到来，由于信息技术革命引致的互联互通，整个底层逻辑被打通了，企业的经营模式开始由碎片化转向一体化；同时，不仅物理世界在加速一体化，数字世界更是一体化趋势显著。就数字企业而言，边界被打破了，使之能从有界发展转向跨界发展，去边界性成为数字经济时代企业发展的主流趋势。由此，数字企业竞争也从有界竞争转向跨界竞争，再到无界竞争，其典型模式是“我打败你，与你无关”，和合、融合、协同、共生成为时代主题。

2. 三维性

数字企业跨界发展的三维性主要表现为技术导向型特征、产业导向型特征、地理导向型特征 3 个方面。首先，从传统的信息与通信技术(ICT)到现在的大数据、云计算、人工智能、区块链等数字技术，其发展迭代一方面引发了数字企业如雨后春笋般出现，另一方面也预示着部分传统行业的消失，以及数字产业与传统产业的跨界融合。其次，数字化带来的外部交易成本的降低有利于数字企业同时进行跨技术与跨行业的资源整合。最后，随着数字技术的复杂性和产品异质性的不断提高，数字企业的跨界发展有利于企业技术研发投入与投资回报的协调统一。以西门子跨界造车为例，西门子公司尝试通过与远在美国加利福尼亚州的汽车创业公司 Hackrod 共同制定其未来跨界发展战略，来打破以往二者之间互不影响的组织边界，进而利用数字技术降低组织协调成本，将复合式制造、人工智能与 VR 技术纳入汽车制造技术领域，尝试让客户主导设计，寻求颠覆传统汽车制造模式，以满足消费者的个性化定制需求。由此可见，数字企业的跨界发展涉及技术整合、产业融合以及广阔、动态、复杂的地区边界联合，这恰恰构成了数字经济背景下企业跨界发展的优势。有研究表明，那些最擅长迭代创新的数字平台型企业，通常能够同时实现技术、产业与地理的三维跨界融合发展。

3. 全球性

数字企业跨界发展的全球性是指数字企业中制定跨界融合战略的决策者有意识地

在世界范围内进行全局部署。数字企业通过主动寻找分散在全球的跨界机会来获取关键资源，进而对全球性资源进行重新整合，以此不断地迭代创新来为世界各地的顾客提供优质的产品和服务。跨界融合对于数字企业来说既是一门创造性艺术，也是一种集独特性、不可复制性、不可模仿性于一身的功能型战略。例如，吉利汽车通过其构建的全球研发布局、全球采购布局、全球制造布局及全球销售布局的全球价值链，借助旗下的吉咖智能机器人公司来跨界从事智能机器人的研发、云计算装备技术服务、工业互联网数据服务、摩托车零部件研发、汽车零部件研发、家用电器研发等业务。

当前，数字企业的组织边界可以借助全球化浪潮实现扩张，数字企业的决策者可以从全球化视角来重组企业的资源与能力。此时，来自世界范围内丰富的信息流和产品流双向连接了数字企业的价值创造活动，继而组织边界在理论上可以扩张到世界各地。然而，不同于在某一国家或地区内的跨界行为，国际化的跨界融合要求数字企业注意对来源国劣势的规避，这是驱动其开展全球性跨界行为的基本战略诉求。

4. 开放性

数字企业跨界发展的开放性是指数字企业的跨界整合往往要求各个部门中的管理者和员工具有开放性意识。这是因为数字企业在培育新的跨界部门时，往往需要将柔性的组织结构和全球性开放的资源、联盟、平台和生态圈连接起来。此时，数字企业所培育的新兴跨界部门在获取非日常信息方面具有先天性优势，是数字企业顺利开展跨界行为的宏观组织基础。而数字企业中的员工和跨界团队所具有的开放性意识，则是数字企业实施跨界整合战略的微观组织基础。个体和团队的开放性意识主要体现在其心理和视野上：心理的开放性不仅有利于在组织内部形成有机、弱官僚作风的组织结构，而且有利于形成企业员工对供应商和客户的开放态度；视野的开放性则能帮助企业管理者收集更多有效的决策信息，在外部环境不确定性因素增强的条件下，能够顺利为企业制定快速响应的战略方案奠定基础。相较于传统企业所实施的横向、纵向一体化战略，数字企业的跨界战略强调组织成员的开放性，以便更好地解决跨界发展过程中所出现的各种问题，帮助组织上下快速达成共识并进行有效反馈。

5.3.3 数字企业跨界的类型

数字企业的跨界行为作为数字经济背景下一种新的产业融合方式，可以从不同的研究视角或采用不同的方式进行分类。目前学界分别从技术、市场供需、产品、融合程度、制度及产业等视角对数字企业跨界类型进行了划分。不过这些不同视角下的跨界类型，在本质上有重合和相似的地方。按照类型划分的互斥性原则，本书在归纳以往学者对跨界类型划分的基础上，将数字企业跨界划分为渗透型跨界、延伸型跨界、重组型跨界和替代型跨界 4 种类型。

1. 渗透型跨界

渗透型跨界往往发生在数字企业和传统企业的交界处，例如，数字技术和信息技术对传统产业的跨界融合，产生了机械电子、电子芯片、无人机及无人驾驶汽车等新型数字企业。同时，数字技术的发展对传统产业的跨界渗透还会产生众多的数字机会，例如，电子商务、电子图书、在线教育、智慧医疗、智能家居等都是数字技术向传统行业跨界所产生的，无人驾驶汽车的研发更是当前数字企业跨界汽车行业的典型代表；又如，当前的数字智能电视是数字技术、网络技术和有线电视网三者跨界融合的产物，代表了现在和未来一段时期电视厂商产品升级的必然趋势。这种跨界方式可以启示数字企业今后要善于捕捉那些发展动力不足的传统产业，努力将自身掌握的数字技术资源嵌入传统行业当中，进而抓住传统行业中的数字机会。以尚品宅配为例，它是一家数字化定制家具企业，凭借数字技术优势和定制化生产，满足了广大消费者的个性化需求，从而颠覆了传统家具生产的产业链结构，赢得了较大的市场份额。

2. 延伸型跨界

延伸型跨界主要是指不同企业间的延伸和互补，即数字企业通过数字技术延伸赋予原有产业新的附加功能，从而使其具有新的数字机会来增强企业的竞争力，形成跨界融合下的新产品体系。这种跨界方式往往表现为数字技术向第一、第二和第三产业的延伸过程。如数字技术与第一产业——农业的融合形成了智慧农业，它将数字技术嵌入传统农业中，运用传感器和软件通过移动平台或者计算机平台对农业生产进行控制，使传统农业更具有“数字智慧”。除了精准感知、控制与决策管理外，从广泛意义上讲，智慧农业还包括农业电子商务、食品溯源防伪、农业休闲旅游、农业信息服务等方面的内容。此外，当数字技术与第三产业中的旅游业跨界融合时，就形成了线上博物馆、美术馆、艺术馆等数字文旅项目，它们可以借助 AI、VR 和 AR 技术实现文物、艺术品的信息快捷获取，图片放大观看，线上自主游览，360 度全场景体验等，从而极大地提高了游客的观赏体验。例如，深圳互动力科技有限公司研发的 iMap 景区畅游系统，可以为游客出行提供智能化解决方案和互联网运营服务，是基于数字技术与旅游业跨界融合的典型代表。

3. 重组型跨界

重组型跨界主要发生在不同数字企业内部或数字行业下若干个子行业内部的重组和整合过程中，具体是指提供互不相关的产品或服务的若干数字企业在相同的行业标准下通过跨界重组而结为一体的整合过程。基于这种跨界方式，数字企业可以向消费者提供不同于传统产品或服务的新型数字产品或服务体验，从而适应市场的新需求。如图 5-4 所示，智慧农业可以利用数字技术将生物链与第一产业中的种植业、畜牧业和养殖业等进行跨界重组，从而形成数字生态农业的新发展模式，既适应了市场需求，又提高了农业生产效率；传统服务业中的银行、证券和保险等金融业，也是数字企业开展跨界重组的重要代表，如数字人民币、云闪付 App 和余额宝等，都极大地方便了居民的线上支付，有利于我国普惠金融体系的建立；此外，数字企业内部也可以进行类似的跨界重组，通过将数字产品供应链中的上、中、下游相关联的原材料、产品及市场联系在一起，数字企业产业链上的跨界重组可以最终产生一种全新的产品或服务。例如，以互联网手机销售起家的小米公司，不断探索产业链上的新模式，已经衍生出小米有品、米家等全新智能家居品牌。小米公司通过企业内部的延伸型跨界，摆脱了“手机销售公司”的刻板标签，不仅实现了产品的升级换代，并且构建了新的业态模式。

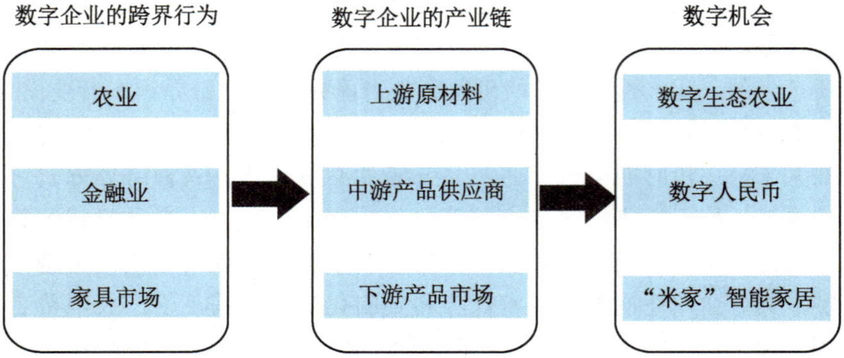

图 5-4　重组型跨界

4. 替代型跨界

替代型跨界是指具有相似功能或特质的产品或服务，在相同的行业标准下得以被替代的过程，换句话说就是新行业取代传统旧行业的跨界融合。替代型跨界的产生离不开两个基本前提条件：一是所跨界的产品之间具有相似的功能或特质，是可替代产品；二是这些产品之间具有相同的行业标准或集合。有学者认为，当数字技术能够为不同产品或服务提供相同的行业标准时，这些产品或服务就可能会被其他新产品所替代融合。然而，这种新旧产品或服务之间融合而成的不是混合物，而是化合物，即跨界融合后所产生的产品新业态不是在传统旧产品基础上的简单混合，而是对旧的产品性质的替代型跨界融合。例如，美团、饿了么等外卖平台的兴起，能够为都市白领、企业职工提供便捷的外卖服务，同时也对传统快食企业造成了威胁，如间接地造成方便面销量的断崖式下跌；同样地，现在的智能手机自带美颜、摄影等功能，也形成了对传统数码相机和专业相机的跨界“打劫”。

实践链接

2017 年美的集团收购德国库卡机器人公司，标志着美的集团向人工智能领域跨界发展迈出了实质性的一步。作为一家成立 50 多年的中国大型家电企业集团，美的跨界到智能机器人领域，主要有以下 4 点理由：①美的在数字化转型战略的驱动下，开始全面深入布局人工智能产业，开拓广阔的中国机器人市场；②库卡集团是全球领先的机器人开发、制造供应商，拥有先进的技术，可以帮助美的集团进一步升级生产制造与系统自动化，使其快速占领中国机器人市场份额；③美的集团的子公司安得物流将极大受益于库卡集团子公司瑞士格领先的物流设备和系统解决方案，从而提升物流的效率，拓展第三方物流业务；④美的集团依靠其 50 多年发展中积累的科技和客户基础，成功跨界到机器人领域，可以发掘服务机器人的巨大市场潜力，提供更加多样化与专业化的服务机器人产品。

美的集团凭借其丰富的产业链整合经验，致力于从传统家电企业向数字化人工智能领域跨界，努力成为机器人及工业自动化系统的全球化科技企业集团。这不仅体现了美的集团追求技术与市场的完美结合，同时也是美的集团推进跨界发展战略的关键一步。

本章小结

• 数字机会指的是数字企业通过将数字技术作为企业的一种生产要素，从而快速高效地获取、处理、分配和消费企业外部数字信息，以识别新的企业商业模式和创业机会。

• 针对数字企业的外部宏观环境具有先动性、广泛性和复杂性等特点，本章详细分析了数字企业的宏观环境状况，包括经济环境、政策环境、技术环境、人口、全球化以及自然环境等因素。系统地了解并掌握宏观环境中潜在的市场机会，可以帮助企业在创业过程中扬长避短、趋利避害。

• 鉴于当前数字企业的跨界发展呈现去边界性、三维性、全球性和开放性 4 个典型特征，本章在此基础上提出了可以采用渗透型跨界、延伸型跨界、重组型跨界和替代型跨界等方式来实现数字企业的跨界发展。

复习思考题

1. 什么是企业的数字机会？其有哪些特征？
2. 在数字化背景下，企业如何开发数字机会？具体的开发过程是怎样的？
3. 数字企业在数字机会识别时，可以参照哪些外部宏观因素？
4. 如何理解数字企业跨界的内涵？
5. 数字企业跨界发展的典型特征有哪些？
6. 数字企业跨界发展的类型有哪些？

案例分析

扫一扫，看资源

E 袋洗：数字经济背景下荣昌洗衣的跨界发展之路

第6章 构建数字能力

【学习目标】

- 了解数据的特性
- 了解数据分析平台、数据运营平台和数据赋能平台的内涵
- 熟悉数字期权、数字债务与数字平台
- 掌握打造数字平台持续竞争力的4种策略
- 了解数据驱动的动态能力结构维度和内涵
- 掌握数据驱动的动态能力作用机制
- 掌握数字化情境下持续竞争优势的4个标准

【关键术语】

资源基础观　数据驱动效应　数据分析平台　数据运营平台　数据赋能平台　数字期权　数字债务　数字平台　数据驱动的动态能力　持续竞争优势

开篇案例

锋自磨砺出，玉乃雕琢成：钉钉数字能力打造之路

钉钉(中国)信息技术有限公司(以下简称“钉钉”)，是阿里巴巴旗下企业级智能移动办公管理平台。从最初的默默无闻到成为中国协同办公领域最受瞩目的产品之一，钉钉的每一次产品迭代都有精准的定位和战略思路，体现了其数字创新能力的提升和不断满足客户需求的追求。可以说，钉钉的成长史就是中国企业级智能移动办公平台的进击史。

2015年钉钉发布的1.0版本着力即时通信，助推企业内部沟通提效；3个月后便推出的2.0版本关注内部协同，实现通信协同跃迁；2016年6月发布的3.0版本着力开放平台向外突破，深耕企业级服务市场；2017年发布的4.0版本着力智能办公硬件“跨界”整合，打造软硬件一体的平台生态；由于新冠疫情的肆虐，2020年钉钉推出5.0版本，致力于打造资源高效配置的良性平台化生态圈。总的来看，钉钉的发展历程可分为3个阶段：冷启动期(2013年11月—2015年5月)，成立并确定其企业级沟通协同平台的定位；成长期(2015年5月—2017年11月)，供需用户增长，用户规模超过临界点(critical point)，但并未“引爆”；扩张期(2017年11月至今)，致力于打造全面融合的软硬件平台生态系统。

识别数字环境中的机会

自数字技术诞生以来，其可重新编程性(reprogrammable functionality)和数字同质性(data homogenization)，使得数字环境转变为追求快速的、体验的应用场景。数字服

务提供者，几乎不可能准确预测一个具体数字产品如何被用户解释并在实践中运用，组织需要持续扫描数字环境并从中识别和吸收新的创新机会。因此，钉钉在创立之初面临较大压力，需要应用数字技术来更新和转变其业务模式，寻找消费者新的场景痛点。当时，阿里巴巴放弃投资旗下聊天软件来往，转而领投消息应用 Tango，来往的失败，让创始团队认识到传统面向 C 端社交的局限性并展开深入调研，最终确定了面向 B 端用户的数字创新机会。正如钉钉 CEO 无招所言，“来往对我们来说是一个宝贵的经验，没有来往就没有钉钉。来往的经历一方面让我们懂得了社交通信产品到底该怎么做，另一方面锻炼了队伍。”钉钉通过反复走访调研，成功地抓取到大部分中小企业需求的痛点与难点，并确立了平台方向。为此，钉钉内部建立共创机制，直接入驻共创企业内部，结合客户痛点试图构筑一个符合其真实需求的体验场景，使用户在使用中与平台产生连接并维系，通过重组创新发现数字技术使用场景和可供应性的新的意义，进而催生数字创新。

在不到 3 个月的时间里，钉钉的使用人数突破 30 万，覆盖 100 多个行业，其空间扩散范围涉及大量中小企业，正如钉钉产品总监么么茶所言：“国内很多中小企业的办公 IT 化程度很低，但对移动互联网时代的办公协同诉求很强烈”。为满足市场需求，钉钉应用重组式创新，以现有技术组合解决了企业在会议通知、审批等方面的问题，钉钉 2.0 版本实现了 C-OA、C-Space、C-Mail 等功能。此外，腾讯全渠道上线企业版微信，背靠微信规模化的用户基础，进入了智能办公市场，钉钉也将阿里云的优势服务与平台进行捆绑，至此引发了一场包络与反包络竞争。

开展数字资源利用的探索

数字资源是数字创新中创造和获取信息价值的实体，即数字创新过程中需要的内容、服务、网络、设备等资源价值。为了利用数字资源，钉钉发布 C++ 战略，希望帮助自身开发基于功能的软件资源，实现资源杠杆化，从而削弱 ToB 腾讯生态体系，破除其包络进入威胁。此时 SaaS(软件即服务，software as a service)的概念刚刚兴起，除钉钉外的红圈、纷享销客等都有较为擅长的适用场景。这让钉钉体会到了服务资源的重要性，随后，钉钉公布了企业服务共创计划，有选择地对核心数字资源进行进一步开放，提高了基于网络效应的用户多归属。面对数字资源展现出的外部性关系，钉钉先是主动出击与中国联通合作，后借鉴微信语音采用 VoLTE 技术彻底解决了网络通话的限制。

相较于同领域其他产品，钉钉在抓取用户需求痛点上走在前列。例如，钉钉发现了用户的专属化隐私需求，通过敏捷开发推出专有云服务，构筑了一个符合外界安全定义的体验场景，最终提升了数字资源的利用能力。同时，突如其来的疫情导致在线办公需求快速提升，促使企业在短时间内认识到市场所需的数字资源。在疫情肆虐期间的社会化在线协同过程中，钉钉保持着较高程度的敏捷开发水平，不仅积极响应政府防控防疫需求，同时还助力超过 1 500 万家企业的 3 亿上班族在线复工，助力全国 30 多个省的 1.2 亿学生在线复课。一系列敏捷开发都致力于帮助企业积极探索和有效利用疫情所带来的数字资源价值，这也是促使联合国推荐其作为线上教育平台的主要因素。

重构数字平台生态系统

为了满足异质用户的需求，并利用网络效应和消费者预期，钉钉通过合作方式获取关键数字资源(兼容性)，开放平台接口和标准并分享给合作伙伴，推动平台数字创新模式发生转变，以实现杠杆作用，并扩大平台价值。面对市场中对企业级沟通协同的庞大需求痛点，钉钉并没有选择与技术较为成熟的软件厂商开展合作，而是采用重组式创新处理被动型事件，普惠了企业实现数字化的工作方式，占据了先发优势。

此外，国内外企业级服务市场差距悬殊。此时钉钉已经从企业即时通信工具转型为中小企业协作沟通平台，正式步入成长期，在云服务、互联网产品研发、用户资源等方面具有优势，但单靠自身无法回应各方资源，进行数据“反哺”。由于C++战略大力推进了分布功能在整个生态系统中的生产和创新，以此驱动了创新和互补开发，引发了跨边网络效应的良性循环。正如钉钉CEO无招所说：“钉钉希望联合SaaS企业服务领域的多类型企业和创业团队，共同打造SaaS企业服务生态圈，基于钉钉开放平台，为企业提供更加丰富、更低成本、更高性价比且能快速响应的软件服务。”

最终，钉钉凭借云邮件、OA和共享存储功能所带来的“在线交互”和“智慧办公”双重协同，成功占领ToB移动办公市场的重要位置。通过主动变革现有数字资源，利用网络效应，钉钉进一步突破了行业壁垒和边界，实现了平台化集成，完成从软件提供商到软硬件提供商的转变，从而进入扩张期，在新构建的平台化生态系统中占据领导者地位，进而实现赢者通吃。

资料来源：罗兴武、张皓、刘洋，等：《数字平台企业如何从事件中塑造数字创新能力？——基于事件系统理论的钉钉成长案例研究》，载《南开管理评论》，2021(9)。

思考与讨论：

1. 钉钉在成长过程中采取了哪些举措来提升自身的数字能力？

2. 从识别数字资源、利用数字资源到最终重构数字生态，钉钉在每个阶段面临的主要挑战有哪些？钉钉是如何应对的？

6.1 数据作为新资源

本节将首先基于资源基础观的提出和演化发展，介绍数据作为新资源所具备的特性。其次，介绍一个数据管理模型帮助企业获取、利用和管理数据。该数据管理模型由数据分析平台、数据运营平台和数据赋能平台构成。

6.1.1 资源基础观

伊迪丝·彭罗斯(Edith T. Penrose)聚焦组织内部成长，创造性地将企业看作资源的集合，指出企业对包括人力资源、实物资源等在内的异质性资源的有效获取和科学配置，可提升企业绩效并进一步塑造区别于其他企业的竞争优势，从而促进自身稳步成长。该理论率先敲开了资源异质性研究的大门，首次肯定了异质性资源对塑造企业竞争优势的重要作用，为资源基础观的诞生奠定了理论基础。

然而，该理论在当时并未引起巨大反响。直至20世纪80年代，以迈克尔·波特为代表的学者聚焦外部情境对企业竞争优势来源展开的学术探讨仍然占据着主要地位。学者们普遍认为企业战略选择主要依赖于对产业结构、市场机会与竞争对手等外部环境因素的分析，这些因素在企业获取与维持竞争优势中起决定性作用。随着全球经济的持续发展和生产力的逐步提升，西方主要发达国家先后跨入后工业时代，企业的竞争也逐渐由大机器的竞争向资源的竞争转变。越来越多的学者发现，对于外部因素的研究无法准确解释处于相同环境中的企业却拥有不同绩效的现象，于是他们开始将研究焦点转入组织内部。其中，博格·沃纳菲尔德(Birger Wernerfelt)承袭彭罗斯的观点在其关于企业差异化战略的研究中提出资源基础观(resource-based view)，指出对资源的关注是企业进行战略选择的逻辑起点，并强调企业依托异质性资源、知识及能力构建资源位置壁垒是解释企业获取高额利润的关键，这一“资源-知识-能力”视角在为企业资源分配及战略发展提供依据的同时为后续研究指明了方向。

随着资源基础观的持续发展，探讨企业内部核心竞争优势来源及异质性资源和能力重要性、强调组织战略资源往往来自其内部自发合作而积累起来的隐性知识集群的传统资源基础观逐步建立起来，为战略管理研究提供了新思路。20世纪90年代，核心竞争力理论也逐步发展成型。核心竞争力理论认为，企业经过内部资源、能力、技术和知识的积累与整合，形成了企业的核心竞争力。虽然该理论考虑到了企业长期成长发展和竞争优势的可持续性，但在快速的环境变化中，组织需要发展新的能力时，由于路径依赖性所产生的“惯性陷阱”，企业基于过往经验的行为模式和心智模式的核心能力“刚性”问题逐步凸显。柯达作为核心能力“刚性”的典型案例，曾在胶卷时代盛极一时，却在数码时代遭遇“滑铁卢”。

为助力企业突破传统资源基础学派的静态性，为企业所拥有的资源、能力与所处环境进行动态匹配奠定基础，同时以演化视角克服核心能力刚性的缺陷，大卫·蒂斯(David Teece)等于1997年提出了动态能力理论(dynamic capabilities)。动态能力理论已经成为战略管理中最活跃的研究主题之一，其解释了企业如何实现与环境的动态匹配从而快速应对外部技术和市场的变化。蒂斯将动态能力定义为允许公司建立和更新资源与资产的组织能力，企业根据需要重新配置和更新现有资源，以快速响应市场，抓住商业环境变化带来的机会。其中，还包括企业构建生态系统、开发新产品和流程、设计和实施可行的商业模式的能力。企业可以借助其独特的能力来发起竞争行为，了解复杂的动态市场，从而在新的条件下变得更有动力做出反应。这有利于企业与环境的动态匹配，这种动态匹配性为企业在动荡复杂环境中形成持续竞争优势奠定了基础。因此，动态能力有助于企业实现战略更新，也有助于企业迅速进行资源整合和配置，以获得动态环境下的持续竞争优势，因而受到了极大关注。

同时，21世纪以来，全球经济迅猛发展，市场需求快速迭代，以大数据、“互联网+”、区块链为代表的新兴技术和以共享经济、平台组织、生态圈为代表的经济形态构成了新时代创新管理新情境，这不仅为现代企业的发展带来了机遇与挑战，还对资源基础观的发展提出了新的要求和议题：

①数字企业资源管理实践的影响因素和驱动因素产生了哪些变化，数字企业应如何进行数据资源的利用和管理？

②数字企业如何通过数字平台战略行动管理数字期权和数字债务？

③数字企业如何通过数据驱动的动态能力把控数字机会，实现数字化转型和商业模式创新？

④判断数字企业持续竞争优势的标准是什么？

要回答上述问题，首先需要理解数据作为新资源具备怎样的特性，以及如何实现数据资源的获取、利用和管理。

6.1.2 数据的特性

数字经济发展速度之快、辐射范围之广、影响程度之深前所未有，正在成为重组全球要素资源、重塑全球经济结构、改变全球竞争格局的关键力量。而大数据已成为数字经济这一全新经济形态的关键生产要素。美国国家科学基金会将大数据定义为："由科学仪器、传感设备、互联网交易、电子邮件、音视频软件、网络点击流等多种数据源生成的大规模、多元化、复杂、长期的分布式数据集"。相对于传统数据，大数据需满足"3V"特性，即规模性(volume)、多样性(variety)和高速性(velocity)的特征。随着数字技术的应用与发展，大数据的价值性(value)逐步涌现，形成了"4V"特性，后续进一步扩展到大数据的"5V"乃至"7V"特性(表 6-1)，增加了真实性(veracity)、动态性(vitality)和可视性(visualization)。

表 6-1 大数据的特性

特性	含义
规模性(volume)	大数据具备海量规模，存储单位从过去的 GB 到 TB，直至 PB、EB、ZB、YB，且决策者用于辅助战略决策的数据量日益剧增
多样性(variety)	大数据类型多样，其多样性来自文本、视频、网络和图形等多种结构化和非结构化数据源
高速性(velocity)	大数据处理速度快，需要实时或近实时收集和分析数据
价值性(value)	大数据蕴含的价值量丰富，可以经过数据提取和分析产生具有经济价值的商业洞见
真实性(veracity)	大数据具备可信且真实的特征，是经由海量真实行为而实时产生或衍生的
动态性(vitality)	同一数据信息可以以不同的方式进行解读，具备动态变化特征
可视性(visualization)	大数据可通过可视化描述并解释数据中潜在的模式和趋势

实践链接

诞生于 2008 年的韩都衣舍(以下简称"韩都")，专注年轻时尚女装品牌，长期处在天猫商城、京东商城女装销售排名的第一位。韩都成立于山东济南，由于当地缺少时尚服装的产业集群和强大的消费群体，曾一度错失了互联网机会。且传统服装企业产品开发周期长，对市场普遍反应迟钝。为了突破以上桎梏，韩都依托大数据的规模性和多样性，形成了基于小组制的前、中、后台架构，即由前台小组快速反应，中台提供智能数据系统，后台搭建品牌运营生态，借助大数据分析构建数据化运营能力，释放数据价值，实现了每天 100 款新商品和每个季度新款数量超过 12 000 款的开发，最终成功实现向时尚品牌孵化平台的转型和开放型智能化供应链服务平台的打造。

6.1.3 数据的管理

为了获取、利用和管理数据，企业可以构建数据分析平台、数据运营平台和数据赋能平台，形成数据驱动的 3 个平台主体，以汇集多层级企业数据，实现信息数据化、流程数据化、业务数据化、产业数据化和生态数据化，实现数据全生命周期管理。这 3 个平台相互协同，发挥着不同属性的数据驱动效应。

1. 数据分析平台

对于快速发展的企业而言，快速流动的数据如同人体血液一样不可或缺。然而，企业在发展过程中累积的海量数据，如同海岸线沙滩上成千上万的沙粒，难于管理和控制，想要从中挖掘出“金子”更是难上加难。为了持续扫描外界环境，感知最新数字化趋势，整合集成数据信息，企业首先需要构建数据分析平台，利用数据库管理系统将模拟形态的信息转换为数字形态的信息，将数据传输到数据库中聚合成为数据池，统一数据标准，实现标准化的信息大数据，并进行初步分析以洞察市场动态趋势，为数据信息后续指引业务决策和分析奠定基础。具体而言，企业需要激活数据分析平台的以下 3 项功能。

(1)数据采集提取

数据采集提取是指利用数字技术对数据进行采集和提取，从 0 到 1 构建数据库。在数据底层建设方面，企业需要建立统一的采存算大数据平台，有节奏地合并形成统一的数据集市，积累专业知识库，覆盖多个领域，例如，海量商品交易数据、用户行为数据、调研数据等。通过数据处理集群，企业采集和整合海量数据，结束依靠数据分析师和业务人员通过客户端工具手动提取数据的历史，将多样化的数据汇总到数据仓库，为之后的数据分析奠定基础。由于数据来源众多、格式不一，此时企业获得的数据信息是冗杂的，需要对数据进一步降噪管理。

(2)数据智能分析

数据智能分析是指企业通过对收集到的数据进行自动汇总和分析，过滤掉“噪声”，有效挖掘数据资源，形成分析结论，从而进行更准确的需求预测。在数据仓库模型规范确定之后，数据分析平台通过纠删码技术、数据分级分类、僵尸数据清理和冷数据治理等手段对元数据进行整合，建立分类体系，实现数据标准管理。通过数据智能分析，数据有效性大大提高，逐步实现资产化，也降低了数据存储和计算带来的成本。

(3)数据质量监控

数据质量监控是指对大容量的数据进行质量检验、评估和监控。为了保证数据信息的准确性，数据分析平台还会对数据生产过程进行质量检验，对数据入库过程进行质量评估，扫描存档全部生产日志并生成数据质量分析报告。企业的数据质量监控主要是对数据生产中源表结构的变化、字段信息的一致性进行规则校验，并依据校验结果进行质量评估，对存在质量问题的数据进行自动重跑，并通知后续依赖任务。入库之后的数据将进行具体到字段粒度的数据检查，可以对枚举值、字段类型，甚至数值型字段的最大值、最小值及均值等进行规则校验，以确定数据是否在合理的范围内变化。

通过以上功能，企业将实现数字形态信息的产生、采集、存储、分类和监控。信息数据化成为企业决策的基础，即企业决策基础突破原有信息形态的边界，新增了由标准化数据编码的信息。标准化数据为管理者相关决策提供了一个新的机会，因为标准化数据作为信息的具体表现形式，海量且客观地记录了事物属性，是后续数据平台发挥作用的基础。同时，后续数据平台的建设，也会带来稳定且持续的数据流，反向要求数据分析平台不断提高处理数字化信息的能力，达到企业能够最大化发挥数字信息资源效应的目标。例如，随着在线订单交易、物流运输等众多业务系统的拓展，企业采集的数据量持续上升，数据生产任务的数量和复杂程度都显著增加，数据分析平台会不断更新迭代以维持稳定的数据生产过程。

2. 数据运营平台

在完成数据的采集、处理和监控之后，将数据流嵌入企业的流程链和各业务单元中，以实现数据及时、有效的利用迫在眉睫。传统规则化的数据分析方式已经无法满足更精准的业务诉求，为持续加快分析、利用、加工、处理和内化数字化信息的进程，企业需要构建数据运营平台，通过将内部流程进行模块化分解，有针对性地分配相应数据信息，利用数据打通流程和组织结构，形成全流程的数据信息传递和各个部门之间的协作。与数据分析平台产生的具有独立性的标准化数据及其产生的客观数据分析结果不同，数据运营平台的重点在于实现数据信息在企业内部全流程和各业务单元的流动、共享和互通，避免“数据孤岛”和“数据烟囱”，打破组织内部各层级的界限，整合数字信息于运营流程，全面实现信息技术杠杆。具体而言，企业需要激活数据运营平台的以下 3 项功能。

(1)数据挖掘利用

数据挖掘利用是指企业查询、提取、调度和利用数据分析平台产生的标准化有效数据和初步分析结果，快速应用于运营流程和业务模块。数据运营平台可供已授权人员安全、便捷地查询和提取数据，将精准记录交易数据的“数字足印”提供给相关业务部门，同时通过集成内容搜索、网络开放和多人协同创作的系统实现数据的深入挖掘分析，帮助业务人员快速了解市场变化。

(2)数据流动互通

数据流动互通是指企业利用数据流打通组织内各关键流程，以降低成本，提升效率、质量和柔性的过程。这要求企业构建一套完整的大数据服务平台驱动链，打通商品、消费者、物流和营销等全数据链，形成从用户登录、搜索、浏览、下单，到配送、评价、客服等多环节覆盖的完整闭环，实现数据全面驱动。

(3)数据循环反馈

数据循环反馈是指出于性能和通用性的考虑，企业会着眼于数据驱动业务精细化运营的能力建设，持续夯实数据基础，形成数据与业务正向自循环促进的关系。企业需要搭建一套公共的数据标签体系，汇聚前台业务部门、运营部门以及广告、搜索等各个垂直场景，通过不断迭代，为各个应用场景数据赋能，形成数据与业务、流程的积极互促。

在数据分析平台的信息数据化基础上，通过数据运营平台，企业决策基础新增了流程数据化和业务数据化。流程数据化是指实现标准化数据与企业内部流程的配合，以提高内部运营流程的效率。业务数据化是指实现标准化数据与企业各业务单元的配合，以满足传统业务升级和新兴业务开拓的需求。企业通过将数据流嵌入各流程链和业务单元，实现全流程数据的串联，从而提高运营效率，为客户提供更好的产品和服务。这为企业进一步向产业链或生态系统传递数据价值创造了机会。同时，新兴业务的快速发展为数据平台带来新的挑战，企业各流程和业务单元诞生的新数据又会作为元数据，重新回到生产平台的处理过程，再次经过数据采集、汇集、存储和分类等过程，实现迭代开发。

3. 数据赋能平台

单个节点内部利用数据的能力与外部网络关系能力的提升触发了网络主体的反馈行为，各个节点能够基于数据协作相互联合，持续地为用户创造价值。企业的变革重构能力激发组织内部的知识创新与结构变革，同时帮助组织构建外部数字网络。企业通过构建数据赋能平台，利用数据的流动性整合数据网络，通过数据知识创造，打破组织间、产业间的边界，实现数据信息在产业链和生态系统的外溢、交换、共享和协同。在该阶段，企业以数据交换节点为基础，以产业数据化和生态系统数据化为特征，形成行业生态数据动态实时地采集、交换、共享、外溢、更新与创新应用，支持和辅助整个产业链的生产，实现数字化生态系统。具体而言，企业需要激活数据赋能平台的以下 3 项功能。

(1)数据内化重构

数据内化重构是指通过数据赋能平台的内在结构或功能调整，实现以战略一致性为主导的不同人员间的合作。大数据赋能平台为企业提供了高性能、高保障的通用服务，为企业数据分析和数据挖掘提供了有力支撑。通过友好的交互设计和功能定制，大幅降低了数据的消费门槛，使企业内部跨部门人员基于数据的合作更简单和高效。

(2)数据开放共享

数据开放共享是指将有价值的数据资源传递给外部生态数据网络节点中的需求者，实现数据在多个产业链主体间共享。例如，企业可以开放诸多数据服务，全方位地融入制造商的运营流程中，不断升级数字供应链，利用平台优势帮助制造商完成升级和转型。例如，京东云作为京东的一站式云服务平台，通过不断向外输出以业务场景服务和技术为核心内容的数字化建设经验和多年累积的业务链数据，为来自全球互联网、金融、城市、交通、能源等行业的客户提供领先的云计算服务与行业解决方案。

(3)数据知识创新

数据知识创新是指商业生态网络内部利益相关者间实现数据共享机制，推动数据作为知识载体和基础而持续快速更新的过程。基于企业内部海量有价值的数据信息和知识，企业需要持续开展基于数据驱动的知识创新活动，实现信息系统的不断更新和升级，从而带动产业或生态系统中有关数字知识的协同创新。

通过数据赋能平台的构建，企业决策基础进一步扩展为产业数据化和生态数据化，更好地帮助企业实现数据商业生态圈和跨生态圈合作伙伴之间的紧密合作。产业数据化是指以企业内部数据外向赋能为主线，实现数据资源与产业链上下游各主体协同衔接。生态数据化是指企业内部数据资源与生态系统中各主体基础设施层、数据资源层和业务应用层的再造与转型。同时，在打通产业链和生态系统中各主体间的数据孤岛后，企业外部主体产生的海量数据、数字化能力提升要求及数据开放建设要求，会促使本企业不断优化其数据分析平台、数据运营平台和数据赋能平台的功能，以便实现大数据服务供需关系的对称，更好地进行数据驱动效应的协同。此外，随着越来越多商业生态主体的加入，也反向要求企业提供更稳定、准确和安全的数据生产与开发。

至此，通过数据分析平台、数据运营平台和数据赋能平台的迭代发展，企业实现了大数据全生命周期的管理。数据收集、传输、存储、处理、过滤、分析、挖掘和应用的过程可以称为数据全生命周期，在不同生命周期阶段，企业面临着差异化的数据开发挑战。通过三大数据平台的功能设计(表 6-2)，企业可以最大化地、有效地利用生命周期各阶段的数据，为后续流程的升级优化提供技术支持。因此，数据驱动是企业顺应数字技术的发展，以数据作为单位生产要素，通过外部赋能或内部重塑的方式，构建并激活数据平台的不同特性功能，实现企业全流程和运营活动的数据效应释放，进而提升企业数据价值以实现竞争优势的动态过程。

表 6-2　三大数据平台的功能设计

对比项目	数据分析平台	数据运营平台	数据赋能平台
动因	组织进行信息形态的转变，实现数据从无到有，实现市场机会感知	组织利用数据打通流程，提高运营效率，实现产品和服务升级	组织实现数据知识创新和结构变革，支持和辅助整个产业链协同，实现数字化生态
内容	信息数据化：企业决策基础突破原有信息形态边界，新增由标准化数据编码的信息	流程数据化：实现标准化数据与企业内部流程的配合，提高内部运营流程效率 业务数据化：实现标准化数据与企业各业务单元的配合，以满足传统业务升级和新兴业务开拓的需求	产业数据化：以企业内部数据外向赋能为主线，实现数据资源与产业链上下游各主体协同衔接 生态数据化：企业内部数据资源与生态系统中各主体基础设施层、数据资源层和业务应用层的再造与转型
方式	数据采集提取、数据智能分析、数据质量监控	数据挖掘利用、数据流动互通、数据循环反馈	数据内化重构、数据开放共享、数据知识创新
效果	实现数据信息的有效产生、采集、存储、分类、监控和初步挖掘	实现数据信息在企业内部全流程和各业务单元的流动、共享和互通	实现数据知识创新，以及数据信息在产业链、生态系统的外溢、交换、共享和协同

资料来源：焦豪、杨季枫、王培暖，等：《数据驱动的企业动态能力作用机制研究——基于数据全生命周期管理的数字化转型过程分析》，载《中国工业经济》，2021(11)：176-194。

6.2　数字期权与数字债务

通过对数据资源的获取、利用和管理，企业实现了标准、互通、可信的高质量数据资源管理，提升了数据质量。随着数据资源的种类越发庞杂、体量越发丰富，具备使用价值的数据逐步成为一种资产，在市场上进行流通和交易，给拥有者或使用者带来经济利益。数据资产化是实现数据价值的核心，其本质是形成数据交换价值，更是实现数据价值管理的过程。由于数字平台逐渐成为利用数据资产的主流模式，打造数字平台成为企业发挥数据资产价值，重塑其商业模式和市场地位的有力手段。因此，如何实现数字期权和数字债务在数字平台的平衡发展，不断创新数字资产，对企业获取长期竞争优势至关重要。

2021 年 10 月，习近平总书记在主持中共中央政治局第三十四次集体学习时强调，当下数字技术、数字经济是世界科技革命和产业变革的先机，是新一轮国际竞争的重点领域，我们要抓住先机、抢占未来发展制高点。在一定意义上，数字平台的健康发展对数据资产和数字经济至关重要。数字技术作用于企业管理形成了一种组织变革的共性趋势，在其引导下创立、成长、跨界演化形成的数字平台正在成为日益重要的组织形态。截至 2020 年 12 月 1 日，全球市值排名前十的公司中有 8 家是平台企业。然而，数字化转型失败率依然居高不下。企业在不明数字平台竞争机制的前提下就贸然做出投资决策，不仅可能会对企业发展造成不良后果，甚至可能会给社会带来负面影响。

数字期权与数字债务之间交互产生的竞争策略的选择对于企业数字平台在动荡环境中获取持续竞争优势至关重要。打造数字平台成为企业发挥数据资产价值，重塑其商业模式和市场地位的有力手段，原因在于：①选择合理的数字平台竞争策略是企业成功的基础保障。企业有必要关注供需方组织如何建立、更新和创新数字平台生态系统，以创造更高的数据资产和数字期权价值。传统企业也可通过数字化转型构建自有数字平台，为其内外部商业生态系统的产品、服务与技术创新提供组织基础。②不合理的数字平台竞争策略会加速企业的衰败。例如，黑莓 RIM 和诺基亚 Symbian 数字平台架构瓶颈降低了它们与苹果 iOS 和谷歌 Android(安卓)等新进入者的竞争能力，惠普的 TouchPad 平板电脑由于 WebOS 存在架构缺陷，在发布仅 7 周后就退出了市场。

6.2.1 数字期权、数字债务与数字平台

数字期权(digital options)是一组以数字化业务流程和知识系统形式存在的数字资产和能力。这种数字资产和能力由数字技术投资所产生，可以通过两种方式为企业带来潜在的战略价值：一种是数字技术投资通过提升企业数字化能力，完善用于自动化、信息化和集成活动的企业内外部数字化业务流程；另一种是数字技术投资通过提升企业数字资产和能力，完善用于产生专业化知识和进行知识共享的数字化知识系统。数字平台间的相互依赖性或复合性通常具备相当可观的战略协同价值。首先，数字平台中某项数字技术的完成，可能会大大节省其他数字技术的投资成本，从而具备成本削减效应，由此而产生的价值可以称为成本削减型数字期权价值；其次，数字平台中某项数字技术的完成，也可能会大大扩充其他数字技术的市场竞争力，从而产生市场份额扩充效应，由此而产生的价值可以称为市场扩充型数字期权价值；最后，数字平台中某项数字技术的完成，还可能大大提升其他数字技术的性能，从而产生应用效率提升效应，由此而产生的价值可以称为效率提升型数字期权价值。

数字债务(digital debt)是指在数字平台和数字基础设施投入使用后的维护责任以及不断完善相关数字技术的义务。数字债务的概念延伸于电子和信息科技领域中的技术债务(technical debt)概念，技术债务也是对金融领域中债务的一种隐喻，主要指软件

开发在成果发布时间压力下，选择走“捷径”(如没有进行必要的测试、忽略重要的技术缺陷等)所导致的长期维护代价，以及逐渐增加的负面经济后果。在一定程度上，数字债务理论的发展是技术债务理论在数字技术投资领域的应用。

数字期权与数字债务之间的交互作用可以帮助企业获取持续竞争优势，数字平台提供了企业基于数字期权与数字债务选择相应最优策略的载体。数字期权反映的是企业以数字平台形式投资数据资产所蕴含的正向价值，而数字债务则反映数字平台投资所蕴含的负向价值。数字平台获取持续竞争力的关键在于通过数字期权与数字债务之间的交互作用选择相应最优策略，在动态演化的内外部环境中突破原有均衡，通过不断地创新数字资产以获取持续竞争优势。

数字平台(digital platform)是企业进行数字技术投资，为双边或多边用户提供行为互动条件，协调整合各种数字资产组合，从而创造价值的在线空间。数字平台主要包括面向社会生活的商业平台、面向生产的工业互联网平台以及面向公共服务的电子政务平台，其中商业平台与工业互联网平台是主要研究对象。根据具体应用场景，数字平台还可以分为电商交易平台、社交媒体平台、知识共享平台、生活服务平台、内容娱乐平台等类型。数字平台及生态系统正在成为许多企业创新活动的重要中心，由于生态系统中数字技术嵌入具有开放性、灵活性与多边性，数字创新主体的价值创造路径与传统创新不完全相同，企业数字平台管理的策略也不完全相同。对数字平台的理解应该超越传统企业系统平台(如 ERP、CRM、SCM)的内涵，将数字平台持续竞争力的重点放在理解数字基础设施与数字平台及生态系统之间的互动对企业发展的促进上。

总之，数字期权和数字债务理论的有机融合可以帮助管理者更加理性地审视企业市场竞争地位，并根据动态的市场竞争环境做出优化策略和投资选择。数字平台投资价值的评估框架应从传统的“投资价值＝净现值＋实物期权(经营灵活性价值)”拓展为“投资价值＝净现值＋实物期权(经营灵活性价值)＋数字期权(数字化能力价值)－数字债务”，该框架为数字平台价值优化路径提供了指导。

表 6-3 列出了与数字平台有关的数字期权和数字债务关键概念。

表 6-3　与数字平台有关的数字期权和数字债务关键概念

概念	内涵	分类	过程
数字期权	数字平台和数字技术投资后为企业带来潜在的战略价值，以数字化业务流程和知识系统形式存在	(1)成本削减型数字期权 (2)市场扩充型数字期权 (3)效率提升型数字期权	(1)识别新的数字技术和数字平台功能需求 (2)通过评估将新的数字技术和数字平台功能整合到可行的竞争行动中 (3)在组织数字平台的基础架构中有选择地实现数字技术与平台功能
数字债务	在数字平台和数字基础设施投入使用后的维护责任以及相关数字技术需要不断完善的义务	(1)需求数字债务 (2)设计数字债务 (3)构建数字债务 (4)测试数字债务 (5)缺陷数字债务	(1)数字平台建设过程中生成了不同类型的数字债务 (2)企业需要检查现有的数字债务并确定其优先次序 (3)部分或全部消除现有的数字债务以维护数字平台的健康发展

续表

概念	内涵	分类	过程
数字平台	企业进行数字技术投资，为双边或多边用户提供行为互动条件，协调整合各种数字资源组合，从而创造价值的在线空间	(1)电商交易平台 (2)社交媒体平台 (3)知识共享平台 (4)生活服务平台 (5)内容娱乐平台	(1)企业数字期权的实现可能增加或减少其数字平台的数字债务 (2)改善数字债务可能会促进或阻碍其数字期权的实现

资料来源：焦豪、孙洁、孟涛：《数字期权与数字债务：打造数字平台的持续竞争力》，载《清华管理评论》，2021(11)。

6.2.2 数字期权和数字债务的“双刃剑”交互作用

借鉴金融实践中期权与债务的关系，我们用数字期权和数字债务来形容数字时代企业投资数字技术作用于数字平台带来的战略机遇与潜在危机。数字期权和数字债务是数字平台管理的“双刃剑”，数字期权与数字债务之间的影响是动态交互的，企业数字期权的实现可能增加或减少其数字平台的数字债务，改善数字债务可能会促进或阻碍其数字期权的实现。数字平台作为一种由动态能力实现和部署的资源和能力的集合或特定体系结构的集合，兼具稳定性、可进化性，高度可通用的数字平台并不是在所有组织和技术环境中直接生成的，而是通过数字期权和数字债务的交互作用演化而成的。数字平台架构强化了涉及数字期权和数字债务的动态作用，数字期权和数字债务之间持续的交互作用对于构建数字平台持续竞争力至关重要。

数字期权的“识别—开发—实现”与数字债务的“生成—评估—解决”活动交织在一起，不断将企业的信息需求(连接需求、降低不确定性需求和降低模糊性需求)反馈给开发者，以便开发者对数字平台做出改进，进而使之对企业财务绩效产生直接与间接影响。根据期权生命周期概念，管理者可以通过识别、开发和构建数字期权来管理数字平台(图 6-1)。

1. 开发数字期权以解决旧的数字债务

数字平台通过构建情境评估进行业务流程分析，对企业信息需求进行识别，进而促进平台开发新的数字期权，同时解决旧的数字债务。第一，通过分析企业背景和目标，确定要投资的数字化业务流程。第二，企业投资数字平台的战略价值就在于优化特定的业务流程，在无法确定投资什么数字技术最有效时，可以反过来通过检查特定的业务流程特征佐证判断。第三，可以通过数字化知识系统根据企业信息需求的满足情况和企业尚未满足的信息需求特征，直接识别需要投资的数字技术。同时，可以根据不同的业务流程特征所形成的信息需求特征来判断投资什么数字技术。例如，便利蜂作为新零售模式的代表，其数字平台有一种信息需求是“优化流程，实现无人运作”。因此，在投资射频识别(radio frequency identification)技术后，便利蜂的电子标签不仅可以节省员工频繁修改纸质价签的工作量，还可以对鲜食进行动态的实时促销。射频识别技术的运用不仅提升了数字平台的流程效率，也解决了传统零售商店因纸质化带来的频繁更新数字平台中价格信息的数字债务。

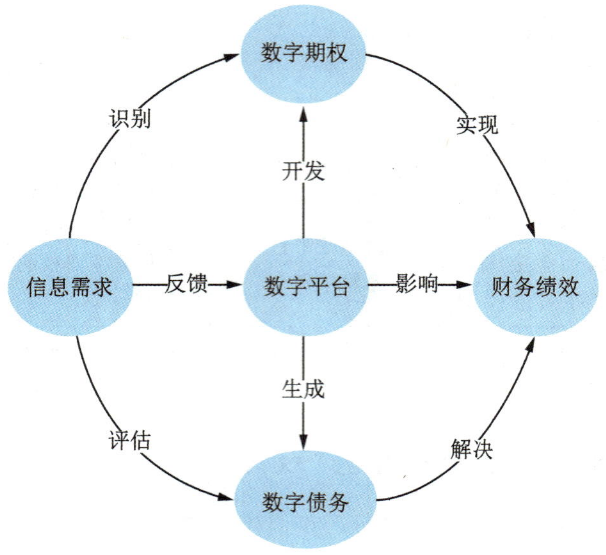

图 6-1　数字期权和数字债务的交互作用机制

资料来源：焦豪、孙洁、孟涛：《数字期权与数字债务：打造数字平台的持续竞争力》，载《清华管理评论》，2021(11)。

2. 构建数字期权导致数字债务的增加

通过构建数字期权，数字平台可能无意间增加了新的数字债务。数字期权的实现是数字债务增加的主要来源之一。在一种极端情况下，企业没有充分进行情境评估，没有考虑到当前的用户需求与系统流程，就匆忙实施了数字平台的初始版。虽然实现了数字期权，却在无意中背负着大量技术上的数字债务，使得数字期权和数字债务的依赖关系适得其反，这也是许多第一版数字平台失败的主要原因。反过来说，制造数字债务时的犹豫不决也有可能阻碍数字期权的快速积累与实现。在另一种情况下，企业数字平台通过与其他平台和数字基础架构相结合，虽然通过影响更广泛的用户生态实现了数字期权，但也可能无意间增加了数字债务。例如，淘宝通过与闲鱼、支付宝、饿了么等平台的接口连接，微信与京东、美团、拼多多等平台连接，虽通过更广泛的连接实现了流程导向的数字期权，但这种过于复杂的生态系统也产生了设计上、构建上甚至战略上隐含的数字债务。

3. 解决数字债务间接促进数字期权的开发和实现

数字债务不一定完全是负面的，数字债务的解决可能间接促进数字期权的形成。在数字化时代的企业管理实践中，我们应当摒弃将期权视为好、将债务视为坏的过于简单的概念，而应充分考虑数字期权和数字债务相互依赖、相互构成的性质，积极改变平台治理机制，支持需求导向的创新。作为数字化时代的企业管理者，与其将注意力全部放在数字期权的开发上，不如将部分注意力转移到数字债务的解决上，也许反而能够发现数字期权开发的良机。例如，在 App 开发实践中，为了解决上一版本 App 用户反馈的不足之处，工程师在开发新技术解决残留数字债务问题的同时，往往也为下一版本 App 中数字期权的开发与实现创造了条件。

4. 改善数字债务可能间接阻碍数字期权的实现

数字债务的改善也有可能产生负面效应，间接阻碍数字期权的进一步实现。数字期权与数字债务之间的互动涵盖了数字期权的“识别—开发—实现”与数字债务的“生成—评估—解决”等不同阶段，企业在开发和构建数字期权的过程中，随时都有可能产生新的数字债务而加速数字期权的实现，从战术上实现更经济实惠的升级。与此同时，数字债务的堆积也有可能阻碍数字平台进一步开发和构建数字期权的能力，因而企业有必要及时对数字债务进行评估清除。但是，盲目解决数字债务也可能不利于数字平台的整体发展。因此，企业在数字平台开发过程中应充分利用数字期权和数字债务“双刃剑”机制。一方面，在进行数字平台的投资决策时，企业应权衡数字债务解决与数字期权开发之间的先后顺序，做到有序投资；另一方面，企业可以考虑聘请外部专家解决冗余的数字债务，从而做出最适合数字平台发展的战略投资决策。

6.2.3　运用数字期权与数字债务构建数字平台持续竞争力

在数字平台的投资和发展过程中，企业通常会面临数字期权价值和数字债务价值之间的权衡困境。在不确定环境下的数字平台投资，可能产生大量的数字期权价值；而数字平台投资完成的产品与服务质量上的缺陷，则有可能产生大量的数字债务价值。在高数字期权低数字负债的情况下，企业数字平台的价值通常会增加，反之会减少。通常来说数字期权价值会对数字平台起到正向的促进作用，而数字债务价值则会起到反向的减损作用。这就迫使企业在进行数字平台相关投资时，不得不面临着数字期权价值和数字债务价值之间的财务战略决策问题。例如，对于具有较大市场潜力的数字平台来说，压缩开发时间将是获得数字期权增长的重要保障，但压缩开发时间同样也会带来数字债务的上升。我们认为，数字期权价值和数字债务价值之间存在构建数字平台持续竞争力的 4 种策略（图 6-2）。

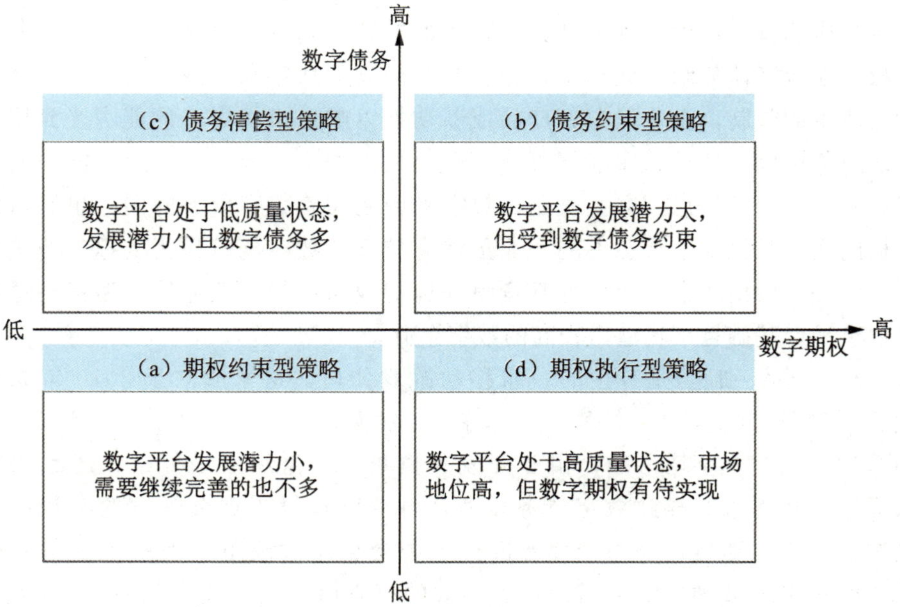

图 6-2　构建数字平台持续竞争力的策略

资料来源：焦豪、孙洁、孟涛：《数字期权与数字债务：打造数字平台的持续竞争力》，载《清华管理评论》，2021(11)。

1. 期权约束型策略

在期权约束型策略下，数字平台通常不产生太多的数字期权和数字债务。这表明该类型数字平台未来的发展潜力较小，且需要继续完善的地方也不多。在该状态下，企业受到现有的设计潜力限制，但由于不受遗留代码或兼容性要求的限制，具备较强的数字期权开发潜力。企业可以通过识别信息需求，投资与数字平台产品需求相关的数字技术来开发更多的数字期权。根据“双刃剑”交互机制，企业在最初开发数字期权时不可避免地会产生数字债务，因此企业技术人员在对数字平台进行开发的同时有必要充分考虑未来数字债务清偿问题，以免产生不必要的数字债务。期权约束型策略适用于数字平台基础薄弱的企业，特别是处于数字化转型初级阶段的传统企业。

海尔为了快速满足用户需求，成立了开放式创新服务平台 HOPE(haier open partnership ecosystem)和工业互联网 COSMOPlat 平台。一方面，海尔推行“人单合一”的战略，摒弃了传统的科层制，变身为没有层级限制的开放创业平台，组织流程也由串联转变为并联，极大地增强了流程广度与流程深度上的数字期权开发；另一方面，海尔将智能产品作为连接件，通过“电器－网器－网站”的数字化转型，有效激发员工与用户的创造力，使数字平台成为多边用户实现创新创造的交流生态圈，创造了更多知识广度与知识深度的数字期权。海尔作为传统制造企业的典型代表，从一家传统企业转型为海尔智家，成功摆脱了数字期权约束的困境，开发出大量可用的数字期权，并最终为其带来丰厚的生态收入。

2. 债务约束型策略

在债务约束型策略下，数字平台通常同时拥有大量的数字期权和数字债务。这表明该数字平台具有广阔的未来发展潜力，但目前还不够完善，还存在大量的技术缺陷。此时，企业应该首先加大力度弥补数字技术的缺陷，同时尽快兑现数字平台所拥有的数字期权。在数字债务约束状态下，企业具有较高的数字期权战略潜力，却受到解除数字债务成本的限制，企业发布新产品或新功能以响应市场需求的能力受到限制，需要大量的投资用以清理代码库或解决现有模块之间的不兼容性，之后才能开始新的数字期权开发。根据“双刃剑”交互机制，数字平台在改善数字债务的同时也有可能错过数字期权的实现时机，该状态下的企业虽然有较高的数字期权作为支撑，但也需谨慎权衡二者的轻重做出适合企业内外部竞争环境的战略决策。债务约束型策略适用于具有一定数字平台基础且市场潜力较高的数字企业。

Supercell(超级细胞)是芬兰的一家移动游戏公司，这家成立于 2010 年北欧企业一诞生就开发了《部落冲突》等多款热门游戏。然而，公司平台的弊病很快开始浮现。传统的管理结构是金字塔形的，由于开发人员繁多，组织层级复杂，产品和服务创新无法紧跟市场需求，导致数字债务累积，一些已经投入重金开发的游戏可能在多年后被推倒重来。随后，公司管理者进行了中台战略的改革，采用倒三角的模式组织团队，将员工缩减到 200 多名。一个游戏的核心研发人员通常只有 4～5 人，且开发团队对产品具有自主决策权，产品开发过程与用户需求直接挂钩，几乎没有管理层介入。通过实施中台战略，企业成功赋能数字化平台对组织结构的全面升级，整合产品技术和数据能力，形成了“大中台，小前台”的组织体制。数字平台共享服务架构的建设使得该公司摆脱了以往“烟囱式”系统建设方式所带来的种种发展桎梏，在解决以往残留数字债务的同时，创造了大量的流程导向与知识导向的数字期权。与此同时，数字平台丰富的数据积累(知识导向的数字期权)有效降低了业务试错成本(需求数字债务)。最终，通过评估与解决已有数字债务间接促进数字期权的开发和实现，企业借助一个协同中台快速走出数字债务约束困境，在广度和深度上不断扩张数字期权。Supercell公司所创造的中台战略已成为国内多家互联网公司改革的灵感。

3. 债务清偿型策略

在债务清偿型策略下，数字平台通常积累了大量数字债务，但并不拥有较高的数字期权。这表明该数字平台未来的发展潜力较小，但需要继续完善的地方却很多，数字平台处于低质量状态。由于企业在低质量状态下开发数字平台的市场需求机会有限，且行使数字期权成本较高，此时，企业管理者应当多关注数字债务的评估与解决，加大力度弥补现有数字技术的缺陷，通过解决数字债务间接促进数字期权的开发和实现。根据“双刃剑”交互机制，探索开发新的数字期权以解决旧的数字债务，亦可通过解决数字债务问题促进数字期权的生成。已经具有数字平台基础却收效甚微的企业，可以考虑采用债务清偿型策略。

2013年，美国通用电气公司(GE)采用工业互联网平台Predix试图称霸整个工业互联网行业，却陷入了数字债务困境，究其原因是最初该平台似乎只是内部软件作坊，其信息需求与主要收入来自集团内部各业务部门或付费的合作伙伴(而非外部用户)，GE Digital作为独立的部门不但没有创造出理想的数字期权，反而增加了企业软件业务部门的成本，因而无法为集团带来预期的财务回报。Predix平台的表现并没有达到预期，反而积累了大量的数字债务。在意识到数字债务高且数字期权不足的现状后，通用电气公司为自己设计了三步走的数字化业务发展路径：GE For GE、GE For Customers、GE For World，在积极解决数字债务问题的同时大刀阔斧地进行数字期权开发。

4. 期权执行型策略

在期权执行型策略下，数字平台通常拥有较高的数字期权，同时拥有较少的数字债务。这表明该数字平台的发展相对完善，且具有较高的市场发展潜力，处于高质量状态。这类数字平台往往具有较强的创新意识，并在市场上具有领导地位。此时，企业应加大数字技术投资，尽快兑现数字平台的数字期权价值。由于高质量状态下的企业随时有可能改变状态，企业管理者更应该灵活运用数字期权和数字债务的“双刃剑”交互机制，持续解决数字债务，促进数字期权的开发和实现，积极推进数字期权价值的实现，抓住市场机会进而影响更广泛的数字生态系统，尽可能长时间保持在高质量状态，最大限度实现其数字期权价值。根据“双刃剑”交互机制，构建数字期权的同时也不可避免地会增加数字债务，数字平台此时较低的数字债务状态也为数字期权的实现创造了良机。期权执行型策略适用于具有一定数字平台基础与行业地位的企业，特别是尚未创造利润的数字企业巨头。

2019年之前，京东一直处于亏损状态。即便未能盈利，平台早期依然识别与开发了大量的数字期权，股价与市盈率屡创奇高，并依托于其先进的运营模式、良好的用户体验和较高的行业地位，屡次融资成功。京东在初期通过“拼命烧钱”快速成长并扩大规模，在增强数字期权的同时保持较低的数字债务。一方面，京东将资金投向了物流仓储、智能机器人、京东金融等多个领域，以最大化数字期权价值；另一方面，京东平台不断提高服务质量，通过对消费者让利增强用户规模与用户黏性，积极评估与解决需求数字债务。2018 年，京东全年经营亏损 26 亿元人民币，而 2019 年，京东全年经营利润达到 90 亿元人民币，实现了扭亏为盈，成功实现从“值钱不赚钱”到“既值钱又赚钱”的飞跃，打了一次漂亮的翻身仗。

总体而言，数字平台是数字时代市场竞争的重要主体，企业需要结合数字平台现状合理设计竞争策略，充分利用数字期权和数字债务之间的交互机制进行有效的战略性投资，选取最优的数字平台竞争策略用以协调企业长期与短期战略行为之间的关系，从而在动荡环境中获取持续竞争优势。数字期权和数字债务的有机融合为企业数字平台竞争战略提供了新的视角。为了在数字时代保持竞争优势，企业需要定期更新数字平台及基础设施、创新其业务流程和产品服务，通过数字期权的“识别—开发—实现”与数字债务的“生成—评估—解决”以及二者之间的交互机制，结合自身情况在期权约束型、债务约束型、债务清偿型与期权执行型 4 种数字平台策略中做出合理选择，分析不同情形下的数字平台价值优化路径以及特定情形下数字期权价值和数字债务价值之间的平衡策略，并通过对数字平台利用现有机会的能力进行判断，更好地挖掘数字平台潜在的数据资产价值，规避潜在的数据资产风险。

6.3 数据驱动的动态能力

企业根据实际需求对数据进行收集、编辑、处理、分析，发挥数据驱动效应，充分发掘和利用数据价值，做出科学经营管理决策以构建竞争优势。可以看出，数据驱动效应可以推动组织对其业务和流程管理进行适应性调整。当前，许多企业正积极实施数据管理来进行市场竞争，但仍缺乏数据驱动嵌入具体流程的经验。如何面对企业生命周期不同阶段中数据应用带来的差异性挑战，利用动态能力将其与业务模式和流程创新进行匹配，对企业而言至关重要。

6.3.1 内涵与维度

动态能力理论探究企业如何应对技术和市场的快速变化，引起了学者的重视并积极开展相关研究。大卫·蒂斯等将动态能力定义为企业整合、构建和重新配置内外部资源以适应动态复杂变化环境的能力。因此，动态能力是指组织感知并抓住新机遇，重新配置和保护知识资产、核心能力和互补资产，以保持持续竞争优势的能力。企业通过识别和捕捉新的战略机遇，协调必要的组织资产，实施新的商业模式和组织形式，转换业务流程及重组资源以适应新环境。即使企业在资源和能力禀赋方面相似，动态能力也会影响企业是否有效利用资源、是否提高协调效率、是否依赖更适当的行动顺序、是否在行动中周全考虑以及是否组织路径依赖而形成企业绩效的差异。通过构建和发展动态能力，企业能够发现和捕捉新出现的市场机会，整合重构所需的内外部资源，内化和吸收新技术与新知识以促进技术创新，构建持续竞争优势。具体而言，蒂斯将动态能力划分为机会感知能力、机会把控能力和变革重构能力。

1. 机会感知能力

机会感知能力是组织通过扫描外部环境以识别可能存在的机会与威胁的能力。在数字化情境下，机会感知能力是组织不断扫描数字技术带来的外界动荡环境，感知最新数字化趋势和机会，整合集成数据信息，形成数字化思维，以准确预测与快速响应客户需求的能力。例如，为了快速感知市场需求变化和技术变革，钉钉实现了全员在线的功能，管理者或者员工可以随时随地将外部信息和趋势转化为企业内部分享。

2. 机会把控能力

机会把控能力是组织抓住机遇与应对威胁，调动资源、实现价值、塑造市场的能力。组织一旦感知到新的技术或市场机遇，就可以通过更新产品、服务或流程对其加以把控。在数字化情境下，机会把控能力是组织分析、利用、加工和处理数字化信息，并实现数据信息嵌入各流程活动的能力。仍以钉钉的数字化发展为例，为了抓住机会实现真正的企业数字化，钉钉组建了虚拟团队来增加团队内部和跨部门之间的协作，并推动组织的扁平化、在线化管理来实现工作的快速部署和工作流程的快速触达。

3. 变革重构能力

变革重构能力是组织持续革新、平衡内外部协作关系以及重新设计柔性的治理结构，从而持续有效管理变革带来的冲突并完成重大战略调整的能力。在数字化情境下，变革重构能力是组织在内部进行数字化架构变革，在外部构建数字生态网络，从而为实施数字化转型提供支撑保障的能力。以百度阿波罗(Apollo)自动驾驶开放平台为例，百度构建起以平台为核心的跨界创新网络，通过技术网络与市场网络的协同发展，推动其颠覆性技术创新目标的实现。

6.3.2 作用机制

通过前文提出的数据资源管理模型，企业可以通过构建数据分析平台、数据运营平台和数据赋能平台作为数据驱动的三大平台主体，汇集多层级企业数据，实现信息数据化、流程数据化、业务数据化、产业数据化和生态数据化，以及数据的全生命周期管理。同时，随着数据交换价值的发展，数据资产管理成为数据价值管理的另一核心。可以看出，不论是数据资源管理过程，还是数字资产管理过程，其动态性、复杂性都是企业面临的一大挑战。那么，企业如何构建相关能力，以识别和捕捉新机遇，更新商业模式和组织流程，重组资源从而适应新环境？

企业可以顺应数字技术的发展，通过机会感知能力、机会把控能力和变革重构能力构建三类不同功能的数据平台，并基于不同的数据驱动需求，通过对数据分析平台、数据运营平台、数据赋能平台的闭环构建管理，激活三大平台的数据驱动效应，这个过程就是企业动态能力激活数据驱动效应实现数字化转型的作用机制模型(图 6-3)，体现了数据驱动效应从组织内部到产业生态逐步外溢和扩散的特征。

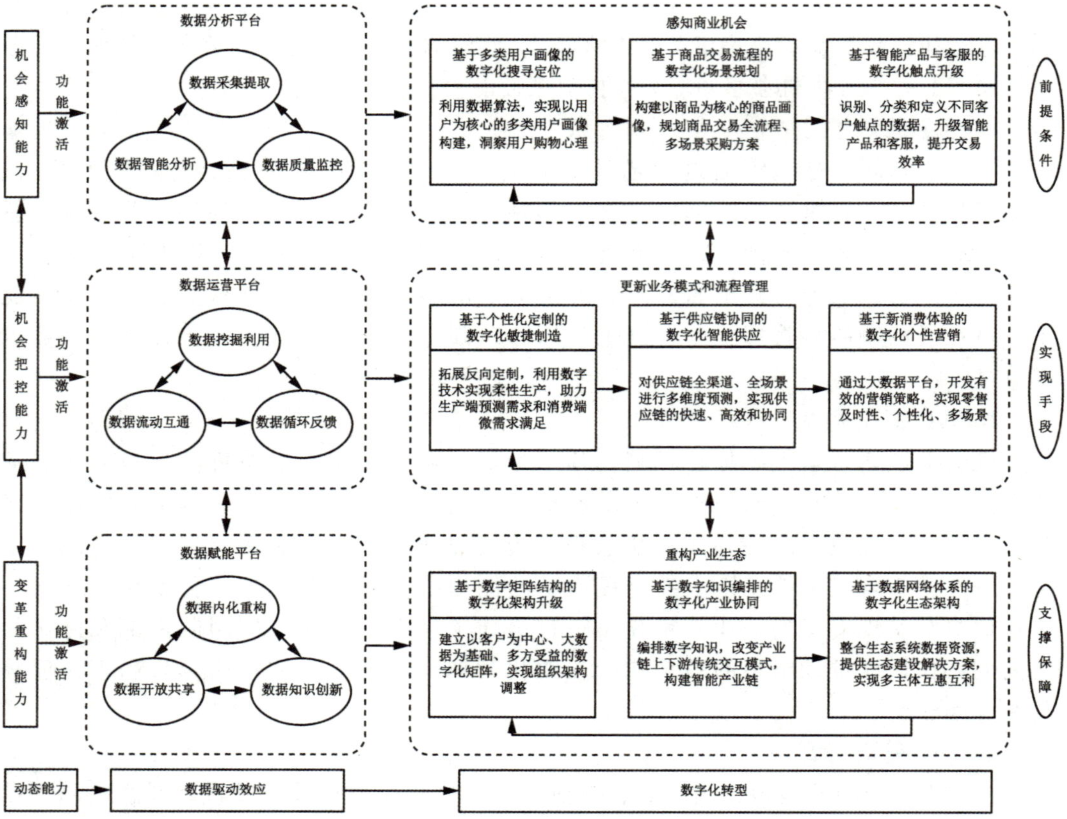

图 6-3 基于数据驱动的企业动态能力作用机制的理论模型

资料来源：焦豪、杨季枫、王培暖，等：《数据驱动的企业动态能力作用机制研究——基于数据全生命周期管理的数字化转型过程分析》，载《中国工业经济》，2021(11)：176-194。

1. 感知商业机会

在数字化情境下，机会感知能力是数据驱动的动态能力作用机制发挥的前提条件，为后续机会把控能力和变革重构能力的作用发挥提供基础数据支持。基于机会感知能力的发挥，企业管理者能够通过过滤功能减少外部噪声数据，减轻数据分析负担，提高识别潜在数字机会和威胁的准确度。

为了打通“数据孤岛”，实现数据的采集、处理、存储和分析，企业利用机会感知能力构建了数据分析平台。数据分析平台通过数据采集提取功能实现线上线下元数据信息的采集和提取，通过数据智能分析功能实现元数据信息的自动汇总和初步分析，通过数据质量监控功能实现大数据的质量检验和评估，三大功能实现数据分析平台的完整闭环，以及企业数据库的建立和管理，完成了企业信息数据化，实现从 0 到 1 的数字化突破。这是数据处理的基础，也是着眼于企业数据资产汇集、数据算法迭代的根基平台和破除“数据孤岛”的关键策略。数据分析平台激活了数据的采集提取、智能分析、质量监控三大功能，使外部噪声数据得以标准化处理，产生了精度和效度更高的数据，企业能够实时观察变化、洞察变化原因、快速发现规律，实现基于多类用户画像的数字化搜寻定位、基于商品交易流程的数字化场景规划和基于智能产品与客服的数字化触点升级。

(1)基于多类用户画像的数字化搜寻定位

用户画像是指把用户的特征抽象出来，以数据标签的形式组合，建立能反映用户的人口统计变量、行为、习惯、动机和关注点等信息的虚拟形象。企业可以利用数字工具分析消费者行为数据，精准刻画多类用户画像，以更好地了解客户需求变化。尤其是对于面向C端的企业，成立专门的数据收集部门，构建数据采集系统和数字化算法模型，通过筛选、过滤和挖掘消费数据，预测并响应客户潜在需求，丰富基于数据的用户旅程具有重要意义。以京东为例，为了能从用户行为数据、商品交易数据和调查数据等海量数据中实时观察变化并预测未来需求，京东利用大数据算法模型，基于数据分析平台产生标准化数据信息，助力企业智能预测。如京东发布了平台产品“京洞察”，借助智能算法模型进行消费者分析，通过标签管理、用户分群、市场分析、舆情趋势分析，实现由数据到用户画像的转化。同时，消费者洞察可以帮助品牌商识别目标消费者，提供互惠交易。除用户画像以外，京东还从基础数据中挖掘其他类型消费者的画像数据，包括小区、商家等画像，全方位地提升现有客户满意度并识别潜在客户。

(2)基于商品交易流程的数字化场景规划

场景规划使管理人员能够在不确定的业务环境中制定业务战略。针对交易场景，企业可以重点从参与者、参与过程、规划工具的选择和结果，构建以产品为核心的商品画像，了解商品交易地域、交易产品分类、交易方式和产品定价等信息，规划商品交易全流程和多场景的连续采购方案。通过集成商品类型、产品迭代、商品交易地点等信息，借助数字化技术与平台，规划连续的业务场景，将线下和线上业务打通，从而更好地预测与满足消费者需求。为了利用好商品数据，构建智能商品生态，描绘清晰的商品画像，京东对商品交易信息、消费者关注的商品价格与品质信息、商品交易方式信息、商品需求信息等进行挖掘，构建了可供其他核心业务调用的商品知识库。如京东开发了“京东商智”平台，帮助商家了解自己店铺销售商品排名，以及排名靠前商品的关注度、加购数量和下单转化率等。此外，京东推出“京采云”“京喜”等产品，从全生命周期采购一体化、企业综合集采、多场景客制化供应链、员工福利、市场营销五大方面为大型企业提供智能采购解决方案。京采云不仅能够提供图像搜索服务，还能通过有限数据集训练超过500个专业化场景，实现千万级商品池的需求智能匹配。

(3)基于智能产品与客服的数字化触点升级

客户触点是顾客与企业任何部分接触的关键时刻。客户在不同的时间点，通过某个渠道“接触”产品、服务、品牌或组织的任何流程部分，创造了独特的客户体验。企业通过识别、分类和定义不同触点的顾客体验产生的海量数据，可以研发智能产品和智能客服，形成从数字技术、客户数据到客户关系的完整闭环，实现客户体验的人性化转变，全面升级企业数字化接入窗口。如京东为了构建智能运营平台，一方面进行了智能服务机器人的升级，通过整合自然语言处理、深度神经网络和机器学习等数字技术，实现对客户情绪的感知，并借助机器学习和语义理解技术在回复表达中蕴含相应的情感，优化用户触点，为消费者提供更高效的交易服务；另一方面利用全新场景化的人工智能购物产品，完成了对每一个消费者、产品和品牌的深度洞察，为用户提供了更佳的使用体验和平台触点的导流。全新场景化的人工智能购物产品实现了物和用户的连接，既赋予了产品崭新的功能，又实现了从技术、数据到客户关系的完整闭环。

综上所述，企业在通过数据分析平台实现用户画像构建之后，需要进一步描绘出与用户匹配的商品画像和交易场景。在一定程度上，数字化搜寻定位、数字化场景规划和数字化触点升级是层层递进的动态更迭过程。企业利用线上线下产生的元数据，能够更好地感知和预测消费者需求，提高识别环境中潜在数字机会和威胁的准确度。

2. 更新业务模式和流程管理

在数字化情境下，机会把控能力是指组织分析、利用、加工、处理数字化信息的能力。这是数据驱动下发挥动态能力作用机制的实现手段。通过机会感知能力，企业已经成功刻画了用户画像、商品画像、交易触点场景等。机会把控能力进一步通过数据运营平台特征的激活，打通数据流，促进数据在组织流程链条中流动互通，实现服务、交易、流程和管理的数字化，并将数据资源整合进组织的各种复杂行动。

在构建数据分析平台实现数据采集、过滤、分析和管理的基础上，企业通过机会把控能力构建数据运营平台，通过数据提取功能实现有效数据的查询、提取、调度和利用。数据流动互通功能实现数据在组织内各关键流程的流动，数据循环反馈功能实现数据与业务正向自循环，进而业务适应性升级又需要更新数据的利用，最终三大功能实现数据运营平台的完整闭环。数据运营平台是着眼于企业数据开发利用和数据支撑辅助的主要平台，可以帮助企业打破内部各层级界限，联合各个业务单元，实现数据共享共通。同时，企业内部流程的大数据链也为数据运营平台提供了数据支撑。基于数据运营平台实现数据挖掘利用、数据流动互通、数据循环反馈三大功能的激活，组织数据资源和各类业务活动实现了模块化整合，即实现了基于个性化定制的数字化敏捷制造、基于供应链协同的数字化智能供应和基于新消费体验的数字化个性营销。

(1)基于个性化定制的数字化敏捷制造

敏捷制造要求制造系统能够高效地生产各种各样的产品，并且能够重新配置以适应产品组合和产品设计的变化。区别于以往消费者是商品市场上被动的接收方，以及厂商因为冗长的供应链导致信息反馈滞后的情况，当前的“生产端—零售端—消费端”的单向传导已实现逆向传导。消费者与企业共同参与的数字化敏捷制造策略成为连接消费者和制造商的新选择。制造商可以积极拓展 C2M(customer-to-manufacturer)模式，利用数字技术实现柔性生产，实施更合理的制造规划和精确的生产控制。如京东通过积极拓展 C2M 模式，帮助企业跳出在规模化和个性化之间取舍的困境，让消费者和制造企业的连接更加紧密、顺畅和多元化。首先，针对消费端，顾客“微需求”的出现催生了各种具备特定消费需求的产品属性，京东借助大数据进行反向定制，催生众多贴合消费者需求甚至引领消费者需求的新品类。其次，针对生产端，京东针对新品业务推出的“京东小魔方”，通过与华为、戴森和欧莱雅等上百家消费品牌合作，借助数字技术实现正确的商品分类和需求预测，以消费者为中心定制生产融合新技术、新设计、新功能和新体验的产品，引发了新一轮销售热潮。

(2)基于供应链协同的数字化智能供应

智能供应链是从孤立的、本地的和单个公司的应用扩展到供应链范围内智能化的新互联业务系统，进行数值化和网络化的供应链管理。企业基于数据算法模型可以从销售预测、计划管理、库存调配、订单履约和智慧物流等供应链过程进行设计，建立需求驱动的和以消费者为中心的智能供应链，实现供应链的快速、高效和协同。例如，京东应用云计算、大数据、物联网等技术自主研发算法模型，从智能预测等六大维度，提高智能运营效率，助力供应链降本增效。其中，智能预测是基于京东自主研发的算法模型，对财务、单量和销量进行全渠道、全场景的多维度预测；计划管理是形成一体化的财务、销售、生产和运营计划，覆盖预算分析、选品计划、原料采购、库存优化等全供应链环节；智能库存是基于企业计划与具体执行目标，在仓储、补货、调拨、清滞等维度提供决策建议；订单履约是基于智能预测和库存布局优化，丰富履约模式，通过数字技术实现门店智能选址、区域销量预测和智能选品，打造极速达时效产品；供应链协同是从协同管理到智能决策，构建透明高效的供应网络，适配消费升级；智慧物流是通过自建京东物流体系、智能化仓储系统、创新运输系统和高效的配送体系 4 个模块，实现运输系统的网络化、信息化、组织化和集约化。

(3)基于新消费体验的数字化个性营销

个性化营销即企业根据事前收集的客户数据，将特定的营销组合推荐给适合的个人。企业营销正在从以大众市场为中心、以交易为驱动，转向以个人客户为中心、以关系为驱动。企业更需要利用数字平台和应用开发有效的营销策略，创新消费体验。例如，通过大数据应用，京东实现了产品零售的即时性、个性化、多场景。首先，实现零售的即时性。京东“移动互联网＋产品设计＋数据挖掘＋云计算平台”的组合模式极大地扩展了对用户体验的认知。其次，实现零售的个性化。京东从商品生产环节开始，通过深度学习、大数据和人工智能的方式，对每一个消费者的需求进行深入挖掘，探索个人化、个性化、精确化、智能化的广告推送服务，同时指导品牌商和供应商生产消费者所需的产品。最后，实现零售的多场景。京东基于自建物流体系优势，大力发展众包物流，推出“京东到家”服务，向消费者提供生鲜及超市产品的配送，并基于位置服务实现 2 小时内快速送达，打造生活服务一体化应用平台，促使传统的社区服务升级，为消费者营造了立体和多维的购物场景。

综上所述，通过数据运营平台实现以客户为中心的个性化制造、供应链的高效协同以及零售的个性化和精准化，这是基于感知到的数字机会而进行的组织流程数字化转型层面的应用。通过分析、利用、加工和处理数字化信息，企业将数字信息整合进组织的各种复杂行动和流程中，数字化敏捷制造、数字化智能供应和数字化精准零售相互支撑，协同数据在组织流程链条中流动互通。

3. 重构产业生态

在数字化情境下，变革重构能力激发组织内部的知识创造和结构变革，同时帮助组织构建外部数字网络以适应动态复杂环境的变化，这是数据驱动下动态能力作用机制发挥的支撑保障。具有变革重构能力的组织，能够对内调整数字化组织结构，积极培养敏捷的数字化思维，同时也能广泛地进行外部网络建设。变革重构能力有利于促进组织内部资源与数字化环境的统一协调，从而维持企业在产业链或生态系统中的竞争优势。在该阶段，企业建立数据赋能平台，将数据转化为复杂的、经由企业持续性学习转化而成的技术、思维和模式的资源组合对外输出，实现数据商业生态圈和跨生态圈合作伙伴之间的紧密合作。

在实现了将数字信息嵌入组织流程和活动后，为了支持和辅助商业生态的数字化转型升级，企业利用变革重构能力建立数据赋能平台，实现内部数字知识创新和组织结构调整，同时实现行业生态数据的动态实时采集、交换、共享、更新与创新应用。通过数据内化重构功能实现组织内部不同部门人员间的合作，通过数据开放共享功能实现数据在多个产业链主体间和利益相关者之间的共享，通过数据知识创新功能实现数据作为知识载体和基础的持续快速更新。最终，生态系统下不同组织节点交互的数据又会反哺到节点企业，3 大功能实现数据赋能平台的完整闭环，打破组织和产业边界，形成大数据联盟进行利益共享、风险共担。基于数据赋能平台实现数据内化重构、数据开放共享、数据知识创新 3 大功能的激活，组织将内部数据进行转化，形成了技术化和知识化的输出，实现了基于数字矩阵结构的数字化架构升级、基于数字知识编排的数字化产业协同和基于数据网络体系的数字化生态架构。

(1)基于数字矩阵结构的数字化架构升级

数字化与组织实体的深度融合是理解数据驱动的重要途径。随着不同数字化技术的使用和不同形式的价值创造，企业调整不同层次的内部运作步骤和流程，最终推动组织架构变革。企业可以建立以客户为中心、大数据为基础、多方受益的数字化矩阵结构，以帮助企业更有效地进行系统化的资源配置，实现组织结构调整。企业管理者必须致力于重新设计内部结构，关注企业生态的多主体，依托数字化矩阵进行组织结构灵活调整。举例而言，京东建立了以大数据为基础、多方受益的数字化矩阵结构。在横向上，一是向合作伙伴开放供应链、物流、技术和金融等核心优势；二是将企业数字化能力和数字化建设经验赋能于合作伙伴，通过商流、物流、资金流和信息流的数字化互通方式，实现资源的有效配置。在纵向上，京东利用数字化手段搭建了以客户为中心的前台、中台、后台组织架构，由面向客户的行业层、产品服务层和核心能力层串联起整个组织的数字化蓝图。其中，行业层是为客户提供全流程对接的一站式产业数字化解决方案。产品服务层是以金融科技、AI 技术及机器人、数字营销、智能城市为代表的 4 类核心业务来创新商业模式。核心能力层是建立统一的开放平台，实现内部产品和服务的中台化与组件化，以及外部行业客户的快速接入和产品调用。

(2)基于数字知识编排的数字化产业协同

产业协同是产业中生产要素在不同主体间的流通和分享。数字知识编排促使企业成为产业数据的共建者。企业利用数字技术改变了产业链上下游的传统交互模式，通过将新一代网络信息技术与产业深度融合，实现产业链的技术优势、渠道优势和资源优势的协同效应，最终构建高弹性、强协同、强抗压的智能产业链。举例而言，为了实现产业链上下游高效连接，京东发布了一系列基于数字知识重新编排的产品。“京采云”作为数字化采购商城解决方案，集成需求管理、寻源招标、供应商管理、自助式商城、履约协同、财务结算等功能，通过智能化采购分析帮助企业将采购需求和方案自动匹配。随后，“京采云”在京东优质供应商资源的基础上发展扩大，形成了横跨 20 多个行业的供应商库，同时引入第三方征信、风险监控分析等来保障供应商质量。在选择上，“京采云”运用大数据与AI学习技术实现供应商供货与采购需求的精准匹配，并提供询价、竞价、招标等多种方式协助议价降本。

(3)基于数据网络体系的数字化生态架构

数字生态系统是通过模块化进行数字连接和启用，并相互影响的组织间松散网络。大数据技术提升了信息的价值，松散的企业紧密联系在一起构成网络，为生态网络输送数据。大数据时代具有代表性的商业生态模式，就是以平台为中心的模式，通过提供创新产品或服务，实现平台企业与供应商、顾客、政府、研究机构等多主体互惠互利、共同成长，为创造更大价值而进行数据资源整合。例如，为了构建更有效的生态平台，京东实施“京腾计划”，打通京东和腾讯的数据，融合社交数据和用户消费行为数据，构建社交电商营销的新模式。一方面，京东通过构建数字化生态平台，基于数据化的驱动精准洞悉用户需求；另一方面，结合线上社交和线下场景，基于用户需求和情感视角帮助品牌商打通与消费者的连接通道。同时，京东云以社会化云平台的方式为生态建设提供了一体化解决方案，覆盖智慧城市、“互联网＋政务”等多个行业和场景，向社会提供稳定、安全、便捷的云服务，促进数字生态的开放。此外，京东研究院作为京东集团的前瞻性研究智库，联合校企科研院所和专家团队进行前沿课题研究以及数据、资讯和深度行业分析，共建科研生态。

综上所述，企业通过数据赋能平台实现组织内部跨部门的数字化功能交互，进而将企业自身效能向产业辐射，实现产业链中各主体的高弹性和强协同，最终完成生态系统内部各数据节点的紧密合作，将数据驱动效应不断放大。因此，数字化架构升级、数字化产业协同和数字化生态架构，是数据效应从组织内部向组织外部的扩散过程，通过数据知识化的对外输出，实现数据商业生态圈和跨生态圈合作伙伴之间的紧密合作，以及组织内部结构、产业和生态的三者协调，为数据驱动下的动态能力作用机制发挥提供了支撑保障。

6.3.3 区别特征

相较于非数字化情境和数字化情境下的动态能力作用机制，数据驱动的动态能力的作用机制有哪些独特性？下面从决策方式、作用维度、前提条件、实现手段、支撑保障和作用结果6个方面进行比较分析。

1. 决策方式方面

非数字化情境下，动态能力的作用机制主要是基于有限信息和管理者经验的模糊决策，具有经验认知的局限性。然而，以人为主体的决策模式难以有效解析技术变革剧烈和市场需求多变的复杂环境。在数字化情境下，以管理者为主体、数字技术为工具的辅助决策，能够帮助企业快速处理大量的数据，增强在复杂环境中的数据分析和利用能力。更进一步地，通过细分数据平台功能，企业可以设计全生命周期数据管理体系，构建管理者与海量数据资源、数据平台相互作用的动态协同决策模式，强调数据知识与人类主体经验知识的融合效应。

2. 作用维度方面

针对非数字化情境的动态能力整体构建或细分结构维度的作用机制在企业实践中

的应用已相对充分。动态能力不同结构维度具有差异化的作用效果，理应加以区分以响应动态能力战略作用过程的复杂性。企业应当细化动态能力不同结构维度如何释放不同属性的数据驱动效应，区分机会感知、机会把控和变革重构能力下的数据驱动差别效应，构造数据分析平台、数据运营平台和数据赋能平台，释放不同生命周期阶段的数据功能，适应性匹配企业业务模式和流程管理创新活动。

3. 前提条件方面

非数字化情境的机会感知能力通过非数字化知识，进行有限且局部的环境扫描分析，以识别机会和威胁。然而数字技术加快了环境变革速度，导致环境复杂性和不确定性加剧，非数字化情境的机会感知能力作用机制面临着难以预测最新数字化趋势的重大挑战。在非数字化知识基础上，企业引入了以人工智能、区块链等数字技术为核心的商业智能分析体系，开展针对外部环境的机会与威胁分析。更进一步地，企业可以引入以数据要素为核心的商业智能分析体系，通过机会感知能力推动数字化搜寻定位、数字化场景规划和数字化触点升级，帮助企业深化基于大数据的机会和威胁的智能预测。

4. 实现手段方面

非数字化情境下强调通过机会把控能力，调整非数字化资源组合，并将其嵌入组织运营流程。而在数字化情境下，资源编排和创业导向对数字技术、数字人才和数字知识等数字化专用资源组合与组织运营流程的整合作用已应用于企业实践中。更进一步地，企业进一步挖掘数据要素这一特定资源，发现数据驱动的动态能力作用机制的实现手段是通过机会把控能力，推动数据要素嵌入数据运营平台，实现数据要素与数字化敏捷制造、数字化智能供应和数字化个性营销等运营流程的整合。

5. 支撑保障方面

非数字化情境下强调通过变革重构能力，对内部组织结构进行非数字化重组和变革。在数字化情境下，企业可以引入以数字活动为核心的数字组织文化、平台型组织架构和网络化组织结构等各类新型数字化组织形式作为支撑保障手段，但是也仅限于对内部组织结构进行数字化重组和变革。更进一步地，数据管理作为企业数字化转型的核心要素，可以在企业内外部各网络节点实现流动互通，发现变革重构能力，推动数据要素从组织内部扩展到产业和生态，进而实现基于数字矩阵结构的数字化架构升级等多种形式的组织结构创新，以及数字化产业协同和数字化生态架构等外部变革。

6. 作用结果方面

非数字化情境下的动态能力作用机制较为关注动态能力与企业运营流程的匹配，以实现企业非数字化情境下绩效提升。在数字化情境下，多强调从动态能力、数字资源与企业运营流程的静态匹配视角出发，探究企业单一业务模式和流程的数字化转型。更进一步地，通过区分动态能力的三大细分结构维度，构建不同类型的数据管理平台，企业能够将组织各层级活动与数据全生命周期管理进行差异化动态匹配，实现数据驱动下企业整体业务模式和流程的数字化转型。

表 6-4 列出了以往研究与数据驱动的动态能力作用机制的区别特征。

表 6-4　以往研究与数据驱动的动态能力作用机制比较

比较维度	非数字化情境的动态能力作用机制	数字化情境的动态能力作用机制	数据驱动的动态能力作用机制
决策方式	基于有限信息和管理者经验的模糊决策	以管理者为主体、数字技术为工具的辅助决策	管理者与海量数据资源、数据平台相互作用的动态协同决策
作用维度	基于非数字化情境的动态能力整体构建或细分结构维度	基于数字化情境下的动态能力整体构想	基于数据驱动下的动态能力细分结构维度：机会感知能力、机会把控能力和变革重构能力
前提条件	基于非数字化知识的外部环境有限分析	基于非数字化知识和以数字技术为商业智能分析核心的外部环境海量分析	基于数字化知识和以数据要素为商业智能分析核心的外部环境海量分析
实现手段	将非数字化资源组合嵌入组织运营流程	将数字技术、数字人才和数字知识等数字化专用资源组合嵌入组织运营流程	将数据要素融入组织数据管理专有流程，以及数字化敏捷制造、数字化智能供应和数字化个性营销等业务模式和流程
支撑保障	只对内部组织结构进行非数字化重组和变革	只对内部组织结构进行数字化重组和变革	基于数据要素从组织内部扩展到产业和生态的数字化
作用结果	动态能力与企业运营流程的匹配，以实现企业非数字化情境下绩效提升	从动态能力、数字资源与企业运营流程的静态匹配出发，探究企业单一业务模式和流程的数字化转型	通过动态能力、数据资源与业务模式和流程创新的动态匹配，实现数据驱动下企业整体业务模式和流程的数字化转型

资料来源：焦豪、杨季枫、王培暖，等：《数据驱动的企业动态能力作用机制研究——基于数据全生命周期管理的数字化转型过程分析》，载《中国工业经济》，2021(11)：176-194。

6.4　数字化情境下的企业持续竞争优势

6.4.1　传统情境下持续竞争优势的标准

1991 年，巴尼发表了《企业资源与持续竞争优势》，认为有价值的、稀缺的、难以完全模仿的和难以替代的 VRIN 框架是持续竞争优势的标准。该框架以与企业相关活动的 4 个问题为基础，对这些问题的解答决定企业特定的资源或能力能否成为持续竞争优势的来源。具体而言，有以下几方面内容。

1. 有价值的(valuable)

有价值的是指企业的资源能否使企业对环境中出现的机会或存在的威胁做出有效的反应。只有当资源能使企业实施开发机会或消除威胁的战略时，才是有价值的。企业的资源可能还有其他特征(如稀缺性、难以模仿性、难以替代性)，但只有当企业的资源能用来开发机会或消除威胁，即具有价值时，才可能成为严格意义上的资源。

2. 稀缺的(rare)

稀缺的是指竞争性企业能获得特定的有价值资源的难度。有价值但不稀缺的资源虽然不能产生竞争优势，但可形成竞争均势而确保企业的生存。一般而言，只要企业拥有的有价值资源数量少于完全竞争状态下所需的数量，那么相关资源就有可能产生竞争优势。

3. 难以模仿的(imperfectly to imitate)

难以模仿的是指持续竞争优势是一种不会因策略性模仿而消失的竞争优势。因此，难以模仿性是决定企业竞争优势能否持续的关键。关于资源难以模仿性，需要回答的问题是：与拥有资源的企业相比，没有资源的企业为获得相关资源是否存在成本劣势？

4. 难以替代的(non-substitutability)

难以替代的是指企业的理想资源很难被任何其他资源所取代。就战略价值而言，很难有具备同等价值的资源。如果两家企业具备在战略上等价的资源，它们就可以分别实施完全一致的战略。然而，现实中现有或潜在竞争公司以不同的方式、使用不同的资源也可能实施相同的战略。因此，如果这些替代资源不是稀缺的，也不是可模仿的，那么许多公司将能够构想并实施相似战略，而这些战略将不会产生持续的竞争优势。

6.4.2 数字化情境下持续竞争优势的标准

2018 年，瓦伦・格罗弗(Varun Grover)等借助企业资源基础观(resource-based view)的经典 VRIN 框架(有价值的、稀缺的、难以模仿的、难以替代的)，认为当一个企业考虑并启动数字能力建设这一长期战略时，可以从以上框架中提出如下问题，以评估企业在数字化情境下是否有潜力产生商业价值和维持竞争优势。具体而言，包括以下 4 个维度：①有价值的(valuable)；②稀缺的(rare)；③难以模仿的(imperfectly to imitate)；④组织嵌入的(organizationally embedded)(图 6-4)。

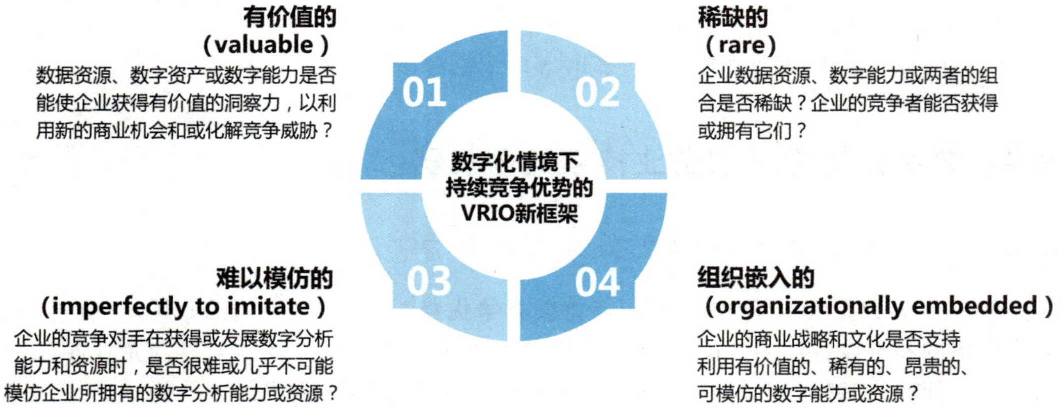

图 6-4 数字化情境下持续竞争优势的 VRIO 新框架

1. 有价值的(valuable)

第一个标准是企业数据资源、数字资产或数字能力能否提供新颖的和有价值的见解来开发新的商业机会或捍卫竞争威胁。这通常是很难先验的，但如果答案是肯定的，那么该数据资源、数字资产或数字能力可以成为企业的宝贵资源，从中产生的洞察力可为诸多领域创造商业价值，如业务流程改进、产品和服务创新、客户体验和市场扩张、组织绩效改进、商业形象和声誉等象征性价值的创造等。具体而言，有关业务流程的数据洞察可用于提高其效率、生产力、可访问性和可用性，甚至可以转换业务流程，信息流可用于创造竞争优势并抑制竞争。数字能力通过分析内部生成的数据和外部用户生成的内容(如在线产品或服务的网络评论)来获得有关产品和服务的洞见，从而企业可以利用这些数据洞察来提供差异化的产品或服务，动态调整其价格，并创新产品或服务。同样，对客户和市场的洞察可用于提高客户满意度和忠诚度，锁定客户和供应商，并创造一个利基市场。此外，企业可以通过数字能力来获取有关其组织绩效的洞察，助力组织智能决策，开发动态组织结构以应对市场和环境变化，提高产能利用率并提高资产回报率。

从 1984 年创立至今，海尔已从原有的传统制造型企业，通过数字化转型成为一家物联网生态企业。2021 年 6 月，由国际权威品牌咨询机构发布的最具价值全球品牌排行榜中，海尔连续 3 年作为“全球唯一物联网生态品牌”蝉联全球品牌百强。通过对用户个性化、多元化数据的深入挖掘和连通，海尔在智慧家居场景中正积极地推动创新，以“提升用户全生命周期的体验管理”为目标，在交互、交易、交付和关怀 4 个环节中挖掘用户潜在价值。例如，在交互过程中，海尔会把产品的价值通过更高效、更符合用户习惯的方式传递给消费者、让用户在线下更快捷地找到海尔的体验门店，更容易找到满足用户价值的解决方案等。

2. 稀缺的(rare)

第二个标准是企业的大数据内容、数字能力或两者的组合是否是稀缺的，这意味着很少有竞争对手能够获得或拥有相同或相似的资源或能力。原因在于，首先，从大数据内容本身来看，数字能力是可模仿的，但企业内部涌现的数据却是难以被模仿的。例如，在线社交媒体上的用户生成内容变得丰富且易于收集和分析。但战略上至关重要的是，企业拥有从与员工、客户、供应商等业务互动中产生的内部数据，这些数据是每家企业专有的，几乎不可能被其他公司购买或获得。因此，内部涌现的数据与外部可获取数据的整合使大数据资产变得稀有。其次，从大数据分析能力来看，尽管可以从供应商处购买大数据管理和分析工具(如 Hadoop 以及各种数据和文本挖掘工具)，但数据知识、数字人才以及使用大数据管理和分析工具的经验是少见的、针对特定领域的、为商业环境所独有的，只能通过特定情境中的实际实施来获取成长经验。这个过程需要企业持续评估，因为当更多竞争对手具有类似能力时，稀有的数字能力将很快成为竞争的必需品。

1998 年创立的腾讯，如今已成为世界互联网企业的巨头。腾讯以即时通信工具起步，逐渐进入社交网络、游戏娱乐、网络门户、电子商务等领域。作为即时通信帝国的王者，腾讯通过通信及社交平台微信和 QQ 促进用户联系，连接数字内容和生活服务，通过高效广告平台，协助品牌和市场营销者触达全球逾 10 亿人，这种体量的连通性是其他企业难以比拟的。通过其他企业难以具备的海量消费者，腾讯以技术为驱动引擎，透过跨屏幕、多平台、多形态的模式，为互联网用户提供多元化、多维度的内容，以满足用户的不同娱乐体验。

3. 难以模仿的(imperfeetly to imitate)

第三个标准是企业数字分析能力的模仿成本是否很高，这表明它的竞争对手难以通过合理的价格模仿、购买或替代。难以模仿或无法模仿的原因有很多，首先，大数据资产和分析能力需要长时间的发展和培育，许多企业在进行数字化转型或开展数字业务时，往往边做边学，并从探索性使用演变为更加制度化的使用形式。其次，企业可以开发特色的、情境化的内部分析算法，这使得分析能力具有专有性和不可模仿性。例如，以网易云音乐的个性化推荐算法为例，其凭借推荐系统中“人-歌-场”的数据建模思维，通过个性化的智能推荐算法，实现千人千面的客户个性化音乐推荐，成为音乐爱好者的集聚地，重新定义了最终的客户体验。最后，大数据分析能力的开发和实施受制于企业的 IT 基础设施成熟度和连贯度、数字驱动的企业文化、数字领导力和具备数字技能的员工，这使得数据分析能力的模仿成本很高。

2013 年 4 月正式上线的网易云音乐，是网易旗下专注于发现和分享的音乐产品。以“传递音乐美好力量”为使命，网易云音乐引领了音乐产品从“播放器时代”进入“在线社区时代”。网易云大数据提供的并不是精确的数据，而是记录个体用户的行为轨迹，汇总成为用户的心理。作为国内领先的音乐社区，最受年轻用户喜爱的音乐平台之一，网易云音乐以歌单为载体，凭借其海量用户数据，以及竞争对手难以模仿的数据分析能力主打个性化服务，“懂”用户的音乐需求，凭借强大的推荐算法做到了精准推荐，结合个性化歌单、Mlog、一起听等众多创新功能，为用户提供了卓越的音乐体验。

4. 组织嵌入的(organizationally embedded)

第四个标准是企业的商业战略和文化是否支持利用有价值的、稀有的、昂贵的、可模仿的数字能力或资源。数字能力和资源实施的前提是以组织内部的 IT 实现为基础，但要发挥数字能力的实际效应必须是面向企业业务的，即数字能力的成功取决于企业是否将数字能力纳入公司的长期业务战略，以及是否保证了企业业务与战略的一致性。这种一致性体现在流程、制度、组织结构、组织治理和组织文化等方面通过利用数据来提质增效。数字能力作为一种宝贵的资源本身可能不足以维持竞争优势。但是，如果缺失数字能力，企业可能难以在时代发展的洪流中幸存，可能会在竞争中处于劣势。数字能力与组织其他资源和能力的整合可为企业提供一种保持竞争优势的新方法。事前验证并评估数字能力是否有效对企业而言是具有挑战性，因为数字能力的许多实例(如数据如何汇集并形成市场洞察力)可能是不可预测的。企业可以通过数字能力的具体实施，来渐进式地改进决策流程、创新产品或自动化流程，从而实现持续竞争优势的不断培养。总体而言，数据资源、数据洞察和企业行动这 3 个齿轮需要协同运转，才能实现企业在数字能力开发和实施过程中的战略业务价值提高和持续竞争优势培养。

2020 年，受新冠疫情冲击，线下零售场景体验服务的优势荡然无存。国产护肤品牌林清轩的半数门店被迫关闭，业绩暴跌 90%。然而早年间，林清轩便开始进行数字化部署，将原有 ERP 系统进行了升级，通过业务中台的设立将原来互相独立的 POS 系统、CRM 系统、财务软件、发货系统、订单系统等集成为一个多接口但相互统一的系统。业务中台的上线，打通了人与商品、与订单、与交付之间的连接，实现消费者在线上线下不同场景中高效切换，快速满足不同场景的需求。疫情的突发进一步倒逼其全员进行数字化升级，门店最终实现线上、线下双轨并举。截至 2020 年 6 月，林清轩线上销量同比上一年翻了 6 倍，线下同比增长 191%，不断进行的科技更迭与数字化升级建设，帮助林清轩找到了高速增长的第二曲线。

综上所述，只有当企业数据资源、数字资产或数字能力达到有价值的、稀缺的、难以模仿的以及组织嵌入的标准时，企业才能够获得数字化情境下的持续竞争优势。从表 6-5 中可以看出，正是这 4 种衡量持续竞争优势的标准决定着企业参与竞争的最终结果及其在竞争中的各种表现。表 6-5 的分析能够帮助数字企业管理者决定各种企业数据资源/资产、数字能力的战略价值。注意，对于满足表中第一行所描述的标准的资源/资产和能力(即没有价值、不稀缺、易被模仿或者存在某种替代品)，企业无论是在制定战略还是在执行战略时都不需要投入过多关注。对于那些能够产生竞争对等性以及暂时的或可持续竞争优势的数据资源/资产和能力，则应当得到企业的支持。企业既应当继续开发这些能够带来竞争对等性的能力，同时也必须重视那些能够产生暂时的或可持续竞争优势的能力。

表 6-5　衡量数字化情境下企业持续竞争优势的 4 种标准组合结果

数据资源/资产、数字能力是有价值的吗	数据资源/资产、数字能力是稀缺的吗	数据资源/资产、数字能力是难以模仿的吗	数据资源/资产、数字能力是组织嵌入的吗	竞争后果	业绩评价
否	否	否	否	无竞争优势	低于平均利润
是	否	否	是/否	竞争对等	平均利润
是	是	否	是/否	数字化情境的暂时竞争优势	平均利润到超额利润
是	是	是	是/否	数字化情境的持续竞争优势	超额利润

资料来源：改编自[美]迈克尔·A. 希特、R. 杜安·爱尔兰、罗伯特·E. 霍斯基森：《战略管理：竞争与全球化(概念)》，焦豪，等译，北京，机械工业出版社，2018。

本章小结

• 大数据作为新资源，具备规模性(volume)、多样性(variety)、高速性(velocity)、价值性(value)、真实性(veracity)、动态性(vitality)和可视性(visualization)特征。

• 数字期权与数字债务理论的有机融合可以帮助管理者更加理性地审视其市场竞争地位，并根据动态的市场竞争环境做出优化策略和投资选择。数字期权价值和数字债务价值之间存在构建数字平台持续竞争力的 4 种策略，包括期权约束型策略、债务约束型策略、债务清偿型策略和期权执行型策略。

• 数据驱动是企业顺应数字技术的发展，以数据作为单位生产要素，通过外部赋能或内部重塑的方式，构建并激活数据平台的不同特性功能，实现企业全流程和运营活动的数据效应释放，进而提升企业数据价值以实现竞争优势的动态过程。

• 机会感知能力是组织不断扫描数字技术带来的外界动荡环境，感知最新数字化趋势和机会，整合集成数据信息，形成数字化思维，以准确预测与快速响应客户需求的能力；机会把控能力是组织分析、利用、加工和处理数字化信息，并实现数据信息嵌入各流程活动的能力；变革重构能力是组织在内部进行数字化架构变革，在外部构建数字生态网络，从而为实施数字化转型提供支撑保障的能力。

• 数字化情境下持续竞争优势的标准包括：有价值的、稀缺的、难以模仿的、组织嵌入的。

复习思考题

1. 数据作为新资源具备怎样的特性？
2. 企业如何进行数据资源的获取、利用和管理？
3. 数字期权、数字债务与数字平台的定义是什么？
4. 如何利用数字期权价值和数字债务价值，构建数字平台持续竞争力的 4 种策略？
5. 动态能力的机会感知能力、机会把控能力和变革重构能力 3 个结构维度在数据驱动情境下具备怎样的新内涵？
6. 企业如何通过构建企业动态能力，以激活数据驱动效应，最终实现数字化转型？
7. 相较于非数字化情境下的动态能力以及数字化情境的动态能力，数据驱动的动态能力作用机制从决策方式、作用维度、前提条件、实现手段、支撑保障和作用结果等方面有何区别？
8. 数字化情境下持续竞争优势的 VRIO 新框架内涵是什么？

案例分析

扫一扫，看资源

海尔与美的的智能制造之路

第7章　业务层数字战略

【学习目标】

- 了解数字经济时代的用户行为变化
- 熟悉数字经济时代企业与用户的关系
- 了解数字业务的特性
- 掌握业务层单点突破战略
- 掌握业务层场景延伸战略
- 掌握业务层生态协同战略

【关键术语】

移动化　社会化　个性化　互动化　可接触性　丰富性　密切关系　锁定效应　可编辑性　自生长性　可供应性　收敛性　迭代性　可扩展性　单点突破战略　场景延伸战略　生态协同战略

开篇案例

爱彼迎个性化服务能力的打造

爱彼迎(Airbnb)成立于2008年，是一家连接旅游人士和家有空房出租的房主的服务型网站。历经一系列融资后，爱彼迎以指数级的成长速度直面全球酒店业，其成功背后的逻辑值得细究。爱彼迎主要有双边市场上的两类客户，前端客户主要是旅游人士(个体散客)和企业(商旅客户)，后端主要是位于全球各地拥有闲置房源的客户。通过积极与前后端互动连接，爱彼迎成功掀起全球大众运动，将现有房主撬动成房东，并将顾客和B2C或B2B经营模式的相关企业整合进价值平台，构成爱彼迎独特的"价值网+"，形成全新的、具有独特竞争优势的商业模式。

打造个性化服务能力，精准满足用户需求

爱彼迎基于网络连接，打造轻资产化的旅行服务平台。相较于传统酒店业，它连接提供家庭民宅、树屋、城堡等多样房源的创客，形成极具个性化的全球服务能力，即从房源数量的多样性和种类的异质性等方面使其更具竞争力，为顾客和企业提供价值创造的前提。爱彼迎经历了两次创新转型：一是从做沙发客等廉价住宿服务向线上旅行住宿转变；二是引进数十位专业摄影师，为招租者提供免费拍摄服务，并精心包装房间，将上传的房源向本地化、个性化、富有人文气息的非廉价住房转型。通过两次创新，爱彼迎形成了注重设计和个性化体验的核心竞争力，在整合世界各地闲置房产的同时，也将房主与租客的知识、资源运用到产品体系中，从而实现共创产品和服务。同时，爱彼迎通过A/B测试对比从脸书、推特(Twitter)和外链等带来的流量特征，进行重要页面的修改和流程优化，以进行精准的人性化数据分析来挖掘用户需求。爱彼迎也将相关服务供应商和个体资源拥有者融合进价值平台，如差旅服务提供商 Concur、社交平台脸书等企业以及专业摄影师等个体。

扩大用户规模，注重人文关怀

首先，爱彼迎利用在线品牌推广和社交平台的广泛连接扩大用户规模。第一，运用在线传播技术完成引流，增加用户基数。早期，爱彼迎通过竞争对手 Craigslist 成功完成导流，同时引进大量艺术群体，个性化的生活方式引来 BBC 等主流媒体的报道热潮，激发了口碑渗透效应。第二，利用社交网络拓宽平台用户连接广度。广泛连接能够带来更多互补性资源，这也是爱彼迎转型为线上服务型企业的目的之一。它利用社交平台创建一张高用户黏性的虚拟社交网络，将房东和房客进行圈子划分，为自己建立稳固的关系网络，同时也为离散用户建立社会关联，使得用户之间可以进行经验知识共享以实现价值共创。第三，积极与其他企业组织建立连接，发展伙伴关系。如拓展亚洲业务时与中国穷游网达成战略合作，包括开展线上及线下活动、联合营销推广以及全球特色旅游目的地专题展示活动等，拓展了双方的业务范围，形成互补效应。

其次，爱彼迎注重发挥“社交气质”，提出具有人文关怀的价值主张。第一，利用社交化视觉创意，带来用户体验价值。爱彼迎采取“感同身受法”站在顾客角度感受体验需求，聘请专业摄影师为房东提供拍摄服务，且摄影图片印有“verified photo”字样，方便租客搜寻，提高了房源的视觉呈现效果。第二，营造归属感，传递情感价值。爱彼迎开发出 Create Airbnb 设计平台，让供应商根据自己的故事设计个性化 Logo，房主和租客用它来向外界展示自己是社区的一员，形成归属感。第三，完善服务，创造情境价值。爱彼迎在满足基本住宿需求的同时，为租客提供近距离体验当地风土人情的机会，甚至与房东成为朋友。在不同人物、空间、时间构造的不同类型住宿场景下，租客或房东可以得到不同的参与体验，创造个人情境价值。

破除信息壁垒，实现共享信任

爱彼迎注重破除信息不对称壁垒，建立信任机制。爱彼迎采取多种方式解决共享的信任问题，使得用户能够在透明的环境中实现资源共享和价值共创。第一，爱彼迎开放社交网络连接功能，允许用户接入他们的推特、领英(LinkedIn)账号，使得用户能够看到房东的好友圈，即从第三方处获得评价。第二，建立双向评价以解决信息不对称问题，房东在社区完善个人资料，以增加住客信任感。同样，过往租客对房主的评价，也给潜在租客带来更多参考价值。此外，用户在做租房决策时，还可以与房东进行充分沟通与交流，有助于共同营造体验环境和创新场景价值。第三，爱彼迎通过构建权益保护机制给予租客和房东信任基础。首先，为使房东不对租客进行背景调查，爱彼迎向房东承诺 50 000 美元的财产保护赔偿；其次，为降低租客的信息不对称，爱彼迎以带有水印标志的图片确保租客看到的将是他们能够租到的；最后，针对潜在风险，爱彼迎设立全天 24 小时的客服中心和授信安全部门，并且为户主提供每次预订高达 100 万美元的财产损失保证金。

资料来源：江积海、李琴：《平台型商业模式创新中连接属性影响价值共创的内在机理——Airbnb 的案例研究》，载《管理评论》，2016，28(7)。

思考与讨论：

1. 在数字经济背景下，爱彼迎的用户呈现出哪些行为特征？
2. 爱彼迎是如何管理自身与用户之间的关系的？

7.1 数字经济时代的用户分析

数字经济时代的用户行为呈现出一些新的特征。首先，从用户行为的变化来看，可以归纳为移动化、社会化、个性化和互动化。其次，从企业与用户的关系来看，企业可以从可接触性、丰富性、密切关系、锁定效应 4 个方面管理企业与用户的关系。

7.1.1 数字经济时代的用户行为变化

深入剖析数字化环境下用户的行为变化，有助于企业更好地了解其面临的市场环境，是企业正确制定运营管理决策的基础。

1. 移动化

移动化(mobility)是指移动智能终端(包括智能手机和平板电脑)用户能够随时随地接入互联网以进行通信交流，并获取自己所需的信息和服务。当前，全球数据量猛增，其中的一个重要原因在于全球数以 10 亿计的人正通过智能手机等工具，将生活逐步转移到移动互联网上。据中国互联网络信息中心(China Internet Network Information Center，CNNIC)发布的第 47 次《中国互联网络发展状况统计报告》显示，截至 2020 年 12 月，我国网民规模达 9.89 亿，互联网普及率达 70.4%，其中，手机网民规模达 9.86 亿，网民使用手机上网的比例达 99.7%。可见，移动通信设备已成为大部分网民用户的常用设备，各大移动网络平台也受到用户青睐。

与 PC 或者笔记本电脑等设备相比，移动互联网主要具有以下几个方面的特点：第一，移动用户能够随时随地通过移动设备接入互联网，而 PC 对地域的流动性和访问能力施加了更严格的限制；第二，移动设备的屏幕尺寸更小，因此搜索成本会更高；第三，基于位置的服务是移动设备最重要的特征，它的出现为先前对时间或历史数据敏感的需求场景提供了很多额外的机会，极大地拓展了人类在时间和空间上的边界，为人们随时随地进行搜索、社交、支付、娱乐休闲和购物等活动提供了便利。

现阶段，由于移动支付在消费者中的全面普及，线下消费行为也可以通过信息匹配与线上消费行为进行统一。电商平台掌握和应用的消费数据主要来源于不同的网络信息、娱乐和应用。因此，各大电商平台积极利用自身技术优势开设智慧门店，运用智能化硬件收集销售行为以外的软性数据，如顾客在实体店铺内的移动路线和在不同货架前的停留时长等，对这样的消费全渠道行为都可以细化分析和追踪，这些将构成数字生态圈的基础条件。

2. 社会化

社会化(socialization)是指消费者获得各种与市场活动相关的技巧、知识和态度的过程。消费者社会化研究通常基于人类的社会学习模式和认知发展模式两种学习模式。社会学习模式认为，学习是个体在各种社会结构环境与社会化媒介互动的过程中发生的；认知发展模式认为，学习是个体根据自身环境而调整的认知心理过程。

在线社交网络(online social networks)逐渐成为人们在互联网中进行互动、沟通、协作及内容创造的媒介之一。与此同时，当前“产品-服务包”中无形服务要素的权重越来越大，一方面导致顾客感知价值的差异性和不确定性，从而增加了需求不确定性，增大了企业决策的困难；另一方面消费者感知价值更容易受到他人影响，如流行色、流行款式等，而在线社交网络进一步放大了这一影响。根据消费者在社交媒体上留下的数据，分析顾客的网络效应，不仅为企业提供了洞察顾客需求、发现商机的新视角，而且为企业创造和引导需求提供了新的工具，有可能创造出新的商务模式。

在服务领域，服务被看作顾客与服务者“合作生产”的结果，顾客参与是实现服务绩效的前提和保障。然而，顾客参与需要顾客具备一定的知识与技能，尤其对于金融保险、网络游戏、教育等需要高水平顾客参与的服务行业而言。例如，在网络游戏行业中，游戏关卡、角色设置、装备和技能、游戏语言交流、团队配合等多重任务不仅复杂程度较高，而且不断更新迭代，无论是游戏的故事情节，还是游戏规则、奖惩制度等，都需要玩家投入一定的时间和精力去学习和理解，才能更好地从游戏中获得快乐，这是因为顾客在参与服务生产和交付的过程中与员工一样，需要投入智力和体力去学习和适应组织的社会规范与行为模式，并与服务提供者建立心理契约以行使自己的权利、义务和责任。

3. 个性化

个性化(personalization)是指用户和企业之间在很大程度上实现权力平等，消费者得以按照自身特点发展兴趣，且更容易向企业表达意愿。数字世界促使消费者的个性化得到释放，需求端不断倒逼生产活动发生改变。“以用户为中心”的理念也从一句营销口号真正转变为企业经营的价值判断。毫不夸张地讲，在数字经济时代，只有用户才能定义企业，也只有用户才能成就企业。虚拟社群作为一个自我运作的组织平台，包括用户、企业等多个主体，知识的交流与价值增值是维持其运行的根本动力。具有相同或相似爱好的用户在互联网上聚合为虚拟社群，围绕共同的需求形成在线分工，分享新知识和价值，推进产品的更新换代，个性化在这里得到了前所未有的体现。

在工业化时代，企业的大规模生产、销售和传播客观上使得消费者的消费比较大众化，个性化销售或消费对于企业和消费者而言成本都较高，因而消费者的个性化需求只能被更大范围的大众需求所替代。而在数字经济时代，大数据为个性化生产和个性化消费的实现提供了技术基础。由于人与人、人与商品、人与信息的连接效率与连接方式变得更为通畅、成本更低，个性化产品销售的可能性极大提升，成本也极大降低，为企业盈利提供了客观基础。

个性化和多元化需求推动了互联网原创经济的发展，那些有故事、有理念、有个性、有设计感的原创品牌深受年轻消费者喜爱。另外，为满足消费者个性化需求而专门定制的设计服务成为互联网时代商业模式的主流。建立在新经济基础上的新消费模式，一方面更加多元开放，突出自我；另一方面强化垂直分工，推动跨界融合，呈现出多元丰富的特征，不断满足着消费者的个性化需求。

4. 互动化

互动化(interactivity)是指人与人之间信息、情感等心理因素的交流或行为动作的交互，可分为人机互动和人际互动两类。人机互动是指人与计算机之间的互动，强调机器对人的响应；人际互动是指人与人之间的交流互动，体现了信息发出者与接受者之间的互动，是一种交互式的沟通与互动过程。企业与用户之间的信息互动，对于企业发展起到越来越重要的作用。一方面，用户对企业所发布信息的反馈度和互动强度可以揭示企业的受关注度，因此成为衡量企业在社交媒体上信息传播效果的重要指标；另一方面，用户的信息互动行为对企业信息的进一步传播和扩散起着决定性作用，直接关系到企业品牌影响力的提升。

在社交媒体时代，消费者的角色向粉丝转变，而消费个体之间的关系则以特定偏好为纽带和标记，在网络上逐渐形成粉丝社群。以抖音、快手、小红书为代表的短视频和网络直播平台利用社交化手段吸引了大量粉丝，使消费者将大量闲暇时间用于网络社交，产生用户黏性。基于社会化媒体平台，用户在品牌社群内参与用户自发的或企业发起的价值共创活动，通过与他人交流思想、传递积极情感以及主动提供帮助等方式满足自身超我需求，从而收获精神价值。社交互动化的背后反映了消费者基于情感互动和价值认同的新型消费需求，社交网络中形成的圈层效应正在形成新的消费格局，代表了“Z 世代”(指 1995—2009 年出生的一代人)消费群体构筑的互联网消费时代独特的消费特征与消费文化。

在大数据时代，消费者成为商业价值链的主导者，借助大数据，消费者需求可以被更充分地挖掘、还原与满足，从而获得更极致的消费体验。消费者也越来越主动地参与到企业的设计、研发、销售等过程中，彰显自己的个性，体现自己的创意，随时发表自己的观点。此外，消费者在消费中更加关注娱乐与社交的体验功能，对体验的期望值变得越来越高，这也对企业不断提出新的要求。

7.1.2 数字经济时代企业与用户的关系

在数字经济时代，企业与用户的关系更加密切。

1. 可接触性

可接触性(reachness)是指企业接触并与顾客建立联系。在数字经济时代，数字技术为用户与企业建立了实时互动和反馈的价值连接，企业之间、产品之间、消费者之间、产品/消费者与企业之间的连接都远比过去丰富，企业与用户之间的距离不断被拉近。虚拟空间中供应链成员之间的交互更加频繁，企业更容易接触到新的交易伙伴；越来越多的智能互联产品使得产品之间、产品与企业之间、企业之间的联系日益密切；数字虚拟空间中的社交成本大幅下降，导致数字虚拟空间中的连接数量远大于现实生活。

通过数字化连接，企业实现了对用户价值的洞察和敏捷反应，进而能够改善用户体验，在用户连接上更有优势的核心企业能够采集丰富的用户数据，在数据规模以及维度上获得有力保障，为用户行为的归纳、分析、预测提供良好基础。因此，核心企业不仅要尝试连接更多用户，而且要吸引更多参与者加入生态，促进生态的规模化和多样性。

迪士尼(Disney)与用户建立连接的通路主要包括 3 种：第一，通过传统的电视媒介渠道连接用户，如美国广播公司(American broadcasting company，ABC)的电视网络以及娱乐与体育节目电视网(entertainment and sports programming network,

ESPN)的体育频道，成功吸引了大量用户，是迪士尼收入的重要组成部分；第二，通过线下主题乐园建立与用户的连接，迪士尼乐园和度假村是迪士尼与用户线下接触的主要方式；第三，开辟新的流媒体网络渠道，即直接面向用户服务(direct to consumer，DTC)，新推出的迪士尼+流媒体订阅服务在2019年年底就突破了1 000万人次。上述3种渠道构成了迪士尼获取流量的重要入口，对构建互联网时代的竞争优势具有十分重要的作用。

2. 丰富性

丰富性(richness)指企业向顾客传递的以及从顾客那里收集的信息的深度和详细程度。一方面，企业向顾客传递的信息更加丰富。ABCD等数字技术为商业活动构建起一个虚拟世界，用户摆脱了物理环境的束缚，能够从多个渠道接收实时的市场信息，与任何企业的任何生产环节进行直接对话，以获得所需产品和服务的信息，信息量的丰富能够使用户对市场与产品做出更为合理的判断。

另一方面，企业从顾客那里获得的信息更加丰富。大数据、人工智能、5G、边缘计算等新一代数字技术的兴起以及在各行各业的深度渗透，为企业低成本、高效率地获取用户信息提供了前所未有的技术条件。在现有的数据处理技术条件下，消费者在互联网上留下的任何行为轨迹都可以以数据的形式被抓取和分析。通过消费者数据的收集、记录、监测、整理，企业可以进行数据深度挖掘与分析，对消费者进行画像；也可以准确地推测消费者的兴趣、态度以及需求，然后有针对性地进行信息推送，实现信息与消费者需求的精准匹配。

对于零售商而言，消费者的精确定位和精准画像影响着线上、线下的经营结构，从而影响企业的价值创造。传统企业往往从线下消费者定位入手，如红蜻蜓利用线下门店精准定位，通过与线上数据的全面交互将传统的会员数据转化为精准的消费者画像，可以清晰、准确地了解会员的行为模式和消费习惯。而数字原生企业往往从线上消费者入手，例如，盒马鲜生运用线上采集的消费者信息，精准地刻画门店的消费者画像，帮助线下门店选址、优化店铺布局；大润发也利用阿里巴巴的用户数据进行门店选址；小米利用数据分析米粉和非米粉的消费规律，分析到达线下小米之家的消费者构成情况。基于数字化基础设施和算法，企业能够很容易地控制消费者获得的信息，实现所谓的“千人千面”“千人千店”。由此形成的个性化营销，减少了信息超载，并帮助客户做出正确的选择，创造了额外的客户价值。

3. 密切关系

密切关系(affinity)主要指促进企业与顾客的有意义互动。在传统的产品创新模式中，强调企业是价值创造的主体，顾客仅仅作为价值终端的消费者。数字经济背景下的创新具有明显的企业和用户价值共创的特点。一方面，数字技术的发展为价值共创提供了可能性，在数字经济时代，以数据为连接纽带，企业与普通消费者形成紧密的合作关系，普通消费者参与研发成为可能；另一方面，当用户置于具体的数字化场景之中时，他们更容易对企业所提供的产品或服务提出有用的主观评价，并在与企业的互动中积极表达对产品和服务的改进期望。同时，相互理解与支持的互动行为能够使顾客享受到情感关怀，从而促进顾客与企业进一步地积极互动，持续的良性互动会让顾客对企业产生欣赏、喜爱与依赖的情感，进而深化顾客与企业的互动关系。

受口碑效应影响，消费者在做出购买决策前会主动通过社交平台搜寻相关产品信息以及他人分享的使用体验。为进一步聚合此类信息，众多企业、品牌爱好者或第三方组织纷纷成立虚拟品牌社区，为同一品牌爱好者搭建以品牌产品为核心的社交网络，而消费者是社交网络的节点。企业可通过虚拟品牌社区与消费者互动并从中得到建议、反馈及产品设计灵感，消费者行为互动和信息共享成为企业获得品牌创意的来源。通过虚拟品牌社区，如小米 MIUI(米柚)社区、威锋网、海尔智家社群等，企业可以贴近消费者，解决消费者的难题。虚拟品牌社区用户可以在信息交互中得到来自其他用户的全面信息反馈，这样的反馈可能会影响用户的购买决策或产品使用效能。

小米通过建立论坛、社区让超过 50 万的消费者加入米柚系统的建设，这些米粉向小米提出系统修改意见、推荐改进的优先顺序、参与评选优秀的工程师，同时也参加小米家宴、同城会等各种活动，发挥了“产消者”的作用，推动小米成为一家有粉丝的制造业企业。小米的粉丝还广泛参与设计研发、口碑传播、售后服务、营销推广等各个环节，创造了新的客户价值。在交互过程中自发的利他行为，使顾客不仅满足了自身无私奉献的心理需求，也通过展示这种超越性的精神追求而获得来自社群的社会尊重，从而收获较高的利他价值。沉浸于此类价值追求的顾客会为贡献于品牌社区而感到自豪，也会因为该品牌在顾客-品牌共创过程中所展示的有形/无形支持与社会责任感而备受鼓舞，由此增强对品牌的好感度，并进一步提升对品牌的认知评价。

4. 锁定效应

锁定效应(lock-in effect)指用户因习惯某个产品或产品的用户数量优势，不愿意再转向其他产品的现象。互联网平台的锁定效应在社交类、娱乐类平台中表现得尤为明显，如 QQ、微信等社交平台以及网络游戏等娱乐平台，用户基于前期投入的沉没成本而不愿意转向其他平台，表明这类平台具有更强的锁定效应。从形成原因分析，数字平台的锁定效应与网络效应密切相关。网络效应表明平台所拥有的用户越多则平台自身越有价值，用户黏性也就越高。网络效应构成了用户的一种转移成本，当平台成长到足够大的规模时，用户转向其他平台将无法与原平台用户进行有效沟通，从而形成用户黏性。比如，退出 QQ、微信等社交平台，用户将与该平台的其他好友失去联系，退出诸如盛大之类的网络游戏平台会使已经打下的装备和获得的级别失去意义。因此，当平台所提供的信息具有人身属性和不可替代性时，平台即被赋予了对用户的独占属性，从而形成对用户的锁定效应。

长期来看，锁定效应的发展会加速双边市场形成，强化单个活动系统的依赖性，同时提高客户转换成本，增加多个活动系统的相互依赖性，导致企业竞争优势的不可模仿性，进而为添加新的互补性商业模式创造机会。网络效应则是一站式效应发展的初始条件，双边市场在网络效应的持续影响下，会进一步强化单个活动系统的相互依赖性，一站式效应的实现又会有利于扩大平台已有成员规模，再度推动网络效应的发展，同时通过连接更多相互依赖的活动系统以实现竞争优势的不可模仿性。从需求方规模经济来看，这意味着触发了自我强化的反馈循环，从而扩大在位者的早期优势。

锁定效应防止了客户流失，有利于实现双边市场的大规模成员交易活动。以平安车险及理赔为例，4S 店车险销售业绩越高，就越有可能得到更多的出险维修业务，反过来，维修业务越多，就越有机会向车主销售维修保险产品。在锁定效应的作用下，当平安好车主平台连接了互联网企业的大量C端用户后，4S店为了获取维修、理赔交易业务，就会大量入驻平安好车主，并成为平安的线下车险销售代理。同时，车主希望在线上找到符合要求的4S店进行维修，也会大量加入平安好车主。一旦成功建立了这种双边市场，在网络效应的持续作用下，平安好车主的竞争对手就很难实现渗透，因为潜在竞争对手必须培养足够多的用户数量才能挑战现有平台规模。

7.2 数字业务的特性

随着新兴数字技术和新组件向产品和服务创新过程的渗透与融合，数字技术创新衍生的新产品、新服务层出不穷，极大地扩张了传统意义上产品与服务创新的功能、意义和内涵。数字经济时代的数字业务呈现出可编辑性、自生长性、可供应性、收敛性、迭代性、可扩展性等特性。

7.2.1 可编辑性

可编辑性(programmability)是指数字技术或数字组件可以被控制它们行为之外的对象访问和修改的能力。一方面，可编辑性能够促使设备的逻辑符号功能与执行功能的物理实体相分离，通过逻辑结构的变化注入新功能以适应新环境；另一方面，由于数据的同质性(数字信号可以将任何模拟信号映射成二进制数字)，数字内容可以和来源于其他设备的数据重组，实现媒体设备和数字内容之间的分离。

数字技术的可编辑性有利于创业企业的机会识别。这是因为数字技术的可编辑性能够促使数字技术与传统行业知识相连以及数字技术元素之间的重新组合，如一些企业基于人工智能等新兴技术，重新设计医疗保健、交通运输和其他传统行业中物理系统或者数字搜索组件和数字文档之间的组合，在多个行业中产生了大量的需求，这些新需求的产生为创业企业的机会识别创造了有利条件。

然而，数字技术的可编辑性也对创业企业的生存具有一定程度的威胁。首先，从企业生存的角度来看，一方面，由于数字技术的可编辑性，平台内数字基础设施的修改可能会破坏现有生态位，直接危害新创企业的生存，如照片墙对其数据共享协议的修改，可能会使许多原本以收集用户行为数据而生的新创企业失去活力；另一方面，数字技术的可编辑性加大了突破式创新的可能，大大提高了创业过程中的不确定性，不利于企业生存。其次，从企业发展的角度来看，数字技术的可编辑性在某种程度上阻碍了创业企业资源的获取和资源配置效率的提高，同时也会产生相应的法律和道德问题，阻碍创业企业的发展。

7.2.2 自生长性

自生长性(generativity)是指创新主体主动适应数字化趋势而创造性地使用数字技术创造新产品和服务的能力。数字技术能够增进创新主体间的交流协作，使得来自数字化用户的需求有效地反馈于数字主体，以用户需求为核心的创新交互与大规模定制成为可能。由此可知，数字技术是动态的和可编辑的，数字创新可以持续不断地改进和变化，具备自生长性。自生长性将不同信息转变为统一的数字格式以重新组合已有信息，从而通过数字技术或数字平台形成新的产品或服务。

同时，数字生态系统能够对来自外部的动态需求进行有效率的响应。因此，作为致力于促进数字创新产生、应用与扩散的数字生态系统，创新导向的数字生态系统能够通过持续性创新有效率地满足用户需求，来实现技术的创新迭代和生态系统的演进与升级，从而具备自生长性。

自生长性具有相关数据同质化、数字设备可编辑性、软件和数据无形性以及数字组件的自我参考性等关键特征。异质性创新主体间的互动推动了自生长性创新的出现，也带来了产品和服务的高速升级迭代。虽然数字创新主体之间的互动会受到标准化结构(如应用程序接口)和所在平台的限制，但其结构仍然是去中心化的。较高的数字创新自生长性可以更好地促进创新迭代与循环，这种创新模式与传统集约管理的创新模式相比，往往更有效率和动态性，但也因此使得数字创新难以控制和预测。

7.2.3　可供应性

可供应性(affordance)指数字技术为特定用户或特定情境提供的行动潜力和可能性。正如木头能够为使用者使用，并具有变为桌子的潜力，数字技术能够为使用者提供开发新机会或新模式，形成新能力的潜力。在数字企业中，数字技术的可供应性使数字技术更容易与用户的需求、社会认知背景、企业的价值主张和组织文化相结合，从而创造出更多新的场景意义和场景价值。例如，企业对用户在手机上使用社交媒体收集的大数据进行分析，可以实现降低成本或者个性化定制等不同目的。

数字技术的可供应性分为 4 个方面：①物理可供应性，是指数字技术所提供的时间和空间的灵活变化，有助于行为者打破传统时空限制，为信息交互和人际互动提供新的可能性；②功能可供应性，是指数字技术所带来的便利、复合等多种功能的整合，是有助于用户完成任务的特性；③知觉可供应性，是指数字技术所带来的更为多元化的感官体验，为用户感受事物的特性提供更多可能性，如声音、图像视觉、触感等；④认知可供应性，是指数字技术所带来的对知识理解深度上的自主选择性，有助于用户认识事物的特性，如新的产品功能和服务特性等。

7.2.4　收敛性

收敛性(convergence)是指基于数字技术的创新使得产品、部门、组织以及产业之间的边界变得日益模糊，同时边界的重要性也在降低。随着传统实体与数字实体的深入融合，产品、组织以及产业的边界将不再明确，体现了数字经济时代创新的收敛性。例如，整合了数字技术和传统物理实体产品的智能产品突破了原有产品使用范围，新数字化产品的边界不再明确。谷歌的地图业务可以和多种硬件平台兼容，比如手机、汽车导航系统或者数码相机，而谷歌地图在最初设计过程中并没有考虑到未来会出现的大部分应用场景，很多应用场景是随着用户需求的增加而不断出现的。

数字平台企业具备无限收敛性特征，能够有效借助数字技术带来的创新将以前分散的用户体验汇集在一起。抖音、快手、小红书等数字平台使得无数的用户体验可以在同一时间汇聚，以往分散的需求、体验和反馈能够突破空间限制而收敛到各自的数字终端，智能终端技术的发展又使得这种收敛进一步增强，即单个智能终端便可完成以往需要大量设备和机器才能完成的工作。基于此，产业的边界越加模糊，网红经济在各个产业扩散体现出的产业渠道收敛也是此特点的具体呈现。

7.2.5 迭代性

迭代性(iterativity)是指数字基础设施能够使数字产品在不断地试验和实施中快速形成、修改和重构，促进数字产品创新的实施。由于数字基础设施的边际成本较低，使得数字创新产品能够快速迭代扩展，创新的流动速率因此被提升。例如，用户在首次购买智能手机时，智能手机的应用功能并未被完全展现出来，用户需要安装应用以将新的情境应用到已有的产品中进行二次产品创新，在这个过程中，创新的起点与终点变得模糊。此外，基于数字基础设施的可供应性和可编辑性的快速迭代创新模式，往往比传统集约管理的企业创新模式更具有效率和动态性。

在数字经济时代，技术和商业模式的迭代往往超出已有的技术轨道，是人们难以预测的，通常是在被受众广泛采纳后，某种技术或模式才能被称为潮流。由于数字技术的可编辑性，数字技术表现出对组织形式和功能的延迟绑定(procrastinated binding)，能够在生成产品或者工具之后再补充添加新的功能，比如智能手机中的App系统以及微信里的小程序。因此，数字经济时代的创新和服务是无限的，不受企业传统资源与能力的约束。例如，在建筑行业引入3D可视化工具极大地改变了测量工程师的作用和范围，增加了他们在建筑工程中测量定位点的数量，这些创新又反过来影响企业与这些工程师、业主和供应商之间契约关系和组织形式的管理。此外，数字技术的迭代性还体现在它留下了数量空前的数字痕迹，这些数字留存为衍生性创新(derivative innovations)奠定了坚实基础。

7.2.6 可扩展性

可扩展性(scalability)是指数字技术能够以低成本、高速度增强功能和性能的能力，通过较少的修改甚至只是硬件/软件的添置，就能实现较高的性能，处理大规模的业务。在数字经济时代，随着云计算、大数据分析等技术的不断崛起，企业可以利用数字技术实现杠杆效应，即以较少的资源投入，实现较多的产出。数据能够作为新的生产要素进入创新过程，数字技术的存在促使这种低成本的投入要素带来产出水平的快速提升，使得规模递增成为可能，因此数字创新被赋予了可扩展性。

创业企业利用数字技术不仅可以用较少的时间和成本对供应和需求的新组合进行试验，促进供需双方的有效连接，也能够以较低的成本对企业的商业模式进行试验，提升企业竞争优势。

第一，在机会评估阶段，数字技术的可扩展性可以促使创业企业快速评估创业机会。由于数字技术的可扩展性，创业企业能够在分析大量潜在客户的基础上低成本、高效率地检测一些新颖的概念，如在线社区的存在促使企业对围绕特定技术的机会进行集体实验，有利于对机会快速地评估，筛选出更加优质的机会。第二，在资源识别阶段，数字技术的可扩展性有利于创业企业识别资源需求以及确定资源的潜在来源。数字技术的可扩展性允许创业企业以较低的成本实现较大范围信息的搜索，有利于企业快速确定实现价值创造所需的资源。第三，在资源配置阶段，数字技术的可扩展性能够提高创业企业配置资源的效率，有利于竞争优势的获取和绩效的提高。数字技术的可扩展性能够促使企业以较低的成本配置全球范围的资源，一方面能实现更多数据的收集和分析，提高供需双方匹配的高效性和有效性；另一方面通过改善与客户/供应商之间的关系，提高资源配置的效率和企业绩效。

7.3　单点突破战略：通过用户获利体验建立市场认知

单点突破战略是指数字企业基于用户需求和市场机会选择合适的细分赛道。单点突破战略的价值创造主要表现为用户获利体验，即精准匹配用户需求或高于预期的使用感知，而价值捕获主要表现为市场认知建立，即得到市场认可的产品在用户心智中树立定位。此时价值创造和价值捕获的动态平衡关系则表现为通过用户获利体验建立市场认知。

具体而言，为了跨越单点突破阶段价值创造和价值捕获之间的“鸿沟”，用户获利体验可细分为用户痛点切入和用户体验优化，市场认知建立可细分为精益产品打造和用户规模扩张，它们之间的协同演化路径在于：首先，新创企业应识别和把握用户痛点背后的创业机会；其次，基于用户需求不断打磨产品，优化用户体验；最后，以精准匹配市场的产品赢得大量用户规模，建立市场认知，从而累积一定的初始资源，使得企业可以基于用户数据构建用户画像，以进一步增强对用户痛点的机会识别和把握能力，形成良性循环，并为产品供给升维带来用户多元化选择等场景延伸战略的实施奠定基础。

实践链接

美团的单点突破战略为专注团购(2010 年 3 月—2012 年 1 月)。首先，在用户获利体验(价值创造)方面，美团在创始之初树立“帮大家吃得更好，生活更好”的企业使命，始终遵循消费者第一、商家第二、美团第三的原则。通过“7 天内未消费，无条件退款”“消费不满意，美团就免单”“过期未消费，一键退款”等举措搭建团购无忧消费者保障体系，免除消费者团购的后顾之忧。其次，在市场认知建立(价值捕获)方面，美团通过从“一日一团”到“一日多团”、从“短期限时”到“长期灵活”等举措对传统团购模式进行了改进。面对 2011 年的“千团大战”，美团把主要资源投入到 IT 系统的开发和服务体验的改进上，相比同行提供更优质的商户和消费者服务，从而一举奠定了在团购市场的领先位置。

小米的单点突破战略为 MIUI 系统及手机开发(2010 年 4 月—2013 年 11 月)。首先，在用户获利体验(价值创造)方面，“做全球最好的手机，只卖一半的价钱，让每个人都能买得起”，这是雷军在创立小米时的愿景。小米在创始之初以“专注、极致、口碑、快”的互联网七字诀，在“米粉”(主要为早期的“发烧友”)共同参与下开发出基于安卓的 MIUI 操作系统，并于 2011 年 8 月正式发布广受欢迎的第一代小米手机。其次，在市场认知建立(价值捕获)方面，小米用互联网模式来做手机，在成立初期就通过 MIUI 社区攒下 50 万“米粉”。为了最大化降低营销成本和渠道费用，打造极致性价比来撬动市场，小米通过自建线上商城发售手机，营销渠道也主要集中在社交媒体上。根据相关调研数据，在各大电商平台2013年的手机总销量排名中，小米手机超过三星，位列第一。

7.3.1 用户痛点切入

1. 用户痛点分析

用户痛点是大众用户对企业产品或服务未达到其期望的消费诉求，反映了用户对产品质量和服务的客观评价、定位及诉求，包含期待产品解决的问题和用户需求发展动向，是产品市场定位和发展决策的重要依据。用户痛点分析为企业产品决策提供了重要依据，主要可从以下3个方面入手。

(1)用户痛点形成原因

总的来说，用户痛点是由于当前产品或服务难以达到用户消费预期，难以解决用户在使用产品或服务过程中某个长期存在的、困扰用户的问题。这些问题可能是一系列问题形成的集合，而不仅仅是某一个单一的、尚未被解决的问题。

(2)用户痛点的类型

用户痛点的类型主要分为“伪痛点”和“真痛点”，其中“伪痛点”是小众用户的消费诉求，不代表主流用户“痛”处，但这类痛点容易获取并误导企业耗费大量精力去消除；而“真痛点”则代表众多消费者的集体诉求。

(3)用户痛点影响程度

用户对产品中存在问题“痛”的程度并不相同，同时，企业资源也是有限的，因此企业需要对用户痛点的重要程度进行衡量，以集中有限资源解决关键用户痛点。

2. 多源用户痛点信息分类

用户痛点分类分析是产品决策的重要依据，将影响产品决策的方向和市场定位。根据用户痛点特征指标体系和用户痛点词库，对测试样本的大量语句进行训练和分类，最终建立所有采集用户痛点信息的训练和学习，建立用户痛点分类，按照权重等级和指标体系的相关性依次将用户痛点划分为：迫切关切痛点、关键关切痛点、重要关切痛点、重点关切痛点和一般关切痛点。其中，迫切关切痛点和关键关切痛点是关系到产品或服务生死存亡的消费诉求。

此外，根据可执行性可将用户痛点分析分为两类：一是依据现有技术有能力解决的痛点，应作为产品改进和升级的主要出发点和策略依据；二是暂时不能利用现有技术、成本和市场等得到有效解决的痛点，应综合衡量竞争对手产品策略，建立优于竞争对手的提升方案。用户痛点可视化是痛点分析的主要工具，建立用户痛点雷达图，对关键痛点进行呈现，有助于更好地展示分析结果，并形成用户痛点分析报告。

3. 基于多源用户痛点信息融合的产品决策

根据用户对产品和市场的定位以及不同级别的用户痛点类别，产生产品决策等级，决策等级按照决策难度分为一般决策、重点决策和复杂决策。产品一般决策建立在单一用户痛点解决的基础上。在实现方式上，企业乐于实施改善，因为在可控的成本范围内易于达到产品的升级改善以满足用户需求。产品重点决策是针对用户关切度较高、反应较强烈，影响产品在消费者心目中地位和市场占有率的痛点解决而提出的改进方案，在实施改善的过程中需要突出额外成本(如研发、设计优化等)，消除这类痛点有一定难度，但必须克服一切困难去解决。产品复杂决策是综合多个痛点特征，建立多要素综合考虑的产品优化和升级方案，实现过程较为烦琐，需要建立多个步骤实现计划，按照多个阶段划分多个实现部分，以解决用户多个痛点问题。

7.3.2 用户体验优化

在数字经济时代，消费者所需要的体验是复杂且深层次的，涵盖功能体验、享乐体验和社会体验等层面。数字品牌社群能够保障不同的价值共创主体根据自身的专业能力分工协作，从功能到享乐再到社会等不同体验层面，全方位满足消费者需求。

在管理学视角下，体验是指企业和消费者在互动过程中形成的一种主观感受。用户体验可划分为功能体验价值、享乐体验价值和社会体验价值。消费者使用产品的直接目的在于满足最基础的物质需求，通过产品使用实现功能体验价值。生活水平的提高使消费者对产品提出更高的要求，期望获得更加优质的商品，使消费者能够享受产品使用的过程，从而获得享乐体验价值。消费者购买和使用独特、新颖的产品是消费者塑造个人风格、表达自我的重要方式，也能够帮助消费者获得社会体验价值。

1. 数字平台的价值提供

数字平台由品牌方构建，是价值共创活动所需的资源池和制度基础。价值提供是指消费者体验所需的基础资源(如原材料、文化底蕴等)和生产工具(如互动工具等)的有效供给，价值提供的主体通常是数字平台。数字平台的价值提供主要贡献于功能体验价值的营造，体现在供应链、品类战略、文化底蕴、激励机制、数据中台、互动工具6个方面。其中，供应链和品类战略决定了品牌社群所能够提供的基础产品和服务的类别和品质；文化底蕴和激励机制决定了品牌社群所能够引进的意见领袖、追随者和普通消费者的类别、质量和积极性；数据中台和互动工具则有利于改善意见领袖、追随者和一般消费者之间互动的品质和频率。

①供应链的品质是品牌社群为消费者创造价值的基础。品牌社群要为消费者创造价值终究是以标准化的产品和服务为基础的。

②品类战略一方面影响了消费者在平台上能够获取的产品品类数量的多寡，另一方面则影响了消费者搜寻到想要产品的难度。

③文化底蕴是为社群成员提供共同目标、规范集体行为的精神基础。品牌社群的文化底蕴具有两方面的作用：一是成员的筛选，二是行为规范。

④激励机制是平台激励参与主体进行信息传递和经验分享活动的机制。激励是平台价值共创的重要内容，平台实行激励机制的根本目的是正确引导参与主体的分享活动，使他们在实现价值创造目标的同时实现自身需要，从而更好激发参与主体的积极性和创造性。激励机制在一定程度上是决定平台价值共创活动活跃程度的重要因素之一。

⑤数据中台是平台企业数据服务的加工厂，具备数据汇聚整合、数据提纯加工、数据服务可视化、数据价值变现4种核心能力，能够让企业员工、客户、伙伴方便地

应用数据。数据中台构建了把业务生产资料转变为数据生产力，同时数据生产力反哺业务，不断迭代循环的闭环过程，即数据驱动决策和运营。

⑥互动工具是平台主体间“对话”必不可少的工具。当意见领袖在活动中进行经验分享时，消费者可以通过互动工具与其进行互动，为主体间信息互通提供直接途径，加快了信息互通与共享的效率和效果。

数字平台围绕供应链、品类战略、文化底蕴、激励机制、数据中台和互动工具6个方面对意见领袖和追随者赋能，最终为消费者体验提供基础价值。

实践链接

供应链。在“孩子王”社群中，育儿顾问为消费者解决问题的最常用手段就是给他们推荐合适的产品。如果没有高品质、可信赖的供应链作为基础，那么育儿顾问就很难高效地为消费者提供满意、高效的服务。

品类战略。“孩子王”App基于不同的使用场景将产品的品类分为“孕妈专区”“奶粉尿裤”“童装童鞋”等，便于育儿顾问和消费者根据需要了解和挑选产品。同时，随着用户规模的不断扩大，“孩子王”也将商城的产品品类从“母婴”逐步拓展到“美妆”“生活电器”等，以满足消费者“一站式”购物需求。

文化底蕴。正所谓“不是一家人，不进一家门”，“孩子王”作为一家具有社会责任感的专业育儿顾问机构，其社群成员必然有专业的育儿顾问、有育儿需求的父母以及母婴知识的爱好者，这些人有共同的话题，具有较强的凝聚力。“孩子王”一直致力于营造专业、负责的品牌形象，也会受到这种精神的感召，平台上的育儿顾问不断提升自己的专业能力和素质，以高标准来要求自己。

激励机制。“孩子王”为育儿顾问开发了“人客合一”App，具有对育儿顾问进行日常考勤和奖励核算的功能。育儿顾问回答的问题、提供的服务、分享的商品以及由此产生的评价和销量，都会在App上转化为积分奖励。同时，“孩子王”在考核制度上综合考量销售结构、会员评价、服务顾客次数、与用户互动次数等细化指标，以此来激励育儿顾问与用户进行更广泛的互动。

数据中台。为了保障数据赋能，“孩子王”建立了数据中台，将资源进行数据化和电子化。根据领域不同，中台分为商品、商品池、用户、订单、库存、触达、支付、账户系统、积分系统、领券、发券、促销、红包等内容。数据中台的建立为有效盘活顾客的数据资产、最大化数据的价值提供了支持。

互动工具。互动工具包括“孩子王”公众号的推文平台、买家和卖家的即时通信系统以及产品的体验评价系统等。

2. 意见领袖的价值界定

意见领袖是在数字平台的制度激励下，将资源池中的基础资源进行整合、开发与概念界定，从而将平台资源的功能性体验转化为精神体验的核心主体。价值界定是指对数字平台所提供的基础资源进行创造性整合并赋予特定概念的过程，如将纸尿片的推荐和补货提醒服务结合，并命名为“宝宝的卫生管家”。价值界定的主体通常是意见领袖，意见领袖的价值界定主要贡献于享乐体验价值的营造，主要体现在人格魅力、专业素养、个性化服务、经验分享和风险保障 5 个方面。其中，具有一定的人格魅力和专业素养是成为意见领袖的基本要求，而个性化服务、经验分享和风险保障则是意见领袖进行价值界定活动的关键行为。

①人格魅力和专业素养是意见领袖吸引追随者或其他普通消费者的重要因素。其中，人格魅力是意见领袖名誉、头衔、经历和个性等因素的综合体现；而专业素养则是一种能够深刻理解消费者经常遇到的问题，并有针对性地提供相关解决方案的能力。一方面，只有具有较强人格魅力的人才有可能产生广泛和深刻的影响力，从而凝聚起一群追随者，并被众人所信服，成为意见领袖。同时，人格魅力也往往体现在"急消费者之所急"的真诚个性之上。另一方面，具有专业素养的意见领袖能够快速、有效地为消费者提供建议，实时解决他们遇到的问题。另外，深厚的专业素养也有助于意见领袖凝练经验和知识，通过互动工具提升自身的影响力。

②个性化服务、经验分享和风险保障在价值界定方面是相辅相成的关系，全方位地保障了消费者对价值的心理感知。其中，个性化服务是指意见领袖基于平台所提供的基础价值进行有机的整合与开发，从而创造出新的价值的过程。经验分享是意见领袖与其他消费者展开互动，将新的价值进行概念化并分享的过程。经验分享具有发起话题的作用，优质的话题能够引发广泛、热烈的关注和讨论，在社群中形成互动，营造氛围，从而起到将价值概念植入消费者意识的功效。风险保障是一种信用背书，有利于提升消费者对所界定价值的认可度和信任度。

意见领袖围绕上述 5 个范畴进行价值创造活动，不仅充实了数字平台，同时引领追随者，最终实现消费者体验的价值界定。

3. 追随者的价值升华

追随者是信任和崇拜意见领袖的忠诚消费者，起到为社群营造氛围、传播口碑的作用，是品牌社群扩大影响范围、提高影响力的关键力量。价值升华是指对经过意见领袖概念化的价值进行传播、烘托和升华的过程。价值升华的主体通常是追随者，追随者的价值升华主要贡献于社会体验价值的营造，主要体现在热情慷慨、口碑传播、经验分享、营造氛围 4 个方面。其中，热情慷慨是追随者必备的基本素质，而口碑传播、经验分享和营造氛围则是追随者对意见领袖所凝练的价值概念进行升华的关键行为。

①热情慷慨是追随者角色的人格特质，决定了追随者愿意跟随意见领袖并进行经验分享、口碑传播等行为活动。追随者作为一种特殊的消费者，本身并没有非常具体的业绩目标，他们只是出于对意见领袖的欣赏和信任而参与社群活动。只有热情慷慨的人才有可能在没有明确目标的情况下积极参与口碑传播和氛围营造的活动。

②口碑传播与经验分享是追随者跟随意见领袖进行的两大活动。口碑传播是指追随者在购买到满意的产品或服务后对熟人进行的信息分享与传播；经验分享是追随者对产品的使用经验或服务流程等内容进行分享，从而使其他消费者了解熟悉。在追随者与意见领袖互动的过程中营造氛围，使更多的追随者加入其中，形成良性互动。

③营造氛围往往具有两方面的功效：一是活跃社群气氛，持续引发关注；二是通

过营造特定的氛围，激发其他社群成员的特定行为。例如，当社群成员都在谈论某一件产品质优价廉的时候，社群的其他成员购买该产品的动机会大大提升；当社群成员都在参与某一项秒杀活动的时候，其他成员也不大可能会错过这样的优惠。

追随者围绕热情慷慨、口碑传播、经验分享、营造氛围 4 个范畴进行价值创造活动，在这个过程中，追随者不断提出问题从而优化平台的功能与结构，并且不断支持意见领袖进行信息传递，最终对消费者体验实现价值升华。

综上所述，数字平台、意见领袖和追随者分别通过价值提供、价值界定和价值升华参与到消费者体验的创造过程中，也就是价值共创。

7.4 场景延伸战略：通过提升用户黏性优化营收结构

场景延伸战略是指在单点突破战略的基础上，新创企业扩展产品及服务品类以满足用户多元化的场景需求。场景延伸战略的价值创造主要表现为用户黏性提升，即用户因对品牌认可或对产品及服务满意而提升其留存、复购等表征活跃度的行为；价值捕获主要表现为营收结构优化，即产品及服务品类的拓展能够有效提升用户付费意愿，以此丰富收入来源。此时价值创造和价值捕获的动态平衡关系则表现为通过提升用户黏性优化营收结构。

具体而言，为了跨越场景延伸阶段价值创造和价值捕获之间的“鸿沟”，用户黏性提升可细分为产品供给升维和用户选择多元，营收结构优化可细分为消费频次增加和营收来源扩大，它们之间的协同演化路径在于：首先，在持续做好切入市场单点产品的同时，基于用户数据积累和迭代不断完善用户画像，从而挖掘并开发与用户场景需求相契合的更高阶产品功能或其他衍生产品及服务。其次，发挥单点产品的引流作用，在个性化推荐或其他渠道的引导下，给予用户一站式的多样化选择，提升其留存及复购率。最后，通过消费频次的增加和营收来源的扩大优化营收结构，进一步助力产品升维，形成良性循环，并在巩固单点突破的同时，为数字技术赋能产业链上下游合作伙伴等生态协同战略的实施奠定基础。

实践链接

美团的场景延伸战略为“T 型战略＋三驾马车”(2012 年 2 月—2018 年 8 月)。在用户黏性提升(价值创造)方面，美团以团购为入口，不断扩展产品及服务边界，一站式满足用户“吃喝玩乐”的需求。在“帮大家吃得更好，生活更好”这一长期使命的驱动下，美团基本形成到店、到家、旅行、出行 4 类生活服务场景的自然延伸，用户黏性很强。在营收结构优化(价值捕获)方面，美团先用“吃喝”俘获了一批用户，再用“玩乐”巩固老用户、吸引新用户。根据相关调研数据，2015 年，单个用户在美团平台上年均交易 10.4 次，2016 年增至 12.9 次，2017 年进一步增至 18.8 次。2018 年 9 月上市之时，美团牢牢占据了外卖和到店两大高频流量入口，并通过用户导流在酒店预订和旅游等领域成功实现扩张。根据招股说明书披露数据，2018 年上半年，美团的平台交易金额为

2 319 亿元，同比增长 55.6%。其中，外卖为 1 227 亿元，到店、酒店及旅游为 828 亿元，两项合计占总金额的 89%。

小米的场景延伸战略为"生态链计划＋铁人三项"(2013 年 12 月—2018 年 12 月)。在用户黏性提升(价值创造)方面，为弥补硬件品类拓展上的短板，小米开启"生态链计划"，通过投资有潜力的生态链企业，迅速扩充物联网产品矩阵，包括小米电视等五大自研产品以及手机周边等生态链企业合作产品。为进一步提升用户体验，小米大举推进新零售，将线上的小米有品、小米商城以及线下的小米之家相结合，并承诺线上线下同价，三者形成了一个倒金字塔结构：小米有品上销量好的过滤到小米商城，小米商城上销量好的过滤到小米之家，等商品到达小米之家时，实际已经过双重的爆款验证，用户黏性和转化率得以提升。在营收结构优化(价值捕获)方面，小米的营收来源于"铁人三项"，即硬件＋新零售＋互联网，现阶段以硬件和新零售为主。基于爆款和大数据选品的三级过滤，小米之家的负责人说道，"虽然手机、充电宝、手环等商品是低频消费品，但是将所有低频加在一起，就变成了高频。"根据年报披露数据，2018 年小米 IoT 与生活消费产品收入 438 亿元，同比增长 86.9%，比智能手机的增长率高出 1 倍多，毛利润 45 亿元，占后者毛利润的 6 成以上，而毛利率是后者的 1.7 倍。

场景化(contextualization)是指在用户需求个性化的拉动和数字化技术的驱动下，企业运用场景元素实现价值创造的过程。用户画像(人)和价值主张(货)是商业模式的重要构成要素，而时间和空间是最为关键的场景元素。因此，从商业模式和场景化两个维度考查两者融合，即形成了"人-货-场"融合的 4 类典型的场景化路径(图 7-1)：用户维度的场景化是从时间和空间考察用户(人)的画像和需求，产品维度的场景化是从时间和空间考察产品或价值主张(货)的形态或组合。

		商业模式	
		用户(人)	价值主张(货)
场景化(场)	时间	用户画像的时间场景化	产品或价值主张的时间场景化
	空间	用户画像的空间场景化	产品或价值主张的空间场景化

图 7-1　场景化路径

资料来源：江积海：《商业模式创新中"逢场作戏"能创造价值吗？——场景价值的理论渊源及创造机理》，载《研究与发展管理》，2019，31(6)。

7.4.1　用户画像的时间场景化

用户画像的时间场景化是从时间维度来理解用户及其待办事项的过程。一方面，在洞察用户时，除了传统身份标签(如年龄、性别、区域等)和能力标签(如职业、收入状况等)之外，还需要考虑时间维度。待办事项是特定用户在特定的环境场景中要完成的特定工作或任务，即待办事项发生在特定的时间或地点，因此，用户待办事项是商业模式场景化的重要一环。另一方面，“甜点”是用户完成某个待办事项所期望达成的有利目的或收益效用，“痛点”则是用户完成某个待办事项所期望解决的不利问题或困扰。这两方面都是用户未被满足的需求，同时也将目的围绕待办事项进行细化，进而实现场景化和精准化。如用户为了更好地完成某个待办事项而去购买某个产品。以奶茶为例，上班族早上开车去上班，会借助各种产品使行程更加有趣，比如买一杯珍珠奶茶，用吸管喝奶茶适合开车过程中的单手操作；下午下班回家时之所以买奶茶，则是带给家里的孩子喝，完成父母对子女的关注和爱护这个待办事项，但下午购买的奶茶量相对上午的要小，一方面是因为晚餐时间快到了，另一方面是基于健康的考虑。总之，用户画像的时间场景化是将时间元素嵌入用户画像，使其更加动态和精准，更好地洞察用户的需求和行为，进而影响用户的内心活动和行为意愿。

用户画像的时间场景化顺应数字经济时代用户时间碎片化的趋势，即假定用户在不同时点会有不同的购买欲望和行为。用户画像的时间场景化有利于精准定位用户在特定时点的碎片化需求，从而增强了用户的关注意愿和互动意愿。比如，数字经济时代赋予场景化营销新的特征，概括为“in place，in time，in sight(即时、即刻、洞悉)”，即从时间、空间和心理 3 个维度定位和把握消费者的碎片化场景。以谷歌智能搜索的广告为例，用户用手机搜索“比萨”，若是在市区晚上 7 点 30 分，这时某餐厅的广告内容是“3 美元一块，外带晚餐只需要 10 美元”；如果是上午 11 点用户在家里 PC 端搜索“比萨”，则广告内容为“网上预订 15 分钟送到”。因此，时间的场景元素使得对用户的理解精细到他们在特定时间的“待办事项”，甚至是在特定时间的状态、情绪和行为等因素及其如何影响用户的内心活动和行为意愿，进而使得企业价值创造的“颗粒度”更细致，定位更精准。

7.4.2 用户画像的空间场景化

用户画像的空间场景化是从地点维度来理解用户及其待办事项的过程。洞察用户需求引入不同的地理位置或者场合，即根据线上虚拟空间与线下物理空间、区域或城市分布，以及场合和地点等方面的不同，细分不同用户的需求。比如，大众点评的首页详情页分城市地点进行场景化的运营，手机 App 首页在上海的关键位置展示的是美食和休闲产品，而在成都或厦门则主推机票和当地旅游指南。大众点评通过用户手机的 GPS 定位信息发现用户到了一个陌生城市时，会自动将首页切换至旅游版面，给用户推荐当地的必吃美食、必游景点等。再如，海尔集团的消费者画像分为 7 个层级、143 个维度、5 228 个节点用户数据标签体系。其中，7 个层级包括人口统计特征、地理位置、使用偏好、兴趣爱好、品牌喜好度、购买及使用倾向、入市意向，其中地理位置是非常重要的维度。iPhone 手机采用滑动接听和点击接听两种接听电话方式的设计，就是考虑了锁屏状态和非锁屏状态两种不同的使用场合。同样地，在分析用户需求方面，也需要嵌入空间场景元素，比如文化、兴趣和价值观等。总之，用户画像中嵌入空间场景，使其更加多样和立体。

数字经济时代，消费场景变得越来越即时化和碎片化，企业和消费者的触点不再

局限于单一的商场、网站等高流量入口，从而增强了用户的关注意愿和互动意愿。京东商城创始人刘强东以场景多元化(pluralism)来表示这一趋势。比如，未来消费者可以通过家里的智能冰箱自动识别鸡蛋、牛奶等常规食品的余量并自动下单，可以对着电视剧中喜欢的服装搭配随手拍照，自动识别售卖来源并实现购买，还可以一边和虚拟助手聊天，一边让它购买朋友最近关注的时尚新品作为生日礼物。再如，优酷推出的“边看边买”视频购物模式，就是阿里巴巴联合优酷土豆进行的一次场景化营销尝试：在电视、电影等视频的播放过程中，会弹出一些商品信息，用户可以对感兴趣的内容进行相应的收藏或购买操作。因此，用户画像的空间场景化有助于理解越来越分散和丰富的消费场景中的用户需求，进而推出定制化、个性化的产品或服务，能够增强用户的互动意愿和购买意愿。

7.4.3　产品或价值主张的时间场景化

产品或价值主张的时间场景化是产品或价值主张嵌入时间场景的过程。用户(人)与价值主张(货)要进行匹配，即用户未被满足的需求，要与企业所创造的产品或解决方案背后的价值主张相一致。产品或价值主张的时间场景化体现为以下方面。

1. 产品“无时不有”

过去购物是费时费力的事情，顾客需要预留专门的时间进行搜索、挑选、砍价，但未来的零售场景是无时不有、无缝切换的，零售嵌入日常生活的点滴，一句语音指令、一张随手拍下的照片都有可能触发订单，满足随性或即时的需求。例如，京东商城推出“京X计划”，与腾讯、百度、今日头条、爱奇艺、360等达成合作，使消费者在社交娱乐、信息检索的过程中即可完成购物，让购物无时不有、无缝切换成为可能。因而，企业可以借助数字化技术，随时对用户的碎片化场景进行追踪定位，精准计算和把握用户的“甜点”或“痛点”，并通过App等入口，实现即时性的场景连接，从而为用户推送适宜的产品和服务，满足时间场景化价值诉求。

2. 价值主张的情感化

“顾客需要的不是一个电钻工具，而是一个洞”，这句话说明，顾客需要的不仅仅是一个产品，而是产品背后的服务元素。进一步地，“顾客需要的不是一个洞，而是在正确的时间、正确的地点，得到一个正确大小的洞”，这句话用来描述在移动互联网时代，顾客需要的不仅仅是服务，而是在特定应用场景中的服务。情感场景与基础场景元素中的目的元素相关联，后者关注“洞”的物理意义，前者关注“洞”的更深层意义。如亨利·福特在1911年创办福特汽车公司之前曾去访谈，了解顾客需要什么样的交通工具，顾客告诉他“需要一匹更快的马”。“快”所创造的速度和便利是购买汽车的直接目的，但在此之后所带来的“自由的感觉”则是更深层次的情感型价值主张，用户购买汽车的目的(价值主张)是“汽车-速度快-自由”。所以，将情感场景单独划分为一类进行表达，一方面强调了该类场景的重要意义，另一方面更好地捕捉了商业模式实现价值创造的内在规律。

3. 价值主张的虚拟化

德勤公司发现，在典型的线上/线下购物场景中(线上产生需求、浏览、挑选，线下进行购买)，对于功能型产品，消费者会先在线上进行产品和价格比较(55%)，然后在线下消费，关注店内购物的便捷性(32%)和产品的丰富性(18%)；对于体验型产品，消费者更喜欢在线上浏览现有消费者在线评论(50%)，线下寻求“最后一公里”服务(17%)和丰富的产品信息(14%)。比如，星巴克从2008年开始进行数字化转型，由原来的“将心注入”转型到“将芯注入”，打造“第三空间”基础上的“第四空间”，即数字空间，推出“我的星巴克点子”社交网络、“用星说”等数字产品和业务，增加与用户在数字空间的即时互动，增强用户数字化体验。总之，时间元素嵌入产品使得价值主张由功能化向情感化与虚拟化进化转变，从而更具有温度和人格化，重新定义了产品的价值主张，进而影响用户的支付意愿及推荐意愿，最终有助于实现价值创造的跃迁。

产品或价值主张的时间场景化体现为产品或价值主张的即时需求满足、情感化和虚拟化，使得产品的价值主张更丰富多样，让场景赋予产品以意义，增强了用户的支付意愿和推荐意愿。消费升级的一个重要方面就是顾客诉求由价格敏感转向时间敏感，打通商品、服务和消费者之间的时间障碍，解决用户在忙、懒、急3大场景下的即时性和便利性需求。

实践链接

2017年1月，永辉超市推出第五个新零售业态——超级物种，汇集了鲑鱼工坊、波龙工坊、盒牛工坊、麦子工坊、咏悦汇、生活厨房、健康生活有机馆和静候花开花艺馆8大物种，将线下“超市＋餐饮”深度融合，同时借助线上App＋微信小程序，打造生鲜餐饮高端超市全新消费体验，实现线上的30分钟极致配送、365天×24小时服务，或者线下直接选购食材，或者直接享受食材烹调服务在店内享用。以波龙工坊为例，顾客挑选好产品后可以直接交给专业厨师制作，提高了顾客的支付意愿和超级物种的坪效(坪效是指每坪面积产出的营业额，1坪＝3.3平方米，也就是单店营业面积内每平方米面积上每天所创造的销售额)。因此，产品或价值主张的时间场景化可以将产品与用户的具体时间和地点等内容连接起来，有助于从时间维度重新定义产品组合和丰富价值主张，进而提升用户的购买意愿和推荐意愿。

7.4.4 产品或价值主张的空间场景化

产品或价值主张的空间场景化是产品或价值主张嵌入空间场景的过程。其具体内涵体现为以下两个方面。

1. 产品突破单一产品的固定边界，形成产品组合

产品分为产品、服务、体验等形态，产品组合则是各种形态的组合，即“产品＋”，可以是产品＋产品、产品＋服务或产品＋服务(内容、数据等)＋体验。比如，天虹商场在新零售背景下，重新定位为“畅享欢乐时光的生活中心”，构建了3类消费场景，并匹配以不同的产品组合：①宅在家的消费场景。用户画像是喜欢宅在家中，对购物的便利性要求较高，较多以线上购物、线下休闲为主，因而产品组合为虹领巾App＋天虹到家＋便利店。②家庭消费场景。用户画像是家庭各个方面都有消费需求，希望能够一次性解决综合需求，希望有综合一体化的休闲娱乐设施，希望在休闲的过程中完成购物，因而产品组合为购物中心＋社区生活中心。③效率购物场景。用户画像是对品质要求较高，不喜欢花太多时间逛电商，喜欢在百货中进行目标性购物；购物目的性较强，单次买入大量商品，希望得到整体解决方案；重品质，对商品品质、时尚度要求较高，希望购买全球化商品；喜欢现场试穿、体验，不喜欢购买触摸不到的商品，因而产品组合为百货＋超市＋便利店。

2. 产品突破产业边界

产品或价值主张的空间场景化有助于形成“产品＋”，比如产品＋产品、产品＋服务、产品＋内容、产品＋App＋体验等，重新定义产品组合和丰富价值主张，进而提升用户的支付价格和推荐意愿等。支付宝围绕用户需求不断进行创新，希望贯穿本地生活服务场景、O2O 场景、社群场景、新零售场景、金融理财等用户真实生活的支付场景。通过构建多维度支付场景，增加用户的使用频次，打造基于场景的关系链，实现由支付工具向支付平台甚至移动商业生态系统的转变。

2017 年，小米公司升级了初期的“铁人三项”商业模式，3 个板块由硬件、软件、互联网升级为硬件、互联网、新零售。硬件板块有手机、电视、路由器、AI 音箱和外部的生态链智能硬件；互联网板块的业务包括 MIUI、互娱、云服务、金融、影业；新零售板块是小米从单纯的网商模式向线下结合发展的产物，包含小米商城、全网电商、小米之家、米家有品等。此外，小米还投资了硬件生态链公司，包括手机周边、智能硬件、生活方式。手机周边包括充电器、耳机、移动电源等；智能硬件有平衡车、机器人、电饭煲等；生活方式类产品囊括背包、拉杆箱、牙刷、枕头等各式用品。小米公司将资金、资源和方法论等赋能生态链企业，创造较强的产品组合和协同效应，高性价比、高品质、“黑科技”及“高颜值”等维度让用户对其产品形成巨大的需求和信任感，从而实现规模化量产，进而降低产品成本，低价售卖吸引更多用户，实现正向循环，仅用 7 年时间营收就达到 1 146 亿元。

总之，产品或价值主张的空间场景化使得单一产品拓展为产品组合，将产品与用户的碎片化时间、空间、行为等内容连接起来，重新赋予产品以新的意义和价值，满足用户个性化的需求，影响用户消费行为，实现价值创造的倍增。

7.5　生态协同战略：通过提供解决方案加强竞争壁垒

生态协同战略是指在场景延伸战略的基础上，新创企业围绕某一核心产品、服务或业务，整合产业链上下游利益相关者形成协同共生的关系。生态协同战略的价值创造主要表现为提供解决方案，即通过产品与服务的组合为用户提供以结果为导向的一揽子解决方案；价值捕获主要表现为竞争壁垒加强，即基于生态成员间连接互动及其协同共演所构建的更高阶且更稳健的竞争优势。此时价值创造和价值捕获的动态平衡关系则表现为通过提供解决方案加强竞争壁垒。

具体而言，为了跨越生态协同阶段价值创造和价值捕获之间的“鸿沟”，解决方案提供可细分为供给数智赋能和需求高效匹配，竞争壁垒加强可细分为多线业务协同和网络效应构建，它们之间的协同演化路径在于：首先，利用大数据和人工智能技术深度挖掘前期单点突破和场景延伸过程中累积的数据价值，以此赋能自身以及合作伙伴的生产经营，从而完成企业的数字化、智能化升级改造，在提升产品供给质量的同时高效匹配用户需求；其次，构建实现消费互联网和产业互联网交互的价值网络，通过协同自身和产业链上下游合作伙伴的相关业务，以提供解决方案为核心，更大程度推动价值共创；最后，基于产业链上下游利益相关者之间的联动构建网络效应的竞争优势，从而使得竞争壁垒加强，进一步优化解决方案的提供，形成良性循环，并对场景延伸产生巩固效应。

实践链接

美团的生态协同战略为“Food＋Platform”(2018 年 9 月至今)。首先，在解决方案提供(价值创造)方面，上市后的美团将战略进一步聚焦为“Food＋Platform”，即以吃为核心，把业务覆盖至用户生活的各个方面，打造商业生态。具体而言，在“互联网下半场”的市场环境下，美团通过数字化、智能化技术整合并深耕产业链，包括上游的供应链(餐饮原材料)、中游的商户(营销、信息化管理)，以及下游的消费者(订餐、配送)。例如人工智能技术在配送调度系统中预测配送时间，而大数据技术则帮助商家了解用户对餐饮的各项需求，建立精准的用户画像，从而实现更高效和个性化的供求匹配。其次，在竞争壁垒加强(价值捕获)方面，美团上市后继续拓展新业务，C 端主要包括美团闪购、美团买菜和美团优选，B 端主要包括餐厅管理系统(RMS)、快驴进货和美团金融。基于数字化、智能化技术，这些业务能够被打通，实现战略协同，用户和商家之间也可以发生更多互动，在满足用户多元化需求的同时提升商家坪效，并进一步增强用户和商家的黏性、平台的网络效应及其生态的丰富度。根据年报披露数据，2019 年，美团总收入由 2018 年的 652 亿元人民币增至 975 亿元人民币，同比增长 49.5%。全年经调整净利润为 46.57 亿元，上年同期则亏损 85.17 亿元，全年总交易金额同比增长 32.3%至 6 821 亿元，平台年度交易用户达 4.5 亿，每位交易用户年均交易笔数 27.4 笔，活跃商家数 620 万。这意味着美团首次实现业绩扭亏转盈，生态优势初现，市值也创新高(760 亿美元)，成为仅次于阿里巴巴、腾讯的中国第三大互联网公司。

本章小结

• 数字经济时代用户的行为和企业业务都呈现出一些新的特征。首先，数字化环境下消费者的行为变化可以归纳为移动化、社会化、个性化和互动化。其次，数字化环境下企业可以从可接触性、丰富性、密切关系、锁定效应 4 个方面管理企业与用户的关系。

• 数字化环境下企业的业务体现出可编辑性、自生长性、可供应性、收敛性、迭代性、可扩展性等特性。

• 业务层数字战略包括 3 大战略，分别是单点突破战略、场景延伸战略与生态协同战略。单点突破战略是指新创企业基于用户需求和市场机会选择合适的细分赛道。场景延伸战略是指在单点突破战略的基础上，新创企业扩展产品及服务品类以满足用户多元化的场景需求。生态协同战略是指在场景延伸战略的基础上，新创企业围绕某一核心产品、服务或业务，整合产业链上下游利益相关者形成协同共生的关系。

复习思考题

1. 数字经济时代消费者的行为有哪些变化？
2. 数字经济时代企业与消费者之间是怎样的关系？
3. 数字业务具有哪些特性？
4. 数字经济时代企业有哪些业务层战略？
5. 单点突破战略的内涵是什么？如何实施单点突破战略？
6. 场景延伸战略的内涵和实现路径是什么？
7. 生态协同战略的内涵是什么？如何实现生态协同？

案例分析

扫一扫，看资源

苹果公司：构建数字生态

第 8 章　数字市场中的动态竞争

【学习目标】

- 了解数字市场的类型
- 掌握竞争本质的改变
- 熟悉传统在位企业和数字企业竞争的过程与战略
- 掌握平台价值的维度与要素
- 掌握平台竞争的类型
- 掌握平台身份领域分析

【关键术语】

多边交易市场　互补品创新市场　信息市场　选择性合作　结盟竞争　选择性竞争合作　平台价值　平台规模　平台身份　赢者通吃　独特性　用户共性　架构相似性

开篇案例

旅行的战争——携程旅行网与去哪儿网的动态竞争

携程旅行网(以下简称“携程”)创立于 1999 年，总部设在中国上海，目前公司员工 30 000 余人，已在北京、广州、深圳、成都、杭州、香港、南通等 17 个城市设立分支机构，在南通设立服务联络中心。2010 年，携程战略投资台湾易游网和香港永安旅游，完成了战略布局。2014 年，投资途风旅行网，将触角延伸及北美洲。

去哪儿网(以下简称“去哪儿”)是中国领先的无线和在线旅游平台，其网站上线于 2005 年 5 月，公司总部位于北京。去哪儿通过其自有技术平台有效匹配旅游业的供需，满足旅游服务供应商和中国旅行者的需求，致力于建立一个为整个旅游业价值链服务的生态系统，并通过科技来改变人们的旅行方式。对旅游服务供应商而言，去哪儿通过移动客户端及在线平台为其提供技术基础设施；对旅行者而言，去哪儿通过网站及移动客户端的全平台覆盖，随时随地为其提供国内外机票、酒店、度假、旅游团购及旅行信息的深度搜索，帮助旅行者找到性价比较高的产品、较优质的信息和便捷的预订方式，聪明地安排旅行。

第一回合：“划线门”携程赐名气

携程与去哪儿的恩怨始于 2006 年年末，携程向工商部门投诉当时还名不见经传的去哪儿。起因是携程发现去哪儿在其推广页面中抓取了携程对应机票产品的价格，并在携程的价格之上标注出非常明显的删除线，以表示去哪儿的价格更具优势，即所谓“划线门”。携程对此不满，没有与去哪儿交涉，而是直接投诉到工商部门。

时任去哪儿副总裁戴政具有丰富的媒体营销经验。他得知此事之后，先是通过博客连续报道事件进展，后来又在去工商局领取“行政告诫书”时邀请媒体，主动介绍事情经过。这宗投诉以去哪儿被工商局行政告诫而完结，但当时的舆论几乎都对去哪儿有利。此次事件使去哪儿获得了“携程挑战者”的定位——去哪儿的产品价格更低。

此后几年，去哪儿把携程绑定为对手，或有意或无意，或主动或被动地发起一系列“口水战”，如 2011 年“团购门”、2012 年“威胁门”、2013 年“倒爷门”以及 2015 年“互斥垄断门”。去哪儿也正是通过这一系列公关战，逐渐为人们所熟知。

第二回合：门票，在线旅游的新战场

2014 年 5 月 15 日，携程主动下架在去哪儿投放的门票与知心度假搜索，而去哪儿也同时下架携程与同程旅行的门票产品。去哪儿宣称下架携程与同程旅行门票产品是由于其未接入 SaaS(software as a service，软件即服务)系统，且与其他供应商存在重复门票资源。而携程则称，主动下架在去哪儿投放的门票与知心度假搜索是由于去哪儿的投资回报率极低，流量与转化率不如预期，通过去哪儿的渠道销售的相关产品多数亏本。

在此之前，携程刚刚投资同程旅行 2.2 亿美元，对同程旅行的持股比例约为 30%。携程的景区门票现付业务将交给同程旅行，而携程将保留原有门票预订业务。由此看来，双方在景区门票业务上有所分工，携程侧重线上预订，同程旅行侧重线下现付。与同程旅行这家门票业务最大的在线旅游企业合作，无疑增强了携程在门票业务上的竞争力。

遭遇门票“下架门”之后，去哪儿迅速调整了产品线。2014 年 10 月，去哪儿宣布成立门票事业部。同时，发放 100 万美元激励奖金并启动事业部期权激励计划，用于对门票团队的鼓励。去哪儿此举也被认为是在“双程”门票下架门后的一种积极防御手段。

第三回合：暗战机票分销

以去哪儿、淘宝旅行为代表的旅游服务平台的崛起，使用户在订机票时养成了先比价再订票的习惯，同时这类网站正在加大力度将用户留在自己的平台上完成订票操作，已经快速占领了中国机票市场中的较大份额。为挽回自己的市场份额，2013 年 2 月 20 日，携程正式推出“订机票返现金”大规模机票营销活动，高调打响在线机票价格战。但是，这轮促销活动并没有扭转携程在机票销售方面不断下滑的局面。Alexa 网站的统计结果显示，2013 年 3 月国内在线旅行网站机票预订业务用户覆盖数排名前 5 位的依次是：去哪儿、携程、同程旅行、艺龙旅行、欣欣旅游。

但去哪儿并没有就此停止对机票市场的争夺，2014 年 9 月 3 日，去哪儿高调宣布投入 15 亿元，开启送“红包”回馈活动。该活动覆盖去哪儿全网站机票，并且将无限期进行，发完为止。携程也不甘示弱，于 2014 年 12 月 18 日发布了全新机票预订平台。携程特别强调，其机票预订平台向代理商全部开放，并且免费使用。平台开放后，携程机票产品预订量迅猛增长。携程 2014 年第 3 季度财报显示，当季携程以机票为主的交通票务预订量同比增长达 98%，机票预订日高峰值超过了 31 万张。通过转型平台模式，携程争夺与去哪儿的价格优势，从而开始了与垂直搜索平台起家的去哪儿的“正面对决”。

此后，携程与去哪儿又经历了“角逐酒店市场”“抢滩无线市场”等竞争回合。直到2015年10月26日，携程与百度共同宣布达成换股协议。交易完成后，携程变身去哪儿的最大机构股东(非控股)。两者的合并或将结束在线旅游市场的恶性价格战，在线旅游企业将进行更加良性的竞争，把重心放在如何突破局面、提升服务的品质上。然而，两者合并后也面临很多问题与挑战，如合并后两企业该何去何从？双方重合业务将如何整合？两者的合并是否涉嫌垄断？这些恐怕只有在未来的时间才能给出答案。

资料来源：张英英、杜纲：《旅行的战争——携程旅行网与去哪儿网的动态竞争》，载《中国管理案例共享中心案例库》，2016。

思考与讨论：

1. 携程旅行网与去哪儿网经历了哪些竞争回合？
2. 携程旅行网与去哪儿网在不同竞争回合中采取了哪些竞争行动？
3. 携程旅行网与去哪儿网的竞争行动体现了怎样的竞争逻辑？

8.1 数字市场的类型

在传统市场上，产品和服务具有特定的用途，其价值取决于产品或服务的独特属性以及消费者所感知到的价值。而在数字市场中，产品和服务的价值取决于其所关联的产品和服务，这些相互关联的产品和服务构成的系统共同为用户创造价值。虽然数字市场中的产品和服务可以单独使用以产生价值，但是当相互关联时，它们的价值和功能能够得到扩展。例如，智能手机的应用程序通过允许用户使用智能手机访问和消费应用程序中的产品和服务，从而扩展了智能手机的价值和功能。因此，由于数字技术的自生长性和联通性(connectivity)，数字市场是没有边界的，数字产品和服务的价值也可以超越自身的边界，溢出到新的竞争领域。数字市场改变了竞争的本质，改变了传统部门和行业的边界，在破坏已有成功商业模式的同时创造出了很多新机会。

数字市场的典型特征是具有核心平台技术，核心平台作为数据中心来传递用户与多个相关产品和服务之间的信息，是数字市场上连接用户和商品供应商的基础设施。从本质上讲，数字平台是一种创新性的市场设计，能够通过改变最终用户获取和消费产品或服务的方式来改变特定部门或跨部门的市场结构。一些平台(如亚马逊)利用用户和提供商产生的数据流量进行有效匹配以促进市场交易，另一些平台(如苹果的iOS)将核心产品与互补性创新进行整合，从而为客户提供集成性产品解决方案，还有一些平台(如谷歌搜索或谷歌地图)利用其规模和范围以实现相关信息的搜索和共享。虽然这些平台具有共同的平台基础要素，但它们在运营方式上存在差异，这意味着它们所支持的市场在交易内容(用户需求)和影响平台服务价值的因素方面存在差异。根据平台的主要作用以及平台用户的交换内容，数字市场可以分为以下3种类型：多边交易市场、互补品创新市场和信息市场，表8-1总结了3个市场的差异。

表 8-1　不同类型数字市场的特点

对比项目	多边交易市场	互补品创新市场	信息市场
基本内涵	平台是(数字)市场基础设施，直接连接卖家和买家，促进他们之间的价值交换交易	平台是创新引擎，为其他公司创造互补产品/服务提供核心技术架构	平台是信息渠道基础设施，可实现相关信息分类、搜索和共享，方便用户交换、匹配信息
最终用户收益	获得各种产品	可使用互联产品系统，为其需求提供集成解决方案	可以访问广泛的信息，并根据与用户的相关性进行过滤
互补者收益	进入广泛的平台用户市场	创新任务和劳动分工模块化；由于互补性，专业化带来更大回报	促进与大用户群的信息共享和互动
平台示例	(1)电子商务平台：促进买卖双方直接、完整交易，如亚马逊、易贝(eBay) (2)打车平台：满足不同用户乘车需求(定价、等待时间等)，如 MyTaxi、优步(Uber)、Lift (3)团购平台：将用户与提供活动、商品和服务的当地商家联系起来，如高朋网(Groupon)、美团	(1)移动系统平台：如苹果 iOS 和安卓，与苹果 App store 和谷歌 Play 等市场基础设施相结合 (2)计算平台：支持业务方案应用程序的定制开发，如 SAP Net Weaver (3)产品平台：Nike+支持外部开发者使用用户数据创建数字产品、服务	(1)搜索引擎平台：如谷歌搜索 (2)社交/媒体平台：可在相关信息交换的基础上实现互动，如推特、脸书、领英 (3)点对点旅游信息平台：利用用户生成的内容收集和提供相关信息，如猫途鹰(TripAdvisor) (4)约会服务平台：如 Match. com、eHarmony

资料来源：Cennamo C，"Competing in digital markets：A platform-based perspective，" Academy of Management Perspectives，2021，35(2)，pp. 265-291.

8.1.1　多边交易市场

在多边交易市场(multi-sided transaction markets)上，平台的主要作用是提供基础设施将产品和服务的提供者与最终用户联系起来，从而促进他们之间实现价值交换。数字平台被视为特定的数字基础设施，由计算资源和网络资源构成，这些资源能够允许多个利益相关者协调安排他们的服务需求与内容需求。电子商务平台(如亚马逊)、拍卖平台(如易贝)以及打车平台(如 Mytaxi)的核心功能都是作为市场运行，是平台的典型例子。

最终用户从平台获得的收益取决于独立卖家提供的各种产品，同时卖家也可以从平台获得收益，因为他们能够进入由平台用户构成的广阔市场。平台市场提供了多种方便用户搜索产品、卖家促销产品并确保双方交易成功的工具。如亚马逊的"建议清单(suggested items)"工具，能够根据用户的搜索记录、购买历史或相关购买记录，为用户推荐他们可能感兴趣的商品；易贝(eBay)的“卖家反馈(seller feedback)”系统能够根据先前用户评价来显示正在拍卖产品的卖家的质量；Mytaxi的“普通司机(regular driver)”预订系统支持用户将行程司机设置为最喜爱的人并排列在司机列表的首位。以上都是平台工具提高市场效率和促进市场交易的例子。

8.1.2 互补品创新市场

在互补品创新市场(markets for complementary innovation)上，平台是创新引擎，能够为其他公司提供核心技术架构以创建新产品，这些新产品有利于将平台的核心功能和覆盖范围扩展到最终用户。例如思爱普(SAP)NetWeaver等计算平台，能够支持业务解决方案应用程序的定制开发及其与其他企业系统和技术的整合；苹果的iOS能够推动创新应用程序的创建，这些应用程序能够扩展iPhone、iPad、iPod、iWatch等移动设备的效率和娱乐功能；数据产品平台，如Nike+平台，允许外部开发者使用Nike的用户数据和专有技术构建数字产品和服务，并将这些产品与Nike的产品及其客户连接起来。以上这些平台都是实现资产创新和资产互补的新组织形式，允许创新任务的模块化分工。模块化分工有利于在创新价值链上形成专业公司，这些专业公司专门从事平台公共资产创新，确保互补品和产品系统的整合，而外部公司则专注于互补品，通过小众产品的不同变体进行试验以扩展平台功能，增加平台对用户的吸引力。

平台所有者和互补品的外部供应商形成了互补品创新市场，这种市场具有不同的组织形式，包括创新竞赛(如安卓早期应用竞赛)、基于认证程序的双边合同(如思爱普质量认证流程)等。在交易市场上平台的主要价值在于计算功能和数据处理功能，而互补品创新市场与交易市场不同，互补品与平台的连接有利于扩展平台功能。

互补品创新市场上的平台能够通过数据交换和数据互用(interoperability)将不同产品连接起来，有利于多产品进行互动并由此形成产品系统，为用户的一系列需求提供集成解决方案，这些方案的各个要素由多个独立但相互关联的公司所提供。实际上，平台所做的就是通过互补品扩展用户对产品的使用范围，从而扩大独立产品的价值。例如，通过将物理硬件(智能手机)与数字娱乐内容和软件生产相连接，安卓允许用户从两种独立产品中获得更大的好处，一方面，手机价值有所增加，消费者可以通过手机做更多事情；另一方面，视频、歌曲或导航应用程序的价值也会增加，因为这些产品也可以通过手机进行消费。

8.1.3 信息市场

在信息市场(markets for information)上，平台主要作为信息渠道基础设施，能够对相关信息进行分类和搜索，促进用户信息交换和匹配。例如，谷歌搜索等搜索引擎平台、推特或脸书等社交媒体平台、Match.com等约会服务平台、领英等工作信息和就业服务平台，以及猫途鹰等点对点旅游信息平台。这些平台根据相关用户参数对信息进行过滤和分组，通过信息共享促进用户参与互动，并根据用户最关心的信息对用户进行信息匹配。例如推特，对于那些对政治感兴趣的用户来说，平台的价值随着分享政治观点和政治新闻的人数的增加而增加，这就是为什么推特提供了过滤与每个用户最相关的信息类型的方法，并为具有特定兴趣的目标群体提供分享新闻或观点的方法，如标签。类似地，脸书最近也对其新闻提要(news feed)进行了修改，以更好地展示相关故事，对真实内容进行识别与排名，以符合其服务的核心价值观——实现“真实沟通”。

由于信息市场中最有价值的交换商品是信息，因此信息市场中的平台价值在很大程度上取决于信息的质量，即促进与用户最相关信息的搜索和共享。谷歌的搜索引擎平台可以提供更准确、更相关的搜索信息，并且能够比其他服务平台更快速地响应用户的在线查询需求，因此实现了更快的市场渗透。领英在最初运营中起步较慢，无法成为求职者寻找工作和资料的主要工具，当它们开始引入点对点(peer-to-peer)机制来认证求职者信息时，雇主的市场渗透率开始增加。由于用户信任领英平台中存在和交换的信息，因此当用户进行互动时，他们可以准确地评估彼此，并且能够增加向其他用户提供相关信息的数量。类似地，当用户在脸书的群组页面上发布图片或信息时，由于共同的兴趣和社会感染力，该群组的其他用户或与该用户有社交关系的用户会倾向于评论或分享信息。

在信息市场中交换信息的用户之间通常不进行货币交易。用户可以在平台上搜索有关产品或服务的相关信息，一些公司则可以通过这些信息找到潜在客户。例如，谷歌通过促进此类信息的交换和匹配让广告商为成功定位信息而付费。信息市场具有一些多边交易市场的特征，但与多边交易市场的不同之处在于：信息市场上的用户之间存在信息交换，但信息寻求者和信息提供者之间不存在直接的货币交易；交换信息和共享信息对用户具有独特价值，这些信息可以引导用户找到可能符合其需求的产品，从而有助于交易。

值得一提的是，为了便于解释，上述内容将3种市场进行了明确区分。对不同市场进行区分有助于识别不同平台的特征，这些特征对平台所有者重视平台服务元素以及平台竞争具有重要意义。然而，由于平台会在其基础设施中结合不同的元素，因此这些市场有时会存在不同程度的重叠。例如，当创新市场中的平台为创新提供商提供与消费者接触的渠道，并促进他们之间的交易时，创新市场便具有了交易市场的特征；而当信息市场中的平台向其中一个用户群体提供额外的工具和服务以使其信息货币化时，信息市场也具有了一些多边交易市场的特征。

8.2 竞争本质的改变

与传统经济相比，数字经济呈现出了一系列不同特征，基于平台的数字市场正在改变公司为最终客户创造和交付价值的方式，从而改变公司在市场上的竞争方式以及竞争的本质。理解数字市场与传统市场竞争的差异对于理解数字市场的竞争动态至关重要。传统市场竞争与数字市场竞争在竞争水平、竞争动力、竞争分析焦点、竞争行动、竞争方式及竞争优势来源等方面存在不同，如表8-2所示。

表 8-2　传统市场竞争与数字市场竞争的区别

不同点	传统市场竞争	数字市场竞争
竞争水平	特定市场和(或)行业中的产品或公司之间的竞争	平台市场之间的竞争
竞争动力	公司竞争地位/租金保护	为平台用户创造价值
竞争分析焦点	驱动企业绩效的企业间竞争	网络效应、驱动市场结构的平台竞争、注意力时间
竞争行动	(1)进入竞争对手市场 (2)掠夺性定价 (3)公司并购	(1)平台用户补贴(双边定价结构) (2)平台开放与访问受限 (3)平台包络 (4)平台排他性从属关系 (5)独特的互补品
竞争方式	(1)移动-反移动 (2)多市场竞争 (3)相互克制	(1)平台竞争 (2)单平台-多平台 (3)平台包络 (4)平台优势——赢者通吃
竞争优势来源	(1)市场中的垄断租金 (2)构建竞争障碍	(1)平台规模 (2)平台身份和独特性

资料来源：Cennamo C，“Competing in digital markets：A platform-based perspective，” Academy of Management Perspectives，2021，35(2)，pp. 265-291.

8.2.1　竞争水平不同

在传统市场中，竞争是在产品水平上展开的，即竞争者是在同一行业经营、提供类似产品并针对类似客户的企业，企业将具有所有权或使用权的商品或服务销售给用户。并且，在传统市场上，产品或服务是为特定的用途而设计的，其价值取决于产品或服务所具有的独特属性以及消费者能够从产品或服务中感知到的质量。

而在数字市场中，由于企业通常在数字平台上销售产品，所销售的产品几乎不会受到特定行业的限制，平台市场的边界可以跨越多个传统意义上的产品市场甚至行业市场，因此数字市场中企业的竞争是平台市场之间的竞争。此外，由于通过平台构建或销售的产品各不相同，且不受特定行业限制，平台市场的边界是跨越多个产品市场甚至部门的。增加不同市场和部门的多种产品之间的相互联系和相互依赖有助于为最终用户形成集成性产品系统，而平台的概念，特别是围绕平台出现的双边市场，具备这种集成能力和相互依赖性。

随着价值日益从独立产品转移到平台系统，产品市场边界不再与竞争类型和竞争强度以及识别相关竞争对手有关。诺基亚的消亡就是一个很好的例子。先前，诺基亚是手机市场上无可争议的市场领导者，也是第一个推出智能手机系列产品的公司，并且通过积极的市场定价、抢占市场和资源以捍卫其市场领先地位。尽管如此，由于对平台竞争的管理不力，它未能跟上苹果和谷歌等新进入者的竞争步伐。而从根本上来看，是因为诺基亚继续采取了基于产品的竞争逻辑，专注于单个产品的属性以及单个产品的相关细分市场，苹果和谷歌则专注于平台产品系统，重新定义了竞争领域和竞争水平。因此，随着数字化越来越成为企业的核心，企业的竞争优势越来越依赖于平台市场竞争。

8.2.2　竞争动力不同

传统市场中，企业竞争的驱动力是维持企业的竞争地位和租金保护。首先，行业内竞争地位越高的企业面临的市场竞争程度越小，竞争地位越低的企业面临的市场竞争程度越大。具有高竞争地位的领导企业可以在不影响其产品需求的情况下，采取掠夺性定价策略和其他非价格垄断行为来保持其垄断地位、震慑新竞争者进入。高竞争地位企业抵御外部冲击的能力更强，经营风险更低，现金流和利润的不确定性也更低。高竞争地位企业凭借自身相对充裕的资源和竞争优势将所持现金尽可能地用于扩大生产经营规模、进行策略性投资，通过扩大产出规模、实行低价竞争来掠夺市场份额。与此相对应，处于较低竞争地位的企业受到竞争对手更大的制约和威胁，作为追随者模仿领导企业并且避免与领导企业竞争，面对有限的资源、市场份额和投资机会，追随者们会采取相似的行为选择，所以低竞争地位企业之间竞争更加激烈。其次，创造经济租金是企业的本质所在。经济租金也称租金，通常意义上，是指支付给资源所有者的款项中超过资源在其他任何可供选择的用途中所能获得的最大款项的那部分，即超过机会成本的收益。企业经济租金理论强调，企业参与市场竞争本身是一种有目的地寻求和获取经济租金的理性行动，追求经济租金是市场经济制度的精髓。

在数字市场上，数字平台作为一种新的市场基础设施，竞争的驱动力在于使企业的产品和服务能够为最终用户创造和交付价值。尽管产品或服务可以单独生成价值，但由于数字技术的自生长性，产品或服务的价值取决于其关联的产品或服务，不同产品或服务相互关联之后，它们的价值和功能会得到扩展，共同在平台中为用户创造价值。例如，智能手机的应用程序允许用户通过智能手机访问和消费其他产品和服务，从而扩展了智能手机的价值和功能。此外，数字技术通过将人们的消费行为指标化，进而实现数字化，并把数字化后的需求及时反馈给生产者，实现消费的按需生产以及用户与生产者之间的互动。定制化生产将用户在产业链中的位置从末端转移到顶端，从被动转换为主动，用户的需求直接决定着产品生产的方向、品质和形式。在这一过程中，消费者对产品生产拥有更多的自主选择权和决策权，并深度参与产品的创作和生产。谁掌握了消费者需求偏好的规律，谁就能够引领数字化的方向、模式和市场。这时，产业市场组织的基本单位不再是单一的企业，而是企业、用户、平台运营商等多元主体之间，以用户价值为出发点而建立的相互协作的数字化生态。

8.2.3　竞争分析焦点不同

在传统市场上，竞争分析的焦点在于驱动企业绩效的企业间竞争，企业之间为追求较高的企业绩效而展开激烈竞争。数字市场上竞争分析的焦点则在于网络效应、驱动市场结构的平台竞争以及注意力时间。

从网络效应来看，当用户对某一产品的效用随着其他人使用该产品的增加而增加时，就会产生网络效应。具有网络效应的市场往往倾向于寡头垄断或垄断。使用某一平台的用户越多，被吸引到该平台上的第三方卖家越多，被卖家所吸引而来的消费者数量也就越多，网络效应便逐渐发展成一种进入壁垒。以亚马逊的发展为例，亚马逊为实现供需双方需求的精准匹配、吸引用户等目标，有动机收集广泛且深入的个人信息，包括消费者浏览的商品种类和时长、搜索目标等，通过汇总分析用户数据为商户提供产品的发展趋势及消费者关注的重点，从而促进商户与消费者之间成交量增加、商户利润增长，进而吸引更多的商户并要求他们支付更高的服务费用。亚马逊可能会利用增加的收入访问更多且更为深入的个人数据，构建更加精细的模型，以更好地分析用户个人特征、兴趣和偏见，提升平台吸引力，从而将用户与平台更深层次地捆绑在一起。

从驱动市场结构的平台竞争来看，数字市场的核心特征是核心平台技术的存在，这些技术在平台中充当数据枢纽，将信息从一个用户传递给另一个用户，从相关产品和服务传递到其他相关产品和服务，并作为连接用户和商品供给者的市场基础设施。从本质上来看，数字平台可以被视为市场创新设计，通过改变最终用户消费以及访问产品和服务的方式，改变特定行业的市场结构，从而驱动平台竞争。

从注意力时间来看，随着生产力的发展，企业的供给能力不断强化，普通产品和信息的产出量都是过剩的，但大众的注意力时间却是有限的，不仅受到自然和日常生理时间的限制，并且受到人们精力和能力的限制。企业即便拥有强大的剩余生产价值和产品创新能力，如果无法在汇集了大众注意力的数字平台上分得一杯羹，就无法勾起消费者的购物欲望。唯有持续赢得大众注意力的企业才能获得更广阔的市场与更快的资本周转速度。不只是传统企业，数字平台之间也需要进行注意力时间竞争，只有获得更多大众注意力时间的企业才能获得更多的交易中介费、广告费和特殊信息费。可以说，在数字经济时代，大众注意力时间的分配在很大程度上影响着社会剩余价值总额的分配。因此，越来越多的企业开始将注意力时间的争夺作为极为重要的竞争策略。

8.2.4 竞争行动不同

传统市场上，企业通常会采取进入竞争对手市场、掠夺性定价以及公司并购等竞争行动。首先，在竞争对手由于相互反击的威胁而相互克制之前，企业可能会扩展其产品线以进入竞争对手的市场。其次，在传统环境下，企业追求掠夺性的定价策略，通过损害竞争对手的地位并迫使其退出市场，从而在市场上获取更大的价值，例如，亚马逊在发展 e-book 初期，将畅销书的价格定得非常低。最后，采取公司并购战略，这是获取资源、增强企业市场力量、降低交易成本、提高企业效率的重要行动，能够使企业获得现有条件下无法具备的发展能力，实现价值增加的协同效应。

在数字市场上，企业采取的竞争行动主要有平台用户补贴、平台开放与访问受限、平台包络、平台排他性从属关系以及独特的互补品。第一，平台用户补贴。互联网创业公司进行大规模融资的直接目的是对用户进行补贴，以谋求更大用户规模的激励，用户规模越大，所能吸引到的消费者就越多，进而形成公司发展的良性循环；不进行补贴，用户规模就会小于其他公司，业务将不断萎缩，并有可能最终退出市场。第二，平台开放与访问受限。平台开放是指平台提供者促进并授权无条件访问和参与其网络的程度，平台开放性越大越能够促进网络更快速地成长，增加互补品的数量和种类，并对平台优势产生积极影响。API 是平台之间互相开放、跳转和流量引导的主要端口，平台之间不开放 API 接口可以达到访问受限的目的。目前访问受限的典型实例包括微信拒绝向特定 App 开放小程序权限、推特关闭 Twidroyd 的接口事件以及全站链接(SiteLink)拒绝 API 开放给陀螺科技(RedNova)等。第三，平台包络。平台包络是指通过将相邻市场运营平台提供的附加技术能力和用户功能包含在平台的核心功能之中，以将平台的市场范围扩展到相邻市场。在相邻细分市场存在需求侧范围经济的情况下，平台提供者可以利用平台基础设施和现有用户关系为最终用户创造更大的利益，并提高平台性能。当核心平台和扩展平台的技术能力实现超模块化时，实施平台包络战略后的平台价值将大于各个独立平台价值的总和。第四，平台可以通过设定条款使互补品只能栖息在自己的平台上以施加排他性从属关系，如谷歌通过捆绑安卓系统和应用商店来锁定手机厂商，防止手机厂商的多平台归属。平台企业也可以实施类型排他性，即平台企业通过策略性的手段诱使特定的企业为特定的用户提供特定的服务。例如火狐浏览器允许谷歌在其菜单栏提供独占性的搜索服务，又如苹果向 Macintosh(简称"Mac")应用开发者收取数百美元不等的许可费，以确保高质量的互补品进入苹果的生态链。平台的排他性受到平台自身技术架构的影响，平台的架构越复杂，平台的排他性越强，平台的互补品数量也越少，但这时互补品的专用性会更强，因此平台生态的技术质量也会更高。第五，从独特的互补品来看，很多数字科技公司都会加大研发投入，要求核心元器件自主可控，并积极运用专利对产品技术进行保护，防止竞争对手通过模仿、复制、反向工程等手段在低成本条件下实现开发甚至赶超。当然，也有些企业会选择采取提升产品附加值的办法，利用劳动、再加工和营销等手段，为产品附加功能、优化细节、美化设计、增添文化底蕴、提供高质量服务等，以此在竞争中获得优势。

8.2.5　竞争方式不同

传统市场上，企业的竞争动态主要是移动-反移动(moves-countermoves)、多市场竞争以及相互克制(forbearance)。首先，已有竞争理论将市场视为给定的，认为市场结构是固定的，企业是在定义明确的市场中展开竞争，因此竞争通常被视为一种零和博弈，市场竞争聚焦于移动-反移动竞争行为如何影响企业从特定市场中获取价值的能力。其次，随着企业集团化组织和多单元组织与产品地理市场的分割性特征日益明显，企业之间的竞争已不再局限于单一市场，而是通过相关多元化或不相关多元化进入更多市场，在多个市场上与多个对手进行竞争博弈。最后，多市场接触(multi-market contact，MMC)竞争理论表明，企业的竞争行为受到竞争对手之间较高的相互依赖性的影响，而竞争对手之间的相互依赖源于相互重叠的市场。随着多市场接触的增加，竞争可能会迅速升级，直到竞争对手由于相互反击的威胁而相互克制。

而在数字市场上，企业主要基于平台进行竞争，由于网络效应的存在，最早引发正反馈机制的平台成为最终胜利者，将会赢得大多数市场份额，即呈现所谓的赢者通吃特征。由于平台市场存在显著的网络效应，后发平台如果想挑战主导平台，通常都需要开发出革命性的产品功能。但如果后发平台策略性地使用包络战略，可能仅需要进行微小的技术创新就能颠覆在位优势企业：后发平台（包络平台）可以通过将在位平台（被包络平台）的功能整合到自己的平台功能中，圈定（forclose）被包络企业的最终用户和互补品通道，并抑制被包络企业的网络效应。如微软基于自己的操作系统优势利用包络策略成功地颠覆了 Real 公司在流媒体、网景（Netscape）在网络浏览器和 Adobe 公司在二维动画显示等市场的先发优势，这种策略也被谷歌、苹果等公司广泛采用。包络功能和被包络功能之间的范围经济越显著，包络战略越有效。包络战略的实施可能导致平行包络现象，即平台 A 对平台 B 的包络招致平台 B 对平台 A 的反包络，使得平台间的竞争超越双方的平台边界而形成超平台市场（supra-platform market）。因此，包络战略使得商业模式完全不同的平台企业之间也可能产生复杂的竞争和合作关系。

8.2.6 竞争优势来源不同

在传统市场中，企业成长主要依赖于自身的资源和能力。即使企业可以通过融资、兼并等活动加快扩张发展的速度，但仍然要受制于企业自身的资源和能力。资源的积累和能力的形成、发展受到各种各样的限制，且往往需要经历一个较长的时期，造成企业的成长速度有限。传统产业进入成熟期后，虽然也会有一些企业市场份额处于领先地位，但整个产业通常会有多家规模相对较大的企业，形成多家企业共同瓜分市场的垄断竞争格局，为其他企业参与竞争设置障碍。

在数字市场上，企业的竞争优势主要来源于平台企业的规模或者其所具有的独特性。首先，当平台参与者数量很多、多样性很高时，产品/服务种类同样呈现多元化态势，用户可互动的参与者范围和种类会增加。平台发展初期多通过免费产品与服务吸引流量，取得一定规模之后才开始盈利，亚马逊发展模式是典型的规模取胜。平台在具备高黏性用户资源的基础上，通过对流量的调控和分配，实现跨市场发展并搭建平台生态体系。借助发展的规模化以及发展的优势地位，平台可以影响和控制主要合作伙伴，将平台、数据、算法相结合，以扶持利益相关企业、打压竞争对手。数字经济平台的发展可视为一种基于流量数据的新型卡特尔，在司法实践中，应突破相关市场界定的静态结构分析框架，聚焦动态行为以及排除和限制竞争的实际危害后果，进而对其垄断行为进行规制。其次，当最终用户的需求表现出高度差异性时，后发平台可以通过定位细分市场，或者通过更好地满足在位企业没能很好地去满足的潜在需求来进入平台市场，甚至确立平台优势。例如，苹果通过定位大众消费者，打败了将智能手机定位于商业用户的黑莓以及诺基亚等基于塞班系统的智能手机制造商；谷歌利用自己的服务器优势，通过向用户提供超大容量的邮箱而在电子邮箱市场打败了先行者雅虎和 Hotmail；脸书通过允许用户在其博客或游戏上自由添加应用而提高用户接入其他应用的便捷度，借此实现对 Myspace、Hi5 等先发社交媒体的赶超。

8.3 传统在位企业与数字企业的竞争

借助移动互联网、大数据、人工智能、云计算等新兴技术，数字企业展现出超强的市场拓展能力，数字经济业务呈指数级增长，传统在位企业面临着来自数字企业的竞争挑战。传统在位企业是指各行业中已经存在的非数字企业。在位企业与数字企业之间的竞争关系可划分为 3 个阶段，分别是选择性合作、结盟竞争和选择性竞争合作，这 3 个阶段是一个连续的过程(图 8-1)，体现了传统在位企业如何在产品、市场、技术组件(components)等不同层次上与数字企业展开战略竞争。

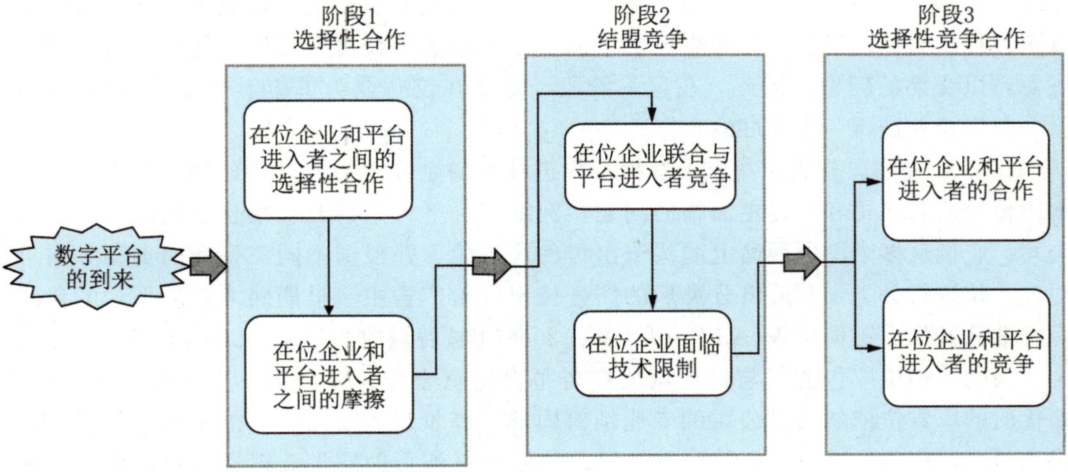

图 8-1　在位企业对数字平台进入者的反应过程

资料来源：Cozzolino A，Corbo L and Aversa P，"Digital platform-based ecosystems: the evolution of collaboration and competition between incumbent producers and entrant platforms，" Journal of Business Research，2021，126，pp. 385-400.

例如，传统广告是基于大众媒体(报纸、杂志、电视等)进行的一种信息传播活动，注重广告信息的覆盖面与达到率。而近年来，大型互联网科技企业利用数据与技术优势，构建网络广告平台并进入广告行业，开始蚕食传统广告公司的市场份额。数字企业拥有得天独厚的数据优势，它们通过自身数据的挖掘和分析能够更好地了解用户的真实需求，并将用户进行不同分类，帮助广告主更有针对性地实现广告投放，对传统广告企业的发展造成了一定冲击。

8.3.1　第一阶段：选择性合作

选择性合作(selective cooperation)是指传统在位企业与平台进入者在某一细分领域进行合作，被视为企业外部资源整合的一种战略行为。从本质上看，企业整合资源是为了在竞争中建立优势。在位者通过一系列合作行为有助于降低与替代进入者的(细分)市场相似性，并提高资源共生性，从而获取竞争制衡。

第一阶段对应于广告行业刚刚开始进行数字化转型的时候，传统广告公司在 2000 年左右将它们的产品进行线上转移，其产品主要是广告位。此时，大多数广告公司仍处在报纸、杂志、电视等传统环境中相互竞争，同时它们也与博客等数字企业进行线上竞争，这些数字企业与传统广告公司经营着同样的广告业务。由于数字企业的进入，广告行业的竞争日趋激烈，传统广告公司产生了大量未出售的广告位。传统广告公司面临着如何出售大量剩余广告位的挑战，而广告主也需要找到购买广告位的有效途径。

1. 在位企业与平台进入者之间的选择性合作

数字经济作为一种全新的经济形态，正在颠覆现有的生活方式，给传统经济的发展带来生存困境的同时，也为传统在位企业带来了机遇。首先，数字经济为传统经济的数字化转型升级提供了示范和模板，传统经济学习、借鉴数字经济的全新技术和商业模式有助于提高自身生产经营效率。其次，在现实商业环境中，数字经济平台企业既可以提供与传统经济经营者类似的产品，也能够运用技术手段解决传统经济中闲置资源难以交易的问题。因此，在这一阶段，传统在位企业为了应对数字企业的冲击，会与数字企业进行一定程度的合作。

2005 年左右，广告市场上一些拥有先进技术的企业开始通过创建网络广告平台来解决传统广告公司和广告主面临的问题。网络广告平台是指充当集合市场的广告平台公司，它们从多个不同网站上购买未出售的广告位，并根据不同广告商的类型和需求对广告位进行分类，然后将分类后的广告位出售给广告主。早期网络广告平台的代表有谷歌开发的关键词广告(AdWords)以及 2008 年被谷歌收购的 DoubleClick 等。

最初，传统广告公司与这些网络广告平台进行合作，以出售不太优质的广告位，而优质的广告位依然通过公司的专业销售团队以高价出售。同时，由于网络广告平台将大量剩余广告位进行集合与分类，从而能够更好地帮助广告商根据特定目标群体来扩大广告覆盖范围。这种方式既有利于传统广告公司解决大量剩余广告位的问题，也有利于满足广告主购买广告位、扩大广告覆盖范围，受到众多广告行业分析师和专家的认可。

2. 在位企业和平台进入者之间的摩擦

根据竞合理论，在初始阶段，企业间相互合作来创造尽可能大的市场，但当市场足够大时，它们都试图以牺牲对方为代价来获得更大的份额。主要原因在于：首先，系统性冲突。多主体视角下，平台企业主体面临更多的目标冲突，包括自身目标、双边目标和系统目标，这种冲突从二元关系中的双边冲突演变为系统性冲突。其次，主动性机会主义行为。平台生态系统中可能存在比二元关系中更多的可利用资源，成员会利用这些资源完成自我服务，二元关系中的被动性机会主义行为演变为主动性机会主义行为，平台企业与其他经营者在同一市场竞争时，会利用其在其他市场获得的资源占据优势地位，夺取竞争优胜结果。

尽管与网络广告平台合作能够帮助传统广告公司解决剩余广告位的问题，但很快网络广告平台就与大型传统广告公司产生了冲突。首先，网络广告平台存在暗箱操作行为以及误导性宣传等问题。这些平台在宣传时强调自己是许可出版商或最优出版商，但却从不向广告商透露出版商的真实名单，广告商的广告可能并不会真正出现在平台所宣传的出版商那里。其次，网络广告平台上的广告位更加便宜，导致传统广告公司的利润率下降。最后，网络广告平台虽然有利于出售剩余广告位，但却可能导致传统广告公司品牌价值的降低。

8.3.2 第二阶段：结盟竞争

结盟竞争(allied competition)是指在位企业之间形成联盟，共同与平台进入者展开竞争。在第二阶段，传统广告公司意识到与网络广告平台进行合作可能会带来负面影响，在不太优质的广告位中合作所存在的问题可能会逐渐影响传统广告公司的优质广告位市场，因此，传统广告公司在这一阶段开始与网络广告平台展开竞争。

1. 在位企业联合与平台进入者竞争

互补资产是技术创新成果商业化所需的各种资产和能力。互补资产(complementary assets)这个概念是美国战略管理学家大卫·蒂斯在研究技术创新的价值分配时提出来的。蒂斯认为创新是新的技术知识或诀窍，这些知识或诀窍可能是显性的，也可能是隐性的，无论是显性还是隐性，为了使它创造利润，就必须让它以某种方式在市场上出售或利用。通过对现实的观察，蒂斯发现，一种技术创新成果的商业化，离不开其他资产或能力的配套使用。例如：一种新药品的商业化可能需要传播信息的专门渠道；计算机硬件需要有专门的操作系统和应用程序。这些技术创新成果商业化所需的各种资产和能力，蒂斯称之为互补资产。

当面临互补资产不连续性时，在位企业会通过相互合作以共同应对进入者带来的威胁。首先，由于进入者控制着新的互补资产，通过这些资产它们可以获取在位企业创造的价值。其次，在位企业往往拥有丰富的资源，在弱独占性制度下，在位公司更倾向于实施横向联盟，通过共同开发新的互补资产以应对进入者入侵。再次，通过相互合作，在位企业共同开发专有平台，它们可以在专有平台上出售自己的产品，满足顾客访问关键产品的需求，实现更高效的消费。最后，借助联盟的资源和能力，在位企业能够降低市场风险和成本。成本的降低不仅来自通过交叉销售和捆绑销售带来的广告及促销等费用的节约，还能够借助联盟渠道网络降低渠道建设的时间和经济成本。

在这一阶段，传统广告公司之间相互合作、组成联盟，通过共同开发专有平台以与网络广告平台展开竞争，从而保护自身的商业模式和收入来源。与网络广告平台之间的竞争越激烈，传统在位企业之间开发专有平台的合作就越紧密。2011 年前后，由于与网络广告平台合作存在诸多问题，传统广告公司之间开始相互合作联盟，共同开发专有平台，为优质广告位建立自己的私人市场，将优质广告位在专有平台上进行销售。这些私人市场是相对封闭的广告交易场所，以更高的价格出售优质的广告位，同时提供优质的质量保证，有利于广告主寻找到优质、合适的广告位，从而增加了传统广告公司的业务量，使其获得更高的收入。

2. 在位企业面临技术限制

尽管传统广告公司之间合作共同开发专有平台，但由于受传统企业固有缺陷的影响，传统广告公司在形成专有平台时面临着诸多技术挑战，在专业技术、专业知识、技术熟练度等方面存在一定不足，不利于平台市场上交易的实现。在这一阶段，在位企业主要面临以下技术挑战。

(1)数字化战略规划缺失

除少数行业领先企业外，很多传统在位企业对数字化认识不足，将数字化简单地等同于电商化或信息化，单纯地进行顾客、营销数字化或进行信息化升级，而没有结合企业自身业务，从战略层面对数字化转型进行通盘考虑和系统设计。这既表现为企业领导层对数字化转型战略没有明确的愿景，缺乏清晰的数字化发展路径规划，也表现为企业各部门业务主管没有将数字化纳入部门业务发展规划。这是导致大多数企业在数字化转型过程中感到困惑、迷茫、力不从心的主要原因之一。

(2)数字化基础和能力较弱

在数字化转型过程中，部分企业自身数字化转型基础薄弱，对数字化转型形成了较大制约。一方面，由于对信息化建设投入不足等原因，部分企业的信息化建设相对滞后，无法满足数字化转型的需要；另一方面，企业应用数字化技术能力不足。目前，很多在位企业都在通过运用各种技术推动全渠道建设，以获取、存储和整合数据，并尝试通过组织专业技术人员或筹建数据分析团队提升大数据分析能力。但由于数据质量低、各板块存在"数据孤岛"、分析人员对业务不了解以及业务场景的挖掘深度不够等原因，实际数据分析和运用效果并不理想。

8.3.3 第三阶段：选择性竞争合作

选择性竞争合作(selective coopetition)指传统在位企业与平台进入者在某一业务领域展开合作，而同时在另一业务领域展开竞争。竞争与合作均是企业实现目标的手段和方式，现实中并不存在纯粹的竞争与合作，在既定的价值网络中，它们总是存在一定的交集。因此，选择性竞争合作实质上包含以合作为主导的竞合战略和以竞争为主导的竞合战略两种战略形态，可以将其分别界定为合作战略与竞争战略。所谓合作战略是指企业为了实现共同利益和目标，通过资源与能力的互补与分享而形成的互动关系，该互动过程是以合作为导向的互补过程。而竞争战略则是指企业在产品、市场相似的特定领域，为争夺稀缺资源、实现自身利益而形成的一种互动关系，该互动过程是以竞争为导向的策略博弈过程。

1. 在位企业与平台进入者的合作

由于在位企业往往与新技术进入者拥有明显不同的优势禀赋和战略导向，所以在位企业难以有效阻遏和反击新技术进入者。为了应对数字经济时代下新技术带来的冲击，在位者必须首先摆脱被动局面，与替代进入者实现相互竞争克制达成竞争制衡，为自身学习新技术和转型升级争取宝贵的战略空间。通过合作，在位企业能够获得平台进入者的专有技术和技术诀窍，有利于在位企业运用新技术开展商业活动。

随着平台生态系统的整合，传统在位企业开始与数字企业进行选择性竞争合作。2017年前后，一些网络广告平台在网络广告方面的卓越技术成为平台生态系统中的标准方案，开始成为平台技术组件的供应商。由于传统广告企业在平台专业技术方面存在不足，传统广告企业开始与平台技术组件供应商建立伙伴关系进行合作，以进一步开发和完善自身专有平台。

2. 在位企业与平台进入者的竞争

数字经济时代，为了更有效率地开展创新活动并推进战略实施，企业之间产生了既合作又竞争的竞合关系。通过与平台进入者合作，企业有能力利用合作伙伴的专有技术，生产功能类似的替代性产品，进而对合作伙伴现有产品造成破坏性打击，获得更大的利益。同时，企业通过合作能精准识别合作伙伴在组织体系和产品创新方面的优势及劣势。随着技术竞争强度的提高，企业感知到的技术威胁不断增大。企业有强烈的意愿利用合作伙伴的劣势和不足，在产品市场上对其发动针对性攻击。

这一阶段，传统广告公司与网络广告平台在进行技术合作的同时，也存在着竞争，竞争主要集中在广告位这一产品层面。为了更好地展开产品竞争，传统广告企业继续投资发展专有平台，以向广告主提供优质广告位，维持对客户的控制并简化购买流程，同时确保市场公开透明，避免暗箱操作行为以及误导性宣传等问题。

8.4　数字企业之间的竞争

8.4.1　基于平台的竞争分析框架

大多数平台竞争的研究是基于网络外部性理论，主要关注需求侧的因素，如为平台用户创造价值的网络效应，以此作为平台机制和竞争结果的主要驱动力。本章基于竞争动态理论形成一个更广泛的分析框架(图 8-2)，将供给侧因素，即平台的身份领域以及平台身份领域如何影响平台提供者参与竞争行为时的“知晓-动机-能力”纳入分析框架，以解释平台之间的竞争。这一框架有助于解释平台竞争在何时会升级为赢者通吃(winner-take-all)之战，平台提供者何时可以避免正面竞争并基于平台独特性(distinctiveness)在市场上建立差异化地位。

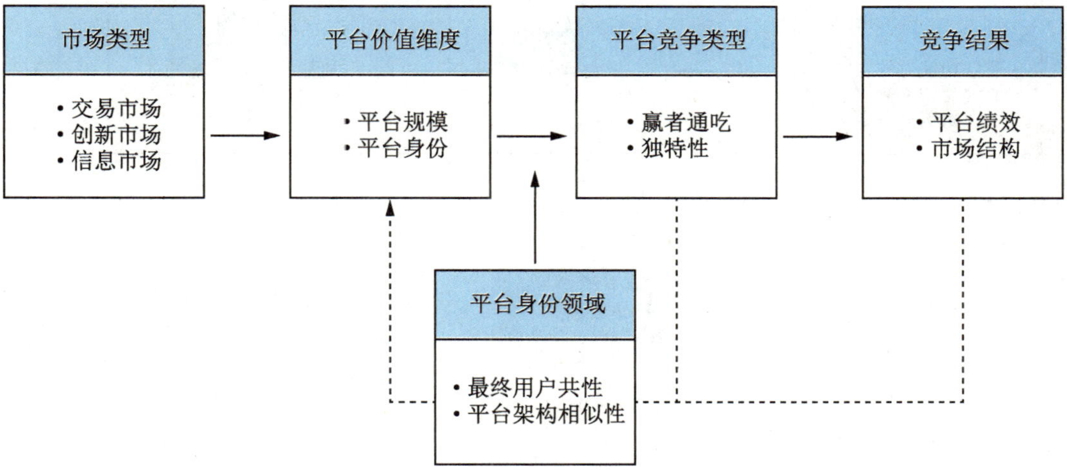

图 8-2　基于平台的竞争分析框架

资料来源：Cennamo C，“Competing in digital markets: A platform-based perspective,” Academy of Management Perspectives，2021，35(2)，pp. 265-291.

首先，数字市场的类型会影响平台规模和平台身份对平台价值的相对影响，即平台价值的每个核心要素为消费者创造收益的程度。其次，平台价值维度即平台规模和平台身份会影响平台提供者的主要竞争逻辑——赢者通吃或平台独特性。本章将基于平台规模和平台身份两个战略维度，对平台为了应对来自对手平台的竞争而可能采取的竞争行动以及由此产生的变化进行评估，同时充分理解某一给定平台在市场上创造和获取价值的能力。再次，平台价值维度与平台竞争之间的这一关系受到平台在同一竞争领域运营程度的影响，与竞争对手在相同竞争领域的重叠程度会影响其竞争行为，从而影响其采取竞争性行动的动机。平台在同一竞争领域运营的程度由最终用户共性和平台架构相似性所决定，最终用户共性和平台架构相似性会影响竞争行为的驱动力，进而影响平台竞争强度。最后，图 8-2 揭示了一个反馈循环，平台竞争会影响平台绩效以及由此产生的市场结构，同时，平台竞争及其影响又会改变平台身份领域以及平台价值维度的现有情况。

8.4.2 平台价值的维度与要素

平台价值指消费者在使用平台和消费平台中的互补商品和服务时所获得的收益。平台价值(图 8-3)包括平台规模和平台身份两个维度，包括最终用户网络、互补者网络、平台架构、平台范围等要素，其中，平台规模由最终用户网络和互补者网络所决定，平台身份由平台架构和平台范围所决定。

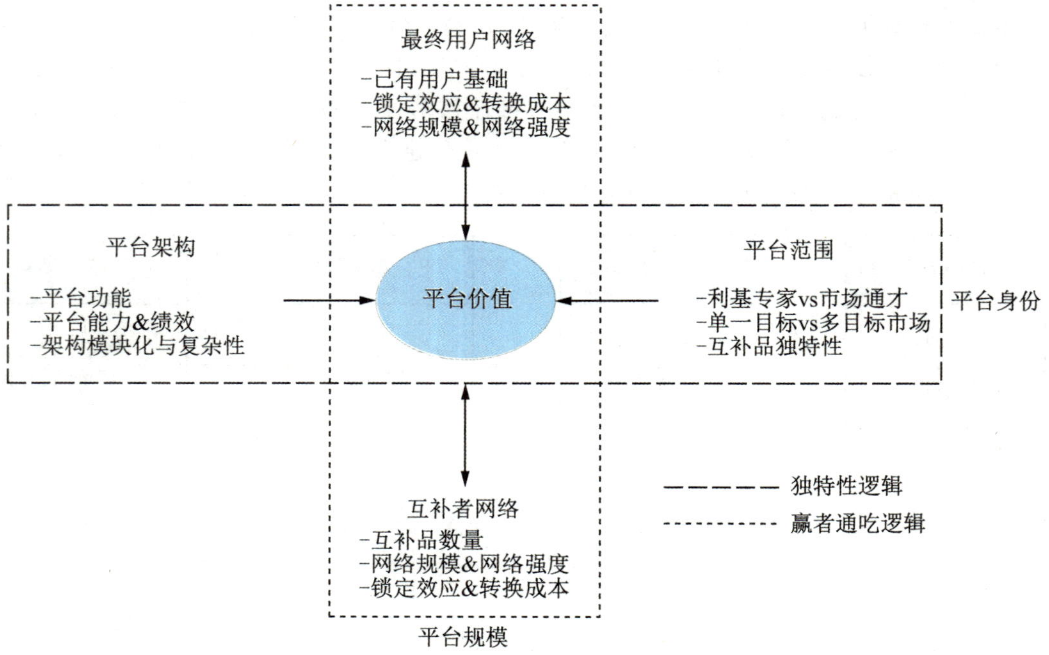

图 8-3 平台价值的核心要素

资料来源：Cennamo C，"Competing in digital markets：A platform-based perspective，" Academy of Management Perspectives，2021，35(2)，pp. 265-291.

1. 平台规模

平台规模是指，由于显著的直接网络效应和间接网络效应，平台企业须尽快扩大最终用户和互补品的数量，以造成竞争对手的规模不经济。数字平台对用户的价值与网络效应有关，网络效应是指平台一方用户在与另一方用户的互动中获得好处。因此，平台的已有基础用户是平台价值的关键来源。用户可以直接从与他人互动和交换信息的过程中受益，也可以间接受益于网络的正外部性。网络正外部性来自大量用户对独立提供者和其他用户生产互补品的激励作用，这体现了间接的网络效应动态性，即一个群体(如最终用户)的参与提高了另一个群体(如互补品提供者)的参与价值。

由于网络效应的动态性，平台的最终用户网络规模和互补者网络规模是高度相关的，并且两者会相互强化彼此对平台价值的影响。随着网络规模的增加，平台为用户带来的好处也会增加，锁定效应和转换成本就会出现，这将使用户和互补者很难转换到竞争平台，由此进一步增加了平台已有基础用户的价值。网络强度会影响平台基础用户的价值，网络强度是指用户之间的社会关系以及一个网络新增用户（extra user）的边际影响。随着基础用户的增加，更多互补者会发现参与到平台之中的价值，因此会扩大平台互补品的多样性，进而强化平台对用户的价值。总体来说，已有基础用户、平台互补品数量以及互补品提供者网络决定了整体平台规模。

2. 平台身份

平台身份指的是平台具有独特的平台技术架构，能够为用户提供独特的互补品，从而形成差异化的市场定位。平台身份由平台架构和平台范围两方面来决定。

(1)从平台架构来看平台身份

尽管网络效应与平台价值有关，但是平台技术架构，即平台的技术能力、平台技术组件的作用方式以及与平台互补品的连接方式，仍然是平台价值的关键决定因素。平台技术性能和平台功能的改进与增强可以通过提高平台生产率、易用性以及更好的服务使用户受益。平台架构的设计会通过影响外部供应商创新过程的成本和复杂性以及与系统的集成度和契合度，影响所产生的内容和互补性创新的质量。因此，平台架构通过为用户提供性能优势和功能优势直接决定了平台的价值，并通过支持实现更高水平的互补品质量间接地决定了平台价值，所有这些都会影响用户在平台的整体消费体验以及用户和互补品提供者对平台技术的看法，有助于定义和形成平台独特的技术身份。

(2)从平台范围来看平台身份

平台范围即平台功能所服务的不同市场，通过确定平台在消费者偏好和其他竞争平台的情况来确定市场定位，是平台在多边市场中成功的重要驱动力。平台可以采用不同的策略来吸引平台市场中的不同用户，从而激活和利用间接网络效应。一些平台可能针对特定的用户群体，专门提供最能满足这些用户需求的服务；另一些平台则可能采用平台包络策略，运用捆绑服务跨越多个市场，并通过这些市场利用用户网络优势和平台通用组件。这些策略能够限制或扩大平台的范围及其市场定位，影响平台在用户市场上的整体定位，进而影响平台提供的互补品类型。因此，平台在互补品方面的独特性程度与其他竞争平台生态系统有关，有助于在用户心目中形成平台独特的市场身份。

8.4.3　平台竞争的类型

1. 赢者通吃竞争

赢者通吃是指根据网络效应理论，一旦某个平台的用户量达到临界点，消费者的网络规模、互补者的网络规模以及互补者生成的互补品数量之间的积极反馈会随着时间的推移而得到加强，从而提升平台价值，这样便会出现赢者通吃的竞争动态，此时网络规模较大的平台最终有望赢得整个市场。赢者通吃的竞争逻辑排除了通过市场定位或卓越的产品属性获得差异化优势的经典战略选择，认为只有一个赢家，也就是只有拥有最大网络的平台才能在大众市场上获得强大的控制力。按照赢者通吃逻辑进行竞争的平台所有者面临的主要挑战是如何在平台网络的两侧获得广泛采用，并使自己比竞争对手的规模更大。

(1)定价策略有助于扩大平台规模

定价策略包括实施用户补贴(使平台定价接近或低于边际成本，通常是允许用户免费访问)以增加平台采用率、与关键互补者签订排他性协议等。实施补贴策略时的基本规则是对网络中更有价值的群体(如报纸阅读者、搜索信息的用户等)进行补贴，并向该群体收取他们不太敏感的价格，这一价格来自他们从其他群体(如广告商)那里所获得的收益。

定价策略通常与平台开放策略有关，平台开放是指平台提供者授权并促使其他主体无条件访问和参与其网络的程度。平台开放性越大越能够促进网络更快速地成长，增加互补品的数量和种类，并对平台优势产生积极影响。

(2)直接提供互补品有助于扩大平台规模

平台提供者直接提供互补品可以作为加强用户与互补者之间间接网络效应的战略，这一战略在平台市场的早期阶段具有积极作用。此外，进入时机对平台网络规模和平台竞争也具有一定的影响。一些研究发现，拥有新平台技术并且首先进入市场的行动可能会对平台渗透市场的能力产生负面影响。

赢者通吃的竞争逻辑强调协调不同群组用户和互补品提供者之间互动的重要性，战略中首要的是促进采用多方平台和跨不同用户方的交易。因此，更加强调规模而非身份的平台倾向于采用赢者通吃的竞争方法以在竞争领域中获得市场主导地位。然而，需要注意的是，赢者通吃并不意味着赢者的地位无法撼动，如果赢者创新乏力或缺少对用户的关注，也可能会导致产品吸引力的下降；竞争对手也可以在细分市场进行差异化竞争，或者开发出性能更加优异的产品，从而通过技术功效优势抵消因自身用户规模小而带来的网络效应弱势。

2. 独特性竞争

独特性是指平台可以基于独特的市场定位、卓越的平台技术能力或独特的互补品在市场中获得差异化。可以发现，许多平台所有者做出的决策与赢者通吃的逻辑不一致，它们的决策更多地反映了在市场上获得独特身份以区别于其他平台的愿望。

在某些情况下，平台会故意限制一些用户的访问权限，以剔除它们不想服务的细分市场。例如，eHarmony 主要提供在线约会平台服务，它拒绝了多达 20%的潜在用户的会员资格。另一些情况下，平台增加了互补品提供者为平台用户提供创新服务和连接平台用户的负担和成本。例如苹果的 iOS 移动平台对应用程序开发者实施限制审批政策，脸书广告平台根据广告商接触其目标用户的途径与方式对广告商施加限制。这些更高的附属关系负担和开发成本意味着参与者需要对用户或互补者进行一定程度的平台特定投资，以保证参与者与平台的整体目标和身份保持一致，并通过加强平台和互补品的整合为用户带来更大的价值(消费体验)。事实上，平台所有者可以建立筛选机制来保证互补品创新质量，并相应地限制那些不符合最低要求的参与者进入和参与网络。例如，思爱普平台应用软件的开发人员在发布思爱普兼容产品之前，需要经过全面的质量筛选认证流程。

模块化水平或接口开放性等技术架构的设计决策会影响平台架构的配置，从而影响平台系统内产生价值的具体方式和类型。特别是，平台系统架构的配置会影响以下内容：技术对于用户的功能、互补品提供者的创新机会和能力、用户和互补者通过平台系统进行交易所承担的成本和收益、互补品提供者的创新专有制度以及平台上可用的互补品的平均质量。这些架构设计决策影响特定平台系统的独特性水平，决定了平台独特性的结构要素，而这些结构要素难以在短期内得到调整，会将平台限制在路径依赖的演化轨迹中。同样，它们也很难被竞争对手复制，至少在短期内无法被复制。

在用户市场方面，定位战略是平台差异化的关键杠杆，可以用来解释尽管存在网络效应压力，但在同一市场中不同竞争平台也是可以并存的。竞争战略中有关定位的文献强调了在消费者市场空间中建立独特身份以获得竞争优势的重要性。平台可以成为内容市场中特定细分市场的“专家”，具体方法是以不同的互补品组合（内容范围）针对不同的客户偏好，或利用平台范围，或通过专注于高端而不是低端市场等细分市场以进入市场。此外，独特性也可以通过竞争平台上不可用的排他性互补品来实现。这些策略影响着平台系统在市场中的差异化水平，决定了平台独特性的相关动态元素，这些动态元素的形成和演变是为了响应消费者市场的演变以及来自其他平台系统的竞争。表 8-3 总结了两种平台竞争逻辑的主要区别。

表 8-3　平台竞争的类型

平台竞争类型	竞争目标	竞争性利益领域	竞争行动	竞争机制
赢者通吃（winner-take-all）	通过平台规模获得市场优势	核心领域内的整个市场＋临近市场	（1）平台包络 （2）用户补贴 （3）平台开放 （4）独家访问许可	（1）加强市场协调 （2）增强交易/互动机会 （3）降低平台关联/开发成本
独特性（distinctiveness）	通过独特的技术能力和市场范围获得独特的市场身份	与平台身份一致的核心领域（及相邻市场）内的细分市场	（1）平台限制访问 （2）选择性访问定价 （3）排他性互补品 （4）平台范围限制	（1）加强市场参与者选择 （2）增强使用体验 （3）平台关联/开发成本不可忽略（参与者利益一致）

资料来源：Cennamo C，“Competing in digital markets：A platform-based perspective，” Academy of Management Perspectives，2021，35(2)，pp. 265-291.

8.4.4　平台身份领域分析

在评估两个竞争平台之间的竞争关系时，可基于平台用户共性和平台架构相似性两个身份领域的重叠水平来考虑。平台用户共性指两个平台共享同一类型最终用户的程度。平台架构相似性指两个平台的技术架构共享相同功能、能力和技术属性的程度。平台用户共性和平台架构相似性在很大程度上决定了两个平台是直接竞争对手还是有可能成为直接竞争对手。平台竞争研究的一个主要目的是检验赢者通吃假说，即基于从竞争平台那里争夺相同用户的假设，检验一个平台最终赢得整个市场的可能性。由于间接网络效应，预计具有高用户共性的平台将会进行更激烈的竞争，以获得或捍卫其在市场中的主导地位，并避免用户迁移到竞争对手的平台系统。同样，对平台体系架构配置的研究强调了技术属性在平台竞争中的重要性，展示了具有类似体系架构的平台如何对相同的互补品开展激烈竞争，从而直接与互补品提供者竞争。

图 8-4 提供了分别沿平台用户共性和平台架构相似性的高、低水平组合的 4 种可能

的竞争场景。一方面，这些场景可能是平台提供者深思熟虑后的选择。例如，在设计技术架构时，平台提供者可以选择在同一技术账户上与对手平台竞争的程度，或者在不同的功能和能力上进行竞争，这些功能和能力允许用户和互补者以不同于竞争系统的方式使用平台并从中获益。另一方面，这些场景也可以在新兴的竞争互动中形成，这种互动产生于平台采取的独立的价值创造战略。当它们的网络开始嵌套，在更大程度上共享用户时，平台提供者将意识到它们的市场会发生重叠，更有可能将彼此视为直接竞争对手以相互争夺用户。下面将依次讨论每个竞争场景。

最终用户共性 \ 平台架构相似性	高	低
高	身份领域重叠 ■ 竞争对手：竞争激烈 ■ 平台规模是竞争行动的主要驱动力 ■ 包络威胁：威胁水平高，影响大 ■ 平台竞争升级为赢者通吃	身份领域非对称 ■ 竞争对手：竞争适度到竞争水平高 ■ 平台身份是竞争行动的主要驱动力 ■ 包络威胁：威胁水平适度，影响有限 ■ 间接平台竞争：平台可以通过非对称竞争逻辑获得范围影响力
低	身份领域有争议 ■ 竞争对手：竞争激烈 ■ 跨域平台规模是竞争行为的驱动因素；平台被稀释的风险 ■ 包络威胁：威胁水平高，影响适度到较大 ■ 平台竞争可能升级为跨领域的赢者通吃之战，并导致市场趋同	身份领域独立 ■ 竞争对手：竞争水平低 ■ 跨领域的平台身份以及核心领域内的平台规模是竞争行为的主要驱动力 ■ 包络威胁：威胁水平适度，影响有限 ■ 间接的、有限的平台竞争

图 8-4　平台竞争身份领域分析

资料来源：Cennamo C，"Competing in digital markets：A platform-based perspective，" Academy of Management Perspectives，2021，35(2)，pp. 265-291.

1. 身份领域重叠：用户共性高-架构相似性高

身份领域重叠(identity domain overlap)是指平台之间最终用户共性高和架构相似性高的情况。此时，平台将在同一竞争领域内展开激烈的竞争，如滴滴快车与快的快车，将彼此视为威胁到自身生存的直接竞争对手，平台之间的竞争会非常激烈，并升级为赢者通吃之战，因为关于竞争动态的主流研究表明，平台有动机以积极的行动和反击作为回应。

长期以来，基于"知晓-动机-能力"框架，研究一直在传统环境下考察竞争对手的属性、先前的竞争性互动以及资源和客户市场的相似性如何影响竞争的主观强度和实际竞争行为。虽然在传统环境下的研究发现，具有高度市场共性和资源相似性的公司可能倾向于避免对竞争对手采取激进的竞争行动，但在数字经济时代，当识别到竞争对手在平台市场，特别是在多边交易市场中的反击能力时，平台竞争的激烈程度将升级。

该场景反映了平台在用户属性和技术属性方面是同质的。微小的差异便可能会影响用户的期望，进而对平台的网络规模产生巨大影响，并最终使市场偏向某一平台。因此，平台将倾向于在市场网络和技术设计上相互模仿，以避免用户因附加技术功能或互补品而迁移到竞争对手平台。因为在这种情况下，平台之间是密切依赖的，对手平台的竞争行为可能会损害网络规模和实力，从而导致核心平台的竞争地位迅速下降，因此具有高身份领域重叠的平台将有强烈的动机采取掠夺性竞争行动，牺牲其直接竞争对手的利益，更快、更大程度地发展自身网络。平台提供者更有可能采取一系列竞争举措，通过积极的快速做大战略来吸引竞争对手的用户，包括平台封闭、用户补贴和排他性许可来锁定用户，使用户难以同时参与多个平台。这样将导致高强度的平台竞争，并升级为赢者通吃之战，尤其是在将网络规模作为平台价值最关键来源的交易市场。

2. 身份领域非对称：用户共性高-架构相似性低

身份领域非对称(asymmetric domain)是指平台之间用户共性高但架构相似性低的情况。此时，平台可以利用平台架构中的异质性，在市场上建立非对称竞争定位，并通过独特定位在各自的身份领域建立影响力范围。创新市场和信息市场更可能出现这种竞争场景，尤其是当竞争平台关注平台价值的不同维度时，比如一个平台强调平台规模，而另一个平台强调平台身份。

在这样的市场中，平台可以利用独特的平台功能和能力，通过有选择地专注于不同细分市场并建立独特身份开展间接竞争以赢得整个用户市场，而不是采取直接与对手平台竞争的方式。尽管在这种竞争场景中，平台可能在很大程度上共享用户，并在同一市场上运营，但它们会根据自身架构不相似性形成的不同身份来感知和识别不同的竞争领域。根据动态竞争理论，企业会在某些市场上采取竞争行动并根据它们的身份领域对竞争对手的行动做出反应，通常这一身份领域是非常突出的竞争领域，最能够在市场上体现并强化企业的组织身份。企业也可能在多个领域展开竞争，但并不是所有领域对公司都具有同样的重要性，因为有些领域可能不属于企业的身份领域。所以平台提供者不一定会对竞争对手的掠夺性定价行为做出反应，因为这一行为可能不会威胁到平台在其身份领域的竞争地位。因此，架构相似性较低且专注于各自独特身份的各个平台不太可能为了赢得整个市场而参与激烈的正面竞争。

通过理解企业间竞争的“知晓-动机-能力”框架有助于解释上述内容和观点。首先，构建不同身份的平台对相关市场可能有着不同的信念和看法，即使它们在很大程度上共享相同用户，它们也将形成不同的身份领域，从而处于不同的竞争环境，因此它们可能并不了解竞争对手在身份领域之外的行为。其次，即使平台在更广泛的竞争环境中监视竞争对手，它们攻击或应对对手竞争行动的动机也比较有限，除非这些行动直接威胁到平台在其身份领域的独特定位。最后，由于平台公司根据独特的平台架构致力于特定的平台开发和演化路径，因此它们可能拥有非对称资源和能力。在身份领域内提高知晓和动机有利于增加公司在该领域的能力，降低公司在身份领域外的能力。这是因为在身份领域内增加时间和注意力以及采取行动和反应的动机，将会增加对身份领域的资源分配。因此，具有不同架构的平台会构建起不同的资源和能力，限制了它们在平台自身竞争身份领域之外的市场中直接攻击或响应竞争对手的能力。

以苹果和谷歌在移动操作系统(Mobile OS)平台市场上的竞争为例。无论是对供应商还是用户，谷歌都在寻求积极的开放性和掠夺性定价战略，安卓将成为市场上占主导地位的移动操作系统平台，而苹果则采取了不同的做法，重点是为用户提供软硬件服务集成体验。虽然谷歌和苹果在智能手机终端用户的同一市场上有所重叠，但它们的平台架构不同，因此它们认为各自处于不同的竞争领域：谷歌想主宰信息搜索领域，而苹果主攻用户平台互动和消费体验领域，它们因此开发并形成了不同的内部技能和能力。

众所周知，苹果拥有一流的设计团队，提供无与伦比的用户界面体验和软硬件服务集成，而谷歌在搜索分类领域拥有卓越的能力和数据库，它们设计了不同的平台架构：苹果拥有紧密的集成架构，能够为外部开发者提供更好的筛选流程和质量控制，谷歌则是一个完全开放的平台，既面向应用程序和服务的外部开发者，也面向操作系统平台本身的开发者。苹果和谷歌都在市场上获得了独特的定位。因此，竞争对手在市场上采取的竞争行动对其他竞争对手的竞争定位可能仅会产生比较有限的影响。例如，谷歌可能很难在自己的"地盘"内攻击苹果，因为这需要对平台架构的结构要素以及不同平台公司的能力和资源进行重大改变，而这些资源和能力(如操作系统和硬件设计、操作系统平台的内部开发、硬件设备生产、供应商系统和互补者系统的协调等)可能是谷歌所缺乏的。

具有不同身份的平台可以在市场中捍卫自己的竞争定位，并基于非对称竞争定位在自己的身份竞争领域中确保影响力范围(即主导地位)。因为技术能力和功能的独特性是结构性的，在短期内很难改变，所以这种不对称竞争均衡可以随着时间的推移而持续，特别是在创新和信息市场。专注于独特身份的平台直接攻击领域内专注于规模的平台的动机不太大。正如之前所讨论的 eHarmoney 和 Match. com 的例子，专注于独特性的平台可能会采取相反的行动，增加用户访问的价格和成本，并通过选择用户来限制潜在用户参与。虽然这些行动加强了 eHarmoney 在其自身领域的竞争地位，但不会吸引新的用户，也不会直接影响 Match. com 在其领域的主导地位，因此，这些竞争行动不太可能引起 Match. com 的反击。此外，在这些市场中，由于对平台规模和平台身份的战略权衡，专注于身份和竞争独特性的平台不太可能直接攻击专注于规模的竞争平台。由于两个平台之间的用户吸引力有限，牺牲竞争对手利益以扩大用户网络的正面竞争可能无法实现，这样可能会削弱平台在市场上的独特定位。因此，用户共性高但架构相似性低的平台可以相应地在市场上维持成功的非对称竞争地位，并基于非对称的网络规模和网络强度在其身份领域(如苹果的 iOS 与谷歌的安卓，eHarmony 与 Match. com)建立影响范围。不过，由于平台用户存在共性，竞争可能仍然会比较激烈，但鉴于直接攻击性行动在削弱竞争对手竞争地位方面的能力比较有限，竞争将呈现出一种间接形式。

3. 身份领域有争议：用户共性低-架构相似性高

身份领域有争议(contested domain)是指平台之间用户共性较低、平台架构相似性高的情况。此时，平台在一开始面临的直接竞争是有限的。虽然它们提供非常相似的技术能力和功能，却是针对不同用户群，因此它们分别是在不同的最终用户市场中运营。然而，由于架构具有相似性，这些平台都有能力通过在不同市场上利用自身功能并扩大用户网络来瞄准对手的用户市场。考虑到这些平台的包络威胁，平台有动机预测竞争对手的可能行动，并通过进入自己的市场或一些细分市场来攻击竞争对手。随着平台在多个细分市场扩展活动，很容易受到在相邻市场上运营的其他平台的竞争性攻击。

以爱彼迎和缤客为例，尽管它们在用户界面上存在一些差异，但从本质上看，它们为用户提供了非常相似的平台功能——搜索和预订住宿。最初，两者几乎不存在市场重叠，聚焦于相互独立的用户群：缤客专注于酒店服务，爱彼迎的目标在于寻找合租房用户。而随着爱彼迎开始在其产品中增加小型床、早餐清单以及高档房源，作为回应，缤客推出了房屋租赁服务。随后，爱彼迎采取了进一步的反击措施，更积极地瞄准商务旅客，推出了一些有针对性的服务，如 Airbnb Plus(专门提供精选优质公寓)和 Instant Book(无须向潜在主人发送消息即可即时预订的功能)。此外，爱彼迎最近还收购了精品酒店预订平台 HotelTonight。这一系列的行动导致两个酒店市场之间趋同加剧，两个平台之间形成了一个竞争激烈的领域。

因此，平台包络可能是平台公司对消费者价值主张的创新能力的响应，是加强不同市场的平台身份，从而应对可能威胁平台领导地位的实际或预期竞争对手行动的多市场竞争。通过增加平台包络，竞争领域变得高度竞争。平台更有可能参与跨领域的、激烈的赢者通吃之战，这最终可能升级为新定义领域的赢者通吃竞争(如爱彼迎和缤客)。在交易市场中更可能出现这种情况，平台包络威胁和平台之间的微小差异可能会对平台市场绩效产生重大影响。在这些有争议的领域中，随着竞争的升级，跨市场平台面临的风险可能使平台身份被稀释，进而导致平台价值降低以及与客户疏远。

4. 身份领域独立：用户共性低-架构相似性低

身份领域独立(separate identity domain)是指平台之间用户共性低和架构相似性低的情况。此时，平台通过不同的技术功能集合解决不同用户群的问题，因此，它们在独立的平台市场中运营，在用户之间或跨平台功能之间的相互依赖性或互补性有限。这种情况下，平台在不同的竞争身份领域进行竞争，不太可能参与直接竞争，这种竞争与它们的战略重点和运营市场类型无关。

以易贝和亚马逊为例，它们在交易市场中运营，规模是它们主要的价值来源。因此，赢者通吃是它们倾向于在竞争领域内所采取的竞争逻辑，有人预测它们之间的竞争会非常激烈。然而，尽管赢者通吃是这些市场竞争的主导逻辑，但易贝和亚马逊这两个平台之间的竞争非常有限。因为它们的架构相似性和用户共性都比较低，可能是在不同的竞争领域内竞争。亚马逊平台和易贝平台提供了多样化的功能和技术属性(例如，亚马逊的一键支付、亚马逊金牌会员和易贝拍卖系统)，有助于在每个平台上形成独特的消费体验，满足具有不同需求和偏好的用户和卖家：易贝以其拍卖交易系统为基础，迎合消费者和卖家的需求，使他们愿意花费更长的时间和精力在平台上讨价还价，并完成交易；亚马逊则将自己定位为解决用户需求的平台，这些用户通常希望能够快速、轻松地购买和接收商品。试想一下，如果这些用户不重叠，形成了不同的独立市场，那么这两个平台是可以共存的，各自作为各自市场和竞争领域中的主导平台。由于它们在平台架构中构建了独特的结构元素，竞争对手很难复制这些元素，至少在短期内难以复制，因此平台之间直接相互攻击、吸引竞争对手用户的能力非常有限。虽然一些卖家可能在两个平台上都有多个店铺，即卖家为了接触不同类型的消费者，可能通过两个平台进行关联销售，但不同细分市场中具有不同偏好的最终用户，将根据他们的偏好与卖家的其中一个店铺进行关联。而且，由于用户对不同平台功能的偏好存在异质性，跨市场的平台包络等掠夺性竞争行动带来的好处也是有限的。因此，平台包络的威胁较低，竞争强度也较低。

综上所述，一般地，交易市场的大部分价值都与网络规模有关，可以预期，由赢者通吃逻辑主导的平台竞争较为激烈。用户重叠越多以及架构越相似的平台，它们的竞争就越激烈。而在创新和信息市场中，平台可以在更大程度上强调它们独特的身份，以在市场中脱颖而出，避免平台竞争升级。从这个意义上说，平台可能不会直接响应竞争对手的行动，而是会加强自身在身份领域的定位。基于非对称的竞争逻辑即赢者通吃竞争与独特性竞争，竞争对手之间可能产生间接竞争。此外，随着平台竞争的展开，平台竞争对平台绩效和市场结构的影响将通过强化或争夺平台身份、竞争领域和平台价值进而影响竞争对手的驱动力，使得平台竞争发生演变，从而进入新的竞争周期。

本章小结

• 根据平台的主要作用，数字市场可以分为多边交易市场、互补品创新市场和信息市场 3 种类型。

• 传统市场竞争与数字市场竞争在竞争水平、竞争动力、竞争分析焦点、竞争动态、竞争行动以及竞争优势等方面存在不同。

• 传统在位企业与数字企业之间的竞争关系可划分为 3 个阶段，分别是选择性合作、结盟竞争和选择性竞争合作，这 3 个阶段是一个连续的过程，体现了传统在位企业如何在产品、市场、技术组件等不同层次上与数字企业展开战略竞争。

• 平台价值指消费者在使用平台和消费其互补商品和服务中所获得的收益。平台价值包括平台规模和平台身份两个维度，包括最终用户网络、互补者网络、平台架构、平台范围等要素。

• 在评估两个竞争平台之间的竞争关系时，基于平台用户共性和平台架构相似性两个身份领域的重叠水平来考虑。

复习思考题

1. 基于平台的数字市场有哪些？
2. 传统市场竞争和数字市场竞争的区别是什么？
3. 传统在位企业是如何应对数字平台进入者的？
4. 平台价值包括哪些维度和要素？
5. 如何理解平台规模与赢者通吃之间的关系？
6. 如何理解平台身份与独特性之间的关系？
7. 如何确定平台之间的竞争关系？
8. 平台之间的竞争关系有哪些？

案例分析

扫一扫，看资源

腾讯与奇虎 360 的动态竞争——“3Q 大战”

第 9 章　数字平台战略

【学习目标】

➢了解数字平台的内涵与构成
➢熟悉数字平台的构成
➢掌握中心企业数字平台战略的内涵与实施方式
➢掌握边缘企业互惠主义战略的内涵与实施方式

【关键术语】

数字平台　数字平台战略　中心企业　边缘企业　杠杆策略　控制策略　防御策略　开发策略　互惠主义　共生关系　共栖关系

开篇案例

百度 Apollo 自动驾驶开放平台

Apollo 平台是以平台网络推动颠覆性技术创新过程的一个典范。百度在 2013 年开始自动驾驶技术的研发，在 2017 年 4 月尝试以开源为抓手建立以平台为核心的创新网络，并以网络化方式推进技术创新。目前，这一网络已经成为参与者最多的自动驾驶技术创新网络，并取得初步成效，且仍在演化之中。截至 2020 年 5 月，平台已拥有合作伙伴 200 多家，包括汽车制造商、一级零部件供应商、芯片公司、传感器公司、交通集成商、出行企业等，覆盖从硬件到软件的完整产业链，吸引了全球 36 000 多名开发者参与技术开发。在国际知名研究机构 Navigant Research 发布的年度自动驾驶竞争力榜单中，百度已经由 2016 年上榜企业末位上升至 2020 年的全球第四位，跻身领导者之列。百度在 2021 年 1 月 11 日正式宣布组建一家智能汽车公司，并提出将“利用 Apollo 领先的自动驾驶能力，发挥在汽车智能化领域长达 8 年的经验优势，重塑智能汽车产品形态，成为智能出行时代的变革者”。对百度而言，Apollo 平台搭建创新网络的目标，既包括推进自动驾驶技术的持续开发，也包括促进基于新开发技术的产品最终走入汽车消费的主流市场。由于创新网络搭建之初所有参与者拥有的自动驾驶技术能力分散、水平参差不齐，Apollo 平台把促动参与者共同填补技术空白点并把自动驾驶技术的整体水平提升到新的高度作为首要任务。

1. Apollo 平台内容权衡

(1)渐进式的技术跨界开源

首先，百度以 Apollo 平台技术开源提升其在自动驾驶领域的影响力。2017 年 7 月，百度正式发布 Apollo1.0 平台，将其积累的自动驾驶相关代码和能力以开源的形式对外开放，目的是以“开源”吸引一批合作伙伴，共建自动驾驶创新网络。开源为合作伙伴带来可以无偿使用的技术资源，他们可以在源代码的基础上做二次开发，这激发了大批合作者的兴趣。如Apollo1.0具备高效易扩展的架构、立即可用的硬件、一键启动的自动更新和完备的开发工具等特性，提供了封闭场地的循迹自动驾驶能力，通过“导航+惯导”高精度定位并结合真人司机的驾驶行为对自动驾驶进行训练，而开发者借助百度开放的能力与数据能够在3天内完成自动驾驶系统的搭建。一位合作方的负责人评论道：“开源提高了百度在整个市场上的这种影响力，增加了开发者(对百度的)的认可程度。”其次，百度以Apollo平台的渐次技术开源保持对合作伙伴的持续吸引力。百度采取了一边升级Apollo平台拥有的自动驾驶技术，一边对其进行渐次开源的方式，即每隔一段时间开源一个新的技术版本。例如，Apollo平台1.0开放了封闭场地循迹自动驾驶技术，Apollo平台2.5开放了重卡在自动驾驶上部署的技术。

(2)技术场景的网络化探索

仅靠Apollo平台开源自身的技术积累是远远不够的，合作进行技术探索是关键。Apollo平台借助合作增加对不同场景的认知，积累场景化知识。自动驾驶技术的颗粒度非常细，这在一定程度上增加了开源技术的应用风险，需要借助场景应用来完善。Apollo平台主要能帮合作者达到一个好比是0到1的能力，其他功能需要合作者根据自己的场景去打磨。一位合作方经理在谈到近年来Apollo平台的快速发展时说：“Apollo在不停地找人谈合作交流，根据市场的发展变化，与自己的技术相适应，不断地去找新的技术发展点”。更进一步，Apollo平台以合作开发的方式推进场景应用技术的开发与改进。例如，Apollo平台2.5版本的发布离不开平台与长沙智能驾驶研究院有限公司(简称“CDI”)的合作。该版本推出的是高速路段的自动驾驶技术，典型的应用场景是卡车在高速路上的货运。但是，此前百度对卡车的性能以及与此相关的自动驾驶技术知识掌握甚少。而CDI专注于高速路上的卡车货运场景。二者共同合作开发，直接带来了Apollo平台2.5版本，即支持限定区域的卡车高速自动驾驶开源算法，包括视觉感知、实时相对地图、高速规划与控制等新能力。其中，所提出的基于摄像头的视觉感知方案将传感器成本较此前降低了90%。对此，百度智能驾驶事业群的一位负责人评论说：“他们高速公路场景下重型卡车的自动驾驶基于我们平台的一些基础技术，但同时把自己特定场景的一些东西贡献给我们，贡献了很多的代码。”

(3)跨界技术整合能力进阶

Apollo平台主导了创新网络中自动驾驶技术的迭代升级。网络参与者的创新知识是分散的，唯有通过整合才有可能获得技术的整体突破。在这一过程中，Apollo平台一方面努力确保自身走在技术开发的最前列，另一方面又要借助整合网络参与者的技术资源来推动技术开发。正如百度副总裁李震宇所说：“自动驾驶技术面临系统整合能力的挑战，汽车产品的创新从来不是单一技术作用的结果，自动驾驶技术同样需要感知、决策、执行等机构及系统的高效协同，为此企业还必须形成面向全产业链的系统整合能力。”“百度最希望掌握的始终是自动驾驶核心技术，这将是百度打造未来核心竞争力的关键。”IDG的一位负责人表示：“Apollo平台的初衷应该还是对生态伙伴赋能。但是在这个过程中还是一个大玩家才玩得起来。”综合来看，Apollo平台推动下的自动驾驶技术进阶，从最简单的循迹驾驶到高速自动驾驶，整个网络的技术能力得到不断提升；从保证效率到安全、低成本等，技术功效不断增多，技术的可行性不断提高。

2. Apollo 平台关系权衡

(1)同边网络效应激发

通过技术开源，Apollo 平台不断吸引参与者加入创新网络，网络规模的扩大也使其在自动驾驶技术领域获得良好声誉，产生“光环效应”。相关组织或个体在寻找自动驾驶技术合作伙伴时，第一时间想到的是 Apollo 平台。网络成员通过平台所提供的功能进行自动驾驶知识的涟漪式分享，吸引更多的参与者，产生更多的技术知识。例如，到 Apollo2.5 版本发布时，“平台开放了超过 20 万行代码，共有 2 000 多名开发者及合作伙伴下载使用了 Apollo 代码，近 10 000 名开发者在全球最大的开源社区 Github 上推荐使用 Apollo 开源软件”。同时，Apollo 平台建立了阿波罗自动驾驶开发者社区，社区用户持续增加，社区中知识共享互动越来越频繁，在正强化中积累起更多的自动驾驶技术知识。除了通过光环效应吸引合作伙伴并促进知识交流外，Apollo 平台也向网络参与者提供直接的培训与学习机会。例如，自 2017 年起，Apollo 平台联合教育平台优达学城(Udacity)、北京大学、北京航空航天大学等，开设针对自动驾驶的培训课程，培训技术开发中的紧缺人才，促进了技术知识在 Apollo 平台网络中的扩散，一定程度上提高了平台的知名度，也带来很多合作机会。

(2)范围经济型整合

网络中不同合作伙伴所拥有的知识资源具有很强的异质性特征，这直接导致合作伙伴技术探索中的知识资源兼容性较差。对此，Apollo 平台以技术认证服务来推进知识资源的整合。这种认证服务能够连接开发者与车企的知识需求，车企通过平台覆盖更广泛的开发者人群，提高了技术验证能力；开发者也通过平台将同一套代码快速部署在多种车辆上，降低技术搜索难度。这些都促进了知识的交流与整合。正如百度副总裁李震宇所说：“我们这次把过去踩的坑总结为经验，总结为 17 类指标，并作为 Apollo 车辆验证平台的方式开放出来”。很显然，创新网络中不同类型合作伙伴的知识资源或能力具有异质性，并不会自觉地产生互动合作，或者即使互动也因成本高昂而活力不足。平台通过将多个网络参与者的知识资源进行整合，使得异质性知识的生产活动合并于同一套标准下，降低了网络参与者的技术验证或探索成本。可以看出，平台的这种治理行为针对网络参与者的范围而不是规模，导致同时生产两种知识的费用低于分别生产每种知识所需的成本总和，从而产生范围经济。这种范围经济型整合是指将网络中不能形成有效互动的异质性参与者的资源进行整合以获得资源效率的过程。在技术网络情形下，这种治理行为降低了单个网络参与者技术开发的成本和难度。

(3)求偶式竞合

随着合作开发技术工作的推进，网络中成员间的关系由最初简单的互补逐步走向了合作与竞争并存。这种竞合主要表现为两种情形。一种情形是合作者具有开发与 Apollo 平台相类似的自动驾驶技术与业务的打算。最直接的一个例子是，硬件合作伙伴英伟达(NVIDIA)于 2019 年宣布推出全球首款商用 L2+自动驾驶系统 Nvidia Drive AutoPilot，虽然该系统的自动化水平与 Apollo 平台的 L4 级有一定的差距，但也构成潜在的竞争威胁。到 2020 年，该系统能达到使汽车制造商快速部署先进的自主解决方案，并将此解决方案更快地扩展到更高级别的自动驾驶技术。另一种情形是合作者担心 Apollo 开源模式可能导致其技术被“泄露”给网络中乃至整个业界的现实或潜在竞争者，有可能直接助益竞争对手的技术进步。面对竞合压力，Apollo 平台在选择技术开发的合作伙伴时强调合作潜力与组织融洽，这与“求偶”的逻辑是一致的。其中，合作潜力主要关注合作双方的互补与相似所带来的协同效应。由于自动驾驶技术是软件定义汽车，因此无论是软件提供商还是整车企业等都会在软件领域投入大量资源。而“单个互联网企业即使实力再强，要同时为数十家整车企业提供全方位的软件服务也是非常困难的，因此车企依然可以开发属于自己(在专有软件领域)的核心竞争力”。由于未来软件市场广阔，平台合作双方都会聚焦于软件的开发，从而产生相似性。

资料来源：李东红、陈昱蓉、周平录：《破解颠覆性技术创新的跨界网络治理路径——基于百度 Apollo 自动驾驶开放平台的案例研究》，载《管理世界》，2021，37(4)。

思考与讨论：

1. 百度 Apollo 自动驾驶开放平台建设的初始阶段过程中用到了哪些数字平台策略？

2. 百度 Apollo 平台发展过程中遭遇到哪些困难？其是如何解决的？

随着平台从智能手机、平板电脑扩展到智能手表和其他嵌入式设备，人们越来越需要了解企业应用数字平台面临的挑战，理解数字平台的发展规律对数字经济时代企业公司层战略也具有重大意义。现有对数字平台的研究有技术、经济、组织等多重视角，本章从技术视角出发，展示现有的数字平台公司以及希望成为平台参与者或平台补充者的传统公司如何在数字平台战略中获取竞争优势。与工业经济时代以多元化战略为主要内容的公司层战略相比，数字企业公司层战略主要是数字平台驱动的。因此，本章将数字平台战略作为数字经济时代企业公司层战略，从数字平台生态的中心企业和边缘企业两个视角，对数字平台战略进行剖析。对数字平台的中心企业而言，需要掌握杠杆策略、控制策略、开发策略和防御策略来确保自身的领导地位；对边缘企业而言，需要掌握互惠主义战略来争夺主导权。

9.1 数字平台的内涵与构成

数字经济时代企业之间的竞争不再围绕着如何控制价值链，而是围绕着吸引与数字平台相关的活动。数字平台无处不在，如脸书、抖音、微信等社交媒体平台改变了人们互动和分享经验的方式，iOS 和安卓等操作系统平台已成为移动通信行业的重心，PayPal、Apple Pay 和 Square 等支付平台成为新的支付工具，优步、爱彼迎和跑腿兔(TaskRabbit)等数字平台的出现推动了共享经济的出现。在一定程度上，数字企业的颠覆式跨界扩张大多是由数字平台逻辑推动的。

9.1.1 数字平台的内涵

数字平台(digital platform)是由技术要素和组织标准组成的一个可扩展的代码库，包括核心模块和附加在其上的第三方模块(软件和硬件)。从技术视角看，数字平台是一个可扩展的代码库，可以向其中添加补充的第三方模块(软件和硬件)；从社会技术视角看，数字平台是由技术元素以及相关的组织流程和标准组成的。综合来看，数字平台被视为具有促进第三方治理规则的开放式架构，可以扩展软件产品功能的各种模块，包括核心平台以及由软件工具和法规组成的边界资源。不同的学者给出了不同的数字平台定义（表 9-1）。

表 9-1 数字平台的定义

学者	数字平台的定义
Parker 等（2021）	数字平台可以被定义为具有促进第三方互动治理规则的开放式架构
de Reuver 等（2018）	从技术视角看，数字平台是一个可扩展的代码库，可以向其中添加补充的第三方模块（软件和硬件），而从社会技术视角看，数字平台是技术要素以及相关的组织流程和标准的组合
Tiwana 等（2010）；Boudreau（2012）	数字平台可以定义为纯粹的技术工艺品（Technical artefacts），其中平台是可扩展的代码库，生态系统包括补充该代码库的第三方模块。然而，数字平台也可以被描述为包含技术要素（软件和硬件）和相关组织过程和标准的社会技术组合
Ghazawnh 和 Henfridson（2015）	数字平台是基于软件的外部平台，由基于软件的系统的可扩展代码库组成，该系统提供与之互操作的模块共享的核心功能，它们通过这些模块互操作的接口
Baldwin 和 Clark（2000）	数字平台是扩展软件产品功能的各种模块，这些模块可以被视为附加在软件上的子系统，通常以第三方开发人员设计和开发的应用程序的形式存在
Henfridsson 和 Bygstad（2013）	数字平台包括核心平台及其边界资源，边界资源由软件工具和法规组成，促进平台提供商和应用程序开发者之间的公平关系。为了更好地理解数字平台，分析的核心单元不应该是平台的核心，而是其边界资源

资料来源：de Reuver M，Sørensen C and Basole R C，“The digital platform：A research agenda，” Journal of Information Technology，2018，33(2)，pp. 124-135.

1. 数字平台与平台经济学

产业创新管理学者将平台（platforms）视为稳定的核心和可变外围的组合，这种概念规定了通过模块化实现分布式开发和重组创新的机会，从这个角度可以根据平台的生产过程范围对平台进行分类：①内部平台，使企业内部子单元重组；②供应链平台，协调外部供应商；③行业平台，平台中心企业从互补者那里汇集外部能力。在后两种类型中，平台不仅提供了稳定的核心，而且在不同用户群体之间进行调解。经济学家的关注焦点是经济力量如何使多边市场不同于其他市场安排。对定价策略和金融动态的兴趣是平台经济学研究的核心，而不是创新动态。虽然平台经济学的研究对理解定价和融资问题做出了巨大贡献，但并不能打开理解数字平台生成性和其他创新动态所需的技术黑匣子。

平台经济中的一些规律同样适用于数字平台。例如，当平台将多个用户组聚集在一起时，它们会产生所谓的网络效应或网络外部性（network externality）。网络外部性意味着，随着用户安装基数的增加，一项技术的有用性也在增加。提高采用水平可以触发积极的反馈周期，从而进一步提高技术的有用性。通常，如果平台的价值取决于同一用户组中的用户数量，即通过其他人购买、连接或使用通过平台提供的相同平台或服务来增加产品价值，则网络外部性是直接的。直接网络效应的例子是社交媒体，如果更多的终端用户加入这个平台，社交媒体将变得更有价值。当平台的值取决于不同用户组中的用户数量时，外部性是间接的。例如，如果有更多的开发人员为该控制台创建游戏，那么视频游戏机对消费者来说就变得更有价值。间接网络影响也可能是负面的，如广告的背景所示，在搜索引擎平台上，更多的广告商降低了其对独立咨询搜索者的价值。一旦产品或技术开始采用，这些网络外部性就为新用户和现有用户提供了好处，例如降低价格、降低对未来平台版本和补充服务的不确定性、提供更高质量的产品和新的市场机会等。

2. 数字平台与非数字平台的区别

2018 年，de Reuver 等人区分了数字平台(digital platforms)和非数字平台(non-digital platforms)概念，认为与非数字平台相比，数字平台包含不同级别的组件，例如设备、操作系统和应用程序。产业创新管理学者将数字平台视为稳定的核心和可变的外围。因此，我们以此作为数字平台与非数字平台区分的依据。值得一提的是，调解买家和卖家等不同用户群体的平台通常也被称为多方平台。20 世纪 90 年代，对美国信用卡反垄断案件的分析引发了双边市场的争论。双边市场充当中介的作用，将两个不同的群体聚集在一起并进行匹配，一个群体的价值随着另一个群体参与者数量的增加而增加。

3. 数字平台与数字基础设施的区别

数字平台可以被视为具有特定控制安排的数字基础设施的一个不太复杂的子类型。平台动力学观点认为，数字平台可以被理解为数字基础设施及其边界资源的组合，更好地理解数字平台，分析的核心单元不应该是平台的核心，而是其边界资源。边界资源由软件工具和法规组成，促进平台提供商和应用程序开发者之间的公平关系。传统创新管理文献将平台所有者视为管理多个互补者的关键组织，而数字平台的可替代边界资源标志着传统创新管理文献中以所有权为中心观点的背离。将数字平台与数字基础设施区分开来的根本要素是控制安排，控制安排可能由拥有核心平台技术的公司组成的组织或联盟决定。对于数字平台，开放性不仅与组织安排有关，还与 API 和软件开发工具包(SDK)等技术的开放性安排有关。

4. 数字平台与数字生态系统的区别

平台与生态系统结构或隐喻有时分开处理，有时又密切相关。从技术视角来看，生态系统是核心技术平台补充(应用程序)的集合。从组织视角来看，生态系统是与互补模块互动的公司集合。可见，拥有核心平台的中心企业是数字平台生态系统战略选择的关键参与者。一些学者使用生态系统来表示与行业平台相关的组织形式，或作为资产集合的非特定概念。关于数字生态系统战略的内容本书将在第 12 章重点介绍。

表 9-2 列出了数字平台相关核心概念定义。

表 9-2　数字平台相关核心概念定义

概念	定义
多边平台	调解不同的用户群体，如买家和卖家
多边市场	汇聚（或匹配）不同的群体，而一个群体的价值随着另一个群体参与者的增加而增加
直接的网络外部性	平台的价值取决于同一用户群的用户数量
间接的网络外部性	平台的价值取决于不同用户群中的用户数量
数字平台（技术观点）	一个可扩展的代码库，可添加补充性的第三方模块
数字平台（社会技术观点）	技术元素（软件和硬件）和相关的组织流程标准
生态系统（技术观点）	核心技术平台补充的集合，主要由第三方提供，如应用程序
生态系统（组织观点）	与互补模块互动的公司集合
应用	作为应用、服务或系统提供给终端用户的可执行软件片段
边界资源	软件工具和法规促进相关各方之间的公平关系
平台开放性	平台边界资源支持互补的程度

资料来源：de Reuver M，Sørensen C and Basole R C，"The digital platform：A research agenda，" Journal of Information Technology，2018，33(2)，pp. 124-135.

9.1.2　数字平台的构成

数字平台(digital platform)是一个可扩展的产品模块架构，可通过联系规则补充添加第三方模块。数字企业自身产品和边缘企业相互作用下形成的数字平台是数字平台企业与传统上下游价值链企业的本质区别。行业标准的形成是交易网络中边缘企业产生互补资源的根本原因。因此，采取数字平台战略的企业必须战略性地进行有利于自身制定主导标准的行动。在数字平台模型中，核心模块技术是中心企业制定标准的基石。

从技术视角看，数字平台中，中心企业的产品模块架构由核心模块和联系规则组成，边缘企业通过遵循联系规则提供第三方模块以补充产品模块架构（图 9-1）。其中，核心模块是在一定时间内可保持稳定状态的核心技术或组件；联系规则是基于核心模块制定、周边边缘企业必须遵循的设计规则。中心企业通过联系规则连接边缘企业，进一步优化数字平台产品与服务。

从组织视角看，中心企业和边缘企业在数字平台中分别承担不同的角色。中心企业是数字平台的领导者和主要设计者，中心企业通过联系规则控制边缘企业的创新成果，使自身平台产品创新速度显著提高，也可以改进联系规则引领数字平台的发展走向。连接数字平台的边缘企业 A、B 只要遵守中心企业的联系规则，就能独立完成各自的研发、设计活动，通过第三方模块打造中心企业的互补性资源，一方面可以满足用户的个性化、多样性需求，另一方面也可以应对数字市场环境的动态变化。在图 9-1 中，中心企业可以与边缘企业 A 连接，也可以与边缘企业 B 连接；边缘企业 A、B 根据数字市场环境的变化也可以自由选择自己的下属产品（a、b、c）。

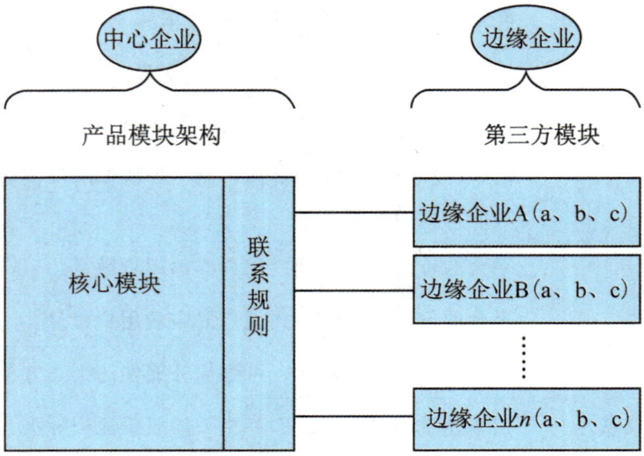

图 9-1　数字平台的构成

9.2　中心企业的数字平台战略

9.2.1　中心企业数字平台战略界定

中心企业的数字平台战略(digital platform strategy)指数字平台的所有者(中心企业)根据数字平台的业务环境，权衡设计主要业务平台与其他业务在多样性与统一性以及开放性与封闭性之间的关系，从而更好地利用边界资源的战略。在数字经济时代，数字平台作为一种新的商业模式，其精髓在于打造一个完善的、成长潜能强大的数字平台生态系统。数字企业核心业务平台往往拥有独树一帜的精密规范和机制系统，能有效激励多方群体互动，达成平台企业的愿景。传统企业和新平台进入者可以从领先数字企业的两个基本战略权衡中学习。第一，数字平台所有者首先要权衡的是平台的多样性与统一性，即在吸引各种互补性的同时保持平台的统一性。尽管数字技术为创新提供了近乎无限的机会，但这一特点可能导致低质量甚至有害的互补性。平台所有者面临的一个关键挑战是，大量的第三方边缘企业或补充者，远远超出了一对一的控制范围。第二，数字平台所有者第二个要权衡的关系是平台的开放性与封闭性，需要平衡平台的开放性以吸引可以合作的边缘企业或个人，同时避免竞争平台的利用。因为如果平台过于开放，竞争平台可能会利用平台的开放和共享资源，而与物理资源相比，企业复制、重组和利用数字资源要容易得多。例如，谷歌建立了安卓开源项目(AOSP)，以吸引更多边缘设备制造商进入安卓平台。亚马逊利用安卓系统的开放性，构建了与安卓系统类似的竞争平台亚马逊 Fire。因此，亚马逊现在是世界第三大平板电脑供应商。在共享相同基础技术的同时，谷歌和亚马逊平台相互竞争。亚马逊基于谷歌安卓系统创建亚马逊 Fire 的策略被称为平台分叉。亚马逊将亚马逊 Fire 的内容和应用程序进行货币化的方式不会给谷歌带来收入或收益。

9.2.2　中心企业数字平台战略的实施方式

中心企业数字平台策略(图 9-2)包括杠杆策略(leverage tactics)、控制策略(control

tactics)、**开发策略(exploit tactics)和防御策略(defense tactics)**。完整的数字平台战略的实施需要结合多种策略，如可以通过权衡数字平台多样性与统一性以及开放性与封闭性之间的关系来进行。这些策略占据了多样性/统一性和开放/封闭维度定义的不同空间。第一，杠杆策略的部署是为了扩大数字平台的用户和互补功能产品。第二，控制策略的部署是为了平衡来自边缘企业的可变性问题，同时保持平台的统一性和一致性，即解决多样性与统一性之间的权衡。第三，开发策略，意味着强大的杠杆策略加上过多的开放性可能会将平台暴露给隐藏在边缘企业中的竞争对手，这些竞争对手可能试图利用开发策略创建一个新的、独立的竞争平台(如图 9-2 中分离的右上角框所示)。第四，防御策略用于解决开放与封闭的权衡问题，数字平台中心企业在吸引合作者使用开放平台和试图阻止竞争对手利用该平台之间取得平衡。

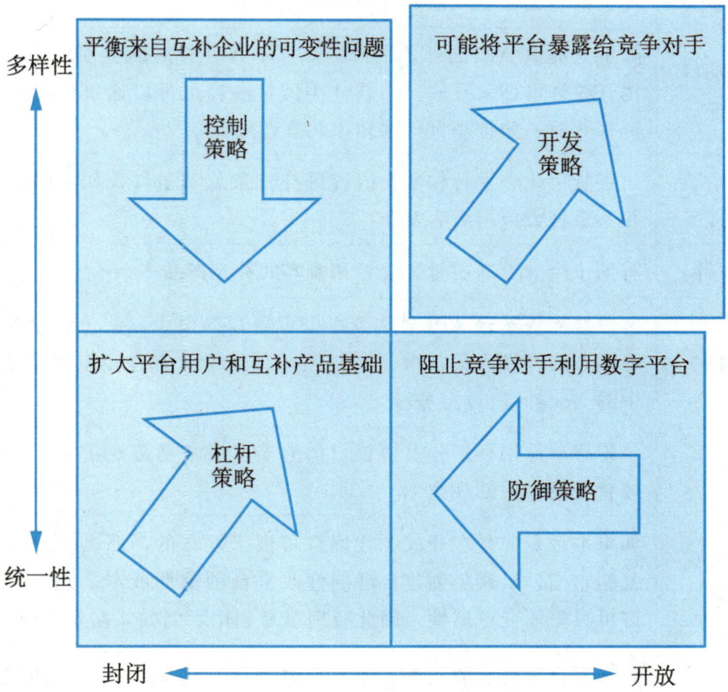

图 9-2　中心企业的数字平台策略

资料来源：Karhu K, Gustafsson R and Eaton B, "Four tactics for implementing a balanced digital platform strategy," MIS Quarterly Executive, 2020, 19(2), pp. 105-120.

边界资源对于执行数字平台策略至关重要，多样化的边缘企业补充功能将使平台更具吸引力。边界资源是数字平台中心企业执行数字平台策略的关键工具。表 9-3 列出了 4 种策略中每种策略的边界资源的典型用途。借助杠杆策略，中心企业可以使用接口(例如应用程序编程接口 API)向第三方补充企业开放平台，使用软件开发工具包(SDK)等工具帮助开发人员创新并提供新的应用程序。通过控制策略，中心企业利用平台规则，通常以软件许可证和指南的形式确保补充方在预定的约束条件下进行创新。然而，多个补充方可能导致平台分裂，即变得不统一，特别是当这些第三方绕过甚至挑战平台的现有边界资源时，如通过扩展平台或违反其既定设计原则，这可能导致竞争平台利用过于宽松的边界资源，如开源许可证和其他条款和条件，并因此采取开发策略来使用来自主机平台的资源。为了应对这种威胁，中心数字平台可以使用防御策略，如关闭开源代码或使用客户端库边界资源加快 API 开发。

表 9-3　4 种数字平台策略边界资源的用途举例

策略	边界资源	用途举例
杠杆策略	API	应用程序编程接口为开发人员打开了平台功能或数据
	SDK	软件开发工具包是开发工具和 API 的捆绑包，使开发人员尽可能容易地重新使用和构建平台
	HAL、CDD、CTS	硬件抽象层、兼容性定义文档和兼容性测试套件(安卓)是设备制造商的边界资源，类似于开发人员的 API 和 SDK
	开放源码许可证	除了只提供 API 之外，平台本身，即 API 背后的实现代码，也可以通过使用开源许可证来开放。与软件类似，内容也可以通过使用开放式内容许可证来开放，如维基百科的知识共享许可证
控制策略	出版商条款和条件	出版货币化、发行和禁止内容等补充条款和条件，如苹果限制 iOS 应用只在苹果官方应用商店发布
	指导方针	有助于生产更高质量、统一和兼容的补充产品
	客户端库	客户端库将平台 API 封装到一个可更新的包中，该包通过独立于设备制造商发布的开发人员 API 进行更新，帮助平台所有者控制设备碎片，如安卓中的 Google Play 服务
	MADA	一份移动应用程序分发协议，如为安卓设备制造商定义了谷歌服务应如何放置在设备中的规则
开发策略	开放源代码许可证	如果平台资源是在开放源代码许可证下发布的，那么开发人员可以简单地复制它们，以避免创建自己的修改平台的前期成本。开放源代码许可证的许可只需要变更属性，因此特别容易利用。例如，在安卓中使用的 Apache
	出版商条款和条件	如果平台发行商的条款和条件允许使用其他应用商店，如安卓，那么开发者也可以通过允许多家开发者使用自己的应用商店来轻松开发平台的应用
防御策略	开放源代码许可证	互惠开放源代码许可证，如 GPL，强制许可证用户在相同条款下共享和更改许可证，因此也可以通过强制开发人员开放其修改后的平台来帮助保护平台。或者，平台可以关闭开源代码
	客户端库	通过加快 API 发布速度，客户端库使 API 复制者更难跟上平台开发的步伐

资料来源：Karhu K，Gustafsson R and Eaton B，“Four tactics for implementing a balanced digital platform strategy，” MIS Quarterly Executive，2020，19(2)，pp. 105-120.

1. 杠杆策略

杠杆策略是指中心平台通过在开发者和用户之间产生交叉网络效应来促进平台增长。智能手机数字平台战略中最重要的杠杆策略是通过在开发者和用户之间产生交叉网络效应来促进数字平台的增长。当平台的一方(如开发者方)的增长吸引另一方(如用户方)的增长时，增长的良性循环就会产生积极的网络效应，反之亦然。Apple Store应用商店的推出是成功运用这一杠杆策略的典型例子。该策略是通过结合使用多个边界资源来执行的，特别是软件开发工具包(SDK)和应用程序编程接口(API)。SDK为开发人员提供了一种简单的方法，通过使用高级软件构造新的应用程序，迫使他们遵守条款和条件，从而确保其输出的质量。API为开发人员创建应用程序提供了平台功能。Apple Store应用商店是数字市场的中介或媒人，将用户与相关开发者及其应用程序联系起来，该商店还为开发商提供了一种货币化机制，以创造收入。

虽然杠杆策略提供了一种鼓励平台互补者创新的方法，但可能吸引不受欢迎的边缘企业甚至是潜在的竞争对手。为了解决这一问题，控制策略被用来对抗杠杆策略，以确保策略的实施有利于平台所有者和更广泛的生态系统成员。例如，苹果以其对iOS平台的严格控制而闻名，并使用边界资源组合来控制进入应用商店的应用类型。苹果的应用程序审批流程对开发者提交的第三方应用程序进行审查，以确保其形式和功能符合开发者许可协议中应用程序审批指南和出版商条款规定的政策，如果发现边缘企业开发者开发的应用程序违反这些严格的政策，则会被中心企业拒绝。然而，许多开发者对苹果排除应用程序的决定提出了质疑，这导致该公司多次调整其政策。

实践链接

智能手机作为单一产品却复合了以往手机、计算机、MP3、照相机、传真机等多种设备所具有的各类功能。在表现形式上，复合式的产品服务组合既可以体现为单一产品的更多性能组合，也可以体现为多种产品规格对不同目标市场的全面覆盖，还可以体现为融合多种产品与服务组合的解决方案。“一站式购物体验”“全面解决方案”“无缝式整体解决方案”实质上都是复合式提供的表现形式。同样，腾讯也以“一站式在线生活服务”为口号，其Wechat提供综合互联网服务，包括在线媒体、短信、通话语音信息、广播一对多信息、照片和视频共享以及位置共享，所有这些服务都集成在PC和智能手机上，并与脸书和腾讯等社交数字平台相集成，通过在开发者和用户之间产生交叉网络效应促进平台实现蓬勃增长。

2. 控制策略

控制策略是指当数字平台杠杆策过于倾向多样性发展时，中心企业权衡核心平台的多样性与统一性，以控制来自边缘企业的可变性问题。例如，谷歌采用控制策略平衡了多样性与统一性。谷歌在苹果之后进入市场，为了挑战苹果的主导地位，最初在安卓平台战略中采取杠杆策略，其建立的多方平台除了用户和应用程序开发人员之外，还向设备制造商开放，以进一步利用网络效应，但这也为谷歌带来了边缘企业的威胁。因此，谷歌需要协调好几个边界资源，以利用设备制造商的生态系统。首先，它在联盟协议中定义了管理安卓设备制造商的规则，例如三星(Samsung)，它是开放手机联盟(OHA)的一部分。其次，谷歌使用了开放源代码许可证，使设备制造商能够将安卓操作系统集成并适应其设备，如拥有许可的Apache开源许可证使三星能够构建其专有的TouchWiz用户界面，以区别于其他制造商。最后，与面向软件开发人员的API和SDK边界资源相对应，谷歌为设备制造商创建了硬件抽象层(HAL)、兼容性定义文档(CDD)和兼容性测试套件(CTS)边界资源。

除了谷歌 Play 应用商店外，谷歌还允许其他应用商店发布安卓应用，从而加强其控制策略。首先，它放宽了出版商条款和条件中的政策，允许开发者向任何应用商店提交应用。其次，它在操作系统中加入了更宽松的数字版权功能，因此可以从任何来源安装安卓应用程序，并在任何与安卓兼容的设备上运行。谷歌使用边界资源的政策与苹果的做法形成鲜明对比，苹果的做法是开发者与应用商店签订合同，在正常情况下，iOS 应用只能从应用商店采购和安装。与苹果相比，谷歌的控制策略培养了一种开放的方法，旨在尽快发展其生态系统。谷歌的核心业务模式专注于增加广告收入，这需要尽可能多的规模，因此需要尽可能多地增长和利用生态系统。这种商业模式需要一种不同的方法来平衡多样性与统一性。与严格控制开发者的苹果不同，谷歌必须管理其安卓平台涉及的多方，但每一方都比苹果有更多的回旋余地。

除了控制第三方应用开发者生态系统，谷歌还控制了安卓设备制造商生态系统。为了实现这一点，谷歌使用了设备制造商必须遵守的边界资源组合，如 HAL、CDD 和 CTS 的形式。这确保了这些设备与安卓兼容，并且可以运行为其开发的数百万第三方应用程序。谷歌的第三方设备制造商生态系统引发了第二个控制问题，即使用中的无数安卓设备运行的不是同一版本的安卓。与此形成对比的是苹果对 iOS 集成的严格控制，这确保了大部分设备都运行最新版本的 iOS，从而形成一个更加集权的生态系统。不同安卓设备的安装基础被分割成运行不同版本安卓的集群，有些是旧的，有些是最新的。这会给希望在其构建的应用程序中使用最新安卓功能的开发人员带来兼容性问题。为了解决这个问题，谷歌开发了一个 Google Play Services 客户端库，它本质上是一个易于更新的边界资源，可以“包装”开发者用来构建应用程序的 API。尽管设备制造商可以自由选择他们希望安装在他们制造的设备上的任何安卓版本，但谷歌可以根据自己的选择更新谷歌 Play 服务中的功能和 API。这使谷歌能够确保不同设备之间的功能是等效的，开发者可以通过他们构建的应用程序中的最新功能接触更多用户。

随着智能互联产品时代的到来，其他行业的数字平台也将面临类似的碎片化问题。智能连接产品可能会随着时间的推移出现版本碎片，例如电梯或自动驾驶汽车。谷歌采用的基于客户端库的控制策略为平台的其他业务安装群提供了一套一致、稳定和最新的功能 API，即使它们运行的是底层操作系统的碎片版本。总体而言，谷歌的案例表明，一个具有多个边缘企业的大规模数字平台中心企业应该建立数字边界资源，以平衡多样性与统一性，而不是使用资源密集型控制策略。

3. 开发策略

开发策略是指中心企业允许边缘企业使用其他较小的平台作为功能嵌入核心平台模块中，进行平台功能的分叉和再扩展。开发策略提供了解决平台进入中关键“鸡和蛋”问题的方法：在平台进入中，任何一方都不会加入平台，除非其他方已经在平台上。平台分叉可以实现多主体，提供有价值的补充功能，从而吸引和扩大用户群。开发策略使平台进入者(边缘企业)能够挑战现有平台(中心企业)并与之竞争。例如，亚马逊将安卓系统引入自己的亚马逊 Fire 平台，亚马逊 Fire 的出现导致谷歌放弃了安卓平台的部分收入，谷歌没有从亚马逊应用程序收入中获益，也没有从亚马逊 Fire 生态系统产生的用户数据中获益，而亚马逊 Fire 生态系统推动了广告收入的增加。平台分叉也可以是局部的，只利用现有平台中最优秀的部分，其余部分单独建造。谷歌在最初建立安卓平台时使用了这种利用漏洞的策略，有选择地从 JavaAPI 复制了 37 个基本软件包。开发人员非常熟悉 Java 的这些元素，并经常将它们用于各种应用程序。此举帮助谷歌降低了开发者为安卓开发应用程序的门槛，从而解决了平台发布时的鸡和蛋问题。与亚马逊不同的是，谷歌的目标并不是利用这些互补功能，而是开发人员的技能。

尽管如此，谷歌的策略是对 Java 的重大利用，拥有 Java 权利的甲骨文(Oracle)和谷歌之间正在进行的价值 90 亿美元的法律战就是明证。尽管苹果已经将 BSD/Unix 的某些部分整合到其 iOS 平台中，但这不能称为一种开发策略，因为双方之间没有竞争。这种平台注入可以像在安卓或 iOS 应用程序中模拟 Commodore 64 计算机一样无害。然而，开发策略带来的平台分叉可能会产生重大的商业威胁。以苹果和腾讯之间的纠纷为例，腾讯已经成功地通过微程序将其微信应用程序转变为一个平台，微程序通常是 iOS 或安卓应用程序的轻版本。同样地，Adobe 早些时候试图将其 Flash 框架从桌面注入 iOS，这是一种利用苹果新兴应用业务的策略，即在 iOS 上建立一个新的平台。需要注意的是，中心企业默许过于开放和过于丰富的开发策略可能会引发不良后果，如边缘企业往往采取互惠主义战略通过先共生、后共栖的方法争夺主导权，关于这一点，我们将在边缘企业的互惠主义战略部分详细阐述。

实践链接

数字平台开发策略即中心企业数字平台提供多种产品规格的组合，以满足客户群的延伸需求。例如，京东为顾客提供几乎各类能够在线下买到的商品；苹果应用商店以移动终端为接口，为顾客提供包括软件、音乐、游戏、学习课件等各类应用服务。数字平台的产品服务组合并非简单的产品多元化，而是在对顾客综合需求进行充分研究的基础上，通过内部流程再造或产品功能再组合，为目标顾客群体提供更加丰富的产品服务选择，以及更加便捷的整体体验或一站式全面解决方案，从而提高顾客的满意度和忠诚度，进而获取竞争优势。

4. 防御策略

防御策略是指为了平衡开放与封闭，数字平台中心企业可以使用边界资源来抵御竞争。例如，为了对抗亚马逊 Fire 和其他边缘企业的平台分叉，谷歌采取了一系列防御策略，重新平衡了安卓的开放与封闭交易。在谷歌采取防御策略之前，亚马逊通过广泛利用谷歌安卓平台创建了在平板电脑中使用的亚马逊 Fire 平台。其一，亚马逊利用开放源代码许可证的优势，能够以最低成本获得安卓平台的核心技术，这种方法也使亚马逊从谷歌频繁更新安卓平台中获益。其二，通过使用安卓的开源版本控制系统，亚马逊可以采用安卓的新版本，并进行平台调整合并。其三，利用安卓的补充应用，亚马逊已经精心克隆了安卓的功能 API，开发者用它来构建安卓应用程序，Google Maps API 是这些 API 中重要且常用的一部分。为了提供与谷歌地图兼容的功能，亚马逊从一家地图公司 HERE Technologies 获得了地图业务的基础设施、软件开发工具包和 API 的精确副本的许可。从应用程序开发人员的角度来看，这意味着在亚马逊 Fire

平台上发布安卓应用程序只需要很少的额外工作，这导致大约500 000名开发者不仅将他们的应用程序分发给谷歌Play store，为安卓用户提供服务，还将它们多宿主授权到亚马逊Appstore，为亚马逊Fire用户提供服务。谷歌对安卓平台过于宽松的发布政策允许使用第三方应用商店，从而使这种多宿主授权成为可能。可见，在决定开放程度方面，平台战略需要在杠杆和防御策略之间保持适当的平衡。

为了对抗亚马逊Fire和其他平台带来的威胁，谷歌开发了一系列防御策略。例如，安卓的早期版本捆绑了流行的谷歌应用，如搜索、日历和音乐。为了防止安卓的分叉变体从这些流行应用程序中获益，自2010年安卓Froyo版本以来，谷歌越来越多地使用Apache开源许可证的条款来关闭这些应用程序的进一步开发，将它们从开源程序转变为闭源程序。亚马逊Fire进入平板电脑市场后，谷歌将其应用商店边界资源(当时称为Android market)重新命名为谷歌Play，并明确表示应用商店是为谷歌安卓官方平台而设，而不是为分叉平台而设。Google Play服务客户端库不仅是一个智能控制的基础，以应对跨设备的平台碎片，而且已经成为防御竞争对手利用的基础。谷歌能够持续开发Google Play服务中包含的功能的速度，使得竞争对手很难通过复制其安卓分叉变体中的功能来迎头赶上。此外，通过将功能锁定在Google Play服务中，谷歌已经能够让开发者更加依赖其平台，从而提高了将应用程序多宿主到竞争平台分叉的壁垒。

9.3 边缘企业的互惠主义战略

9.3.1 边缘企业互惠主义战略界定

互惠主义(mutualism)是指边缘企业通过先共生、后共栖的方式获取主导地位的一种数字平台战略，是数字平台生态系统中的边缘企业(参与者)避免正面竞争的方法。互惠主义适合指导与平台企业有关的共生战略，包括开发和扩展两个阶段，开发阶段强调数字企业与中心数字平台的共生关系，具体实施方式包括利用现有资源、发展控制权以及培养对中心数字平台的补充与合法性认知；扩展阶段强调数字企业与中心数字平台的共栖关系，具体实施方式包括标准化与共同发展、放弃控制权和战略联盟。包括标准化和共同发展、放弃控制权培养领导身份认知和战略联盟。**互惠主义的开发与扩展两个阶段分别对应生物学中共生(symbiosis)和共栖(commensalism)两个概念。**1987年，巴内特·卡罗尔(Barnett Carroll)借鉴生物学的观点，描述了生态系统中具有相互依存关系的两个截然不同的处理方式：共生和共栖。共生是一种纯粹的互惠方式，是指组织通过瞄准不重叠的市场细分提供互补价值。共栖可以包括合作和竞争，这里的竞争包括部分竞争，是指组织瞄准在一定程度上重叠的市场细分。平台的日益普及使很多企业处于不利地位甚至被取代，如何重新定位自己，通过创建新的平台获取竞争优势成为关键。当另一个平台已经占据主导地位时，企业可以采取动态方法创建新的平台，以及通过关注基于非重叠价值(共生)和部分重叠价值(共栖)的互惠主义，创建一条基于跨平台生态系统的积极资源相互依赖的替代路径。也就是说，通过实施互惠主义，公司首先制定的是与中心数字平台的共生战略，然后再通过与中心数字平台的部分竞争战略来实现其在新平台的领导地位。互惠主义能够帮助在平台生态系统中处于边缘角色的公司通过物质、符号和制度行动的动态组合来重新定位自己，从而开发新平台并使其合法化。与敌对的赢者通吃相比，互惠主义更强调水涨船高。

9.3.2 边缘企业互惠主义战略的实施方式

在数字经济时代，以思科集团为例，通过识别现有平台中未得到满足的用户需求，建立新的平台重新定位公司，在不失去现有平台生态系统合法性的同时获得新平台的领导地位。这一过程需要公司处理不断变化的战略紧张局势，协调生态系统中不同的合作伙伴共同推进平台的演化，如图 9-3 所示。

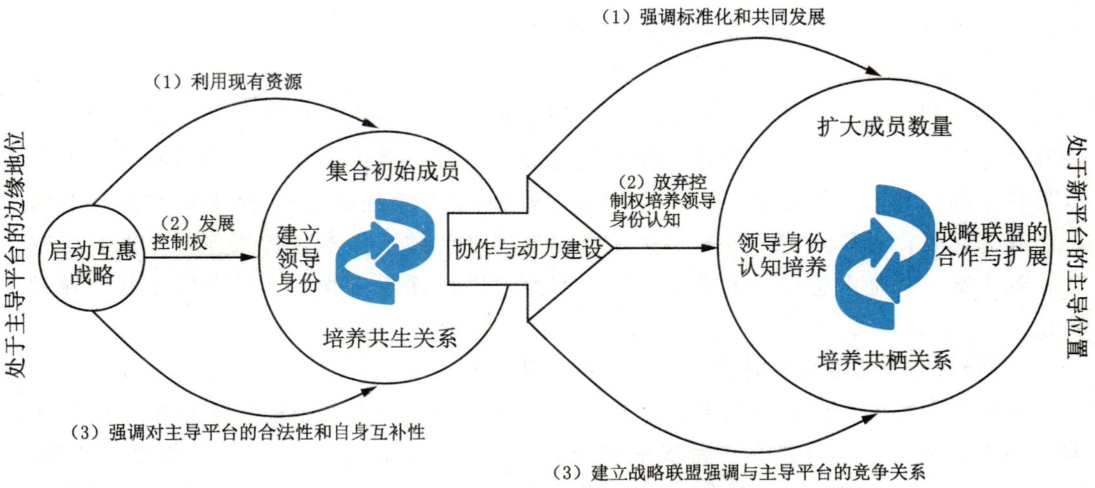

图 9-3 边缘企业互惠主义战略的实施方式

资料来源：Khanagha S, Ansari S and Paroutis S, "Mutualism and the dynamics of new platform creation: A study of cisco and fog computing," Strategic Management Journal, 2022, 43(3), pp. 476-506.

1. 开发阶段：共生关系

互惠主义的开发阶段是指企业为了改善处于平台生态系统中边缘地位的角色，主动发觉市场机遇，创建一个新的补充或替代平台，避免与受壁垒保护的中心数字平台直接竞争，同时在已有平台生态系统中建立合法地位的过程。当自身不处于中心数字平台中的领导地位时，企业应如何应对？一种方式是直接加入该平台，但不可避免地存在破坏企业核心能力，缺少在平台架构中的发言权等问题；另一种方式是收购该平台，但依然存在投资风险巨大，无法超越竞争对手平台的问题。互惠主义为企业提供了一个新的思维：创建一个替代平台，利用共生思维可以避免与受壁垒保护的中心数字平台直接竞争，但成功与否的关键在于能否在现有生态系统中确立自身的合法性。为了避免新平台遭到抵制，企业需要在新平台的目标用户中使自身合法化，同时也要保持其所依赖的现有生态系统的合法性。以思科公司为例，2009—2013 年，思科处于中心数字平台生态系统的边缘角色。具体来说，在云计算兴起之前，思科是一个专门提供硬件设施的公司。云计算服务器的出现为思科提供了新的商业机会，但思科一开始只是作为基础设施和硬件的补充者，并未获得领导地位。物联网的出现增加了对靠近这些连接设备的处理能力的需求，云技术和边缘技术提供商都试图解决日益增长的处理能力需求，但都面临着挑战，思科敏锐地发现了这一机遇。2013—2015 年，思科开始启动雾计算平台计划。思科最初为雾计算平台的建立所做的努力包括以下 3 个方面。

(1)利用现有资源

利用现有资源是指边缘企业利用其现有资源能力和合作伙伴网络创建一个相邻的技术平台生态系统，集合新平台的初始成员。例如，思科斥巨资打造雾计算平台作为云计算中心数字平台的补充，调整产品，开发软件，并设立专门的物联网业务部门：通过鼓励网络内长期合作伙伴、供应商等内部伙伴，以及初创企业、铁路运营商、制造商等外部合作伙伴加入，共同开发雾计算技术。

(2)发展控制权

发展控制权是指边缘企业在新平台中创建独特的身份发展控制权。虽然惠普、华为和爱立信等其他公司也在尝试开发其他分散式平台，但思科是为数不多的为其平台开发特定商标和术语的公司之一，在美国、澳大利亚等地注册为 Cisco Fog 平台注册商标。除此之外，思科为 Fog 计算和边缘数据处理平台做了很多宣传工作，让人们深刻认识到了雾一词是由思科开创和推动的。因此，思科逐渐在雾计算领域建立其领导者身份。

(3)强调对中心企业构建的数字平台的合法性和自身互补性

强调对中心企业构建的数字平台的合法性和自身互补性是指边缘企业培养用户认知强调中心企业构建的数字平台权威性和合法性的同时，也强调自身平台的互补性。互补平台的这一策略能够有效利用“共生”思维麻痹中心企业构建的数字平台使其放松警惕，为共栖阶段的竞争打下基础。例如，为了培养用户对雾计算平台和云计算平台之间互补性的认识，思科多次公开表明，雾计算并非独立的平台，而是对云计算的补充，是在云计算平台下提供数据处理的过渡阶段，因此思科提供的是类似于盟友的平台。雾计算通过解决未满足的用户需求提供关键的任务应用，并强调与主导的云平台并非竞争对手的关系，如图 9-4 所示。

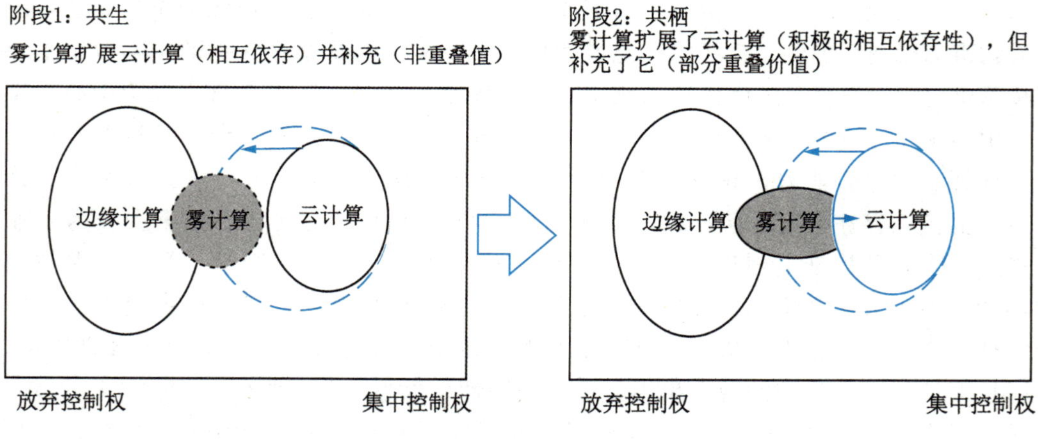

图 9-4　思科雾计算从共生到共栖的过程

资料来源：Khanagha S，Ansari S and Paroutis S，“Mutualism and the dynamics of new platform creation：A study of cisco and fog computing，” Strategic Management Journal，2022，43(3)，pp. 476-506.

2. 扩展阶段：共栖关系

2020年，Khanagha等人提出一种先“共生”后“共栖”的方式来实施数字企业的互惠主义战略。第一阶段的3种共生策略表明，边缘企业通过向中心数字平台以及其他参与者保证，这种关系将是一种共生互惠关系。也就是说在这种关系中，边缘企业发起的新平台为中心数字平台未提供服务的利基提供独特但不重叠的价值。边缘企业通过这种方式可以保护其新平台免受敌对反应。通过调用表明互补性的框架，或通过追求不被中心数字平台瞄准的新市场空间，新生态系统中的关键参与者可能会避免正面竞争。虽然共生方法在早期阶段有效地使新平台合法化，但随着新平台的增长机会开始与现有平台的目标领域重叠，新平台追求共生或“从同一张桌子上吃”的前提是“桌子现在足够大”。边缘企业与中心企业在一定程度上是竞争性的，因为两个平台都在解决部分重叠的市场利基，但并不一定意味着掠夺性竞争。平台有空间服务于更大的市场，并相互增强。这种从共生到共栖，即从协作到部分竞争行为的转变，同时仍保持积极的相互依赖性，突出了经常被“忽视”的合作竞争的时间动态问题，这不仅表现在单个生态系统中，而且表现在相邻生态系统中。

(1)强调标准化和共同发展

标准化和共同发展策略是指边缘企业通过促进标准化和共同发展，有效鼓励更广泛的成员加入新平台。边缘企业应通过鼓励创建行业标准来加强生态系统，以引导平台的未来发展。与此同时，边缘企业还可以通过构建向后兼容性、嵌入设计特征、创建开放式体系结构和提供经济激励等策略鼓励新技术与新标准的采用。例如，2015年，思科开始改变努力方向。思科为了扩展新平台并促进更广泛的采用，确保其技术架构包含在行业标准中，通过开发开放式体系结构和核心技术来加速光纤陀螺技术的部署，使其可以在许多不同的物联网场景中跨行业使用。为此，思科开始参与诸如无线物联网论坛(Wireless IoT Forum)等行业组织，该论坛专注于物联网标准化。一个更具有说明性的例子是手机/笔记本电脑充电器接口标准的统一，不仅保护了消费者利益，为消费者带来极大的便利，还减少了社会资源的浪费，降低了对环境的污染。

(2)放弃控制权培养领导身份认知

放弃控制权培养领导身份认知策略是指边缘企业使用框架等象征性策略培养关键利益相关者的良好认知，开发文化资源，如故事、类比、标签和新颖概念，创造独特的身份。实施该策略时，边缘企业需要放弃排他性控制权，获得自身作为替代平台领导者的长期认可。也就是说，专注于共性可以最大限度地减少差异，专注于对整个行业都很重要的事情，如开放性和互操作性。培养良好的共同认知可以降低潜在竞争对手的厌恶程度，间接促使更多的公司成为战略联盟伙伴。例如，思科创建了一个共享商标OpenFog，然而，一开始有一些竞争对手，如诺基亚和爱立信，仍然选择不参与，因为他们无法控制平台的架构。随后，思科与爱立信等公司签订了合作协议，在确保一致性的基础上与联盟成员共享了Fog商标，并放弃了对Fog平台的部分控制，但此时行业专家仍将OpenFog与思科联系在一起。最后，思科通过认知培养被定位为物联网平台市场的领导者和解决方案提供商，使得潜在竞争对手的厌恶程度有所降低，因为OpenFog不再是一种特定于某个公司的技术，即使是直接竞争对手，如戴尔，也加入了该联盟。

(3)建立战略联盟强调与中心企业数字平台的竞争关系

建立战略联盟策略是指通过组建行业联盟等制度性战略，将其他企业纳入新的平台生态系统以扩大平台生态。使用该策略的数字企业有必要显示独特性和竞争力，此时与中心数字平台是“部分共生部分竞争”的共栖关系，不再强调互补性，而且有一部分业务价值是重叠的。例如，思科的 OpenFog 联盟专注于定义云和 Fog 平台之间的关系。一开始，该联盟将雾计算作为云计算的补充。然而，思科逐渐开始强调该平台的优势及其从基于云的业务转移价值的潜力。跨多个行业的分布式物联网——离散和流程制造、电力和能源、公用事业、互联汽车等，都需要零停机、超低延迟的高效率。此外，来自数十亿流媒体设备的巨大数据负载需要更接近“物”的处理能力。思科抓住这一机会，大力发展跨行业的战略联盟。

本章小结

• 数字平台(digital platform)是由技术要素和组织标准组成的一个可扩展的代码库，包括核心模块和附加在其上的第三方模块(软件和硬件)。

• 中心企业的数字平台战略(digital platform strategy)是指中心企业根据数字平台的业务环境，权衡设计主要业务平台与其他业务在多样性与统一性以及开放性与封闭性之间的关系，从而更好地利用边界资源的战略。对数字平台的中心企业而言，需要掌握数字平台战略的 4 种策略即杠杆策略(leverage tactics)、控制策略(control tactics)、开发策略(exploit tactics)和防御策略(defense tactics)来确保自身的领导地位。

• 对数字平台的边缘企业而言，需要掌握互惠主义战略逐渐争夺数字生态系统的主导权。互惠主义(mutualism)是指边缘企业通过先共生、后共栖的方式获取主导地位的一种数字平台战略，是数字平台生态系统中的边缘企业(参与者)避免正面竞争的方法。

复习思考题

1. 什么是数字平台？
2. 什么是中心企业的数字平台战略？其实施方式包括哪些？
3. 什么是边缘企业的互惠主义战略？举例并分析说明。

案例分析

扫一扫，看资源

数字化情境下企业微信的共生发展之路

第 10 章　数字并购战略

【学习目标】

➤了解并购浪潮各个阶段的主要内容

➤掌握数字并购的界定、类型和动机

➤掌握数字并购的实施过程

【关键术语】

兼并　合并　收购　接管　数字并购　数字平台　数字并购战略框架制定

开篇案例

微软 750 亿美元收购动视暴雪：为了元宇宙？

2022 年 1 月 18 日，微软同意以价值约 750 亿美元的全现金交易收购视频游戏制造商动视暴雪(Activision Blizzard)，发动其迄今最大的收购行动来拿下一家正因工作场所不当行为指控而陷入困境的游戏巨头。在对动视暴雪的净现金进行调整后，这笔交易的价值为 687 亿美元。微软表示，这笔交易将使其成为按收入计算全球第三大的游戏公司，仅次于中国的腾讯控股(Tencent Holdings)和日本的索尼集团(Sony Group)。

其实在微软收购暴雪之前，游戏交易浪潮已经此起彼伏。《侠盗猎车手》的开发商 Take-Two Interactive(一家美国游戏公司)同意以 127 亿美元收购竞争对手 Zynga(一家社交游戏公司)。微软 CEO 萨提亚·纳德拉(Satya Nadella)也说，“游戏在元宇宙平台的发展中将发挥关键作用”。所以到头来，微软这是要走跟 Meta(前身为 Facebook)一样的路，通过游戏来大举进军“元宇宙”领域。但微软一直致力于 Windows 和 Office 软件等企业技术，拿什么进军？

借暴雷游戏中的核心技术挖掘元宇宙。事实上，微软这几年也在伸手游戏领域，旗下的游戏机品牌 Xbox 在视频游戏行业有不小的影响力。据悉，微软订阅游戏服务 Game Pass 有 2 500 万用户，而动视旗下《糖果粉碎传奇》等游戏每月有约 4 亿用户，如果收购成功，合并后的游戏网络社区覆盖率达数十亿人。对于微软来说，游戏中的核心技术对于其探索元宇宙大有帮助。支撑元宇宙的很多技术，包括硬件和软件都是直接来自游戏世界，比如动视暴雪的《魔兽世界》，这款游戏可以看作有史以来最复杂、最久远的一款虚拟角色扮演游戏，收购之后微软可以第一时间利用它对虚拟商品进行推广。

将游戏技术运用于工作，虚拟与现实相结合。对于微软这样专注于企业技术的公司来说，将游戏技术应用于工作场所，为其原本静态的工作模式提供了深度和多维度。比如虚拟环境中的远程工作面试、内部培训模拟、3D 演示、推广产品等。新冠疫情催生了家庭娱乐需求的激增，随着市面上出现越来越多的游戏类型，人们也不愿意拘泥于传统的游戏模式，虚拟与现实结合的元宇宙模式正好迎合了大众的需求。从市场和微软自身的需求来看，这一笔收购有百利而无一害。

不过看似百益而无一害的背后也有不少的隐患。就目前而言，元宇宙技术还未成熟，将其灵活地运用于其他领域也还要数年的时间，想要达成目标还为时尚早。对于玩家来说，游戏的吸引度过高会让元宇宙的虚拟世界被大家忽视。就目前的阶段而言，元宇宙还停留在制作十分粗糙、无聊的时期，若无法在短时间内吸引用户关注，最初的目标可能会事与愿违，转而投向游戏制作来不断挽留用户。在游戏和元宇宙的开发方面，两者在前期都应该做到相辅相成，达到适当的平衡点，待时机成熟后更好地将技术运用于元宇宙。但是不管怎么说，这次收购的最终结果还是要等美国政府的批准。苹果、亚马逊等公司因为拥有过大的市场力量，正面临美国监管机构的审查，对于微软和动视暴雪这样量级的交易，美国政府有可能不会批准。

在业务方面，纳德拉表示，微软一直拥有的3样东西是：编写软件的工具、提高个人和组织生产力的工具以及游戏。第一款游戏Flight Simulator，甚至在Windows出现之前就开发出来了，它运行在DOS系统上。因此，对微软来说，游戏、编码和生产力工具是核心。现在，微软非常成功地增加的第四件事，是成为一家企业公司，即构建企业基础设施和商业应用程序。这其中，游戏的整合越来越紧密。20年前，虽然Xbox问世了，但在某种程度上还是一种副业。而现在，游戏的未来是订阅服务Game Pass、云游戏服务XCloud、游戏机以及PC。由于用户将会把更多的时间花在元宇宙，纳德拉在访谈中试图将这笔全球有史以来最大的科技产业并购交易描绘成在线互动未来的核心，他表示，终有一天，最初为视频游戏开发的技术将塑造微软的大部分软件，并成为下一个大型计算平台的核心。

在元宇宙行业标准方面，目前面临着一个重大的问题：使用当前的技术，不同公司构建的虚拟世界将会像如今玩视频游戏的玩家一样互不相连。纳德拉表示，这凸显了对新标准的需求。这种新标准将允许人们把他们的数字身份以及个人数字物品从一个元宇宙带到另一个。纳德拉以微软的Windows Store产品举例，Windows Store允许不同的支付工具在多个商店使用。元创元宇宙研究院认为，元宇宙未来是开放还是封闭取决于很多政治经济方面的因素，但更倾向于拥抱一个开放的元宇宙，毕竟这是元宇宙作为新一代互联网应用所应贯彻的初衷——共享。未来，期待有更多像微软这样的巨头，共同定制健康的、开放的元宇宙行业标准。

思考与讨论：

1. 微软收购动视暴雪属于什么类型的数字并购？
2. 微软数字并购遇到的最大障碍是什么？
3. 微软750亿美元收购动视暴雪给你带来什么启示？

10.1 并购浪潮

全球并购市场的长期发展以高度波动的模式为特征，并受到7次并购浪潮的挑战。并购浪潮是指全球并购活动异常活跃的多年集群。在并购界，存在着一种共识，即全球并购市场的起伏是由 7 次并购浪潮造成的。多项金融市场评估表明，全球并购市场正处于新的第七次数字颠覆并购浪潮之中，这是由数字技术和传统行业内的商业模式创新所推动的。

10.1.1 传统并购浪潮

第一次并购浪潮(1897—1904 年)：横向合并。20 世纪初前后，第一次并购风潮兴起。潜在的原因是新的反垄断法规，如美国适度执行谢尔曼反垄断法和新技术的发展。这导致了竞争对手之间的频繁并购和重大整合运动，尤其是在原材料和运输行业。美国各个行业开始建立起托拉斯这样极度水平一体化的垄断型企业，比如 1899 年建立的美国新泽西州标准石油公司、1901 年建立的美国钢铁集团和 1902 年创建的国际收割机公司。当政府制定法律禁止这种危害有效市场竞争的行为后，并购型企业开始进行纵向一体化的投资扩张。1904 年，股市崩盘导致的金融动荡使第一次并购浪潮停止。

第二次并购浪潮(1916—1929 年)：集中度的提高。第一次世界大战和第二次世界大战之间过渡时期的经济繁荣是第二次并购浪潮的基础，这导致了多个行业的进一步集中。第一次并购浪潮中未被纳入体系的小型企业，在本次并购浪潮中被大公司合并或收购，以便扩张规模，与行业内的垄断型企业竞争。1929 年，股市再次崩盘，美国出台了《克莱顿法案》(Clayton Act)来限制垄断行为，从而阻止了第二次并购浪潮。自此开始直到 20 世纪 50 年代第二次世界大战结束，并购活动都极为少见。

第三次并购浪潮(1965—1969 年)：多元化和企业集团。波士顿咨询集团(Boston Consulting Group)和麦肯锡等管理顾问引入的新管理理论和投资组合技术，是第三次并购浪潮的智力支柱。企业经理利用并购使其业务活动多样化，并就现金流、增长和风险模式创建战略业务部门进行平衡组合。当时，企业希望分散收入现金流，降低相对风险。在这种趋势下，产生了一批综合型企业，这些企业开始从事多种彼此毫不相干的业务。通用公司的案例便是典型。然而，今天的资本市场不会再向高度分散化经营的公司提供高溢价。事实上，由于股票市场不能合理衡量这些复杂公司的收益，多元化折让率反而影响着这些高度分散化经营公司的股价。相比综合型公司，股票市场更钟爱从事单一行业的公司，因为后者更易于被了解和估值。第三次并购浪潮由于这些企业集团中大多数在股票市场表现不佳而逐渐消失。

第四次并购浪潮(1981—1989 年)：杠杆收购和核心竞争力。从 20 世纪 80 年代开始，企业掠夺者通过敌意收购和杠杆收购(LBO)强制拆分了表现最差的大型企业集团，这意味着对标的公司进行了显著的杠杆收购。收购结束后，标的公司已由新所有者重组，并作为二级收购或在公开市场转售。在这种收购威胁的驱动下，大型企业集团开始自行剥离非核心业务的投资战略，并将企业投资组合的重点重新放在其核心竞争力上。许多公司通过并购来扩大规模，以形成巨型企业规模优势。20 世纪 70 年代末到 80 年代初，有些行业的并账率甚至达到了 25%～30%。这股并购浪潮因大规模杠杆收购破产和全球经济放缓而崩溃。

第五次并购浪潮(1992—1999 年)：全球重头戏和 TMT。股票和债券市场的繁荣，技术、媒体和电信(TMT)行业创新的变革力量，以及企业迫切建立全球足迹的趋势，推动了全球第五次并购浪潮的蓬勃发展。特别是在 20 世纪 90 年代晚期，先驱者们通过并购来获取知识战略型资产，并得到高额回报，此举激励了其他公司纷纷效仿，出现了大量大规模的跨境收购活动。此次并购浪潮深受欧盟、贸易组织建立的影响。随着经济全球化的发展，许多公司通过并购活动，以时间最短、成本最低的方式在海外占据一席之地，保证其在国际经济中的地位。除此之外，一些公司企图通过收购和兼并活动来推进完全竞争性行业的发展。这些行业中市场参与者众多，利润率较低，推进者们发现并不是每个市场参与者都能适应这种经济状况，为推进者们创造了并购的契机。在千禧年之际，TMT(technology，media，telecom)泡沫破灭也使第五次全球并购活动崩溃。

第六次并购浪潮(2003—2008 年)：资金、私募股权和金融工程。2003 年开始的第六次并购风潮是前两次风潮的延续：随着跨境并购和行业内部整合的不断出现，20 世纪 80 年代开始的杠杆交易再次兴起。低利率的环境再加上可得性信贷使得杠杆收购的交易量增加，私人开始直接参与投资公司，投资者此时寻求分散化的收益和高回报率，不断向新的资产领域注入资本。他们投入大量的资本购买股权，在收购之后进行部门的拆分重组再将其高价卖出。2008 年全球金融危机爆发之前，在全球资本市场债务低利率和主要央行积极货币政策的推动下，股市估值较高的股票或多或少推动了无限增长和融资可能性。这种旺盛的流动性为具有全球野心和高风险的收购提供资金，有助于高杠杆收购，并鼓励收购方在竞争性投标环境中为有吸引力的标的公司支付过高的价格。最终，2008 年的全球金融危机，以及雷曼兄弟(Lehman Brothers)的破产和大规模资产注销，迫使全球银行业停止了过度放贷活动，并重建其资本结构。此外，欧洲主权债务危机引发了更多的资本市场冲击。在全球金融危机之后，并购活动恢复得异常缓慢。

10.1.2 第七次并购浪潮：数字并购

经历了 6 次并购浪潮，如今我们正处在第七次“数字颠覆”并购浪潮之中。过去几年，全球并购市场的巨大规模也预示着第七次并购浪潮的出现。一方面，存在依然极度宽松的货币政策造成的全球流动性过剩，特别是美联储、欧洲央行和日本央行，以对抗全球金融危机(global financial crisis，GFC)的长期影响；另一方面，存在多个全球产业和生态系统内的技术破坏和商业模式创新。不同于第五次并购浪潮和第六次并购浪潮下并购投资者对全球化扩张与市值增长的狂热，第七次数字颠覆驱动下的并购浪潮颠覆了传统的商业模式，打破了行业壁垒，为新冠疫情冲击下的虚拟化生活和无接触数字化办公提供了便利，数字经济代替增长缓慢的传统经济，促进全世界经济在逆势下实现高质量增长。总体来看，数字技术推动全球并购市场的战略颠覆性趋势十分突出，主要体现在以下两个方面。

1. 大型科技巨头发起的数字并购

大型科技巨头(big-tech giants)凭借资本优势频繁发起数字并购，使用外部增长计划将标的公司的产品和服务组合扩展到核心平台之中，在完善数字平台功能的同时跨界传统市场扩大商业版图。1988—2020 年，苹果、谷歌、亚马逊、脸书和微软这五家大型科技巨头收购了 855 家公司(Parker 等，2021)。截至 2022 年 4 月，这 5 家科技巨头加起来的权重占纳斯达克 100 指数的一半、标普 500 指数的两成，其中有 4 家市值超过 1 万亿美元，合计拥有资产超过 5 000 亿美元。大型科技巨头利用数字平台以及物联网、工业 4.0、大数据和增强现实等新兴数字技术在商业生态系统中圈入越来越多的传统行业，以前所未有的方式改变了行业边界。在中国，依托于阿里巴巴、腾讯、字节跳动、京东、百度等大型科技平台的 O2O 外卖、电商直播、网络购物、数字广告、在线医疗等模式正在成为餐饮、百货、农业、媒体、医药等传统产业突围的最佳方式。

2. 传统在位企业发起的数字并购

在位企业(incumbent firms)发起的数字并购是传统行业(如汽车、制药和医疗保健或媒体、电信和娱乐行业)的在位企业在商业模式创新驱动下，为了快速实现数字化的成功转型而发起的数字并购。这类企业试图通过外化而非内化，通过购买而非自建来快速获取数字技术与数字化能力，以保持竞争优势。以美的集团为例，美的为了深入推进智能制造而加码机器人产业，先后收购德国的机器人行业巨头库卡(KUKA)和以色列运动控制系统解决方案提供商 Servotronix。再如，汽车行业的新技术字母表(new technology alphabet)描述了多种技术创新的破坏力如何同时撼动传统的移动行业：使用摄像头、雷达和激光雷达系统进行自动驾驶，通过混合动力和纯电动解决方案实现动力系统的电气化，发展车对车通信和车队学习，以及共享移动、共享单车或机器人出租车等商业模式创新。由于在位企业创新能力大多有限，数字并购成为其快速获得未来市场决定性技术的首选。

10.2　数字并购的界定、类型与动机

10.2.1　工业经济时代的并购

工业经济时代的并购(merger and acquisition，M&A)是企业兼并与企业收购、企业合并以及接管等概念的统称。按照行业相互关系可以分为横向并购、纵向并购与混合并购。按照并购的支付方式可以分为现金购买式并购、换股式并购、增发式并购与杠杆并购。按照并购过程中的气氛可以分为善意并购和敌意并购。按照并购的目的可以分为协同性并购和惩戒性并购。按照股份性质和购买方式可以分为非流通股协议收购和二级市场举牌。此外，反收购策略主要有毒丸计划、白衣骑士、降落伞计划、绿色邮件和焦土政策 5 种。

1. 工业经济时代并购的定义

在工业经济时代，企业并购是企业兼并与企业收购、企业合并以及接管等概念的统称。企业并购既是企业进行资本集中从而实现扩张的重要活动形式，又是在市场经济条件下调整产业组织结构、优化资源配置的重要途径。企业并购的具体内涵包括以下 4 个方面的内容。

(1)兼并

兼并是指两家或更多的独立企业、公司合并组成一家企业，通常表现为由一家占优势的公司吸收一或多家公司。兼并的含义可以从狭义和广义两个层面来看：狭义的兼并强调重组后只有一个企业继续保持其法人地位，而其他企业的法人资格消失；而广义的兼并则包括了狭义兼并、收购、联合以及接管等几种形式的企业产权变更行为，就法人地位而言，目标企业的法人地位可能消失，也可能继续保留。

(2)合并

企业合并分为两种形式：吸收合并(存续合并)和新设合并(创立合并)。吸收合并等同于狭义的兼并；新设合并表现为联合，即两家或两家以上的公司以法定方式重组为一家新公司，原有公司不再保留其法人资格。

(3)收购

收购是指企业通过以现金、债券或股票等购买另一家企业的股票或资产的方式，获取对另一家企业的控制权。这一行为使得标的公司的经营权易手但保留了标的公司的法人地位。收购包括资产收购和股权收购，表现为收购标的为部分或全部的资产或股份，股份收购后发起方成为被收购公司的股东，也相应地承担收购公司的债务。

(4)接管

接管一般是指取得对标的公司的控制权或经营权，但并不要求绝对财产权利(股权或资产所有权)的转移。企业在接管另一家企业后，通常会对其管理层进行改组。因此接管常被称作敌意并购，即标的公司在管理层尚不知晓收购发起方收购意图或对收购行为持反对态度的情况下，被发起方强行收购的行为。

2. 工业经济时代并购的类型

(1)按照行业相互关系分类

以企业买卖双方经营的产品与市场的关系为标准，美国负责执行反托拉斯法的联邦贸易委员会将并购分为横向并购、纵向并购与混合并购。**①横向并购(horizontal merger)**，也称水平兼并，是指发生于两个以上生产或销售相同、相似产品的企业间的并购。横向并购旨在消除竞争、扩大市场份额、增加兼并企业的垄断实力或形成规模效应。企业通过横向并购可以迅速扩大生产规模，实现在更大经营范围内提高经营水平实现专业化分工协作，降低产品成本，增强公司盈利能力与市场竞争能力，在一定的范围内实现规模经济。**②纵向并购(vertical merger)**，也称垂直兼并，是指企业与其供应厂商或客户的合并，是处于生产同一产品、不同生产阶段的企业间的并购。纵向并购在实现规模经济，降低成本方面发挥作用，具体表现在：能够扩大生产经营规模，节约通用的设备、费用；加强生产过程和各环节的配合与协作化生产，加速生产流程，缩短生产周期，节省运输、仓储、资源和能源。**③混合并购(conglomerate merger)**，也称复合兼并，是指发生在既非竞争对手又非现实中或潜在的客户或供应商的企业间的并购。发生并购的双方在生产经营的产品或服务上没有关联或交集，也可以理解为跨门类、跨行业、跨界的并购。

(2)按照并购的支付方式分类

按照并购的支付方式分类，企业并购可分现金购买式并购、换股式并购、增发式并购和杠杆并购(LBO)。**①现金购买式并购**是指收购方向标的公司支付一定数量的现金或其他资产的活动过程。在这一并购过程中，发起方取得了标的公司的所有权，标的公司的股东获取了现金，但相应丧失了所有权。**②换股式并购**是指并购公司通过增发本公司的股票并以新发行的股票替换标的公司的股票的活动过程。在这一并购过程中，发起方无须支付现金，采用股票替换的方式获得了标的公司的股份，标的公司所持股份则转移到了并购公司。**③增发式并购**在近年来的上市公司并购重组案例中应用较为广泛。标的公司通过向收购发起方定想增发本公司股票，发起方以货币或非货币资产对价购买完成整个收购过程。该并购形式可与并购双方企业的资产重组同时进行，操作灵活方便，高效便捷。④**杠杆并购(LBO)**是一种较为特殊的现金购买式并购，由一家或几家公司在金融信贷支持下进行。这种并购方式以标的公司的资本和收益作为信贷抵押，因此只需要并购公司发起方较为少量的自有资本即可发起对外并购。

(3)按照并购过程中的气氛划分

按照并购过程中的气氛划分，企业并购分为善意并购和敌意并购。①**善意并购(friendly M&A)**。在企业并购过程中，如果目标企业的管理者对于并购发起者提出的收购条件较为满意，并购活动在双方支持的前提下进行，那么这一收购活动被称为善意并购，会得到目标企业管理者的积极配合，整个收购过程也会在较为融洽的氛围中进行。善意并购的主要特点表现为：并购双方易于合作、目标明确，便于了解情况、并购成本较低，成功率较高。②**敌意并购(hostile M&A)**。在企业并购过程中，如果目标企业的管理者对于并购发起者提出的收购条件不满意，并购活动没有基于双方的一致意见下展开，那么这一收购行为被认为是一种不受欢迎或者敌意的行为。在敌意并购过程中，并购发起者为了谋求自身发展，改善生存环境，获取有利竞争地位，往往直接跳过目标企业的管理者，直接向目标企业的股东发出收购要约。作为反击，目标企业的管理者会采取向针锋相对的手段抵制收购者并购行为，保护自身企业。由此形成并购双方围绕收购与反收购、兼并与反兼并展开博弈。当面临敌意收购时，常见的反收购策略有毒丸计划(poison pill)、白衣骑士(white knight)、降落伞计划(parachutes plan)、绿色邮件(greenmail)和焦土政策(scorched-earth policy)等。

(4)按照并购的目的划分

按照并购的目的划分，企业并购分为协同性并购和惩戒性并购。①**协同性并购(synergistic M&A)**。如果并购发起方发起本次并购活动旨在获得企业之间经营业务或者财务结构上的协同性收益，那么称这种并购行为为协同性并购。这种并购行为采用的方式是通过业务或财物的整合，优势在于能够获得规模经济、降低纵向一体化交易成本，获得融资便利与税收优惠等。②**惩戒性并购(disciplinary M&A)**。如果并购发起方发起本次并购活动旨在驱逐目标企业无能的管理者或者不符合股东要求的管理者，那么称这种并购行为为惩戒性并购。

(5)按照股份性质和购买方式划分

按照股份性质和购买方式划分，企业并购分为非流通股协议收购和二级市场举牌。①**非流通股协议收购**。我国证券市场曾经存在流通股和非流通股相互分割的特点。目前虽然已进行股权分置改革，但多数公司原非流通股中的大部分目前限售期未满而不得转让。对于这类公司的并购活动多是通过收购企业同标的公司的大股东协商一致的结果。②**二级市场举牌**。二级市场举牌是指收购者在股票流通市场上，通过直接购买上市公司的流通股股票，进而实现对于上市公司的股权控制的并购方式。随着我国上市公司股权分置改革的不断深入，二级市场举牌的方式逐渐在上市公司收购活动中占据了主导地位。

10.2.2　数字并购的界定

数字并购(digital M&A)是指企业收购或合并其他企业以扩展核心数字平台能力的

行为，并购双方至少有一方将数字平台作为其商业模式关键要素。数字平台可以定义为具有促进第三方互动的治理规则的开放架构。开放意味着允许合作伙伴进入、激励互补方参与，创造互动获得价值。在开放的数字平台架构中，商业用户访问平台，向需求方提供产品和服务，构成了平台的上游资源；个人用户或消费者可以访问平台，通过与其他用户的互动来消费商品或服务，构成了平台的下游资源。可以看出，以谷歌、苹果、脸书、亚马逊和微软(简称"GAFAM")为代表的大型数字平台企业具有两个显著的特点：第一，大型数字平台企业通常存在于其运营和管理的平台的上游，可以直接与商品供应商和应用程序开发人员等外部业务用户竞争，进一步探索数字价值链垂直结构的可能性。例如，亚马逊开发了一个分销市场产品的机器人系统，显著提高了其市场产品的销售量。第二，由于掌握海量下游用户的访问数据，大型数字平台企业有机会率先探索有前途的数字空间渠道，这些渠道虽然在某种程度上与其核心平台业务相关联，但也可能属于这些公司运营的非平台部分。

过去 10 年中，随着数字平台生态圈范围的不断拓展，GAFAM 5 家平台企业开展了一系列重要的数字并购活动，有效补充或替代了其数字平台功能。2021 年，帕克(Parker)等人梳理了 GAFAM 5 家企业从成立到 2020 年 8 月所有公开报告的并购数据，以评估每次并购的动机及其为收购方数字平台带来的战略价值。图 10-1(a)报告了每家公司的并购数量，以及首次记录并购的月份和年份，GAFAM 的并购总数为 855 次。图 10-1(b)表明 1988—2020 年苹果、微软、亚马逊、谷歌和脸书每年的平均并购数量分别为 4 次、9 次、4.9 次、13.1 次和 6.8 次。

图 10-2 是 2000—2019 年 GAFAM 的数字并购数量。可以看出，2010 年由于谷歌和脸书的并购活动增加，GAFAM 整体增加了数字并购活动，而 2014 年的收购数量达到创纪录的 74 次，其中 37 次是谷歌收购。

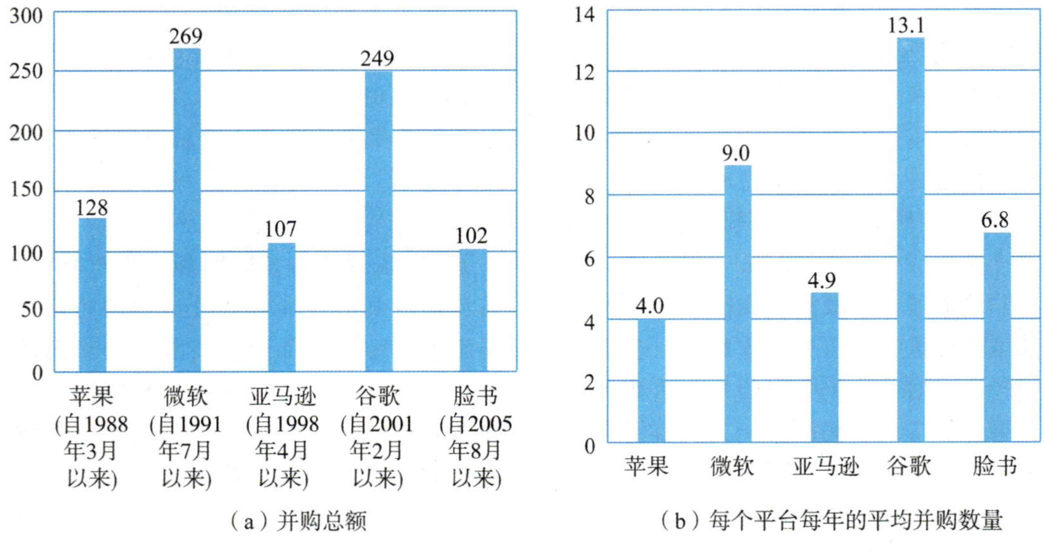

图 10-1　1988—2020 年 GAFAM 的并购数据

资料来源：Parker G，Petropoulos G and Van Alstyne M，"Platform mergers and antitrust，" Industrial and Corporate Change，2021，30(5)，pp. 1 307-1 336.

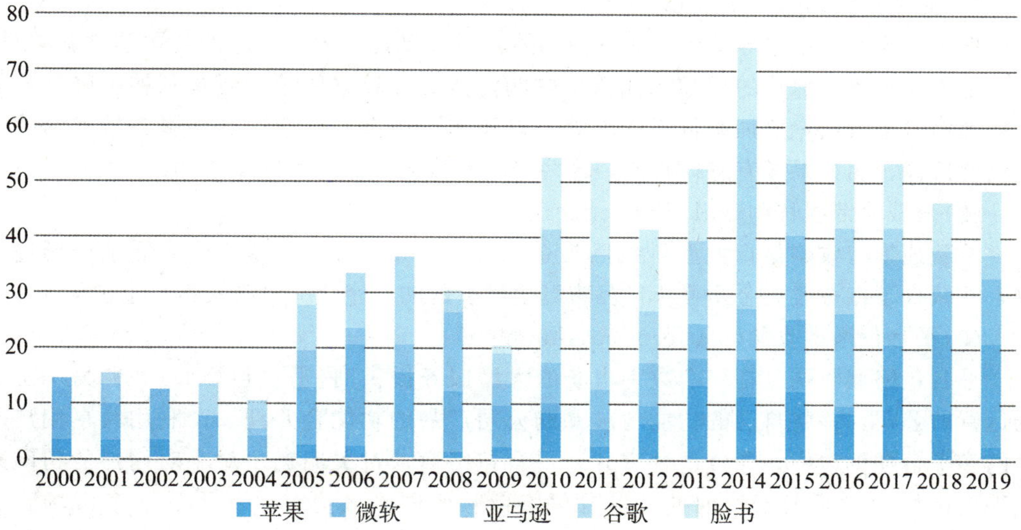

图 10-2　2000—2019 年 GAFAM 的数字并购数量

资料来源：Parker G，Petropoulos G and Van Alstyne M，“Platform mergers and antitrust，” Industrial and Corporate Change，2021，30(5)，pp. 1 307-1 336.

10. 2. 3　数字并购的类型

1. 按是否整合到核心数字平台划分

按照并购后的实体是否整合到核心数字平台中，数字并购可以分为横向/混合数字并购和纵向数字并购。2021 年，Parker 等人提出对于涉及数字平台并购的分析需要考虑到大型数字平台市场的特殊性，对工业经济时代按照行业相互关系的并购分类框架进行调整，数字并购策略可以通过在水平或垂直链中添加平台新功能产生额外的价值来予以区分。

(1)横向/混合数字并购(horizontal/conglomerate digital merger)

横向/混合数字并购要求合并后的实体整合到收购方核心平台基础设施中，以实现供应效率，即超出需求效率。在横向数字并购的情况下，主导企业可以通过改进产品和服务的生产过程以及开发更高质量的产品来提高效率，可以将合并带来的市场力量增加与预计将实现的效率收益进行比较，以便通过逐案分析的反事实分析来计算总体福利影响。

(2)纵向数字并购(vertical digital merger)

纵向数字并购要求在收购方企业的数字平台基础设施之上，将并购标的作为功能增加用以提升核心平台的需求效率来增加价值。纵向数字并购可以通过更有效地整合垂直链来产生收益，从而消除双重边缘化、降低生产成本以及更好地将需求偏好与商品生产联系起来等来达到数字并购目的。

2. 按可能带来的动态潜在危害划分

按照数字并购可能带来的动态潜在危害，特别是当并购由大型数字平台主导时，数字并购可以分为扼杀型收购、杀戮地带型收购和平台包络型收购。

(1)扼杀型收购(killer acquisition)

扼杀型收购是指主导平台企业收购标的公司仅仅是为了停止标的公司的创新项目，从而抢占未来竞争优势的局面。扼杀型收购可能会导致整体消费者福利的下降，因为消费者错过了市场竞争加剧带来的好处，以及在同一市场中新产品和服务带来的替代性消费选择，而如果没有进行收购，这些产品和服务本会得到发展。

(2)杀戮地带型收购(kill zone′ effect)

杀戮地带型收购是指大型科技巨头企业并购(big tech merger)后降低了市场进入率，并减少了在被收购公司目标产品市场上经营的初创企业的风险资本资金供应。

(3)平台包络型收购(platform envelopment)

平台包络型收购是指一个数字市场的大型服务提供商(平台包络商)并购另一个市场运营的公司，并将自己的功能与被并购公司产品的功能合并到一个利用共享用户关系的多平台捆绑包中，通过这种方式，平台包络商通过关闭竞争对手对用户的访问来获得新市场的市场份额。因此，平台包络依赖于网络效应，并利用从一个市场到另一个市场的市场力量，从而提高在不同市场的市场地位。

3. 按数字并购的目的划分

按照并购的目的划分，数字并购可以分为先发制人收购、初创企业收购、技术转让收购和数据驱动型收购。2021 年，Cabral 发现涉及高科技巨头的数字并购目的可能会削减消费者福利，为此对数字领域的并购进行事前分析十分有必要。

(1)先发制人收购(preemptive acquisition)

先发制人收购是指主导企业数字收购的目的主要是抢占市场份额。主导平台企业为了获取数字营销能力，通过数字并购进一步拓展线上营销模式和直接面向消费者的供应链从而快速抢占市场。

(2)初创企业收购(start-up acquisition)

初创企业收购是指大型科技公司为了内化初创数字企业的创新资源，对数字市场中的小型初创企业所发起的收购。有学者使用“巨人和矮子”(giants and warfs)来比喻数字市场中大型科技巨头与小型初创企业之间的差距，认为大型科技巨头的成功是建立在并购小型初创企业创新资源的基础至上的。需要指出的是，一旦一家大型科技公司在一个特定的、紧密相邻的、互补的或企业集团市场收购了一家初创公司，由于网络效应、规模经济和数据驱动的范围经济等经济力量在大型平台市场上意义重大，可能会对该市场的其他小公司产生负面影响。因此，初创企业收购反而成为一些初创数字企业所追求的创新激励。

(3)技术转让收购(technology transfer acquisition)

技术转让收购是指数字市场中的主导企业为了获取标的公司的技术，通过模仿和数字并购相结合的方式发起收购行动。从技术获取来看，数字技术作为一类特殊的无形资产，其外部交易成本高、风险大，且技术更迭快，通过并购这一产权交易方式不仅能在短时间内获得数字技术的完全控制权，同时还能避免竞争对手获得关键的数字知识。

(4)数据驱动型收购(data-driven acquisition)

数据驱动型收购是指以获取被并购企业所拥有的数据、数据处理能力和数据产品为主要目的，而取得被并购企业控制权的经济活动。随着新一轮科技革命和产业变革加速演进，人工智能、区块链、云计算、大数据、物联网以及 5G 等数字技术渗透到了经济社会的各个方面，数据成为推动经济发展的重要战略要素，数据驱动型并购成为数字并购的新趋势。

4. 按是否属于同一个数字市场划分

按照标的公司与收购方是否属于同一个数字市场，数字并购可以分为市场内并购和跨市场并购。

(1)市场内并购(in-market M&A)

市场内并购是指数字并购双方在同一个数字市场，具有平台商业模式的数字企业并购与自身数字产品或数字技术类型相同的平台型数字企业，从而扩大自己数字产品的销售和网络规模。例如，滴滴并购快的和优步中国，携程并购去哪儿等 OTA(online travel agency)平台。传统上，市场内即在同一个行业内，指并购双方属于同一行业门类，且具有横向相关性或纵向产业链关系，并购双方的产品的销售及服务的提供有相同或相似之处。而在数字经济时代，随着传统企业数字化转型的加速，数字平台的类型越来越丰富，如电商交易平台、社交媒体平台、知识共享平台、生活服务平台、内容娱乐平台等。未来，数字企业之间的区别将不再局限于传统的行业分类，而将更多地向基于数字平台的分类转变。

(2)跨市场并购(cross-market M&A)

跨市场并购是指数字并购双方不在同一个数字市场，具有平台商业模式的数字企业并购传统企业以扩大平台版图的颠覆性并购。传统上，跨市场并购即跨界并购是以多元化为目的兼并或收购与自身所属行业不同的公司。而在数字经济时代，未来所有企业可能都是建立在数字平台之上的数字企业，因此我们将数字经济时代的跨市场并购理解为跨界颠覆式的并购。实行数字并购的收购方企业以数字颠覆为目的，打破行业壁垒，在行业和市场进行系统性兼并或收购行动。例如，美团、百度和携程并购旅游业、酒店业、餐饮业的公司以扩展平台版图，发展点评业务，阿里巴巴跨界收购新零售和医疗行业公司等。

实践链接

腾讯在游戏领域的疯狂投资

游戏是腾讯的重要业务之一，腾讯为此发起了众多数字并购。2021 年，网络游戏和社交网络业务占据集团总营收的半壁江山，其中网络游戏收入 1 561 亿元，占腾讯集团总收入的近 1/3。作为网络社交领域头部的玩家，腾讯掌握着流量入口，也牢牢把控着游戏“现金牛”。2021 年 7 月 20 日，腾讯控股旗下全资子公司 Sixjoy(香港)以纯现金方式对英国游戏开发商 Sumo Group 实现全额收购。Sumo Group 成立于 2003 年，目前在 5 个国家拥有 14 个工作室，员工超过 1 200 人，参与制作的游戏包括《龙与地下城》《古墓丽影》《麻布仔大冒险》等。Sumo Group 旗下工作室和微软工作室、世嘉、索尼、苹果均达成战略伙伴关系，曾与多家知名游戏开发商合作制作 3A 级游戏大作。据统计，2020 年，腾讯在游戏领域投资为 33 笔，2021 年上半年已经飙升至 47 笔，涵盖开发二次元游戏产品、单机/主机游戏、动作游戏等。腾讯不断进行纵向数字并购将丰富的游戏功能添加到已有数字平台“微信”上，通过平台引流获得了巨大的利润。

10.2.4 数字并购动机

理论上，当数字并购活动可以创造价值，即收购方与标的公司并购后的整体价值高于二者分别运营之和时，数字并购才可行。因此，从价值创造角度来看，数字并购交易所带来的协同效应是驱动数字并购交易成功的主要因素。在工业经济时代，这种协同效应主要以 4 种形式存在：经营协同效应、财务协同效应、管理协同效应和市场份额效应。在数字经济时代，除了这 4 种协同效应外，还额外产生了 2 种协同效应，即网络协同效应和知识协同效应。

1. 经营协同效应

经营协同效应主要是指并购给企业的生产经营活动在效率方面带来的变化及效率的提高所产生的效益。经营协同效应来源于收购方和标的公司的合并运营。第一种经营协同效应是收入增长，包括在特定市场上获得定价权或在合并后有能力创造新的销售份额。第二种经营协同效应是减少成本。如上所述，许多家公司利用并购活动达到规模效应的最低条件，降低产品成本。收购活动还能够减少之后的广告、营销或研发成本。增加收入与降低成本效应通常在横向/混合数字并购中发挥作用，也可能在纵向数字并购中发挥作用。

2. 财务协同效应

财务协同效应主要指降低融资成本。相较于初创数字企业（小公司），大的科技巨头企业更易于获得更大、更廉价的资金池。第三次并购浪潮的理论依据之一便是通过分散化经营不相关的部门，帮助公司降低风险并提升其负债能力，降低税前融资成本。风险降低的好处来源于债权相对于股权的赋税优惠策略。因此，一个公司资本结构中债务余额越多，其用于融资的净税收支出越少。然而历史表明，尽管财务协同效应是价值的源泉，特别是杠杆交易或杠杆收购交易的价值源泉，公司还可能会高估风险降低程度和税收优惠政策。但是它并非是收购或兼并的唯一动机。

3. 管理协同效应

当一个高效的管理团队代替了低效的管理团队时，便会产生管理协同效应。收购的一大优点是为并购双方提供一个替换能力不足的经理人的机会，从而提升标的公司的业绩。但是，不是所有的收购和兼并活动都是以创造股东价值为目的进行的。研究表明，一些经理人更看重他们的个人利益而非股东权益。他们利用并购活动创造“商业帝国”，分散人力资本，而不论收购或兼并所带来的价值是高还是低。管理层经常狂妄自大，高估自己的谈判能力以及运营联合型企业的能力。因此，他们通常高价收购标的公司。一些经理人会无节制地高估收购项目的增长率和收入，无视被收购方的不稳定性，或其在盈利和股东价值创造方面产生的不良影响。此外，对于成功的初创数字企业而言，数字企业独特的文化属性是其成功的催化剂，收购方通过数字并购，可以获得并吸收更多的高级管理人才和高级技术人才，强化企业创新能力和管理效率，使企业处于更加有力的竞争地位。

4. 市场份额效应

企业市场份额的扩大，可以使企业获得一定程度的垄断地位，给企业带来垄断利润并保持一定的竞争优势，这就使得并购活动产生的市场份额效应对企业有很强的吸引力。不同方式的并购所产生的市场份额效应是不同的。第一，横向数字并购获得市场份额效应往往通过降低数字市场中竞争者的数量来达到目的。第二，纵向并购主要通过对数字平台附属功能的一体化掌控，增加在数字市场的讨价还价能力。另外，纵向并购往往导致连锁效应：一个控制了平台附属功能的企业，可以对竞争对手的活动施加压力或影响，因此，即使纵向数字并购不能取得明显的效益，但当一家企业率先实施纵向数字并购时，竞争对手出于防卫的目的，也要考虑实行纵向数字并购。混合并购的市场份额效应。第三，混合并购对市场的影响较为隐蔽。但在数字经济时代，数字平台混合数字并购带来的网络生态协同效应，会锁定关键大多数用户，从而为其带来市场份额上的提升。

5. 网络协同效应

数字企业与传统企业最大的不同在于网络效应的影响。所谓网络效应是指在特定的产业市场中，一个消费者的价值取决于使用同一个产品或服务的其他消费者(或生产者)的数量，缺少其他消费者，产品就变得毫无价值，产品价值随着用户数量的增加呈现指数增长趋势。在数字市场中，数字平台企业构建的交易空间(平台)是交易双方的中介，从各方创造的价值增值中获利。无论买家还是卖家均为数字平台企业的用户，缺少了一边的需求，另一边的需求也会消失。网络效应可能带来赢者通吃的结果，拥有最多用户的平台能够按照其意愿颠覆市场，因而数字平台企业常常把快速积累用户数量(网络节点)作为首要目标，发起数字并购。网络协同的激发是一个动态演化过程。在数字企业发展的初期，企业常常要通过免费或补贴的方式吸引用户以激发网络效应。这一时期的现金流为负，企业往往要借助外部融资满足巨大的资金需求，天使投资等投资方只能基于企业的发展前景对企业进行估值。在用户数量达到“引爆点”(临界点)之后就形成了自我强化的正反馈循环，网络效应充分显现。这时企业不仅要对现有用户资源进行深耕，还可能以包络等方式进入新的领域，构建平台生态系统。如阿里巴巴针对电商用户发起数字并购进军娱乐、旅游、金融、医疗等业务。借助网络效应，数字企业不但实现了规模经济，还最大限度地发掘了范围经济。

实践链接

2022年4月14日，美股盘前，美国证券交易委员会(SEC)公布的一份文件显示，马斯克于13日提出以54.20美元/股的私有化收购推特100%的股份，交易金额达434亿美元。马斯克早在2009年6月就注册了推特账户，现在已是推特大V，目前有8 160万粉丝，在所有推特账户中排名第八。作为推特重度用户的马斯克经常在推特上发布消息，跟网友互动，包括发布特斯拉、火箭公司(SpaceX)的各种消息，甚至还多次发布涉嫌违规的信息，被指控涉嫌操控股价、虚拟货币等。马斯克发起对推特的私有化收购并不是一次突然的行动。从2022年1月底开始，马斯克一直在默默买进推特股票。直到4月4日，SEC披露文件称，马斯克对推特持股比例达9.2%，成为这家美国社交公司的最大股东，这让推特单日股价暴涨近30%。在成为推特最大股东后，马斯克就频频在推特上给出意见。他表示，应该为推特加入编辑功能，对 Twitter Blue 高级订阅用户设置身份认证标志、禁止广告、降低收费，并允许订阅用户使用狗狗币付费等。2022 年 2 月的数据显示，推特月活跃用户达到 2.17 亿，再创新高，注册用户数超过 5 亿。在特斯拉、SpaceX 等公司以及虚拟货币发展的基础上，如何发挥推特庞大用户群的网络协同效应，马斯克目前还未提出新的玩法。但对于推特的管理层来说，马斯克发起的收购无异于一记警钟。

6. 知识协同效应

随着用户数量的不断增长，网络效应逐步显现，数字企业不仅要继续扩大用户范围，还要绑定用户，提高用户忠诚度，并通过用户交互创造知识协同效应，获取“数据优势”。由于数字企业的价值源泉来自用户，收购方可能为了得到来自用户的知识协同价值而发起数字并购。不难发现，对于数字平台企业来说，并购的标的资产往往主要是标的公司线上用户及其产生的数据。数字消费市场向来竞争激烈，面对市场份额的剧烈波动以及忠诚度较低的用户群体，平台企业获取客户的难度及运营成本将越来越高。尽管平台间的并购交易金额不菲，但长远来说，用户与市场的进一步整合将有利于平台垄断势力的提升以及平台业务的多元化发展。其中值得注意的是，对用户和数据这类无形数字资产的估值是十分困难的。这需要收购方在估值和尽职调查过程中建立更加全面的评价指标体系，除了与财务业绩直接相关的传统指标，还应该考虑与未来业绩挂钩的非传统指标，以充分挖掘数字资产的潜在价值。

实践链接

2015 年 10 月 6 日，北京三快科技有限公司成功受让上海汉涛信息咨询有限公司。美团、大众点评现有股东将权益注入新组建的境外公司，仍采取 VIE 架构，比例大致为 7∶4，合并后公司价值约 150 亿美元。美团在并购大众点评后，基于消费者线上决策路径，建立一个基于数据分析的盈利机制。首先，拥有了大众点评的评价数据优势后，美团能够迅速建立起中低频业务领域的信息决策壁垒，用户依赖其提供的评价数据进行决策。随后，交易支付环节能够跟踪记录其消费行为数据，美团又能基于该数据进行详尽完善的用户消费偏向及其影响因素的分析，再根据分析结果为商户提供精准营销的推广服务，收取基于营销效果的高额广告费；同时，美团还能基于分析结果还能为用户提供个性化定制服务，从而在提升用户体验的同时，进一步强化该盈利机制的 C 端可行性。最后，商户基于精准营销方案优化产品服务，从 B 端再次强化该盈利机制的可行性，同时完成闭环。而该由“数据分析导向决策、服务质量驱动需求”的盈利机制的闭环一旦完成，用户黏性对折扣的敏感度降低，再次强化导流效果，从而也提升了美团的佣金收入。

10.3 数字并购的实施过程

数字并购实施方式基于两个重要假设：一是数字并购项目的质量和成功取决于结构化、结果驱动的并购流程的应用，以及流程设计中各个数字并购模块的最佳绩效。

二是数字并购模块之间的相互关系至关重要。以往的经验表明，并购过程的不同步骤之间缺少联系是导致并购失败的原因之一。一个标准化的、定制的数字并购交易流程应该提供快速、稳健的、低交易成本的方案，并明确关注战略原理和协同价值捕获。具体而言，数字并购的实施包括4个主要流程：数字并购战略框架制定（digital M&A strategy framework design）、交易管理（transaction management）、整合管理（integration management）和数字并购项目跟踪（digital M&A project tracking）。这些流程设计具有不同的特性，但也有多个重叠、迭代和反馈循环互动。整体并购流程的设计价值链上的每一个步骤都会对企业最终的数字并购结果造成影响。

与此同时，数字技术驱动下对数字工具的使用正在成为数字并购的新趋势，企业在实施上述4个过程的过程中可以使用相应的数字工具，以提升数字并购效果。第一，在数字并购战略设计过程中，可以使用大数据分析和人工智能（AI）等数字技术对数字知识产权与标的公司进行生态系统扫描，还可以使用商业模式创新（business model innovation，BMI）矩阵等匹配模型优化流程。第二，在交易管理过程中，可以通过电子取证、大数据分析、自然语言处理（NLP）、AI等数字技术实现自动化管理，还可以使用虚拟数据室（virtual data room，VDR）对并购数据进行存储。第三，在整合管理过程中，可以使用技术尽职调查、数字化的实施程度（degree of implementation，DoI）评估和整合计分卡等数字工具优化整合项目。第四，在数字并购项目跟踪过程中，可以使用数字化的实施程度评估和协同效应计分卡等数字技术对协同情况进行验证与控制，建立经验数据库对并购经验教训进行记录跟踪，还可以使用云计算技术对数字并购流程进行及时跟踪，以及建立在线能力管理和学习平台帮助并购双方员工快速扩展必要的内部并购专有技术。数字并购实施过程见图10-3。

历史上，科学的并购观始于对标的公司的估值。如今，公司估值主要关注不同的估值技术，如基于贴现现金流（DCF）的估值，以及交易或交易倍数等定价技术。在理论界，并购战略理念认为任何并购项目不仅要创造价值，而且要有助于收购公司的企业战略和业务战略。20世纪90年代中期，由于许多并购活动在预期协同目标和整合成功方面失败或交付不足，并购的整合和跟踪管理问题成为学术界关注的主要领域。在企业界，并购项目的不同流程往往是松散的。就在15年前，大多数收购方几乎没有做任何整合规划，这种情况发生的原因多种多样。许多企业并购几乎完全专注于并购的交易管理，直到交易完成才将整合“抛到一边”。一些企业认为尽职调查和整合是截然不同的过程，充其量只是松散地协调，但没有有效地协调。然而，还有一些企业对反垄断和反竞争法的解释是，在交割之前不能交换任何信息，也不能进行任何交割前的整合规划。总的来说，大多数并购整合都是在为时已晚的情况下开始的，企业因含糊不清、不确定性以及发布和结束之间的延迟而变得活跃，导致绩效下降，使人才和客户陷入困境。有研究统计数据显示，70%的并购交易表现不佳或彻底失败。尽管并购战略的制定与管理对于并购的成功至关重要，但现有并购文献中仅略微涉及整体交易、协同评估和跟踪管理流程。大多数并购项目管理的思想都是从传统的项目管理研究中衍生出来的。

相比之下，数字并购流程设计可以在早期阶段解决交易的关键任务，甚至是整合管理难题。与传统并购项目相比，由于数字并购标的公司大多以初创数字企业为主，交易管理有必要强调以下几个细节：第一，标的数字企业通常基于复杂、新颖和通常

图 10-3　数字并购的实施

资料来源：改编自［德］Feix T，"End-to-end M&A process design，" Springer Fachmedien Wiesbaden Gmbrl，2020，p. 8.

独特的商业设计，其估值可能具有挑战性。数字颠覆框架内的标的公司首先有一方动态和快速增长，但另一方面也存在高度波动和风险的现金流模式。第二，标的数字企业的尽职调查更接近风险投资方法，然后更接近于对现有标的公司进行深入评估。对标的公司进行技术尽职调查时，由于初创数字企业通常具有创业的业务特点，公司历史只提供有限数量的健全的法律、财务或业务数据，而且标的数字企业的商业模式可能还不能被证明是成功的。第三，限制收购方在目标业绩结束后的风险敞口，阶段性付款（milestone payment）以及其他合同条款是数字收购协议的关键部分。这些条款的目的是通过将标的公司现有管理层的创业方法保持在董事会上，并通过分享收盘后的上行潜力和风险，稳定标的公司的现金流模式。第四，涉及数十亿数字并购交易，尤其是现有收购者使用颠覆性技术收购小型但非常成功的初创企业时，文化冲突往往会破坏后来的整合。因此，本章建议在数字并购早期就进行整体并购框架的制定，解决整合需求和组织协调之间的敏感权衡，以实现预期的协同效应，同时也为标的公司提供必要的自主权。

10.3.1 数字并购战略框架制定

1. 数字并购战略框架制定过程

数字并购战略框架制定(digital M&A strategy framework design)是数字并购实施的基石，其主要目的是确定数字并购战略框架。收购公司战略必须为数字并购框架设计提供指导、目标和平台。因此，在更广泛的公司战略环境中设计数字并购战略是成功执行交易的先决条件。由于数字技术破坏会迅速改变行业和市场，在数字并购战略框架制定阶段，只有像生态系统扫描一样，从更广泛的角度看待收购方所处的市场环境，才能理解并获取数字驱动业务的潜在有吸引力的标的公司。具体而言，数字并购战略框架制定过程包括：战略目标评估、明确标的公司、公司融资框架和制定数字并购战略等方面。

(1)战略目标评估

数字并购是一项有风险的活动，收购方应事先评估自身的优缺点，制定详细的战略目标，并将这些目标作为数字并购理性交易的基准。第一，收购方有必要分析宏观经济发展战略、行业发展政策、数字市场环境和潜在数字机会。第二，收购方要明确本企业在市场中的规模、经营能力、市场占有率、用户口碑等，明确自身地位。第三，数字并购的收购方有必要通过市场对比和发展前途分析，了解自身数字平台未来可能面临的挑战与威胁，通过对自身状态的客观评价明确战略目标，为后续数字并购实施做准备。第四，数字并购的收购方还需要对此次并购的动因进行深入分析。例如，通过数字并购，收购方可以进入未触及的区域市场或客户细分市场，获得创新产品或服务，获得新的核心能力和技能，通过网络效应获得关键大多数用户，通过知识协同获取数据优势等。

(2)明确标的公司

收购方经过粗略的筛选，可能仍然无法从一长串有吸引力的标的公司名单中对潜在标的公司进行精准评估。特别是在高度动态的市场环境和数字商业模式创新驱动的情况下，收购方全方位地对公司未来环境、技术和市场趋势的不同潜在情境进行生态扫描意义重大。因此，收购方有必要在确定并购战略评估框架的基础上，对潜在标的公司进行详细的生态系统扫描评估研究，将扫描结果作为参考框架，可以确定潜在标的公司对既定战略和财务目标的贡献。生态系统扫描可以评估最新的技术发展、用例、趋势、竞争环境变化以及其他特定行业的驱动因素。例如，将这种生态系统扫描应用于 21 世纪 20 年代全球汽车行业的发展，汽车原始设备制造商仅仅对其核心竞争对手进行评估是不够的。更重要的是要充分了解以下几点：

①新技术，如电池技术、车对车通信、电动和混合动力系统或自动驾驶方法；

②该行业更广泛的新进入者，如特斯拉、谷歌等；

③替代商业模式的机会和风险，如优步、来福车(Lyft)、滴滴等提供的叫车服务。

(3)公司融资框架

公司融资框架包括财务融资方面自上而下的价值创造目标以及并购项目的协同效应估算与可交付成果。一方面，收购方必须广泛预测预期交易对收购方合并财务报表的可能影响，评估最好和最坏情况下的财务状况，用于测试可能结果的阈值；另一方面，收购方还需要对标的公司进行最优外部增长设计。外部增长设计包括在整体战略框架内的合并、收购、合资、企业冒险、孵化和加速。商业模式创新(BMI)矩阵作为一种较新的工具描述了如何评估和选择最适合的方法。BMI矩阵将并购嵌入到可供选择的外部增长期权中，如合资企业(JV)、内部企业风险投资(CVC)概念、孵化器或加速器模型、战略联盟以及内部商业模式创新。与此同时，定义理想标的公司概况和潜在适合评估的标准对于并购前的生态扫描而言也十分重要。收购方通过设计商业模式匹配标准(fit diamond)，定义理想标的公司画像。在后续步骤中，必须通过预定义的战略、财务和商业模式匹配标准将一长串标的公司减少为一短串极具吸引力的标的公司，并将此短列表作为数字并购项目的起点。收购方只有在对行业和潜在数字技术创新的破坏性深入了解的基础上，才能制定出最优的并购战略和具有吸引力的标的公司候选名单，从而通过数字并购在未来几年形成竞争优势。

(4)制定数字并购战略

有了明确的数字并购需求后，有意向发起收购的收购方在初始阶段会制定一个切实可行的数字并购方案，以适应外部环境的不确定性，最终达到数字并购战略目标。如10.2.3节所述，按照不同的分类标准，数字并购类型有横向数字并购、纵向数字并购、扼杀型收购、杀戮地带型收购、平台包络型收购、先发制人收购、初创企业收购、技术转让收购、数据驱动型收购、市场内并购以及跨市场并购等。收购方可参考以往成功的数字并购案例，根据收购方不同的发展战略，确定不同的并购对象和并购战略方案。此外，收购方还有必要基于自身的业务和文化对标的公司联合业务和文化设计并购蓝图，为后续的整合管理做好铺垫。

2. 数字并购战略设计的数字工具

许多行业正处于技术和创新驱动的改组模式中，因此，大多数收购方必须在比以往更广泛的竞争环境中启动并购标的公司搜索计划，利用先进的数字技术对标的公司进行初步筛选评估。该行动必须基于预测的生态系统，尤其是对收购方的业务设计具有持久影响的技术和基于市场的趋势。

(1)数字知识产权(IP)扫描

数字IP扫描是指通过数字技术手段对数字市场上数字专利和IP进行数据挖掘。该数字工具可以评估目标细分市场和技术领域，并评估市场准入以及哪些标的公司可能在这些细分市场中拥有最具吸引力的价值。此外，结合机器学习和大数据技术评估的数字趋势调查可用于发现新的客户和消费趋势。例如，通过所谓的混合智能算法，对标的公司在特定技术领域的成就进行部分自动化预测。

(2)数据库和智能匹配算法

收购方可以基于数据库和智能匹配算法对标的公司和收购方之间的战略契合度进行早期评估。首先，通过商业模式匹配标准，设计具有吸引力的标的公司短名单。随后，对于财务报告和官方演示文稿的早期评估，通过以Google MetaSearch或LinkedInSales Navigator为代表的搜索引擎可获取标的公司的敏感雇主和就业信息。这些额外的数据对于高科技或初创企业收购的早期评估十分重要，因为员工和无形资产往往是这类标的公司竞争优势的决定性因素。基于上述评估，智能匹配算法在数据库中可能会根据预先确定的战略过滤器，推荐第一批具有潜在战略适合性的标的公司。

10.3.2　数字并购交易管理

1. 数字并购交易管理过程

交易管理(transaction management)是数字并购实施的第二步。交易管理包括标的公司信息备忘录、尽职调查、标的公司的估值及谈判和采购价格分配(purchase price allocation，PPA)。特定的数字并购项目通常始于标的公司管理团队与收购方之间的首次接触和初步讨论，或者更正式地说，始于签署保密协议(non-disclosure agreement，NDA)。保密协议是弥合收购方与标的公司信息利益保护机密和高度敏感数据之间差距的桥梁，如标的公司的商业计划、财务数据、知识产权和客户信息备忘录。与此同时，双方还有必要建立一个虚拟数据室，并准备一份摘要文件，然后买方和卖方签署保密协议。

(1)标的公司信息备忘录

基于双方对潜在交易利益的共同理解，标的公司的管理团队需要准备一份信息备忘录。备忘录涵盖标的公司最重要的信息，如关键财务数据、组织结构、粗略的战略支出、核心产品和服务、管理层信息、知识产权、关键业务诀窍等。根据卖方提供的进一步信息，潜在收购方准备一份可能嵌入意向书中的无约束力指示性要约。意向书除包括标的公司的指示性估值外，还应包括指示性报价所依据的假设以及收购过程的后续步骤。

(2)尽职调查

尽职调查是指对标的公司信息的进一步审查评估。如果指示性报价和拟议的进一步流程大致符合卖方的预期，双方可能会承诺进行尽职调查。为了方便并购活动内部人员之间的高效协同，可以建立一个虚拟数据室，评估合规尽职调查范围内的法医评估和财务尽职调查。尽职调查对于收购方尤其重要，因为如果标的公司的假定协同效应和独立财务状况证明指示性购买价格和拟议溢价是合理的，那么潜在收购方必须在非常有限的时间内(如两周内)进行回溯测试。尽职调查与标的公司估值之间有联系，公司估值和指示性报价以及假设的协同效应是尽职调查的起点。标的公司的价值驱动因素决定了待评估的财务和尽职调查的可交付成果。反之亦然，尽职调查是对独立估值理论和假设协同效应的交叉检查。因此，尽职调查的结果必须纳入独立和协同评估中。到期尽职调查可被视为对原始投资和指示性收购报价进行核实的过程。

(3)标的公司估值及谈判

公司估值和尽职调查也与谈判有关，尤其是在交易管理的后期。采购协议不仅仅包括最终商定的采购价格，还必须根据估值和尽职调查结果，描述预期交易结构，如股份交易与资产交易、标的公司潜在分割业务或资产的精确定义等，以及保护收购方免受潜在风险的陈述和保证。需要指出的是，数字并购标的大多是数字平台企业，网络效应是这些企业高估值的基础。在网络效应的驱动下，随着更多用户积极参与，个人用户的参与价值呈指数增长。因此，许多数字平台策略最初侧重于产生使用量，期望以后获得利润，但这也充满了不确定性。总体来看，针对数字企业价值评估的研究还处于探索阶段，对数字企业的估值不仅要探讨模型的适用性，还要揭示数字企业的价值创造和价值获取与传统企业的不同。

(4)采购价格分配

交易管理的最后一个财务部分是采购价格分配。过去几年中，采购价格分配取得了重要进展，这是因为标的公司的竞争优势不仅是在数字收购方面，而且主要基于品牌、知识产权或客户联系等无形资产。例如，详细的收购协议降低了进行年度减值测试的商誉。

2. 数字并购交易管理中的数字工具

数字并购交易管理过程，包括标的公司信息备忘录、尽职调查、标的公司估值及谈判、采购价格分配，都将面临数字技术革命，尤其是尽职调查。

(1)大数据和自然语言评估

在尽职调查中，必须在极短的时间内分析大量结构化数据以及非结构化数据集，例如基于 ERP 系统的信息、财务和税务账户信息。通过使用大数据、自然语言处理、搜索引擎和机器学习等数字技术，可以实现尽职调查任务的自动化，以提高效率和时间，特别是在法律尽职调查(LDD)和财务尽职调查(FDD)领域。在竞争性招标的情况下，这可能会提供竞争优势。例如，在法律尽职调查中，合同内容的数字提取及其评估可能定义新的并购标准，指定的合同条款，如代表和保证、独家协议、控制权变更条款、知识产权等，可以在广泛的合同中完全自主地完成扫描。在机器学习算法支持下的语义评估更适合分析庞大的数据集。

(2)技术尽职调查

技术尽职调查(technology due diligence)作为整体尽职调查过程中的一个单独领域，其涉及对标的公司内使用的数字平台及其基于标准化数字评估和检查表的详细评估。此类技术尽职调查是对数字技术基础系统架构和平台、功能用户特征以及出入接口(API)的评估。此外，与收购方技术架构的兼容性评估可用于启动标的公司技术平台的早期迁移规划。收购方和标的公司之间数字技术的匹配问题对于整个并购项目的成功至关重要，因为许多整合项目的失败恰恰是因为缺少技术平台的整合，而过时的数字技术可能会产生巨大的数字债务。

(3)虚拟数据室

即便数字技术基础系统架构、数字平台和应用软件的评估流程越来越标准化，在大多数尽职调查过程中，数字并购仍然缺少对终端用户工作场所以及移动应用程序的系统评估。如果不分析与最终用户相关的硬件和软件，尤其是中大型并购交易，可能会面临整合成本过高、技术系统收购后表现不佳以及后续的合规问题。需要指出的是，虚拟数据室正在取代传统的物理数据室，对数字并购的交易管理环节产生积极影响。第一，对收购方而言，可以通过虚拟数据室对并购资料进行更高效、结构化的评估。第二，虚拟数据室还具有显著的成本优势，尤其是在国际并购项目中，卖方可以在交易过程中整合多方以增加投标过程的竞争压力，随时发布敏感和机密信息。第三，数字协助可用于自动检测丢失的文件和数据漏洞，并用于支持尽职调查小组的日常工作。第四，虚拟数据室将有利于对风险进行数字化评估并制定解决方案，虚拟数据室提供商的一项新技术是基于并购交易大数据评估来预测数字并购市场模型。

10.3.3 数字并购整合管理

1. 数字并购整合管理的过程

整合管理(integration management)包括确定数字并购的整合优先级、整合深度、整合强度、整合速度和时间范围，以及制定整合总体规划(integration masterplan, IM)并实施。整合总体规划包括战略、财务、流程、组织、管理、业务和文化等方面的整合。由于数字并购至少涉及两个企业，在并购过程中的角色定位不同，并购双方在机制、心理、文化等方面的冲突在所难免。对于收购方而言，数字并购的战略目标之一是增强企业核心竞争力，这种竞争力是以独特的资源、能力和知识为基本要素嵌入在组织活动之中的。因此，整合管理过程中任何方面整合的欠缺，都可能导致整合战略的失败和并购后公司价值的下跌。

(1)确定整合优先级、整合深度、强度和速度以及时间范围

整合管理必须详细定义整合优先级，包括整合深度、整合强度、整合速度和时间范围，确保培育和竞争优势得以保留。首先，应根据尽职调查和评估的结果来确定整合优先级。其次，确认协同效应产生的价值优先级，整合是实现协同效应的基础，需要与协同管理相互交织。协同效应证明了购买价格的合理性，并确保了收购的长期价值创造。因此，整合和协同管理过程，特别是杠杆、时间范围和协同价值，必须与整合总体规划相协调。

(2)确定整合总体规划

根据整合战略的目标，确定短期、中期和长期整合的整合总体规划。在大多数整合项目中，整合总体规划的典型模块是战略、财务、流程、组织、管理和文化整合。为了协调和指导这些复杂的任务，特别是对于高度复杂的国际并购项目，必须定义一个具有必要资源和责任的整合项目室(integration project house, IPH)。整合项目室负责人应为经验丰富的经理，不仅负责整合管理，还必须与最高管理层和决策者沟通和讨论关键任务的整合问题。整合项目室的其他主要目标是对整合项目的管理、不同整合模块的协调、设计符合合规性和治理原则的必要整合工具及报告标准。

(3)根据整合策略执行整合步骤

企业大多采用多步骤整合方法，即短期、中期和长期整合实施框架，明确定义各个模块和子模块的职责、透明度以及开放和快速的沟通是整合成功的必要条件。为确保实现所有整合目标的实现，必须对整合项目和模块进行永久跟踪、监控和控制。并购流程设计的其他流程一样，数字工具提供了与传统方法相比更实质性的改进。最高管理层和整合项目室管理整合过程，并根据整合预警系统和数字化的实施程度(DoI)指标，在出现偏差时采取应对措施。

2. 数字并购整合管理中的数字工具

(1)整合项目室

有效的整合管理数字工具对于解决数字并购项目的复杂性至关重要。在并购流程设计中，整合管理包括整合战略的界定、向联合业务和文化设计的过渡以及整合总体规划的实施。交割后，与尽职调查相比，买方可以获得更广泛的标的公司数据集。因此，尽职调查中使用的数字工具同样可以在整合管理中使用，如整合管理中对法律责

任的评估和跟踪。数字并购项目管理工具对于整合项目室(IPH)具有重要价值，因为IPH团队必须协调整个整合项目。

(2)数字化的实施程度(DoI)评估和整合计分卡

为确保整合管理的成功，必须对整合过程进行持续监控，通过使用数字化的实施程度评估和整合计分卡，对整合阶段的数字化实施程度进行测量，其目的是帮助并购管理者跟踪与预期整合进度的早期偏差并启动对策，以避免并购项目延迟和绩效低下。在标的数字企业的整合阶段，应利用标的公司的培育优势，快速扩大协同效应，以创造主导性的行业设计。收购创新驱动标的公司的并购项目管理可能会因收购方缺乏对标的公司业务设计进行敏感评估的能力而受到挑战。

10.3.4 数字并购项目跟踪

1. 数字并购项目跟踪过程

数字并购项目跟踪(digital M&A project tracking)过程需要对协同效应和公司估值进行持续的跟踪与控制。传统上，标的公司的独立价值在大多数情况下，由贴现现金流(discounted cash flow)等传统估值方式决定，或者在标的公司股票上市的情况下，仅由其市值加上所有协同效应的净现值来定义标的公司的购买价格上限。而在数字经济时代，网络效应下用户价值的驱动使得数字并购标的往往具有高估值和额外溢价。只有在标的公司公允价值的基础上提供额外溢价，数字并购事件才具有吸引力。在这里，数字并购产生的网络协同效应价值也可以被视为一种数字期权。根据战略咨询公司麦肯锡的最新评估，收购过程中的平均溢价约为标的公司独立价值的33%，但不忽略行业之间和行业内存在显著差异。而根据同花顺数据显示，数字企业并购溢价率自数字并购浪潮以来不断攀升，从当初的平均90%的溢价率到现在翻了十倍甚至以上的溢价率，一些“值钱不赚钱”的数字企业是否产生了与高估值相匹配的协同效应？为了确保通过收购增加价值，买方必须实现协同效应的净现值，该净现值超过支付溢价。许多研究表明，超过一半的全球并购交易破坏了价值。这意味着，在收购过程中，通常实现的协同效应低于支付溢价。为了验证和控制协同效应对并购价值创造的作用，数字并购流程设计将数字并购项目跟踪作为补充流程。

(1)协同价值跟踪评估、验证与控制

在数字并购事件结束之后，收购方有必要对早期预期协同效应的实现进行验证、跟踪和控制。由于创新商业模式的本质意味着新市场即将进入，而传统市场将被打乱，因此协同效应的主要部分通常是基于收入的。从估值角度来看，如果可能的协同效应价值导致溢价，则必须对其进行评估。因此，必须尽早确定和量化协同效应。早期协同效应的潜在价值及其时间范围的评估决定了后期协同效应实施和捕获的优先级。协同效应可分为短期、长期协同效应以及长短期的组合，也可分为低价值和高价值贡献者组合。对于最重要的协同效应，必须设计与目标值、时间安排和责任相关的数字化的实施程度(DoI)评估和详细的协同效应计分卡。透明的责任和公开的沟通是成功实现协同效应的先决条件。为了长期整合的成功，建议对并购整合过程中的协同效应进行长期跟踪与监控。

(2)设计数字并购项目标准化平台工具

数字并购实施过程中，除了收购方和标的公司的员工外，并购顾问、投资银行家、战略顾问和律师等外部顾问可能必须参与交易。因此，数字并购项目管理是一个专业的过程，数字并购核心竞争力的另一项任务是设计数字并购项目标准化平台工具，为后续数字并购提供基准评估。至少对于大型数字并购交易而言，建立协同价值评估经验数据库、云计算并购项目流程指南、数字化的数字并购跟踪报告以及在线能力管理和学习平台对收购方数字并购能力提升很有必要。公司数字并购方面的核心竞争力是一组复杂的隐性能力，如估值和尽职调查能力、项目和跨文化管理技能以及有关公司战略和业务设计的详细知识。特别是对于连续收购方而言，有必要在每次数字并购交易事后运行一份数字化的数字并购跟踪报告，以总结每笔交易的经验教训，并在公司内改进其最佳实践并购知识数据库。成功的数字并购项目跟踪能够有效避免连续数字并购步入误区。

2. 数字并购项目跟踪中的数字工具

(1)数字化的实施程度(DoI)评估和协同效应计分卡

交易的财务价值由支付溢价和实现的协同效应之间的差额确定。将数字化技术应用于端到端(E2E)协同效应的跟踪、控制和管理，提供了与数字整合工具相同的潜力。数字化的实施程度评估和协同效应计分卡，以及协同图景是数字并购跟踪阶段跟踪衡量协同效应的主要数字工具。数字化实施程度与协同效应计分卡强调的是后期跟踪协同效应价值和并购溢价的差值，建立协同价值评估经验数据库，为数字企业未来的数字并购提供溢价参考。协同实施的经验教训可用于独立于单个交易建立一个持久的经验数据库(lessons-learned database)，即协同价值评估经验数据库，用于逐步提高数字并购项目的协同绩效，并可在后续交易的早期阶段提供基准协同评估。

(2)B2B 并购咨询平台

B2B 并购咨询平台是一种较新的数字工具，可以根据特定并购项目的需要选择交易或管理咨询。在并购咨询方面，为投资银行、战略顾问和交易顾问提供了一个在线交流平台，在此平台上，多方参与者可以通过数字化、标准化和透明的方式展示其并购能力、服务组合和参考项目。与所有平台一样，B2B 并购咨询平台可以使用数字技术支持客观标准选择咨询公司，如真实世界客户参考项目的质量、成本和时间绩效指标，为意向双方进行完美匹配。

(3)云计算并购项目流程指南

云计算技术可以记录和评估并购项目以便于数字学习计划的制订和循环使用，使内部并购团队更加高效和专业化。存储于云上的已有并购项目和最佳实践的信息为机器学习算法和特定事务的指导提供了丰富的数据源。从并购战略的起点来看，可以对并购项目组合进行可视化处理。此外，可视化地图还支持实时项目报告，链接项目任务、文档、团队和团队成员的责任和访问权限，以确保协同一致的并购项目治理。

(4)数字化的数字并购跟踪报告

检查表、数字化项目指导和整合数据管理尤其适用于尽职调查和整合过程，这些数字工具不仅提供了无缝透明的项目管理，还为其他面临时间压力的并购项目提供了数字化的最佳模板。数字并购流程设计的数字化也促进了尽职调查和整合管理之间的相互关系。对后者而言，数字化推进了进一步的质量改进，包括整合项目结构、单个整合工作流、团队和任务分配的数字化映射，跨职能依赖关系和相互关系的映射，使用数字化的整合计分卡和协同效应计分卡对整合项目和模块早期的自主风险报告和预测，以及后期透明的数字化状态跟踪报告等。

(5)在线能力管理和学习平台

如果收购方计划进行连续数字并购项目，可以按照并购流程设计的单独步骤定制一个在线能力管理和学习平台，该平台带有一个集成的数字工具集。在大多数并购项目中，买卖双方都有大量员工。在这种情况下，数字化的能力管理和学习平台允许快速扩展必要的内部数字并购专有技术。

本章小结

• 数字并购是指企业收购或合并其他企业以扩展核心数字平台能力的行为，并购双方至少有一方将数字平台作为其商业模式关键要素。数字平台可以定义为具有促进第三方互动的治理规则的开放架构。

• 数字并购的类型：按照并购后的实体是否整合到核心数字平台中，数字并购可以分为横向/混合数字并购和纵向数字并购；按照数字并购可能带来的动态潜在危害，特别是当并购由大型数字平台主导时，数字并购可以分为扼杀型收购、杀戮地带型收购和平台包络型收购；按照并购的目的划分，数字并购可以分为先发制人收购、初创企业收购、技术转让收购和数据驱动型收购；按照标的公司是否属于同一个数字市场，数字并购可以分为市场内并购和跨市场并购。

• 数字并购交易所带来的协同效应是驱动数字并购交易成功的主要因素。在工业经济时代，协同效应主要以 4 种形式存在：经营协同效应、财务协同效应、管理协同效应和市场份额效应。在数字经济时代，除了这 4 种协同效应外，还额外产生了 2 种协同效应，即网络协同效应和知识协同效应。

• 数字并购的实施包括 4 个主要流程，即战略框架制定、交易管理、整合管理和项目跟踪。

复习思考题

1. 什么是数字并购？其有哪些类型？
2. 数字并购与工业经济时代的并购有什么本质不同？
3. 试分析横向数字并购与纵向数字并购的区别。
4. 数字并购的实施分为哪几个步骤？

案例分析

扫一扫，看资源

美团并购之路

第 11 章　数字企业国际化战略

【学习目标】

➢了解数字企业的国际化背景

➢掌握数字企业的国际化特征

➢掌握数字企业国际化内部动因

➢掌握数字企业国际化常见模式及基本规律

【关键术语】

数据价值链　数字贸易　开放资源优势　连通优势　集成优势　天生数字化　跨境数字平台　数字战略联盟　数字跨国收购

开篇案例

字节跳动的国际化战略

2017 年，字节跳动推出了抖音海外版(TikTok)。TikTok 上线之后很快后发制人，占领了日本以及东南亚部分国家的短视频市场。随后在 2017 年 11 月，字节跳动完成了对当时在美国市场非常火热的短视频应用 Musical. ly 的收购。完成收购之后，字节跳动首先宣布两款应用独立发展。经过一年时间的磨合，TikTok 与 Musical. ly 于 2018 年 8 月合并，继续沿用 TikTok 的名称，合并过后的 TikTok 在东南亚和美国市场上都占据了非常重要的地位。TikTok 能够在短视频领域迅速占领国际市场，成为国际短视频平台的领军产品，与其采取的国际化战略密不可分。

以成熟的产品为依托

TikTok 之所以能够在上线之后迅速地获取用户在各个国家顺利落地，很重要的一个因素便是其产品已经经过中国市场的长期磨砺。2016 年下半年，抖音就已经在中国市场上线，更是在 2017 年经历了一年的爆发式增长，这一年多的时间里，抖音进行了多次的升级优化和功能业务的拓展，其技术架构、品牌形象、产品定位以及运营方式都已经相对成熟。TikTok 依托抖音为其打下的坚实基础，其基础的界面设计和功能设置基本是对抖音的移植，可以说在上线之初，TikTok 就是一款非常成熟的产品，相对更容易获得国际用户的青睐。

另外，在 TikTok 进阶功能拓展的过程中，也在不断借鉴模仿抖音上已经开发使用且验证成功的成熟功能，这对于 TikTok 国际化发展的稳定性具有非常重要的意义。由于发展阶段和目标市场的不同，TikTok 与抖音相比在直播、电商、社交、内容搜索、未成年人保护等进阶功能上还比较落后，这些在抖音上验证比较成功的功能，也是目前 TikTok 正在全力开发测试的功能。

比如说，抖音目前拥有比较完善的直播功能，甚至可以认为直播内容和短视频内容在平台已经平分秋色了，鉴于直播功能在国内的火爆，TikTok 从 2019 年开始也初步上线了直播功能，拥有超过 1 000 个粉丝的用户就可以开通直播，在直播过程中，粉丝也可以打赏虚拟礼物，但是考虑到一些国家的政治因素，直播功能也只在部分国家开启。另外，电商功能是抖音商业化的重要基础，直播带货已经成为抖音营收的重要组成部分依托抖音成熟的电商功能，TikTok 也加紧在美国市场开发测试电商功能，虽然目前还没有完全放开，但是有抖音的经验教训作为模板，TikTok 电商功能的全面上线指日可待。

国内国际两个市场，两个产品的开发运作方式，使得 TikTok 在上线时，就可以保证基本功能和界面的成熟。而在后续进阶功能的开发过程中，又可以以抖音为前车之鉴，维持其发展过程的稳定性。

以技术和资本运作为杠杆

TikTok 国际化非常依赖资本的投入，其母公司北京字节跳动目前已经先后完成 6 轮融资而且每次融资都对应着公司发展的重大节点。2012 年的天使轮融资以及 A 轮融资用在了核心产品今日头条的开发上，2013 年的 B 轮融资和 2014 年 6 月 C 轮融资给我们带来了头条视频(后改名西瓜视频)，2016 年的 D 轮融资之后，第二个战略级产品抖音随之上线，2017 年 E 轮融资之后，公司开启了国际化的大门，并上线了 TikTok。

有如此巨大的资本的支持，字节跳动在国际化的道路上也越走越顺。一方面，大量资本为海外平台的日常运营和研发提供了坚实的经济基础，在绝大多数海外国家 TikTok 都有专门的运营团队，为平台在当地的落地和本土化提供支持，没有大量资本的投入很难维持如此巨大的人力、资源支出；另一方面，TikTok 的成功也非常依赖国际投资和收购，字节跳动在 2016 年开始走上国际化道路之后，先后收购或控股了大量的海外优秀互联网产品，尤其集中在内容类应用领域。通过收购和控股这些企业和产品，TikTok 可以在短时间内获取丰富的版权、用户和技术支撑，同时减少了直接的竞争对手，其中最典型的就是对 Musical. ly 的收购，这是当时字节跳动最大金额的收购案。收购之后，TikTok 直接接手了原本 Musical. ly 在北美市场的所有用户资源以及版权资源，帮助 TikTok 迅速占领了北美市场。

与此同时，字节跳动给自己的定位是信息科技公司，公司核心技术是将人工智能技术运用在内容分发的推荐算法。公司所有的产品都配有强大的用户数据分析和算法分发推荐能力，当然也包括 TikTok。TikTok 可以将内容与用户进行精准的匹配，用户只需要打开应用就可以获得平台给他们推荐的内容，真正实现了人找内容到内容找人的重大转变。这个技术在全国乃至全世界都是非常先进甚至领先的，这是 TikTok 成功背后很重要的技术因素，也为其他类似的平台设置了非常高的模仿门槛，大大降低了产品的可复制性。

调整组织架构，吸纳海外管理人才

在业务层面的国际化逐渐成熟之后，字节跳动进一步加深国际化的程度，开始了组织层面的国际化进程。2020 年 3 月 12 日，字节跳动创始人张一鸣发布全员信，宣布了字节跳动的组织变动：在国内市场采取董事长＋CEO 的双负责人制，分别由张利和张楠担任，扮演中国地区职能和业务负责人的角色，两人同时向张一鸣报告；同时，张一鸣作为字节跳动全球 CEO，将注意力更多地放在全球化企业管理研究、企业社会责任以及教育游戏等新业务方向上。组织层面的国际化是更深层级的国际化，此次调整体现了字节跳动想要建设成为国际化企业的决心和行动，也为字节跳动和 TikTok 未来的国际化历程铺平了道路。

除了内部高层的组织调整之外，字节跳动也在不断吸纳海外顶尖管理人员进入领导团队。2019 年 6 月，在脸书负责了 10 年全球商务合作的 Blake Chandlee 跳槽到字节跳动，成为字节跳动全球商业解决方案副总裁；10 月，前华纳音乐集团高管 Ole Obermann 加入字节跳动，出任音乐总监。2020 年 1 月，曾为微软工作超过 20 年的前微软首席知识产权顾问 Erich Andersen 就任字节跳动法务副总裁；3 月，美国网络安全专家 Roland Cloutier 出任 TikTok 的首席信息安全官；5 月，Kevin Mayer 出任字节跳动首席运营官兼 TikTok 全球首席执行官。Kevin Mayer 是前迪士尼的高级管理人员，他领导了迪士尼明星产品 Disney＋的开发，还参与完成了对皮克斯、漫威、卢卡斯影业和福克斯的收购，加入字节跳动之后，Kevin Mayer 将主管 TikTok、Hello、音乐、游戏等业务。

除此之外，字节跳动在全球各个市场还有专门负责本土化的专业海外团队，这些海外人才涵盖了来自迪士尼、谷歌、脸书、微软、索尼、华纳(Warner Bros.)、葫芦网、万事达(Visa)等诸多顶级公司的前高层。这些海外人才的加入，一方面给字节跳动和 TikTok 带来了国际化管理的经验、资源和人脉，另一方面也有助于缓解国际化过程中遇到的本土国家的审查压力，这对于字节跳动和 TikTok 的国际化来说是至关重要的人才基础。

“全球化产品＋本地化内容”的运营策略

TikTok 在世界各个国家的市场落地时，会进行有针对性的本地化运营，推广具有本地特色的内容，同时又保持着国际化产品的特征，在全球范围内都是相同的一款应用，就像 Windows、Office 和 Facebook 等产品一样，全球范围内都只存在一款应用，没有专门针对不同市场做定制化的产品。正如字节跳动创始人张一鸣所说，字节跳动的国际化运营策略是“全球化产品＋本地化内容”，这个运营思路一方面给平台带来了大量的具有本土文化特色的内容和来自世界不同国家和文化背景的用户，同时另一方面又鼓励这些用户在这个国际化的平台产品上相互交流和融合，让这些特色内容在更大范围内流传，通过这两个层面的运营，TikTok 平台上才会拥有大量的国际化内容，也才能真正成为一款供国际用户交流分享的国际公共平台。TikTok 具体的内容运营策略总结如下：第一，吸引本地明星入驻，培育平台新网红；第二，重视本地文化符号，引导特色内容生产；第三，抓住世界热点，引领时尚潮流；第四，鼓励用户互动，促进世界文化交流。

综上所述，短视频平台应用 TikTok 依托其国内版本抖音提供的成熟稳定的产品设计，借助其母公司字节跳动强大的资本实力和技术优势，迅速在全球范围内扩展；积极调整公司的组织架构，吸纳海外管理人才，在组织层面为国际化铺设道路；采取全球化产品＋本地化内容运营策略，通过本土网红明星进行引流，针对不同的市场推广本土特色的内容，跟上时代潮流，追踪世界热点话题，同时在平台上鼓励国际用户之间的交流互动，最终建设成为一个国际公共平台，成为中国互联网应用国际化的典范。

资料来源：宋建武、王一帆：《探析中国互联网应用的国际化策略——以短视频平台“TikTok”为例》，载《媒体融合新观察》，2020(3)。

思考与讨论：

1. 结合本章内容，总结 TikTok 在国际化过程中采取的策略。
2. 分析 TikTok 的国际化市场环境，为其在国际市场的进一步发展提出建议。

11.1 数字企业国际化战略的背景

全球化正进入一个由数字技术驱动的新时代，数字技术的成熟和应用极大地推动了社会经济各个环节的深刻变革。随着生产和贸易的地理位置从物理网络转移到信息网络，全球网络正通过信息技术的扩散变得更丰富、更深入、更分散。全球化的模式变得越来越细，呈现分布式和复杂性。数据流作为连接纽带，在全球经济中起着越来越重要的作用。

11.1.1 数字跨国企业加速形成全球数据价值链

根据商业模式的不同，可以将参与数字经济全球化跨国经营企业分为数字赋能型跨国企业和数字增强型跨国企业。其中，数字赋能型跨国企业也被称为数据原生企业，这些企业通过数据驱动型创新形成了完全数字化的商业模式，如亚马逊、优步、推特等。在数据跨境流动充分的情况下，数字赋能型跨国企业可以不需要在海外设立分支机构。数字增强型跨国企业跨国经营的核心仍是通过资本流动，在全球范围内选择最优的要素组合并开展生产经营活动。

在数字经济全球化下，数字跨国企业作为微观行为主体，构建完善、便利、高效的全球数据价值链将成为其全球生产布局核心目标之一。原始数据的收集、汇总、分析和利用等环节在全球范围内存在着物理分离状态，数字跨国企业从在多个国家、多个地点收集原始数据，存储和传输数据，再到分析和利用，最后到创造收益的数据货币化阶段，这一过程也是在全球范围内形成数据价值链的过程，直观表现为数据的跨境流动和经济全球化收益的增长。

11.1.2 数字贸易赋予世界在数字化层面的联系

尽管关于数字贸易的准确定义至今尚未形成广泛共识，但数字贸易的基本特征已经可以大致刻画。首先，数字贸易主要是基于互联网等现代通信系统展开。其次，数据的跨境流动和数字化资本所拥有的高水平数字技术的应用已经成为全球贸易扩张的关键驱动因素，云计算、人工智能、区块链、物联网等都是数据货币化的具体实现方式。再次，从数字化企业的角度来看，贸易数字化的过程也是数字赋能贸易的过程，能够创造最终可货币化的数据流已经成为企业参与全球数字贸易的核心竞争力。最后，货物贸易和服务贸易的简单划分标准已不能反映世界步入数字经济全球化转型的主要特征，全球贸易的模式及构成需要从全球数据价值链的角度重新审视和区分。

数字贸易的出现给全球贸易的交易方式、交易内容和交易对象带来了重塑，使得世界经济联系在资本要素流动的基础上增加了数字化层面的联系。首先，一些服务的跨境交易也通过数字提供取代了原有的线下服务。例如，电子阅读、流媒体服务、在线教育/医疗等技术和服务的远程提供。其次，数字贸易也改变了贸易的内容，使得货物贸易和服务贸易之间原本清晰的界限开始变得模糊。传统制造业的数字化转型使得制成品中开始出现数字化服务的内容，服务的比重显著增加，核心表现为全球价值链贸易中服务比重的稳步上升以及新的服务类型和成分的激增。最后，数字原生企业的出现带来了一种崭新的、完全数字化的全球性新服务，其渠道是数据流动和数字技术的应用所形成的全球数据价值链，供应内容也是全新的数字化产品和服务。

11.1.3 跨境数据流引发全球价值链重构

在价值链结构上，与传统纵向一体化的全球供应链不同，以全球数字平台为核心的新兴全球供应链将呈现为一个由不同行业用户、供应商和合作伙伴组成的广泛的生态系统。首先，以数字平台为代表的新型商业模式的出现使得商品(服务)的用户与供应商能够更为直接地面对面接触，用户的各类需求可以迅速与供应实现最佳匹配。其次，跨国经营企业也从此前通过资本流动寻求最低的要素成本向更加适应用户需求的方向转变，逐步去除过去线性供应链中的“刚性”中间商——去中介化，从而根本改变全球供应链的形态。典型案例是，随着基于跨境数据流的数字技术的进步和市场规模的扩大，谷歌、亚马逊和阿里巴巴等大型数字企业正在以数字平台为基础，以点对点互联模式取代了原来的线性价值链。

在价值链形态上，由于数字技术本身仍在发展中，而且不同数字技术的影响方向也不尽相同，因此全球价值链长短变化尚不能明确。一方面，物联网、人工智能、区块链等数字技术可以使得生产、交付和物流更为高效，因而可能会带来全球价值链的延长，增加全球价值链中的国外货物和服务的增加值成分，从而纳入更多的经济体；另一方面，人工智能、3D打印和先进的机器人技术可能会减少劳动力的需求，减少国际采购，中间品和服务越来越多地来自发达经济体内部，可能导致生产更加区域化和全球价值链的缩短或回归。例如，3D打印如果能够得到普遍应用，全球价值链不仅可能缩短，其形态也会出现变化，将通过设计、图纸和软件等形式的数据跨境交换来替代此前的货物和服务的跨境交易。

11.2 数字企业国际化战略的特征

数字跨国企业的崛起是当前跨国企业发展的重要现象。数字经济的兴起创造了大量的新业态和新型商业模式，对传统产业以及传统商业模式产生了深刻的影响。跨国企业全球价值链出现了数字化、服务化、去中介化以及定制化的新趋势，这对数字企业的国际化产生了深远影响。数字企业国际化战略主要呈现出轻资产化、价值来源发生结构性转变以及企业价值链布局呈现区域化的特征。

11.2.1 轻资产化

1. 在线市场的广泛使用降低了数字企业海外投资强度

随着在线市场加速发展，数字跨国企业可以直接在线上销售给消费者，而不用像传统跨国企业那样建立自己的海外销售网络出售产品及服务。特别是在规模较小的市场中，它们通常仅设立代表处，即可满足业务需要，以减少资本支出、减轻税负、节省费用。也就是说，数字跨国企业能以更少的资产和海外员工进军国外市场，海外资产占比下降。

2. 服务业在数字跨国企业的全球国际投资中的比重不断上升

在联合国贸发组织全球跨国企业 100 强(未包括跨国银行)中，服务业企业的数量稳步增长，已占 100 强近 1/3，而制造业企业数量明显减少。此外，100 强中服务业跨国企业的国际化指数的提升也明显高于制造业及第一产业跨国企业。服务业地位显著提升，既有服务业放松管制的原因，而数字、信息和通信技术的兴起以及传统产业全球价值链不断服务化也是重要的因素。

11.2.2 价值来源发生结构性转变

1. 数字化跨国企业资产配置重心由固定、有形资产转向无形、流动资产

专利等知识产权及其他无形资产在新一轮产业革命中日益成为数字企业创造价值增值的重要来源，劳动力、土地(包括自然资源)等传统生产资料的重要性相对降低。在此背景下，数字跨国企业国际投资的路径也发生了明显的变化。传统跨国企业的投资模式以高资本支出、高固定成本、高负债、低流动性为特征，而数字跨国企业的国际投资模式正好相反，其主要特征是低海外资本支出、高流动成本、低负债、高流动性。

2. 数字跨国企业投资方向向新兴技术转移，各个国家吸引外资的竞争力日益取决于其新兴技术的实力

在数字跨国企业对外投资中，构成数字经济底层基础构架的数字技术(信息、通信、互联网、物联网、人工智能等)、数据(数据资产、数据安全、数据产权等)以及相关战略性资产(如人才、创新、研发能力)和基础设施的质量，对国际投资流动的方向发挥着日益重要的作用。在数字经济中，数据成为新的生产要素，数字技术及基础设施的重要性凸显，土地、人力和资金等传统生产要素的投资区位决定作用相对下降。

11.2.3 企业价值链布局呈现区域化特征

1. 为了更贴近目标市场，同时降低风险，数字跨国企业全球价值链的空间布局呈现明显的区域化特征

全球价值链的数字化、智能化、服务化以及供应链的缩短，使得数字跨国企业的价值链全球布局变得更加灵活，生产经营更贴近最终市场，市场反应更加灵敏。在上游，跨国企业电子采购及供应商电子实时监测、管理系统日益普及。在下游，跨国企业也越来越多地利用现代 IT 技术及网络平台，直接将产品和服务销售给最终用户，绕过了很多传统的中间环节。同时，产业链的复制以及在各国之间的转移也将更加容易。此外，全球保护主义抬头以及政策、地缘政治风险不断上升。这成为数字跨国企业全球价值链的空间布局呈现区域化特征的重要原因。

2. 数字跨国企业全球价值链的区域化特征同时体现在集聚化和碎片化两个方面

一方面，数字企业总部高度集聚于以美国为首的发达国家，其中将近有三分之二的公司总部位于美国。数字技术通过网络效应和产业集聚对传统产业进行数字化改造，大大增强了区域价值链的向心力。另一方面，随着跨国企业全球价值链大量利用数字技术以及 3D 打印等新兴制造技术，生产活动更易于复制，更贴近用户，并与用户互动(如在设计或生产环节邀请客户参与)，基于 C2B 的柔性、定制化生产增多，大规模、标准化生产减少。柔性生产与分布式生产推动微型工厂加速发展，定制化需求使得生产网络更加接近终端消费市场，传统的全球范围内离岸外包逐渐转变为围绕最终市场布局近岸外包，导致价值链布局更加碎片化。

11.3 数字企业国际化战略的动因

数字时代，约翰·邓宁(John Dunning)的经典"OLI"(所有权 Ownership、区位 Location 和内部化 Internalization)优势仍然存在，但有所减弱。首先，数字全球化改变了所有权优势的相关性。在现有的跨国企业理论中，拥有专有能力和资源赋予其所有者竞争优势。但随着数字时代全球资源可用性的增加，企业可以在不拥有资源优势或市场力量的情况下参与竞争并实现发展，具有国际竞争力的企业可以通过创造性地利用全球开放资源吸引大量国际市场消费者。其次，数字技术和数据分析同样使距离和成本因素变得不那么重要，创新和速度的重要性则日益增加。最后，结合所有权优势和区位优势的跨国企业可以通过自己建立子企业以降低外包等的交易成本并防止技术外流。但是数字经济全球化下，随着外部资源有用性越来越高，跨国企业在利用外部资源以增强其竞争优势方面变得更加积极。

数字时代为企业的国际化战略带来了开放资源优势、连通优势以及集成优势，由此构成数字经济时代跨国企业的"OLI"新优势(图 11-1)。数字化使跨国企业能够快速访问全球开放资源，与全球供应商无缝合作，广泛连接全球客户，并为全球员工提供虚拟的内部沟通和知识共享，全球 ERP(企业资源规划)、HCM(人力资本管理)、CRM(客户关系管理)、DMP(数据管理平台)、云计算、社交营销平台等数字化架构也促使企业更好地管理全球资源和关系，帮助企业获取数字"OLI"新优势，成为数字企业参与国际市场的动因。

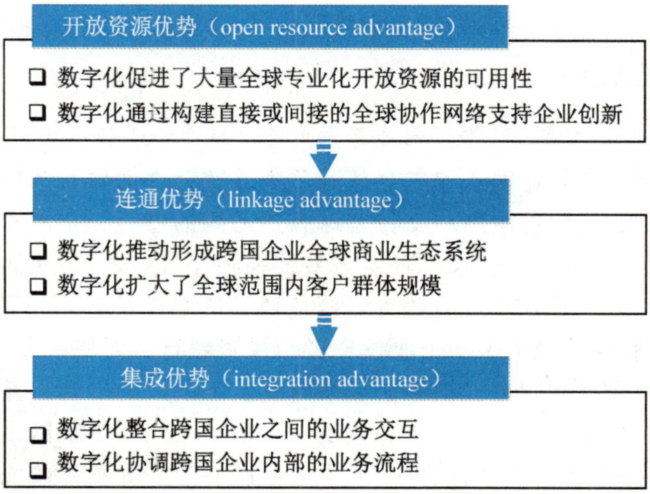

图 11-1　数字经济时代"OLI"新优势

11.3.1 开放资源优势

1. 数字化促进了大量专业化产业和服务供应商的成长，也促进了应用技术、前沿技术、众包、精密材料和工业设计等全球开放资源的可用性

一方面，技术的模块化和各国技术规范的标准化从可用性方面加速了这些全球开放资源的利用。另一方面，一些跨国企业出售(如通过收购或许可)或共享(如通过联盟或合资)其技术、品牌和其他资产的意愿再度加强了这一趋势。由于数字时代要求企业进行快速市场反应，面对复杂的全球需求以及通过不同行业合作可实现的协同收益，行业内的跨国企业之间或不同行业之间交叉共享技术、分销渠道、关键零部件、供应基地和其他资产等关键资源空前盛行。例如，苹果公司的成功不在于在内部构建所有能力，而在于其利用、组装和组合关键外部资源与能力的独特能力。虽然全球开放资源看似通用，但是这些开放资源与企业现有资源禀赋的创造性结合可以形成企业的独特优势。

2. 数字化带来的开放资源优势体现在通过构建全球协作网络支持企业创新

数字化促使用户能够通过网络进行在线互动，全球范围内的互联互通使得用户或利益相关者参与价值创造成为对企业而言一种极具吸引力的方式，推动了开放式创新在企业创新路径选择中的重要性。一方面，跨国企业能够利用不同领域的全球自由职业专家，与内部人才相比，使用自由职业者往往更快捷、更灵活且更易于管理。例如，英特尔(Intel)注重从大环境中快速学习并获得大量的新想法，英特尔赞助了500多所大学并且将其开放性合作实验室布局在相关领域的大学周围，这样的实验室一般有20个英特尔的研究人员和20个来自大学的研究员。尽管这种实验室是英特尔所拥有的，但是研究的环境相当开放并且部分项目是开源的。另一方面，全球范围内多元化的参与者，包括外国供应商、工业设计师和服务供应商、全球分销商、外国制造商、不同地区或国家的研发中心和多样化的客户均成为具备创新价值的信息的获取来源。例如，通过数字连接，外国客户可以成为分析市场、竞争对手、技术和需求的数据来源。

11.3.2 连通优势

1. 数字化连通优势体现在推动形成跨国企业全球商业生态系统

全球商业生态系统是跨国企业在全球竞争中普遍存在的增长战略，指的是一组位于不同国家的公司，它们在生产和交付全球客户需要的产品、技术和服务的过程中进行合作、交互和资源共享。全球商业生态系统描述了建立在公司业务网络基础上的一个集成性系统。除了供应商、分销商、制造商、技术提供商等公司外，系统内还可能包括金融提供商(风险投资家、企业投资者、投资银行、天使投资者等)、大学和研究机构、监管机构和标准制定机构等。全球商业生态系统的出现得益于数字化极大地降低了与沟通、协调和共享相关的所有成本，从根本上改变了跨国企业的业务实现方式以及业务网络中的关键公司间关系。由于连通性使知识等资源的流动和共享变得更加容易，来自企业间联系的交易价值同时上升。因此，跨国企业主要通过与全球竞争对手的合作(横向合作)以及与供应商和分销商(纵向合作)的合作来建立竞争优势。以特斯拉(Tesla)为例，特斯拉通过开放专利的方式建立了一个以特斯拉技术为支持的国际产业联盟，这样一来整体的电动汽车行业就会有更大的势能，在市场培育、政策突破、技术积累、电动汽车产业链的形成等方面，就会形成群体的生态效应，增大电动汽车体量。

2. 数字化连通优势还体现在全球客户效应

数字化极大地扩大了全球范围内客户、消费者和最终用户的群体规模。对于数字企业而言，国际数字平台提供了庞大的潜在客户基础以及直接向他们营销和推出新产品的有效方式。随着社交媒体让来自世界各地的数亿消费者了解可用的产品，产品可以在全球推出并以前所未有的方式传播开来。例如，在时尚行业，一些知名品牌签约照片墙和推特上契合品牌风格的博主成为营销的一种热门方式。这种社会环境对于中小型数字企业的发展来说也极为重要。阿里巴巴、亚马逊、易贝、飞车(Flipkart)和乐天(Rakuten)等全球电子商务平台上入驻了数百万中小型数字企业，创造了足够的产品种类并带来充分的价格竞争，从而吸引到庞大的全球客户群，极大扩大了数字企业的客户基础。

11.3.3　集成优势

1. 数字化通过整合跨国企业之间的业务交互加强集成优势

数字化推动了离岸和外包活动的增加，从而加快了一些全球价值链活动的分解。这种分解通常会使全球一体化更加困难，全球协调的复杂性更高，但是通过整合这些分解的活动实现增值以产生应对客户需求的整体解决方案已成为跨国企业成功的关键。数字全球化有助于加强跨国企业选择合作伙伴、供应商、分销商和物流提供商的能力并实现业务交互的高效整合。第一，全球范围内的数字连接可以消除信息不对称，帮助数字跨国企业了解市场合理价格以及意向方的真实情况从而更好地设计价值链，实现降本增效。例如，作为专注打造数字化供应链的新晋元器件分销商，源件(Sourceability)自成立以来就开始打造高效的国际化交易平台，截至 2020 年，全球有超过 2 600 家供应商可基于该平台进行实时销售和交付产品，数百万产品的询价、下单和订单处理，均可一键完成。客户们还可以通过 BOM 工具(元器件物料清单)来进行询价，该系统能够在 1 分钟以内完成 2 000 个元器件的报价。第二，利用数字平台还可以通过建立管理远程不同单位的统一标准、程序和政策整合所有企业间业务活动实现高效互动，并使数字跨国企业的高管能够实时监控、最新的前线业务发展，帮助提高产品或服务质量和客户响应能力。例如，来自美国的专业电子元器件分销商数钥(Digi-Key)专注于数字供应链打造，其亚太区市场推广副总裁表示，随着全球化进程的加速，企业的供应商遍及世界各地，管理难度就会越来越大。因此，数字化供应链是行业发展的必然趋势，且一定会在未来占据统治地位。

2. 数字化通过协调跨国企业内部的业务流程加强集成优势

一方面，数字跨国企业的内部协调可以提高管理效率。数字跨国企业内部的现代化架构(如 ERP、HCM、CRM、全球人才库、数据管理平台以及云计算和数据分析)促进了企业内部协作、共享和学习，增强了企业在规划、组织和监控全球分散的活动和运营方面的能力和有效性，使得跨国企业能够从协调的内部业务整合中获得更大的回报。例如，亚马逊云科技作为可以帮助跨国企业保持全球基础架构和体验的一致性的工具，加强了亚马逊全球项目在中国的落地，同时将其在中国的创新更快更好地推广到全球。另一方面，数字跨国企业的内部协调可以帮助跨国企业更好地服务全球客户和管理数据的跨境流动。例如，跨国企业可以通过有效利用国外社交媒体或客户反馈平台等数字渠道为全球客户提供服务，一些基于平台的微型跨国企业往往对接多个国家，运营多个平台，管理着数十万的流量，可以同时处理淘宝、抖音海外版、脸书、照片墙等平台的评论、客户反馈和需求信息，数字连接还使许多资源预算有限的中小型跨国企业能够为全球客户和用户提供定制产品和服务。

11.4 数字企业国际化战略的模式

乌普萨拉模型将国际化模式概念化为一个渐进的线性过程，强调企业通过出口、收购、整合和利用国外市场和知识从而逐步加深在国外市场参与，这一过程有时长达数十年。在这一过程中，国家之间在语言、教育、商业惯例、文化和工业发展上的差异构成阻碍市场信息流动的“心理距离”，可能导致企业对外投资的模式变化。

另一个占主导地位的行为国际化理论是天生全球化(born-globals)理论，它提出了一种特殊的国际化模式，即企业在成立后短时间内立即开始国际扩张。天生全球化理论解释了许多数字企业的国际化逻辑并逐渐成为其主导范式。这些企业在国内市场发展不久就开始探索跨国经营，甚至大量的企业创立伊始就跨越国界打造虚拟的全球团队，服务于国际市场，彻底抛弃了具有一个总部的传统模式，这些企业也被称为基于数字的国际新企业(digital-based international new ventures，INVs)。一些国际数字平台即是完全的天生全球化企业，如亚马逊、领英等。

随着数字经济发展和高科技社会的持续转型，其他数字企业跨国经营的独特新模式也开始出现。例如，与以往跨国企业往往由大型企业主导的局面不同，借助于数字平台或数字技术，涌现了大量微型跨国企业。此外，与其他跨国企业、本土企业建立联盟合作伙伴关系和跨国收购也成为数字企业快速国际化的全新选择。具体而言，本节将现有数字企业的国际化模式归纳为跨境数字平台、微型跨国企业、数字战略联盟以及数字跨国收购 4 类模式，并对不同国际化模式的关键要点进行阐述。

11.4.1 跨境数字平台

数字化彻底改变了组织(无论其规模或行业如何)在本地和国际市场中创建交易的方式，数字平台颠覆了传统的商业模式。基于数字技术的国际新生企业利用全球化和数字化的市场特性来发展其独特的跨国竞争优势。其中一类典型且越来越重要的企业群体，即跨境数字平台供应商，这些致力于为全球市场开发新型数字平台的企业数量正在快速增加。数字平台因其跨地域实时连接、产业跨界融合、协同合作共生等功能属性，对数字平台企业本身及其他相关企业的国际化成长形成了重要而深刻的影响。

不同的数字平台有着不同的战略定位。从数字平台的服务地域看，数字平台可分为本土数字平台和跨境数字平台，交互活动可跨越多个国家和地区边界开展的数字平台称为跨境数字平台。从数字平台的核心功能看，有些数字平台致力于促进企业或个人之间完成商品、服务交易的交易平台(如京东、亚马逊);有些数字平台旨在协助用户进行内容创造与交换、进行社会交流的社交平台(如微博、脸书);还有一些数字平台旨在帮助应用程序开发者创新和开发互补软件产品而提供数字技术基础的开放创新平台(如安卓操作系统);有些数字平台则可能兼具多种功能,如近年来大量出现了社交平台增加交易功能(如小红书上出现大量商家)或交易平台增加社交功能(如淘宝为顾客们提供了互动渠道)。

1. 跨境数字平台的特征

(1)交互全球化

与本土数字平台相比,跨境数字平台具有全球战略目标,利用互联网的无物理边界特征,允许多个国家和地区的用户参与其中并彼此互动,并拥有一个中央决策体系,制定和实施统一治理规则,以实现全球价值共创的目标。因此,跨境数字平台为参与者提供了一个跨边界、跨时空的虚拟交互平台,帮助参与者无须跨越地理边境直接触达全球用户。

(2)管理非股权化

与传统跨国企业相比,跨境数字平台可不设立海外子企业或分支机构便可实现国际化经营活动。只要允许访问其网络,各个国家的用户都可参与该平台,每一个参与者都是独立主体。因此,跨境数字平台供应商不是通过控股的方式控制多国参与者,而是通过治理规则的制定和实施来协调管理多国参与者活动。

(3)交易数字化

与传统交易相比,依托跨境数字平台的交易以数字化形式呈现,具有无形性、快速性和跨时空性的特征。参与者之间的交互内容,如文字、声音、图像和视频,以数据形式进行全球传输和完成跨境交易。在跨境数字平台中,以数字化产品代替实物产品进行跨国交易,或以数字化内容交互为手段促进实物产品跨国交易。

2. 网络效应与跨境数字平台进入模式选择

(1)基于地理因素的网络效应分类

平台的网络效应存在异质性。在战略研究中,一个平台的用户网络主要被视为其竞争优势的主要来源,在网络效应的作用下,当更多用户加入时,它会增加平台对每个用户的价值。网络效应对于理解平台的战略和绩效结果至关重要。在数字经济全球化的背景下,网络效应成为平台供应商将平台跨越国界,扩展到国外市场的关键影响要素。国界代表地理空间的不连续性,因为它们通常与语言、文化和监管框架的离散变化同时发生。由于边界往往会限制人与人之间的交流和互动,因此边界的存在限制了某些平台的网络效应的地理范围。平台的网络效应的地理范围不同,对于某些平台,网络效应是高度本地化的,而对于部分平台,它们跨越国界和世界各地。因此,这种异质性源于边界效应和距离效应。

边界的存在阻碍要素跨区域流动,从而对跨边界的社会、经济行为产生影响,这种影响被称为边界效应。例如,求职平台往往会匹配同一国家的雇主和求职者,这意味着法国的求职者不太可能受雇于平台的日本或英国的雇主,反之亦然。因此,该行业的网络效应受国界限制。当平台用户表现出特定文化倾向,即偏好与来自自己国家或文化群体的其他人互动时,国界也限制了网络效应的发生,如部分众筹平台、社交媒体以及外包 IT 服务平台。然而，许多平台也展现出了超越国界的强大网络效应，其中最广为人知的例子包括一些基于硬件的平台(如索尼 PlayStation)和操作系统(如 Windows、安卓、iOS)。这些平台供应商通常向多个国家甚至全球的用户销售他们的产品。因此，加入这样一个平台的用户可以受益于平台现有的全球用户群，通过增加消费者之间的相互依赖性刺激产生直接网络效应以及通过互补软件产品的生产产生间接的网络效应。

网络效应也受到距离的限制，平台用户之间的空间邻近性对于许多类型的平台来说至关重要，这种影响被称为距离效应。对于基于位置的平台服务，包括交通(如滴滴)、送餐(如美团、饿了么)和个人服务(如货拉拉)等，情况尤其如此。一些社交媒体平台也依赖于基于位置的匹配和交互(如微信、58 同城)。其他与位置相对无关的平台的用户之间的交互或者是纯在线的(如微博、知乎、游戏平台)，或者平台的产品可以通过远距离寄送完成(如京东)。即便如此，其中一些平台也会受到物理距离的影响，研究表明，用户在各种众筹平台上进行交易的可能性随着彼此之间距离的增加而下降。

因此，不同类型的平台交易受距离和边界的影响不同，在直接网络效应和间接网络效应这一传统分类的基础上，网络效应可以进一步区分为本地网络效应和跨国网络效应。如图 11-2 所示，由于对于食物新鲜度的要求，纯享(Just Eat)等食物配送平台企业要具备本地间接网络效应(单元格 4)；由于许多游客使用该平台在国外寻找住宿，爱彼迎拥有跨国间接网络效应(单元格 7)；由于平台的目标在于在当地聚集不同兴趣爱好的团体，遇见(Meetup. com)这类社交平台更关注国内直接网络效应(单元格 2)；智通(WhatsApp)等通信平台被广泛用于跨境通信，因而具备跨国直接网络效应(单元格 3)。有一部分平台可以同时产生直接和间接网络效应。例如，索尼 PlayStation 游戏平台，

图 11-2　数字经济全球化下网络效应的类型及企业示例

资料来源：改编自 Stallkamp M，Schotter A P J. "Platforms without borders? The international strategies of digital platform firms." Global Strategy Journal，2021，11，pp. 58-80.

用户可以跨国进行多人在线游戏(单元格 9)；同样，领英作为同时面向求职与招聘的社交网络平台，能够同时产生(主要在国内)直接和间接网络效应(单元格 5)。单元格 6 和单元格 8 代表两种不对称情况，即企业的其中一种类型的网络效应主要产生在国内，而另一种产生于其他国家，这些不对称组合理论上是可能的，但在实践中非常少见。

如果平台存在跨国网络效应，则其庞大的现有用户基础(在其母国或在其他国家)可以为平台提供重要的竞争优势。在这种情况下，如果平台公司进入国外市场，目标国家的用户将受益于平台公司在其他国家的现有用户基础。例如，索尼 Playstation 视频游戏平台如果在国外市场推出，则该国用户将从该平台开发并在其他国家已实现推广的游戏中获得成熟的游戏体验，还可以加入来自世界各地玩家的在线多人游戏。这使得即使没有东道国的本地用户基础，该平台对目标市场的用户仍具有吸引力。

如果平台只产生本地网络效应，则其现有用户基础产生的任何优势都是有位置限制的。例如，纯享这样的外卖平台可能已经通过吸引大量的顾客和餐馆在本国建立了强大的竞争优势。然而，网络效应的地理范围在这个行业是高度本地化的，因为需要提供新鲜及时的食物给客户。因此，在这类行业中，平台必须全力开发其他类型的竞争优势，如品牌、技术和管理能力，以实现国际化。此外，它们还必须快速发展其在目标市场中的强大客户群。

(2)跨境数字平台进入模式选择

当平台向国外进行市场扩张时，网络效应会影响市场进入的形式。对进入模式选择的研究确定了影响外国企业进入模式选择的一系列不同因素，包括交易成本、文化和制度因素、企业资源和能力，以及通过市场交易获得本地资源的相对容易程度。虽然这些传统因素仍然相关，但是网络效应是数字平台的独特的重要考虑因素。

本地网络效应与合作/收购。当平台企业要产生本地网络效应时，平台供应商必须在每个外国市场上分别解决如何吸引临界数量的用户到其平台的问题。相反，如果一个竞争平台已经在目标市场成功立足，该平台就会享有先发优势。由于网络效应产生的正反馈循环，后来的进入者很难与已经建立了庞大用户基础的早期进入者竞争。克服这些挑战的方法是新进入者与现有公司合作或进行收购，这使得新进入的数字平台有权访问以前嵌入在另一个组织中的资源，特别是被收购企业或合作企业的本地用户基础。例如，支付解决方案供应商贝宝(PayPal)与软银(Softbank)合作，利用这家日本公司在手机用户和零售商中的现有用户基础在日本成功推出了一个移动支付系统。如果没有合适的收购目标，平台供应商往往会避开拥有类似功能的平台的国家，因为要克服现有平台的规模优势非常困难且成本高昂。

跨国网络效应与独立进入。当平台存在显著的跨国网络效应时，情况就大不相同。外国进入者不需要在每个外国创建一个全新的本地用户网络，而是将目标国家的用户吸引到其全球网络中。跨国网络效应的存在意味着目标国家的用户受益于新进入者在其他国家的现有用户基础，正如前文索尼 Playstation 案例所讨论的，跨国网络效应为新进入的数字平台创造了一个强大的有别于本地平台的特定优势。在这种情况下，东道国现有平台企业和进入者的相对网络规模并不如其独特的全球网络重要，拥有庞大全球用户基础的新进入者很可能成功挑战本地的现有平台。因此，与只有本地网络效应的平台相比，独立进入对于存在跨国网络效应的平台相对来说更加可行。

3. 数字平台的国际化流程模型

数字平台进入外国市场的流程也有一定的规律可循。用户可以通过网络浏览器或移动应用程序随时随地访问数字平台，在某些情况下，这意味着这个平台可以被世界上任何地方的人使用，从而形成一个国际化的“默认”平台。例如，人们可以从世界任何地方上传和观看 YouTube 网站上的视频，除非访问被当地政府用技术壁垒封锁。然而对于大多数数字平台，进入外国市场需要仍需要进行审慎的选择，例如在特定国家的应用商店推出一款应用程序或激活针对特定地理区域的服务时，平台供应商需要创建当地语言用户界面，建立销售和客户服务能力，调整其产品和营销组合以适应当地需要，提供适合本国的支付选项，获得监管批准(特别是在金融、保险、医疗保健、赌博等受监管行业)等。因此，数字平台的国际化是一个渐进的过程，并可以大体划分为成立、早期国际化、商业化、全球化 4 个阶段(图 11-3)。

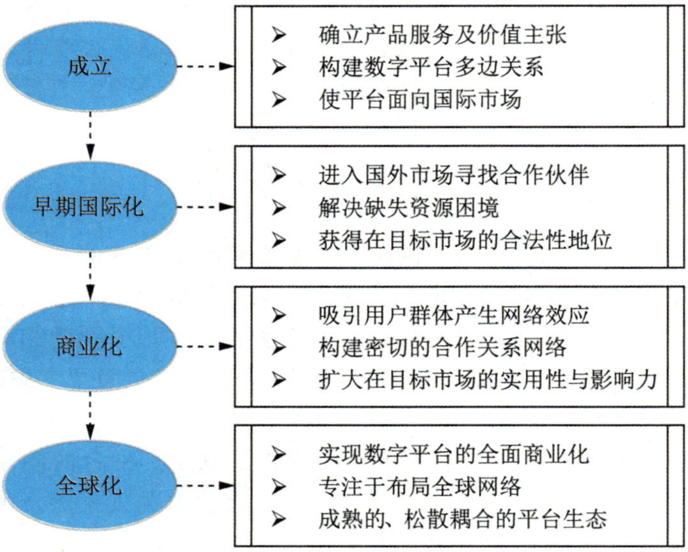

图 11-3　数字平台的国际化各阶段及主要任务

(1)成立阶段

在数字平台成立阶段，数字平台供应商开始确立数字平台的产品服务及价值主张，寻找将数字平台的产品或服务进行商业化的方法，考虑构建平台的多边关系，并使平台面向国际市场。平台商业化的可能性在很大程度上取决于数字平台在基础设施设备、网络和内容等方面所需的资源，如果国内市场具备所有必要的资源，并且不存在技术桎梏、合法性问题或战略缺陷，平台供应商可以直接进入商业化阶段，反之必须进入早期的国际化阶段，以便找到将产品或服务商业化所需的资源。

(2)早期国际化阶段

在早期国际化阶段，数字平台进入国际市场的努力集中在缺失资源的获取上，包括服务的内容、使用服务的设备或提供服务的网络等。在这个阶段，平台供应商需要通过主动联网进入国外市场，寻找能够为其提供缺失关键资源的合作伙伴，平台必须让合作伙伴相信其技术能力以及为所有参与者创造经济价值的可能性。数字平台供应商需先解决这些资源困境，并成功获得在目标市场的合法性，然后才能进行产品或服务的进一步商业化发展。

(3)商业化阶段

在商业化阶段，数字平台开始将服务正式推向目标市场，致力于吸引大量用户群体以产生网络效应。这是通过积极与能够提供足够资源的合作伙伴建立密切的网络关系，从而在目标国家扩大实用性与影响力。在这一阶段，平台供应商需要进一步开发平台的商业利益、经济价值和潜力，建立起运行良好的多边市场，同时彻底解决存在的技术桎梏或战略缺陷问题，然后数字平台才能实现产品或服务的全球化并成功进入全球化阶段，公司能够广泛提供服务并将产品扩展到其他国家。

(4)全球化阶段

在全球化阶段，数字平台已经全面商业化，具备良好的盈利能力，平台变得成熟并足以被全球市场接受。数字平台供应商可以专注于在全球范围内进行有选择的平台使用授权，以便内容供应商和世界各地的用户可以自由加入或退出该平台。在这个阶段，平台发生从严格控制的网络到松散耦合的生态系统的转变，并具备以下几个特性：第一，成功与控制关键资源的本地企业建立了网络关系；第二，获得了对这些资源的访问权；第三，具备重新配置所获资源的能力，可以成功构建起多边市场。

11.4.2　微型跨国企业

微型跨国企业是指企业的员工人数和营业规模都相对较小，借助数字平台来进行交易主体双方的贸易往来、账单核算等，然后再通过国际物流进行货物的运送使双方完成交易并从中获利的企业。国际化曾经主要由大型跨国企业(以及主要金融机构和强大的政府)推动，侧重对外直接投资和跨国经营等。如今，跨境数字平台的繁荣促进了微型跨国企业数量的显著增长，借助于具有全球影响力的数字平台，更多的新生企业、创业企业和中小企业积极地参与全球化。通过使用易贝、亚马逊、脸书和阿里巴巴等数字平台与其他国家的客户和供应商建立联系，全球大量的中小型企业正在成为微型跨国企业。例如，贝宝通过充当中小企业及其客户的中介来实现跨境交易，亚马逊现在拥有大约 200 万第三方卖家，在易贝上中小企业的出口份额明显高于同等规模的线下企业。

1. 微型跨国企业的特征

微型跨国企业具备类型多样性与交互方式数字化两个典型特征。

(1)类型多样性

平台参与者的类型多样性反映的是平台内参与者的异质性和多样性。不同功能的跨境数字平台，倾向于吸引和保有不同类型的参与者，比如开放创新平台企业要汇聚技术开发爱好者、在线社区平台企业要集中有共同兴趣的用户、电商平台则主要集聚众多的商品卖家和消费者。即使同类功能的数字平台，由于其定位不同，也可能引入不同类型的参与者类型。例如，同样是跨境电商平台，有些跨境电商平台定位于垂直品类(如聚焦手工制品和复古产品的平台)，有的则定位于综合性商品，前者主要集聚特定品类的买卖双方，后者则汇聚各行各业的企业并吸引了不同需求的消费者，还有些跨境电商平台接入了第三方独立服务供应商，有些平台则只包含卖家和买家两类参与者。微型跨国企业的异质性和多样性，可以提升参与企业外向学习的知识来源，有助于企业在国际市场中加快产品创新和品牌升级。

(2)交互方式数字化

平台参与者之间的交互方式是指平台参与者之间的连接方式。数字平台供应商会为参与者提供数字基础设施和接口，利用标准接口将参与者及其产品以模块的方式接入平台，并彼此松散耦合。参与者通过数字界面可以跨越时空的阻隔查看平台内容，通过接口和工具访问平台内其他参与者。在跨境数字平台内，企业可以通过数字平台的界面和接口，直接访问其他参与者，观察和模仿其他参与者在跨境数字平台中的活动和行为特征，而无须与平台供应商建立特定网络关系。比如，企业可以在跨境电商平台内观察其他互补企业、竞争企业的所售产品、服务方式、营销措施等，获得相应的市场知识和营销知识。

不同跨境数字平台提供给参与者之间的交互方式不同。例如，在速卖通平台，企业能够与消费者直接沟通，及时为其解决售前售后问题或推荐新产品；在亚马逊平台，消费者信息和沟通渠道都被平台隐藏，企业无法与国外消费者直接沟通。有些跨境数字平台还提供语言翻译和转化服务，减少不同国家的参与者彼此交互时因为语言和文化原因带来的沟通不便。当跨境数字平台的界面和接口设计可以帮助企业便捷地与平台的其他参与者相互交流时，企业与其他平台参与者之间的学习成本更低、效率更高，能够帮助企业获得更多有价值的国际市场与产品设计等知识，促进企业产品创新。同时，连接方式的便捷性也可以帮助企业高效地向国外消费者直接传递品牌信息，及时解决消费者的相关问题，与消费者建立良好的品牌关系。

2. 微型跨国企业参与跨境数字平台实现国际化的主要优势

跨境数字平台对微型跨国企业的发展有广泛的促进作用。跨境数字平台的出现使得企业在时间和空间上大大缩短了不同国家产品与市场的距离，能够更为便捷地与世界各国的商业伙伴建立商业联系，从而更加快速、广泛地进入东道国市场。基于互联网平台对全球价值链活动的实时跨层次管控能力，从全球价值链的主体维度来看，借助数字信息技术及互联网平台能够实现更大范围的规模经济，与地理布局调整相联系的是全球价值链组织和主体的相应调整。对于企业来说，不论规模大小，成立时间长短，都可以通过互联网平台融入全球价值链的复杂开放生态系统。以跨境电商平台为例，跨境数字平台对微型跨国企业品牌国际化的推动作用主要包括提升国际化速度、降低国际化成本以及为国际化提供技术支持 3 个方面。

(1)提升国际化速度

企业国际化速度决定了企业在国际化环境中获取、分配、利用资源的能力，以及国际化过程的可持续性。跨境电商通过互联网平台将商品销往全球市场，促进了品牌国际化的快速发展。首先，作为全新的“贸易出口走廊”，跨境电商出口企业由于打通了货源、流通与支付等全链条体系，压扁了整个贸易链条，因此贸易渠道更为便捷，品牌信息传播更加迅速，使国内产品与品牌迅速在国际市场扩散，成为品牌国际化最快速的通道。其次，与线下消费相比，跨境电商使得全球消费者在消费选择上获得了更多的品类比较与择优，并且跨境电商企业通过实现海外消费者数据与国内供应链的深度融合，让一国出口商品更能匹配全球消费者需求，不仅实现了本土制造商品与海外消费精准性对接，更重要的是实现了企业与消费者的信息对接，及时得到消费者反馈，使得品牌在国际化过程中更能适应本土化的需求，不断完善品牌国际化建设。

(2)降低国际化成本

资金投入的限制是影响中小企业品牌国际化的另一个最主要的因素，决定了企业在国际化过程中的目标设定，以及国际化的广度与深度。进入全球市场的过程中，虽然中小企业与大企业相比在资金和规模等方面都面临一定的难题，但在经济全球化背景下，中小企业在理论和实践上都有机会向大企业挑战。首先，从生产环节来看，借助跨境电子商务交易平台的力量，利用交易数据能够更精准把握消费者喜好，从而进行精准生产，通过降低成本提高企业利润水平，从而提高跨境电商企业品牌国际化成功的概率。其次，从流通环节来看，相对于传统的对外贸易方式，跨境电子商务平台可以将出口企业的采购、销售、流程服务、消费反馈、营销策略以及品牌建设等环节整合在一起，减少了传统贸易过程中的报关手续、通关手续、跨境运输以及关税等环节，不仅为企业节约了大量成本，还有效地提升了出口效率，增加了品牌国际化建设和发展的机会。所以，跨境电商在发挥中小企业优势，促进国际产业链升级，促进外贸出口方式转变及增强品牌国际竞争力方面有重要作用。

(3)为国际化提供技术支持

技术因素是企业在国际化过程中能否把握外国市场动态变化的关键因素，决定了企业在国际市场中的品牌定位以及品牌知名度。跨境电商改变了外贸企业传统经营模式，能够有效地拓展海外营销渠道、提升品牌国际形象和增强核心竞争力，深刻影响了国家对外贸易产业链布局。首先，跨境电子商务平台借助“互联网＋”的力量，并且依据平台操作过程中积累的大量消费者的交易数据进行统计分析，可以准确地进行用户画像，精准地把握消费者需求，从而能准确进行定位，开展企业的产品自主创新、品牌建设及差异化营销，提升品牌知名度，使跨境电子商务企业从传统的依赖经验转变为依赖数据分析结果进行品牌国际化建设，从而为跨境电商出口企业品牌定位和市场细分提供科学依据。其次，通过跨境电商企业交易数据进行风险调控和管理，可以降低企业品牌国际化过程中的市场风险。

3. 微型跨国企业利用跨境数字平台获取国际竞争优势的主导路径

跨境数字平台参与对微型跨国企业国际竞争优势的影响机制中，重点在于对其产品创新和品牌升级的影响，二者是企业国际化过程中从“低端锁定”转向价值链高附加值环节的主要策略(图 11-4)。产品创新是企业对现有产品的升级、修改和扩展或推出全新的产品，有助于企业顺利进入国际市场和提升国际市场绩效；品牌升级旨在增强消费者对企业和产品的认知度、满意度和忠诚度，形成差异化优势，有助于提升企业在国际市场的声誉和利润空间。

(1)与跨境数字平台协同开发新产品

为了优化平台生态系统和提升差异化竞争优势，平台企业会与参与企业共同投入专用性资产，通过紧密协作开发出满足国际市场需求的产品和服务。参与程度较深的企业有机会与跨境数字平台企业保持良好的合作关系，并投入特定资源进行数字化运营，如建立智能仓库管理系统、模块化生产流程、改进生产和经营流程，以更好地适应跨境数字平台生态系统的价值共创活动。通过深度参与数字化水平较高的跨境数字平台，企业需要改变既有的组织惯例，建立起基于数字技术的组织学习新惯例，增强

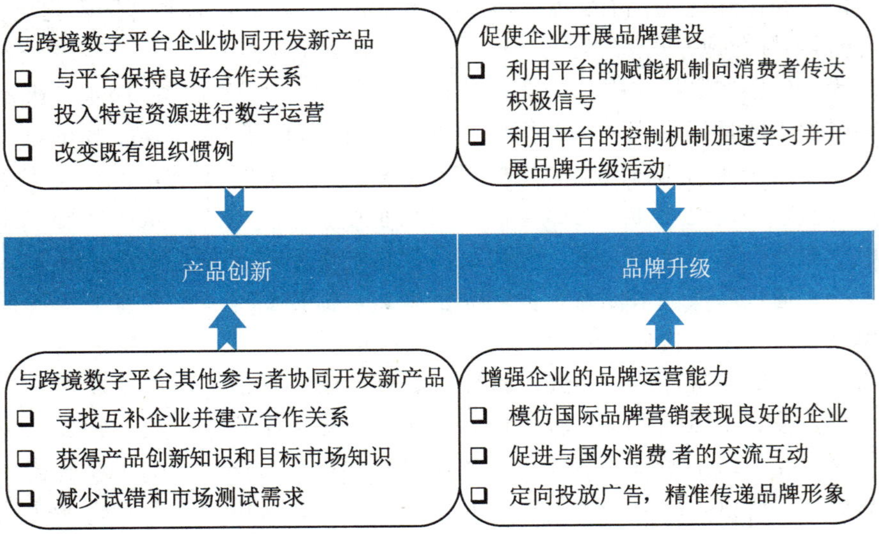

图 11-4　国际化增值行为与平台实现路径

企业适应国际市场变化新趋势的能力。企业可以利用跨境数字平台企业的数字技术，将分散在不同国家地区的生产和经营活动通过统一的、结构化的数字模式进行管理和协调，削弱由于文化情境、地理距离差异对不同团队知识编码、吸收和储存过程的异质性影响，帮助企业理解和吸收大量异质性知识，促进产品创新的速度和创新性。例如，企业利用跨境数字平台企业提供的智能技术，可以连通全价值链的各活动环节，以数据的形式实时显示各个流程的进展情况，以较小的成本与分散于国内外的企业外部合作伙伴、内部各部门直接沟通协调。此外，参与较深的企业可以深入学习跨境数字平台所拥有的知识，减少试验需求，降低产品研发和生产的时间和风险，帮助企业快速满足国外消费者多样化的需求和快速变化的市场趋势。

(2)与跨境数字平台其他参与者协同开发新产品

产品研发、生产和销售是一个复杂的流程，涉及多种显性与隐性知识。企业可以利用跨境数字平台获得跨国界的价值链相关资源和信息，有助于企业在数字平台生态系统中寻找互补企业并建立合作关系，学习相关知识以促进产品创新。平台参与程度越深的企业，可以与平台其他参与者建立起越强的关系，越有可能获得宝贵的隐性知识。平台参与多样性越大的企业，越可能与更多企业建立合作关系，越可能获得多样性的知识。这些知识往往对产品创新至关重要。企业还可以利用跨境数字平台让国外客户参与产品开发，从而提高产品的创新性。具体地，跨境数字平台可以帮助企业获取两方面的重要知识：一是产品创新知识。企业可以利用跨境数字平台学习到产品创新不同环节的知识，如利用社交平台让国外消费者参与产品设计环节、借助工业数字平台提升产品生产环节等，突破原有资源的约束，提高产品创新的针对性、速度和创新性。二是目标市场知识。企业与其他参与者频繁交流互动，彼此间建立起契约关系或社会关系，帮助企业及时获得更多、更准确的目标市场消费者需求信息，可以提升企业产品创新速度和新颖性。企业还可以通过观察竞争企业在平台中的行为，与平台内互补企业开展合作交流，更好地了解国际市场变化趋势和消费者需求偏好，降低亲身经历学习当地知识的必要性，减少试错和市场测试需求，促进产品创新。例如，宁波美刻文化发展有限公司通过观察亚马逊、京东等跨境电商平台各品类的最佳销售榜单，阅读产品的顾客评价，洞察国际消费者的购买偏好，分析学习竞争对手的优缺点，进行差异化竞争。

(3)促使企业开展品牌建设

后发国家企业在国际化过程中面临着来源国劣势，国家身份对企业国际营销可能会产生不利影响。跨境数字平台可以帮助企业向消费者传达积极信号，削弱来源国劣势。但是，跨境数字平台的品牌赋能机制的前提是平台本身是可信赖和有品牌影响力的。力求品牌化发展的跨境数字平台企业，为确保参与企业的行为符合平台的价值主张，会制定和执行一系列控制机制，包括准入控制、过程控制和结果控制。其中，准入控制机制是平台企业扮演“看门人”角色，规范参与者在平台的活动，向消费者传递平台中企业及其产品质量较高、服务优秀的可信赖信号。过程控制机制是平台企业对参与者在平台中开展的行动设立奖惩规则，控制参与者不偏离平台的价值主张。如，平台企业惩罚买卖假货、延迟发货的商家，对发布违反相关规定的企业用户进行封号处理等。结果控制机制是平台企业根据参与者行为的结果表现进行奖罚的规定，一般以下载量、购买数、好评率等市场绩效指标为导向。平台企业通过预设一系列规则和客观指标，通过市场竞争让平台消费者评估企业的产品质量，评估结果可以向更多的国外消费者传达该企业产品和服务优劣的高可靠性信号。因此，参与跨境数字平台的企业，可能会在平台企业的控制机制下加速学习并开展品牌升级活动，提升自身产品的国际竞争力。

(4)增强企业的品牌运营能力

品牌是一个具有特定人格的互动伙伴，消费者可以通过线上或线下渠道与品牌进行交流和分享，品牌可以通过数字媒体与消费者直接对话，使品牌关系成为一种双向关系。跨境数字平台提供了一个天然的学习场所。参与跨境数字平台的企业可以向平台企业和其他参与者学习如何在平台上进行品牌运营。企业可以模仿国际品牌营销表现良好的企业，通过文字、图片、视频等多种方式，不受时空影响地直接向国外消费者传递符合其文化、制度等要求的产品特征、品牌定位等信息，减少信息不对称，削弱心理距离带来的负面影响，降低因母国国家刻板印象而带来的负面影响，提高消费者对品牌的信任。企业还可以促进与平台内国外消费者交流互动，鼓励消费者购买后拍照带图评论、在社交平台上分享体验心得等，向与其有社交联系的潜在消费者传递品牌信息，促进品牌声誉的传播和提升。此外，利用跨境数字平台分析不同国家消费者的行为特征，企业可以定向投放广告，精准传递品牌形象信息，提高国外消费者对质量和品牌的评价。

11.4.3　数字战略联盟

数字经济的发展进一步推进了企业间竞合的深度与广度，使得企业可以与合作方共同创造并共享一个更大范围的市场。数字化进一步拓展了合作伙伴这一定义的范畴，创造了与商业生态系统中许多不同的、可能互补的参与者进行更大程度整合的潜力。因此，旨在更好地为数字市场主体提供服务，搭建企业信息技术和产品交流平台，为数字经济全球化背景下的数字市场经营主体营造良好的生态环境的数字战略联盟开始出现。

1. 战略联盟优势

近年来，战略联盟是主流的国际扩张的方式，存在诸多独特优势。从企业关系来看，组建战略联盟的各方企业之间应该是在资源共享、优势互补、相互信任和互相独立的基础上通过事前达成的协议而结成的一种平等的合作伙伴关系。这既不同于附属关系，也不同于交易关系。企业之间来往有平等性，合作有长期性，整体的利益是互补的，组织形式是开放的。战略联盟存在以下优势：第一，从经济组织形式看，战略联盟是介于企业和市场之间的一种中间组织，战略联盟的存在模糊了企业和市场之间的界限，能够节约市场交易费用，使得企业和市场成为两种可以相互替代的资源配置组织。第二，战略联盟让同盟企业之间分担了风险，共享了资源，以进入国际市场。这样的联盟能促进发展，对企业未来的核心竞争力有正向作用。第三，和本土企业联合形成战略联盟的好处还在于本土企业更加了解该国的风土人情以及消费者的需求，有助于另一方利用新技术和创新产品在本国打开市场。

2. 数字战略联盟合作方式多样性

(1)与国际化企业合作

数字企业可以与已有国际化企业进行合作。例如，社交媒体集成平台荷斯威特(Hootsuite)已与微软、脸书、推特、谷歌和领英建立了战略联盟。这种合作伙伴关系是荷斯威特商业模式的基础。荷斯威特还提供开放的应用程序编程接口(API)策略，用于内容发布、用户管理和URL分析，世界各地的任何企业都可以在荷斯威特平台与其自己的技术解决方案之间集成，而无须进行扩展的关系开发工作。这两项举措都是全球性的，因此迅速扩大了荷斯威特国际化的广度和深度。

(2)与东道国本土企业合作

数字企业可以与东道国本土企业建立合作伙伴关系。这有助于其迅速开拓当地市场，通过各种协议、契约而结成的优势互补或优势相长、风险共担、生产要素水平式双向流动或多向流动的松散合作模式，达到共同拥有市场、共同使用资源等战略目标例如，全球在线学习平台乌德米(Udemy)直接与所在市场的本地内容供应商联系，以制作和提供教育材料。

(3)与其他利益相关者合作

数字企业也受益于其他参与者的网络嵌入，包括风险投资家和高级管理人员等。数字企业会从东道国聘请高级管理者来克服他们的局外人弱势，这些高级管理者能够提供他们在本地已建立的人脉、以前的市场经验以及重要合作伙伴网络。例如康德凯(Quantcast)，一家专门为客户提供人工智能解决方案的数字企业，它在欧洲市场采取在当地招募经验丰富的销售主管的策略，利用他们已与企业建立的联系快速提升公司在目标市场的地位。

以上合作方式并非非此即彼的，也就是说，数字企业可以建立多种合作伙伴关系来促进国际化。对数字企业来说更独特的是，数字技术的可供应性使他们能够直接和频繁地与国际最终用户互动。数字化提供了广泛的市场覆盖范围，数字企业能够迅速获得来自许多国家市场的用户意见，从而进一步渗透国际市场或扩展到新市场。以成立于 2006 年的瓦特帕(Wattpad)为例，瓦特帕是一个社交故事平台，拥有约 170 名员工，为全球超过 9 000 万用户提供服务。通过提供一个分享故事的空间，瓦特帕发掘来自世界各地的未签约作家，并将他们与电视和电影产业的全球或本地知名娱乐企业进行联系，对它们的作品进行出版、制作或改编。瓦特帕与索尼影视(Sony Pictures Television)签订了内容协议，与通用电缆(Universal Cable Products)签订了开发协议。瓦特帕拥有来自世界各地的合作伙伴，例如德国、马来西亚、韩国和印度，并从国际投资者那里筹集了超过 1.17 亿美元。像瓦特帕这样的数字全球化企业，增加客户的可变成本较低，并且容量限制较少，因此与世界各地的各类机构、企业甚至个体建立数字合作伙伴关系的成本大大降低。总的来说，数字企业国际化可以快速、直接地与比买卖双方关系更丰富、更广泛的利益相关者网络进行互动，直接共享创新、快速构建资源并构建互补资产以促进协同优势，以多样化的合作方式进入新市场。

11.4.4 数字跨国收购

1. 数字跨国收购趋势

收购是指一个公司通过产权交易取得其他公司一定程度的控制权，以实现一定经济目标的经济行为。随着全球化浪潮的兴起，跨国收购的数量也在急剧增加。收购的优点是可以迅速地进入目标国市场，但是它也存在一些不可避免的缺点，例如整合困难、成本高、需要协商和交易。应付目标企业国家的法律法规要求以及获取适当的谈判所需的准确情报，往往是很大的难题。最后，将新企业完全吸收也很复杂。就收购本身而言，跨国收购亦并不容易，这既体现在评估，谈判等过程的拉长，手续也比国内收购复杂，也体现在目标国家的法规、文化、宗教、习惯等的差异导致的摩擦。

近年来，伴随数字经济全球化趋势，数字跨国收购也成了跨国收购中炙手可热的类别。通常而言，数字收购是指收购的对象拥有某种数字产品或技术作为关键的业务因素(详见本书第 10 章)。一方面，新兴的数字企业试图通过并购同业拓展业务的边界和深度；另一方面，未以数据为主业的传统企业则期望通过数字收购获取新的增长动力，即实现数字化转型。数字技术的快速发展以及市场对数字产品和服务的需求不断高涨催生了数字经济投资热潮，这在为全球投资增长注入新动力的同时，也使得数字型外商直接投资，尤其是数字跨国收购在全球外商直接投资持续低迷的情况下依旧保持增长。

数字跨国收购成为数字企业在其他国家打开市场、获取合法性、基础用户群体及用户信任的重要途径。同时，数字收购作为企业重新定位并参与数字时代竞争的重要途径，能够帮助传统企业更好地实现数字化转型。因此，全球数字收购迅速升温。一些数字型跨国收购案例诸如：美的集团为深入智能制造而加码机器人产业，先后收购德国的机器人行业巨头库卡(KUKA)和以色列运动控制系统解决方案提供商高创(Servotronix)；阿里巴巴集团为扩张海外电商市场，先后收购东南亚龙头电商企业拉扎达(Lazada)以及南亚最大的巴基斯坦电商平台德瑞兹(Daraz)。

2. 数字跨国收购的方式

(1)基于交易方向的分类

与传统跨国收购一致，数字跨国收购既存在于相似发展水平经济体之间，也存在于经济发展水平落差较大的经济体之间。进一步地，根据交易方向，涉及发达国家和新兴国家的跨国收购可以分为两类：入境收购和海外收购。

入境收购，即来自发达经济体的公司收购新兴经济体中的公司(面向新兴市场的全球扩张)。例如，2017 年亚马逊全资收购了中东电商平台搜库(Souq)，搜库是中东最知名的网上品牌之一，也是该地区最大的电商平台，亚马逊一直考虑以自己的名号打入中东市场，但收购 Souq 让它能将该平台现有的客户群收入囊中，还能使用该平台仓储和产品交付相关基础设施。2019 年亚马逊宣布推出新中东平台，将 Souq.com 重命名为 Amazon.ae，这意味着亚马逊第 18 个全球站点的诞生。

海外收购，即新兴经济体的公司收购发达经济体的公司(来自新兴市场的全球扩张)。例如，2021 年，腾讯控股旗下全资子公司 Sixjoy(乐娱互动香港)以约 82 亿元人民币现金方式对英国上市游戏公司相扑集团(Sumo Group)实现全额收购。相扑集团成立于 2003 年，总部位于谢菲尔德市，目前在 5 个国家拥有 14 个工作室，员工超过 1 200 人。除了收购及投资多家英国游戏公司外，腾讯的投资触角已经伸到了英国的游戏、人工智能、金融科技、医疗等多个强势领域，逐步参与和整合英国整个创意产业，步入发达国家市场并加深其全球化的进程。

(2)基于产业关系的分类

按照跨国收购双方的产业关系，数字跨国收购分为 3 类：横向跨国收购、纵向跨国收购和混合跨国收购。

横向跨国收购指两个以上国家生产或销售相同或相似产品的企业之间的收购。其目的是扩大世界市场的份额，增加企业的国际竞争力，以获取高额利润。例如，2016 年，腾讯全资收购了泰国最大的新闻门户网站萨努科(Sanook)，腾讯泰国正式成立并形成了新闻门户、娱乐和多媒体以及商务服务 3 个主要业务板块。随后在 2018 年，腾讯云泰国数据中心正式对外开放服务，面向泰国本地及周边区域就近提供云计算、大数据及人工智能产品和技术，帮助产业抓住数字化和智能化转型机遇。泰国数据中心开服以后，与腾讯云在中国香港、新加坡、韩国、印度等国家和地区的数据中心初步形成完整的泛亚太云服务体系，腾讯云也因此成为亚太布局最全面的云服务商。

纵向跨国收购指两个以上国家处于生产同一或相似产品但又处于不同生产阶段的企业之间的收购。其目的通常是稳定和扩大原材料的供应来源或产品的销售渠道，从而减少竞争对手的原材料供应或产品的销售。例如，京东 2002 年斥资 3.8 亿美元收购美国荷迪斯(HYDIS)全部资产，包括荷迪斯(HYDIS)用 TFT-LCD(薄膜晶体管液晶显示器件)生产的所有固定资产，以及技艺、工艺和全球营销网络等无形资产，这使得京东达到升级技术和产品的目的，节约了技术研发所需耗费的时间成本和风险成本，在短期内占据了市场领先地位。

混合跨国收购指两个以上国家处于不同行业的企业之间的收购。其目的是实现全球发展战略和多元化经营战略，减少单一行业经营的风险，增强企业在世界市场上的整体竞争实力。例如，2019 年中国上市公司江苏沙钢集团宣布以 18 亿英镑收购英国数据中心运营商 Global Switch，实现对后者的全资控股。沙钢自 2011 年启动非钢产业多元化战略，新能源、新材料、IDC 互联网大数据等领域是主要的拓展方向，此次收购亦是其多元化战略的进一步贯彻。

3. 数字跨国收购与传统跨国收购的差异

(1)数字跨国收购的技术寻求动机大大增强

数字技术的创新效应早已得到许多研究的支持与验证，并购适用技术是后发型企业迅速提升企业技术水平的捷径，能有效促进企业自身技术进步和研发创新。并且由于数字技术推陈出新速度极快，在赢者通吃的市场上哪怕产品和技术有一点点领先，也会捕获大批“改换门庭”的消费者，若落后企业不在技术上迎头赶上，将很快被市场遗弃。激烈的市场竞争会刺激企业不断寻求技术突破，提高产品质量和服务品质。本质上，这种数字技术寻求动机也与互补资源假说十分契合。对于数字企业来说，海外先进的数字技术资源就是最好的互补性资源，可以直接提升企业的技术水平和市场竞争力。

(2)数字跨国收购的市场寻求动机有所减弱

数字企业存在通过跨国收购拓展海外数字市场的情况(如前文中阿里巴巴集团先后收购东南亚及南亚电商平台)。但是由于数字企业天然拥有跨国属性，其在海外扩张的过程中，互联网和数字技术的快速发展使得数字产品和服务的贸易成本和边际成本都大幅降低，为享受巨大的规模经济和范围经济利益，数字企业大多会选择“本地生产、数字传输”的商业模式。加之各国政府对于本国数字市场的保护以及本土数字龙头企业的“属地意识”也加大了其他国家获取国外市场的难度。因此，无论是数字企业还是传统企业，在进行数字跨国收购投资决策时，东道国的市场规模可能不再是最为重要的考虑因素。

4. 数字跨国收购的趋势

(1)数字经济打破了地理距离限制，加速了新兴市场数字企业的跨国并购

过去跨境研究的大部分研究都集中在发达国家的公司收购新兴市场的公司上，但随着数字技术的快速迭代，部分新兴市场国家的企业异军突起，在发达国家境内进行跨境收购的新兴市场公司受到持续关注。例如，IBM 将硬盘产品部门出售给日立，个人计算机部门出售给联想，摩托罗拉移动出售给联想，新兴市场公司正在通过跨国收购以获得战略资产。这是由于数字技术资源作为一类特殊的无形资产，天然不受地理距离的限制，使得主要以数字技术资源为标的资产的数字并购基本不会考虑由地理距离较远带来的信息成本和贸易成本，成为许多新兴市场数字企业巩固自身平台优势、丰富技术储备的主要渠道。同样，中国企业在全球数字技术发展中的地位大大高于在制造业领域中的地位，并在数字金融、电子商务、人工智能和无人机等领域逼近甚至达到了世界领先水平，中国作为全球数字经济大国，孕育了全球 1/3 的独角兽企业，而绝大多数中国的跨国并购就是由这些独角兽企业完成的。

(2)数字跨国收购受到技术依赖性、制度差异性以及国际竞争态势的影响

其一，数字技术依赖于良好的数字基础设施建设和硬件设备的支撑，在世界各国之间依旧存在数字鸿沟的情况下，世界性的经济转型依旧会涉及许多与硬件设备设施相关的投资和贸易。

其二，数字技术并不能完全消除各国在制度、宗教以及族群偏好等方面的差异，无形的国界或区域界限仍然存在，这使得数字经济的规模经济、范围经济和网络效应远未能充分发挥。

其三，随着数字领域内国家安全、隐私权以及知识产权保护等现实要求越来越强，近年来发达国家大幅度加强了对高新技术及核心资产(包括数据)的保护，以及对外资并购的审查，并出台新的政策鼓励高新科技企业海外投资回流，各国之间的竞争效应将更加凸显，数字跨国并购交易所面对的法律政策将逐步丰富、完善和稳定。

本章小结

• 数字跨国企业的崛起是当前跨国企业发展的重要现象。数字企业国际化战略主要呈现出轻资产化、价值来源发生结构性转变以及企业价值链布局呈现区域化的特征。

• 数字时代为企业的国际化战略带来了更为突出的新优势，主要包括开放资源优势、连通优势以及集成优势。

• 随着数字经济发展和高科技社会的持续转型，其他数字企业跨国经营的独特新模式也开始出现。现有数字企业的国际化模式分为跨境数字平台、微型跨国企业、数字战略联盟以及数字跨国收购 4 类模式。

• 数字平台对数字平台企业本身及其他相关企业的国际化成长形成了重要而深刻的影响。当平台企业要产生本地网络效应时，新进入者与现有公司合作或进行收购可以帮助新进入的数字平台有权访问以前嵌入在另一个组织中的资源。当平台存在显著的跨境网络效应时，独立进入更加可行。

• 数字化将数字企业的关系网络从传统的业务关系伙伴扩展到包括最终用户、本地内容生产商、风险投资供应商和其他提供互补资产的企业。

• 与传统跨国收购相比，数字跨国收购的技术寻求动机大大增强。对于数字企业来说，海外先进的数字技术资源是最重要的互补性资源。

复习思考题

1. 数据价值链与传统价值链存在哪些不同？
2. 结合实例，分析数字企业的国际化特征。
3. 结合实例，分析数字经济时代跨国企业的“OLI”新优势。
4. 跨境数字平台在目标市场的进入模式有哪些？
5. 微型跨国企业如何获取国际竞争优势？
6. 举例说明不同类型的数字战略联盟。
7. 数字跨国收购的优势有哪些？

案例分析

扫一扫，看资源

亚马逊跨境电商平台商业模式

第12章　数字生态系统战略

【学习目标】

- 了解数字生态系统战略的定义和主要特征
- 掌握焦点企业数字生态系统战略矩阵框架要素
- 掌握五类焦点企业的数字生态战略选择
- 熟悉参与企业对数字生态系统的互补性与依赖性
- 掌握参与企业的数字生态系统战略选择以及动态升级过程

【关键术语】

数字生态系统　生产生态系统　消费生态系统　数字信封　产品使用信息　数字基础战略　生产生态系统聚焦战略　消费生态系统聚焦战略　数字垄断战略　数字混合战略　互补性　依赖性　多重身份战略　多栖定制战略　平台镶嵌战略

开篇案例

小米智能硬件的数字生态系统战略

2012年前后支付宝出现，依靠淘宝“全额赔付”的担保迅速抢占支付环节市场。小米在2013年引入日本的NFC技术，推出了能够闪付地铁公交的小米3手机，还曾推行过10元给二代小米手机加装NFC模块的活动，试图发挥用户科技发烧友的客群资源，抢占部分支付市场。但小米用户已经适应了支付宝的便捷操作，小米将用户群资源转换成支付环节市场渗透率的尝试无果。

随后，雷军机缘巧合投资了两名小米代工厂高层或设计师进行智能硬件生态链创业，引入小米爆款产品定义能力、供应链背书、营销渠道后，成功推出了小米移动电源和小米耳机，随后成为紫米科技和万魔声学两家独角兽企业。2013年年底，小米成立了智能硬件生态链事业部，以利用小米剩余优质资源投资孵化初创企业，布局物联网领域。

2017年，这一成立仅4年、部门总人数不足200的部门，实现了年销售收入200亿元，孵化共计77家生态链企业，其中16家年收入过亿元，4家成为独角兽企业，润米登陆新三板、万魔声学买壳登陆主板、创米华米成功IPO，小米智能硬件的成长速度、成功率惊人。截至2021年，小米生态链几乎覆盖了业内所有类别的智能硬件，涵盖可穿戴设备(如智能手环)、家用机器人、智能家居、出行机器人、手机配件、VR、车载硬件等各个领域。通过在以上智能硬件产品中加入小米IoT模组，小米实现了相互连接。根据小米公布的2020年财务报告数据，截至2020年12月31日，小米的米家AIoT连接设备总数已经达到3.25亿，小爱同学的月活用户量达到8 670万，其中拥有5款以上的米家智能设备用户量同比增长52.9%，达到620万人。

小米扩张演进中的试错

在2012年前后，小米已经积累了大量手机用户群(米粉)，现有手机销量带来了大量稳定现金流和上下游企业关系，小米尝试将剩余资源实现变现的途径是和暴风影音、金山词霸微软Win 10体验等合作，通过产品配售的方式发挥自身粉丝直销渠道；从手机屏延伸到电视屏，力推小米盒子并布局媒体内容生产环节，高频推出米粉摄影比赛、微电影、小米上的中国延时摄影、小米好声音等，甚至收购了一家软件动画设计公司；利用小米手机已有用户引流，投资开发移动电源和NFC快捷支付模块，通过用户群切入支付环节等。

雷军在2012年11月接受记者访谈时规划了一个以手机为中心，覆盖电视、机顶盒、阅读器等屏幕在内的硬件生态，高质低价的硬件将用户群引流到小米商城购物、高利润区的游戏等。但小米盒子推出10天就开始陆续收到内容版权引发的诉讼，早期自己内部工程师开发的小米移动电源，因销量上市一个月销量不足2万很快被叫停，而NTC支付模块的开发和推广也难与支付宝抗衡。

回顾小米2012年前后的扩张试错，可知小米内部培育的小米盒子、移动电源表现出较高的投资失利风险；兼并收购扩张的方式存在失败风险和时间成本；单纯依靠粉丝群营销只是锦上添花，不足以撬动大量用户行为，产品质量和适用体验是根本。

小米智能硬件商业生态系统的打造

2013年开始，小米智能手机面临的竞争进入白热化。小米决定另辟蹊径，采用投资现有企业的方式，但投资收购中等规模的智能硬件企业需要的资金量大，且性价比未必高，因而选择打造小米智能硬件生态链，将投资目标确定为初创期、产品技术好的企业或团队，采取“非控股投资＋孵化和加速”的“平台＋”模式。

根据供需匹配逻辑，小米智能硬件生态链管理层制定了如下初创团队进入条件：①市场空间足够大，单品海量，才能充分利用小米互联网营销工具和现有用户群分享消费升级红利；②具有明显的痛点和不足，包括性价比不高，质量差，严重缺乏公信力，更可能形成爆品；③有耗材或可以迭代，用典型的“硬件＋消费”的互联网模式实现盈利；④与小米用户群契合，可以享受小米的用户红利；⑤价值观一致，不急功近利赚快钱，对产品质量的极致追求有共识，降低沟通监管等交易成本；⑥团队本身具备运营能力和激励，不用小米投资过多人力精力进行干预。

小米智能硬件生态链事业部通过专业智能部门及产品经理，协调小米掌控的经营性资源能力，围绕智能硬件创业企业或团队的“产品设计—供应链管理—销售—配套服务”经营活动过程，进行业务和非控股投资交易。小米从零开始投资孵化了近百家初创企业，抢占了全球智能终端设备连接数头筹，再考虑华米、万魔、润米的成长和上市，无不证明了小米商业生态系统的高效和成功。根据小米集团的财务报告，2020年小米AIoT平台已连接设备数(不含手机及笔记本电脑)达3.75亿台，5件以上AIoT连接用户数保持高速增长，截至2021第二季度报表，5件以上AIoT连接用户数达到740万，相较两年前翻番，这为小米集团的IoT生态链布局提供了广泛的基础。

资料来源：谭智佳、魏炜、朱武祥：《商业生态系统的构建与价值创造——小米智能硬件生态链案例分析》，载《管理评论》，2019，31(7)。(有删改)

思考与讨论：

1. 小米智能硬件生态系统的构建逻辑及创新之处有哪些？
2. 在小米智能硬件生态系统构建过程中，小米和初创团队存在怎样的供需匹配？
3. 小米构建的数字生态系统具备怎样的优势？

12.1　数字生态系统战略概述

12.1.1　定义

数字生态系统是一个自组织、可扩展和可持续的系统，由差异化的数字实体及其相互关系组成，侧重于实体之间的交互，以提高系统效用、获取效益和促进信息共享，内部合作与制度创新。现代商业环境是相互依存的实体网络，这些实体相互连接以创造和获取价值。数字化的普及，尤其智能手机、云连接、物联网、3D 打印等数字技术的发展，进一步迫使管理人员关注生态系统，数字生态系统的独特特征也为企业带来了新机遇。数字生态系统由新的数字技术提供支持，这些技术改变了传统相互依存关系的本质和范围，其影响范围和意义超越了传统价值链和传统行业结构。

数字生态系统超越传统的行业界限，促进开放和灵活的合作与竞争。对于许多组织来说，数字生态系统提供了一种创新的方法，即利用信息和通信技术、不同行业的技术和专业服务等资源来响应客户需求和共同创造价值。相对应地，**数字生态系统战略是数字生态系统中各个有机组成部分开展关于用户共享、价值共创与绩效共赢的一系列行为决策。**数字生态系统战略是商业生态系统战略的延伸，数字技术在其中起着主导作用。商业生态系统的诞生是由类似于生物生态系统的跨行业运营推动的，商业生态系统战略中的主体是由生产有价值的商品和服务的松散耦合且相互作用的组织和个人组成的经济共同体。虽然商业生态系统战略描述了一般的组织相互依存关系，但数字生态系统战略通过更加重视数字技术的中心地位，对传统商业生态系统的概念进行了拓展，具体体现在以下方面。

1. 数字生态系统战略的实施环境是指由软件应用程序、硬件和流程等数字实体构成的虚拟环境

数字生态系统战略作为一个点对点的分布式技术基础设施运行，通过互联网创建、传播和连接数字服务。数字生态系统战略行为主体是在传统行业边界之外运作的个人和组织的经济共同体。因此，数字生态系统战略是个人、组织和数字技术的社会技术环境，通过共享的数字平台，通过合作和竞争关系共同创造价值。举例而言，2021 年华为宣布其六大数字生态系统分别为鲲鹏、昇腾、华为云、鸿蒙、HMS 以及面向智能驾驶的 MDC。这两大数字生态系统既涵盖了软件，有涵盖了硬件，以开放式发展方式相互协调，共同构建大型数字生态。

2. 数字生态系统战略应用边界是多层次的，可以是一个概念、一项技术或一个项目

作为一个概念，数字生态系统战略承认数字技术基础设施和实体网络在价值共创中的作用。作为一项技术，数字生态系统战略可以指为中小企业提供全球竞争能力的分布式计算基础设施。例如，华为欧拉开源操作系统这一技术定位为面向数字基础设施的开源操作系统，强调通过能力共享、实现生态互通。作为一个项目，数字生态系统战略可以指一个研究计划，该研究计划和开发工具支持组织通过信息和通信技术进行全球合作和竞争。例如，欧盟2003年的数字生态系统计划。

3. 数字生态系统战略中共同创造价值的重要性高于单个组织创造的价值

价值共同创造包括来自不同实体的努力和资源，以实现价值创造。价值定义为实体间互动产生的财务或非财务利益。因此，低成本、快速流程和高质量服务的适当组合可以实现价值创造。在传统的商业环境中，组织被视为价值的唯一创造者。然而，在当代数字商业环境中，价值共同创造是通过组织、合作伙伴和客户共同努力实现的。鉴于数字生态系统依靠不同实体之间的协同作用来创造价值，价值共同创造是数字生态系统战略形成和运营的重要驱动力。

12.1.2 主要特征

1. 平台化

平台化是指其他数字生态系统合作伙伴可以使用的一系列工具、创新和服务。通过使用平台要素，合作伙伴能够创新服务来提高绩效。数字生态系统平台由计算机硬件、软件系统和网络组成。因此，数字生态系统平台可以采用有形的计算机硬件系统(如苹果的iPhone)或无形的计算机软件形式(如应用商店)。举例而言，苹果商店作为一个数字平台，既让苹果的硬件产品有了自己专属的内容，也让内容有了独有的发布平台。

2. 共生性

共生性是指数字生态系统中合作伙伴、流程和技术之间的相互依存关系。共生导致实体之间的协同作用，以共同创造更大的价值。没有一个组织能够创造出能够取代生态系统的价值。因此，对于组织来说，重要的是相互依赖，以融合其优势和劣势，实现更大的价值主张。举例而言，目前越来越多的数字平台正从窄平台向宽平台转变，从零和博弈转向共赢共生，形成一个数字生态共同体，腾讯、京东以及生态服务机构联手打造的京腾无界零售解决方案，实现零售行业线上线下跨场景的智慧连接。

3. 协同进化

协同进化是指数字生态系统与其合作伙伴从一个阶段集体转化为另一个阶段的能力。当数字生态系统因机会或威胁而发生变化时，关键合作伙伴会做出动态反应，而其他相互依存的合作伙伴也会进行适应性变化。协同进化特征将数字生态系统与其他组织网络区分开来，其中一些组织在没有其他组织的情况下进行变革。举例而言，华为将生态伙伴划分为销售合作伙伴、解决方案合作伙伴、服务合作伙伴、投融资合作伙伴、人才生态合作伙伴5类，根据不同类型提供定制化支持，实现生态圈之间的协同进化。

4. 自组织

自组织是指数字生态系统从环境中学习并做出相应反应的能力。由于关系的复杂性，数字生态系统会随着新需求、机会和威胁的出现而学习和自主发展，实现自我不断强化。因此，数字生态系统通常是动态的。举例而言，在2020华为开发者大会上，华为正式宣布开源鸿蒙操作系统 HarmonyOS 2.0 捐赠给开放原子开源基金会进行开源孵化，世界上所有的开发者都可自主使用鸿蒙 OS 系统，并自发贡献基于丰富实践场景的代码。

5. 广泛联盟

广泛联盟是由差异化和地理上分散的实体通过互联网进行合作，以实现共同的成果。协作网络包括两大类关系，即组织正式协作和临时协作。广泛联盟既可以是基于长期战略关系网络的组织正式协作，也可以是基于短期的、特定任务的临时协作，在实现预期目标后终止。举例而言，在数字生态系统时代，创新已经常态化，跨界合作带来的广泛联盟有助于企业“跳出盒子”思考，星巴克公司与波士顿数据中心（BDV）合资成立 TAKT 公司，采用跨界合作研发，为星巴克以及其他外部客户服务。

图 12-1 所示为数字生态系统战略的五大特性。

图 12-1 数字生态系统战略的五大特性

实践链接

2021 年华为把鸿蒙操作系统（HarmonyOS）最核心的基础架构的部分捐赠给了开放原子开源基金会。鸿蒙操作系统是华为研发的面向万物互联时代的智能终端操作系统，为不同设备的智能化、互联与协同提供统一的语言。通过捐赠给开源基金会，行业中各个厂商都可以平等借助该平台获得鸿蒙核心架构代码，根据自身不同的业务诉求开发产品或应用。举例而言，2021 年 5 月，美的宣布正式接入鸿蒙数字生态，开发搭载鸿蒙系统的美的产品，通过鸿蒙系统为智能家电行业带来全套赋能全场景生态，提升用户体验，促进智能家居行业的发展。通过广泛联盟鸿蒙数字生态系统各个实体实现了共生演进和协同进化，能够更有竞争力地开发智能硬件产品和服务，为消费者带来更好的体验，参与全球化竞争。

12.2 焦点企业的数字生态系统战略

焦点企业需要适应由新数字技术驱动的新生态系统，在努力保持其建立的长期优势同时，还需执行新的战略在数字生态系统中展开竞争。焦点企业可采纳数字生态系统战略矩阵框架，该框架由两大核心要素交互组合而成，分别是：①生产生态系统和消费生态系统；②数字信封和产品使用信息。两者共同为企业提供了一个全新战略视角，通过该框架企业可以识别数字化提供的新价值机会，并掌握在数字生态系统中竞争的新方式（图 12-2）。

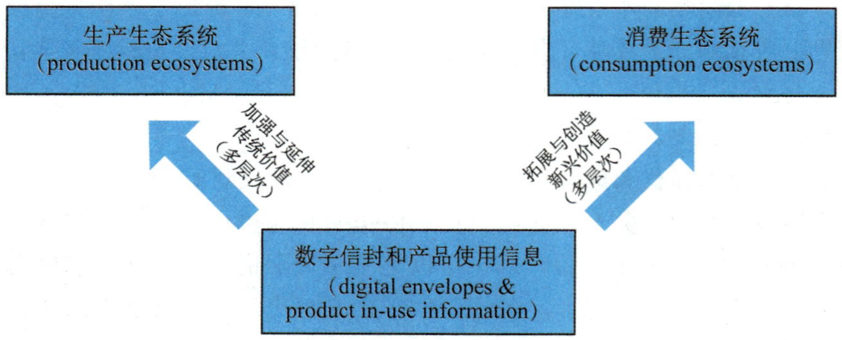

图 12-2　数字生态系统战略的维度划分

资料来源：改编自 Subramaniam M, Iyer B and Venkatraman V, "Competing in digital ecosystems," Business Horizons, 2019, 62(1), pp. 83-94.

12.2.1　焦点企业的数字生态系统战略矩阵的维度划分

1. 生产生态系统与消费生态系统

生产生态系统(production ecosystems)是由价值链中的相互依赖关系组成的生态系统，例如生产和销售产品或向客户提供服务。相反，消费生态系统(consumption ecosystems)是由产品销售或服务提供后以及消费过程中的相互依赖关系组成的生态系统。传统产业结构的依存关系与现代数字技术驱动的新型依存关系间的对比，最能体现生产生态系统和消费生态系统的区别。

例如，针对传统灯泡，其生产生态系统需要各个供应商、制造和装配厂、研发、分销商和零售商之间相互协调与依赖，其消费生态系统则关注的是灯泡售出后的协调与依赖关系，例如插座、电线和电力的可用性。传统产业结构下，大多数公司的设计主要关注其生产生态系统，例如，通用电气(GE)和飞利浦(Philips)等老牌灯泡制造商长期以来一直擅长协调与数百家供应商、集成或外包工厂以及各种分销商和大众零售商的关系。然而，随着现代数字技术的发展，传统灯泡已经演变成智能灯泡。配备传感器和与各种其他物体的物联网连接的智能灯泡在使用时会产生许多新型的相互依赖关系，会连接越来越多的对象，如亚马逊的 Echo、智能手机、智能门铃和智能百叶窗。新的依存关系为消费者和生产商带来了新价值，远远超出了灯泡的传统照明功能。随着物体、资产、系统和人之间越来越多的数字连接，智能灯泡消费生态系统带来了新的价值机会。如果灯泡生产商选择参与新兴消费生态系统，则可以创造新的创收服务。

(1)消费生态系统体现了业务相互依赖的新内容

消费生态系统的概念可以追溯到众所周知的互补性概念，当任何一组产品或服务单独没有价值需要串联使用时，就存在互补性。例如，牙刷和牙膏、DVD 和 DVD 播放器、纸张和打印机。消费者通常单独购买此类产品，然后组合起来使用。在传统情境中，公司为消费者提供了不同种类的选择来进行产品组合，考虑到物理对象组合可能会超出企业可管理数量范围，过去这种互补范围的边界有限。但随着软件、传感器和连接的兴起，互补性的范围和意义显著扩大，消费者可以轻松连接不同数字产品。例如，智能手机操作系统软件驱动消费者能够添加各类软件应用程序，应用程序接口等技术使软件程序能够相互通信，进一步以指数方式扩展了互补范围，从而产生了消费生态系统。

(2)生产生态系统代表了基于传统产业结构的相互依存关系

供应商、研发、制造或分销业务之间的相互依赖性往往会被固定在例行程序中，并且不容易重新配置。众所周知，改变生产生态系统的传统再造工作非常耗时、昂贵且有风险。由于现代数字技术，生产生态系统也正在发生转变。数字化的生产生态系统可以帮助企业显著提升传统产品和服务的特色，在很大程度上加强企业的传统市场地位。工业时代的企业必须接受数字化新趋势，以加强其在生产生态系统中的传统依存关系，同时增加新的依存关系以开辟新兴增长领域和机会。因此，企业不仅需要重构其生产生态系统，而且需要参与新的消费生态系统，才符合企业利益最大化的要求。要了解企业如何做到这一点，第二组概念数字信封和产品使用信息是前提。

2. 数字信封与产品使用信息

数字信封(digital envelopes)是一个物理产品及其用途的数字表示。其中，数字表示是通过收集、分析和部署有关产品运行和使用环境的实时在用信息来实现的。产品使用信息(product-in-use information)是通过传感器收集的信息，这些传感器通过软件平台和分析工具进行分析和部署，可以观察每一个人或每一组资产的操作。

(1)传感器在任何资产上的位置越复杂，收集的信息就越精细和强大

特斯拉(Tesla)或雪佛兰汽车(Chevrolet)的数字信封可以感知汽车运行的详细信息，如发动机、排气或制动器等部件的工作情况，同时它还可以获得有关汽车环境的实时信息，如道路、地图、交通或天气状况、特定位置、车间距等，帮助驾驶员决定如何提速或何时改变车道。通用电气拥有 66 000 台独立的喷气发动机、机车和涡轮机，每个资产都有一个独特数字包络在软件平台 Predix 上运行。通用电气的分析模型通过使用先进技术、大数据和自学人工智能，从数据中得出各种推论，软件平台随后将这些推论反馈回资产以重复循环。通过重复循环，实物资产本身变得更加智能，为其数字信封提供更加细微的数据。此外，随着通用电气机车在特定行程中每多行驶一英里，其数字化信封可以通过处理列车总重量、车厢配置、路线地形和沿线环境条件来更好地优化燃料成本、排放和路线。这使通用电气能够在其机车业务中提供新服务，帮助司机保持最佳速度，从而最大限度地减少油耗。

(2)随着传感器的激增以及人工智能的进步，数字信封几乎适用于所有实物资产

欧乐 B(Oral-B)是全球知名的电动牙刷领导品牌，其牙刷的数字包络流实时传输有关牙刷操作的产品在用信息，包括转子速度、刷毛与牙龈、牙釉质相互作用的信息。同样，床垫的数字信封也可通过心率、呼吸节律、翻身频次，甚至打鼾来获取有关个人消费者睡眠模式的数据，从而实现床垫轮廓的动态调整，帮助消费者提高睡眠质量。同样，在纳米技术的帮助下，液体洗涤剂数字信封可能很快使洗衣机和洗涤剂制造商能够实时感知洗涤剂清洁衣服的确切过程。此外，药丸的数字信封，如 Abilify Mycite 这一种治疗双相情感障碍的药物，可以通过每个药丸内和可穿戴贴片上的传感器告知医生他们的患者是否服用了药物。

(3)每个数字信封都在软件平台上运行，每个单独资产的数字信封可以根据实时操作获得有关该资产的信息

当传感器提取并提供原始信息时，软件平台将其转换为针对不同目标的可解释含义。例如，灯泡传感器可以提供关于物体运动的原始数据，随后根据目标区分(家庭、仓库、城市街道)，软件平台会为不同目标传递信息，最终实现家庭节能或安全管理、仓库高效物流或城市街道安全。此外，数字信封生成的产品使用信息需要通过跟踪产品在使用过程中与客户环境中其他物体的交互来了解产品销售后信息，因为产品使用信息不仅可以提供关于产品如何使用的洞察力，还可以提供产品如何与其他产品连接的洞察力，从而扩展网络并产生新的价值机会。

3. 通往消费/生产生态系统的数字信封与产品使用信息渠道

基于前面的讨论，数字生态系统是复杂的生产和消费生态系统的组合，需要作为一个相互依赖的系统来管理，而数字信封及其产生的产品使用信息是进行数字生态系统管理的主要推动力，为生产和消费生态系统注入了新的价值。

(1)数字信封与产品使用信息会以不同的方式进入生产和消费生态系统

将数字信封与产品使用信息识别为物理实体和用途的数字表达，有助于理解其在消费生态系统和生产生态系统中的战略意义。对于生产生态系统而言，数字信封与产品使用信息主要是加强与延伸传统价值。对于消费生产系统而言，数字信封与产品使用信息主要是拓展与创造新兴价值。数字信封与产品使用信息可帮助公司选择消费生态系统和生产生态系统的分析单元来整理、分析和部署产品使用信息。举例而言，对于机车、喷气发动机、床垫、汽车或药丸，每个单独的产品是分析单元；对于搜索引擎，个人用户通常是分析单元。这些概念共同为企业提供了一个全新的视角，使其能够识别数字化带来的新价值机会，并掌握在数字生态系统中竞争的新方法。

(2)通往消费/生产生态系统的数字信封与产品使用信息渠道是多层次的，即不仅限于个体或单个产品

通往消费/生产生态系统的数字信封与产品使用信息渠道是多层次的，既可以是个体又可以是产品。例如，在制造工厂中，数字信封和产品使用信息不仅适用于每台机器，而且适用于工厂的一部分甚至整个工厂。在第一种情况下，数字信封和产品使用信息有助于监控机器人等单个机器的性能；在后两种情况下，数字信封和产品使用信息有助于监控整个生产系统的性能。公司打算如何处理其数字信封及其产品使用信息会推动这些选择，反过来，这些选择有助于确定其传感器分析和操作系统的目标。设想数字信封和产品使用信息是企业数字战略的重要先导，企业如何构建他们的数字信封并使用其产品使用信息，引导到生产生态系统和消费生态系统中，是推动其在数字生态系统中展开竞争的核心。下面我们将对数字生态系统的这一逻辑进行扩展，并为企业提供一个生态系统战略选择的具体路线图。

12.2.2 焦点企业的数字生态系统战略选择矩阵

焦点企业的战略选择被定义为：“企业如何在生产生态系统、消费生态系统或两者兼而有之中选择并引导其数字复制品”。基于先前部分的概念，数字生态系统被视为复杂的生产和消费生态系统的组合，需要作为一个相互依赖的系统进行管理。数字信封及产品使用信息是原动力，为生产和消费生态系统注入新的价值。这是因为当产品使用信息以数字信封进入生产和消费生态系统时，企业实现了价值增强。

在焦点企业的数字生态系统战略选择矩阵(图 12-3)中，横坐标为通往消费生态系统中的数字信封和产品使用信息渠道，纵坐标为通往生产生态系统的数字信封和产品使用信息渠道。4 个象限代表了焦点企业在数字生态系统中的不同战略选择，左下象限的数字基础战略是企业为数字化转型做好准备并建立基础以产生优势，右上象限的数字垄断战略是关于数字生态系统的主导编排，标志着新兴数字垄断的性质，其他两个象限的生产/消费生态系统聚焦战略代表在企业生态系统中具有细分优势，此外企业还可以采用数字混合战略寻求各种混合方法扩大其影响力。

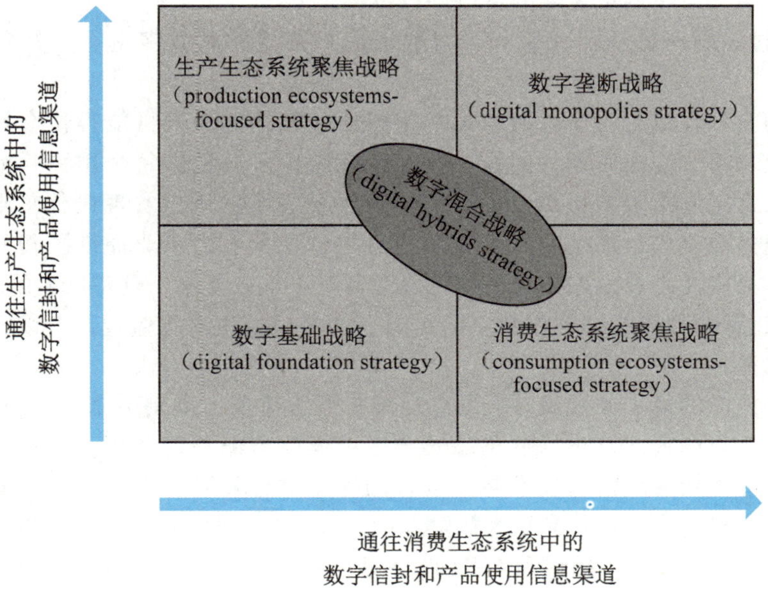

图 12-3 焦点企业的数字生态系统战略选择矩阵

资料来源：改编自 Subramaniam M，Iyer B and Venkatraman V，“Competing in digital ecosystems，” Business Horizons，2019，62(1)，pp. 83-94.

1. 数字基础战略

数字基础战略(digital foundation strategy)是企业未以变革式的方式启动数字信封或产品使用信息，而直接对现有传统 IT 能力进行拓展的战略。企业在开启数字生态之旅时，数字基础战略的实施是第一阶段。诸多企业正处于现代数字革命的边缘，一方面需要保持主流商业模式和市场地位现状，另一方面需要通过布局数字基础设施、发展数字技术、引入数字人才等来试水数字化领域。企业可能会为某些服务引入智能手机应用程序或大数据应用，以更好地预测市场趋势并提高其工作流程效率。

例如，云计算、大数据、人工智能、区块链等新技术，正在不断渗透和推动商业银行的创新发展，成为驱动和引领当前银行业务发展的核心引擎，通过将新兴数字技术与具体业务融合，映射到由数据和算力构建的全感知、全连接、全场景、全智能银行过程，成为如今商业银行数字化发展的核心。同样，达美乐比萨的客户可以通过智能手机、智能电视或智能手表实现比萨订购。此外，从 2000 年开始，故宫开始持续采集并积累院内古建三维数据资源，利用全景 VR 技术推出了全景故宫栏目，游客和观众可以沉浸式地欣赏 360°故宫实景，除了已经开放的区域还可以在 VR 中踏足暂未开放的区域。总结而言，企业选择数字基础战略是为了扩展现有的传统 IT 能力，以巩固既有的市场地位，并未以变革式的方式启动数字信封或产品使用信息。因此，这是后续进行更深层次生态系统变革的基础。

2. 生产生态系统聚焦战略

生产生态系统聚焦战略(production ecosystems-focused strategy)是公司将数字信封和产品使用信息引入其生产生态系统，通过在其生产生态系统内的交换来增强产品使用信息的价值，其结果在很大程度上加强和扩展了传统价值创造来源的战略。具体而言，其中包含以下两个主要的价值创造机会。

(1)通过定制产品功能和服务，以数字信封实现针对数字生态中特定用户的微观定位

举例而言，宝洁公司注入纳米技术传感器的液体洗涤剂可能很快会根据脏衣服的特定属性定制每个洗涤周期。同样，数字睡眠床垫可以根据每个用户睡眠模式的持续产品使用信息定制单独床垫，以根据每种睡眠模式帮助用户实现最佳睡眠。随着时间的推移，通过数字信封产生的产品使用信息持续积累，为企业提供了新的竞争优势来源，因为产品将变得愈发差异化、独特且竞争对手难以复制，具备巨大的转换成本。

(2)通过预测性维护，利用数字信封对组件使用过程进行监控，可以在故障发生前感知并发出警报

当意外故障的成本非常高时，预测性维护尤为重要。举例而言，在公共能源领域，中国石油化工集团公司发布了危化品安全生产风险监测预警系统。该系统是基于大数据、人工智能等新一代信息技术与安全管理深度融合而研发出的一款预警系统，利用数字化手段实现对全国危化品重大危险源的 24 小时在线监测和实时预警。同样，在公共卫生领域，由于 CT 扫描仪和 MRI 设备等医疗设备的意外停机，医院会承担大量成本，此类机器的正常运行时间提高 1%可为全行业节省约 630 亿美元。因此，通用电气 GE 通过开发针对医疗保健部门机器的数字信封有助于跟踪、诊断和抢先维护，这便是基于创收成果的商业模式新尝试。

3. 消费生态系统聚焦战略

消费生态系统聚焦战略(consumption ecosystems-focused strategy)是企业通过引导数字信封中的产品使用信息，以启动、参与和协调新的消费生态系统。通过消费生态系统内的交流或将该信息与其他补充信息联系起来，企业能够提高第三方消费者产品在用信息的价值。因此，公司会从新的来源扩展其创造价值的机会。举例而言，谷歌旗下子公司 Nest 作为一家智能温控器制造商，通过实施“Works with Nest”计划，邀请并连接大量外部实体和支持物联网的产品，提供了远远超出传统恒温器所能提供的服务。Nest 恒温器可以与智能手机、汽车和交通信息连接，以准确感知用户到达时间并操作车库门开启器、咖啡机或灯泡。Nest 的目标是建立一个蓬勃发展的数字化消费生态系统，成千上万的外部实体可以与 Nest 连接，并根据 Nest 数字副本生成的产品使用信息提供扩展的服务集。企业在实施消费生态系统聚焦战略时，需要注意以下两点。

(1)消费生态系统产生的价值不同于生产生态系统

针对生产生态系统聚焦战略，其关注的是现有产品通过数字化升级或转型，以在其传统领域内表现得更好。例如与智能应用程序匹配的牙刷会带来更好的刷牙体验。因此，本质上是数字信封增强了公司自身的传统优势和能力。对比而言，消费生态系

统聚焦战略则是利用外部实体的优势。例如，由于外部实体为基本产品添加新的功能属性，Nest 恒温器可以提供更多定制服务，也使企业能够扩展到不一定与其主流价值链或核心能力(如感测温度)相关的业务领域。同样，海尔基于对消费场景的洞察，跳出了原来单纯卖洗衣机的业务边界，人工智能、大数据、物联网等技术的加入，帮助海尔打通洗护行业和服装行业，原有的产品，例如洗衣机、护理柜、穿衣镜等，不再是一个个相互独立的工具，而是拥有智能模块的生活助理，通过衣联网打通了消费者的衣物穿着、洗护等数据，生产端的原料、设计、物流等信息以及店铺销售、营销等多方数据。

(2)企业需要将其产品使用信息从数字信封中开放给外部实体

消费生态系统聚焦战略旨在鼓励互补实体之间的交互，并产生超出产品传统范围的新价值。随后，企业可以通过整合愿意参与其核心产品研发并为此做出贡献的外部实体的网络规模和种类，来打造竞争优势。这种方式增强了利用外部任一业务相关或不相关实体创造性想象力和新想法的可能性。新机会通常是突发的、偶然的，并且来自与各种可能或不可能的互补实体共享产品使用信息。举例而言，为了持续深化智能家居领域，美的与华为跨界合作，共同构建了智能家居整体解决方案，通过生产支持华为 HiLink 协议的美的智能家电设备，逐步实现华为消费者业务全系列产品与美的全线智能家电的互联互通。

4. 数字垄断战略

数字垄断战略(digital monopolies strategy)是企业利用数字生态颠覆传统行业的同时，发展垄断力量作为竞争新动能的战略。垄断力量长期以来一直被认为是企业竞争优势的基石。传统意义上，有吸引力的行业结构推动了在位企业垄断力量发展，而垄断力量是通过对生产能力、专有技术或品牌的承诺和投资获得的，可通过集中度和相对市场份额等可观察的指标来评估垄断力量。值得注意的是，数字垄断战略与传统垄断战略又存在一定区别。

(1)数字生态系统并不遵循传统行业结构规律，占据支配地位不等于市场份额高

支配地位可能源于控制来自数字信封的产品使用信息的权利，可以通过控制跨生态系统的在用产品信息流来赢得垄断影响。举例而言，技术巨头亚马逊和谷歌可作为数字垄断战略实施的代表，自从谷歌开发其搜索引擎或亚马逊开发其在线零售平台以来，他们开始为每个用户构建了个人数字信封。在他们的平台上进行的每一次搜索都帮助企业进一步聚合特定用户角色。同样，随着观看的每一部网飞电影、每一次 Alexa 或 Siri 查询、在脸书上的每一次朋友互动，个体用户都会传递不同的角色片段，这鼓励越来越多的人留下代表他们偏好、行为和个性的数字痕迹。这为技术巨头提供了前所未有的机会，可以为每个用户尽可能构建完整的数字信封，巨头对个人的洞察力越强，他们对众多不同消费生态系统的影响就越大。

(2)优先获得数字生态系统中大多数数字复制品信息流的企业会形成新型数字垄断

在非消费工业产品上，消费生态系统相对更受限制且彼此独立。举例而言，发电产业消费生态系统与飞机制造消费生态系统没有任何显著重叠，且这两者也不一定与由技术巨头主导的其他消费生态系统重叠。因此，企业若想建立先发优势，就需要集中精力吸引所有互补实体成为通用操作平台的一部分，这些互补实体可能是没有足够资源来开展数字创新数字的小型承包商，也有可能是企业的竞争对手。以信息与通信

技术为例，最开始以计算机行业为核心进行应用，从 20 世纪 60 年代后逐步应用到机器设备制造业，到 70 年代中期邮电业和金融业也逐步应用，90 年代后扩散到了在线销售、在线拍卖、研发等领域。因此，全球通信设备提供商通过占据通用操作平台的互补角色，不断开启新的成长周期，获得了持续竞争优势。

5. 数字混合战略

数字混合战略(digital hybrids strategy)是企业同时感受到来自生产生态系统和消费生态系统中的利益，同时在这些生态系统进行扩张的战略。我们将这类企业描述为数字混合体，它们可能会自行扩展或与在替代生态系统中拥有互补优势的实体建立伙伴关系。为了发展成为数字混合体，企业经常采取建立合作伙伴关系或收购的途径。

(1)数字混合战略实施的一个方向是企业从生产生态系统扩展到消费生态系统

如果专注于生产生态系统的企业发现其在用产品信息具有内在的多功能性或对传统价值链的外部实体有价值，企业将倾向于从生产生态系统扩展到消费生态系统。举例而言，在发电站中，通用电气的涡轮机与其他资产精心协调可以提高发电的整体效率，从而激励通用电气将其涡轮机的数据引导至其生产生态系统之外的消费生态系统。在汽车行业，企业开始从汽车的使用产品信息中发掘新价值，例如，福特(Ford)将其对发动机、制动器和动力系统等生产生态系统和预测性维护服务的关注范围扩大到与外部实体的共享活动中，以创建新的消费生态系统。通过 SYNC3 声控技术，特定福特车型允许司机在驾驶时使用亚马逊的 Alexa 点咖啡，汽车可以准确预测用户到达星巴克所需的时间，并提示其员工开始准备咖啡。

(2)数字混合战略实施的另一个方向是企业从消费生态系统扩展到生产生态系统

这样做是为了更好地控制产品使用信息，使企业能够更好地协调其消费生态系统。举例而言，2021 年 3 月小米集团正式立项智能电动汽车业务，并将其在手机与消费电子领域的战略快速复制到了汽车领域，围绕电池、自动驾驶技术、汽车芯片等汽车制造的核心环节展开投资，不断完善自身的汽车产业链生态，并希望将研发与供应链端的优势最终转化为产品优势。同样，在消费生态系统方面具有强大能力的技术巨头，如谷歌、苹果和优步，现在正通过合作伙伴关系和合资企业进入汽车生产领域，通过无人驾驶企业生产实现了定制化场景服务，基于用户个性化信息，实现以下服务：使汽车能够预测并在需要时到达；根据用户的行程安排行驶路线；在最喜欢的咖啡店或商店提供停留；流式传输个性化的新闻、视频或音乐。通过设计和控制无人驾驶汽车车队，企业可以更好地控制产品使用信息，并更有效地管理其服务平台。

表 12-1 为焦点企业的数字生态系统战略比较。

表 12-1　焦点企业的数字生态系统战略比较

对比项目	数字基础战略	生产生态系统聚焦战略	消费生态系统聚焦战略	数字垄断战略	数字混合战略
核心战略行动	拥抱新的数字技术，对传统业务流程进行增量更改	将产品使用信息从数字信封传送到生产生态系统	将产品使用信息从数字信封传送到消费生态系统	聚合多个产品使用信息的信息源	将产品使用信息从数字信封传送到生产生态系统和消费生态系统

续表

对比项目	数字基础战略	生产生态系统聚焦战略	消费生态系统聚焦战略	数字垄断战略	数字混合战略
产品使用信息的关键特征	未使用信息	(1)扩展企业的主要产品功能和服务选项 (2)内部保护 (3)范围仅限于产品和用户 (4)用于产品功能和服务定制 (5)用于预测性维护	(1)将公司范围扩展到新领域，发展新价值 (2)开放共享 (3)业务范围偶然扩大 (4)鼓励非结构化增长 (5)补充产品/服务使用信息的多功能性	(1)控制数字生态系统网络枢纽的倾向 (2)在许多重叠生态系统中具有相关性	(1)既可自行扩展企业的主要产品功能和服务选项 (2)又可与拥有互补优势的实体建立伙伴关系 (3)开放与内部保护同步演进
战略优势的基础	无	随着时间推移，通过学习不断定制功能和服务	通过互补实体之间的相互作用产生的网络效应	通过控制产品使用信息的多种来源控制生态系统	多个数字战略来进行风险分担

资料来源：改编自 Subramaniam M，Iyer B and Venkatraman V，“Competing in digital ecosystems,” Business Horizons，2019，62(1)，pp. 83-94.

实践链接

作为一家全球化的运动科技公司，Keep 于 2015 年 2 月 4 日上线，致力于以数据为基础，提供健身教学、跑步、骑行、交友及健身饮食指导、装备购买的一体化优质运动解决方案。自上线以来，Keep 活跃用户数量一路高走直至达到行业第一。截至 2020 年，Keep 用户体量已超过一亿。Keep App 有丰富的课程内容，涵盖 HIIT、跑步、瑜伽、操课和舞蹈等健身课程，能够根据用户健身需求，量身打造智能计划，满足用户在各类运动场景下的需求。同时，App 定位功能帮助用户记录跑步轨迹，制定有氧课程表，达成健身目标。通过消费生态系统聚焦战略，Keep 力图让产品做到“吃穿用练全覆盖”。例如，通过提供针对性的运动器械与装备来提升客户运动体验，让运动更高效。根据用户健康需求，Keep 开发了相应的轻食代餐，给选择健康、丰富饮食的人提供新的思路。结合用户课程数据，其能够推荐专业的运动服饰，形成正向循环。

12.3　参与企业的数字生态系统战略

对于大量企业而言，在数字生态系统赢者通吃的格局中，自主发展生态系统极为困难。为了获取生态快速扩张的红利，加入已有的数字生态系统，成为生态参与企业的明智之举。然而，参与企业的绩效出现高度分化，一部分参与企业大获成功，而另一部分参与企业则在盈利线边缘挣扎。为了应对生态参与企业对数字生态系统的互补性和依赖度同升同降的耦合困境，生态参与企业需要选择多重身份、多栖定制或平台镶嵌战略，在提升互补的同时降低依赖，即在增强价值创造能力的同时增强价值获取能力，最终实现互融、共生和自主的动态发展新趋势。

12.3.1 参与企业对数字生态系统的互补性与依赖性

生态参与企业要想打破对数字生态系统互补和依赖的耦合困境，必须同时提升价值创造能力和价值获取能力，以提升绩效。

1. 参与企业对数字生态系统的互补性

互补性是主体间价值增值的高低，特定主体对另一主体的互补性本质上是指其为另一主体创造价值的水平。最早在管理学领域研究探讨互补性的是大卫·蒂斯，他提出了 PFI(profit from innovation)框架，其中关键概念是“互补性资产”。互补性资产是指实现核心技术创新的关键配套资产。PFI 框架的核心观点是，由于独占性机制执行成本高、主导设计容易模仿，企业要从创新中获利，占据互补性资产极为重要。互补性资产的概念与互补性是一体两面，前者强调价值获取，后者则强调价值创造。总结而言，互补性为两个或两个以上资产相互适应的程度，即两者结合所产生价值的高低程度。在数字生态系统情境中，互补性可被归纳为交易互补和创新互补：交易互补，是指两种产品或服务缺少一样则无法运转，会产生价值损失；创新互补，是指两种产品或服务能够一起创造出比各自价值更大的价值。因此，参与企业对数字生态系统的互补性也可被细化为以下两个维度。

(1)参与企业对数字生态系统内其他参与企业的互补

参与企业对焦点企业所领导的数字生态系统的互补性，首先体现为满足系统内其他参与企业的需要，这本质上是数字生态系统网络效应的体现。这种互补更多是交易互补，如买家与卖家的彼此需要。在参与企业之间的交易互补效应下，参与企业常常实施多产品策略，即聚焦同一个生态，为用户提供多样化的产品和服务，进而提升对数字生态系统焦点企业的互补。

(2)参与企业对数字生态系统焦点企业功能的互补

数字生态系统焦点企业提供支撑多边主体活动的基础区块，在焦点企业发展的特定阶段，某些基础区块功能可能存在缺失，参与企业通过构建这些缺失区块，就能与焦点企业产生“1＋1＞2”的价值创造效果，即参与企业对焦点企业形成创新互补。例如，参与企业在现有数字生态系统嵌入一个邻近平台(adjacent platform)，与焦点企业实现互补共生。

然而，由于数字生态系统内参与企业与焦点企业的关系是高度不对称的权力结构，相较于传统的研究场景偏重组织与组织之间“1 对 1”的关系，参与企业与焦点企业之间却是“N 对 1”的关系。生态参与企业一旦占据瓶颈，必然引发焦点企业的警惕和忌惮，由于参与企业对焦点企业高度依赖，后者采取“制裁”策略较为容易。由此，就会出现参与企业对数字生态系统的互补性提升，能够为数字生态系统创造价值，而绩效表现却下降的独特现象。可见，参与企业对焦点企业的互补性水平，即为数字生态系统创造价值的能力，只是生态参与企业战略分析的一个理论维度。

2. 参与企业对数字生态系统的依赖性

依赖性是主体间议价能力的强弱，特定主体对另一主体的依赖性本质上是指其在与另一主体合作中获取价值的水平。互补性较多关注的是价值创造，要对数字生态系统参与企业的战略选择进行分析，还需考量参与企业与数字生态系统的依赖关系，因为依赖水平决定了价值获取的议价能力。参与企业对数字生态系统的依赖程度，取决于资源对组织的重要性和不可替代性。具体而言，行动者 A 对行动者 B 的依赖程度，与 A 在 A-B 的合作关系上进行的动机性投资成正比，与 A 在 A-B 关系之外获取目标的可得性成反比。在数字生态系统中，参与企业对数字生态系统的依赖取决于：参与企业对数字生态系统的动机性投资所产生的依赖；以及参与企业对焦点企业所领导的数字生态系统的不可替代度所产生的依赖。

资源依赖理论关注组织应对外部环境的能动性，提出了约束吸收的降低依赖策略。但是，这些策略比较适用于依赖关系中的优势方，对数字生态参与企业这类依赖关系中劣势方的作用有限，如参与企业几乎不可能实施对平台企业的并购，也很难与焦点企业构建战略联盟。在数字生态系统情境中，基于资源依赖理论视角，较多的参与企业采用的是多栖策略，即为多个生态系统提供产品和服务。尽管多栖能够降低参与企业对特定焦点企业的依赖，但也会降低产品和服务对原数字生态的特质程度，从而降低互补性水平。由于参与企业与焦点企业的权力高度不对称，平台企业完全可以出台“二选一”(只能选择在单一平台栖息)的排他性治理策略，从而使得参与企业无法改变不利地位。

因此，尽管参与企业与焦点企业的“N 对 1”关系决定了参与企业很难改变其与焦点企业的绝对权力不对称结构，但数字生态系统多边和开放的架构特征，为参与企业降低相对依赖水平提供了能动空间。同样，如果焦点企业忽视参与企业能动空间，或者不能妥善处理好与参与企业的关系，容易带来被颠覆的风险。

图 12-4 总结了参与企业对数字生态系统的互补性与依赖性。

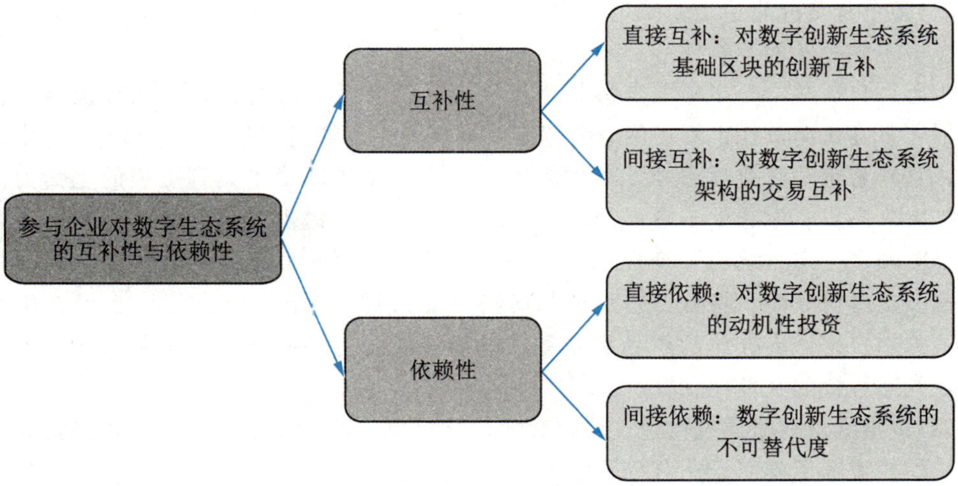

图 12-4　参与企业对数字生态系统的互补性与依赖性

12.3.2　参与企业数字生态系统战略选择

通过前一节内容可以看出，只有通过整合互补性和依赖度才能真正解释企业如何从数字生态系统合作创新中获利。但是，参与企业对数字生态系统的互补和依赖存在耦合困境，即提升互补也提升依赖、降低依赖也降低互补。2021 年，王节祥等提出了参与企业数字生态系统战略，以实现互补性和依赖性的解耦。具体而言，企业可以通过三大战略的实施，使参与企业最终实现对数字生态系统的互补，同时降低依赖，其战略内涵如表 12-2 所示。

表 12-2　参与企业数字生态系统战略的类型

三大战略	战略内涵	生态系统位置
多重身份战略	参与企业在同一个平台生态系统内隶属于多个子群，扮演多种角色，提供多样化的产品和服务	生态系统内部
多栖定制战略	参与企业进驻多个平台生态系统，并且根据特定平台生态的特征，进行产品和服务的定制开发	跨生态系统
平台镶嵌战略	参与企业突破平台企业的成熟架构设计，在已有平台生态中嵌入一个共生子平台，服务多边用户	生态系统边界

资料来源：改编自王节祥、陈威如、江诗松，等：《平台生态系统中的参与者战略：互补与依赖关系的解耦》，载《管理世界》，2021，37(2)。

1. 多重身份战略

多重身份战略是参与企业在同一生态内实现解耦的战略，即参与企业在同一个平台生态系统内隶属于多个子群，扮演多种角色，提供多样化的产品和服务，其适用范围是生态系统内部。如蘑菇街在导流服务商的基础上，自建女性购物分享社区，成为社区运营商，从而更好地为淘宝商家服务。多重身份战略的具体实施方式如下。

(1)多重身份战略通过拓展生态位宽度，增强产品和服务供给能力，从而提升对数字生态中主体企业的互补性

生态用户需求十分多样，当参与企业发现自己在某一市场陷入了互补依赖耦合困境时，可以尝试向其他市场扩展业务范围，即扩大生态位宽度(niche breadth)。生态位越宽，意味着组织越接近通才，通才组织在高度动荡的环境中具有更强的生命力。同时，扩大生态位宽度有助于参与企业为更多的生态用户提供多样化的产品和服务，进而提升对数字生态系统的互补性水平。举例而言，韩都衣舍选择同时做卖家和品牌孵化商的多重身份战略，将自己内部的品牌孵化能力对外输出，通过扩大自己的生态位宽度，为用户提供多样化的产品和服务，以加快激发生态系统的跨边网络效应，提升对数字生态系统的互补性。

(2)多重身份战略通过构建多样化交换，分担单一产品和收入获取方式的脆弱性风险，从而相对降低参与企业对数字生态系统的依赖度

资源依赖理论指出，组织的脆弱是由于对单个交换的依赖造成的，最直接的解决方法就是将组织发展成为一个依靠各种交换，而较少依赖单个交换的状况。在数字生态系统中，参与企业实施多重身份战略，扩大自己服务的市场谱系，构建起多样化交换，有利于降低来自特定产品类别波动带来的市场风险，从而更好地应对来自数字生态平台企业的战略不确定性，相对降低对生态系统的依赖。举例而言，蘑菇街既做导

流服务商又做社区服务商，既有其他社区的佣金分成，又有自己直接赚取的佣金，开拓了新的交换和获利通道。

2. 多栖定制战略

多栖定制战略是参与企业在不同生态间实现解耦的战略，即参与企业进驻多个平台生态系统，并且根据特定平台生态的特征，进行产品和服务的定制开发，其适用范围是跨生态系统。如韩都衣舍入驻淘宝、京东和当当网等多个生态，并根据各自特征提供差异化品牌孵化和代运营服务。多栖定制战略的具体实施方式如下。

(1)多栖定制战略通过跨生态或跨平台学习，增强参与企业针对特定生态特征进行产品和服务差异化开发的能力，从而提升对生态系统的互补性

多栖定制战略不是指参与企业将原有产品和服务照搬到新的生态，而是需要参与企业针对生态特征进行定制开发。参与企业多栖定制有利于开展跨平台学习，熟悉不同平台用户偏好的异质性和平台更新等治理规则的不同，进行差异化的产品开发。数字化时代，参与企业可以通过累积的交易数据，对用户需求开展大数据分析，结合特定生态提供的数据赋能，合作开发适合生态系统特征的产品和服务，从而提升对数字生态系统的互补。参与企业在实施多栖定制战略时，也会将具有一般适用性的产品和服务进行跨平台流动，以提升对生态系统的互补。举例来说，韩都衣舍基于互联网品牌孵化和运营商的职能，采取了多栖定制战略，通过对不同平台的用户数据进行深度学习，针对不同品牌商，在不同平台提供差异化的运营服务。同时，其还为淘宝、京东和唯品会等平台定向孵化不同的新品牌，从而为平台用户提供更适配的产品和服务。

(2)多栖定制战略通过服务于不同生态，培育自身的通用性能力，能够多方式、多来源地获取收益，从而降低对特定平台企业的依赖度

尽管参与企业加入多个平台生态发展会增加投入，但由于参与企业隶属于多个生态，其大量投资并不针对某一数字生态系统，而是用于发展自身通用性能力，即能够进行跨情境应用的二阶竞争力。因而，参与企业为此进行的投资，并不属于动机性投资。与此同时，多栖定制战略为参与企业提供了多样的目标可得性，包括收入来源和获取方式等，降低了数字生态对参与企业的不可替代度。值得注意的是，多栖定制战略与简单多栖战略存在显著差异。参与企业实施简单多栖战略，能够降低对特定生态的依赖度，但同时也会降低互补性，常常导致平台企业出台排他性政策，强制要求参与企业二选一。例如，韩都衣舍实施多栖定制战略后，提供差异化的品牌孵化和运营服务，在降低依赖的同时并没有降低对淘宝平台的互补，反而通过跨平台学习进一步提升了互补性。

3. 平台镶嵌战略

平台镶嵌战略是参与企业通过在已有生态架构中嵌入一个共生子平台的方式实现解耦的战略，即参与企业突破平台企业的成熟架构设计，在已有平台生态中嵌入一个共生子平台，服务多边用户，其适用范围是生态系统边界。如云集公司构建S2B2C平台(S指大型供应商，B指渠道商，C指顾客)并嵌入微信生态，一边连接品牌商家，另一边连接微信店主和消费者，促进供需匹配。平台镶嵌战略的具体实施方式如下。

(1)平台镶嵌战略通过在已有生态中嵌入一个共生子平台或子生态，扩展原有生态的功能边界，连接外部用户加入生态，从而提升参与企业对数字生态的互补性

参与企业作为平台产品和服务的提供商，也可以直接提供产品和服务，在已有生态中嵌入一个与平台企业共生的子平台，成为子平台服务商。平台镶嵌是参与企业开展的跨边界活动，弥补了数字生态系统中焦点企业没有关注或者无法顾及的功能缺失，为外部用户进入生态提供基础区块，扩展了生态边界，促进了生态内不同用户群之间的交易和创新活动。举例而言，云集作为子平台嵌入微信生态，补充了微信平台的交易架构，通过连接大量外部品牌商，服务微信用户，扩展了微信生态范围，提升了云集对微信平台的互补性。

(2)平台镶嵌战略通过连接多边用户，聚集生态系统焦点企业所需要的生态外部用户，形成对数字生态系统的社会防御机制，从而降低对数字生态系统的依赖度

参与企业通过构建子平台或子生态为其他生态参与企业提供基础区块，促进参与企业之间进行交易和创新活动，提升了这些用户对所构建子平台或子生态的黏性，形成对数字生态系统的社会性防御，降低了生态系统对参与企业的不可替代度。举例而言，云集与供应链上游形成合作，通过自身强大的销售能力，为厂商打造爆款、为微信店主带来收入，云集与这些微信生态参与企业达成了良好的合作联盟关系，形成了社会防御机制，这降低了云集对微信平台的依赖度。

图 12-5 是对上述三大参与企业数字生态系统战略差异的简要图示。

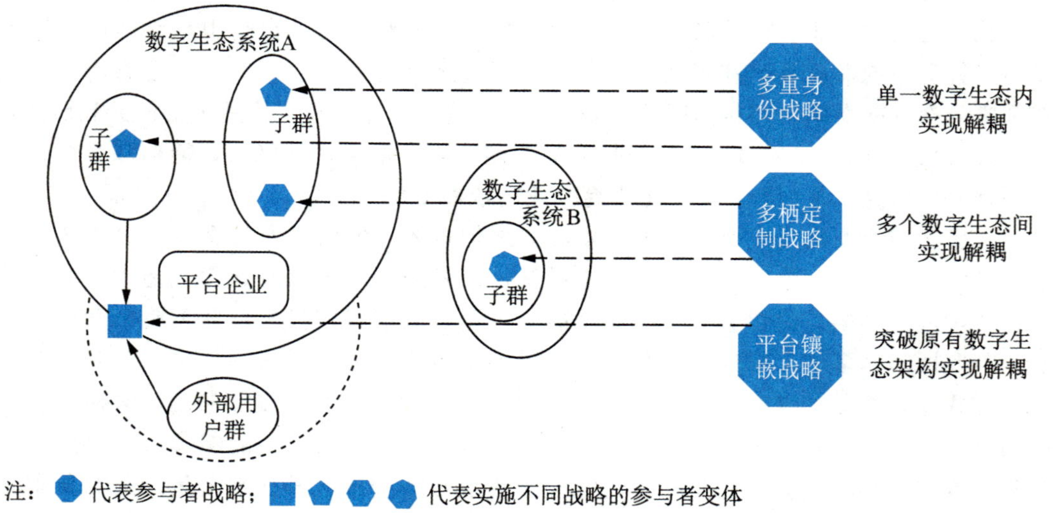

图 12-5　参与企业数字生态系统战略的差异

资料来源：改编自王节祥、陈威如、江诗松，等：《平台生态系统中的参与者战略：互补与依赖关系的解耦》，载《管理世界》，2021，37(2)。

4. 适用边界

多重身份战略、多栖定制战略和平台镶嵌战略这 3 种数字生态系统参与企业战略的选择和实施效果会受到诸多边界条件的约束。

(1)3 种战略本身对参与企业的资源和能力要求有所差异

多栖定制战略是在不同生态间实现解耦，平台镶嵌战略是要突破平台生态已有架构设计，相对多重身份在单一生态内的解耦，这两大战略对参与企业能力的要求更高。因此，参与企业在进行战略制定时，需要将参与企业的异质性纳入分析，形成与参与企业类型特征相匹配的适应性战略。

(2)3 种战略容易受到外部环境变化的影响

环境变化会引发数字生态系统中的主导企业发展方向和治理策略的演变，导致参与企业现有战略不再适用，需要做出调整。从数字生态系统看，外部环境变化主要包括：一是需求端(demand-side)的用户需求演变，例如用户的消费升级迫使参与企业的品牌升级；二是供给端(supply-side)的供给结构演变，例如大型品牌商的加入使得淘品牌商家发展受限；三是不同平台生态间的竞争，例如淘宝面临来自京东和当当的竞争趋强时，开始鼓励导流商发展，但随着淘宝电商市场份额的稳固以及对外部导流的担忧，便缩紧了导流商发展。

(3)3 种战略可能受到特定平台生态系统特征的影响

一般的网络平台生态系统，具有高度开放的特征，为参与企业战略的实施提供了空间。在一些技术平台生态中，规则制定更加精细化，参与企业的能动性发挥大为受限。例如苹果手机应用开发生态对参与企业的能动性约束较强。因此，企业进行战略制定时，需要将数字生态系统治理特征与参与企业战略选择进行关联分析。

12.3.3　数字生态系统中参与企业的动态升级过程

互补和依赖是生态主体间关系的一体两面，生态参与企业需要处理好与生态系统中其他主体的互补和依赖关系张力。数字生态系统中焦点企业与参与企业的合作关系是高度非对称的，焦点企业有众多参与企业可以选择，替换成本低，而对参与企业而言只有少数的数字平台或数字生态系统可以选择，谈判力量弱。如果只关注焦点企业如何发展数字生态系统，而忽视了因为互补关系产生的参与企业价值共创，和因为依赖关系而导致的价值分配，则数字生态系统中的价值创造合作机制并不长久。因此，需要同时将互补性与依赖度纳入分析框架。参与企业与数字生态系统中焦点企业一同推进数字化转型的三阶段过程包括互融过程、共生过程和自主过程(图 12-6)。

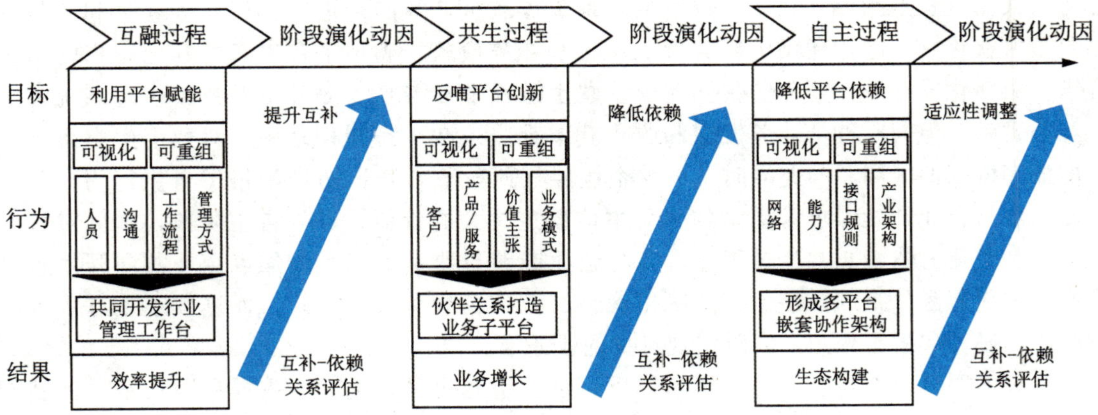

图 12-6　数字生态系统参与企业的动态升级过程模型

资料来源：改编自陈威如、王节祥：《依附式升级：平台生态系统中参与者的数字化转型战略》，载《管理世界》，2021，37(10)。

1. 互融过程

互融过程是指参与企业与数字生态系统焦点企业共同对焦数字化认知及行业未来

发展趋势，明确合作的基础，进而推动所在行业的人员和沟通要素数字化，重组工作流程和管理方式，打造出一种给行业用的数字化管理工作台，提升了运营效率。此过程中，参与企业较为依赖数字生态系统赋能，对数字生态系统的贡献有限，为了避免被边缘化，需要向共生阶段拓展。互融过程中，参与企业推进数字化转型面临资源和能力约束，希望利用数字生态系统的赋能来加快自身的数字化进程，重点是将原本线下运营的业务线上化，利用数字技术提升业务运营的效率。

具体而言，参与企业可以采取以下行动：①人员可视化，即将管理流程中所涉及人员的身份信息、岗位信息等进行标签化和在线化；②沟通可视化，即沟通行为的过程全面在线化和可视化；③工作流程重组，即以人员可视化与沟通可视化为基础，推动参与企业内外部管理工作在线，原有工作流程重组升级；④管理方式重组，即以人员可视化与沟通可视化推动工作流程重组，企业运营在线，沉淀数据驱动企业管理方式的重组升级。

以工业设计领域的传统企业洛可可集团为例，洛可可依托钉钉实现从一家传统的工业设计公司转型为线上线下一体化、业务链路高效协同的数字化设计集团。2018 年，洛可可加入钉钉平台生态，通过钉钉的数字赋能，实现企业管理效率提升。在共融过程中，洛可可和钉钉在彼此对数字化未来的世界观及服务中小企业发展的价值观方面互相认同，通过领导人的互相欣赏及高层管理人员的互访，包括设置临近的办公点、全面使用相同的工具、语言及技术架构来实现深度互融。洛可可与钉钉互融的结果是构建起设计行业的数字化管理工作台，实现效率提升。管理工作台包括内部协同与外部协同管理两个方面的功能，包含洛钉钉、智能参谋、服务群与项目空间等数字化管理工具。但总体上，平台企业仍处于赋能输出的主导地位，参与者对平台企业是高依赖、低互补的关系。

2. 共生过程

共生过程是指参与企业与数字生态系统焦点企业共同推进所在行业的客户和产品要素可视化，一起构建出全新的价值主张和业务模式，满足平台生态内其他用户的需求，数字化推动双方业务的共同增长。共生过程中参与企业提升了对数字生态系统的互补贡献，但同时整个业务发展和收入获取都嵌入在生态架构之中，对数字生态系统的依赖度依旧很高。与此同时，参与企业经过此阶段合作，初步积累了自主能力。因此，参与企业开始谋求为更多的生态主体创造更大的价值，进入自主阶段，降低对特定平台企业的依赖。共生过程中，参与企业能够与数字生态系统焦点企业共同开发新产品和新服务，帮助数字生态系统拓展新的业务场景和服务模式，促进数字生态系统的用户黏性和生态繁荣，同时实现自身的业务增长。

具体而言，参与企业可以采取以下行动：①客户可视化，即数据帮助锁定目标客群，明确客户需求特征，客户可视化指导参与企业进行市场分析；②产品/服务可视化，即依托数字技术模块化拆解产品，产品可视化指数级地降低了参与企业开发成本；③价值主张重组，即以客户与产品可视化为基础，参与企业和数字生态系统焦点企业针对客户需求设定新的价值主张；④业务模式重组，即以客户与产品可视化驱动参与企业与数字生态系统焦点企业价值主张的重组，进而指导业务模式的创新升级。

以洛可可与钉钉的合作案例为例，尽管洛可可为钉钉构建设计行业管理工作台提供了行业经验，但总体上钉钉是能力主要输出方。此时，洛可可对钉钉是低互补、高依赖的关系，在这种处境下，洛可可开始尝试谋求与钉钉的进一步战略合作。洛可可与钉钉携手构建服务市场，推出云端设计部。钉钉免费的办公模块服务超过 1 000 万家企业级客户，针对这一潜在市场，钉钉与可可共同合作打造延伸的付费服务市场。为了更好地理解钉钉想要发展的应用场景，洛可可在杭州设立分公司，开发出适合的设计服务，洛可可的云设计服务成为钉钉服务市场里的种子供应商，自身演化为钉钉生态中的设计业务子平台，对接钉钉生态用户的设计需求和外部海量设计师资源。面对新市场，满足新需求，双方重组构建新的价值主张与业务模式。钉钉提供平台内用户画像、需求分析和平台基础设施，帮助洛可可升级成为钉钉服务市场中的业务子平台；洛可可提供设计行业经验，帮助钉钉以设计服务为切入点构建服务市场，拓展平台业务边界，找寻到新的生态价值增长点。

3. 自主过程

自主过程是指参与企业与数字生态系统焦点企业一起推进更大范围的网络和能力要素可视化及解构重组。合作主体能够针对新的行业场景，更准确地判断彼此协作的价值和可能性，为整个行业拓展新的产品和服务，满足全行业各方更新升级的需求，数字化帮助参与企业构建起自主生态。但是自主并不意味着参与企业可以离开数字生态系统，初始依附的数字生态系统焦点企业是参与企业推进新业务共创的试验场，数字生态系统自身也在拓展新的细分场景。因此，参与企业还需要持续进行适应性调整，乃至开启新一轮的互融、共生和自主过程。在自主过程中，参与企业作为具备自主能力的子系统，与多个数字生态系统焦点企业合作，重构产业架构，为各方带来新增长，并反哺原生态的平台主；数字生态系统焦点企业则与生态参与企业共同推进原有生态的价值更新。

具体而言，参与企业可以采取以下行动：①网络可视化，即协作网络中的各个合作方，包括参与企业和各类数字生态系统其他企业主体均实现在线化和主体特征的可视化，从而可以快速判断主体间协作的潜在价值和可能性；②能力可视化，即网络中的合作主体都将自身的能力进行标准化、在线化，封装为可以实时调用的能力模块；③接口规则重组，即网络协作与能力可视化是基础，改变了企业与外部生态连接的规则，主体之间合作可以根据用户需求设定互补资源的调用规则；④产业架构重组，网络与能力可视化改变了参与企业与数字生态系统中其他企业主体的接口规则，帮助参与企业推进产业架构重组和自身地位的升级。

承接上一部分有关洛可可与钉钉合作的案例，为了进一步实现自主，洛可可孵化出了洛智能新业务板块，洛智能与钉钉跨越商业设计领域探索教育、工业等新的服务场景。此外，洛智能设计团队不断强化自身智能设计能力，进而与阿里云、阿里巴巴 B2B 采购批发平台(1688.com)和南极人电商等多个平台探索新的业务合作，尝试以数字化能力打通需求分析—品牌定位—产品创新管理—产品设计—生产—营销策划—销售的全产业链。最终，洛可可依靠积累的运营数据和技术能力，推动智能设计的快速发展，逐步成为具有自主能力的设计解决方案子平台，并与多个平台企业合作，形成生态多栖的状态。

值得注意的是，以上三个阶段并不是线性演进、彼此割裂的，而是后一个阶段以前一个阶段的数字化要素为基础，螺旋递进。在多数字生态系统嵌套背景下，三边以上的合作结构中的互补和依赖关系变化将更加迅速、更为复杂，需要参与企业具备适应性调整的能力，在互融、共生和自主过程中进行快速切换，螺旋上升。

本章小结

• 数字生态系统是一个自组织、可扩展和可持续的系统，由差异化的数字实体及其相互关系组成，侧重于实体之间的交互，以提高系统效用、获取效益和促进信息共享，促进内外部合作与制度创新。

• 数字生态系统的主要特征是平台化、共生性、协同进化、自组织和广泛联盟。

• 焦点企业可采纳数字生态系统战略矩阵框架，以执行新的战略在数字生态系统中展开竞争。企业可以动态选择数字基础战略、生产生态系统聚焦战略、消费生态系统聚焦战略、数字垄断战略和数字混合战略，识别数字化提供的新价值机会并掌握在数字生态系统中竞争的新方式。

• 在数字生态系统赢者通吃的格局中，为了获取生态快速扩张的红利，加入已有的数字生态系统，成为生态参与企业的主要进入方式。由于数字生态系统是权力高度不对称的结构，参与企业要提升绩效必须对互补性和依赖性进行整合考量。

• 参与企业对数字生态系统的互补和依赖存在耦合困境，可以采用三大战略：多重身份战略、多栖定制战略、平台镶嵌战略。数字生态系统参与企业的数字化升级过程模型，揭示了参与企业与数字生态系统中焦点企业一同推进数字化转型的三阶段过程，包括互融过程、共生过程和自主过程。

复习思考题

1. 什么是数字生态系统战略？
2. 数字生态系统战略具备哪些特征？
3. 焦点企业的数字生态系统战略矩阵框架由哪两个核心要素组成？
4. 焦点企业的数字生态系统战略包括哪些？
5. 焦点企业在何种情况下选择数字基础战略、生产生态系统聚焦战略、消费生态系统聚焦战略、数字垄断战略、数字混合战略？这些战略有何区别？
6. 参与企业对数字生态系统的互补性与依赖性分别指什么？
7. 数字生态系统参与企业有哪些战略选择？
8. 数字生态系统中的参与企业如何实现动态升级？

案例分析

扫一扫，看资源

洛可可集团依托钉钉平台的数字生态系统战略

第13章　数字企业组织结构

【学习目标】

- 了解数字经济时代企业组织结构的变化趋势
- 掌握网络化组织结构的概念及特征
- 掌握扁平化组织结构的概念及特征
- 掌握数字化组织结构的概念及特征

【关键术语】

网络化组织结构　扁平化组织结构　数字化组织结构　数字中台

开篇案例

阿里巴巴的数字中台战略

2015年年底，当大多数企业忙着进行年度工作总结和下一年规划时，阿里巴巴集团对外宣布全面启动阿里巴巴集团2018年中台战略，构建更具创新性、灵活性的"大中台、小前台"组织机制和业务机制，进而使前台的一线业务更敏捷、更快速适应瞬息万变的市场。数字中台战略将集合整个集团的运营数据能力、产品技术能力，对各前台业务形成强力支撑。

阿里巴巴数字中台战略的源起

阿里巴巴为什么会在这样一个时间点做出如此重大的决定呢？这还要从一次商务拜访说起。在2015年年中，阿里巴巴集团的高管，拜访了位于芬兰赫尔辛基的移动游戏公司Supercell，这家号称是世界上最成功的移动游戏公司，以《部落战争》《海岛奇兵》《卡通农场》等游戏知名。Supercell是一家典型的以小团队模式进行游戏开发的公司，一般来说由2个员工，或者5个员工，最多不超过7个员工组成独立的开发团队，称之为cell(细胞)，这也是公司名字Supercell(超级细胞)的由来。团队自己决定做什么样的产品，然后以最快的时间推出产品的公测版，看看游戏是否受用户欢迎。如果用户不欢迎，迅速放弃这个产品，再进行新的尝试，期间几乎没有管理角色的介入。团队研发的产品失败后，不但不会受到惩罚，甚至会举办庆祝仪式，以庆祝他们从失败中学到了东西。这样的模式使得Supercell公司实现了全年税前利润15亿美元，在2015年App畅销排行榜上Top 10的游戏中，Supercell公司开发的游戏占据了榜单的大半江山。2016年6月，中国腾讯公司以86亿美元收购了员工数不超过200人的Supercell公司84.3%的股权，每一名员工人均贡献的估值超过3.54亿元人民币。

Supercell的模式给参加此次拜访的阿里巴巴高管们很大的震撼，在大家反复的心得交流和讨论中，一个非常重要的问题引起了很多人的反思：信息时代的公司架构到底应该是怎样的？正是有了这次拜访才真正让阿里巴巴的领导层有了足够的决心要将组织架构进行调整。在此次拜访的半年后，时任阿里巴巴集团 CEO 的张勇通过一封内部信说，“今天起，我们全面启动阿里巴巴集团 2018 年中台战略，构建符合 DT 时代的更创新灵活的‘大中台、小前台’组织机制和业务机制”。这标志着阿里巴巴正式启动 2018 年中台战略。

阿里巴巴的“大中台，小前台”的数字中台战略

2015 年之前的阿里巴巴组织架构主要是在业务共享事务部的基础上，把具体业务划分为了 9 类，并对每一块的业务进行了很明确的细分，共下设 25 个事业部，分别由 9 名事业部总裁负责，这时的组织架构是较为传统的树状结构。业务共享事务部是与淘宝、天猫同级别的事业部，集团希望以这样的方式更好地让技术团队同时支持淘宝和天猫的业务，同时也将两套电商的业务做了梳理和沉淀，将两个平台中公共的、通用的业务功能沉淀到了共享业务事业部，避免有些功能的重复建设和维护，更合理地利用技术资源。但接下来的发展却事与愿违。虽然组织架构上共享业务事业部和淘宝、天猫平级，但从对业务的理解和业务贡献的角度来说，淘宝和天猫相对共享业务事业部拥有着更多的话语权，进而导致共享业务事业部在两大业务部门的业务需求下艰难生存着。阿里巴巴最初采用的这种烟囱式的系统架构存在很多弊端，比如重复功能建设和维护带来的重复投资，大量功能和业务在多个系统中同时存在；其次，打通烟囱式系统间交互的集成和协作成本高昂，上游品牌商希望获取用户会员、订单等，“烟囱式”系统将信息拆散在不同系统中，打通成本高；最后，不利于业务沉淀和持续发展，一个系统上线运行五六年后，原先的系统升级改造已经不能满足当下的业务发展诉求，需要整体升级，而这样的升级往往意味着对原有系统推倒重建，之前多年的业务服务能力没有多少被沉淀下来，造成巨大的资产流失。

为了解决资源浪费和效率低下的问题，2015 年经过调整后，阿里巴巴的组织架构不再是传统的树状结构，而变成了网状结构。将之前细分的 25 个事业部打乱，根据具体业务将其中一些能够为业务线提供基础技术、数据等支持的部门进行整合，统一为业务线提供支持和帮助。同时，阿里巴巴将不同业务线共同用到的数据和技术(软、硬件以及分析技术工具)加以整合、沉淀，成立专门的中台部门，统一支持前台业务需求。中台的形式使得企业可以不用重新设计、开发来自不同部门的新业务需求，从而避免重复功能建设和维护带来的资源浪费，也极大地解决了前台“烟囱林立”、新业务创新、开发效率低下的问题。以强大的中台来支持众多业务线，阿里巴巴称其为“大中台，小前台”的中台战略，这成为之后阿里巴巴数据和业务双中台结构的基础。

阿里巴巴的中台战略促使其形成了“厚平台、薄应用”的架构形态，目前阿里巴巴集团前端超过 25 个业务单元(如淘宝、天猫、聚划算等大家熟知的业务)均不是独立地构建在阿里云的云平台之上，在后端阿里云技术平台和前端业务间有了一个“共享业务事业部”，阿里巴巴集团前端业务中公共、通用的业务被沉淀到了这个事业部，其中包含用户中心、商品中心、交易中心、评价中心等十几个中心，而共享业务事业部正是“厚平台”的真实体现，为阿里巴巴各种前端业务提供相应服务中心领域内最为专业、稳定的业务服务。

阿里巴巴数字中台战略的优势渐显

阿里巴巴从 2015 年年底开始实施的数字中台战略，极大地促进了公司层级管理上

的扁平化，使得管理更加高效，组织运作效率提高，业务更加敏捷灵活。具体而言，实现了不同部门和事务部之间的信息共享。随着公司的发展壮大，许多业务部门内提供基础支持的工作可能会有很大程度上的重复。比如两个相互独立的业务部门同时开发 App，两个团队很可能在同时开发同样的功能，重复解决同样的技术问题，同时写差不多的代码，信息不能共享，导致许多资源的浪费。此外，随着阿里巴巴下设的部门越来越多，分工越来越细，某个员工为了创新，需要协调研发、产品及运营等多个部门，沟通过多直接导致创新成本居高不下。数字中台可以将数据变得可复用，解决了阿里巴巴持续创新所带来的成本过高问题。

资料来源：钟华：《企业 IT 架构转型之道：阿里巴巴中台战略思想与架构实战》，53 页，北京，机械工业出版社，2017。

思考与讨论：

1. 阿里巴巴在实施数字中台战略之前遇到了哪些困难？
2. 阿里巴巴调整前的“烟囱式组织架构”存在哪些弊端？

13.1 组织结构的变化趋势

在传统工业经济时代，许多公司的内部组织管理结构主要以等级管理制度为主，包括直线制、职能制、直线职能制、事业部制以及模拟分权制等，这些组织结构有明确的管理层级，且权责分明。尽管在企业发展的初期这种结构模式规范了员工的工作行为，推动了科学管理制度的建立，但随着企业的成长和步入成熟期，它严重束缚了员工的工作积极性和灵活性。在管理层级明显的组织结构中，这种集权化的模式使得组织员工只得听令于上级管理者，而无法最大程度自由发挥每个人的主观能动性，从而造成人力资源的浪费和集体智慧的丧失。在数字经济背景下，企业之间、企业与顾客之间的边界变得模糊，数据共享因素在企业获取竞争优势的过程中发挥着越加重要的作用。随着数字经济所带来的顾客对于消费的升级换代，消费者尤其对于实时性体验的追求不断增强，这进一步要求企业各个职能部门之间要加强协同配合，对顾客需求做出即时响应。

13.1.1 组织结构更趋网络化

当前，企业面临的内部外环境均发生了显著变化。首先，企业各个职能部门之间的协同水平不断得到增强，这主要体现为企业横向业务的协同以及纵向业务的融合。这种不同业务部门之间的跨界融合促进了大量数据和信息的快速传递，由此需要企业加快构建更加网络化的组织结构来满足各个部门之间的信息传递和沟通。其次，随着数字技术的飞速发展，企业所面临的外部市场更加动荡和复杂。不同企业之间往往会建立联盟关系来共同承担市场风险，从而将市场风险降到最低，这种建立企业联盟的方式，体现了组织结构向着网络化发展的趋势。最后，在网络化组织结构下，企业各项工作的开展都在一个网络化平台中进行，每个人都要清醒地认识到任何一项工作都需要合作，在合作过程中，员工可以互相学习，共同进步。

在网络化组织结构下，组织中的每个员工都可能成为项目的核心人员，不仅能够最大化体现员工的自身价值，同时也可以为大家提供技术、资源、经验等信息的支持，推动项目高效地完成，并且还可以为企业相应地减少人力成本。此外，由于网络化组织结构下的组织运营往往以节点为单位，因而企业与顾客都成为网络上独立的节点并通过传递实时数据来建立联系。这种数据的实时连接主要得益于数字技术弱化了物理时空下企业对资源配置的主导作用，使得经济时空的外延不断拓展，从而提高了要素流通对于价值创造的效率与效果。

13.1.2 组织结构更趋扁平化

随着数字经济浪潮席卷全球、企业的市场竞争不断加剧、数字技术的发展日新月异以及客户的市场需求更趋个性化，都要求企业尤其是数字企业建立起能更好适应环境、更快重组资源的扁平化组织结构。数字技术的快速发展和企业的数字化转型是组织结构更趋扁平化的直接原因。

构建扁平化的组织结构首先需要企业内部消除冗余层级，减少数据和市场信息在传递过程中由于层级过多而出现“失真”问题，提高企业对市场变化的精准预测能力；其次，扁平化组织结构所具有的结构简洁，反应灵敏、迅速，灵活多变等优点，不仅使得企业能够对外部市场需求变化做出即时响应，而且这种组织结构还有利于缩短上下级之间的权利距离，加快组织内部的各类数据信息的纵向流通，降低企业的运营成本；最后，由于扁平化组织结构下的组织管理幅度较大，管理者和组织员工具有较大的工作自主性、积极性和满足感。因此，数字化背景下的企业越来越倾向于采用扁平化的组织结构。

13.1.3 组织结构更趋数字化

在传统 IT 建设方式下，企业的各种信息系统大多是独立采购或者独立建设的，无法真正做到信息的互联互通，导致组织内部形成多个数据孤岛。尽管随着互联网、移动互联网的发展给企业带来了新的业务模式，比如很多企业尝试通过服务号、小程序、O2O 平台等新模式来试图直接与消费终端顾客建立交易关系，但在这种新模式下产生的数据往往无法打通与传统模式下数据的联系通道，进而更加剧了企业的数据孤岛问题。分散在各个孤岛的数据无法很好地支撑企业的经营决策，也无法很好地应对快速变化的市场环境。

伴随着云计算、大数据、区块链和人工智能等数字技术的迅速发展，以及这些技术与传统行业的快速融合，企业数字化、智能化转型的步伐逐渐加快。据统计，截至目前，全球至少 50%的 GDP 已被数字化，而每个行业的增长都会受到数字产品与服务、数据化运营的驱动。数字化转型成功的企业，其内部和外部的交互均以数据为媒介，业务的快速变化反馈在数据上，企业能够迅速感知并做出反应。同时，数字化赋予了数据的复用性，使其越用越多，越用越有价值。因此，各类企业迫切需要从数字化角度对组织结构进行重构，建立一套能够融合新老模式的中台化结构，进而整合分散在各个孤岛上的数据，以快速形成数据服务能力的数字化组织结构，这套迫切需要企业架构的数字化组织结构就是数字中台。

综上，相较于传统工业经济时期的科层制组织结构，在数字化转型背景下，数字企业的组织结构呈现出网络化、扁平化和数字化 3 种特征(图 13-1)。

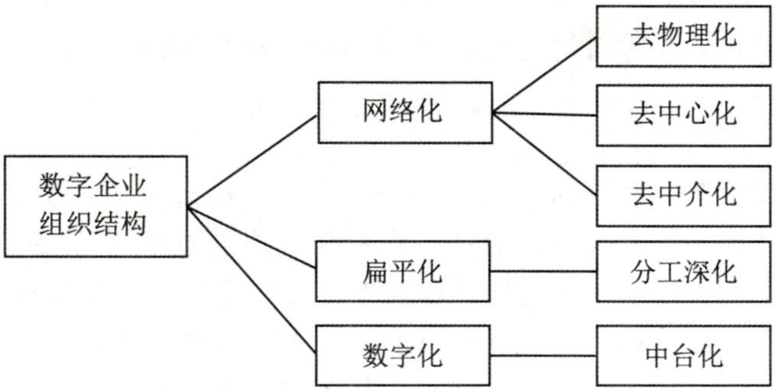

图 13-1　数字经济下企业的组织结构特征

资料来源：改编自戚聿东、肖旭：《数字经济时代的企业管理变革》，载《管理世界》，2020，36(6)。

13.2　网络化组织结构

近些年出现的网红经济、赢者通吃、虚拟经济等都是数字经济持续活动的结果，其背后逻辑都与组织结构网络化的制度基础和社会秩序分不开。网络化组织结构往往对应于传统的科层制的组织结构，是科层制结构根据外部环境变化而进行适应性变革的结果，体现了组织结构的演进过程。与工业经济环境相比，数字经济环境下的资源属性、信息结构和价值实现方式均发生了根本性变化，从而促进组织结构也发生了根本性变化，即由传统工业时期的科层制结构向数字经济时代的网络化组织结构转变。

13.2.1　网络化组织结构的概念

网络化组织结构是一种由几个精干的中心机构构成，以契约关系的建立和维持为基础，依靠外部机构进行制造、销售或其他重要业务经营活动的组织结构形式。被联结在这一结构中的各经营单位之间并没有正式的资本所有关系和行政隶属关系，只是通过相对松散的契约(正式的协议契约书)纽带，透过一种互惠互利、相互协作、相互信任和支持的机制来进行密切的合作。采用网络化结构的组织，他们所做的就是借助互联网、大数据、云计算等数字技术来创建一个物理和契约关系网络，与独立的制造商、销售代理商及其他机构达成长期协作关系，使他们按照契约要求执行相应的生产经营功能。由于网络化组织的大部分活动都是外包、外协的，因此，公司的管理机构就只是一个精干的小型团队，负责监管公司内部开展的活动，同时协调和控制与外部协作机构之间的关系。

网络化组织结构还体现为数字企业各个职能部门之间的协同，具体指横向业务的跨界入局以及纵向业务的融会贯通。在网络化组织结构中，企业和客户都表现为一个个独立的节点，节点之间则通过数据传递来实现企业与顾客的实时互动。通常网络化组织的运营以节点为单位，这种连接方式具有去中心化、去中介化等特点；同时，在数字化空间中，经济时空的外延不断拓展，逐渐取代物理时空在资源配置当中的地位，从而进一步提高了要素流通对于价值创造的效率与效果。

13.2.2 网络化组织机构的特征

当前，数字化背景下的网络化组织结构往往具有去物理化、去中心化和去中介化等特点。

1. 去物理化

工业经济时代，企业经济活动只有一个世界——物理世界。数字经济时代，出现了两个世界并存的状况。企业经济活动可在物理世界与数字世界之间来回“穿越”。不仅如此，利用数字孪生技术，通过把物理世界、物体信息、业务场景映射到数字世界，越来越多的经济活动迁移到了数字世界当中，导致两个世界换位：物理世界沦为辅助，数字世界成为主体。这样一来，数字世界替代物理世界，包括线上替代线下、虚拟空间替代实体空间，即企业经济活动的去物理化。例如，基于数据的制造范式，可以创造出脱离土地发展的新模式，破解土地缺乏供给弹性的难题，从而大幅度地节约土地，即去物理化生产。再如，基于线上的居家办公模式，不仅可以大大节约通勤时间、空间，还可大幅度地节约办公用地，即去物理化办公。未来数字企业能够在多大程度上去物理化发展，正成为衡量其产业链供应链安全发展的重要标志。

2. 去中心化

工业经济时代，企业采用金字塔型垂直结构，官僚化、层级化是其重要特征。尽管后来部分企业改为倒三角结构，即高层为中层服务、中层为基层服务、基层为用户服务，但中心化程度仍然较高。数字经济时代，企业内部中间部门、中层部门被取消了，其重构为敏捷前台、共享中台、基础后台，通常被称为三台架构；加之企业内部引入市场机制，即企业完全市场化，其典型做法是，人人成为创客，十几人或几十人成为一个微经济体。这样一来，企业组织结构经历了从“帆船”(中小型企业)到“巨轮”(“大一统”企业体)再到“联合舰队”(“模块化”企业群)的演变。在“联合舰队”的形态下，其中的若干微经济体作为模块，可进可出，可大可小，可以与外部环境适时契合、动态匹配。因此，企业变成了由一个个节点组成的价值网络，进而成为一个生态系统。在这个生态系统里，没有中心，或者说任何个体都是中心，即多中心化或去中心化。比如，网飞的“放飞”型企业文化，不设层级，员工可以不拘泥于规则来自由选择自己的工作时间，这种“颠覆性”的管理模式使网飞的股价大涨。

3. 去中介化

工业经济时代，由于时间差、空间差的存在，加之信息不对称、不透明造成的信息差，这为中介环节的存在提供了天然土壤，中介环节在连接生产者和消费者之间实现供求总量、结构均衡上发挥了重大作用。数字经济时代，从时间上实现了即时联系，从空间上实现了即时到达，使得信息对称性、透明度提高带来的信息差消失，消费者与生产者之间点到点、端到端，直通直达、无缝对接。这样一来，中介环节的存在价值发生动摇，去渠道化或去中介化正成大势。不仅如此，随着个性化定制需求的不断升级，越来越多的消费者直接参与企业设计、研发、生产、制作，消费者与生产者由分离走向合一，即“产消者”的出现，导致中介环节彻底消失。总之，去中介化的实质是以一种更高效率、更低成本的新模式取代旧模式。如瓜子二手车直卖网开创的 B2C 电商新模式，明确提出没有中间商赚差价的去中介化策略，为其吸引了大批顾客，使之成为“2019 胡润最具价值民营品牌”。

13.3 扁平化组织结构

当前世界各国企业正处于由传统的工业企业向以数字驱动的数字企业的转型期，毫无疑问，在新的组织模式下不可避免地会对现有市场带来巨大冲击。为了有效应对数字技术给各行各业所带来的破坏性创新，企业必须对变化着的市场需求做出即时响应，才能在这一大变革时期赢得发展先机。要想对市场需求变化做出即时应对措施，那么在企业内部就有必要消除冗余层级，减少信息或数据传递的迟滞性。目前传统的垂直型、多层级、封闭的组织结构缺乏对数字经济的灵活应变能力，已被研究所证明是一种低效的组织管理结构，难以适应数字技术的发展要求。在此情况下，通过减少行政层级，裁剪冗余，从而建立一种紧凑、干练的扁平化组织结构，越来越得到学界和业界的认可。

13.3.1 扁平化组织结构的概念

在数字背景下，数据信息的随时共享和无缝对接要求企业管理者对管理层级不断简化。这种管理层级的不断压缩和管理幅度的不断增加，就使得组织结构由起初的金字塔状组织形式转变成扁平状的组织形式。面对市场环境的瞬息万变，企业组织必须做出快速反应和迅速决策以保持企业的竞争优势，而组织结构的扁平化无疑增强了组织快速反应的能力。本章认为扁平化组织结构指的是通过减少行政层级，裁剪冗余，建立一种紧凑、干练的组织结构。

在数字企业中，扁平化组织结构能够以用户为中心，基于小型团队的分散化决策以及更广泛的链接与集合，加快资源的交互与整合，已经成为数字企业内部组织结构的最佳方案。首先，在扁平化组织结构下，所构建的若干个小型团队将致力于持续强化用户在产品价值创造过程中的作用，而对于企业的核心能力提升则更加侧重于价值整合、价值供给以及改善用户体验等方面。其次，扁平化组织结构还可以依靠数字技术为小型团队与用户的沟通以及小型团队之间的交流、合作提供所需的各类技术支持。再次，扁平化组织结构为数字企业的组织边界由清晰向模糊化转变提供了可能，即组织结构的无边界化倾向。这主要是因为在数字经济时代，仅凭单个企业难以实现充分利用市场机会和资源的目的。最后，传统的组织设计强调因岗择人和组织的刚性，很少考虑到人的因素。这在数字技术已经成为构筑企业核心竞争能力主导来源的今天，已显得不合时宜。而扁平化组织结构由于其管理幅度较大，企业主管人员能够赋予员工较大的自主性、积极性和满足感，进而更乐于让员工享有更充分的职权。

13.3.2 扁平化组织结构的特征

扁平化组织结构与传统的科层制组织结构有许多不同之处。由于科层制结构是建立在专业分工、经济规模的基础之上的，因而各职能部门之间界限分明。这样建立起来的组织必然难以适应环境的快速变化。而扁平化组织结构，需要员工打破原有的部门界限，绕过原来的中间管理层次，直接面对顾客和向公司总体目标负责，从而以群体和协作的优势赢得市场主导地位。表 13-1 总结了科层制组织结构与扁平化组织结构的差异点。

表 13-1 科层制组织结构与扁平化组织结构的差异

对比项目	科层制组织结构	扁平化组织结构
层次与幅度	管理层级多、幅度窄	管理层级少、幅度宽
权力结构	较集中、等级明显	分散、多样化
等级差异	不同等级差异大	不同等级差异较小
沟通方式	上下级之间沟通距离长	上下级之间平级斜向沟通
职责	附加于具体的职能部门	多方主体共同承担
通信方式	传统通信方式	大数据、人工智能、云计算等数字技术
协调	通过等级结构很明确的规定管理程序	手段多样，注重人员间的直接沟通
持久性 适用环境	倾向于固定不变 较稳定环境	不断适应外部环境的变化 快速变化环境
企业驱动力	高层管理者驱动	用户需求和市场需求驱动

当前，扁平化组织结构具有如下特征：首先，扁平化组织结构要求员工要以运营流程为核心，而不是将组织结构构建在职能部门上。具体而言，公司的组织结构要建立在整体核心流程之上，而不是围绕职能部门，相应地，员工的主观能动性将得到显著提升。其次，扁平化组织结构能够简化纵向管理层级，对中层管理者的规模进行相应压缩。具体而言，扁平化组织结构要求扩宽企业的横向管理幅度，削减烦琐的纵向管理层级，并压缩或取消一些中层管理者的岗位设置，使企业自上而下的指挥流程尽可能短。再次，扁平化组织结构还可以将企业核心职能和权力向基层单位结构下放，减免市场顾客反馈信息量滞后。由于基层员工能与市场顾客直接接触，此时若他们拥有对相应事件的基础决策权，则可以有效提高市场顾客反馈信息的解决效率，避免逐级传达过程中信息的失真与滞后，将大幅提升服务质量，更快捷地响应市场变化。然后，扁平化组织结构还有利于企业有效运用现代数字技术，从而使得企业内部各职能部门和岗位通过人工智能、云计算、大数据以及区块链等数字化工具进行信息和数据的交流传递，提高各业务单元之间的沟通效率。最后，扁平化组织结构要求企业实行目标责任制管理考核，在将决策权下放给员工的同时，企业还需要对员工和职能部门实施目标责任管理考核，随后员工和职能部门做出相应的决策，并为之负责，充分发挥员工主观能动性，让每一个员工都能成为企业的主人。

13.4 数字化组织结构

尽管信息技术的发展助推了第三次科技革命浪潮在世界范围内的兴起，但在传统信息技术模式下，企业的各种信息系统多是独立采购或者独立建设的，无法实现数据信息在企业之间的互联互通，这会使企业内部存在多个数据孤岛。伴随着近些年人工智能、区块链、云计算和大数据等数字技术的迅猛发展，企业的数字化转型、智能化转型的步伐得以加快。因此，在当前背景下，企业迫切需要从数字化角度对组织结构进行重构，从而建立一套能够融合新老模式，整合分散在各个孤岛上的数据，以快速形成数据服务能力的数字化组织结构，从而为企业经营决策、精细化运营提供支撑。

数字化组织结构是指为数字化团队提供可用的资源，同时在技术、系统、业务等多个领域创立连接端口，以此来塑造整体的数字化组织。这种组织结构不仅有利于促进组织内不同部门之间的敏捷性与灵活性，而且还有利于加快数字化企业的信息共享和资源协作，进而打破信息孤岛和资源壁垒，最终为数字企业员工提供沟通和协作的平台。当前，数字中台是数字化组织结构实施方式的典型代表，本节将重点介绍数字中台的概念和特征，以期帮助读者加深对数字化组织结构的理解。

13.4.1 数字中台的概念

1. 数字中台的定义与内涵

与许多新兴概念一样，目前学界和业界对数字中台的概念还没有清晰的定义。有人认为数字中台是云平台的一部分，包括业务中台和技术中台；有人认为数字中台是数据的分享、整合和深度分析；也有人认为数字中台是“计算平台＋算法模型＋智能硬件”，不仅有云端大数据，还需要智能设备帮企业在终端收集客户数据。尽管不同的人对数字中台有不同的理解，但归根结底，数字中台是与数据打交道的一种运行机制，是企业的一种战略选择和组织形式。具体而言，数字中台是企业根据其特有的业务模式和数字化的组织结构，以有形的产品和数字化转型方法论为支撑，构建的一套持续不断把数据变成资产并服务于业务的机制。在该机制下，数据不仅来源于业务，而且通过提高对数据的整理和分析还能反哺企业业务，进而推动数据与业务之间的不断循环迭代，最终实现数据变现。

由此可见，通过数字中台使得企业能够将数据变为一种服务能力，这种能力不仅可以提升企业的管理决策水平，而且还可以支撑企业各项业务的发展。此时，数字中台不仅仅是一种技术，也不仅仅是一个产品，而是一套完整的使数据活起来的运行机制。这种机制需要企业从战略、组织、人才等方面来全方位地规划和保障企业的数字中台建设，而不能仅仅停留在工具和产品层面。

中台(middle office)不仅代表一种企业组织管理方式和理念，从技术系统角度来看，中台也可以作为一种新型的企业 IT 设施架构。为构建组织中台系统，有些企业会专门成立中台技术团队来整体负责、实现和运营。因此，为了更好地看清企业的数字中台全貌，本章分别从组织管理层面和组织技术层面来理解组织中台。

当中台作为组织管理方式时，意味着要在公司内部构建统一的协同平台。首先，协同平台可以让公司内部的各业务平台保持相对的独立和分权，保证对业务的敏感性和创新性；其次，在该平台内的各职能部门可以实现协调一致，在集权与分权之间达成平衡，并为公司新业务、新部门提供成长空间，从而大幅度降低组织变革的成本；最后，中台战略还能够为各部门整理汇总各个业务模块上的共性需求，最大限度减少企业生产上的重复浪费。

当从技术系统角度来理解中台时，可以将中台看成一个企业级共享服务平台。传统的 IT 系统或套件没有太多关注系统能力的复用和共享。因此，企业在多年的信息化过程中引入和建设了多套具有重复功能的烟囱型系统。而中台则要求企业对组织能力进行细粒化分析，识别共享能力，并将共享能力建设成为统一的平台。从这方面看，中台不是一个单系统的服务机制。由此，我们认为中台是组织能力的枢纽和对这种能力的共享，它可以在集中的基础上将分权或独立发展的各个业务模块进行联通，并为各业务提供统一的服务。一切将企业的各式各样的资源转化为易于前台使用的能力，进而为企业进行以客户为中心的数字化转型服务的平台，都可统称为中台。

2. 数字中台的类型

众所周知，数字中台是从多个相似的前台业务应用共享的需求中产生的，我们常说的数字中台往往属于业务中台的范畴。然而，数据又是从业务系统中产生的，因而可以把业务系统中的数据存储和计算能力单独剥离出来，单独成立提供数据存储和计算服务的数据处理中台。这样不仅可以简化业务系统的复杂性，还可以让各个系统采用更符合企业实际的技术，专注于自身所擅长的业务。比如，业务部门就专注于市场的开发、产品生产效率的提高以及顾客需求的满足，数据部门则只专注于市场信息的获取以及顾客数据的分类与分析。因此，我们将数字中台分为业务中台和数据中台两种类型。

(1)业务中台

阿里巴巴所开发的 IT 架构就是典型的业务中台类型，它是通过对企业的整体战略、业务支撑、连接消费者与业务创新等方面的统筹规划，构建的以阿里巴巴电商交易为主要内容的业务中台。阿里巴巴业务中台的主要职责是支撑在线业务，比如阿里巴巴一开始将淘宝作为平台方连接商家和消费者，从而进行电子商务活动，随后衍生出的天猫，本质上还是电商交易平台，二者都涉及前台、中台和后台的业务流程。

业务中台由以商品交易为核心的领域组成，交易的对象是商品，商品通过网络店铺售卖给消费者，交易的凭证是支付记录和货物订单，订单完成后进入商品出库和物流配送流程。前台可以通过促销活动来吸引顾客流量并注重流量数据的汇总，中台会将汇总上来的流量信息进行更深层面的分析，从而做到对顾客需求的精准定位和对顾客潜在需求的精细化预测，后台团队则会对商家的网络店铺、商品进行评价等。以天猫为例，其业务中台主要由会员中心、商品中心、交易中心、评价中心、店铺中心、支付中心、营销中心以及库存中心等多个业务服务中心组成。其中，会员中心主要服务于顾客所进行的商品交易的始终，为顾客提供特定的权益和服务，企业可以通过会员中心与顾客进行互动，以培养顾客忠诚度。商品中心提供管理商品核心数据的能力，其核心职责是围绕商品构建与商品相关的一系列数据，比如商品版本信息、商品品牌、商品属性、商品类目等。交易中心负责企业业务交易订单的整体生命周期管理，所有电商业务的核心系统都是围绕交易订单来构建的。评价中心提供对评价主体对象、评价规则和等级、评价内容、评价操作的管理能力，从而满足不同角色的评价用户对评价内容的发布、追加、平台审核、平台申诉等需求。店铺中心提供企业店铺主体管理、店铺管理、类型管理、经营对象管理等能力以支持企业为商户提供线上门店，同时也支持商户管理、店铺会员等级管理、店铺装修等。支付中心给下游商户输出标准的支付服务，提供代付代收、财务对账等服务，提供对接多个主流渠道，稳定输出微信、支付宝、银联等支付能力。营销中心提供商家的活动计划、申报、审批、执行、核销的全链路管理，也提供基本的促销能力，如优惠券活动、商品满减活动等。库存中心提供仓库、库存、货品、单据、审核、包裹、货品运费、物流运输、接入第三方物流公司等服务能力。

(2)数据中台

从字面上分析，可能会将数据中台与大数据相等同，究其原因，主要是当提到大数据时，我们常常会将其与国家层面的战略发展关联起来，而且数据中台也正是在大数据概念兴起之后产生的。因此相当一部分人会想当然地将大数据与数据中台画等号，一提到数据中台，就立马想起 Hadoop、Spark 等大数据处理技术。然而，二者尽管有交叉，但并不完全等同。大数据只是数据中台的基础设施提供者，二者是一种相辅相成的关系，即大数据技术的迅猛发展和广泛普及，加速了数据中台战略在企业中的落地实施。此外，数据中台对于企业而言，并不是作为一种研发产品而存在，相反，它一定是整合了企业自身数据并经过加工、处理后形成的企业自身数据资产的平台，也是一个用技术连接大数据计算存储能力，用业务连接数据应用场景能力的平台。

由数据中台的概念可知，连接能力是其最核心的内容。由于生产数据的场景越来越多，覆盖了线上、线下等多个渠道，各数据生产资料之间也需要进行连接，才能形成全域的数据。此外，数据在数据中台这个平台上按照标准的模型进行规范加工处理后需要服务于多个场景，同样需要我们提供标准的数据服务接口将数据与应用场景连接起来。因此，连接是数据中台的根本能力，也是数据中台的核心价值所在。图 13-2展示了数据中台的运行机制。

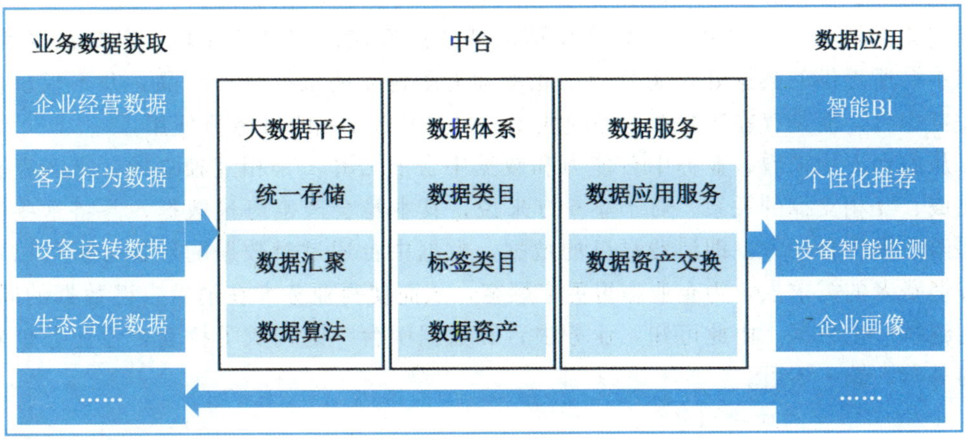

图 13-2　数据中台的运行机制

资料来源：付登坡、江敏、任寅姿，等：《数据中台：让数据用起来》，136 页，北京，机械工业出版社，2019。

(3)业务中台与数据中台的关系

无论是业务中台还是数据中台，都是在企业 IT 系统架构演化过程中形成的，是从企业自身 IT 系统规划、建设、运营等多年的经验中积累出来的共性能力。业务中台和数据中台作为两股力量共同推动了企业数字中台的发展，支撑前台对会员提供从营销推广、转化交易到智能服务业务的闭环服务，促进企业业务的提升和发展(图 13-3)。

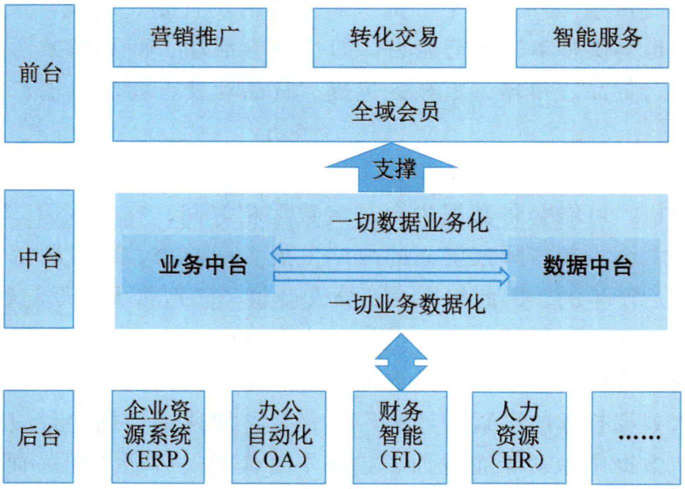

图 13-3　业务中台与数据中台联合驱动数字中台支撑前台业务

资料来源：陈新宇、罗家鹰、邓通，等：《中台战略：中台建设与数字商业》，75 页，北京，机械工业出版社，2022。

业务中台抽象、包装和整合后台资源，转化为便于前台使用的核心能力，实现了后台业务资源到前台应用能力的转化，为前台应用注入了强劲动力。业务中台的共享服务中心提供了统一、标准的数据，减少了系统间的交互和团队间的协作成本。

当数据中台接入业务中台、后台和其他第三方数据后，就可以完成对海量数据的存储、清洗、计算和汇总等，进而有利于提升自身的核心数据能力，为前台基于数据的定制化创新和业务中台基于数据反馈的持续演进提供充足的保障。需要强调的是，数据中台所提供的数据处理能力和在此基础上所建立的数据分析产品，并不仅仅服务于业务中台，而是存在于各个业务模块中，并且开放给所有业务方使用。

从前台应用来看，业务中台能力和数据中台能力并不是相互独立的，二者存在相辅相成、互相支撑的关系。对于业务方来说，其本身会产生海量数据，并将这些数据传递给数据中台一方，即消费自己的数据，数据中台通过对数据的计算分析可以精准把握消费者的需求点，为企业赢得更多顾客，从而使得业务方在消费自己数据的同时，又能继续产生数据。由此可知，业务中台和数据中台一起构成了拉动企业业务创新的两驾马车，缺一不可。

3. 数字中台的功能划分

从 2018 年下半年开始，中台战略如雨后春笋般在各个数字企业中间落地生根。尽管中台战略会给数字企业尤其是互联网企业带来诸多便利，但目前多数企业对数字中台的概念内涵还缺乏整体性认识。为了使数字企业能够更好地利用数字中台，我们在 2019 Forrester 数据中台行业发布的白皮书——《拥抱数据中台，加速数字化转型》的基础上，提出了如下 4 种数字中台职能(图 13-4)，以期为数字企业提供指导。

(1)汇聚整合

数字中台可以对数据进行整合和完善，为企业提供适用、适配、成熟、完善的一站式大数据平台工具，使其能够在简便有效的基础上，实现对数据采集、交换等任

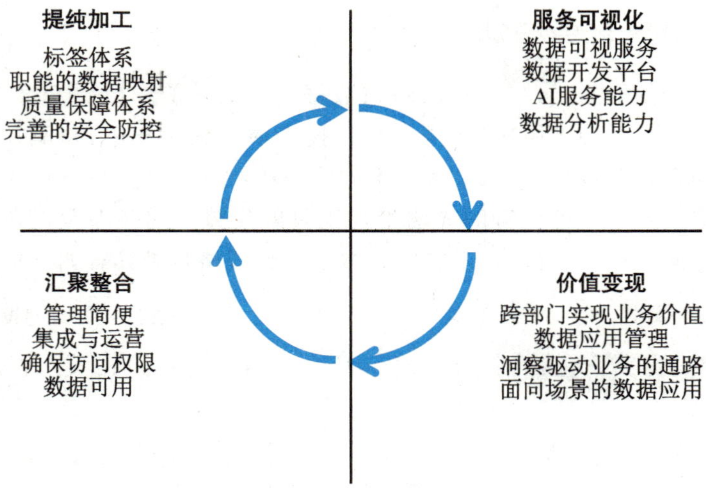

图 13-4　数字中台的职能划分

务配置和监控管理。这要求数字中台本身必须具备数据集成与运营方面的能力，能够接入、转换、写入或缓存企业内外部多种来源的数据，以协助不同部门和团队的数据使用者更好地定位数据、理解数据；同时还要求数字中台具备协助企业提升数据可用性和易用性的能力，具体表现为多种模式的自由转换。

(2)提纯加工

数据的提纯加工过程就是数据资产化的过程，数据资产对企业而言至关重要，因为完整的数据资产体系能够给企业业务带来巨大价值，最终实现企业的业务数据向数据资产的转化。传统的数字化建设往往局限在单个业务流程，忽视了多业务的关联数据，缺乏对数据的深度理解。数字中台战略将多个业务模块的数据相关联，通过统一的数据标准和质量体系，对业务数据进行提纯加工，进而形成标准的数据资产体系，以满足企业对各类数据的需求。

(3)服务可视化

数字中台不仅能够提供便捷、快速的数据服务能力，让技术团队能够迅速开发数据应用，支持数据资产场景化的快速输出，以响应客户的动态需求，而且还能够提供数据化运营平台，帮助企业快速实现数据资产的可视化分析，比如实时流量数据分析、预测分析、机器学习等更为高级的服务。此外，近些年广受欢迎的人工智能技术也能够应用到数字中台上，实现自然语言处理等方面的服务。因此，数字中台必须具备强大的数据分析能力，只有让数据资产服务于业务数据分析才能实现其与业务的紧密结合。

(4)价值变现

数据中台通过打通企业各个职能部门之间的各类数据，提供以前单个部门或者单个企业无法提供的数据服务能力，以实现数据的更大价值变现。具体而言，数字中台要具备提升跨部门普适性业务价值的能力，以更好地管理数据应用，从而将数据洞察变成直接驱动业务行动的核心动能。同时，企业要注重对其业务行动效果的评估，因为没有业务评估就不会给组织带来有效的反馈，进而更难以迭代更新数据来满足客户的个性化需求。

13.4.2 数字中台的特征

不同于IT信息技术，数字中台战略以数据技术为核心，以提升客户价值为目的，并且基于共享服务单元和多层次(数据中台、技术中台和业务中台)驱动的架构设计思想，能够彻底颠覆企业传统的IT以及组织和业务的纵向架构(图13-5)。同传统的IT架构相比，数字中台需要更完善的方法论与工具的支撑，同时涉及对业务的高度认同和管理的全面协同。相较于传统IT技术，数字中台战略自身具有如下特征。

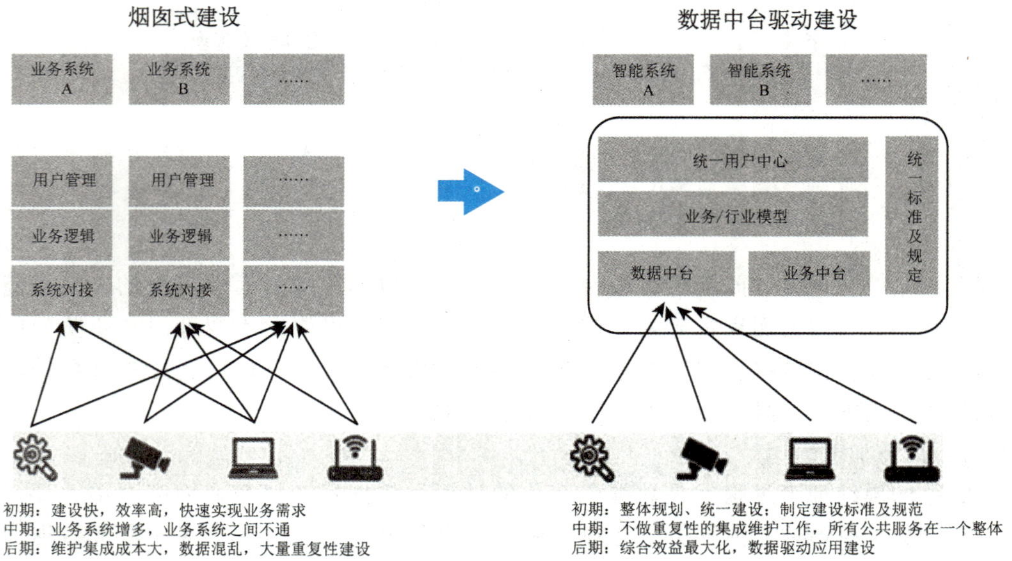

图13-5 传统IT架构与数字中台结构的区别

1. 数字中台是一个能力共享平台

当前，很多产品在应用研发的初始阶段都强调产品的功能性，且这些产品功能或多或少存在重复性。由于企业对这些产品功能的定义并不相同，当客户产生某些需求时，产品功能和功能间的数据很难打通，也无法实现能力共享。采用数字中台战略的企业，其应用开发并不强调功能性，而强调能力的共享。这种能力就像水电煤一样可以直接向外输出使用，从而满足业务部门和用户的不同需求。

2. 数字中台是一个有机的一体化平台

数字中台不只是输出技术能力，数据能力、资产能力、应用能力以及制度能力等也是中台的价值输出。数字中台的核心点在于赋能业务部门及用户，以应用为出发点，快速响应前台和外部的需求，帮助业务部门产生业绩，形成企业增长。因此，数字中台是一个包含模型资产、应用资产、工具资产、技术资产的一体化赋能平台。

3. 数字中台代表的是新一代的数据架构思路

随着科学技术的发展，人们的需求千变万化，各种应用的产生也就顺其自然，而以纯技术为导向的中台很难快速响应外部的应用需求。数字中台是一种端到端的技术平台，而不是一堆API的接口，其更注重业务端的使用和业务价值的体现，其工作原理是以应用为出发点来进行数据整合，最终呈现的结果是数据应用的平台。同时，数字中台的建设还需要结合业务部门灵活的应用需求，技术部门强大的数据治理、数据建模等能力，以及公司各个部门和资产的多维配合等。因此，数字中台是集业务、技术和公司资产的有机结合体，并不是片面的、模块的组合体。

4. 数字中台代表的是一种新的技术建设思路

以往，企业在产品打造的过程中主要依靠工程师搭建基础技术架构，在架构搭建完成后再添加应用功能。这种建设思路比较适合产品模式稳定的企业，对于应用需求多变、应用出发点无法一时统一的数字企业来说，并不是最佳的选择。究其缘由是因为依靠工程师或者基础设施建设而生产出的产品往往无法为业务部门提供更多价值。因此，以应用为核心的建设思路才是企业保持长久生命力的关键，而数字中台打破了企业传统的功能式和集成式的建设思路，进而可以帮助企业改变传统的产品应用建设方式。

5. 数字中台不只是多个管理系统和分析工具的集成

传统企业为提高管理效率会部署 CRM、ERP 等多种管理系统，这些管理系统主要承担管理基础数据的作用，虽然也提供一些简单业务分析，但对企业运营决策的价值有限，尤其当企业外部需求越来越多变时，仅仅具有数据采集、存储和简单分析功能的传统企业信息化系统早已无法满足市场需求。为了摆脱困境，一些企业通过将多个管理系统的账号打通，并增设各种分析工具的方式来对原有系统进行技术升级，但这种集成式的建设思路仍无法真正赋能业务对象。更重要的是，多个管理系统和分析工具的集成虽然可能一时为企业解决了部分问题，但是各个系统产品的建设思路不一致，产品与产品间既有重叠功能，也有边界划分，且产品之间定义并不相同，无法形成统一的、无缝结合的数据资产，最终会影响用户对产品的信任。由此，集成式的建设方式产生了巨大的维护成本和治理成本，并没有达到数字中台建设的真正目的。

本章小结

• 在数字经济背景下，组织结构的变化趋势体现在：组织结构更趋网络化、扁平化、数字化。

• 数字中台是指企业根据其特有的业务模式和组织结构，以有形的产品和数字化转型方法论为支撑，构建的一套持续不断把数据变成资产并服务于业务的机制。

复习思考题

1. 相较于创业企业的组织结构，数字经济时代企业的组织结构有哪些显著变化？
2. 在数字化背景下，具有显著特征的组织结构的概念、特征分别是什么？
3. 简述数字中台的主要类型及其显著性特征。

案例分析

扫一扫，看资源

海信集团：以平台能力重构中台战略

第14章　数字化情境的企业社会责任

【学习目标】

- 了解企业社会责任的基本概念
- 熟悉数字化情境下企业社会责任的内涵
- 掌握数字化情境下企业社会责任的类型
- 掌握数字化情境下企业社会责任的影响因素
- 了解数字化情境下企业社会责任面临的挑战
- 掌握数字化情境下企业社会责任的应对策略

【关键术语】

数字化情境　企业社会责任　隐私保护　算法技术　数字垄断　社会责任动态监管系统　社会责任治理体系

开篇案例

字节跳动的平台履责与共享价值创造

字节跳动是一家移动互联网高科技企业，以建设“全球创作与交流平台”为愿景，通过今日头条与抖音等多个产品线连接图文与视频内容创作者、内容消费者以及广告商家与MCN(multi-channel network)机构等，并大量使用人工智能与大数据等数字技术来帮助用户创作内容并进行智能分发。字节跳动在扶贫方面取得多项成果，如入选国务院扶贫办首次发布的“中国企业精准扶贫优秀案例”，入选国家发展和改革委员会发布的全国消费扶贫典型案例，并获得“北京市扶贫协作奖”中的“社会责任奖”。

数字化情境下的企业履责议题：平台扶贫

字节跳动选择以扶贫的方式来承担社会责任，不但是对国家扶贫战略的积极响应，而且是在探索数字化情境下数字平台企业履行社会责任的新模式。随着字节跳动成为国内最大的数字内容平台之一，一些贫困地区的地方政府与企业用户发现今日头条与抖音这种新媒体形式的传播效果很好，就想通过字节跳动平台来宣传当地的农产品，带领农户脱贫。接到较多类似诉求后，字节跳动在贵州、甘肃与当地扶贫企业尝试合作了两个扶贫项目，评估后认为平台在数字技术与信息分发方面的优势能与扶贫相结合，也能与更多的利益相关者建立联系，这推动了公司做出正式开展扶贫业务的决策。

作为迅速成长的新兴数字平台企业，字节跳动通过数字扶贫获取了新的商业机会，实现了企业新增长，并保持和提升了市场竞争优势。在谈及公司最初做扶贫的决定时，扶贫部门主管说：“做扶贫是纯公益的，刚开始考虑就是用盈利支持非盈利，因为公司体量越来越大，影响力也越来越大，需要承担更多的社会责任。但农村也是个巨大的市场，可能营造出一些机会。而且这项工作还涉及平台电商，从商业化的角度考虑，是公司未来重点拓展的方向，值得去探索。”可以看出，扶贫项目涉及广大的农村市场，蕴藏着巨大的商业潜力，开展扶贫工作客观上就会有业务探索的效果。

数字化情境下的企业履责方式：平台嵌入

在内容平台中进行数字扶贫的构架融合。字节跳动开展的两个扶贫项目分别是“山货上头条”与“山里DOU是好风光”，前者是帮助销售贫困地区的特色农产品，后者是吸引消费者来贫困地区旅游。但在项目设计时，都是围绕内容展开，而不是直接进行售卖，这与直接的电商扶贫有很大差异。正如扶贫部门主管所说：“我们首先是一个内容平台，做扶贫和传统电商平台方式不一样，我们要先创作内容。”因此，字节跳动扶贫项目的工作重点是支持与推进扶贫相关内容的创作与供给，进而促进这些内容与平台需求侧用户的匹配与连接，在此基础上进一步推动平台用户对扶贫产品、贫困地区旅游资源的消费。

应用数字平台要素进行业务对接。平台企业往往具有较强的数字技术能力，对于像字节跳动公司这样的内容平台，主要体现在数字内容技术与数字连接技术两方面，一是支持平台上的内容创作(如短视频的拍摄与制作)，二是实现内容的精准分发，两种能力共同支撑与促进平台用户的价值创造与交换活动。在开展扶贫业务时，字节跳动并没有再针对扶贫业务进行专门的技术研发，而是直接应用已有的数字内容技术来帮助扶贫企业与农户创作内容，并通过智能算法来实现这些内容与目标用户的高效匹配，直接实现业务对接。

数字化情境下的企业履责目标：创造共享价值

字节跳动在履行扶贫社会责任时，既创造出短期与长期的社会价值，也为自身带来了不同形式的商业价值。首先，平台履行扶贫社会责任创造出显著的社会价值。扶贫业务的核心逻辑与直接目标就是帮助贫困地区售卖土特农产品和推动旅游消费，因此每个扶贫项目的开展都会为相关贫困群体带来直接与间接收入，创造出经济价值。如“山货上头条”项目累计帮助256 598名建档立卡贫困人口增收，而“山里DOU是好风光”文旅扶贫项目打造了9个贫困县文旅品牌，带动了当地的旅游消费，为低收入群体带来了增收机会与实际经济利益。在扶贫业务开展过程中，字节跳动通过“扶贫达人”计划累计为全国乡村地区培训新媒体人才近10万人次。参加培训后，这些草根创作者在今日头条、西瓜视频与抖音等字节跳动旗下产品平台发布文字、图片与视频，运用所学技能围绕本地生产与生活进行多种形式的创作和直播。其次，平台履行扶贫社会责任创造出显著的商业价值。履行扶贫社会责任深化了字节跳动对于贫困地区的扶贫企业、农户乃至农村市场的理解，积累了相应的知识与经验，为公司带来新的商业机会；此外，在扶贫过程中，字节跳动构建起由不同行动者参与的扶贫价值网络，既包括大量贫困地区的扶贫企业与草根创作者，也包括平台之前未连接或合作的其他组织与机构。这些新用户虽然是在扶贫议题下聚合在一起，但也会为平台带来商业化的资源与收益。最后，基于“山货上头条”和“山里DOU是好风光”项目，字节跳动逐渐建立起涵盖品牌打造、产业培育、培训赋能、内容生产、精准传播、产销匹配与电商经营等各个环节的扶贫模式，而且围绕ROI指标在每个环节都建立起相对规范的流程、策略与方法，这本身是面向农村地区与市场的商业化能力构建。

资料来源：邢小强、周平录、张竹，等：《数字技术、BOP商业模式创新与包容性市场构建》，载《管理世界》，2019，35(12)。

思考与讨论：

1. 字节跳动这一数字平台企业是如何将平台资源与扶贫项目进行融合的？
2. 字节跳动是如何通过履行社会责任实现共享价值创造的？

14.1 数字化情境下企业社会责任概述

14.1.1 数字化情境下企业社会责任的内涵

1. 企业社会责任

责任是伦理学中一个重要的概念和范畴，是指个体或组织根据社会伦理、道德规范而应当做出或不做出的行为。同时，责任也是一个社会学概念，用来指代处于社会环境中的任何个体或组织所负有的职责和任务，具有强制性。它伴随着人类社会的出现而出现，有社会就有责任，责任产生于社会关系中的相互承诺。**企业社会责任是指企业为实现长期经济、环境和社会效益而采取的各种举措和活动，这些行动超出了企业及其股东的直接利益，也超出了法律所要求的范围。**企业社会责任包括经济责任、法律责任、道德责任和慈善责任 4 个层次的内容(图 14-1)。其中，经济责任是企业最根本的责任，指对生产、盈利以及满足消费者需求应负的责任；法律责任处于经济责任的上面，指企业履行其经济责任时不能超出法律所规定的范围；道德责任在第三层，指企业在履行其他责任时必须符合相关的社会准则、规范以及正确的价值观；慈善责任处于顶层，指企业应该为社会的可持续发展做出贡献。

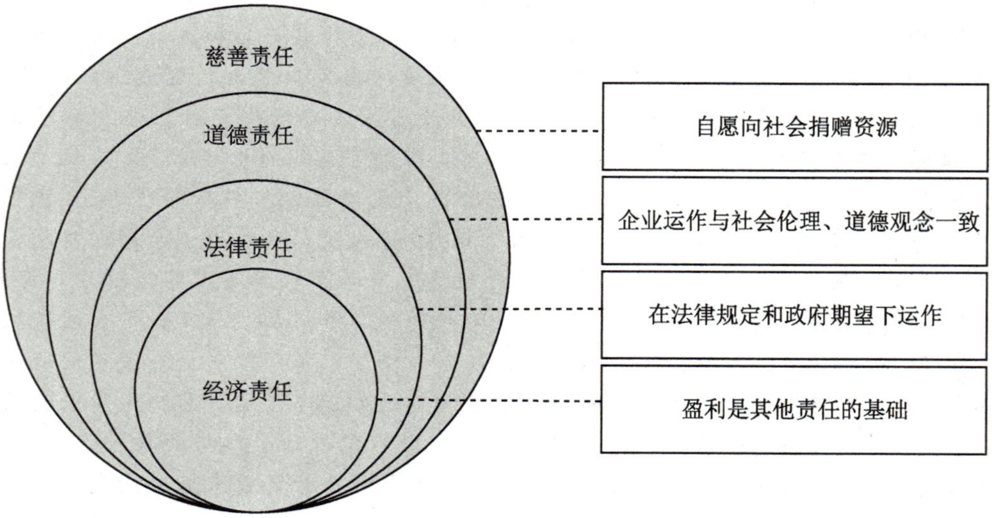

图 14-1　企业社会责任的 4 个层次

2. 数字化情境下的企业社会责任

人工智能、大数据、区块链、物联网、5G 等新兴技术的应用，正在推动数字社会和数字文明的形成，但同时也引发了社会治理模式、重大社会问题解决方式、企业社会责任实践范式的变革。**数字化情境下的企业社会责任是指数字技术变革导致经济、社会、商业环境变化并引发企业经营管理模式演变后，企业以对社会、经济、技术和**

环境负责的方式使用数据和数字技术的行为。主要包括 4 个方面，如图 14-2 所示。

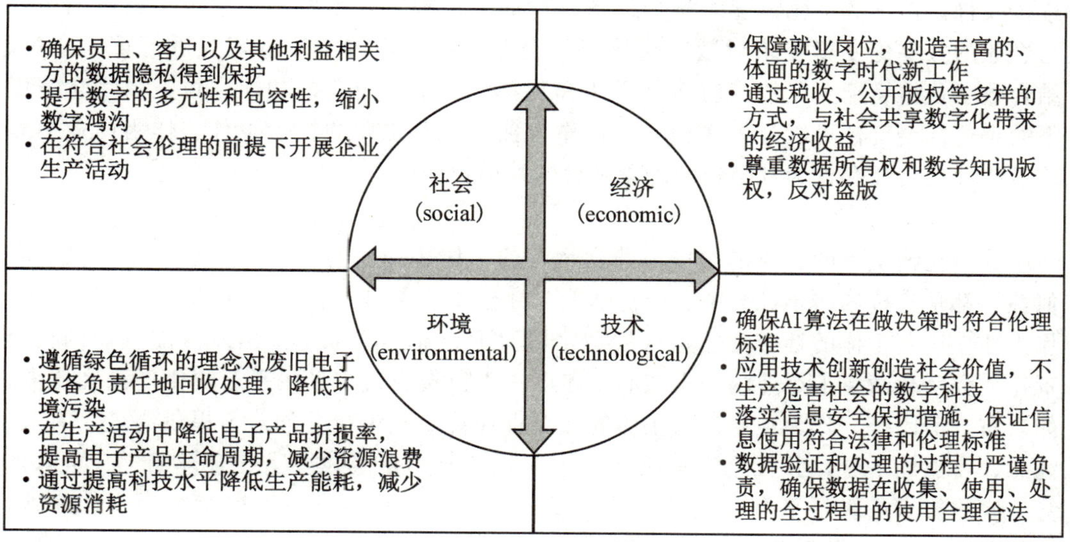

图 14-2　数字化情境下企业社会责任的 4 个方面

资料来源：Michael W，"Corporate responsibility in the digital era，" MIT Sloan Management Review，2020(4)，pp. 7-11.

从社会角度看，数字化情境下的企业社会责任关注企业与人和社会的关系。一方面，关注数据隐私保护，重视数据安全；另一方面，关注数字鸿沟弥合，注重提升数字的多元性和包容性，例如数字技术的应用应当跨越地域、行业、社会阶层和人口年龄结构，缩小贫富之间、城乡之间日益扩大的数字鸿沟。从经济角度看，数字化情境下的企业社会责任关注数字技术对经济市场的影响。例如，未来越来越多的岗位将被机器人取代，在数字领域发展的企业需要承担提供就业岗位的责任；数字经济下企业也需要与社会共享数字化带来的经济收益。从技术角度看，数字化情境下的企业社会责任注重应用技术创新创造社会价值。技术创新需要服务社会发展并创造社会价值，不能应用于对社会产生危害的活动。例如，通过 AI 技术合成深度造假视频，或通过操纵搜索引擎的 AI 算法设置导致信息分发不公平、有偏见，都是与数字化情境下的企业社会责任相违背的行为。2017 年，包括著名物理学家史蒂芬·霍金（Stephen Hawking)在内的 1 000 多名科学界知名学者签署了一封公开信，呼吁禁止将人工智能和类似数字技术武器化。从环境角度看，数字化情境下的企业社会责任关注技术发展与环境保护之间的平衡，数字企业需要通过技术进步帮助解决环境问题，促进社会可持续发展。

14.1.2　数字化情境下企业社会责任的类型

由于数字技术的核心应用是重构市场交易过程、打造全新商业场景与创新商业模式，最终形成全新的经济运行形态。一方面，数字化情境下的数字技术催生了全新的平台经济与共享经济等一系列新的数字企业形态；另一方面，数字技术重塑了厂商的市场交易过程，企业开始利用移动互联网平台、云计算和人工智能等数字技术来对产品与服务的生产数量和类型进行决策，传统产业与数字产业的产业融合度增强，边界逐步模糊。由于数字化情境下整个经济运行形态被数字技术所颠覆，数字企业的出现与企业的数字化变革要求对数字化情境下企业社会责任的主体范畴等进行重新定位。结合数字化情境下企业的普遍运行规律和独特性，基于企业的功能定位，数字化情境下的企业社会责任可以分为3种类型：作为独立运营主体的社会责任、作为商业生态成员的社会责任和作为社会资源配置平台的社会责任。

1. 作为独立运营主体的社会责任

数字化情境下的企业仍然作为独立运营的个体企业，与传统的一般性企业具有相似性，都是直接内嵌于社会中、经济功能与社会功能兼具并相互交融的社会经济组织。作为独立运营主体的社会责任是从数字化情境下企业的功能定位出发考虑企业的社会责任。数字化情境下企业的一类核心功能即作为连接双边市场的平台提供产品和服务，如京东、美团等。作为独立运营主体的社会责任首要是为社会创造与提供高效、有效、满意、合意的平台，其社会责任具备3个层级，分别是底线要求、合理期望、贡献优势。底线要求层级是平台开发与运营需要满足法律法规要求，不违背社会道德底线，如谷歌发布“应该做正确的事——遵守法律、行为端正并相互尊重”的行为准则。合理期望层级是这类数字企业需要满足社会和利益相关方对平台功能与服务的合理要求，通常包括平台的适用性、安全性、可靠性、便捷性、开放性、友好性和扩展性等。贡献优势层级是企业以平台为载体，开展社会并没有预期但是具有前瞻性的功能与服务创新，如拓展平台的非商业性社会服务功能，典型的是淘宝、QQ等多个互联网平台都接入国家公安部儿童失踪信息紧急发布平台，增加与拓展儿童失踪信息的发布功能。

2. 作为商业生态成员的社会责任

数字化情境下企业的社会责任不仅是要保证自身行为对社会负责任，而且需要确保整个数字商业生态圈的运行符合社会责任要求。商业生态圈的社会责任行为来自所有生态圈成员的负责任行动，而生态圈成员履行社会责任除了自律机制外，生态圈内的社会责任“他治”机制也十分关键。接下来，将分别对核心型成员、主宰型成员和缝隙型成员分别进行阐述。

(1)核心型成员

核心型成员在数字商业生态圈中处于最高位置，通常是生态圈界面的搭建者、生态圈内组织关系的协调者以及生态圈规制的维护者。平台供应商就是一个典型的核心型成员。作为核心型成员，平台处于数字商业生态圈的中心位置，是整个生态圈实施社会责任行为的引擎。以核心型成员平台对卖方的行为治理责任要求为例，平台可以通过构建负责任的交易互动规则与社会责任治理机制对卖方行为施加影响。卖方行为治理责任的底线要求层级是平台在影响力范围和能力范围内，推动卖方提供的产品和服务满足质量、安全、环保的底线要求。淘宝平台上一度出现卖方假货劣货盛行、外卖平台上的餐饮商家提供地沟油食品等，一定程度上都是企业对卖方行为治理责任在底线要求层级上的缺失表现。卖方行为治理责任的合理期望层级是平台合理利用自身对卖方的影响力，尽可能地引导、支持、激励卖方提供高品质、高价值的产品、优质高效温馨的服务、真诚友好对待买方等。比如，网约车平台可依据网约车司机获得的客户评价反馈等级进行优先派单设计，激励网约车司机为客户提供合理期望的高品质服务。卖方行为治理责任的贡献优势层级是企业利用与卖方的链接关系，通过积极倡议、鼓励甚至合作促进卖方挖掘和发挥自身的潜在优势。比如，电子商务平台可以鼓励优质卖家利用其信誉口碑佳与销货能力强的优势，帮助销售贫困地区的特色产品。

(2)主宰型成员

主宰型成员在数字商业生态圈中处于略低于核心型成员的位置，其中主宰型卖方是在生态网络中占据关键位置、具有高连接密度的节点企业，它们可以通过平台连接数量众多的买方，如购物平台中的名牌卖家，因此主宰型卖方对其他卖方履行社会责任具有示范效应。主宰型买方是在生态网络中具有高影响力与辐射力、与平台及卖方深度连接的节点用户，他们对其他买方实施负责任的行为具有示范意义，能够对平台和卖方履行社会责任发挥重要监督作用，如明星直播等。因此，虽然平台供应商拥有平台领导权，在数字商业生态圈中居于核心地位，但并不意味着平台能够独断专行与包揽一切，也并不只是平台针对卖方与买方社会责任行为的单向治理，而是需要卖方和买方尤其是主宰型卖方与主宰型买方的民主参与，包括对平台的社会责任监督。

(3)缝隙型成员

缝隙型成员在数字商业生态圈中处于较低的位置，是数字商业生态圈的构成主体。其中，缝隙型卖方依托于平台，立足于自身在某些业务领域的独特能力，网络连接密度小，其社会责任行为具有较大的依从性。缝隙型买方是生态网络中的一般性用户，与平台及卖方主要是交易性、间歇性甚至偶尔性的普通连接，例如购物平台中的普通用户。缝隙型买方对平台和卖方履行社会责任也能起到补充性监督作用。另外，还有政府对平台和双边用户主要发挥社会责任引导支持、制度供给、监督规制的“守夜人”功能，以及公民社会组织是平台和双边用户实施社会责任行为的监督者、合作者和氛围营造者。

3. 作为社会资源配置平台的社会责任

数字化情境下的企业作为对资源和社会资源聚合、整合与优化配置的平台，还应在更高层次上定位其社会功能，企业应发挥其社会资源整合配置功能，共同参与解决社会问题，实现平台化履责。尤其是一些具备广泛影响力的数字企业，应发挥其对商业生态圈成员和广泛社会主体的聚合力，催生贡献各具优势的要素资源、知识专长和专业能力的意愿与行动，并通过在平台上的整合形成社会价值创造合力。企业可以将商业生态圈作为基础，重新整合与配置商业生态圈内的社会资源，共同参与和落实公众关注的社会问题，将商业生态圈打造成为解决特定社会问题的履责平台，从而提升社会价值创造水平。比如，淘宝立足于已有的商业交易平台界面推出淘宝卖家用户的公益宝贝计划，撬动平台内双边用户主动参与解决社会问题，扩大企业内外资源的整合效应。此外，企业也可以主动搭建社会型平台，聚合与配置多元社会主体共同解决社会问题。比如，腾讯依靠商业平台的巨大用户流量基础，推出腾讯乐捐平台开展公益项目筹集与募捐项目，撬动多元社会主体参与到社会问题的解决中，实现乘数效应甚至指数效应，从而形成社会责任生态圈。

无论何种形式，平台化履责的底线要求是企业必须合法合规、规范化运营，严格遵循特定社会问题的相关法律法规，高标准、严要求地确保符合社会活动运作规范的要求，坚决反对和禁止以公益之名谋个人之私的伪社会责任行为。平台化履责的合理期望是企业需要回应社会公众和参与各方对社会化履责平台运作的关注，包括透明运营、可持续发展机制、更优的运作效率、更高的解决社会问题水平、更大范围的社会参与。平台化履责的贡献优势是企业基于相对优势的分工原则，最大限度地激发多元社会主体针对特定社会问题的优势潜能，同时科学定位履责平台的功能优势，与社会上其他企业开展充分合作，最大限度地发挥企业现实的和潜在的相对优势，最大化解决社会问题和增进社会福利。

14.1.3 数字化情境下企业履行社会责任的影响因素

数字化情境下企业履行社会责任的影响因素主要包括公众舆论、法律规定、技术进步、行业压力和企业特征等。

1. 公众舆论

社会伦理问题的日益突出将增加数字化情境下企业履行社会责任的压力。一方面，数字时代的社交媒体为信息传播提供了广阔的平台，媒体可以在几秒内与大量用户分享与数字化情境下企业社会责任相关的实践困境，这可能会给企业施加巨大压力，敦促他们满足利益相关者的要求；另一方面，数据隐私涉及用户利益，往往是一个敏感的社会议题，涉及大型企业的数据泄露和有争议的数据共享做法的曝光已使企业高度关注对数据进行正确管理的方式方法。例如，2021 年领英遭遇用户信息大规模泄露。一个据称包含 5 亿个领英用户个人资料的数据档案在某黑客论坛上被上架出售，泄露的信息包括用户 ID、名称、邮件地址、手机号码、工作信息、性别和其他社交媒体账户。2017 年芝加哥大学医疗中心宣布和谷歌共享患者数据，以挖掘电子医疗记录中隐藏的信息，改善医疗领域的预测分析，由于其将数十万份没有删除时间记录和医生笔记的患者记录发送给了谷歌，这一行为使得芝加哥大学医疗中心遭到了团体起诉。关于算法问责的呼吁越来越强烈，从这个意义上来说，数字化情境下企业的关键长期资产不仅仅是技术和数据，同时包括技术与数据的合理使用方式。

2. 法律规定

法律法规为数字化情境下企业履行社会责任提供了一些明确的指导方针。各国均制定了不同的数字法律框架。从全球数字治理议题来看，以货物贸易电子化、数字鸿沟为代表的治理规则正日趋成熟；数据跨境流动、个人信息保护、计算设施本地化、数字知识产权、平台治理与中介责任、数字税、人工智能治理、数字货币治理等相关规则逐渐构筑。2021 年 4 月，欧盟发布《人工智能法》草案，一旦获得通过，将成为全球首部人工智能规制法律，将与《欧盟通用数据保护条例》等政策工具起到类似的全球示范效应。中国加快完善数字治理法律法规，积极融入全球数字治理体系。国家“十四五”规划纲要提出，要促进发展与规范管理相统一，构建数字规则体系，营造开放、健康、安全的数字生态。近年来，《数据安全法》《个人信息保护法》等法律法规相继出台。然而，由于这些法规往往是针对特定国家或地区的，因此它们可能对跨国企业构成了挑战。但是无论如何，协调围绕数据创建、使用、评估和完善的法律法规对企业社会责任行为做出了一定程度上的规范。

3. 技术进步

数字化情境下企业社会责任的履行会受到技术进步的极大影响。例如，在数字化情境下，典型的微观市场组织变革便是基于数字化技术的人工智能企业。人工智能企业由于本质上是通过算法建模与算法服务获取相应的利润，在这一过程中，基于算法开发的机器人便具有了自行决策能力。相应地，基于人工智能算法的智能机器人能够在机器学习与深度学习的过程中逐步地具备自我判断意识，能够进行具备类似人的道德主体认知与道德推理的行为实体。但是目前人工智能所处的发展阶段尚在弱人工智能阶段，弱人工智能阶段下的智能机器人的决策行为只是单一的复制与模仿，其自我推理能力与情感意识处于缺失状态，因此智能机器人是否能够作为具有企业理性决策主体意义上的道德组织与道德实体尚存在争议。即使人工智能技术进一步发展，人工智能下的智能机器人决策符合社会规范与社会道德的前提是人工智能具备成年人的平均道德水平，显然这又会给基于人类主导的社会伦理规范带来巨大的冲击，其决策是否还在人类的预测范围内以及控制范围内便成为人工智能决策的一个巨大问题。在这种状况下，一系列由人工智能企业算法服务过程中产生的企业社会责任问题也难以规避，比如由智能机器人主导的智慧交通中的无人驾驶撞人、智能机器人对工人的伤害以及操作失误带来的问题需要企业重新思考其在社会责任的角色定位及履责方式。

4. 行业压力

企业所在的行业及其销售的产品服务等会影响企业对社会责任重要性的认知，以及该企业通过相应行动对企业社会责任期望的响应程度。例如，如果企业的商业模式严重依赖于数字技术和数据使用，如爱彼迎、谷歌等，这类企业可能会面临与数字化情境下企业社会责任相关的大量问题，并承担公众对其提出相应解决方案的期望。再如，在医疗行业一些非常敏感的患者数据是通过数字技术收集和处理的，这也增加了社会责任风险的可能性。相比之下，其他仍在数字化转型进程中的企业，处理社会责任问题和参与数字化情境下的企业社会责任实践可能看起来不那么紧迫，但是有先见之明的企业仍然会加快步伐。在这种情况下，行业内的企业如果率先做出示范，它可能会成为一个基准，推动其他企业或新进入者遵守这些新建立的数字化情境下的企业社会责任行业标准。

5. 企业特征

数字化情境下，影响企业社会责任承担的企业因素主要包括企业的声誉以及领导者的社会道德感。在企业声誉方面，企业在定义其数字化情境下的企业社会责任策略时往往面临一个重要的权衡：通过与客户接触以提供产品或服务，从而可以获得有关客户人口统计、习惯、兴趣、喜好、财务和健康状况等方面的信息。如果企业选择与第三方共享数据或将其出售给第三方，这样的数据很容易转化为利润。然而一家对数据负责的企业会承认其客户的隐私权，尽管这会限制这些数据的使用。这种权衡在数字时代比比皆是，一旦企业缺乏明确和执行良好的企业规则，在客户不知情的情况下收集数据，企业的声誉和客户信任将受到极大影响。除了声誉因素外，领导力和人员配置也会影响企业社会责任相关决策，尤其是领导者的道德感会对企业社会责任产生重大影响。

14.2　数字化情境下企业社会责任面临的挑战

数字化情境下各类社会责任主体在交互沟通过程中，会产生如下 3 个方面的风险，为企业开展数字化情境下的社会责任管理带来了挑战。

14.2.1 数字技术应用可能导致不负责任后果的风险

数字化情境下，信息与数据成为独特性生产要素，数据的获取与存储成为数智化企业的核心资源，甚至被称为21世纪最为重要的“石油资源”。对于企业而言，掌握数据以保持其在数字化情境下的竞争地位便成为关键。然而，数据技术和数据资源对企业竞争地位的重要性，也使很多企业在应用数字化技术获取数据资源的过程中存在系列技术风险，容易导致对社会不负责任的后果。

1. 基于算法决策的信息不对称

数字化时代，越来越多的企业基于算法技术开展业务运营，可能面临由于信息不对称下基于算法决策而产生的社会风险。算法技术作为一种处理海量数据的计算机程序，能够通过数据计算来辅助进行决策以达到更好的企业绩效。现在，越来越多的企业进行数字化转型和数字企业建设，搭建数字平台，依靠算法进行生产经营。在企业数据收集、挖掘、分析、存储和传送的每一个环节，都需要遗传算法、神经网络方法、聚类分析等相关技术与方法的支撑，统计算法等的广泛使用，使公民活动留下的原本杂乱无序、缺少信息关联、隐含用户隐私的碎片化数据，被大数据使用者二次乃至多次挖掘分析，重新排列组合，进而被采集、存储与循环再利用。小到个人的日常消费，大到健康、教育等重大决策，这些隐含个人身份信息或隐私信息的“数据脚印”无处不在。保存在不同系统中的“数据脚印”可能构不成伤害，但是一旦建立起集中的数据库，经过数据整合和信息加总，通过数据之间的印证和互相解释，就几乎能够把一个人的生活轨迹全部再现，从而导致个人隐私无处遁形。数字化情境下的企业利用算法无形之中获取社会个体的个人信息，并利用海量个体信息进行商业活动，开发相应的人工智能算法与机器学习或训练程序，导致组织和个人的信息不对称现象难以避免，由此而产生的社会风险也难以有效防范。

2. 人工智能替代劳动力

人工智能的初始目的是代替人类完成人类无法完成的任务。根据欧盟通信委员会在2018年4月人工智能大会上给出的定义，人工智能指的是具有一定自主性与智能行为，从而实现特定目标的系统。过去，计算机技术只是按照设定的指令编码现有的知识，而人工智能的核心是机器学习，可以根据大数据进行逻辑判断分析，在海量数据中不断自动优化算法。人工智能已渗透到社会生活的各个方面，互联网巨头纷纷在无人驾驶、人脸识别、智能搜索、智能教育、智能家居、智慧城市以及智能客服等领域布局，并快速实现人工智能在多种场景的商业化应用。由于人工智能在认知决策方面获得重大突破，这种重大科技革命，必然会对经济社会产生深刻影响。随着应用的广度和深度逐渐推进，人工智能在催生大量新技术、新产品、新业态与新模式，引发经济结构、生产方式、生活方式乃至思维方式重大变革的同时会如何影响就业是一个无法回避的问题。通常来说，技术创新的动力之一就是降低生产成本，包括减少单位产出的投入。在这种意义下，技术创新常常伴随着直接的劳动投入节省。人工智能第一次让机器具备智能性，智能化的机器人更易于、也能更广泛地替代原本由人力来完成的工作。因此，人工智能导致公平就业与社会再培训的社会权利受到较大的挑战。由于人工智能带来的就业两极分化必然会加剧社会收入分配的不公，拉大人工智能行业员工与一些传统行业员工的收入差距，使失业问题引发的社会矛盾被放大。

3. 算法设计过程中的偏见或歧视

许多数字技术的背后是算法建模与算法决策驱动，但是在设计算法的研发人员和人工智能企业机会主义倾向与利润最大化的驱动下，算法的设计过程可能产生相应的社会偏见与算法歧视问题，如算法设计过程中的种族歧视、性别歧视、收入阶层歧视等，这些问题会加剧社会不平等现象。虽然一些推荐算法决策对人们的影响相对较小，但是犯罪评估、信用贷款、雇用评估等方面的算法决策，则可能影响一群人或者一个种族的利益。而且算法决策的一次小的失误或者歧视，会在后续决策中演变成为连锁效应，从而对个体、团体和社会带来严重影响。由于算法越来越具有生命属性，算法歧视因而也成为算法决策过程中最容易引发的风险。例如，算法根据种族和性别等身份特征区别对待、大数据杀熟等问题，其本质是人类固有的文化偏见、歧视意识、社会范畴化倾向在算法程序设计中的延伸。当前，应对此类算法设计过程中的偏见或歧视的观点尚未统一。具体而言，由于算法机器人在技术执行过程中的不确定性，最终使应用者的决策利益意外受损的，对于这类由算法机器人导致的社会责任缺失行为，其担责主体往往难以追溯到算法开发企业。但是，如果在算法机器人的开发设计与建模过程中，开发企业在数据收集、训练算法与优化评估算法中嵌入了企业自身市场逻辑主导的利益最大化行为，造成一系列算法歧视、算法偏见等隐患，最终使利益相关方利益受损的，则对于这类基于算法机器人带来的社会责任缺失行为，其担责主体必然要追溯到算法机器人开发企业及其开发团队，属于算法开发企业的企业社会责任缺失行为。

14.2.2 数字平台商业模式可能引发垄断的风险

在数字化情境下，互联网平台企业迅速崛起，在过去的十年经历了飞跃式发展，造就了如谷歌、亚马逊、脸书、百度、阿里巴巴和腾讯等明星平台企业。然而，由于平台企业的多边组织形态突破了传统单边市场企业线性价值创造与传递的逻辑，能够触发双边/多边用户之间的网络效应，实现交易用户的大规模聚合和交易成本的大幅下降，这使得平台企业之间的竞争具有赢者通吃的垄断属性，很多民生重点领域面临着垄断风险。

1. 垄断可能导致社会资源浪费

价格是市场资源配置的信号，当某商品供不应求时，形成卖方市场，该商品价格提高，使得从事该商品生产的资源增加，更多的企业将进行该商品的生产，从而供给增加满足需求，平衡市场供需；当某商品供过于求时，形成买方市场，该商品价格下降，引起资源流出，从而供给减少，需求增加。价格正是在供求关系的影响下，自动调节生产，调节流通，并实现对社会资源的有效配置。垄断价格行为的存在，使得价格无法正确反映市场的供需关系和竞争状况，扰乱正常的市场秩序。数字化情境下的企业竞争吸引大量资本投资某一企业，通过“烧钱”迅速获取网络效应并占据垄断地位，可能带来了大量社会资源的浪费。以共享单车的竞争为例，大量“烧钱”后美团单车、滴滴青桔、哈罗单车的寡头垄断市场形成，最终大量投资资金被吞噬，并留下堆积如山的各色共享单车，形成了大量的资源浪费。

2. 垄断可能造成对行业创新的遏制

事实上，那些在某些领域占据垄断或寡头地位的平台企业的创新产出的确有下降趋势。以阿里巴巴为例，其创新业务在所有业务中的占比较少，2018—2020 年各季度占比均不足 2%；而且传统主营业务领域的创新速度也有所下降，淘宝“双 11”、支付宝以后的商业模式创新也出现停滞不前。另外，在大量竞争者参与的环境下，创新往往也会陷入一轮又一轮的创新装备竞赛，最终将创新推升到高地，陷入创新者窘境。很多已经获取垄断地位的企业往往通过兼并收购、资本扩张来掌握创新型企业及关键资源和关键技术，减少潜在竞争威胁，这对新创企业的发展和行业整体创新水平会产生明显的抑制作用。例如，在 IT 桔子 2020 年发布的估值 10 亿美元的 296 家独角兽企业榜单中，仅腾讯系资本就触达 126 家，阿里系投资 35 家，以阿里系、百度系、腾讯系、京东系为代表的平台资本大量控股数字经济领域的新创企业。

3. 垄断可能使企业面临违法威胁

数字化情境下，许多企业对其定位认识不清，使其面临违法风险威胁。例如，一些数字平台依靠网络效应获取大规模的用户，其利益相关方的规模之巨、类别之复杂，已经逐渐形成了一个大社会，从而赋予平台企业以社会属性。脸书在全球的用户数量超过 15 亿，甚至比很多国家的人口规模还要大，涉及的平台参与主体网络相当复杂。在如此庞大的用户基数之上，这些企业的行为动辄关系大量用户和参与者的利益，也就自然而然具有了对其平台商业生态进行监管和治理的权利和义务。然而，大部分平台企业在竞争和成长的过程中往往对于其自身的社会属性缺乏认知，因而在赢者通吃的市场规则下，在垄断势力和资本的助力下，出现了不正当竞争、垄断、无序扩张、遏制创新和危害社会等负面异化现象。企业在追求经济利益最大化的过程中，不但破坏了整个平台生态参与者的共赢经济价值并用于自身获利，而且忽视了协调政府、社会等诸多利益相关方的非经济利益。2020 年 11 月 10 日，国家市场监督管理总局出台《关于平台经济领域的反垄断指南(征求意见稿)》；随后于 12 月 14 日对阿里巴巴、腾讯阅文、丰巢收购银泰商业、新丽传媒控股和中邮智递的行为进行了反垄断行政处罚；12 月 24 日又随即展开对阿里巴巴“二选一”等涉嫌垄断的行为进行立案调查。可见，数字化情境下企业垄断导致的违法风险正在加剧。

14.2.3 利益相关者权益可能受损的风险

数字化情境下，通过构建数字平台或参与其他数字平台来获取资源已经成为大多数企业的选择。当企业作为一个平台建设者或平台参与者时，相比传统竞争环境，其所面对的利益相关者生态更为复杂，利益相关者治理的不确定性大大增强，容易产生由于利益相关者生态管理不力导致的社会责任风险，包括劳工权益受损风险和用户数据使用风险。

1. 劳工权益受损风险

近年来，互联网等数字信息技术的全面普及和广泛应用，推动了平台经济、共享经济等新业态的创新发展，并催生出大量新就业形态。相比于传统业态，平台经济下的劳动用工呈现出主体多元、组织灵活、工作自由等特点，但是也存在平台劳动者的劳动关系认定困难、基本劳动权益保障不足、社会保障缺失等问题。同时，企业为了实现雇用劳动成本最小化而存在损害劳工权益的风险。很多平台企业以及平台参与企业为了实现人力资源成本的最小化，将劳动力要素投入单位进行了缩减，由此发展起来的零工经济和众包经济虽然提升了社会的整体就业水平，但是也带来了劳工权益受损的风险。由于个体劳工的讨价还价能力有限，面临着劳动价值不公平定价带来的平台压榨，从而出现了美团、饿了么“被困在算法里的骑手”现象，以及网约车司机被平台收取高额平台费等现象。

2. 用户数据使用风险

大数据技术带来的用户数据使用风险包括多个方面。第一，不恰当的数据资源攫取容易引发用户隐私披露风险。大数据技术具有保真度记录、永久保存、随时随地恢复肖像等强大功能。可以记录、保存和呈现个人身份信息、行为信息、位置信息，甚至个人信息，如信仰、想法、情绪和社会关系。在数字经济时代，人们几乎一直接触智能设备并不断生成数据并记录下来。尽管数据的所有权属于企业与消费者共同所有，但是现实情况下企业却往往独自拥有平台数据的所有权和使用权，不但不需要向共创主体支付使用报酬，甚至出现了平台算法侵犯用户隐私、数据垄断等。第二，权利失控风险。个人产生的数据包括主动产生的数据和被动留下的数据。其删除权、储存权、使用权、知情权等均属于个人权利，但在许多情况之下，用户数据相关的诸多权利都难以得到保护。第三，数字鸿沟风险。一些人能够更好地占领和使用大数据资源，而另一些人则难以占领和使用大数据资源，由此导致数据鸿沟的出现。数字鸿沟将导致信息红利的不公平分配，加剧群体差异和社会矛盾。

14.3　数字化情境下企业社会责任的应对策略

14.3.1　开展负责任的数字技术创新

数字算法技术等的使用在一定程度上是企业主观意图的反映，体现着企业的价值理念。企业的意愿和行为从根本上决定了企业如何设计和架构数字化技术、如何部署技术成果、如何利用数字技术进行运营和盈利。因此，在数字化情境下开展技术风险的管控，必然要求企业在负责任的技术创新框架下自觉尽责。

1. 自觉遵守数字技术创新的法律规定，守住技术伦理底线

由于算法本质上是由算法设计科学家、研究团队等少数人设计并予以优化的过程，社会公众由于专业认知的局限性以及算法本身的高度复杂性，难以对算法的运行过程及其内在机理具有较为深刻的理解，更难以对算法的迭代运算与决策过程进行变更与实时操纵。但是随着各国、各地区对算法技术和规则管控的法律法规体系逐渐成熟，企业在遵从法律“红线”的基础上开展数字技术创新及应用是开展社会责任管理的基础。例如，2021 年 10 月，国家市场监督管理总局公布了《互联网平台落实主体责任指南（征求意见稿）》，开始对平台企业的算法技术开发与应用提出指导性意见。

2. 基于算法开发者和科学家为基础进行负责任的技术创新

算法研究团队与算法设计科学家占据了治理算法的源头优势。数字企业应通过搭建相应的面向研发人员的算法治理平台，建立面向人工智能开发团队与科学家的算法治理的法律制度，规定算法开发团队应当承担的基本责任，在开展基于算法的技术创

新过程中需要基于责任型创新导向充分考虑算法带来的潜在负面问题，并对算法源代码在不影响知识产权的情况下提交算法治理法律机构公开审查相应的伦理与道德标准，使得算法开发团队能够将算法责任内嵌于算法的代码开发过程之中，同时赋予算法开发者以一定的新型法律治理与问责权利，从而获得对人工智能背景下算法自动化决策带来的社会影响的控制权与治理权。

3. 基于技术创新利益相关方进行协同负责任技术创新

企业在运营管理过程中面对多元利益相关的价值约束与社会期望的引导，既包括企业的经济性利益相关方如员工、股东、供应商与客户等，也包括社会性利益相关方如政府与环境等，两类利益相关方基于不同的合法性要求对企业的战略与运营管理行为产生影响与约束，使得企业的日常运营战略决策倾向于符合内外部利益相关方的价值期望。数字化情境下，由于数字技术应用和数字企业建设转型而引发的社会责任问题需要融合考虑社会多个利益相关方的协同共治加以解决。企业可以通过打造基于算法建构开发与应用的“企业社会责任治理共同体”，发挥各类利益相关方在推动算法治理过程中的资源互补、能力互嵌以及价值共创与共享的治理优势，最终形成利益相关方协同共治体系。

14.3.2 开发企业社会责任动态监管系统

意识到数字化情境下企业面临的社会风险及舆论风险，很多企业着手开发基于数字情境的企业社会责任动态监管系统，将企业的社会责任理念定量化地表达为系列社会责任指标，并通过数字技术监控社会责任指标的变化，以提升数字化情境下企业对社会责任绩效的管理效率。

1. 设定数字化情境下的企业社会责任绩效指标

设定指标是指企业根据社会责任议题的性质与业务形态设定能体现履责绩效的具体指标，这些指标应具有明确性、可衡量性与可操作性等特征。设定履责指标为履责活动开展提供了清晰的评价标准与努力方向，推动数字化情境下企业围绕该指标的提升与优化不断探索、学习与反思。例如，字节跳动筹建扶贫部门时，公司高层的要求很明确：“扶贫部门不需要考虑挣钱的事情，他们只需要考虑花钱的事情，但他们需要搞明白，投入什么能使扶贫的项目产出变高。”因此，为了明确公司在扶贫业务投入与产出之间的关系，扶贫部门内部把投资回报率(return of investment，ROI)设定为衡量扶贫绩效的主要指标。ROI 本义是指企业从一项投资性商业活动中获得的经济回报，而在扶贫情境下，ROI 就是扶贫产品销售额与投入的流量成本的比值，并以此为标准判断扶贫绩效高低。其中，流量成本主要指字节跳动为扶贫投入的公益广告、短视频与直播流量等成本。

2. 构建数字化情境下的企业社会责任动态监测方法

构建方法指面对新的社会责任议题，平台企业需要围绕扶贫绩效指标，通过不断探索与学习来构建有效的履责方法。例如，字节跳动在最初筹建扶贫部门时，并不知道如何开展扶贫工作，随着项目的陆续进行，扶贫部门依托平台积累了越来越多的经验，并转化为正式与非正式的工作流程、策略与方法。作为新知识与经验的凝结，这些流程与方法会通过工作文件固定下来，也会转化为调研表格与流程图等项目管理工具。具体来说，扶贫部门首先要确定合作的扶贫地区、扶贫企业与扶贫产品，然后围绕扶贫产品组织资源来打造内容；其次要把内容通过字节跳动平台的各个渠道进行投放；最后终端用户在获取内容后购买扶贫产品，形成整个闭环。在此过程中，扶贫部门通过学习和总结各个扶贫项目的经验，逐渐构建出一套具有共性的扶贫策略与工作方法，有效改善了 ROI 指标。

3. 迭代创新推动企业社会责任动态监管系统优化

迭代创新指基于新的变化、资源与经验对履责策略与方法进行动态更新与优化，以不断提升履责绩效。例如，在字节跳动的扶贫工作中，迭代创新主要产生于数据更新、流量优化、组织合作与适应环境变革等方面。首先，新数据的增加与积累会不断改善扶贫工作的绩效。随着之前扶贫项目销售数据的不断反馈，可以在扶贫议题上对相关用户进行精准画像，使得产品与内容投放更加优化。其次，平台丰富的推广渠道可以优化流量。由于字节跳动平台旗下有多个定位不同及载体有差异的内容产品，扶贫团队可以采用直播、短视频、图文、创作者带货等不同的推广渠道与推广方式，还会结合一些广告流量的推广。扶贫团队就会在不同渠道上都进行测试，然后根据结果进行动态调整。再次，平台内部的组织合作是创新的重要来源。在扶贫过程中，扶贫部门与平台其他部门之间存在着广泛的业务对接与互动，这种基于业务耦合的创新多是在扶贫过程中不同部门在沟通与交流中即时发起的，具有很大的灵活性与创造性。最后，应对外部环境变化也会推动扶贫模式的创新。例如，新冠疫情的暴发直接导致字节跳动扶贫部门计划的很多项目无法开展，特别是“山里 DOU 是好风光”项目几乎陷入停滞，但扶贫部门根据疫情发展快速整合资源打造直播扶贫模式，并设计出“县长来直播”项目，邀请特定贫困地区的多位市长、县长与区长集体进行直播，通过强化消费者对当地扶贫产品的认知来带动销售，取得了良好效果。

14.3.3　构建基于利益相关者的企业社会责任治理体系

社会责任管理机制在本质上是一种抑制企业社会责任缺失或异化倾向、促进企业实施积极社会责任行为的微观制度安排，是数字化情境下企业有效管理企业与社会关系、回应利益相关方或社会压力、推动社会责任构想转化为真实行动的系统解决方案。因此，企业社会责任的治理需要考虑多个利益相关方。

1. 建立责任审核与过滤机制

数字化情境下的企业社会责任治理体系要求对以往偏重经济价值的审核与过滤机制进行优化，增加责任偏好、责任素养、责任习惯和责任声誉的准入门槛维度，形成责任型审核与过滤机制，为企业商业生态圈的负责任运行和健康发展提供源头治理。比如，淘宝平台定期对平台内卖方用户的商品质量、品牌信息与商品商标匹配度、真实度与透明度、外界媒体质量曝光等社会责任表现指标开展审核，最终对不符合要求的卖方用户商品进行清除、下架与清退、卖家扣分等方式进行过滤处理。

2. 建设共同责任愿景认同机制

生态治理体系的系统性与整体性要求数字商业生态圈应当塑造形成共同的社会责任愿景，因为共同的目标是最大限度促进群体组织协同合作效应的重要构成要素。共同社会责任愿景的遵从与实现离不开生态体系内不同成员之间广泛深入地协同行动和共同参与，这就要求在商业生态圈内形成共同责任愿景认同机制。共同责任愿景认同机制强调企业共同确立数字商业生态圈的社会责任目标和规则，在做出具有重大社会影响或对利益相关方产生重要影响的决策时，应充分尊重卖方与买方的知情权、参与权和监督权，发挥卖方与买方的互补性专长和优势，最大限度促进企业的决策或活动合乎社会责任要求。

3. 建立责任监督与惩戒机制

商业生态系统内不同主体之间的互相约束与互相监督是数字化情境下企业社会责任治理体系的重要生成方式。企业社会责任治理体系要求不同主体之间形成互动，构建多个层面的社会责任互相监督机制，包括：一是直接性社会责任监督。例如，一些数字平台不仅可以通过投诉审查等事后管理机制实现对双边用户的社会责任监督，而且能够通过设置双边用户的社会责任行为负面清单，依托大数据测评手段对双边用户的运营过程与交易互动是否符合社会责任要求进行监控，从而实现对双边用户社会责任的全过程动态监督。二是相互性社会责任监督。例如，电子商务平台卖方与买方的互评机制、投诉举报机制就可以实现两者之间的社会责任互相监督。企业社会责任治理体系还需要在监督的基础上，对社会责任缺失或异化行为构建内部惩戒机制。比如，淘宝平台针对实施虚假交易、虚假评论、虚假信用信息等行为的双边用户建立了多样化的惩罚制度。

本章小结

- 数字化情境下的企业社会责任是指数字技术变革导致经济、社会、商业环境变化并引发企业经营管理模式演变后，企业以对社会、经济、技术和环境负责的方式使用数据和数字技术的行为。
- 数字化情境下的企业社会责任可以分为 3 种类型：作为独立运营主体的社会责任、作为商业生态成员的社会责任和作为社会资源配置平台的社会责任。
- 数字化情境下企业履行社会责任的影响因素主要包括公众舆论、法律规定、技术进步、行业压力和企业特征等。
- 在数字化情境下，企业在应用数字化技术的过程中存在系列技术风险，包括：基于算法决策的信息不对称、人工智能替代劳动力以及算法设计过程中的偏见或歧视。
- 数字化情境下的数字平台商业模式可能引发行业垄断的风险主要是指平台企业之间的竞争具有赢者通吃的垄断属性，可能导致社会资源浪费以及对行业创新的遏制，甚至使企业面临违法威胁。
- 相比传统竞争环境，数字化情境下利益相关者权益可能受损的风险主要是指，企业所面对的利益相关者生态更为复杂，利益相关者治理的不确定性大大增强，容易产生由于利益相关者生态管理不利导致的劳工权益受损风险和用户数据使用风险。
- 数字化情境下企业社会责任的应对策略主要包括：开展负责任的数字技术创新、开发企业社会责任动态监管系统和构建基于利益相关者的企业社会责任治理体系。

复习思考题

1. 企业社会责任指什么？
2. 数字化情境下的企业社会责任指什么？
3. 如何理解数字化情境下企业社会责任的 3 种类型？结合实例进行讨论。
4. 结合实例解释数字化情境下企业履行社会责任的影响因素。
5. 结合实例解释数字化情境下企业社会责任面临的挑战。
6. 解释数字化情境下企业社会责任管理是否还有其他的应对策略。

案例分析

扫一扫，看资源

快手短视频：科技普惠打造共赢新生态

第 15 章　数字领导力

【学习目标】

➢了解领导力理论的发展脉络
➢熟悉数字领导力的内涵与特征
➢掌握数字领导力的类型
➢掌握数字领导力的触发机制

【关键术语】

领导力　数字领导力　内部专家　社交与催化大师　破冰独行侠　创新传播者　首席数字官　触发机制

开篇案例

数字领导力引领微软实现数字化战略变革

20 世纪 70 年代中期，比尔·盖茨(Bill Gates)创办了微软公司。直到今天，这家以计算机软件服务为主业的企业已经走过了 40 多个年头。作为信息时代的幸运儿，微软依靠 Windows 操作系统和 Office 办公软件两大产品成为 20 世纪高科技行业历史上最著名的“垄断者”。为跟上时代的变化，微软曾多次希望以并购的方式快速进军互联网行业。2008 年微软打算以 446 亿美元收购雅虎，但遗憾的是收购并未成功。2013 年，微软以 717 亿美元收购了诺基亚手机部门，但最终整合失败。很显然，微软为了保持竞争优势，必须在互联网行业有所作为，但由于微软进军互联网行业的尝试并不顺利，市场对微软的前景表现出极度的担忧。1999 年年底，微软的股价曾达到历史最高值 5 838 美元，但在后来长达十多年的时间里，股价一路波动下跌，在 2009 年年初，股价曾一度跌落到 17.10 美元的低点，直至 2014 年才有所回升。

那么，微软的股价在 2014 年后止跌回升的原因是什么？2014 年 2 月，萨提亚·纳德拉(Satya Nadella)，也就是微软的现任 CEO 接手微软后，开始了新的数字化开拓和布局，将微软业务重新定位于云计算领域，为微软在数字经济时代开辟了一条新的快速通道。微软数字化战略变革的努力和成果也反映在股票价格的变化上，2018 年 9 月，微软的股价达到 114.26 美元的新高，是 2009 年年初的 6.7 倍。微软云计算转型的成功得益于萨提亚·纳德拉超凡的数字领导力。具体来看，萨提亚·纳德拉带领微软转型主要经历了以下阶段。

微软在市场上节节败退，他临危受命，接下烫手山芋

从 1999 年登顶 6 000 亿美元市值的世界巅峰之后，微软就如同着了魔一般，在互联网、移动互联网、云计算等重要阵地节节败退，市值一再缩水，销量持续下滑。在

此后近 20 年的智能手机爆炸式增长浪潮中，微软几乎全面缺席。固守 Windows 系统的微软，非但没有追上智能手机催生的移动互联网红利，反倒被手机步步吞噬了自己的核心阵地。

图 15-1 为微软公司 2002—2021 财年的净利润变化。

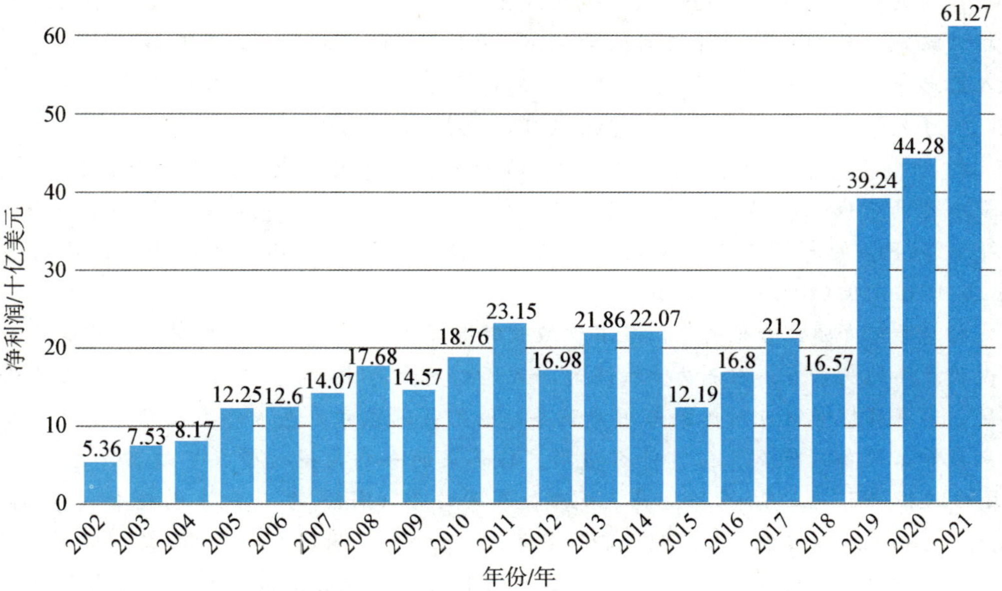

图 15-1　微软公司 2002—2021 财年净利润变化

对当时的微软来说，最严重的还不是业务增长停滞，而是“大公司病”正快速腐蚀着这个超过 10 万名员工的庞然大物，公司内部流程日益繁杂冗余，内部各派系争吵不休。2014 年，主导诺基亚收购的微软前任 CEO 鲍尔默突然宣布退休，纳德拉被推举上位。他接下的微软是一块烫手的山芋，其市值已从高峰几乎腰斩至 3 000 亿美元左右。

凭借惊艳的管理天赋，他打了一场云计算的翻身仗

2011 年，纳德拉被任命为微软服务器与工具事业部（server & tools business，STB）负责人，负责微软的企业级服务及云计算业务。当时，他已经在微软工作了 19 年，足迹遍布微软商业解决方案、Windows、Bing 等多个部门，比谁都更了解微软和微软内部的官僚派系弊政，而当时的服务器与工具事业部是微软内部党派斗争最为严重的部门之一。

在这样的背景下，没有任何一个高管愿意把资源投入云计算业务中，哪怕大家心里都清楚，云计算可能才是行业的未来。为了打破僵局，纳德拉展现出了他惊人的管理学天赋。他没有选择另立门户，或者重点提拔云计算团队。相反，他与 STB 每一个管理团队成员深入交流，了解他们的需求、利益以及愿意合作的角度。最终，纳德拉重组了 STB 的组织架构，将原来单立的云计算项目拆分到各个高管的业务矩阵中，并重组创新形成了向客户提供“本地服务器＋公有云”的混合云解决方案。也就是说，让原来的企业服务业务继续，但所有企业服务都得担当起发展云的业务。原先无比抗拒云计算的高管们，态度因此 180 度大转变，都积极地推进云计算。合力之后的效果很

快显现出来，这项被称为“混合云”的战略，很快就获得成功，微软的云计算开始迎头赶上，纳德拉也因此赢得了STB团队的绝对支持。

打响云计算追击的第一枪之后，纳德拉开始放开手脚，大招频出，雄心壮志地发展微软的云计算业务，并推出了正面迎战亚马逊AWS的云计算品牌——Azure。依靠这支强大的队伍，微软Azure以惊人的速度快速增长，甚至反过来推动其企业服务不断攻城略地。到纳德拉被升任为微软CEO的2014年，微软的企业服务与云计算业务收入已超过了Windows，到2018年，又超过了Office，成为微软最赚钱的业务。

勇于打破壁垒，促成合作，他给微软文化注入新灵魂

2014年3月，在纳德拉担任微软CEO后的第二个月，微软就正式开启了与苹果、谷歌合作的步伐，以Word、Excel等为首的Office套件正式登录iOS与安卓平台。在次年iPad Pro的发布会上，苹果甚至请来了微软Office市场营销负责人，亲自演示Apple Pencil在Office软件上的应用。

与竞争对手建立合伙关系，在不少微软领导层看来，简直是与虎谋皮，将会严重伤害微软产品的竞争力。但是纳德拉认为，必须以用户为中心，而不是自我为中心去考虑问题。用户只想得到应用体验与用户服务，他们并不在意，也不想去在意，这些体验究竟来自什么设备、什么系统、什么应用。与苹果的合作为微软带来了双赢，在2015年4月的财报会议上，纳德拉宣布，iOS版和安卓版Office的下载量已经超过1亿次，Skype、Outlook等其他微软应用也都跻身苹果App Store下载量的前100名。

趁热打铁，从2014年开始，在纳德拉的带领下，微软开始全面重塑原本封闭的企业文化，拥抱合作、拥抱开源。仅2014年，微软就一口气与谷歌、脸书、乌班图(Ubuntu)、SUSE(Linux开发商)、甲骨文、红帽、IBM等多家厂商达成合作。微软的Azure云更是破天荒地开始支持Linux系统这个Windows系统的一生之敌。

作为业务新核心的微软云计算业务，也在站稳脚跟之后进一步高速增长。到2018年，不过7年左右的时间，微软云计算业务已从纳德拉出任STB负责人时的几百万美元飙升到近200亿美元，从杂牌玩家逆袭成为称霸全球的云计算市场老二。

打破壁垒，促成合作，纳德拉的这项天赋对于封闭了40年的微软来说，至关重要。

找回微软的灵魂，他带领微软再次登顶世界第一

曾经，微软这个名字代表的是硅谷最先进、最前沿、最颠覆的生产力。它致力于打破大企业对于计算机的垄断，“让每个家庭、每张办公桌上都有一台电脑”。然而，随着微软的日益壮大，Windows系统逐渐占领了全球市场，几乎每个家庭、每张办公桌上都有了计算机，微软开始迷失了。在纳德拉接手微软之前，所有人，包括纳德拉自己都在问这个问题，“我们为什么而存在?”纳德拉自己回答了这个问题：“我们可以用‘成长型思维’描述我们的新文化，任何持有这种态度和思维的人，都能摆脱束缚，战胜挑战，进而推动我们各自的成长，并由此推动公司的成长。”

首先，纳德拉坚持，所有业务都必须以客户为中心，倾听客户的需求，从而预测客户的喜好，永远以初学者的心态去了解和学习对方；其次，尊重差异，寻求差异，拥抱差异，不再追求压倒一切的一致同意，让思维在碰撞中产生火花，让创意在辩论中迸发灵感；最后，团结一致，坚持一个微软，而非各自为政的联邦山头，打破公司

各部门的组织边界与壁垒，朝着共同的目标努力。

基于微软的新文化，纳德拉提出了指导公司发展的三大战略愿景：首先，重塑生产力和业务流程，不再将公司产品局限在 Office 和 Windows 等个人生产力工具上，而是为整个团队开发能够提高所有人生产力的协同工具，无论团队成员们身处何地，使用的都是微软提供的设备；其次，构建智能云平台，这与重塑生产力和业务流程息息相关。当前，跨越地区、国家、语言、文化的团队合作已经变得越来越普遍，微软迫切地需要一个智能云平台，既帮助微软提高协同工作效率，又能够提供基于人工智能技术的预测与分析能力；最后，从 Windows 到 Xbox、从 Surface Hub 到 HoloLens 智能眼镜，微软将提供更加个性化的计算设备，让用户可以通过语音、文字、书写、触碰、手势等多种多样的个性化体验，满足用户的工作需求。

如今的微软，有着个人计算、生产和业务流程、智能云三大业务板块。其中，智能云 Azure 是微软"云为先，移动为先"的战略核心，它的高速发展是微软近年来股价飙升的核心推动力。自 2018 年开始，纳德拉将工作重心转移到人工智能、混合现实、量子计算等更加前沿的科技领域。微软在 Ignite 大会上宣布，计划整合其他的 Teams 会议应用、Microsoft Mesh 混合现实平台以及 Xbox 游戏平台，打造微软版本元宇宙。受此消息影响，微软市值于当日再度高调突破 2.5 万亿美元，压倒苹果，重新登顶世界第一。

资料来源：方跃：《数字化领导力》，上海，中国出版集团东方出版中心，2019。

思考与讨论：

1. 纳德拉在带领微软进行数字化战略变革的过程中展现了哪些数字领导力？
2. 数字领导力是如何促进微软实现数字化战略变革的？

15.1 领导力的演变

围绕什么是领导力，如何成为优秀的领导者以及领导者如何高效实现组织目标等问题，学术界展开了深入研究，先后出现了特质理论、行为理论、权变理论等。随着以数字化、网络化、智能化为特征的新一轮科技革命加速拓展，企业迎来了广泛的数字化变革，数字领导力成为目前学术界研究的重点和热点。

15.1.1 领导力特质理论

领导特质理论试图通过识别领导的特质来解释领导效能。关于领导特质理论最早可追溯至英国文学家托马斯·卡莱尔(Thomas Carlyle)在 1840 年的演讲集《论历史上的英雄、英雄崇拜和英雄业绩》。卡莱尔认为，世界历史是伟人们的历史，他们的外貌尽管不同，却都拥有区别于一般人的独特特质。1938 年，切斯特·巴纳德(Chester Barnard)在其著作《经理人员的职能》一书中指出，领导者最重要的特质是忠诚与责任心，同时还应具有机敏、平静、勇敢、能够适应环境等特质。1969 年，心理学家塞西尔·吉布(Cecil Gibb)指出，天才的领导者具备 7 项特质：善言辞、外表英俊潇洒、智力过人、具有自信心、心理健康、有支配他人的倾向、外向而敏感。

领导特质理论对特质来源的认识也经历了一个慢慢成熟的过程。起初学者们认为，某些特质是领导天生所具备的。随着研究的不断深入，学者们发现，成功的领导特质不是一成不变的，而是可以在实践中习得、形成和发展的。尽管如此，领导力特质理论仍然是从单个个体的角度区别领导者与非领导者的差异，忽略了领导者与团队成员的互动以及情境因素对领导力的影响，所以这一理论在解释领导有效性方面并不完美。

15.1.2 领导力行为理论

领导力行为理论认为，领导力是通过指挥和引导个人或组织，从而实现既定目标的行动过程。由于领导特质理论相对忽略了下属的需要，没有指明各种特性之间的相对重要性，导致它在解释领导行为方面存在局限。鉴于此，20世纪40年代，有学者开始从行为的角度研究领导力。领导行为理论集中研究工作风格和行为对领导有效性的影响。1939年，爱荷华大学的罗夫·怀特(Ralph White)和罗纳德·李皮特(Ronald Lippett)提出的专制型领导风格、民主型领导风格以及放任型领导风格开创了领导行为理论的先河。1978年，伯恩斯(Burns)提出领导过程应包含交易型和变革型两种领导行为。

交易型领导的基本假设是领导与下属间的关系是以一系列交换和隐含契约为基础。交易型领导行为以奖赏的方式领导下属，当下属完成特定的任务后，便给予承诺的奖赏，整个过程就像一项交易。交易型领导的主要特征为：①领导者通过明确角色和任务要求，指导和激励下属朝着既定的目标活动，领导者向下属阐述绩效标准，意味着领导者希望从下属那里得到什么，满足了领导的要求，下属也将得到相应的回报；②以组织管理的权威性和合法性为基础，完全依赖组织的奖惩来影响下属的绩效；③强调工作标准、任务的分派以及任务导向目标，倾向于重视任务的遵从和完成。

变革型领导通过领导魅力、领导感召力、智力激发和个性关怀等方式赋予任务重要意义和价值，激发了下属的内在动机和高层次需要，从而达到或超过期望的结果。该领导方式可以使下属产生更大的归属感，满足下属的高层次需求，获得高的生产率和低的离职率。变革型领导的主要特征为：①超越了交换的诱因，通过对下属的开发、智力激励、鼓励员工为群体目标、任务以及发展前景做出努力；②集中关注长期目标，以发展的眼光鼓励员工发挥创新能力，为实现预期目标创造良好的氛围；③引导下属不仅为他人的发展，也为自身的发展承担更多的责任。

尽管有些领导者具备出色的领导特质和行为，但最终还是没能获得成功。这说明，虽然特质和行为在识别有效领导力时发挥了重要的作用，但这并不能保证领导者一定会成功。领导有效性除了受到领导特质和行为的影响外，还取决于特定的情境因素。

15.1.3 领导力权变理论

无论是领导力特质理论还是领导力行为理论都只关注特质或行为这种单一因素对下属的影响，而忽略了情境因素对影响效应的改变。事实上，在一些情况下，行之有效的特质或行为并不一定会产生预期的结果，领导力取得成效最终取决于领导与环境的相互作用。因此，有学者提出了领导力权变理论，说明环境的变化如何影响领导的有效性。目前，探讨领导力情境因素的理论主要包括费德勒模型、领导生命周期理论和路径-目标理论3种。

1. 费德勒权变模型(图 15-2)

费德勒权变模型(Fiedler Contingency Model)指出，有效的群体绩效取决于以下两个因素的合理匹配：领导者的风格以及领导者对情境的控制程度。弗雷德·费德勒(Fred Fiedler)设计了一个最难共事者问卷(least preferred co-worker，LPC)，用来鉴别不同的领导方式。费德勒认为，一个领导者，无论他采取何种领导方式，其最终目的都是领导效能的最大化，而要想取得理想的领导效能，必须使一定的领导方式和与之相适应的情境相匹配。费德勒在用 LPC 问卷对个体基本领导风格进行评估后，提出了 3 种权变情境：第一，领导-成员关系，即领导与下属间的信任、信赖及尊重程度。第二，任务结构，即工作任务的程序化程度。第三，职位权力，即领导对诸如招聘、解聘、处罚、晋升和加薪等权力变量的影响程度。费德勒认为，一个领导者要想取得理想的领导效能，必须通过一定的领导方式来对情境实施有效的控制，而领导对情境的控制程度又取决于领导-成员关系、任务结构以及职位权力 3 个因素相互作用的情况。根据这 3 个因素不同的配合情况，可以看出领导对情境的控制程度有多高。费德勒指出，领导-成员关系越好、任务的结构化程度越高、职位权力越强，领导者拥有的控制力越强。

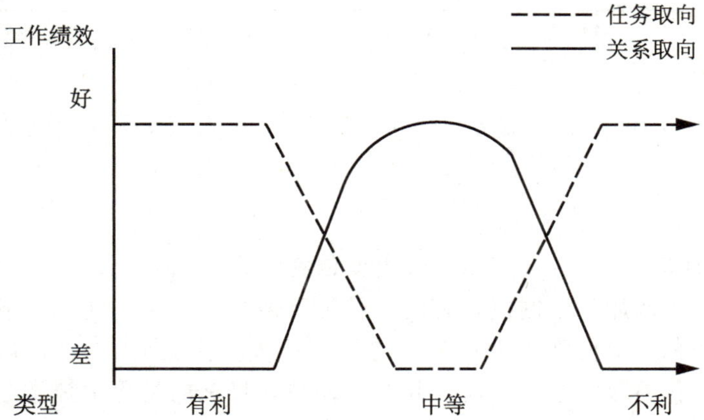

	I	II	III	IV	V	VI	VII	VIII
领导-成员关系	好	好	好	好	差	差	差	差
任务结构	高	高	低	低	高	高	低	低
职位权力	强	弱	强	弱	强	弱	强	弱

图 15-2　费德勒权变模型

资料来源：Fred E Fiedler，“A contingency model of keadership effectiveness，” Advances in Experimental Social Psychology，1964，1，pp. 149-190.

2. 领导生命周期理论(图 15-3)

领导生命周期理论由保罗·赫西(Paul Hersey)和肯·布兰查德(Ken Blanchard)提出，认为下属的成熟程度对领导方式起着重要作用，对于不同成熟度的下属所采取的领导方式也应当有所区别。赫西和布兰查德认为，下属的成熟度取决于心理成熟度和工作成熟度两个方面。心理成熟度是指下属完成某项工作任务的动机和意愿，而工作成熟度是指下属完成某项工作任务的知识、技术和能力。根据下属成熟度的不同，将领导方式分为命令式、说服式、参与式和授权式 4 种，如何使领导方式与下属员工的成熟程度相匹配，是领导生命周期理论关注的重点。随着下属的成熟度水平不断提高，领导者不但可以不断减少对活动的控制，而且还可以不断减少帮助行为。也就是说，当下属成熟度不高时，领导者要给予明确的指导和严格的控制，而当下属成熟度较高时，领导者只要给出明确的目标和工作要求，由下属自我控制和完成。

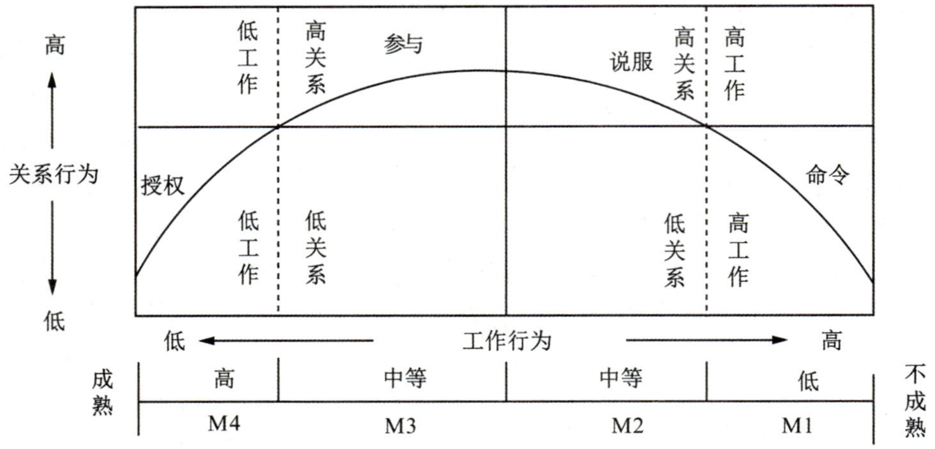

图 15-3　领导生命周期理论

资料来源：Paul Hersey，Kenneth J Blanchard，"Life cycle theory of leadership，" Training and Development Journal，1969，23(5)，pp. 26-34.

3. 路径-目标理论(图 15-4)

路径-目标理论(Path-Goal Theory)由罗伯特·豪斯(Robert House)提出，该理论认为领导者的基本职能在于制定合理的、员工所期待的目标，同时为下属实现目标扫清道路，创造条件。依据路径-目标理论的基本原理，领导者行为的激励作用在于它将下属的需求与工作绩效联系在一起，并在实现绩效目标的过程中提供必要的指导、支持和奖励。为此，豪斯区分了 4 种领导方式，即指示型领导、支持型领导、参与型领导、成就指向型领导。路径-目标理论提出了两类情境因素作为影响领导方式与结果之间关系的权变因素，一是环境因素，具体包括任务结构、正式职权系统以及工作群体；二是下属的个性特征，具体包括控制点、经验和认知能力。路径-目标理论指出，领导可以根据不同的环境来调整领导方式，当面临一个新的工作环境时，领导可以采用指示型领导方式，指导下属明确任务结构，接着可以采用支持型领导方式，有利于与下属形成一种协调和谐的工作气氛。当领导对组织的情况进一步熟悉后，可以采用参与型领导方式，积极主动地与下属沟通信息，商量工作，让下属参与决策和管理。在此基础上，采用成就指向型领导方式，与下属一起制定具有挑战性的目标，并使之为实现目标而努力工作，同时运用各种有效的方法激励下属实现目标。

15.1.4　领导力理论的新动向

经典的领导力理论研究主要围绕领导特质、行为以及与情境的契合程度探究领导的有效性问题。这些研究为领导力理论的建构做出重要的贡献，同时也给实践带来了

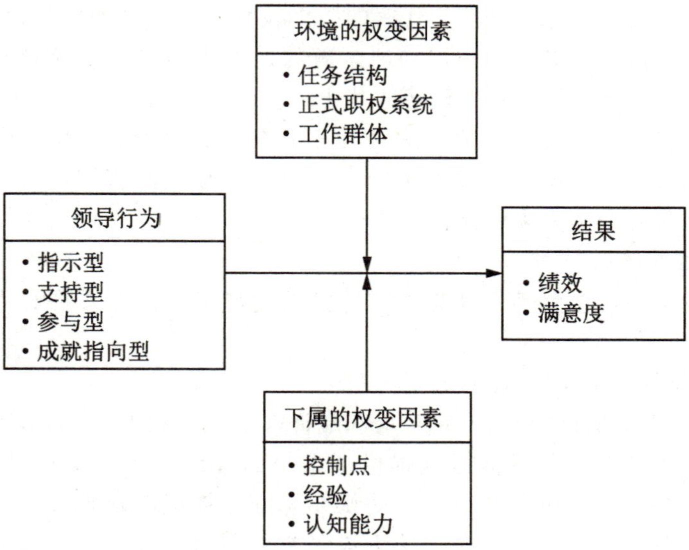

图 15-4 路径-目标理论

资料来源：Robert J House，"Path-goal theory of leadership：Lessons，legacy，and a reformulated theory，"Leadership Quarterly，1996，7(3)，pp. 323-352.

有益的管理启示。然而，随着经济的不断发展和社会环境日新月异的变化，领导力理论逐渐展现出一些新的发展变化，新的研究方向也开始不断涌现。

1. 领导力理论的新趋势

(1)从刚性转向柔性

为应对不断变化的外部环境，领导者需要敏锐观察，及时做出相应的调整和改变。现如今，领导时刻处于变化之中，仅采用单一的、高度控制的领导方式难以实现有效的管理。领导者不应只关注以任务为导向的刚性管理，更要将重点放在以人文关怀为导向的柔性管理上。在此背景下，共享型领导力和整合型领导都是领导者灵活性和柔性化管理的重要表现，它们优先考虑了具体的环境特征，更能够激发个体工作的内在动机，从而提升领导效能。

(2)从一元转向双元

随着组织过程的日渐复杂，差异化与低成本、柔性与控制、变化与稳定等特征突出。基于权衡取舍观的"两者择其一"的战略方式已不能满足维持组织持续竞争优势的需要。相反，在组织长久生存与发展过程中，基于"既/又"认知保持相悖目标共存和平衡的双元性成为处理矛盾冲突的有益探索。作为领导学研究的新兴领域，双元领导适应当前动荡变化的复杂情境，反映了特定张力背景下理论界和实务界对新型领导行为策略的诉求。为应对外部环境不可预测性带来的挑战，领导者利用矛盾思维将相互对立但又相互关联的行为方式进行平衡，根据具体情境变化要求实现行为策略之间的柔性转换，从而发挥矛盾力量协同增效作用的领导模式。

(3)从业务驱动转向科技驱动

信息技术的兴起使领导者逐渐将目光转向科技的变化。伴随着新一代数字技术的持续创新和渗透扩散，新一轮工业革命正在全球范围内孕育兴起，以 5G、物联网、人工智能、云计算、时间敏感网络等为代表的智能技术群，在推动人类社会迈向数字化、网络化和智能化新阶段的同时，正以前所未有的速度和颠覆力改变着人们对生活和工作的传统观念。在"互联网+"数字经济时代下，组织形式与工作方式发生了巨大变化，不少企业采取的弹性工作制或虚拟团队对员工工作生活与绩效产生了深远影响，虚拟团队中领导的出现和发展颠覆了其对传统管理流程和绩效的管控，共享型领导、数字领导力等应运而生，成为未来研究关注的重点。

2. 领导力理论的新类型

领导力理论呈现出多元性、动态性与复杂性的特征，接下来将对一些新的领导力类型进行介绍。

(1)双元型领导(ambidextrous leadership)

随着双元性理论的深入研究，古普塔和瑞许(Gupta and Raisch)等呼吁将双元理论引入领导力研究中，为新的领导范式提供了系统的理论框架，双元型领导应运而生。双元型领导基于"两者都"而非"二选一"的认知思维，将相悖领导行为统一协同。双元型领导超越了矛盾的二元对立存在，灵活驾驭两种方向上的领导行为，并寻求矛盾问题动态共存的可能性，以实现互斥行为的利弊互补与协同增效。

(2)共享型领导(shared leadership)

共享型领导与传统的垂直领导方式不同，是一种在组织中独立的组织成员之间的领导方式。它强调团队成员之间的角色共享，即依据团队任务、团队情境、团队成员专长，在团队成员之间角色动态转移的领导方式；强调团队成员之间知识共享、共同制定决策、共同担责，在完成团队任务中共同成长；强调团队中和谐的团队氛围，属于一种团队成员之间的水平影响力。与传统的自上而下的领导方式相比，共享型领导是一种水平的、自下而上的集体领导方式。

(3)整合型领导(integrative leadership)

整合型领导是一种以参与合作单元的领导要素整合为理论依托，以战略决策整合和关系整合为核心，通过制定达成共识的运行机制与保障机制，实现多方共同利益的网络式动态化的合作驱动力与保障力。此外，在合作组织中，组织之间不再具有明显的层级关系，而是更加注重引导力与影响力，整合型领导通过施加影响力与引导力实现组织之间的跨部门合作，在整体网络中实现知识、资源的共享与互补，最终实现公共价值。

(4)创业型领导(entrepreneurial leadership)

创业型领导是通过创造一个组织愿景来动员、号召忠于此愿景的追随者，探索和开发战略价值的领导方式。创业型领导既包括以铸造未来愿景、设定绩效目标、擅长人际关系为主要特征的创业能力，也包括特别关注组织成员、凝聚人事为一体的激励和调动资源的战略能力。创业型领导强调领导者在不确定环境中应对动态变化时表现出的创业行为和能力，创业机会识别、持续变革创新与战略价值创造是创业型领导的重要能力特质。创业型领导融合了新创企业管理者的创业精神和领导力，展现出创业者在不确定的商业环境中积极寻求创业机会、激励员工创新、迅速调整组织结构和流程应对变化的领导能力，对提升企业绩效具有促进作用。

(5)数字领导力(digital leadership)

数字经济时代，组织对领导力的要求发生了显著变化，亟须能够驾驭新技术、带领组织走向卓越的领导人才，数字领导力应运而生。数字领导力指的是能够有效利用数字技术，带领组织实现数字化战略变革，保持企业持续增长的领导能力。区别于传统领导力，数字领导力能够从科技、组织和业务 3 个角度观察、思考和融合，从而制定可执行的数字化战略变革和增长路径。

15.2 数字领导力的内涵和特征

随着数字经济的深入发展，人们的生活、学习、工作，企业生产、运营、管理，政府行政等经济社会的各个方面都在加速数字化战略变革，企业也同样被前所未有的数字化环境所包围。在这种新型数字化环境下，企业领导者如何重塑企业战略，使得企业获得强劲、持续的数字竞争力呢？数字领导力则是解决这一问题的关键。

15.2.1 数字领导力的内涵

20 世纪末，电子计算机、互联网等信息通信技术加速发展并普遍应用，促使企业的经营和管理模式发生了巨大变革，信息化的生产和管理工具在企业中得到广泛的应用。在此背景下，学术界提出了 E-leadership 的概念，并将其解释为借助信息技术实现个体、团队及组织行为和绩效等的改变过程。国内学者对 E-leadership 的翻译稍有不同，大部分学者将其翻译为电子领导力，还有少数学者将其翻译为信息化领导力。但不论哪种翻译方式，电子领导力都是领导力在信息时代的重要表现形式，是通过信息技术媒介整合资源，激励、影响员工不断实现个人和组织目标的能力，是管理者使用信息技术领导员工完成任务所需要的能力。电子领导力是领导力和信息技术结合的产物，其核心是借助科技手段，在组织中营造良好的交流、合作氛围，激发成员潜力，并通过计算机、互联网等信息化工具提升企业运营效率，进而增强企业核心竞争力。

近年来，随着数字经济的发展和企业数字化战略变革的加速，学术界提出了数字领导力的概念。数字领导力是利用组织的数字资产在组织和个人层面实现特定商业目标。从电子领导力和数字领导力的区别来看，电子领导力侧重于领导者在企业传统的资源、技术之外，引入并高效利用电子信息技术提升企业效率，增强企业竞争优势；而数字领导力则强调领导者利用数字化技术和工具对企业进行全面的数字化改造，强调对企业价值创新的模式进行重构。数字领导力与传统领导力也存在较大的区别，传统领导力被定义为命令和控制型领导力，而数字领导力被称为协作型领导力。传统领导力侧重组织建设和业务推进能力，而数字领导力需要领导者能够从科技、组织和业务 3 个角度去观察、思考和融合，制定可执行的数字化战略变革与增长路径。

数字领导力是一个内涵十分丰富的概念。亚历山德鲁·罗曼(Alexandru V. Roman)等认为，数字领导力包括数字化沟通、数字化社交、数字化变革、数字化团队、数字化技术及数字化信任 6 项基本能力。劳拉·科尔泰拉佐(Laura Cortellazzo)等认为，数字领导力包括通过数字化媒介沟通、高速决策、管理颠覆性变革、管理联结度和连通性、掌握数字技术、开发领导技能等方面的能力。柴亚赛特·普罗姆斯里(Chaiyaset Promsri)提出了数字领导力模型，认为数字领导力包括 6 个方面：第一，数字知识和素养，数字领导者需要了解数字转型组织中影响数字技术的变化环境；第二，愿景，数字领导者需要有一个与数字转型相关的清晰愿景和目标，并将这一愿景传达给组织中的所有员工；第三，理解客户，数字领导者在进行数字化战略变革时，需要考虑客户的需求和变化。数字领导者需要了解数字转型可能对客户产生的影响；第四，敏捷性，数字领导者需要灵活，并能适应数字世界中快速变化的环境。数字领导者需要在工作场所建立敏捷性，以实现数字化战略变革的成功；第五，承担风险，数字领导者需要寻找新的机会，并接受组织中员工在进行新实验时所犯的错误。数字领导者需要营造实验氛围，鼓励员工尝试新事物，即使最终会以失败告终；第六，合作，数字领导者需要鼓励员工和团队跨界合作，以确保每个人都为数字转型的成功而共同努力。萨塔·巴瓦纳(Sattar Bawany)从思维和能力方面阐述了数字领导力应当具有破坏性与辩证思维，同时还要具备商业视野和创业技能、情感与社会技能以及成功驱动技能。梅丽莎·布伦那(Melissa Brunner)等围绕商业计划发展、结构设计、创新、变革管理、信息系统治理 5 个方面描述了数字领导力应当具备的核心要素。

表 15-1 列出了多位学者关于数字领导力的构成的观点。

表 15-1 数字领导力的构成

作者	构成
Roman 等(2018)	数字化沟通、数字化社交、数字化变革、数字化团队、数字化技术、数字化信任
Cortellazzo 等(2019)	数字化媒介沟通、高速决策、管理颠覆性变革、管理联结度和连通性、掌握数字技术、开发领导技能
Promsri(2019)	数字知识和素养、愿景、理解客户、敏捷性、承担风险、合作
Bawany(2020)	破坏性思维、视野和创业技能、认知敏捷与辩证思维、韧性与适应性、情感与社会技能、成功驱动
Brunner 等(2021)	数字商业计划发展、结构设计、创新、变革管理、信息系统治理

15.2.2 数字领导力的特征

数字化时代颠覆了企业的内外部环境，给领导者带来了新的挑战。除了履行传统的领导职责外，数字领导者还需要更新思维、通晓行业相关技术发展、调整自身核心技能，以适应数字世界。那么，在数字环境中，有效的数字领导者应该具备哪些基本特征？

1. 数字领导者需要有变革性与前瞻性的眼光

长期以来，建立愿景和指明方向一直是领导力的重要组成部分，而数字环境赋予其新的意义。最重要的领导技能是提供变革性的愿景，包括预测市场和趋势、做出精明的商业决策以及在动荡时期解决棘手问题的能力。领导者必须具备前瞻性，这包括清晰的愿景、健全的战略和远见。在数字世界中，清晰明确的愿景和战略显得尤其重要，因为领导者必须能够高瞻远瞩，了解新技术影响下业务和市场趋势将如何演变。事实也证明如此，60%的投资者更注重组织的未来远景与发展方向而非历史业绩。但是，在竞争无处不在的情况下，预测未来格外困难，数字领导者往往需要在环境动荡变化的情况下依然能够提供前进的方向。

2. 数字领导者需要具备良好的数字素养

理解数字技术是数字领导者最重要的技能之一。具备良好的数字素养之所以如此重要，主要有两点原因：一是数字素养能够支持前面提到的领导技能：具有变革性和前瞻性的眼光。一个不懂数字技术的领导者将很难跟上新兴的趋势和发展，也无法准确把握这些趋势所带来的新的价值或对组织构成的威胁；二是以企业高层的身份理解技术是如何运作的，能够让领导者在不确定的环境中做出更明智的决定。

数字化技术与知识储备是制定长远战略的前提条件，因为没有数字素养的领导者将难以理解数字化战略变革所带来的影响、风险和机遇。这就是为什么我们看到全球范围内，数字化最先进和创新性最高的金融机构多是来自银行业以外的领导者。事实上，在大多数金融组织中，也很少有中层管理者具备数字素养。麻省理工 CISR 学院研究发现，在所有行业中，年收入超过 10 亿美元的公司中，大约只有四分之一的企业有 3 名或 3 名以上董事会成员精通数字化。其中，精通数字化被定义为通过经验、社交以及分析，了解大数据、云服务和物联网等数字技术将在未来十年如何影响公司的发展。现行的管理层择人标准中也越来越看重数字化知识和技能，所以企业常常倾向于设立首席数据官(CDO)、首席信息官(CIO)等职位来弥补其管理弱点。

如果想在数字经济领域做实质性的工作，数据是数字领导者最重要的资产。换句话说，人工智能驱动的领导者需要从现在开始采用数据驱动的决策。例如，领导者计划使用机器学习来预测他们的客户在什么情况下会购买什么，他们需要关于不同类型的客户在过去购买过什么的高质量数据。想要使用深度学习模型来分析医学图像的卫生保健组织的领导者需要大量带有标记结果的图像。许多组织需要求助于外部数据来增加其内部来源，而其他组织则需要提高数据质量和集成，然后才能将其用于新的数字技术项目。

3. 数字领导者应当使员工时刻准备着

大多数数字技术项目将涉及员工与智能机器合作，而不是大规模的自动化。这意味着员工必须学习新技能以适应新角色，这不是一夜之间就能实现的。优秀的领导者已经通过开发培训项目、在必要时招聘新技能以及将持续学习整合到招聘模型中，让新招聘的员工为数字技术做好准备。德勤和麻省理工学院斯隆管理评论(MIT Sloan Management Review)发布的 2018 年数字商业报告显示，企业越来越重视持续的数字技能学习。美国银行(Bank of America)的技术和运营部门为其 9 万多名员工开发了一系列在线教育项目，解决了与银行的聊天机器人 Erica 和其他人工智能应用一起工作所需的一些技能。德勤一直致力于让其专业人员精通技术，而不仅仅是那些从事技术咨询工作的人。他们明白，在一个以人工智能为导向的商业环境中，几乎德勤的每一位员工都需要了解技术是如何工作的，并与他们的工作相适应。

15.3　数字领导力的类型

法比安・雷克(Fabian Reck)和亚历山大・弗利亚斯特(Alexander Fliaster)综合考

虑了首席数字官在企业数字化战略变革过程中所承受的压力及其决策权限两方面，将首席数字官划分为内部专家、社交与催化大师、破冰独行侠、创新传播者 4 种类型。

15.3.1 内部专家

内部专家(insider expert)通常掌握着深厚的战略业务知识和 IT 知识。在这一类型的数字化高管中，拥有博士学位的人超过 19%。与其他 3 类数字化高管相比，此类首席数字官在当前公司的平均任期最长，而为其他雇主和行业工作的时间最短。因此，他们的人际网络主要限于组织内部也就不足为奇了。内部专家就是美国社会学家阿尔文·古尔德纳(Alvin Gouldner)描述的那种本地人——高度忠诚于雇主组织，倾向于参考内部群体的意见。内部专家凭借广受认可的专业知识，运用自己在公司中完善的非正式人脉和强大的人际交往技能，或亲自开展创新，或为其他创新者提供建议和指导。内部专家可以为员工和管理层讲解尖端数字技术在商业环境中的功能和应用，从而减少因缺乏相关知识而产生的疑虑，并推动这些技术在公司上下得到采用和传播。由于内部专家的丰富经验积累和专业知识储备，无论是在高压还是低压环境中，都能为数字化战略变革贡献良多。当面对巨大的竞争压力时，内部专家会采取更加积极主动的做法，亲自披挂上阵实施创新项目，而不是仅仅为他人提供建议和支持。

15.3.2 社交与催化大师

社交与催化大师(networker & catalyzer)主要有 3 个特征：第一，他们通过支持他人的创新并营造能培养创造力的工作环境来领导数字化战略变革；第二，他们在公司内部拥有多样化的人际关系网，高层团队、中层管理人员和普通员工都是他们沟通接触的对象，大约 70%的社交与催化大师还在公司外部广泛结交各类人士，如客户、供应商和咨询顾问；第三，他们具备强大的人际交往能力，待人诚恳真挚，能理解他人的行为和动机，并影响和激励他人。社交与催化大师能凭借自己的主要优势，即高超的人际关系技能、发达的内部人脉和多样化的外部人脉，为数字化创新者提供强有力的支持，并推动数字化战略变革。唯一不利于社交与催化大师的情境，就是在面对来自外部竞争对手高压的同时，享有战略决策的权限过低。

15.3.3 破冰独行侠

破冰独行侠(lone icebreaker)大多是理工科专业出身。他们的专长主要集中在 IT 和基础设施领域、研发领域和运营领域。此类首席数字官在数字技术方面堪称顶级高手。因此，破冰独行侠往往直接参与重要的创新项目，并在大型数字化举措中发挥核心作用。不过，破冰独行侠的社交意识、人际影响力和人脉经营能力都比较差，并没有在公司内部建立起完善的非正式关系网，这也正是“独行侠”之名的由来。缺少内部支持，是他们同内部专家、社交与催化大师的一个根本区别。破冰独行侠通常敢于面对高压的环境，勇于突破局限，推动企业进行数字化创新。破冰独行侠通常担任具有影响力、控制力和实权的高层管理职位，他们亲自参与创新项目，并为公司的数字化战略变革设定节奏和方向。

15.3.4　创新传播者

创新传播者(innovation evangelist)缺乏强大的技术背景，但深谙商业和经济学知识。与其他 3 类首席数字官相比，他们在职业生涯中从事财务或营销和销售类工作的时间要长得多。创新传播者通过自己直接参与创新举措和项目来推动数字化。此类首席数字官为数字化战略变革出力的方式是充当把关人——从外部引入新理念，挑战固有视角和思维框架，并重新定义公司愿景及其基本商业逻辑。创新传播者的创意灵感往往来源于将不同专业领域的知识以别出心裁的方式加以组合。在创新传播者的职业生涯中，约有 58%的时间是在与其他公司合作，47%的时间身处其他行业。因此，他们完全有实力去应对数字化战略变革中的创新挑战。

图 15-5 为数字领导力的类型示意图。

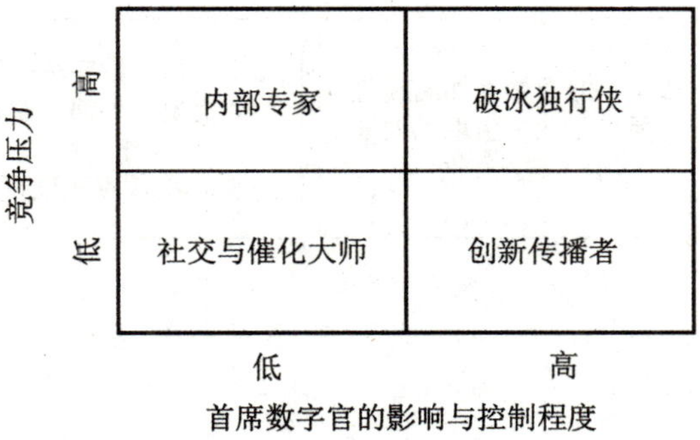

图 15-5　数字领导力的类型

资料来源：Reck F，Fliaster A，“Four profiles of successful digital executives，”MIT Sloan Management Review，2019，60(3)，pp. 1-7.

15.4　数字领导力的触发机制

数字技术的广泛传播使得数字转型成为越来越多企业的选择。为了应对这种发展，一些公司决定在高管团队中增加一个职位：首席数字官(chief digital officers，CDO)。与此同时，人们怀疑，在应对数字化战略变革时，为高层管理团队(top management team)增设首席数字官的职位是否是所有公司的最优战略选择。为此，塞巴斯蒂安·菲尔克(Sebastian Firk)等学者考察了设立首席数字官职位的决定性因素：一是数字化战略变革的紧迫程度；二是企业协调内外部资源的需求程度。

根据数字化战略变革的紧迫程度和企业协调内外部资源的需求程度以及企业所处的环境特征，他们将触发企业设立首席数字官的原因总结为 4 个象限(图 15-6)。左上象限将数字化战略变革紧迫性与企业商业模式联系起来，当企业的商业模式对信息和知识的依赖程度越高，企业越有可能设立首席数字官的职位。左下象限的重点是外部环境对转型紧迫性的影响，指出行业中新进入的数字企业数量是推动企业内部首席数字官出现的重要因素之一。右上象限指向企业的多元化导向，这是一个重要的内部特征，并将其与协调需求联系起来。从企业内部角度来看，多元化战略对协调十分需要。

多元化企业涉及多个地域、产品及市场，因此需要在不同地域、产品和市场间实现数字技术方面的协同。在这种情况下，企业越有可能设立首席数字官。最后，右下象限引入国家基础设施的数字化程度。如果宏观层面上数字基础设施方面相对滞后时，企业没有办法依靠外部力量进行数字化变革，很可能设立首席数字官，加快内部数字化建设以及开展与利益相关者的沟通，从而更好地应对数字时代的挑战。

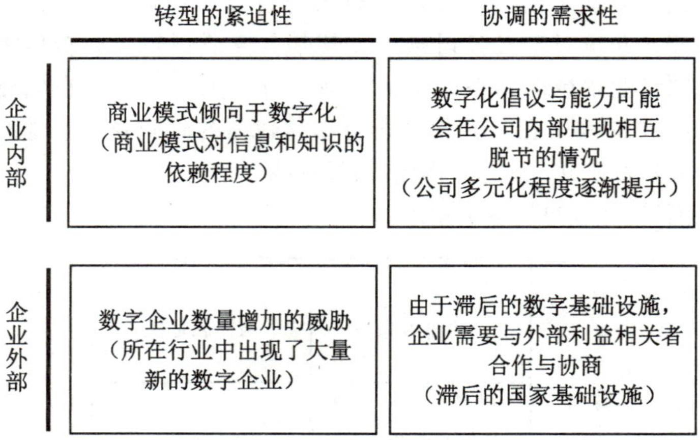

图 15-6　设立首席数字官的触发机制

资料来源：Firk S，Hanelt A and Oehmichena J，et al.，"Chief digital officers：An analysis of the presence of a centralized digital transformation role，" Journal of Management Studies，2021，58(7)，pp. 1 800-1 831.

15.4.1　企业商业模式对信息和知识的依赖程度

基于信息的商业模式可能会受到数字化的影响，也更容易被数字替代品取代，这些替代品更容易被潜在竞争对手生产并将规模逐步扩大。尤其是在人工智能的影响下，基于知识的商业模式越来越容易受到数字化环境的干扰，这可能会挑战并最终取代人类创造价值的知识流程。数字化威胁着商业模式严重依赖信息和知识的企业，比如媒体或服务公司。而相对来说，制造企业由于物质是其商业模式中的核心要素，转型的紧迫性不如前者。对于商业模式易受数字化颠覆影响的公司，首席数字官可以利用其数字创业技能，预测现有商业模式的敏感性，并倡导设想新的数字商业模式，以及构建所需的数字能力。

15.4.2　行业中新进入的数字企业数量

随着那些能够熟练和快速利用数字技术的新的、灵活的企业越来越多地进入既定的竞争环境，或创建新的竞争环境，这些数字企业可以轻松尝试新的商业模式，并在全球范围内迅速推广成功的设计。正如在摄影和媒体行业所看到的那样，这种发展可能会产生破坏性后果。在汽车行业，尽管数字化更加困难，但优步和来福车等新企业正在通过构建数字平台提供出行服务，给传统企业带来了巨大压力。因此，企业需要有能力识别潜在干扰并采取应对措施。首席数字官凭借其数字先驱能力，可能会预见到新兴数字企业带来的破坏性威胁，并对提高对此类威胁的认识具有特定价值。

15.4.3 企业多元化程度

为满足不同地域、产品和市场的需求，由多个子公司组成的多元化公司很容易形成业务孤岛，这些业务孤岛促生了相互脱节的数字创新。当数字化战略变革内部协调需求较高时，企业更有可能设立首席数字官。首先，首席数字官可以在战略层面的愿景指导下，将这种缺乏中心化的数字活动置于单一保护伞下，以协调所有数字化转型工作。至于组织范围内的数字化转型，内部划分较强的公司可能会寻求集中责任的帮助，比如首席数字官发起并设计受控的组织转变，从分离的孤岛职能转变为跨职能合作。其次，与其他技术或资产相比，数字技术的可适应性较强。因此，基于数字技术(比如数据驱动的客户分析)在一个地域或产品细分市场开发的功能可以相对容易地在其他细分市场中应用和重组。因此，拥有首席数字官可以让多元化公司更好地识别和实现在跨产品或地理部门开发和应用数字技术方面的协同效应。最后，由于数字化战略变革可能会重组多元化企业的组织权力结构，一些参与者可能会阻碍谈判和进展。协调这种组织内部的紧张关系可能还需要一位能够识别并克服这种转型障碍的首席数字官。

15.4.4 所处区域内数字基础设施滞后的程度

区域环境数字基础设施条件包括技术条件和管理条件。对于技术条件来说，在特定地区推动数字转型取决于现有的技术基础，如宽带互联网接入的速度和覆盖范围。在这类基础设施方面的落后可能会阻碍企业将数字创新(比如基于物联网技术的创新)引入到各自的市场，从而限制企业内部数字化战略变革。此外，监管机构既可能通过调整监管框架来适应数字创新，从而促进数字转型，也可能通过制造额外的障碍来阻碍数字创新的进展。因此，当企业所处区域内数字基础设施相对滞后时，设立首席数字官的需求更为强烈，首席数字官需要与潜在的合作伙伴联系和沟通。

本章小结

• 数字领导力是领导者利用组织的数字化资产，在个人和组织层面实现特定商业目标，从而带领组织实现数字化转型和持续增长的能力。

• 数字领导者需要具有变革性和前瞻性的眼光，具备良好的数字素养以及能激励员工变革的能力。

• 首席数字官可以划分为内部专家、社交与催化大师、破冰独行侠、创新传播者 4 种类型。

• 企业是否单独设立首席数字官职位统筹数字化战略转型任务取决于当前企业对于数字化战略变革的紧迫程度和企业对内外部资源协调的需求程度。

复习思考题

1. 领导力有哪些类型？

2. 如何理解数字领导力的内涵？
3. 数字领导力应当具备哪些特征？
4. 数字领导力的类型有哪些？
5. 数字领导力的触发机制是什么？

案例分析

扫一扫，看资源

创业式领导力，诺基亚起死回生的秘密

第 16 章　数字化战略变革

【学习目标】

➢了解战略变革的定义和内容

➢掌握数字化战略变革的内涵、动因与目标

➢掌握数字化战略变革的 4 种状态

➢掌握数字化战略变革的过程模型

【关键术语】

数字化战略变革　新技术冲击　分模块适应　系统性转变　协同式进化　数字敏捷性　数字文化　首席数字官　数字战略响应　组织流程编排　组织结构重构　生态价值共创

开篇案例

京东金融为金融机构打造“第二增长场景”，以数字化重塑增长

2020 年 8 月 17 日，京东数字科技集团旗下个人金融业务品牌京东金融，宣布 logo 焕新升级、启用首位品牌代言人等多项升级动作，并发布品牌主张“一个懂金融的朋友”。在定位上，京东金融本质上是一个连接金融机构和金融用户的开放平台，要做用户的“金融决策平台”和金融机构的“第二增长场景”，以科技的力量，让每个人更平等地面对金融。

“金融决策平台”覆盖用户决策链全流程

2020 年艾瑞咨询进行的一项用户调查数据显示，当前用户对金融服务平台的顾虑主要集中在“安全”与“专业”两大问题上，而金融领域的高门槛、高壁垒又让许多用户处于知识弱势和身份弱势，在做金融决策时往往面临“知识门槛高、选择成本高”的难点。京东金融要做用户的“一个懂金融的朋友”，就是要成为用户的“金融决策平台”，为用户在决策链的全流程提供参谋、指导辅助和保护，帮助用户更好地做出金融决策。

首先，京东金融为用户提供海量的产品选择。京东金融联合工商银行、建设银行、招商银行、易方达基金、华夏基金、南方基金、平安保险、中国人保、泰康保险、中信证券、中信建投、安信证券等近千家持牌金融机构，推出近万只金融产品，涵盖理财、借贷、保险、分期 4 个主要业务板块。同时，京东金融还为用户提供线下金融机构网点产品的选择。京东金融为金融机构搭建专属官方店铺——“金店”，用户可在线上了解、选择金融机构线下网点的产品，并直接选择就近的线下网点预约办理。持牌金融机构及其分支机构、机构分支网点，甚至是银行客户经理、基金经理、保险个人代理人等执业人，也可通过直播、视频和文章等多种形式，为用户提供投资者教育，

帮助用户全面、高效、低成本地做出个人金融决策。

在上线众多产品的基础上，京东金融还会根据金融适当性原则基于云计算、大数据、人工智能等数字科技能力，为用户提供筛选和匹配符合其个人风险偏好和风险承受能力的金融产品，帮助减少用户的选择时间、提升决策效率。例如，京东金融联合易方达基金、博时基金、华夏基金、广发基金、南方基金、嘉实基金、汇添富基金和富国基金等头部基金公司以及他们的明星基金经理，为用户提供智能化的产品搜索结果，按照用户的风险等级匹配并展示合适的基金产品。智能客服还会为用户提供365天不间断的定制化内容支持，比如持仓健康度分析、基金诊断等。

基于对用户的了解和需求的洞察，京东金融还可联合金融机构，为用户定制更匹配的产品和服务。例如京东金融联合中国人寿财险推出最低5 000元免赔额的短期百万医疗险“超医保”，最低每天花费不到1元钱享600万元保额，并可附加普通门(急)诊报销，缓解家庭日常医疗支出压力。遇到重大疾病诊治的排队难、费用高、药难买等困难，也可额外设置8项增值服务，全面解决用户的后顾之忧。作为用户的朋友，京东金融全程陪伴用户成长。京东金融凭借多年来在金融领域的优质资源积累，打造了内容分享板块——花生社区，邀请了包含经济学家、基金经理、投资经理、金融分析师、精算师、泛财经KL等金融大V入驻，以图文、短视频、问答、直播、圈子等形式互动，向用户分享包括泛财经类资讯、理财产品分析、保险产品介绍、个人投资经验等内容，帮助用户学习金融知识、了解金融产品信息。

此外，在京东金融平台，用户也可以在全网产品库对市面上近6万款金融产品的信息进行检索查看，包括产品信息和其他用户的评价，从而获得决策参考。用户还可以对金融产品进行对比和打分为别人提供决策参考。也就是说，在京东金融App，用户可以通过大众点评互动，实现通过一个平台，完成对金融类产品的查询、测评和购买等闭环体验，提升决策效率。

打造金融机构的“第二增长场景”

对于金融服务真正的提供者——金融机构来说，京东金融也是其可信赖的“朋友”。在京东金融看来，金融机构自身的网点、网上银行、手机银行App是服务用户的“第一增长场景”。而京东金融作为一个开放平台，依托数字技术，可以助力金融机构创造新的价值，成为金融机构的“第二增长场景”。

第一层价值，京东金融是一个巨大优质用户的场景。截至2020年，京东金融已经有4亿实名用户，主要集中在一、二线城市。这些用户是当下的主力消费人群，他们有能力、有需求去使用金融工具安排自身及家庭生活的方方面面。基于这样一个场景，金融机构一方面可以为这些用户提供服务，另一方面可以借助京东金融App的各类用户权益与服务去激活老用户，并强化用户黏性。

第二层价值，京东金融作为一个开放平台，能够为金融机构提供必要的数字化运营工具，包括智能大数据平台、数字营销平台、智能投顾工具、直播工具等，助力金融机构构建属于自己的数字化营销和运营能力，从而实现业务的快速增长。例如，金融机构可以通过“金店”实现线上线下一体化服务，提升用户触达能力与用户服务体验，也可以积累起自己的品牌资产；数字营销平台中的智能触达系统，能够实现对个人用户消息触达的统一管理，且触达方式多样化；智能风控技术能够为金融机构提供风控依据。

第三层价值，金融机构可将在京东金融 App 上运营所积累的客户运营经验和产品匹配能力向自身数字化场景以及其他第三方场景进行复制，进行多场景的扩展，从而继续提升总用户规模，从根本上提升增长能力。

资料来源：中国经济新闻网，2020-08-19。

思考与讨论：

1. 结合市场现状，分析京东金融相比其他金融机构存在的优势。
2. 结合本章内容，分析京东金融数字化战略变革的具体体现。

16.1 数字化战略变革的内涵、动因和目标

新一轮科技革命和产业变革迅猛发展，企业发展环境日益复杂多变，机遇挑战并存。在此背景下，企业必须要把数字化战略变革作为发展战略的重要组成部分，把数据驱动的理念、方法和机制根植于发展战略全局，以数字能力的建设、运行和优化为主线，有效串接起业务、技术、管理等相关内容，实现与职能战略、业务战略及产品战略的有机融合。在本节，我们首先回顾了战略变革的定义，界定数字化战略变革的内涵。在此基础上，提出企业的数字化战略变革主要由颠覆性技术突破、消费者行为与期望改变、现有竞争格局变化以及数据可用性提升 4 方面因素所驱动，呈现出新技术冲击、分模块适应、系统性转变和协同式进化 4 个状态，帮助企业达成获取数字资源、驱动业务增长和重塑商业模式的战略目标。

16.1.1 数字化战略变革的内涵

1. 战略变革的定义

安索夫在 1965 年出版的《公司战略》中，将战略变革定义为“企业对产品、市场领域的再选择和对其组合的重新安排”。1979 年，安索夫在其《战略管理》中对定义做出进一步调整，认为战略变革是“企业正式系统、组织结构的调整和企业文化的转型”。南迪尼·拉贾戈帕兰(Nandini Rajagopalan)和格雷琴·斯普雷策(Gretchen M. Spreitzer)提出多视角、系统性的战略变革整合框架，并强调战略变革是环境条件、组织条件、管理者认知因素和管理者行动因素共同作用的结果。战略变革的核心内容主要有以下 3 个方面。

(1)组织结构变革

外部环境和组织战略的变化通常会导致组织结构的变革。一个组织的结构是由工作如何做以及谁来做所定义的，管理者可以改变其中一个或者同时改变两个结构变量。例如，合并部门职责，减少组织层级，增大管理幅度，组织实施更多的规则和程序提高标准化程度，或者通过员工授权提高决策速度。

(2)技术变革

行业内竞争因素或者创新的出现，往往要求管理者引进新的设备、工具以及运作模式。大多数早期的管理学研究都涉及技术变革，如科学管理方法就包括实施那些有利于提高生产效率的变革。如今，技术变革通常包括新的设备、工具或者方法的引进，自动化，以及计算机化。自动化是一种利用机器代替人工完成某些任务的技术变革，

如美国邮政服务公司(U. S. Postal Service)引入了自动化，利用分类器实现邮件的自动分类，在自动装配线上，通过程控机器人完成一些过去由人工完成的工作。计算机化是最明显的技术变革，大多数组织通过计算机化开始拥有了复杂精密的信息系统。

(3)人员变革

人员变革包括态度、期望、认知和行为的改变。例如，加拿大丰业银行(Scotiabank)认为，一项新的客户销售与服务战略的成功取决于员工态度和行为的改变，因此在战略变革期间，丰业银行管理者使用了不同的人员变革技巧，包括团队建设、调查反馈和群体间关系的开发等，顺利完成了变革目标。

2. 数字化战略变革

伴随知识经济的发展与深化，以大数据、人工智能、物联网、区块链、虚拟现实等为代表的新一代数字技术革命使得现代商业社会从工业经济向知识经济的转型迈向更深的层次。为了应对数字环境，企业不得不改变自己的一些最基本的经营理念和思维状态，战略变革被认为是企业实现数字化转型升级的题中之意和有效途径。“数字化”一词完全不同于一般意义上的“新技术”或者企业业务流程中新的“IT 功能”。数字化的概念触及企业思维与行动深层的本质和核心，要求企业采取数字思维重审自身，并考虑如何改变来适应数字化时代。

数字化变革受到了广泛关注，并发展出多种定义(表 16-1)。例如，营销研究人员主要关注数字广告和社交媒体效应；在信息系统文献中，研究人员关注数字技术的使用以及由此产生的商业价值；战略管理文献则主要关注整体的数字商业模式概念化、可操作化和路径更新。数字化战略变革本质上是多学科的，涉及组织结构、信息技术、财务、供应链和营销等多方面变化。在此基础上，本书界定**数字化战略变革是企业有效运用人工智能、区块链、云计算、大数据等数字技术，驱动业务转型和商业模式创新的社会化过程。**这个概念强调了两个核心方面，一是云计算、大数据、人工智能、物联网、区块链等数字技术的应用，二是业务与商业模式重塑。其中业务与商业模式重塑是根本目标，数字技术则是必要工具。

表 16-1 数字化战略变革的定义

提出者	定义
Westerman 等(2014)	使用新型数字技术从根本上提高企业的绩效或影响力
Demirkan 等(2016)	通过数据驱动的洞察力触发战略业务举措，以及推出利用新方法获取价值的数字业务
Hess 等(2016)	涉及可以给公司的商业模式带来变化的数字技术，这些变化会导致产品或组织结构的变化或流程的自动化
Singh 和 Hess(2017)	使用新的数字技术，如社交媒体、移动、分析或嵌入式设备，以实现重大业务改进，例如增强客户体验、简化运营或创建新的业务模式
Li 等(2018)	突出 IT 对组织结构、例程、信息流和组织能力的影响。从这个意义上说，数字化变革更强调 IT 的技术根源以及 IT 与业务的结合

续表

提出者	定义
Hinings 等（2018）	特定环境下企业对新产品、新流程、新服务、新平台甚至新商业模式的协调编排
Warner 等（2019）	涉及数字技术给公司的商业模式带来的变化，以及由此导致的产品与组织结构的变化以及业务流程的自动化
Mergel 等（2019）	主要与使用新技术在互联网时代保持竞争力的需求有关，涉及互联网时代的服务和产品在线和离线提供，是通过使用新技术来根据客户的需求重建商业模式的一种方式
Saarikko 等（2020）	通过信息、计算、通信和连接技术的组合触发实体属性的重大变化来改进实体，使公司适应新的组织形式和技能的社会化过程，在数字环境中保持活力和相关性
Matarazzo 等（2021）	公司采用数字技术，开发有助于为公司创造和分配更多价值的新数字商业模式的方式，这种转型会影响业务流程、运营程序和组织能力
Chen 和 Tian（2022）	利用移动互联网、人工智能、云技术、区块链和物联网来扩大商机、改善客户体验、简化运营流程的过程

16.1.2　数字化战略变革的动因

在数字化浪潮中，数字化战略变革使得企业能够以全新的方式创造价值，从数字化世界中获益，并建立竞争优势。同时，消费者和产业客户都已习惯数字化服务，客户消费需求的变化从某种程度上来说使得企业不得不进行数字化变革实践。总结而言，企业进行数字化战略变革的动因体现在 4 个方面：颠覆性技术突破、消费者行为与期望改变、现有竞争格局变化以及数据可用性提升。

1. 颠覆性技术突破

企业数字化变革与颠覆性技术的出现密切相关，数字技术无疑是新科技革命和产业变革的核心驱动技术。当前新一轮科技革命和产业变革正在全球范围兴起，数字技术、先进制造技术、新材料技术和生命科技加快成熟和商业化。一些颠覆性技术已经成为现在企业数字化运行的基石，包括传统核心系统改造、技术业务转型及网络安全等基础技术。在过去的 10 年中，云计算、数据分析技术和数字体验技术早已得到深入应用，并持续演变发展，重塑企业的核心能力。最近，5G、区块链、认知技术和数字现实（增强现实、虚拟现实、物联网等）这几种新技术已经进入了“颠覆者”的行列。它们正在蓄势待发，成为驱动数字化转型的核心力量。

数字颠覆性技术呈现快速迭代的特点，这要求市场中的企业必须将数字化战略变革加速提上日程。传统产业的技术相对比较成熟，技术突变少，新技术多与原有技术存在相似性和演进上的连续性。即使出现颠覆性技术，当其成为行业的主导技术后，也会进入一段持续时间较长的技术稳定期。例如，液晶电视取代阴极射线管电视、智能手机取代功能手机后，电视、手机的技术路线已经保持十余年的稳定，新技术主要是对产品性能的进一步提升。而在数字经济时代，持续不断地有新技术成熟并进入商业化阶段，形成新产品或新的商业模式。因此，在数字经济领域无论对于国家、地区还是企业均存在大量“弯道超车”的机遇，初创企业总会有机会在某些新产品或新模式创新中取得领先地位并进而发展成为行业优势企业。

2. 消费者行为与期望改变

(1)数字技术对消费者行为产生巨大影响，消费者购买决策自主性大大提升

以往消费者的消费趋势都是以商家介绍产品为主，随着数字经济时代的到来，消费者在关注品牌价值的同时，可以更多地去关注真实用户的使用体验。在这种情况下，企业必须从消费者角度出发，采用数字化新模式迎合甚至改变数字时代的消费者行为。例如，在线上和线下销售共存的情形下，出现了两种新型消费模式：展厅现象和网络体验。展厅现象是指当消费者去线下实体店挑选产品时，可以触摸和观察产品的质地、外观和性能，甚至可以试用某些产品，从而获得关于商品精确信息，因此很多消费者会选择先去线下实体店获得产品信息，再去网上购买产品。网络体验是指有些消费者倾向于先从线上店搜索产品信息，之后再去线下实体店购买产品。

(2)消费者期望方面，数字技术推动其访问信息和通信能力大大增强，使用这些技术，消费者成为组织与其利益相关者之间对话的积极参与者

数字化时代，消费者自我表达欲望更强，注重实时联系和信息分享。因此，消费者不再将自己视为被动接受者，他们对企业以及企业提供给客户服务的期望在增加。以亚洲星展银行(DBS Bank)为例，消费者越来越希望使用移动数字银行解决方案来执行大部分银行业务，这些期望为星展银行在提供新服务以保持竞争力方面造成压力，正如星展银行首席执行官所说，“数字革命使银行陷入困境”。在这种情况下，通过数字化战略变革来预测变化并响应客户期望已成为企业的战略要务。

3. 现有竞争格局变化

(1)数字技术给公司经营所在市场带来了竞争格局的破坏

数字技术能够促进现有产品和服务的重新组合，并产生新形式的数字产品和服务。例如，平台通过促进数字商品和服务的交换来重新定义现有市场。数字技术还降低了市场进入壁垒，并减少了现有市场参与者竞争优势的可持续性。随着竞争从物理层面转移到信息流动更自由的虚拟层面，以前的进入壁垒重要性降低。例如，在音乐行业，原来的商业模式是通过中间商销售唱片等音乐实体商品，但现在已被苹果以及在线音乐流服务平台声田(Spotify)等提供的订阅服务所取代，这些公司原本不属于该行业。数字技术为公司提供了改变游戏规则的机会，也为公司带来了生存威胁，要求企业通过数字化战略变革的方式对此做出反应。

(2)竞争范围已经超越行业边界，颠覆性创新经常来自产业之外，形成跨界竞争和降维打击的特点

例如，近年来中国移动的短信发送量严重萎缩，原因不是来自其他运营商的竞争，而是由于微信成为更为便捷的日常沟通方式，取代了短信的功能；康师傅方便面销量的萎缩也不是因为其竞争对手占据了更多的市场，而是蓬勃发展的外卖能够方便快捷地满足人们用餐需求。即使一些看起来市场地位牢不可破的行业龙头也由于颠覆性创新的出现而受到较大挑战。例如，大多数人都曾认为，电商市场已经形成阿里巴巴与

京东双头垄断的市场格局，但没有料到拼多多另辟蹊径迅速发展壮大；微信的市场地位也曾貌似牢不可破，是用户停留时间最长的 App，但字节跳动以今日头条和抖音两款产品抢走了微信的大量流量。

4. 数据可用性提升

(1)大数据使得企业对市场供给和需求的信息可得性大大提高

数字技术促进了数据的生成，如通过使用移动设备生成的数字足迹。企业能根据这些数据中蕴藏的信息进行更为精准的市场定位，创造更高的效益。具体而言，通过对数据的分析使用，企业可以提供更好地满足客户需求的服务或更有效地执行流程(如使用数据驱动的算法决策)以获得竞争优势。例如，荷兰皇家航空公司使用推特和脸书等社交媒体来执行客户服务，他们通过这些交互生成的数据来分析客户的心理变化，并根据对客户情绪的理解采取行动，对客户进行实时维护。

(2)数据能够提升企业对自身水平进行识别的能力，显著降低企业的决策成本

企业战略决策是基于对现有市场状况及自身水平的判断，相对于传统经济，大数据信息能够使得企业更快更完整地获得市场信息，也能更快地对自身水平做出识别，以做出合适的决策。具体而言，在数字经济时代，大数据提供的外部市场信息，使得企业对市场竞争对手有更为全面的认知；企业内部的数据生成情况、收集情况与使用情况等能够帮助企业对自身业务流程的逻辑、流畅性和完整性以及资源配置效率进行更为深入的了解。同时，通过与企业掌握的关于其他企业的相关产品和技术信息和发展信息进行比较和评估，能够显著降低企业的决策成本，使企业更好地进行错位竞争，并获得溢出效应。

16.1.3　数字化战略变革的目标

数字化战略变革来自技术进步和企业经营发展需求之间的互动。伴随数字技术在现代企业中的普及，数字化战略的制订与实施对企业内部的管理思想、体系架构、组织控制、商业模式等带来深刻的变化，从而帮助企业在行业中保持竞争力。从数字化战略变革中新型数字技术的应用以及业务与商业模式重塑这两个核心方面出发，在企业数字化战略变革的过程中，企业往往需要达成以下战略目标：获取数字资源、驱动业务增长和重塑商业模式。

1. 获取数字资源

资源代表公司对资产和能力的所有权和控制权，其中资产代表公司在物质和智力资产方面的资源禀赋，而能力通常存在于公司的人力、知识或组织资本中，并将资产连接在一起以使其得到有效部署。在追求数字化战略变革的过程中，公司聚焦对新的数字资产和能力的访问、获取或开发，在此基础上重新定义了如何为客户创造和交付价值。本节将重点介绍数字变革所需的最重要的数字资产和能力：数字资产、大数据分析能力和数字敏捷性。

(1)数字资产

公司需要数字资产，如数据、信息和通信基础设施以及相关技术，才能在数字时代有效竞争。例如，数字时代的公司大量投资于数字技术(硬件和软件)的开发和收购，以支持人工智能、机器学习、物联网和机器人技术的发展和应用。技术和数据提供了利用现有公司知识和其他资源为客户创造更多价值的基本要素。例如，大数据作为一种数字资产可以通过使用公司开发的数据分析能力来实现个性化服务。

(2)大数据分析能力

在数字化变革阶段，获取和分析数据以进行决策的能力至关重要，因为数字技术的功能都依赖于数据。例如，亚马逊和阿里巴巴等数字企业不断使用大数据分析为客户量身定制新产品，并通过动态定价和收入管理来优化收入。尽管数据的收集范围广泛且易于收集，但实际上公司仍难以有效开发这种分析和利用数据的能力。大数据分析能力需要具有强大数字和分析技能的员工，从大数据中为公司和客户创造价值。因此，公司应该拥有具备数据分析、数据管理、数据可视化等相关业务技能的数据团队。

(3)数字敏捷性

数字敏捷性涉及感知和抓住数字技术提供的市场机会的能力，对于数字企业的生存至关重要。在当今动态且不可预测的市场中，企业应该具备数字敏捷性：①允许组织角色在商业生态系统中的转换；②响应不断变化的客户需求并引入新的数字技术；③具备应对因市场边界模糊和进入壁垒消除而加剧的竞争的能力。通过不断感知和抓住市场机遇，数字敏捷性能够促进新产品、服务和商业模式的重组和开发，从而提高为客户创造的价值。随着公司数字化变革的逐渐深入，这种能力变得越来越重要。

2. 驱动业务增长

数据赋能业务，实现业务优化与创新是数据价值变现的关键环节，也是企业数字化战略变革的又一核心目标。企业提出数字化战略变革很多还是围绕企业业务增长提出的，具体而言就是引入更多的数字技术后，当前构建的技术架构能否高效，敏捷的支撑企业业务目标的达成，更好地支撑业务增长，从而为企业创造价值。数字化战略变革较为成功的企业，如华为、小米等，普遍以促进业务增长为目标来建立数字化战略变革的战略布局，而非单纯以新颖的技术工具或局部流程变革为目的。具体来看，以数字化战略变革驱动业务增长的目标聚焦于传统业务转型与数字新业务培育两大方向，企业既需要推动核心业务模式数字化，也要追求发展新型数字化业务，同时注重与外部合作伙伴的数字化业务体系共建，实现整体业务的增长。

(1)核心业务数字化

聚焦于企业价值创造的过程，指企业内部利用技术推动业务在线化、运营数据化、决策智能化。企业利用高效的数据技术，基于现有的业务模式进行运营优化和技术创新，形成了以业务为中心的数据化运营体系，各部门使用数据均以赋能业务为出发点，达到了数据赋能业务的目的，为业务提供增量，实现业务经营提质增效。

(2)发展数字化业务

聚焦于企业价值创造的载体，指企业开发以线上化、智能化、高体验为特征的新产品、新服务，及时连接客户需求，打造最佳客户体验，发现新的业务价值点，衍生出新的数字化业务，特别是对人工智能、物联网、区块链等新技术的应用和实践，从而扩充企业主营业务的增量空间。

(3)数字化业务体系共建

聚焦于企业价值创造的合作伙伴，指企业通过生态伙伴连接赋能与跨界合作创新，发展平台经济等，将以往的价值链转变为价值网的过程。这一过程注重企业上下游、外部生态的数字协同和价值创造，以实现新业务的持续迭代、加速成熟，使企业逐步形成符合数字经济规律的新型业务体系。

3. 重塑商业模式

随着工业经济时代演进到数字时代，商业模式发生了极大的改变。在数字技术的不确定性发展下，以往的商业模式被颠覆，传统意义上可依托的壁垒被打破，任何的经验主义都显得苍白无力。黑莓（Blackberry）、诺基亚（Nokia）、东芝（Toshiba）、摩托罗拉（Motorola）等多家国外著名传统电子厂商被兼并、倒闭的消息接踵而至。而苹果成为世界上市值最高的公司，小米公司成立4年市值已超百亿美元。无数例子说明，数字时代的传统商业模式已经难以为继，企业必须重塑自身的商业模式，让消费者参与生产和价值创造，让厂商与消费者连接，厂商与消费者共创价值、分享价值，这样才能够适应数字时代的竞争逻辑，获取数字红利，保持企业竞争优势。虽然数字时代的商业模式具有极强的不可复制性，成功的企业很有可能就是该商业模式下行业的垄断者。但是概括而言，平台和跨界是数字时代的新型商业模式的普遍元素。

（1）平台

数字时代的许多传统企业通过建立企业内部或外部平台来实现数字化转型，如海尔构建的用户参与交互的大规模定制平台 COSMOPalt。许多数字原生企业的商业模式也是完全依赖于平台，如美团、京东等。平台连接两个或多个群体，以提供双方或多方的互动机制来满足所有群体的需求并从中获利，其创造价值逻辑是以“连接”再“聚合”的方式降低各个平台参与方的交易成本，促使网络效应发生作用。平台商业模式广泛应用于电子商务、第三方支付、搜索引擎、网络社交等新兴领域，以及银行卡组织、传统零售行业、软件行业、电信行业、交通运输等传统领域。

（2）跨界

跨界是数字时代企业发展多元化数字业务，实现商业模式创新的一种常见方式。通过跨越不同的领域、行业乃至文化形态而碰撞出新的产品或服务。跨界使得很多曾经不相干甚至不兼容的元素获得连接，产生价值。中国移动、中国电信和中国联通在移动通信市场上竞争持久，但真正动了它们“奶酪”的是腾讯的微信，微信成了移动通信市场的跨界者，正是数字技术提供了这种行业之间跨界存在的可能性。

16.2 数字化战略变革的 4 种状态

结合企业数字化战略变革的情境范围和内部组织流程两个维度，企业的数字化战略变革可以归纳为新技术冲击（technology impact）加快企业业务信息化转变、分模块适应（compartmentalized adaptation）推动特定业务数字化变革、系统式转变（systemic shift）撬动企业业务整体性创新以及协同式进化（holistic co-evolution）实现企业数字化生态融入4种状态（图16-1）。其中，情境范围通常描述组织环境中存在的推动企业进行数字化战略变革的力量或条件。情境范围的“窄”意味着外部环境的特定方面对企业数字化的影响，这里指特定的数字技术；情境范围的“宽”意味着在更广泛的数字生态系统及其相关的数字组织设计背景下进行的企业数字化战略变革。内部组织流程是指企业在数字化战略变革过程中的行动、反应和互动，这个维度存在组织内部变革流程的从弱聚焦到强聚焦的连续变化，这取决于企业自身的参与程度。内部组织流程的弱聚焦意味着重点关注企业内部特定的行动者和行动；内部组织流程的强聚焦则意味着开始关注公司的直接控制范围之外的要素，强调企业各利益相关方的行动、反应和互动。

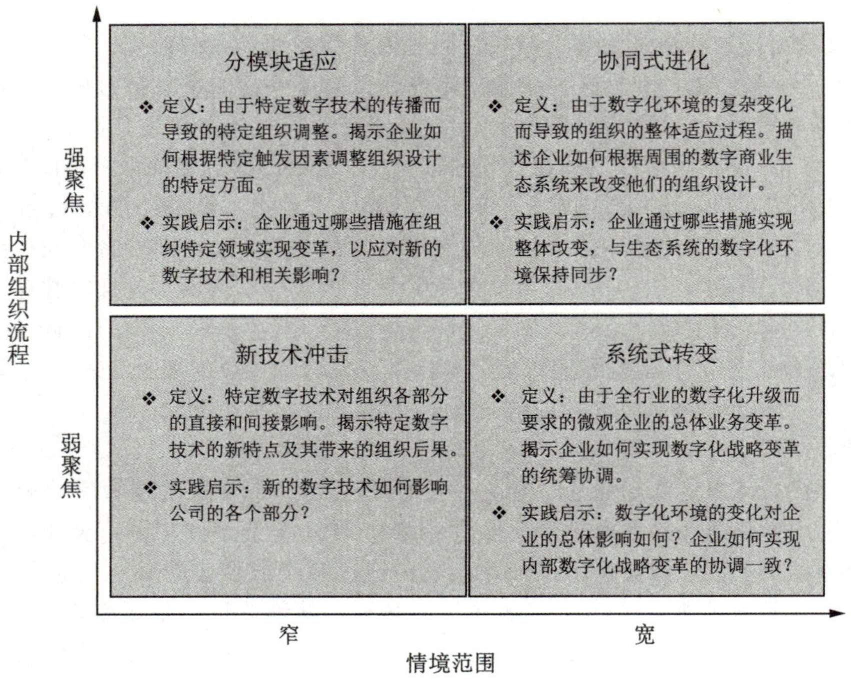

图 16-1　企业数字化战略变革的状态

资料来源：改编自 Hanelt A，Bohnsac K R and Marz D，et al.，“A systematic review of the literature on digital transformation：Insights and implications for strategy and organizational change，” Journal of Management Studies，2021，58(5)，pp. 1 159-1 197.

16.2.1　新技术冲击加快企业业务信息化转变

1. 数字经济时代，各类新型数字实践跨越传统行业界限广泛渗透于企业运行各个环节，推动企业业务进行信息化转变

数字技术的直接冲击通常侧重于特定技术或系统。企业的数字化战略变革往往是由大量不同的数字技术和应用程序触发和塑造的，例如区块链技术、人工智能和物联网。2018 年，杜特拉(Dutra)等学者即描述了区块链技术的传播导致的行业新型商业模式的快速发展。这些数字技术和应用程序允许组件之间的松散耦合，这意味着创新不受现有技术的架构层次和依赖关系的限制，任何给定的数字化产品或数字系统都可以迅速产生几个目的和类型不同的分支。并且数字技术的准入门槛很低，即使是小型企业家在将创新理念转化为可行的市场产品方面也几乎没有限制，这些数字企业家就有了颠覆现有企业的可能(例如，滴滴、优步等拼车服务挑战传统出租车行业)。因此，为了保持自身竞争优势或者开发新优势，企业必须主动加强自身对数据及数字技术的利用。

2. 数字技术的间接冲击体现在不断变化的数字客户需求以及新型数字技术传播所产生的新法规或新标准

一方面，消费者越来越多地将技术嵌入他们的日常生活和个人互动中，这使得他们对公司设计的产品和服务产生了数字化期望。例如，社交媒体可以改变消费者的行为、需求偏好以及他们与公司的互动方式，这意味着商业环境在数字时代的整体性转变，从而促使企业数字化战略变革步伐加快。另一方面，基于数字时代商业环境的新制度构建，企业也需要对自身商业模式或产品设计进行战略性调整，以应对数字化世界中新的合法性要求。例如，虚拟货币作为全球通用的加密电子货币，具有去中心化和发行不受控制等特点，但因虚拟货币的匿名属性，尤其容易产生洗钱和资助恐怖主义风险，因此部分国家包括中国、美国、新加坡、瑞士等国已经结合本国相关金融法律，对这类数字代币进行不同程度的风险监管。

16.2.2 分模块适应推动特定业务数字化变革

1. 分模块适应强调企业在数字化战略变革中专注于特定技术、数字系统或其他数字化战略变革驱动因素实现特定业务的数字化变革

数字化变革普遍强调分阶段的演进，逐个去解决业务难题或变革目标，而不是直接指向大而全的系统或平台。通过自我洞察，企业可以根据自己的实际情况和阶段性目标，先从某一环节入手，例如企业痛点(如库存积压)或行业特性(如 IT 行业的敏捷开发需求)，渐进式地进行数字化变革。部分业务的数字化单点突破对于企业适应特定技术或发展独特创新非常重要，尤其是对于能力不足和资源有限的中小型企业的数字化战略变革而言，分模块适应是其数字化战略变革的高效方式。例如，一些在线零售商在数字化战略变革的过程中利用与移动和增强现实技术相关的技术来集中改善他们与客户的互动方式。对于这些在线零售商而言，与客户的在线互动是维持客户信任、营造品牌声誉的重要业务组成，进行数字化战略变革时，这些业务往往是先行者。

2. 分模块适应还体现了企业在数字化战略变革过程中的数字学习行为

一方面，数字化战略变革是一个逐步完成的过程，企业在不同的情境中逐步学习新的数字化的业务实施方式，如医生学习与机器人合作完成手术，这为现有企业带来变革；另一方面，随着自动化与人工智能的兴起，企业的学习行为也越来越多地由数据驱动，并由数据实现对学习成果的独立检测和错误纠正。在这种情况下，结合企业的数字化战略目标制订特定的数字学习计划，成为企业有序地分模块适应以应对市场持续变化和不确定性的常见方式。

16.2.3 系统式转变撬动企业业务整体性创新

系统式转变意味着数字化战略变革需要在顶层设计上进行统筹协调并发挥整体性作用。系统式转变涉及企业从行业环境的数字化出发对企业数字愿景和战略的调整。企业的数字化战略变革方向需要与行业的定位保持一致。《麻省理工斯隆管理评论》将企业数字化变革归纳为客户体验、员工体验、企业运营、商业模式、数字化平台等不同维度(图 16-2)，强调企业的数字化战略变革要在数字技术之外真正改变其经营方式的基本面，从孤立的技术实验转向更系统的策略和执行方法。这意味着企业需要通过数字手段加强业务之间的整体变革，包括通过划分管理单元建立微粒化数据标签，全方位汇聚、融合数据，为企业的精细化管理、运营、服务和创新提供完整的数据信息支撑；通过数据中台等综合平台，使得企业各个业务环节共享平台数据；通过实现数字化基础设施、空间资源的充分利用，降低资源供给成本，提高资源利用效率；通过企业全产业链的数据打通、数据挖掘，实现数据驱动业务运行与价值创造，如实现绩效评价、客户营销、资源配置、业务投资的精准化等，并最终实现企业内部业务流程和组织结构的系统化转变。

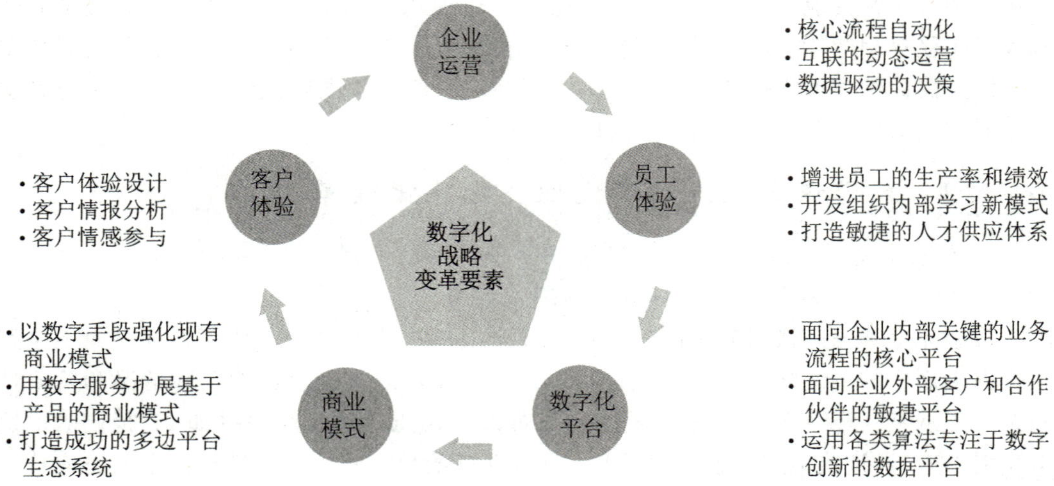

图 16-2 企业数字化战略变革要素

资料来源：改编自 Didier Bonnet，George Westerman，"The new elements of digital transformation，" MIT Sloan Management Review，2021(2)，pp. 82-89.

麻省理工学院斯隆管理学院数字经济研究中心的首席科学家乔治·韦斯特曼(George Westerman)也表示："数字化战略是公司通过技术改变其经营方式的方法。不幸的是，许多公司更注重数字化而不是战略。它们在公司的不同部门做了很多数字产品，却没有做到协调各部门。数字化战略不一定要做到完全统一，但是要有一些共同愿景，而成功的关键则是协调互动。"因此，数字化战略变革是一个涉及用户体验、运营过程、商业模式等多方面的系统性工程，涉及企业整体数字愿景的统一并强调变革行动的协调一致。

16.2.4 协同式进化实现企业数字化生态融入

1. 协同式进化是指进行数字化战略变革的企业通常需要与位于数字商业生态系统内的其他各类异质性主体进行大量交互，以共同适应用户需求的快速变化

数字化战略变革具有一定的外部依赖性，数字化的交互是必不可少的，例如，一个企业从传统市场的管道发展成为数字经济时代的平台后，其所处的商业环境、合作伙伴网络等也发生重大变化。数字商业生态系统定义了"由数字技术专门生成的相互依赖网络塑造的商业环境"。与传统商业生态系统不同，数字商业生态系统所追求的价值主张可能会由于客户需求、新兴技术和竞争行为的快速变化而在短时间内发生根本性的变化。超越了传统的供应商、客户公司与少量合作伙伴的关系网，数字企业需要与各种各样的异质参与者共同创造和共同捕获价值，甚至包括消费者。数字商业生态系统中的参与者和交互活动变得越来越复杂，并由此产生相互联系和相互依赖的数字关系网。因此，企业的数字化战略变革不仅要考虑企业内部的技术应用与流程转变等，也需要考虑如何应对在外部数字商业生态系统中各主体行为发生变化后的连锁式影响，从而制定合适的策略以保持竞争优势并实现协同进化。

2. 协同式进化意味着要借助大数据智能技术对生态系统进行主动的干预和管理，实现生态系统的高效进化

商业生态系统的自然生长过于缓慢且具有较大的不确定性，在科技竞争从研发端延伸至销售端的今天，后发者若想实现赶超必须主动打破局面。美国的阿波罗登月计划、中国的高铁技术研发计划都是通过人为干预而实现后发者技术赶超的成功案例。进入数字经济时代，万物互联与大数据智能技术的出现使得生态的大规模协同的成本大为降低、效率大为提高。因此，企业应借助大数据智能技术主动将研发类生态伙伴、供应链生态伙伴、销售类生态伙伴、人才类生态伙伴、投融资生态伙伴的能力进行有机协同，统筹整个集团体系内生态系统的互动合作，为实现生态大协同下的高效进化提供数字化养料。

16.3　数字化战略变革的过程模型

数字经济时代外部环境的易变性、不确定性、复杂性、模糊性特征越发凸显，企业外部竞争边界已从同业竞争走向跨界竞争，从个体间抗衡走向生态间抗衡，这不断对企业数字化战略变革提出新要求。新业态和新模式的不断涌现也迫使企业直面数字化时代的挑战，从工业化体系迈向数字化体系进行升级。企业可以通过数字化战略变革四阶段过程模型，由战略响应作为触发条件，催发业务流程编排，并借助组织结构重构作为提速条件，进而实现生态价值共创这一聚变，全方位助力企业数字化战略变革。这一过程模型被称为 ROSE 模型①(图 16-3)。

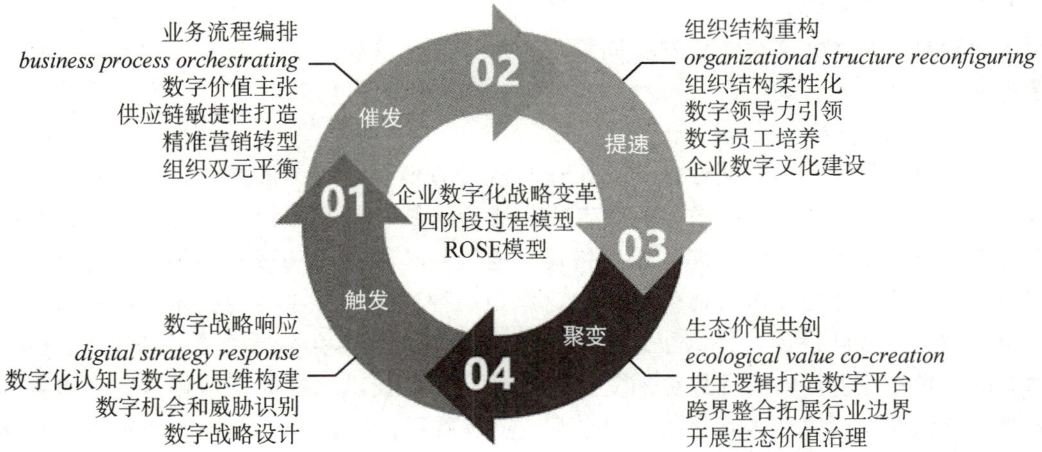

图 16-3　企业数字化战略变革四阶段过程模型(ROSE 模型)

资料来源：改编自焦豪、杨季枫、孙语：《数字化升级四阶段过程模型》，载《企业管理》，2022(1)。

① 企业的数字化战略变革过程正如玫瑰花的培育，玫瑰花的盛放是企业数字化战略变革的成功象征，而数字战略响应、业务流程编排、组织结构重构和生态价值共创，正是为企业数字化战略变革这朵玫瑰打牢根基、浇水培土，为数字化战略变革保驾护航。

16.3.1 数字战略响应

数字技术既为企业提供了改变游戏规则的机会，也为企业带来了生存威胁。因此，企业需要构建数字化认知与数字化思维，识别外部数字机会和威胁，设计企业数字化战略，响应数字经济时代下的外部市场、技术和制度变化。

1. 数字化认知与数字化思维构建

企业数字化战略变革的最大内在障碍来自组织惯性和路径依赖，管理者和员工的数字化认知与数字化思维决定组织是抓住数字变革机遇，还是阻碍数字技术为企业带来根本性变革。企业在进行数字化战略变革时，不仅需要依赖管理者个人经验的模糊决策，更需要采纳基于数据和分析计算的智能决策。数字化认知是指个体通过思想、信念和情感对数字技术获得理解的心理倾向；数字化思维则是指企业中的个体对采纳数字技术进行变革的信念。数字化认知和数字化思维会影响企业管理者和员工能否有能力识别数字经济下的机遇，是否选择坚定落实公司的数字化战略变革决策。数字化认知和数字化思维意味着对新的投入要素保持开放，塑造组织的学习导向，将技术概念转化为易于理解的框架，为人们参与组织数字战略搭建起一座桥梁。

为了提高管理者和员工的数字化认知和思维水平，与此相伴随的数字化战略是指使用数字技术重新建构企业，改变并极大地拓宽企业的战略选择视野，以新的、独特的方式创造利润。在职能策略上，把重点聚焦于运用数字化来提高流程效率；在价值主张上，聚焦于运用数字化来提升现有产品和服务的质量，确定有哪些数字产品和服务可以为客户带来价值；在商业模式上，聚焦于对现有以及未来竞争对手的判断，对未来的经营状况、竞争格局和定价策略及其实施方案的制定，以及围绕这些事项建立适配的数字生态系统。总之，企业需要实现数字技术使用方式、管理者与员工工作习惯、流程打造和数字文化建设的协同管理，将数字化战略的实施嵌入到影响企业组织逻辑的一系列具体行动中。

2. 数字机会和威胁识别

数字技术作为一种颠覆性技术，正逐步改变着消费者行为和期望。通过利用移动设备上的社交媒体等数字技术，消费者逐步成为组织与其利益相关者之间对话的积极参与者。数字技术也打破了现有竞争格局，通过与传统产品和服务的融合，降低了现有参与者竞争优势持续的可能性。例如，作为一种通用和可扩展的技术，区块链创建了分散的数字基础设施，提高了创业企业利用众筹市场募集资本参与竞争的成功率，原有的市场在位者面临的挑战更加复杂和严峻。数字技术也提高了数据这一新型组织要素的价值性、可用性、海量性。一方面，企业需要挖掘传统流程中的数据潜力以满足客户个性化需求，并提高流程效率；另一方面，企业需要通过开发数据驱动的算法决策，赋能数据生成、计算、分析和存储等流程，以快速识别外部竞争机会。

数字机会和威胁的识别要求企业充分感知数字经济环境变化、及时做出反应并从中识别出有价值的机会。如企业对政府推动数字产业政策、数字经济重点领域发展布局的及时捕捉和前瞻性预测，对数字化产业布局、发展空间、竞争态势、技术演化等现状的洞察，以及对消费者市场机会，包括数字经济和数字产业应用后的消费市场前景、盈利空间、消费者消费倾向、竞争对手反应等机会要素的及时判断与预测。例如，海尔通过数据驱动的工业大规模生产模式，构建用户参与交互的大规模定制平台卡奥斯(COSMOPalt)。用户借助该平台从单纯消费者转变为参与生产的产消者，海尔则通过自组织和模块化生产实现了对海量外部需求的快速识别和响应。

3. 数字战略设计

要推进企业全方位、立体化的数字化战略变革，组织需要设计顶层数字化战略。企业数字化战略包括两大主体部分：一是传统业务的数字化战略变革，传统业务的数字化战略变革战略强调应用数字技术和数据资源为企业现有业务或服务提升效率和增加产出。如一些服装类企业在传统设计师导向的消费品研发模式基础上，引入数字化商业智能体系，从海量销售和售后服务数据中分析顾客需求，实现传统业务的数字化战略变革。二是新兴数字业务或服务战略，数字业务或服务战略强调利用新兴数字技术和数据资源打造企业独特的数字业务或服务。企业需要时刻通过流程的动态调整和系统性设计，来解决其现有资源与新兴数字业务战略的不一致。

以微软的数字化战略变革实践为例，2017 年 7 月，库尔特·德尔贝尼(Kurt DelBene)就任微软 CIO，同时负责公司的业务战略及内部运营和 IT。他首先做到了 IT 与业务的整合，随后带领微软开始进行数字化转型实践。在 IT 与业务的整合上，微软认为，经历过数字化转型后，每家公司都将成为软件公司，这相当于要求公司的内部运营组织也要具有软件开发的能力，这样才能实现以产品化思维来改造内部运营流程，而开发出来的软件既可以服务于内部运营流程，也可以成为产品团队的软件产品。以此为目标，微软将内部运营团队变革为更高效率的产品与战略组织，实现现有资源与新兴数字业务战略的高度统一。

16.3.2 组织业务流程编排

战略响应作为企业数字化战略变革的触发条件，催发组织业务流程重新编排，通过数字价值主张、供应链敏捷性打造、精准营销转型和组织双元平衡更新单个业务流程，并促成业务流程间互联互通。

1. 数字价值主张

数字价值主张是在数字时代企业所提出的对顾客价值的理解与阐述。企业对于顾客需求的关注体现在其价值主张中，反映了企业为解决目标顾客的问题而提供产品或服务。当原有价值主张与顾客真实需求脱节时，企业将更新其价值主张，即调整企业所能提供的产品与服务。数字技术的更迭促使组织从传统物理产品的销售，过渡到以客户为中心的服务销售价值主张。企业通过提供创新性的解决方案来满足客户个性化需求，并收集与产品和服务交互的数据，进而实现“用户数据－物理产品－销售服务”的动态更迭和成长。顾客对企业价值主张越认同或越能产生共鸣，就越愿意在互动基础之上与企业形成连接。

一方面，企业需要重新在数字化情境下定义价值以满足顾客需求的变化，打造以客户为中心的多层次组织能力，如客户数据画像分析能力、客户场景创新能力、客户体验互动设计能力等。企业通过创造新产品和服务以满足顾客需求，正体现出不同价值主张的融合以及新价值主张的产生。另一方面，企业需要适时开发新价值和新的顾客群，反复评估数字化情境下的顾客行为改变，重新思考顾客参与模式，发掘顾客深层次需求，创造性拓展服务领域和服务方式，实现与顾客价值协同演化。此外，价值主张是企业能力和竞争力的函数，不同的企业还可以通过互补、融合以及利用彼此能力与竞争优势创造出新的数字价值主张。

2. 供应链敏捷性打造

(1)数字解决方案正在变革传统供应链，使其内部活动的复杂度显著提高

传统供应链是为生产和分销特定产品而建立的企业与其供应商间的网络。随着数字技术对供应链改造的深入，数据中心正逐步取代传统实体仓库，园区物流自动驾驶电动卡车正逐步取代传统人力卡车。企业需要对供应链流程进行快速调整，打造供应链敏捷性。因此，企业需要制定供应链转型过程的数字技术路线图，涵盖精准化销售预测、精细化计划管理、实时库存调配、准时订单履约和智慧物流等内容，推动实时执行决策、效率成本优化和精准预测。同时，随着商品和服务跨越多个边界，供应链管理者必须将合规和监管放在供应链敏捷性打造的首位。

(2)企业需要利用“智能组件”的连接性和系统集成性，将供应链平台化

将供应链设计为不仅连接产品和服务等物理实体的平台，更是融合数据、信息、人才和金融的平台，支撑一系列动态战略目标和复杂决策。通过这一平台，企业能够基于数字硬件、软件和通信网络等底层基础设施，支持供应链多主体间的双向感知、交互响应和全球连通。例如，小米供应链强调 C2B 预售、拉动式生产、销售渠道扁平化、轻资产模式和供应链的快速响应能力，快速动态的供应链作为小米与供应商之间的桥梁，对接产品设计与工艺设计，确保小米设计出来的产品供应商能够有效、经济地生产出来，并且确保小米的盈利。

3. 精准营销转型

(1)向顾客提供新的数字化价值主张

利用数字技术和数据要素增强核心产品，提供传统产品的数字服务，或直接开发新的数字服务。随着数字技术对数据价值的深度挖掘，消费领域进入数字化营销时代。数字经济改变了企业的价值创造和交付模式，催生了企业营销功能的数字化战略变革。数字营销已从使用数字渠道销售产品或服务，演变为使用数字技术获取客户、建立客户偏好、推广品牌、提高客户留存率等流程。传统消费者从形式、内容、模式和思维等方面实现了向数字消费者的转变，并诞生了诸多细分需求，数字平台和数字技术的逐步成熟减少了顾客和卖家间的信息不对称。以消费者网购行为为例，消费者信任、用户在线评论、社交媒体互动和企业网站可用性均对顾客期望和最终购买意图有影响。

(2)在产品定价方面，实时分析、整合市场消费数据，在传统按标价销售产品和服务基础上执行动态定价和收益管理

部署个性化营销行动，发展新型营销工具，利用基于位置的移动促销和个性化促销，向顾客传递精准价值。例如，由直播热潮孵化的网红直播营销受到越来越多品牌的青睐，企业可以借助专业的广告投放服务平台，选取最适合自身品牌的网红资源靶向发力。其中一站式智能营销平台可以洞悉网红直播营销趋向，通过大数据智能分析系统，深度洞察直播用户画像，可为企业筛选高匹配度的优质直播网红资源。

4. 组织双元平衡

(1)建立数字创新实验室和数字业务孵化器等来负责数字业务的独立开发

为了快速提高自身的数字化能力，许多企业选择大量引入新 IT 资源作为底层技术或应用来助力企业数字化业务开发和创新，但直接完全放弃传统的、已熟悉的非数字化业务并非一个明智的选择。数字化战略变革过程中，企业需要同时平衡数字业务的投资和非数字业务的运营。数字创新实验室和数字业务孵化器等子单元与非数字化业务单元在结构上是相互分离的，同时在能力、资源调配和流程方面也有所区分。数字业务开发单元会显示出与传统业务单元相比更高的自由度和自主权，允许摆脱现有业务运营和组织结构的惯性。

(2)与外部合作者共同开发新兴数字业务

例如，创建客户共同创新实验室等，分担数字创新风险。由于数字业务创新需要人、财、物各个环节以及时间、空间等资源的有效打通、协调和综合平衡，对组织资源和能力灵活性有着较高要求，企业可以结合自身的发展状况和行业的属性要求，来选择合适的外部合作伙伴共同进行数字创新。企业通过数字业务活动的建立，以及数字部门成员、核心组织成员和外部合作伙伴组成的跨学科人员交流，可以促进数字专业知识的转移、吸收和开发。

16.3.3 组织结构重构

为了支撑企业数字化战略变革的数字战略响应和业务流程编排，企业需要通过组织结构柔性化、数字领导力引领、数字员工培养和企业数字文化建设等活动，进一步提速企业数字化战略变革进程。

1. 组织结构柔性化

组织结构柔性化要求企业通过架构适应性调整，灵活和可拓展地支撑组织数字化战略实施不滞后于外部环境的变化。稻盛和夫说过："一线员工有神明"，他认为一线员工对变化感知最精细、理解最深入、反应最迅速。因此，组织结构柔性化要求建设扁平化的组织架构，打破层级，把中心由组织架构的顶端下移到一线，由一线员工建立起多个行动团队，并给予充分的决策权利。这些承担不同职责与任务的小规模团队直面顾客及竞争对手，既能够更快地、更灵活地响应各自顾客需求或场景的各种精微变化，又能呈现出各个团队步履一致，共同前进的态势。例如华为设立"铁三角"，让客户经理、解决方案专家、交付专家建立一线作战小组，打破功能壁垒，以项目为中心进行小规模的团队作战，"让听得见炮火的人来决策"，公司向"前线"足够授权，并提供保障以快速端到端地满足顾客需求，效率极高。

企业可以选择嵌入业务中台和数据中台等核心组织结构组件，提高组织柔性。业务中台的核心功能是共享，作为企业业务的服务中心和资源调配中心，统筹后台资源保证为前台各类需求变化提供更为快速灵活的服务，如交易业务、采购业务、库存管理、会员管理等。为最大化发挥业务中台结构的共享效应，企业需要设计微服务技术体系，将某一业务服务系统的应用程序构建为标准化、可复用组件的服务套件，机动、灵活和快速地解决组织内部系统和应用程序面临的业务需求更新迭代以及功能扩展的挑战。企业中的财务共享服务中心即是业务中台的一个实例，在统一、标准的数据规格下，实现了整个企业财务业务的覆盖与共享。数据中台通过连接前台、后台、业务中台以及第三方数据源，实现标准统一的数据清洗，并对数据实施监控、分析、洞察，为企业业务提供更有效的决策依据。企业可以根据自身特点，有效利用业务流程中的海量数据，构建一套持续不断把数据变成资产并服务于业务的机制，实现数据采集整合、数据存储监测、数据提纯加工、数据传输交换及数据分析可视化，有效支撑业务决策，最终实现数据与业务的迭代闭环。例如，美国硅谷游戏公司EA设计出集成了很多功能的游戏开发平台，游戏开发人员通过拖拉拽的方式将需要的样式和组件拉到里面进行快捷开发，当这一引擎发展到3.0阶段时，EA的所有数据分析都基于这一平台，大部分游戏都是通过该平台开发的。海尔集团以顾客需求为中心构建顾客数据平台，借助与顾客的深入交流以及顾客的行为数据，迅速准确地洞察把握顾客需求。

2. 数字领导力引领

随着数字化战略变革的深入，数字领导力成为决定企业能否将数字化机会转变为自身机会窗口的决定性因素之一。为了提高数字化战略变革效率，许多组织增设首席数字官，负责推动和协调公司或业务部门整体数字化战略变革。随着数字化程度的加深，管理层都需要向数字时代的新型领导风格靠拢，才能全方位指导企业实现数字化战略变革。根据数字领导者的能力模型，可以区分构成成功数字领导者的两个维度。

其一，管理者需要具备数字思维、知识和技能，如数据分析能力，能够对海量信息进行分析、推理、判断和取舍，捕获企业所在行业领域的最新数字趋势与机会，且有能力在企业数字化战略变革旅程中同步积累知识和经验，实现自身数字知识和能力的不断更新。

其二，管理者需要具备推动数字转型的强大领导技能，包括关系管理能力、协调整合能力和开放沟通能力等。数字经济时代的员工除传统全职员工以外，远程员工、机器人员工和虚拟员工的出现，加剧了企业内部人际交往与人机协同的复杂性，管理者需要在不同的场景中思考，全方位推动数字变革。同时，组织发展从竞争逻辑向共生逻辑的转变要求领导者拥有清晰明确的开放式价值取向，帮助企业实现开放合作和开放信息获取。

3. 数字员工培养

在企业数字化战略变革的催化下，企业人力资源也发生了根本性变革，具备数字能力、协作能力以及创新思维的数字化人才成为企业争夺的对象。在快速变化的世界里，企业需要具有高灵活性、优秀的数字能力和合适的人才以应对全新的挑战。因此，企业需要设计员工数字素质提升路径，通过多边渠道直接引进数字人才。具体而言，企业的数字人才结构应该是一个三角形的稳定结构：最底层是拥有初级数字技能的人才，这类员工能够运用信息工具解决问题，是最常见、培养成本较低且数量最多的“基石支撑”；中间层是具备数字技术与行业经验的跨界人才，这类员工能够助力企业实现数字战略管理、数字产品研发、智能制造、个性营销等，是企业数字化战略变革的“中流砥柱”；顶尖层是深耕于人工智能、区块链、云计算、大数据分析等前沿数字技术领域，且有能力进行数字技术和产品开发与配置的员工，是企业数字化战略变革的“精锐部队”。

除以上数字技术能力等硬实力以外，企业也需要提高员工快速学习和创新思考等的软能力。企业可以通过内部的培训学习为现有员工进行数字化赋能，并最终建立起一支专业、多元、敏锐的复合型数字化团队，实现全员数字化。为了实现这一目标，企业知识管理系统应与人力资源管理相协调，从传统的“权力中心”职能走向“服务中心”职能，建立数字技能培训与教育项目，成立数字人才助推中心等，培养适合数字化时代的人才，并增加工作特征中的自主性和任务多样性，提升员工数字化创造力，进而提高各部门解决数字问题的能力。在这一过程中，进行有效的激励以激发数字人才内生动力是关键，激励的方式多种多样，包括提供高薪待遇、工作的挑战性、舒适的办公空间、尊重、个人发展计划的完善性或者其他任何创新的激励方式。例如，谷歌允许员工拿出 20%的工作时间研究自己的兴趣项目，这一举措不仅并未拖慢工作进度，甚至推动了许多优质创意的落地实施。

4. 企业数字文化建设

在一定程度上，企业文化就是企业做事的方式。企业的数字文化可以在组织范围内形成有利于数字战略实施的氛围，将组织成员的力量凝聚在一起，以潜意识形态建立起组织行动的精神内核。

企业在重视数字化技术应用、业务流程优化等的同时，也要重视企业文化的重塑，要把文化与数字化进行融合，建立企业的数字文化。在企业数字化战略变革的进程中，如果文化不做出一些正向的改变，数字化战略变革可能就会被企业固有的行为惯性拉回曾经的旧路。一般意义上的企业文化由物质文化、制度文化以及精神文化 3 个层次构成。企业要基于这 3 个方面，融合数字化与企业文化，为企业的文化嵌入数字基因。在物质层面，企业要建设适应于数字时代的企业硬文化，重视数字基础设施的建设与数字系统的应用。在制度层面，企业要在日常业务流程以及各项激励机制和薪酬体系上注重发展数字能力，做好数字知识的普及。在精神层面，要形成主题鲜明的兼具创新与务实的企业文化。

建设数字文化是立足于整个组织范围的系统性工程，涉及人力资源的调配、资金的投入等，需要创新数字文化建设方式。特别是在企业数字化战略变革的进程中，应当将建设数字文化纳入企业的战略规划中，并形成言之有物、用之有效的文化建设方案。以字节跳动为例，其底层逻辑是：像打造产品一样做公司(develop a company as a product)”。为了应对短时间内飞速扩张的全球业务规模，字节跳动把业务扩展到全球 117 个国家，为了建立起顺畅的大规模远程办公模式，字节跳动从网飞的“情境，而非控制(context，not control)”管理理念中受到启发，基于数字技术建立起独特的效率文化，利用一套整合数字化工具体系和企业办公协作的平台，让每个员工自主做出更好的判断决策，大大提升了决策的效率，并使得团队协作井井有条，实现了数字文化与数字工具的双方向螺旋式上升。值得关注的一点变化是，数字时代的员工成长于快速发展的互联网时代，接触信息丰富，对内在和自我有着更为深入的探寻与认知。对于这一代员工而言，要创新数字文化建设方式，注重工作本身的自主性与创造性，关注员工群体与个体的志趣，充分发挥员工自身的积极性。

16.3.4　生态价值共创

数字经济时代，企业活动边界不再局限于物理世界，而是向数字世界进行延伸，底层竞争逻辑也向共生演进和跨界竞争转变。基于数字战略响应、业务流程编排和组织结构重构，企业需要进一步基于共生逻辑打造数字平台，跨界整合拓展行业边界，并开展生态价值治理，实现生态价值共创这一聚变，主动创造变化并引领数字化战略变革。

1. 共生逻辑打造数字平台

数字平台连接了人力、渠道、产品、供应链、生产、营销等所有商业要素，构建了新的商业格局。在数字经济时代，企业业务运营的数据化以及人工智能等技术使得企业与外部合作伙伴以及顾客建立即时互联的深入关系，内部管理趋向扁平化、去层级化，线性管道结构开始弯曲，以AI、大数据和云计算为支撑的数字平台构建了企业与顾客、企业与企业、企业管理者与员工之间的新型关系。根据平台服务的用户类型来区分，有3种类型的平台模式最为普遍：B2C(连接顾客与商家，如京东等)、C2C(连接顾客与顾客，如闲置转让、短租平台)、B2B(连接商家与商家，如阿里巴巴1688、亚马逊商家版等)。数字平台中的各类用户群体彼此之间进行资源互换，形成了复杂多样的关系。工业时代起主导的是竞争逻辑，而数字时代是共生逻辑，即企业独立生产经营、击败竞争对手以占领市场份额的生存逻辑发生改变，平台各群体间的合作共赢成为底层逻辑。

数字平台不仅重构了传统价值链，也创新了平台及平台成员之间的价值创造及传递方式。一方面，平台打破了线下实体商业的物理空间限制，连接多边群体实现需求对接，是价值的整合者。平台成员基于平台进行即时互动，能够实现制造商与消费者的线上直接交易，实现基于平台的产品和服务创新。例如，高德地图等数字地图平台，集合出行、住宿、旅游等多样服务，深入挖掘各场景下用户可能需求，包括在旅游景点邀请文化名人推出语音导览服务，建立文化名人、游客以及平台间的三方交易。另一方面，与传统商业模式相比，平台商业模式创造了获取超额利润的可能性。两个完全同质且激烈竞争的平台之间，如果用户进行多平台接入的成本很高且不施加以政策等外力，在网络效应的影响下，市场的资源、用户、信息会自动向其中一方平台进行集聚，推动聚合效应的产生，导致强者越强而弱者越弱，最终可能会出现赢者通吃的情况。

2. 跨界整合拓展行业边界

数字经济时代行业边界的脆弱性、可延展性已成共识，跨界整合成为了拓展行业边界的重要方式。企业需要发展数字能力突破自身业务局限，主动拓展行业边界，探索更多的商业可能，实现自身定位的升级。跨界数字企业借助新兴技术革新旧有运作方式，重构了行业资源并开发行业新功能，从而在行业市场中获取竞争优势并推动了行业竞争要素的改变。例如，物流行业承担全国快递运输，中通、百世等企业分领行业资源，负责到每一个快递。而菜鸟网络联合物流行业巨头，覆盖百余家物流企业，对接各大电商平台，基于数据与数字技术实现全网包裹平台统一查询、实时追踪、到站自动提醒、代取代寄、物流分享等服务，特别是在退货与寄件方面，为物流消费者提供了许多方便的新功能。菜鸟没有完整的物流链，而是仅在终端处整合行业资源，立志打造出开放的智能物流网络，让全国的快递都可以实现24小时内送达。菜鸟创造出了物流行业的新角色，资源的整合带来快递效率的整体性提升。

不同于企业借助数据与数字技术对组织结构、产品服务和各类业务流程的优化升级，这是对企业的行业角色的颠覆变革，是行业层面的质变。如菜鸟这类数字化战略变革的生态属性在于主动寻找新的业务增长点，创造新的市场需求，找到在数字时代可能的新定位。同时，对于被跨界的行业，挑战和压力也是进行生态角色突破升级的动力。以家居家装行业企业居然之家的数字化战略变革为例，传统的家居家装企业往往是家居卖场及装修服务提供商，居然之家提出打造以设计为开端，全面打通线上线下，连接设计、装修、施工、家具、建材、物流以及后家装管家服务，重新定义家居家装企业。

3. 开展生态价值治理

作为一种新型业态，传统的社会治理在平台情境下容易出现治理的错位与失效，企业需要尽可能周全地结合平台特性设立监管制度，并随时对制度缺陷进行查漏补缺。

(1)数字平台生态会导致较高的市场集中度，需要避免赢者通吃带来的巨型平台垄断市场情况

为顾客创造价值是商业的初心，但当企业处于市场支配地位时，为了获取更多利润并维持自身的地位优势，对于平台用户的让利以及对同质性平台的竞争策略可能就发生了改变，导致排他性协议等限制竞争的独家交易行为的出现。如强迫实施“二选一”、滥用市场支配地位、实施“掐尖并购”、抢占“社区团购”市场、实施大数据杀熟、漠视假冒伪劣、信息泄露以及实施涉税违法行为等，这些在平台经济发展过程中出现的问题，已引起社会的关注。例如，阿里巴巴由于对平台内商家提出“二选一”要求，禁止平台内商家在其他竞争性平台开店或参加促销活动，并采取多种奖惩措施保障“二选一”要求执行，以获取不正当竞争优势，构成《中华人民共和国反垄断法》第十七条第一款第(四)项禁止的“没有正当理由，限定交易相对人只能与其进行交易”的滥用市场支配地位行为。2021 年 4 月 10 日，国家市场监督管理总局依法作出行政处罚决定，责令阿里巴巴集团停止违法行为，并处以其 2019 年中国境内销售额(4 557.12 亿元)4%的罚款，计 182.28 亿元。

(2)大数据的隐私边界是个人利益、商业利益、公共利益、国家利益等多元利益的博弈，生态价值共创中涉及一系列隐私保护等数字安全的复杂问题需要企业进行权衡

例如，数字平台在全球范围内带来的税基侵蚀和利润转移问题对基于传统经济模式构建的国际税收规则形成了巨大的冲击和挑战。同时，由于新技术的快速发展，信息的生产和传播形式发生根本性的改变，数据的采集、存储、传输、使用等环节都需要强化安全治理，防止数据被攻击、泄露、窃取、篡改和非法使用。在虚拟网络空间，数字信息流的所有权、控制权以及相应地衍生出来的收益权，需要政府、行业组织、企业、顾客等多方利益相关方协同开展生态价值治理。

本章小结

• 数字化战略变革是企业利用新型数字技术，综合环境、组织、管理者、资源、产品、研发等多方面战略要素，驱动业务转型和商业模式创新的社会化过程。

• 企业进行数字化战略变革的动因主要有：颠覆性技术突破、消费者行为与期望

改变、现有竞争格局变化以及数据可用性提升。

• 在企业数字化战略变革的过程中，企业需要达到获取数字资源、驱动业务增长和重塑商业模式等目标。

• 数字化战略变革可以分为新技术冲击加快企业业务信息化转变、分模块适应推动特定业务数字化变革、系统式转变撬动企业业务整体性创新和协同式进化实现企业数字化生态融入 4 种状态。

• 企业可以以数字战略响应作为触发条件，催发组织业务流程编排，并将组织结构重构作为提速条件，进而实现生态价值共创这一聚变，全方位助力企业数字化战略变革。

复习思考题

1. 战略变革可分为哪 3 种类型?
2. 如何理解数字化战略变革的内涵?
3. 数字化战略变革的动因、特征和目标是什么? 分别结合实例进行阐述。
4. 如何建设企业的数字文化? 结合实例进行阐述。
5. 结合现实商业实践的具体案例，分析其进行数字化战略变革的动态过程。

案例分析

扫一扫，看资源

国有企业数字化战略变革的模式

参考文献

1. 陈冬梅，王俐珍，陈安霓．数字化与战略管理理论——回顾、挑战与展望[J]．管理世界，2020，36(5)：17.

2. 陈国青，曾大军，卫强．等．大数据环境下的决策范式转变与使能创新[J]．管理世界，2020，36(2)：95-105＋220.

3. 陈剑，黄朔，刘运辉．从赋能到使能——数字化环境下的企业运营管理[J]．管理世界，2020，36(2)：117-128.

4. 陈威如，王节祥．依附式升级：平台生态系统中参与者的数字化转型战略[J]．管理世界，2021，37(10)：195-214.

5. 崔嘉．新零售时代下的数据智能营销战略——零售行业如何利用 AI 技术创造价值[J]．清华管理评论，2019(4)：4.

6. 冯华，陈亚琦．平台商业模式创新研究——基于互联网环境下的时空契合分析[J]．中国工业经济，2016，35(2)：58-63.

7. 哈尔·罗纳德·范里安，约瑟夫·法雷尔，卡尔·夏皮罗，等．信息技术经济学导论[M]．韩松，秦安龙，姜鹏译．北京：中国人民大学出版社，2013.

8. 何大安．互联网应用扩张与微观经济学基础——基于未来“数据与数据对话”的理论解说[J]．经济研究，2018，53(8)：177-192.

9. 贺俊．创新平台的竞争策略：前沿进展与拓展方向[J]．经济管理，2020，42(8)：190-208.

10. 江积海．商业模式创新中“逢场作戏”能创造价值吗？——场景价值的理论渊源及创造机理[J]．研究与发展管理，2019，31(6)：139-154.

11. 焦豪．数字化技术助力乡村振兴[N]．人民日报，2022-03-16.

12. 焦豪，杨季枫，应瑛．动态能力研究述评及开展中国情境化研究的建议[J]．管理世界，2021，37(5)：191-210.

13. 卡尔·夏皮罗，哈尔·罗纳德·范里安．信息规则——网络经济的策略指导[M]．孟昭莉，牛露晴译．北京：中国人民大学出版社，2000.

14. 李东红，陈昱蓉，周平录．破解颠覆性技术创新的跨界网络治理路径——基于百度 Apollo 自动驾驶开放平台的案例研究[J]．管理世界，2021，37(4)：130-159.

15. 李青．“发飙智能”：基于人工智能的订房新模式[J]．清华管理评论，2017(12)：5.

16. 李晓华．数字经济新特征与数字经济新动能的形成机制[J]．改革，2019(11)：40-51.

17. 李元旭，胡亚飞．新兴市场企业的跨界整合战略：研究述评与展望[J]．外国经济与管理，2021，43(10)：85-102.

18. 刘洋，董久钰，魏江．数字创新管理：理论框架与未来研究[J]．管理世界，2020，36(7)：198-218.

19. 罗兴武，张皓，刘洋，等．数字平台企业如何从事件中塑造数字创新能力？——基于事件系统理论的钉钉成长案例研究[J]．南开管理评论，2021(9)：1-21.

20. 迈克尔·A. 希特，R. 杜安·爱尔兰，等．战略管理：竞争与全球化(概念)[M]．焦豪，等译．北京：机械工业出版社，2018.

21. 戚聿东，杜博，温馨．国有企业数字化战略变革：使命嵌入与模式选择——基于 3 家中央企业数字化典型实践的案例研究[J]. 管理世界，2021，37(11)：137-158.

22. 戚聿东，李颖. 新经济与规制改革[J]. 中国工业经济，2018(3)：5-23.

23. 戚聿东，孙洁，李峰. 数字期权理论研究进展[J]. 经济学动态，2019(5)：119-134.

24. 戚聿东，肖旭. 数字经济时代的企业管理变革[J]. 管理世界，2020，36(6)：18.

25. 谭智佳，魏炜，朱武祥. 商业生态系统的构建与价值创造——小米智能硬件生态链案例分析[J]. 管理评论，2019，31(7)：172-185.

26. 王节祥，陈威如，江诗松，等. 平台生态系统中的参与者战略：互补与依赖关系的解耦[J]. 管理世界，2021，37(2)：126-147.

27. 王满四，霍宁，周翔. 数字品牌社群的价值共创机理研究——基于体验主导逻辑的视角[J]. 南开管理评论，2021，24(3)：92-103.

28. 邬爱其，刘一蕙，宋迪. 跨境数字平台参与、国际化增值行为与企业国际竞争优势[J]. 管理世界，2021，37(9)：214-233.

29. 肖红军，李平. 平台型企业社会责任的生态化治理[J]. 管理世界，2019，35(4)：120-144.

30. 肖静华，吴瑶，刘意，等. 消费者数据化参与的研发创新——企业与消费者协同演化视角的双案例研究[J]. 管理世界，2018，34(8)：154-173.

31. 谢康，吴瑶，肖静华. 数据驱动的组织结构适应性创新——数字经济的创新逻辑(三)[J]. 北京交通大学学报(社会科学版)，2020，19(3)：6-17.

32. 邢小强，周平录，张竹，等. 数字技术、BOP商业模式创新与包容性市场构建[J]. 管理世界，2019，35(12)：116-136.

33. 徐鹏，徐向艺. 人工智能时代企业管理变革的逻辑与分析框架[J]. 管理世界，2020，36(1)：122-129.

34. 阳镇，陈劲. 数智化时代下的算法治理——基于企业社会责任治理的重新审视[J]. 经济社会体制比较，2021，(2)：12-21.

35. 杨善林，罗贺，丁帅. 基于云计算的多源信息服务系统研究综述[J]. 管理科学学报，2012，15(5)：83-93.

36. 詹晓宁，欧阳永福. 数字经济下全球投资的新趋势与中国利用外资的新战略[J]. 管理世界，2018，34(3)：78-86.

37. 朱秀梅，刘月，陈海涛. 数字创业：要素及内核生成机制研究[J]. 外国经济与管理，2020，42(4)：19-35.

38. Albats E，Alexander A T and Mahdad M，et al. Stakeholder management in SME open innovation：Interdependences and strategic actions[J]. Journal of Business Research，2020，119：291-301.

39. Allen D，Berg C and Markey-Towler B，et al. Blockchain and the evolution of institutional technologies：Implications for innovation policy[J]. Research Policy，2020，49(1)：103865.

40. Autio E，Nambisan S and Thomas L D，et al. Digital affordances，spatial affordances，and the genesis of entrepreneurial ecosystems[J]. Strategic Entrepreneurship Journal，2018，12(1)：72-95.

41. Bailey D E，Faraj S and Hinds P J，et al. We are all theorists of technology now：A relational perspective on emerging technology and organizing[J]. Organization Science，2022，33(1)：1-18.

42. Benitez J，Ray G and Henseler J. Impact of information technology infrastructure flexibility on mergers and acquisitions[J]. MIS Quarterly，2018，42(1)：25-44.

43. Bharadwaj A, El Sawy O A and Pavlou P A, et al. Digital business strategy: toward a next generation of insights[J]. MIS Quarterly, 2013, 37(2): 471-482.

44. Condorelli D, Padilla J. Harnessing platform envelopment in the digital world[J]. Journal of Competition Law & Economics, 2020, 16(2): 143-187.

45. Cunningham, Colleen M and Florian Ederer, et al. Killer acquisitions[J]. Journal of Political Economy, 2021, 129: 649-702.

46. Dutra A, Tumasjan A and Welpe I M. Blockchain is changing how media and entertainment companies compete[J]. MIT Sloan Management Review, 2018, 60: 39-45.

47. Elia G, Margherita A and Passiante G. Digital entrepreneurship ecosystem: How digital technologies and collective intelligence are reshaping the entrepreneurial process[J]. Technological Forecasting and Social Change, 2020, 150: 119791.

48. Feix T. End-to-end M&A process design [M]. Springer Fachmedien Wiesbaden GmbH, 2020.

49. Gawer A, Cusumano M A. Platform leadership: How Intel, Microsoft, and Cisco drive industry innovation[M]. Boston: Harvard Business School Press, 2002.

50. Grover V, Roger H L and Chiang, et al. Creating strategic business value from big data analytics: A research framework[J]. Journal of Management Information Systems, 2018, 35(2): 388-423.

51. Gupta V, MacMillan I C and Surie G. Entrepreneurial leadership: Developing and measuring a cross-cultural construct[J]. Journal of Business Venturing, 2004, 19(2): 41-260.

52. Hanelt A, Firk S and Hildebrandt B, et al. Digital M&A, digital innovation, and firm performance: An empirical investigation[J]. European Journal of Information Systems, 2021, 30(1): 3-26.

53. Hess T, Matt C and Benlian A, et al. Options for formulating a digital transformation strategy[J]. MIS Quarterly Executive, 2016, 15(2): 103-119.

54. Kane G C, Phillips A N and Copulsky J, et al. How digital leadership is(n't) different[M]. MIT Sloan Management Review, 2019,60(3): 34-39.

55. Kesavan S, Kushwaha T. Field experiment on the profit implications of merchants' discretionary power to override data-driven decision-making tools[J]. Management Science, 2020, 66(11): 5 182-5 190.

56. Kretschmer T, Leiponen A and Schilling M, et al. Platform ecosystems as meta-organizations: Implications for platform strategies[J]. Strategic Management Journal, 2020(10): 1-20.

57. Liang Y, Lu M S and Shen Z J, et al. Data center network design for internet-related services and cloud computing[J]. Production and Operations Management, 30(7): 2 077-2 101.

58. Li S F, Zhang W and Mao J. Digital transformation by SME entrepreneurs: A capability perspective[J]. Information Systems Journal, 2018, 28(6): 1 129-1 157.

59. Lumineau F, Wang W and Schilke O. Blockchain governance—A new way of organizing collaborations? [J]. Organization Science, 2021, 32(2): 500-521.

60. Lundstrom M. Moore's law forever? [J]. Science, 2003, 299(5604): 210-211.

61. Luo Y. New OLI advantages in digital globalization[J]. International Business Review, 2021, 30(2).

62. Matarazzo M, Penco L and Profumo G, et al. Digital transformation and customer value creation in made in Italy SMEs: A dynamic capabilities perspective[J]. Journal of Business Research, 2021, 123: 642-656.

63. Miric M, Pagani M and Savy O E . When and who do platform companies acquire? Understanding the role of acquisitions in the growth of platform companies[J]. MIS Quarterly: Management information systems, 2021,45(4): 2 159-2 174.

64. Raisch S, Krakowski S. Artificial intelligence and management: The automation-augmentation paradox[J]. Academy of Management Review, 2021, 46(1): 192-210.

65. Rietveld J, Schilling M A. Platform competition: A systematic and interdisciplinary review of the literature[J]. Journal of Management,2021, 47(6): 1 528-1 563.

66. Robinson W T, Fornell C. Sources of market pioneer advantages in consumer goods industries[J]. Journal of Marketing Research, 1985, 22(3): 305-317.

67. Sandberg J, Holmström J and Lyytinen K. Digitization and phase transitions in platform organizing logics: Evidence from the process automation industry[J]. MIS Quarterly, 2020, 44(1).

68. Senyo P K, Liu K and Effah J. Digital business ecosystem: Literature review and a framework for future research[J]. International Journal of Information Management, 2019, 47: 52-64.

69. Shane S. Prior knowledge and the discovery of entrepreneurial opportunities [J]. Organization Science, 2000, 11(4): 448-470.

70. Singh A, Hess T. How chief digital officers promote the digital transformation of their companies[J]. MIS Quarterly Executive, 2017, 16: 202-220.

71. Subramanian H, Mitra S and Ransbotham S. Capturing value in platform business models that rely on user-generated content[J]. Organization Science, 2021, 32(3): 804-823.

72. Sussan F, Acs Z J. The digital entrepreneurial ecosystem[J]. Small Business Economics, 2017, 49(1): 55-73.

73. Tong S, Jia N and Luo X, et al. The Janus face of artificial intelligence feedback: Deployment versus disclosure effects on employee performance[J]. Strategic Management Journal, 2021, 42(9): 1 600-1 631.

74. Verhoef B T, Bart Y and Bhattacharya A, et al. Digital transformation: A multidisciplinary reflection and research agenda[J]. Journal of Business Research, 2021, 122: 889-901.

75. Vial G. Understanding digital transformation: A review and a research agenda. Journal of Strategic Information Systems, 2019, 28(2): 118-144.

76. Wang Z, Zheng Z and Jiang W, et al. Blockchain enabled data sharing in supply chains: Model, operationalization, and tutorial[J]. Production and Operations Management, 2021, 30(7): 1 965-1 985.

77. Westerman G, Bonnet D and McAfee A. The nine elements of digital transformation[J]. MIT Sloan Management Review, 2014, 55(3): 1-6.

78. Yang M, Jacob V S and Raghunathan S. Cloud service model's role in provider and user security investment incentives[J]. Production and Operations Management, 2021, 30(2): 419-437.

79. Zhang Y, Tong T W. How vertical integration affects firm innovation: Quasi-experimental evidence[J]. Organization Science, 2021, 32(2): 455-479.